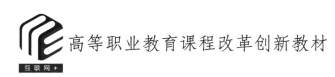

高等职业教育课程改革创新教材

轮机工程基础

（第三版）

主　编　安　翔

副主编　马　琳　胡晓燕　王宜翠

主　审　孙长飞

科学出版社

北　京

内 容 简 介

本书共分五篇，分别为工程力学基础，轮机工程材料，机构与机械传动，热工基础，船用量具、仪表与单位。

本书内容综合了机械类专业多门通识专业基础课程，并将各课程与专业需求有机结合，同时充分体现各知识点的实际应用分析。

本书适合作为轮机及动力工程类专业的教学用书或参考书。

图书在版编目（CIP）数据

轮机工程基础/安翔主编．—3 版．—北京：科学出版社，2019.11（2024.7修订）

ISBN 978-7-03-063438-2

Ⅰ．①轮…　Ⅱ．①安…　Ⅲ．①轮机-高等职业教育-教材　Ⅳ．①U676.4

中国版本图书馆 CIP 数据核字（2019）第 254617 号

责任编辑：张振华　刘建山 / 责任校对：陶丽荣
责任印制：吕春珉 / 封面设计：东方人华平面设计部

科学出版社 出版
北京东黄城根北街 16 号
邮政编码：100717
http://www.sciencep.com

三河市中晟雅豪印务有限公司 印刷
科学出版社发行　　各地新华书店经销
*
2011 年 9 月第 一 版　　2024 年 8 月第十二次印刷
2018 年 8 月第 二 版　　开本：787×1092 1/16
2019 年 11 月第 三 版　　印张：29 1/4
字数：695 000

定价：86.00 元

（如有印装质量问题，我社负责调换）

销售部电话 010-62136230　编辑部电话 010-62135120-2005

前　　言

本书贯彻落实党的二十大报告精神，根据 STCW78/10 公约对海船海员适任标准的有关规定及中华人民共和国交通运输部发布的《海船船员培训大纲（2021 版）》中"主推进动力装置""船舶辅机"两大功能块考纲所涉及的专业基础知识模块要求编写。本书内容与"主推进动力装置"相关的是"工程力学基础""轮机工程材料""机构与机械传动"，与"船舶辅机"相关的是"热工基础""船用量具、仪表与单位"。

本书是轮机工程专业的专业基础课综合教材，在编写过程中力求在内容上较好地体现 STCW78/10 公约及相关知识模块大纲要求，强调知识更新，突出基础知识在专业领域的应用。

本次改版对原有内容进行了调整和修订，删减了"工程力学基础""机构与机械传动"中的部分章节，删除了"流体力学"整篇内容，以求最大限度贴合《海船船员培训大纲（2021 版）》，夯实三管轮基础理论知识的学习。根据调整后的内容，本书共分为五篇，分别为工程力学基础，轮机工程材料，机构与机械传动，热工基础，船用量具、仪表与单位。为方便读者自学和提高教材的可读性，对于所述内容中的重点、难点配有相应的动画与视频，使所学内容立体化、数字化。

在编写本书的过程中得到众多航运企业工作人员的支持，在此一并表示感谢。尤其是现任南京苏旺船务有限公司总经理陈洪平先生，提供了大量的一手实操案例及素材，充实了理论知识的实用性，使本书的可读性更强。

本书由江苏海事职业技术学院安翔担任主编，马琳、胡晓燕、王宜翠担任副主编，谷艳霞、叶亚兰和赵云博参与编写，孙长飞担任主审。具体编写分工如下：胡晓燕编写第一篇，以及第二篇的第八章、第十章；马琳编写第二篇的第一章至第六章；谷艳霞编写第二篇的第七章、第九章；王宜翠编写第三篇，以及第四篇的第五章、第六章；叶亚兰编写第四篇的第一章、第二章；赵云博编写第四篇的第三章、第四章；安翔编写第五篇。

由于编者水平有限，书中疏漏与不妥之处在所难免，敬请读者给予指正。

目　　录

第一篇　工程力学基础

第三篇 机构与机械传动

第四篇　热工基础

第一篇　工程力学基础

引　言

工程力学通常包括两部分内容：理论力学和材料力学。其中，理论力学是专门研究物体机械运动规律和计算原理的一门科学，它包括静力学（研究力的性质、力系的简化及平衡规律）、运动学（研究物体机械运动的规律）、动力学（研究物体机械运动的变化与力之间的关系）三部分内容；材料力学是专门研究工程构件在外力作用下变形与破坏的规律，为合理设计构件提供强度、刚度和稳定性分析的基本理论和计算方法的科学。

工程力学中的研究对象是实际中的物体，这些物体受力后都将发生不同程度的变形，但由于工程中的这些变形绝大多数是很小的，因此，工程力学中引入刚体与变形体这两个力学模型，以供分析不同问题之需。

刚体——在理论力学中，分析物体的运动和平衡时，物体的微小变形对问题影响很小，故可忽略不计，这时的物体被抽象为不会变形的物体，即"刚体"。

严格地说，世界上没有绝对不会变形的物体，在外力的作用下，任何物体都会或多或少发生不同程度的变形，只是当这种变形对物体的运动状态影响不大时，可以忽略不计，从而使理论力学所研究的问题大为简化。

变形体——在材料力学中，当分析强度、刚度和稳定性问题时，物体的微量变形与问题密切相关，故必须加以考虑，此时物体均为"变形体"。因此，变形体就是现实世界的物体。

第一章　静力学基本概念

本章将介绍静力学的基本概念、静力学公理、约束与约束反力和物体的受力分析，下面先熟悉几个概念。

物体的运动或静止——一个物体相对于另一个物体（作为参照物）的运动状态。因此，通常在参照物上设置一个坐标系，称为"参考系"。故物体的运动和静止都是相对于参考系而言的。例如，地球上静止的物体只是相对于地球上的参考系是静止的，而相对于太阳上的参考系则是运动的。

平衡——物体相对于参考系保持静止或匀速直线运动状态。大多数工程问题是以地球作为参考系的。

静力学就是主要研究物体（刚体）在外力作用下的平衡问题。

运动——在自然界和人类的生产生活中，存在着各式各样的物质运动，而工程力学中所讨论的运动是物质运动形式中最基本、最简单的形式——机械运动。机械运动是指物体在空间的位置随时间变化的一种运动形式，车船的行驶、机器的运转、宇宙中天体的运动等都是机械运动的实例。

刚体的运动有两种基本形式——平行移动和定轴转动。刚体上任意一直线始终与原来的位置保持平行，则刚体的这种运动称为刚体的平行移动；刚体内（或延伸部分）某一直线始终保持不动，则刚体的这种运动称为刚体的定轴转动，那条保持不动的直线称为固定转轴。

第一节　力　的　概　念

一、力的含义

力是力学中的一个基本量。

力的概念是人类在长期的生产实践中逐步形成和建立起来的科学概念，它揭示了自然界物体间并非各自孤立的，而是相互联系、相互影响的，这种物体之间的相互作用表现出力的现象。

力有如下含义：

1）力是指物体间的相互作用。这意味着描述一个力至少存在两个及两个以上的物体，分析物体受力时，必须分清哪一个是受力物体，哪一个是施力物体。

2）力是物体运动状态发生变化的原因。物体由静止到运动，由运动到静止；或其运动的速度和方向都在变化，这些都称为运动状态的变化，在整个运动状态的变化过程中，物体必定受到力的作用。

3）力是物体形状发生变化的原因。物体受力后，其内部任意两点之间的距离都将发生变化，从而使整个物体的形状发生变化。

二、力的效应

力对物体作用产生两种效应，一是引起物体运动状态变化的外效应（运动效应）；二是引起物体形状改变的内效应（变形效应）。

三、力的三要素

实践表明，力对物体的效应，决定于三个要素：力的大小、力的方向和力的作用点。在力的三要素中，只要其中任何一个要素发生改变，都将改变力的作用效果。

若有两个力分别作用于物体，产生的效应完全相同，则称这两个力等效。力的等效条件是，力的三要素均相同。

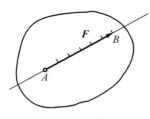

图 1-1-1　力矢量

力是一个既有大小又有方向和作用点的物理量，因此，力是矢量，如图 1-1-1 所示，一般用黑体字母表示，矢量的模（力的大小）用一般字母表示。力的国际单位为牛（N）、千牛（kN）。在工程单位制中，力的单位是公斤力（kgf），二者的换算关系为 1kgf=9.8N。

如果物体上的力作用范围较小，可以简化为一个点，这种力就称为集中力。若力的作用范围较大，不能用集中力来表示，这种力就称为分布力。

四、工程中常见的力

物体之间的相互作用形式是多种多样的，因此力也有很多种，如自然界中存在的万有引力、带电体之间的吸引力和排斥力、气体和液体的压力等。工程中常见的力主要有以下三种。

1. 重力

重力是万有引力的一种，是地球吸引物体而产生的力，物体所受重力的大小就是物体的重量，其方向竖直向下，指向地心。重力的作用点就是物体的重心。

2. 弹力

物体相互作用并发生弹性变形时，将会产生一种恢复原来形状的作用力，这种作用力称为弹力。弹力的方向总是与使物体发生变形的外力方向相反，在弹性限度内，变形越大，弹力越大，反之越小；变形消失，弹力也消失。

3. 摩擦力

两相互接触物体之间有相对运动或有相对运动趋势时，其接触面上就有阻碍运动的摩擦力存在，摩擦力的方向永远沿着接触面的切线方向，且与运动或运动趋势方向相反，阻碍物体的相对运动。

五、力系

同时作用于物体上的一群力，称为力系。

在力系中，所有力的作用线都汇交于一点的，称为汇交力系；所有力的作用线相互平行，称为平行力系；所有力的作用线既不汇交于一点，也不互相平行，称为一般力系或任意力系。

在力系中，若所有力的作用线都在同一平面内，称为平面力系；若所有力的作用线不全部在同一平面内，称为空间力系。空间力系是最一般的力系。

若作用于物体上的力系使物体处于平衡状态，则这个力系称为平衡力系；若作用于一个物体上的力系可以用另一个力系来替换，而其作用效应不变，则这两个力系称为等效力系。

若一个力与一个力系等效，则这个力称为该力系的合力，力系中的各力称为这个力的分力。

第二节　力矩的概念

常见的工具（如扳手、杠杆等）和许多简单机械（如滑轮等）的工作原理中都包含着力矩的概念。

一、力对点之矩

生活经验告诉我们，力除了能使物体产生移动外，还能使物体产生转动。现以扳手拧螺母为例来说明，如图 1-1-2 所示，力 F 使扳手绕螺母中心 O 转动的效果，不仅与力的大小 F 成正比，而且与 O 点到力作用线的垂直距离 d 成正比。因此规定：乘积 Fd 为度量力 F 使扳手绕 O 点转动效果的物理量，称为力 F 对 O 点之矩，用记号 $m_O(F)$ 表示，即

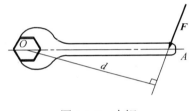

图 1-1-2　力矩

$$m_O(F) = \pm Fd \tag{1-1-1}$$

其中，O 点称为力矩中心，简称矩心，d 称为力臂，式中正负号用来说明力矩的转动方向。

可见在平面问题中，力对点之矩既包含力矩的大小，又包含力矩的转向，前者度量力使物体产生转动效果的大小，后者表示转动的方向。故力矩为代数量，力矩的单位为 N·m（牛·米）或 kN·m（千牛·米）。

不难看出：以上由扳手引出的力矩概念及表达式，不仅适用于扳手，而且适用于任何物体；矩心不仅可以是固定点或可转动的支点，而且可以是物体上或物体外的任意一点。

力矩的性质：

1）力对点之矩不仅与力的大小有关，同时还与矩心的位置有关；

2）力沿作用线移动时，不会改变该力对某一矩心的力矩，因为此时力与力臂的大小均未改变；

3）当力的作用线通过矩心时，力矩等于零；

4）互成平衡的一对力对同一点之矩的代数和等于零。

*二、合力矩定理

计算力对某点的矩时，在有些问题中力臂不易求出，因而力矩就不便计算。如果将这个力分解为两个分力，考虑到合力应该与两个分力等效，当然合力的转动效应应该与两个分力的转动效应相同。因此，可以利用求两个分力的力矩之和来代替合力矩的计算，这就是合力矩定理的由来。

合力矩定理：平面汇交力系的合力对平面内任一点之矩，等于其所有分力对于同一点力矩的代数和。即

$$m_O(\boldsymbol{R}) = \sum m_O(\boldsymbol{F}_i) \tag{1-1-2}$$

例 1-1-1　直径 $D=400\text{mm}$ 的带轮受力，如图 1-1-3 所示。其中 $\boldsymbol{T}_1$ 为紧边拉力，$\boldsymbol{T}_2$ 为松边拉力，二力的作用线与水平线的夹角 $\theta = 15°$，已知 $T_1 = 1500\text{N}$，$T_2 = 750\text{N}$。求传动带的两拉力分别对轮心的力矩，以及二者对轮心的总力矩。

解：因为传动带拉力总是沿着带轮缘的切线方向，故力对轮心的力臂 $d = D/2$，与 θ 角无关，于是，二力对轮心之矩分别为

$$m_O(\boldsymbol{T}_1) = -T_1 \cdot \frac{D}{2} = -1500 \times \frac{400}{2} \times 10^{-3} = -300(\text{N} \cdot \text{m})$$

$$m_O(\boldsymbol{T}_2) = T_2 \cdot \frac{D}{2} = 750 \times \frac{400}{2} \times 10^{-3} = 150(\text{N} \cdot \text{m})$$

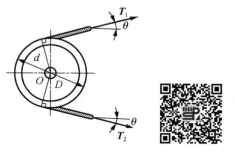

图 1-1-3　例 1-1-1 图　钳工用丝锥攻螺纹

根据合力矩定理，二力对轮心的总力矩等于上述二力矩的代数和，即

$$m_O(\boldsymbol{R}) = m_O(\boldsymbol{T}_1) + m_O(\boldsymbol{T}_2) = -300 + 150 = -150(\text{N} \cdot \text{m})$$

结果表明，二力对带轮作用的总转动效应是使带轮绕轮心顺时针方向转动。

第三节　力偶的概念

一、力偶的定义

由大小相等、方向相反、作用线平行但不共线的两个力组成的力系称为力偶。物体上有两个或两个以上力偶作用时，它们就构成了力偶系。

力偶也是力学中的一个基本量。

在生产和生活实践中，受力偶和力偶系作用的物体是常见的。例如，汽车司机双手施加在方向盘上的两个力；工人使用丝锥在工件的孔里加工内螺纹时，作用于绞杠上的两个力，如图 1-1-4（a）所示；两手指拧动水龙头、旋紧钟表的发条等所加的力；电动机中的转子受到一组电磁场力而形成的作用在转子上的力偶系，如图 1-1-4（b）所示，都属于力偶作用的情形。

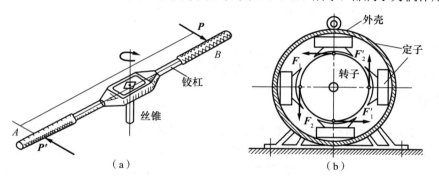

（a）　　　　　　　　　　　（b）

图 1-1-4　力偶

可见，力偶只能使物体产生转动（外效应），力偶常用记号$(\boldsymbol{F},\boldsymbol{F}')$表示。力偶中两力作用线间的距离称为力偶臂，用$d$表示，力偶中两个力所确定的平面称为力偶作用面。虽然力偶中的每个力仍具有一般力的性质，但由于力偶是由两个具有特殊关系的力所组成的，故力偶是一特殊力系，具有其独特的性质。

二、力偶的三要素

在力偶的作用面内，力偶使物体产生纯转动的效应，其转动效果的大小取决于力偶的转向、力偶中力的大小和力偶臂的长短。因此，在力学中以力的大小F和力偶臂d的乘积作为度量力偶对物体作用效应的物理量，称为力偶矩，用符号$m(\boldsymbol{F},\boldsymbol{F}')$或$m$表示，即

$$m(\boldsymbol{F},\boldsymbol{F}')=\pm Fd \quad \text{或} \quad m=\pm Fd$$

式中，正负号表示力偶的转向，规定：力偶使物体逆时针转动，其力偶矩为正，反之为负。在平面内，力偶矩也是一个代数量。力偶矩的单位与力矩相同，常用 N·m 或 kN·m。

可见，力偶对物体的转动效果完全取决于力偶矩的大小、力偶的转向、力偶的作用面，这就是力偶的三要素。

在平面问题中，力偶对物体的转动效应与力偶矩的大小和力偶的转向有关，所以，力偶可用一带箭头的弧线来表示，其中箭头表示力偶的转向，m表示力偶矩的大小，如图 1-1-5 所示。

图 1-1-5　力偶的三要素

三、力偶的等效条件

力偶不能合成为一个力（即力偶无合力），因此力偶不能与一个力等效，当然也不能与一个力平衡。力偶只能与另一个力偶等效或者平衡。实践表明，在同一平面内，转向相同的力偶对物体的转动效应完全取决于力偶矩，与矩心（转动中心）的位置无关。下面我们来证明这一点。

设有力偶$(\boldsymbol{F},\boldsymbol{F}')$，如图 1-1-6 所示，在其作用面内任取一点$O$为矩心，若$O$点与力$\boldsymbol{F}$和$\boldsymbol{F}'$的作用线之间的垂直距离分别为$x$和$x+d$，其中$d$为力偶中的力偶臂，若用$m_O(\boldsymbol{F},\boldsymbol{F}')$表示力偶对$O$点之矩，则有

$$m_O(\boldsymbol{F},\boldsymbol{F}')=m_O(\boldsymbol{F})+m_O(\boldsymbol{F}')=F(x+d)-Fx=Fd$$

这表明力偶对于任意点之矩，只与其中一个力的大小及力偶臂有关，而与矩心位置无关。

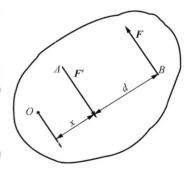

图 1-1-6　力偶的等效条件

平面力偶的等效定理：在同一平面内的两个力偶，只要它们的力偶矩大小相等，转动方向相同，则两力偶必等效。

力偶的等效条件为：力偶的三要素均相同。

四、力偶的基本性质

性质一：力偶无合力，即力偶不能与一个力等效。

由于组成力偶的两个力是等值、反向且平行的，它们在任一坐标轴上投影的代数和恒等于零，如图 1-1-7 所示。因此，力偶对物体只有转动效应而无移动效应。力偶不能合成为一个力，当然不能用一个力来平衡，而只能和力偶相平衡。所以力偶和力是组成力系的两个基本物理量。

性质二：力偶对物体的作用效应仅取决于力偶的三要素，而与力偶的作用位置无关。即力偶可在作用平面内任意移动（已证明）。

性质三：在同一平面内，只要保持力偶矩的大小和转向不变，可以同时改变力偶中力的大小和力偶臂的长短，而不改变力偶对刚体的作用效应。

力偶的等效性已为实践所证实，如司机双手握住方向盘的位置在不改变转动效果的前提下，其位置是随意的。由力偶的等效性可得以下推论：

此外，进一步分析证明，只要保持力偶矩的大小和转向不变，力偶可以从一个平面移至另一与之平行的平面，而不会改变对刚体的作用效应。

需要指出的是，上述关于力偶对刚体作用等效的性质只适用于刚体，而不能用于变形体，如图 1-1-8（a）中的 AB 梁及图 1-1-8（b）中的弹簧片受力偶 m 作用的变形情况。

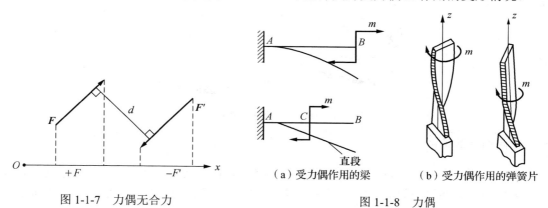

图 1-1-7　力偶无合力

（a）受力偶作用的梁　　（b）受力偶作用的弹簧片

图 1-1-8　力偶

五、力偶矩矢

对于空间力偶问题，由于涉及力偶的作用面在空间的方位不同，其转动的效应就不同，故力偶矩就不能用代数量而必须用矢量来表示，称为力偶矩矢。力偶矩矢垂直于力偶作用面，即沿着力偶作用面的法线方向，其指向可按右手螺旋法则确定：以弯曲的四指表示力偶在其作用面内的转向，伸直的大拇指为力偶的矢量方向，矢量的模为力偶矩的大小。在空间力系中，由于力偶在其作用面内不仅可以任意移动，而且可以向与其平行的平面搬移，因此，力偶矩矢是自由矢量。

六、力偶系

作用在同一物体上的一群力偶称为力偶系。

在力偶系中，所有力偶的作用面均在同一平面内，称为平面力偶系；所有力偶的作用面不全部在同一平面内，称为空间力偶系。

若某力偶系作用在物体上，使物体处于平衡状态，则该力偶系称为平衡力偶系；若一个力偶系对物体的作用可以用另一个力偶系来替换，而不改变其作用效果，则这两个力偶系称为等效力偶系。

如果一个力偶与一个力偶系等效，则这个力偶称为这个力偶系的合力偶。

第四节　静力学公理

静力学公理是人类在长期的生产和生活实践中总结出来的，它反映了物体受力与平衡的规律，是静力分析的理论基础。

公理一　二力平衡公理

作用在同一刚体上的两个力，平衡的必要和充分条件是：这两个力大小相等、方向相反且作用在同一条直线上。

公理一给出了由两个力组成的最简单力系的平衡条件，对于刚体显然是正确的，如图 1-1-9 所示。但对于变形体来说，该平衡条件仅是必要条件，而不是充分条件，如图 1-1-10（a）中所示的绳索，当承受大小相等、方向相反的拉力时可以平衡，但当承受大小相等、方向相反的压力时，则不能保持平衡，如图 1-1-10（b）所示。

二力平衡公理适用条件

图 1-1-9　二力平衡公理

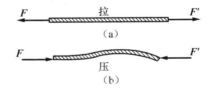

图 1-1-10　二力平衡公理适用条件

两个力作用下处于平衡状态的构件称为二力构件（或二力杆），这在工程中经常遇到。二力构件上的力必须满足二力平衡条件，如图 1-1-11 所示。内燃机主运动机构中的连杆若不计自重，可视为二力构件。

二力构件的概念在受力分析中有着重要的意义。

公理二　加减平衡力系公理

在已知作用于刚体的力系中加上或减去任意个平衡力系，不会改变原力系对刚体的作用效应。

因为平衡力系就是合力等于零的力系，所以加上或减去平衡力系，不能改变刚体原有的运动状态。

利用加减平衡力系公理可得到一个重要推论和一个重要定理。

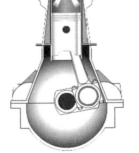

图 1-1-11　二力杆　　二力杆

重要推论　力的可传性原理

作用在刚体上某点的力，沿其作用线移到刚体内任一点，不会改变它对刚体的作用。

例如，我们有这样的体会，以等量的力在车后 A 点推，[图 1-1-12（a）] 和在车前 B 点拉 [图 1-1-12（b）]，其效果是一样的。（为什么？同学自己证明。）

力的可传性原理表明，作用在刚体上的力是一滑移矢量[①]。因而，力作用在刚体上的三要素应为：力的大小、方向和作用线位置。

应该指出，加上或减去一个平衡力系，或使力沿着作用线移动，不会改变力对物体的外效应，但会改变力对物体的内效应，所以公理二及力的可传性原理都只适用于刚体，对于变形体则不适用，如图 1-1-13 所示。

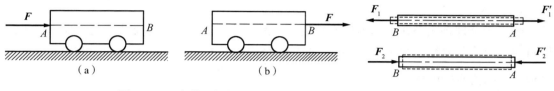

图 1-1-12 力的可传性 　　　　　　　　　图 1-1-13 变形杆

重要定理 力的平移定理

前述已知，力沿其作用线任意移动时，不会改变它对刚体的作用效果，但是将力平行其作用线移动到另一位置，它对刚体的作用效果将会改变，如何才能使力平移后对刚体的作用效果不变呢？考察作用在物体上 A 点的单个力 $\boldsymbol{F}$，如图 1-1-14（a）所示，当它平移至 O 点时，会产生什么后果？为此，在 O 点施加一对平衡力 $\boldsymbol{F}'$、$\boldsymbol{F}''$，其作用线平行于 $\boldsymbol{F}$，且 $\boldsymbol{F}'=\boldsymbol{F}''=\boldsymbol{F}$，如图 1-1-14（b）所示，根据加减平衡力系公理，力 $\boldsymbol{F}$ 单独作用与由 $\boldsymbol{F}'$、$\boldsymbol{F}''$、$\boldsymbol{F}$ 构成的力系作用等效，在该力系中 $\boldsymbol{F}$ 与 $\boldsymbol{F}''$ 等值、反向，作用线相互平行，因而组成一力偶，用 m 表示，如图 1-1-14（c）所示。所以，作用于 A 点的力 $\boldsymbol{F}$ 平移至 O 点后，变成一个力和一个力偶，其力偶矩等于 $\boldsymbol{F}$ 对 O 点之矩，即

$$m = m_O(\boldsymbol{F}) = Fd \tag{1-1-3}$$

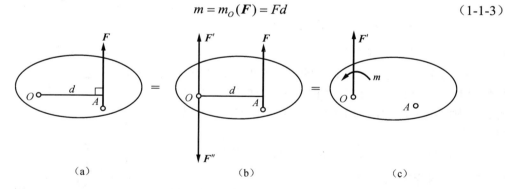

图 1-1-14 力的平移定理

上述结果可以推广为一般结论：作用在刚体上的力可以向任意点平移，平移后除了这个力以外，还产生一附加力偶，其力偶矩等于原来的力对平移点的力矩。这就是力的平移定理，换句话说，平移前的一个力与平移后的一个力和一个力偶等效。

力的平移定理很好地揭示了力对刚体作用的两种效应。如齿轮和带轮传动中，轮子上的圆周力产生两种效应，即轮子在转动的同时，还存在一个指向轴承的压紧力。另外，诸

---

　　① 矢量分为定位矢量和滑移矢量。定位矢量：指矢量效果随起点的不同而改变，所以不仅要定出方向、大小，还要定出力的作用点才能确定力的效果。滑移矢量：指矢量效果不随起点的不同而改变，只需定出方位和大小就可以确定一个力的效果。

如打乒乓球时怎样打出旋转球；用铰杠和丝锥攻制螺纹时，为什么不能一只手操作，身边的许多力学现象都可利用力的平移定理加以解释。

力的平移定理在受力分析中具有极为重要的地位，它是一般力系简化的基础。需要注意的是，力的平移定理只适用于刚体，对变形体不适用。

公理三　力的平行四边形公理

作用于物体同一点上的两个力，可以合成为作用于该点上的一合力，合力矢量的大小和方向由这两个分力为邻边所作的平行四边形的对角线确定，如图 1-1-15（a）所示。

这个公理又称平行四边形法则，根据这个公理作出的平行四边形称力平行四边形。这种求合力的方法可用矢量加法表示，即合力矢量等于原来两个力的矢量和，表示为

$$R = F_1 + F_2$$

用平行四边形法则求合力时，可以不画出整个平行四边形，而是从 A 点作一与力 F_1 大小相等、方向相同的矢量 AB，过 B 点作一个与力 F_2 大小相等、方向相同的矢量 BC，则矢量 AC 就是 F_1、F_2 的合力 R，这种求合力的方法称为力三角形法则，如图 1-1-15（b）所示。

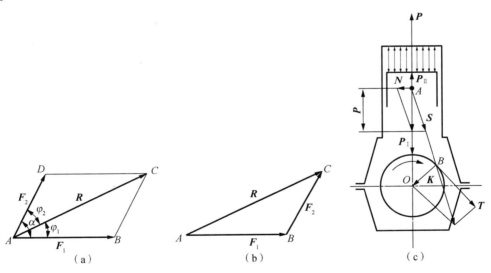

图 1-1-15　两个汇交力的合力

如图 1-1-15（c）所示为发动机中曲柄连杆机构实现力的传递过程，作用在活塞上的作用力 $P=P_{\mathrm{I}}$（气体力）$+P_{\mathrm{II}}$（往复惯性力）可视为作用在活塞销 A 点的集中力，并分解为连杆力 S 和侧推力 N；由于连杆为二力杆，力 P 可移动到曲柄销 B 点，且分解为切向力 T 和径向力 K，最终获得使曲轴旋转的力矩 $M=T \cdot \overline{OB}$。

力的多边形法则

如图 1-1-16（a）所示，F_1、F_2、F_3、F_4 为作用于刚体上的平面汇交力系，根据力的可传性，首先将各力沿其作用线移到 O 点，如图 1-1-16（b）所示，然后连续应用平行四边形法则，先求出 F_1 和 F_2 的合力 R_{12}，再求出 R_{12} 与 F_3 的合力 R_{123}，最后将 R_{123} 与 F_4 合成，求出力系的合力 R，如图 1-1-16（c）所示。这一过程就是平面汇交力系的简化（合成），

其结果是用一个力（原力系的合力）来代替力系的作用，表明平面汇交力系对刚体的作用
与其合力等效，如图 1-1-16（d）所示。

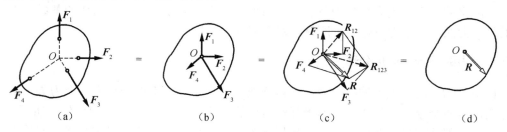

图 1-1-16 多力汇交的合成

如果力系中有更多的力，用同样的方法也能完成力系的简化。

上述的简化（合成）也可以用力多边形法则来实现。如图 1-1-17 所示的汇交力系，具
体方法：根据原力系中各力的大小与方向，按一定的比例画出，并将各力首尾依次相接，
从而形成一开口的多边形 $Oabcd$，其封闭边 Od 就是力系的合力 R，合力的大小为封闭边的
长度，方向沿 Od 连线方向，指向 d 点，如图 1-1-17（b）所示。

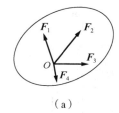 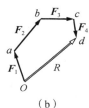 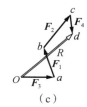

（a） （b） （c）

图 1-1-17 力的多边形

平面汇交力系合成的几何法

力多边形法则的矢量表达式为

$$R = \sum F_i \tag{1-1-4}$$

应当指出，作力多边形时，必须按原力矢的方向首尾依次相接，其封闭边必须从第一
个力的始端指向最后一个力的末端。另外，作图中各力在多边形中的次序可任意变换，得
到不同的力多边形，但最终封闭边的大小、方向不会改变，如
图 1-1-17（c）所示。

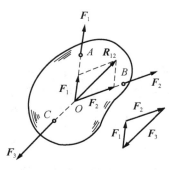

图 1-1-18 三力汇交

推论 不平行三力的平衡条件

当刚体受同一平面内互不平行的三个力作用而平衡时的
必要和充分条件：三力的作用线必须汇交于一点。

证明： 设作用在刚体上同一平面内三个力分别为 F_1、F_2、
F_3，三者互不平行。如图 1-1-18 所示，首先将 F_1、F_2 分别沿
二者的作用线移至交点 O 处，运用平行四边形法则得合力 R_{12}，
此时刚体可视为只受 R_{12} 和 F_3 两力的作用，根据二力平衡公理，
R_{12} 与 F_3 必须等值、反向、共线，因此，F_3 作用线也必通过
F_1、F_2 的交点，即三力平衡其作用线必交于一点。

公理四　作用与反作用公理

两物体（刚体、非刚体均适合）相互作用的力，总是同时存在，这两个力大小相等、方向相反，沿同一直线分别作用在这两个物体上。

说明力永远是成对出现的。物体间的作用总是相互的，有作用就有反作用，两者总是同时存在，又同时消失。

必须注意：不要将二力平衡公理与力的作用与反作用公理相混淆，满足二力平衡公理的两个力作用在同一刚体上，而作用力与反作用力则分别作用于两个不同的物体上。

第五节　约束与约束反力

一、约束与约束反力的概念

工程中的机械或结构都是由各种零件和构件组装而成的，这些零件或构件彼此之间相互联系又相互制约，各部分的运动均受到不同的限制，对运动起限制作用的物体称为被限制物体的约束。为了传递运动和动力，实现所需的动作及承受确定的载荷，结构中的构件和零件都要以一定的方式相联系，从而形成各式各样的约束。

例如，火车必须在预定的轨道上行驶，轨道便是火车的约束；活塞在气缸中往复运动，气缸套便是活塞的约束；悬挂重物的绳索限制了物体的下落，绳索便是重物的约束；受轴承支撑的轴，其运动受到轴承的限制，轴承便是轴的约束；等等。

由于约束限制了物体的运动，使其沿某些方向的运动受到阻挡，从而改变了物体的运动状态。因此，约束必然承受被约束物体的作用力。同时，约束也给物体以大小相等、方向相反的反作用力，这种力称为约束反力，简称约束力或反力。

一般来说，物体受到的外力可分为两类：一类是使物体产生运动或运动趋势的力，如重力、风力、电磁力等，这类力称为主动力；另一类是对物体的运动起限制作用的约束反力。

一般情况下，约束反力是由主动力引起的，随主动力的变化而变化，故又称为被动力。由于约束限制了物体在某一方向上的运动，故约束反力的方向始终与该约束所能限制的运动方向相反。根据这一性质，就可以确定出约束反力作用线的位置及指向。主动力常常是已知的，或可以根据已有资料确定，而约束反力则是未知的，因此受力分析的重要任务之一就是确定未知的约束反力。

约束反力与约束的性质有关，下面介绍工程中常见的约束类型及其约束反力。

二、几种常见的约束类型

1. 柔性约束

绳索、传动带、链条等只能限制物体沿某一个方向运动，而不能限制物体沿相反方向运动，因此由绳索、传动带、链条所构成的约束称为柔性约束。这种约束的性质决定了它们提供的约束反力只能是拉力，常用符号 T 表示。如图 1-1-19 所示，吊索对重物的约束反力和传动带对带轮的约束反力都属于柔性约束。

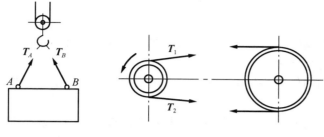

图 1-1-19　柔性约束

柔性约束

柔性约束对物体的约束反力的特点：通过接触点，沿着约束的中心线背离被约束物体。因此，柔性约束的约束反力的方向可预前确定。

2. 光滑面约束

光滑平面或曲面构成限制物体运动的约束，称为光滑面约束。这种约束无论是平面还是曲面，都不能限制物体沿接触面切线方向的运动，只能限制沿接触面公法线方向的运动。光滑面约束包括面、点接触，如图 1-1-20 所示的滑块移动和尖顶从动件凸轮传动；线接触，如图 1-1-21 所示的齿轮传动、平底从动件凸轮传动。

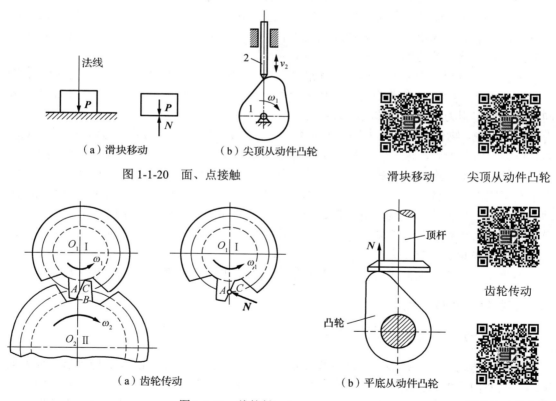

（a）滑块移动　　　　（b）尖顶从动件凸轮

图 1-1-20　面、点接触

滑块移动　　　尖顶从动件凸轮

（a）齿轮传动　　　　（b）平底从动件凸轮

图 1-1-21　线接触

齿轮传动

平底从动件凸轮

光滑面约束的约束反力的特点：方向沿接触面的公法线（外法线方向）且指向被约束物体。这种约束反力又称为法向反力。因此，光滑面约束的约束反力的方向可预先确定。

3. 铰链约束

铰链是工程中广泛应用的一种约束，铰链约束是用一圆柱形销钉将两个构件连接在一起的。铰链约束使其连接的两个构件相互限制彼此的相对平移而只允许相对转动。

下面介绍三种常见的铰链约束。

（1）固定铰链支座约束

如图 1-1-22（a）所示，当构件承受载荷后，销钉圆柱表面便与构件上销钉孔在某处接触，若接触面光滑，则销钉对构件的约束反力（R）应通过接触点，并沿着接触面的法线方向，如图 1-1-22（b）所示。由于接触点的位置与被约束构件所承受的载荷有关，往往无法预先确定，故约束反力（R）的方向也不能确定，因此，通常用通过铰链中心的两个互相垂直的分量（R_x、R_y）表示，如图 1-1-22（c）所示。如图 1-1-22（d）所示为固定铰链支座约束的简化记号。

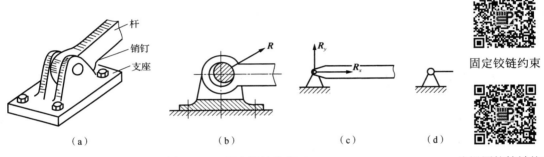

（a）　　　　　　（b）　　　　　　（c）　　　　　　（d）

图 1-1-22　固定铰链约束

固定铰链约束

光滑圆柱铰链约束

（2）中间铰链支座约束

图 1-1-23（a）、（b）中两构件连接处用销钉，即两构件被销钉约束，此时两构件均能绕销钉自由转动，但不能任意相互移动。与固定铰链支座不同的是，两被约束构件没有一个是完全固定的，但同样存在一个方向不定的约束反力，因此，其约束反力的表示方法同固定铰链支座约束。如图 1-1-23（c）所示为中间铰链支座约束的简化记号。

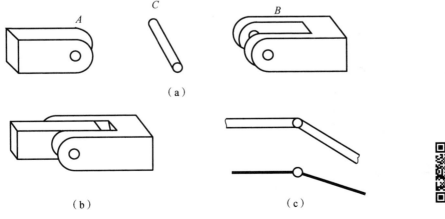

（a）

（b）　　　　　　　（c）

图 1-1-23　中间铰链支座约束

中间铰链支座约束

（3）活动铰链支座约束

如图 1-1-24（a）所示，它是在铰链支座的底部安放若干辊子，并且与底座接触，当接触面光滑时，它只能限制垂直于辊子支承面的运动。因此，该约束只有垂直于辊子支承面的约束反力，且其作用线必通过铰链中心，如图 1-1-24（b）所示。如图 1-1-24（c）所示为活动铰链支座约束的简化记号。

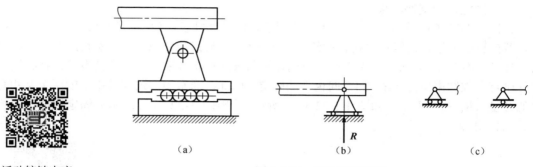

活动铰链支座

（a）　　　　　　　　（b）　　　　　　（c）

图 1-1-24　活动铰链约束

4. 固定端约束

在工程实际中，约束的形式除前面已提到的以外，还常会遇到约束的刚性较大，与被约束物体间有牢固的联接，在联接处不允许有任何相对运动（包括移动和转动），即构件在约束处是完全固定的，这种约束类型称为固定端约束，如图 1-1-25 所示。

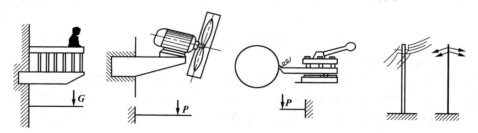

图 1-1-25　固定端约束

固定端约束处的约束反力比较复杂，工程中可根据力的平移定理将其向一点简化，求得这些力对约束处的简化结果。如图 1-1-26（a）所示为一悬臂梁，其中梁的 A 端插入墙内，属固定端约束，插入部分与墙体接触的各点所受约束反力的大小和方向都不一样，但主动力为平面力系时，这些约束反力构成了平面一般力系，如图 1-1-26（b）所示，将这个力系向 A 点简化，可得到一个约束反力 R_A 和一个力偶矩为 m_A 的约束反力偶。因约束反力 R_A 的大小、方向均未知，一般用两个正交分力 R_{Ax} 和 R_{Ay} 来表示，它们限制了梁的移动，约束反力偶 m_A 则限制了梁绕 A 点的转动，如图 1-1-26（c）所示。固定端约束简化后如图 1-1-26（c）所示。

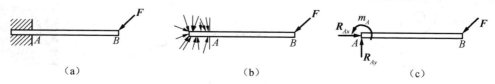

（a）　　　　　　　　（b）　　　　　　　　（c）

图 1-1-26　固定端约束受力分析

需要指出的是，以上约束都是理想约束，在工程实际中，有些约束与理想约束接近，有些则不然。例如，某些焊接或铆接结构，在其联接处并不是铰链约束，但精确计算结果表明，当联接处刚性不很大时，将其简化成铰链约束所造成的误差很小。因此，在实际分析中应该根据约束对被约束物体运动的限制作适当简化，使之成为与其接近的那种理想约束。

第六节　物体的受力分析与受力图

前述已知，作用于物体上的每一个力都会对物体的运动状态（包括平衡）产生一定的影响。因此，在工程实际中，往往需要首先分析构件的受力情况，物体上一般作用有主动力和约束反力，受力分析就是先确定哪些力作用在物体上，以及这些力的作用位置和方向，再确定哪些力是已知的，哪些力是未知的，这个过程称为物体的受力分析。

受力分析所研究的物体称为研究对象，为了正确地进行受力分析，必须将研究对象的约束全部解除，并将其从周围的物体中分离出来，单独画出它的轮廓图形，这种被分离出来的研究对象称为分离体。

在分离体上画出它所受到的全部的力，包括主动力和约束反力，这个画有全部力的分离体图形称为分离体的受力图，简称受力图。

画受力图是解决力学问题的关键，是进行力学计算的依据，其步骤如下：

1）明确研究对象，画出分离体。

2）在分离体上画出全部主动力（如重力、载荷等）。

3）在分离体上画出全部约束反力（根据约束的类型和性质画，约束反力的指向未定的可暂时假设）。

4）全面检查画好的受力图，不能漏画力，也不能多画力。

注意：在分离体上画约束反力时，一定要根据约束的类型和性质来画，切不可主观臆想，同时可根据二力平衡条件和三力平衡条件来确定某些约束反力的作用位置和作用方向。

例 1-1-2　重量为 G 的球，用绳挂在光滑的铅直墙上，如图 1-1-27（a）所示，试画出此球的受力图。

解：1）以球为研究对象，画出分离体，如图 1-1-27（b）所示，解除绳和墙的约束。

2）画出主动力 G。

3）画出全部约束反力：绳的约束反力 T 和光滑面约束反力 N_A。

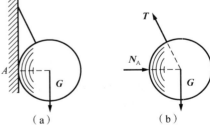

图 1-1-27　例 1-1-2 图

例 1-1-3　梁 AB，A 端为固定铰链支座，B 端为活动铰链支座，C 点受载荷 F 作用，如图 1-1-28（a）所示，梁自重不计，试分析其受力情况。

解：1）以梁 AB 为研究对象，画出分离体，如图 1-1-28（b）所示。

2）画出主动力 F。

3）画出所有约束反力：固定铰链支座约束的约束反力方向不定，可用相互垂直的两个分力 R_{Ax} 和 R_{Ay} 来表示，假设方向与坐标轴正向相同。活动铰链支座约束的约束反力 R_B 垂直向上且通过铰链中心，如图 1-1-28（b）所示。

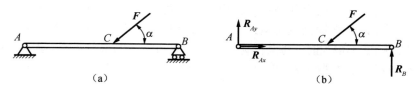

图 1-1-28　例 1-1-3 图

问题：例 1-1-3 中固定铰链支座处的约束反力方向能否确定？同学自行说明。

例 1-1-4　三铰拱结构如图 1-1-29（a）所示，由左右两半拱铰接而成，设各半拱自重不计，在半拱 *AC* 上作用载荷 *F*，试分别画出半拱 *AC* 和 *BC* 的受力图。

解：1）画半拱 *AC* 的受力图。

① 以半拱 *AC* 为研究对象，画出分离体。

② 画主动力 *F*。

③ 画约束反力：铰链 *A* 处约束反力用两相互垂直的分力 R_{Ax} 和 R_{Ay} 表示，铰链 *C* 处约束反力可根据作用与反作用关系画出（$R_C = R_C'$），如图 1-1-29（b）所示。（铰链 *A* 处约束反力的方向实际上是可知的，为什么？）

2）画半拱 *BC* 的受力图。

① 以半拱 *BC* 为研究对象，画出分离体。

② 半拱 *BC* 上无主动力，不能画出。

③ 半拱 *BC* 只在 *B*、*C* 处受铰链的约束反力，属二力构件，应该满足二力平衡条件，故 *B*、*C* 处的约束反力必沿同一直线且等值、反向。因此可确定 R_B 和 R_C 的作用线应沿 *B* 与 *C* 的连线，方向可以假定，如图 1-1-29（c）所示。

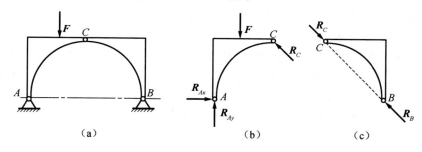

图 1-1-29　例 1-1-4 图

根据《海船船员培训大纲（2021 版）》要求，为实现专业基础课为专业服务的宗旨，体现基础知识的重要性，现以曲柄连杆机构受力分析进行说明，如图 1-1-30 所示。

（1）活塞受力分析

活塞上的作用力 *P* 为

$$P = P_{\mathrm{I}}（气体力）+ P_{\mathrm{II}}（往复惯性力）$$

式中，P_{I} 为气体力，即交变载荷；P_{II} 为往复惯性力，由牛顿第二定律可知，$P_{\mathrm{II}} = -ma$。

根据图 1-1-30，*A* 为死点，上死点时正向加速度最大，即 $+a_{\max} \to$ 惯性力 P_{II} 最大，方向向上，下死点时负向加速度最大，即 $-a_{\max} \to$ 惯性力 P_{II} 最大，方向向下。

由此可知：

1）燃烧上死点，$P = P_{\mathrm{I}} + P_{\mathrm{II}}$，因为 $P_{\mathrm{I}} > P_{\mathrm{II}}$，所以 *P* 为正值，方向向下。

2）换气上死点，$P=P_{\mathrm{I}}+P_{\mathrm{II}}$，$P$ 的方向有两种可能：①$P_{\mathrm{I}}>P_{\mathrm{II}}$ 时，P 为正值，方向向下；②$P_{\mathrm{I}}<P_{\mathrm{II}}$ 时，P 为负值，方向向上。

3）在下死点时，$P=P_{\mathrm{I}}+P_{\mathrm{II}}$，$P$ 为正值，方向永远向下。

4）惯性力的大小会影响活塞的结构、选材及柴油机的振动。

（2）连杆受力分析

1）连杆小端受力分析。

如图 1-1-30（a）中 A 点所示，合力 P 为正值时，可分解为对连杆的作用力 S 和对缸套的侧推力 N。

如图 1-1-30（c）中 A 点所示，合力 P 为负值时，可分解为对连杆的作用力 S 和对缸套的侧推力 N。

2）连杆大端受力分析。

如图 1-1-30（a）中 B 点所示，合力 P 为正值时，连杆为压杆，如图 1-1-30（b）所示。

如图 1-1-30（c）中 B 点所示，合力 P 为负值时，连杆为拉杆，如图 1-1-30（d）所示。

由此可知，连杆的受力会影响连杆的结构及选材。

（3）曲柄受力分析

如图 1-1-30（a）中 B 点所示，来自连杆大端的作用力 S 作用在曲柄销 B 点，并分解为切向力 T 和径向力 K。T 满足关系式

$$M=T\cdot R$$

式中，M 为驱动发动机旋转的力矩；R 为力臂。为了保证发动机匀速工作，要求输出力矩均匀，但由于 T 值为交变力，单个曲柄无法实现这个目标，故工程上多采用多缸机或在曲轴的功率输出端加装飞轮。如遇图 1-1-30（c）中 B 点所示状态，功率输出也采用上述方法实现。

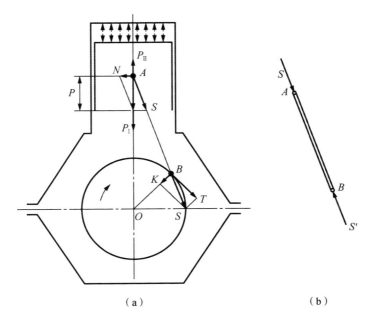

（a）　　　　　　　　　　　　　　（b）

图 1-1-30　曲柄连杆受力分析

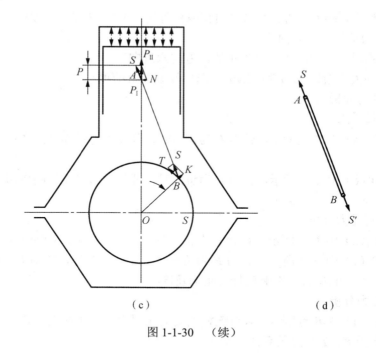

（c）　　　　　　　　（d）

图 1-1-30　（续）

思　考　题

1．设在刚体上 A 点作用 F_1、F_2、F_3 三个力，如图 1-1-31 所示，其大小都不为零，已知 F_1、F_2 共线，问此三力能否保持平衡？

2．如图 1-1-32 所示，作用于三角架 AB 杆中点的铅垂力 P，能否沿其作用线移到 BC 杆的中点？为什么？

3．如图 1-1-33 所示，力 P 作用在销钉 C 上，试问销钉 C 对杆 AC 的作用力与销钉 C 对杆 BC 的作用力是否等值、反向、共线？为什么？

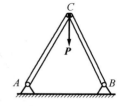

图 1-1-31　思考题 1　　　图 1-1-32　思考题 2　　　图 1-1-33　思考题 3

4．指出图 1-1-34 中哪些杆是二力构件（设所有接触处均光滑，所有杆的自重不计）。

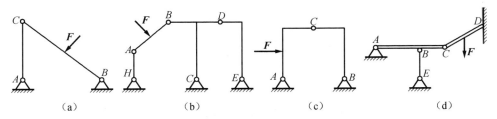

图 1-1-34 思考题 4

习 题

1．画出图 1-1-35 中滑轮组中 *A*、*B* 轮的受力图。

2．画出图 1-1-36 中球 *A* 的受力图。

3．如图 1-1-37 所示，分别画出图中三个柱体的受力图。

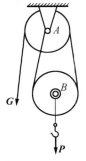

图 1-1-35 习题 1

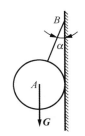

图 1-1-36 习题 2

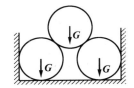

图 1-1-37 习题 3

4．画出图 1-1-38 中 *AB* 杆的受力图。

5．画出图 1-1-39 中锤头的受力图。

6．画出图 1-1-40 中手动水泵的手柄和活塞的受力图。

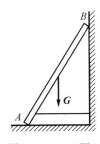

图 1-1-38 习题 4

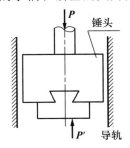

图 1-1-39 习题 5

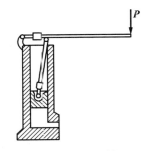

图 1-1-40 习题 6

7．画出图 1-1-41 中 *ABC* 梁和 *CD* 梁的受力图。

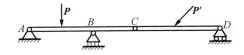

图 1-1-41 习题 7

第二章 运动分析、基本概念

本章主要介绍运动力学的一些基本概念，了解描述物体运动规律的方法，熟悉表述运动状态的重要参数——速度、加速度。在讨论中不涉及物体运动状态改变的原因——力和物体的质量。

第一节 点的运动分析

在研究物体的运动时，往往不考虑其形状、大小，只讨论它的运动状态变化的情况，这时就可以将研究对象看作一个点。点的运动分析是指对于某个参考物体其位置随时间发生的变化，参考体不同，物体的运动便不同。因此，描述物体运动时，必须说明是对哪一个参考系的。参考系是指固结在参考物体上的坐标系，大多数工程问题中如未加说明，则都是以固结在地面上的坐标系作为参考系。

一、描述点运动规律的基本方法

描述点运动规律的方法有矢径法、直角坐标法和自然法。本节只介绍自然法。自然法是以点的运动轨迹作为自然坐标轴来确定动点位置的方法。

设动点 M 沿已知轨迹运动，为描述动点在轨迹上的位置，在轨迹上需找一点 O 作为参考原点，并规定出原点 O 两侧的正负号，如图 1-2-1 所示。动点 M 的位置用弧长 OM 来表示，称为动点 M 的弧坐标或自然坐标，用 S 表示。

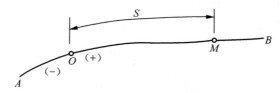

图 1-2-1 点的运动——矢量法

动点运动时，弧坐标 S 是时间 t 的单值连续函数，可表示为

$$S = f(t) \tag{1-2-1}$$

式（1-2-1）描述了点沿曲线轨迹的运动规律，称为自然法表示的动点运动方程。当动点轨迹及函数 $S=f(t)$ 已知时，动点任意瞬时在轨迹上的位置便可完全确定。

当点沿直线或圆周曲线运动时，采用自然法比较简便。

例 1-2-1 摇杆滑道机构中的滑块 M 同时在固定的圆弧槽 BC 和摇杆 OA 的滑道中滑动，如图 1-2-2 所示。BC 弧的半径为 R，摇杆 OA 绕 O 点转动的规律为 $\varphi=10t$，用自然法求滑块 M 的运动方程。已知运动开始时，摇杆在水平位置。

解： 从图中可以看出，滑块 M 的轨迹是以 O_1 为圆心，O_1M 为半径的圆弧，选 M_0 为弧

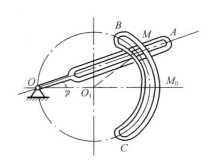

坐标的原点，则动点 M 在任一时刻的弧坐标为

$$S = M_0M = R \cdot \angle MO_1M_0$$

而

$$\angle MO_1M_0 = 2\varphi = 20t$$

所以

$$S = 20Rt$$

上式即为滑块 M 沿轨迹的运动方程。

图 1-2-2　例 1-2-1

二、点的速度和加速度

1. 点的速度

速度是描述点运动快慢和方向的物理量，因此它是矢量。

设动点沿已知轨迹运动，在瞬时 t，动点位于 M，弧坐标为 S，如图 1-2-3 所示。在 Δt 时间内点由 M 运动到 M_1，其弧坐标增量为 ΔS，动点的相应位移为 $\boldsymbol{MM_1}$，如图 1-2-3 所示。位移是矢量，它含有大小和方向两种意义，它的大小说明动点在 Δt 时间内运动的直线距离；它的方向说明动点在 Δt 时间内运动的大致方向。若 Δt 取得很小，则动点在 Δt 时间内所经过的路程 ΔS 和它的运动方向，就可以近似地用位移 $\boldsymbol{MM_1}$ 来表示。所以，位移 $\boldsymbol{MM_1}$ 与相应的时间间隔 Δt 的比值，即为动点在 Δt 时间内的平均速度，以 $\boldsymbol{v}^*$ 表示，即

$$\boldsymbol{v}^* = \frac{\boldsymbol{MM_1}}{\Delta t}$$

$\boldsymbol{v}^*$ 的方向即为 $\boldsymbol{MM_1}$ 的方向。当 Δt 趋近于零时，平均速度的极限就是动点在瞬时 t 的速度，以 $\boldsymbol{v}$ 表示，即

$$\boldsymbol{v} = \lim_{\Delta t \to 0} \frac{\boldsymbol{MM_1}}{\Delta t}$$

因为当 $\Delta t \to 0$ 时，$MM_1 \approx \Delta S$，所以，速度的大小为

$$v = \lim_{\Delta t \to 0} \frac{MM_1}{\Delta t} = \lim_{\Delta t \to 0} \frac{\Delta S}{\Delta t} = \frac{\mathrm{d}S}{\mathrm{d}t} = f'(t) \qquad （1-2-2）$$

当 $\Delta t \to 0$ 时，$M_1 \to M$，$\boldsymbol{MM_1}$ 的方向与 M 点的切线方向重合，指向运动的一方。

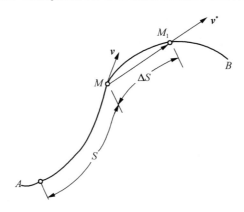

图 1-2-3　点的运动轨迹、速度

由上述可知，瞬时速度的大小等于动点的弧坐标对时间的一阶导数，方向沿着轨迹的切向并指向运动的一方。若 $v > 0$，动点沿轨迹的正方向运动；若 $v < 0$，表明动点沿轨迹的负方向运动。

2. 点的加速度

加速度是表示速度大小和方向变化的一个物理量，它也是矢量。由于在推导过程中速度的增量 Δv 可分解为两个分量，即速度大小变化的增量与速度方向变化的增量。因此，加速度是由两部分组成的，即切向加速度 $\boldsymbol{a}_\tau$，它反映了速度大小的变化率；法向加速度 $\boldsymbol{a}_n$，它反映了速度方向的变化率，即（推导过程从略）

切向加速度

$$a_\tau = \frac{\mathrm{d}v}{\mathrm{d}t} = \frac{\mathrm{d}^2 S}{\mathrm{d}t^2} = f''(t) \qquad (1\text{-}2\text{-}3)$$

$\boldsymbol{a}_\tau$ 的方向沿轨迹的切线，指向由导数的正负号决定。$a_\tau > 0$ 时，指向轨迹的正向；$a_\tau < 0$ 时，指向轨迹的负向。$\boldsymbol{a}_\tau$ 与 v 同号时，点做加速运动；$\boldsymbol{a}_\tau$ 与 v 异号时，点做减速运动。

法向加速度

$$a_n = \frac{v^2}{\rho} \qquad (1\text{-}2\text{-}4)$$

式中，ρ 为曲线在该点的曲率半径。圆周曲线的曲率半径等于圆的半径（$\rho = R$），直线的曲率半径为无穷大（$\rho = \infty$）。$\boldsymbol{a}_n$ 的方向沿着轨迹的法线，且总是指向轨迹曲线的曲率中心，恒为正值。

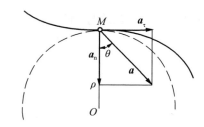

图 1-2-4　点运动的加速度

因为 $\boldsymbol{a}_\tau$ 与 $\boldsymbol{a}_n$ 相互垂直，故在已知点的 $\boldsymbol{a}_\tau$ 和 $\boldsymbol{a}_n$ 后，就可以求出该点的全加速度 $\boldsymbol{a}$，如图 1-2-4 所示，即

全加速度的大小

$$a = \sqrt{a_\tau{}^2 + a_n{}^2} = \sqrt{\left(\frac{\mathrm{d}v}{\mathrm{d}t}\right)^2 + \left(\frac{v^2}{\rho}\right)^2} \qquad (1\text{-}2\text{-}5\text{a})$$

全加速度的方向

$$\tan\theta = \frac{|a_\tau|}{a_n} \qquad (\theta \text{ 为 } \boldsymbol{a} \text{ 与 } \boldsymbol{a}_n \text{ 的夹角}) \qquad (1\text{-}2\text{-}5\text{b})$$

例 1-2-2　如图 1-2-5 所示，飞轮做加速转动，其轮缘上 M 点的运动规律为 $S = 0.02t^3$，飞轮半径 $R = 40\text{cm}$。当 M 点的速度达到 $v = 6\text{m/s}$ 时，求该点的加速度。

解：M 点的轨迹为一圆周，其中：

$$v = \frac{\mathrm{d}S}{\mathrm{d}t} = 0.06t^2 \qquad a_\tau = \frac{\mathrm{d}v}{\mathrm{d}t} = 0.12t \qquad a_n = \frac{v^2}{\rho} = \frac{v^2}{R}$$

当 $v = 6\text{m/s}$ 时，$t = \sqrt{v/0.06} = \sqrt{6/0.06} = 10(\text{s})$，则得

$$a_\tau = 1.2\text{m/s}^2 \qquad a_n = \frac{6^2}{0.4} = 90(\text{m/s}^2) \quad （方向如图 1\text{-}2\text{-}5 所示）$$

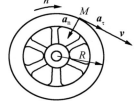

图 1-2-5　例 1-2-2

例 1-2-3　有一提升机构，如图 1-2-6 所示，料斗通过钢丝绳由绕水平轴 O 转动的卷筒提升。已知卷筒半径 $R = 160\text{mm}$，料斗沿垂直方向提升的运动方程为 $y = 20t^2$，求卷筒边缘上一点 M 在 $t = 4\text{s}$ 时的速度和加速度。

解：1）运动分析。卷筒边缘上的 M 点做半径为 R 的圆周运动。

2）列运动方程，求未知量。设 $t=0$ 时，料斗在 A_0 位置，M 点在 M_0 处，在某一瞬时 t，料斗达到 A 处，M 点达到 M' 位置。取 M_0 为弧坐标原点，则 M 点的弧坐标为

$$S = M_0 M' = y = 20t^2$$

上式为 M 点沿已知轨迹的运动方程。

由

$$v = \frac{\mathrm{d}S}{\mathrm{d}t} = 40t$$

得，当 $t=4$s 时，M 点的速度为

$$v = 40 \times 4 = 160 (\mathrm{mm/s})$$

这时 M 点的切向加速度为

$$a_\tau = \frac{\mathrm{d}v}{\mathrm{d}t} = 40 \mathrm{mm/s}^2$$

法向加速度为

$$a_\mathrm{n} = \frac{v^2}{R} = \frac{160^2}{160} = 160 (\mathrm{mm/s}^2)$$

所以，当 $t=4$s 时，M 点的全加速度大小为

$$a = \sqrt{a_\tau^2 + a_\mathrm{n}^2} = \sqrt{40^2 + 160^2} \approx 165 (\mathrm{mm/s}^2)$$

方向为　　　　$\tan\theta = \dfrac{|a_\tau|}{a_\mathrm{n}} = \dfrac{40}{160} = 0.25$　　　　$\theta = 14°2'$

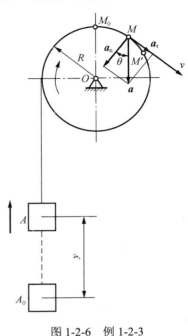

图 1-2-6　例 1-2-3

第二节　刚体的基本运动

工程中有很多机械的运动都可以抽象为刚体的运动，如内燃机中曲柄或连杆的运动，齿轮、带轮的转动等。刚体的运动形式大多较为复杂，但都可分解为平动和绕定轴转动两种基本的运动形式。本节只讨论平动和绕定轴转动。

一、刚体的平动

刚体运动时，如果其上任意直线始终与其初始位置相平行，这种运动称为平行移动，简称平动。工程中，刚体平动的例子很多，如直线轨道上车厢的运动、摆动输送机中输送槽的运动、操场上荡木的运动和气缸内活塞的运动等，如图 1-2-7 所示。

刚体平动时，如果体内各点的轨迹是直线，称为直线平动，如图 1-2-7（a）中的车厢；如果体内各点的轨迹是曲线，则称为曲线平动，如图 1-2-7（b）中的输送槽。

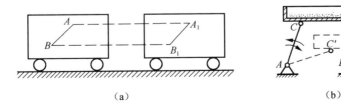

（a）　　　　　　　　　　　　　　　（b）

图 1-2-7　刚体的平动

根据实验分析，刚体平动时其上各点的运动轨迹是完全相同的，并且相互平行。从而推知，刚体平动时，在同一瞬时，其上各点有相同的速度和加速度。基于这一特点，可以用刚体上任意点的运动来描述平动刚体的运动，从而将对平动刚体的运动分析，转化为对其上任一点的运动分析，这便是分析平动刚体运动的基本方法。

二、刚体的定轴转动

飞轮、齿轮、电机转子等零部件的运动有一个共同特征：刚体运动时，其体内有一直线始终保持不动，其他各点则绕该直线做圆周运动，这种运动称为定轴转动，简称转动，固定不动的直线称为轴线或转轴。

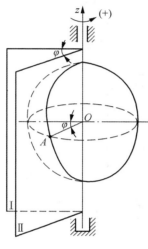

图 1-2-8　刚体的定轴转动

1. 转动方程

刚体定轴转动规律可用刚体绕转轴转过的角度与时间的关系来描述。如图 1-2-8 所示，通过转轴 z 作一固定平面 I，再作一与刚体固结在一起且随刚体一起转动的平面 II，刚体在任意瞬时的位置可由动平面 II 与定平面 I 之间的夹角 φ 来确定，φ 称为刚体的角位移或转角，单位为弧度（rad）。由于 φ 随时间 t 的变化而改变，故可以表示为时间的单值连续函数：

$$\varphi = f(t) \tag{1-2-6}$$

式（1-2-6）称为刚体的转动方程，它反映了刚体定轴转动的规律，并规定：从转轴 z 的正向向负向看，逆时针转动，φ 为正；顺时针转动，φ 为负，如图 1-2-8 所示。

2. 角速度

角速度是描述刚体转动快慢和转向的物理量。

设在瞬时 t，刚体的转角为 φ，经时间 Δt 后，刚体的转角为 $\varphi+\Delta\varphi$，$\Delta\varphi$ 为刚体在 Δt 时间间隔内转过的角度，则 $\Delta\varphi/\Delta t$ 为刚体在 Δt 时间间隔内的平均角速度，用 ω^* 表示，即

$$\omega^* = \frac{\Delta\varphi}{\Delta t}$$

当 $\Delta t\to 0$ 时，平均角速度的极限值为刚体的瞬时角速度，用 ω 表示，即

$$\omega = \lim_{\Delta t\to 0}\frac{\Delta\varphi}{\Delta t} = \frac{\mathrm{d}\varphi}{\mathrm{d}t} = \varphi'(t) \tag{1-2-7}$$

这表明，刚体绕定轴转动时的角速度 ω 等于转角 φ 对时间 t 的一阶导数。ω 为代数量，其单位为弧度/秒（rad/s），正负号表示转动方向，当 $\omega>0$ 时，$\Delta\varphi>0$，刚体逆时针转动；当 $\omega<0$ 时，$\Delta\varphi<0$，刚体顺时针转动。可见，刚体的瞬时角速度不仅描述了刚体瞬时转动的快慢，还描述了刚体的瞬时转向。

工程中常用转速 n 表示刚体转动的快慢，其单位用转/分（r/min）表示，转速 n 与角速度 ω 之间的关系为

$$\omega = \frac{2\pi\cdot n}{60} = \frac{\pi\cdot n}{30} \tag{1-2-8}$$

3. 角加速度

角加速度是描述刚体角速度变化的快慢和方向的物理量。

设在瞬时 t 的角速度为 ω，经过 Δt 时间间隔后，角速度为 $\omega + \Delta\omega$，则 $\Delta\omega$ 为 Δt 时间间隔内刚体角速度的改变量，则 $\Delta\omega/\Delta t$ 为刚体在 Δt 时间间隔内的平均角加速度，用 ε^* 表示，即

$$\varepsilon^* = \frac{\Delta\omega}{\Delta t}$$

当 $\Delta t \to 0$ 时，平均角速度的极限值为刚体在瞬时 t 的瞬时角加速度，用 ε 表示，即

$$\varepsilon = \lim_{\Delta t \to 0}\frac{\Delta\omega}{\Delta t} = \frac{\mathrm{d}\omega}{\mathrm{d}t} = \frac{\mathrm{d}^2\varphi}{\mathrm{d}t^2} = \varphi''(t) \tag{1-2-9}$$

式（1-2-9）表明，刚体绕定轴转动的角加速度 ε 等于刚体的角速度 ω 对时间 t 的一阶导数，或等于刚体的转角 φ 对时间 t 的二阶导数。ε 为代数量，其单位为弧度/秒^2（rad/s^2）。$\varepsilon > 0$，表示逆时针方向；$\varepsilon < 0$，表示顺时针方向。当 ε 与 ω 同号时，刚体加速转动；反之，刚体减速转动，如图 1-2-9 所示。

需要指出的是，某瞬时刚体的转动方向是指该瞬时的角速度 ω 的转向，而不是该瞬时角加速度 ε 的转向。

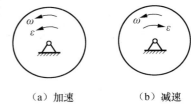

（a）加速　　　（b）减速

图 1-2-9　角速度与角加速度

例 1-2-4　已知发动机主轴的转动方程为 $\varphi = t^3 + 4t - 3$（φ 的单位为 rad，t 的单位为 s），试求当 $t = 1$s、2s 时转动的角速度和角加速度。

解： 因为

$$\omega = \frac{\mathrm{d}\varphi}{\mathrm{d}t} = \frac{\mathrm{d}}{\mathrm{d}t}(t^3 + 4t - 3) = 3t^2 + 4$$

于是，$t = 1$s 时

$$\omega_1 = 3 \times 1^2 + 4 = 7 \ (\mathrm{rad/s})$$

$t = 2$s 时

$$\omega_2 = 3 \times 2^2 + 4 = 16 \ (\mathrm{rad/s})$$

又

$$\varepsilon = \frac{\mathrm{d}\omega}{\mathrm{d}t} = \frac{\mathrm{d}}{\mathrm{d}t}(3t^2 + 4) = 6t$$

所以，$t = 1$s 时

$$\varepsilon_1 = 6 \times 1 = 6 \ (\mathrm{rad/s}^2)$$

$t = 2$s 时

$$\varepsilon_2 = 6 \times 2 = 12 \ (\mathrm{rad/s}^2)$$

第三节　转动刚体上各点的速度和加速度

在生产实际中，不仅要了解机器的转动情况，还要了解转动零件上点的运动情况，如车床要选择切削速度，齿轮或带轮要计算其线速度等。因此，研究刚体绕定轴转动，不仅要了解刚体转动的规律，还要研究刚体上各点的速度、加速度与刚体的运动关系。刚体绕

定轴转动时，除了转轴上各点外，其余所有点都在垂直于转轴的平面内做圆周运动，圆心位于轴线上，点到转轴的距离为 r，称为转动半径，如图 1-2-10 所示。由于点的运动为圆周运动，故可用自然法确定点的速度和加速度。

一、速度

如图 1-2-10 所示，取 M_0 为点运动的参考原点，在瞬时 t，点运动到圆周上 M 处，其弧坐标为

$$S = M_0 M = r\varphi \tag{1-2-10}$$

式（1-2-10）表明，刚体内任一点的弧坐标，等于刚体的转角 φ 与该点转动半径 r 的乘积。由式（1-2-2）可得其速度的大小为

$$v = \frac{\mathrm{d}S}{\mathrm{d}t} = \frac{\mathrm{d}(r\varphi)}{\mathrm{d}t} = r\frac{\mathrm{d}\varphi}{\mathrm{d}t} = r\omega \tag{1-2-11}$$

式（1-2-11）表明，转动刚体内一点的速度，等于该点的转动半径与刚体角速度的乘积，其方向沿圆周轨迹的切线方向，并且与刚体的转向一致。

式（1-2-11）还表明，转动刚体内点的速度与其转动半径成正比，离转轴越远，点的速度越大，离转轴越近，点的速度越小，在转轴的轴线上点的速度为零。刚体内各点的速度分布规律，如图 1-2-11 所示。

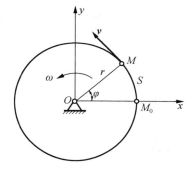

图 1-2-10　定轴转动刚体上的线速度与角速度

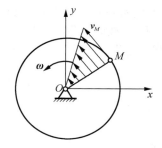

图 1-2-11　线速度与回转半径的关系

二、加速度

因为转动刚体上各点做圆周运动，故其加速度应包括切向加速度 a_τ 和法向加速度 a_n，其中，切向加速度 a_τ 的大小为

$$a_\tau = \frac{\mathrm{d}v}{\mathrm{d}t} = \frac{\mathrm{d}(r\omega)}{\mathrm{d}t} = r\frac{\mathrm{d}\omega}{\mathrm{d}t} = r\varepsilon \tag{1-2-12}$$

法向加速度 a_n 的大小为

$$a_n = \frac{v^2}{\rho} = \frac{(r\omega)^2}{r} = r\omega^2 \tag{1-2-13}$$

式（1-2-12）和式（1-2-13）说明：刚体绕定轴转动时，刚体上点的切向加速度 a_τ 的大小，等于该点的转动半径 r 和刚体角加速度 ε 的乘积，方向沿圆周轨迹的切线并与 ε 转向一致；其法向加速度 a_n 的大小，等于该点的转动半径 r 与角速度 ω 的二次方的乘积，方向指向圆心 O，如图 1-2-12 所示。同理，做定轴转动的刚体上各点的全加速度的大小和方向可表示为

$$a = \sqrt{a_\tau^2 + a_n^2} = \sqrt{(r\varepsilon)^2 + (r\omega^2)^2} = r\sqrt{\varepsilon^2 + \omega^4} \qquad (1\text{-}2\text{-}14a)$$

$$\tan\theta = \frac{|a_\tau|}{a_n} = \frac{|r\varepsilon|}{r\omega^2} = \frac{|\varepsilon|}{\omega^2} \qquad (\theta\text{ 为 } a \text{ 和 } a_n \text{ 的夹角}) \qquad (1\text{-}2\text{-}14b)$$

式（1-2-14b）表明，在任一瞬时，转动刚体内某点全加速度的大小与点的转动半径成正比，方向与转动半径成 θ 角，且各点的 θ 角均相等。刚体内点的全加速度分布规律，如图 1-2-13 所示。

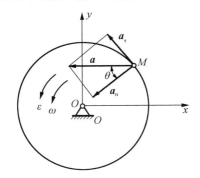

图 1-2-12　切向加速度 a_τ、法向加速度 a_n

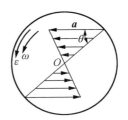

图 1-2-13　全加速度分布规律

例 1-2-5　如图 1-2-14 所示，有一对外啮合的圆柱齿轮，已知齿轮 I 的角速度为 ω_1，角加速度为 ε_1，试求齿轮 II 的角速度 ω_2 和角加速度 ε_2。齿轮 I 和齿轮 II 的节圆半径分别是 R_1 和 R_2。

解：齿轮的啮合可以看作两节圆之间相切。设 A、B 是两齿轮在节圆上的啮合点（节圆的切点），在两啮合点间无相对滑动，因而它们具有相同的速度，同样也具有相同的切向加速度。于是有

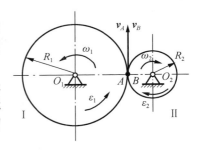

图 1-2-14　例 1-2-5

$$v_A = v_B \qquad a_{A\tau} = a_{B\tau}$$

又

$$v_A = R_1\omega_1 \qquad v_B = R_2\omega_2 \qquad a_{A\tau} = R_1\varepsilon_1 \qquad a_{B\tau} = R_2\varepsilon_2$$

故得

$$R_1\omega_1 = R_2\omega_2 \qquad R_1\varepsilon_1 = R_2\varepsilon_2$$

即

$$\omega_2 = \frac{R_1}{R_2}\cdot\omega_1 \qquad \varepsilon_2 = \frac{R_1}{R_2}\cdot\varepsilon_1$$

或

$$\frac{\omega_1}{\omega_2} = \frac{\varepsilon_1}{\varepsilon_2} = \frac{R_2}{R_1}$$

结果表明：一对啮合齿轮的角速度和角加速度的大小，都与其节圆半径成反比。其中主动轮与从动轮的角速度之比，称为这对齿轮的传速比（传动比）。设齿轮 I 是主动轮，齿轮 II 是从动轮，以 i 表示传速比，则有

$$i = \frac{\omega_1}{\omega_2} = \frac{R_2}{R_1}$$

第四节　刚体的转动惯量与飞轮的作用

一、转动惯量的概念

转动惯量是用来度量转动刚体惯性的物理量。刚体对任一轴 z 的转动惯量定义为

$$J_z = \sum m_i r_i^2 \tag{1-2-15}$$

式中，m_i 为刚体内任一质点的质量；r_i 为该质点的转动半径。可见刚体的转动惯量不仅与它的质量有关，而且与转轴的位置及质量的分布有关，质量分布越靠近转轴，转动惯量越小，反之，则越大。例如内燃机上的飞轮，其边缘较厚，中间较薄，大部分质量分布在边缘上，这样飞轮便具有较大的转动惯量。相反，仪表中的转动零件，为提高灵敏度，要求零件的转动惯量尽量小一些，设计时应使较多的质量靠近转轴，并采用轻金属材料。

刚体对 z 轴的转动惯量可以看作整个刚体的质量 m 与某一长度 ρ 的二次方的乘积，即

$$J_z = m\rho^2 \tag{1-2-16}$$

ρ 称为刚体对 z 轴的回转半径，也称为惯性半径。式（1-2-16）表明，假想把物体全部质量集中在距 z 轴为回转半径 ρ 的一点上，这样就简化为一个具有质量 m 的质点对 z 轴的转动惯量。转动惯量是质量与距离二次方的乘积，永远是一个正的标量。在国际单位制中，转动惯量的单位为千克·米^2（kg·m^2）。

二、飞轮的作用

在动力机器轴上安装飞轮，其目的是利用飞轮的转动惯量。例如在柴油机曲轴末端安装飞轮，如图 1-2-15 所示，其主要作用有以下几点：

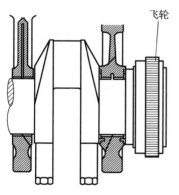

飞轮

图 1-2-15　飞轮

1）使转速变化均匀，机器运转平稳。因为柴油机输出的力偶矩时刻都在变化，被驱动机械的阻力矩也时刻在改变，即使在转速不变的情况下，任何瞬时这两者也是不会相等的，因此导致机器转动不平稳。而飞轮可以在柴油机转速增加时储存多余的能量，使整个轴系转速不易升高；当柴油机转速减小时，飞轮能释放储存的能量，使整个轴系的转速不易降低。可见，利用飞轮转动的惯性可使转速变化均匀，从而保证了机器运转的平稳性。

2）改善扭振特性，减缓机械振动。飞轮转动惯量的大小对整个轴系的固有频率和振形都有一定影响。配备不同转动惯量的飞轮，以供传动不同装置时的需要，可使危险的共振转速（临界转速）处于常用转速范围之外，使柴油机获得良好的扭振特性。

3）选择适当转动惯量的飞轮，可以改善柴油机的起动和操纵性能。

另外，飞轮轮缘上的齿圈供盘车机啮合带动，以便于柴油机的检修和调整；在飞轮圆周上还刻有各缸上、下止点的标记和转角刻度，以供调整定时使用。

思 考 题

1. 如果：（1）$a_\tau=0$，$a_n=0$；（2）$a_\tau=0$，$a_n \neq 0$；（3）$a_\tau \neq 0$，$a_n=0$；（4）$a_\tau \neq 0$，$a_n \neq 0$。则动点分别做何种运动？

2. 点做曲线运动时，如果其加速度是恒矢量，则点是否做匀变速运动？

3. 点做直线运动时，如果某瞬时的速度 $v=5\text{m/s}$，根据 $a_\tau = \mathrm{d}v/\mathrm{d}t$，求得该瞬时加速度为零对否？为什么？

4. 当轮子转动的主动力矩大于、等于或小于阻力矩时，轮子分别按何种规律运动？

5. 什么是转动惯量？它与哪些因素有关？

6. 柴油机中的飞轮有哪些作用？

7. 飞轮匀速转动，若半径增大一倍，其边缘上点的速度和加速度是否都增加一倍？若转速增大一倍，边缘上点的速度和加速度是否增加一倍？

习 题

1. 点沿半径 $R=0.2\text{m}$ 的圆做圆周运动，其运动方程为 $S=3t^2+4t$，S 的单位为 m，时间 t 的单位为 s。试求 $t=0.2\text{s}$ 时点的位置、速度和加速度。

2. 飞轮加速转动时轮缘上一点按 $S=0.1t^3$ 的规律运动，飞轮半径 $R=0.5\text{m}$。求此点的速度 $v=30\text{m/s}$ 时其法向和切向加速度。

3. 物体绕定轴转动的转动方程 $\varphi = 4t - 3t^3$（φ 的单位为 rad，t 的单位为 s）。试求 $t=0$、$t=1\text{s}$ 时刚体的角速度和角加速度。

4. 砂轮的直径 $d=200\text{mm}$，转速 $n=900\text{r/min}$，求砂轮轮缘上任一点的速度和加速度。

第三章 材料力学

从本章开始将在前面静力分析的基础上介绍构件的强度、刚度和稳定性问题，以及杆件的基本变形问题，这些问题均属于材料力学。

第一节 材料力学的任务及基本变形形式

一、弹性与塑性

在理论力学中，把所有的研究对象看作刚体，实践证明，任何物体在载荷作用下都会发生形状和尺寸的变化。而材料力学主要是研究构件在载荷（外力）作用下的变形和破坏的规律，为合理设计构件提供强度、刚度和稳定性分析的基本理论和方法的科学，因此，在材料力学中所有的研究对象都将被看作变形体。

实验表明，当载荷不超过一定范围时，材料在去除载荷后能够恢复原有的形状和尺寸，材料的这种性质称为弹性；载荷去除后能够消失的变形称为弹性变形。当载荷超过一定范围后，材料在去除载荷后，变形只能部分复原，而残留下一部分变形不能消失，材料的这种性质称为塑性；不能消失的变形称为塑性变形，又称残余变形。

二、衡量构件承载能力的标准

工程结构是由许多构件组成的，它们所能承受的外力是有限的，超过一定限度，构件便会失去正常的功能，这种现象称为失效或破坏。工程结构的失效形式很多，通常有三类：强度失效、刚度失效和稳定性失效。

强度是构件在确定载荷下保持不发生断裂或塑性变形的能力。工厂车间里起重吊车（行车）的大梁如图 1-3-1 所示，当载荷在允许的起重范围内时，大梁虽然也发生弯曲变形，但载荷去除后，变形随之消失，这种变形称为弹性变形，表明它有足够的强度。当载荷超过额定数值，大梁的弯曲变形不会随载荷去除而消失，这种不可恢复的变形称为塑性变形，它使吊车失去正常工作的能力。构件因强度不足而丧失正常工作能力，称为强度失效。

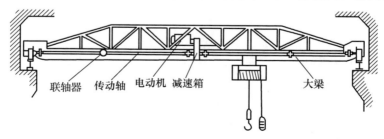

联轴器 传动轴 电动机 减速箱 大梁

图 1-3-1 起重吊车的大梁

刚度是指构件在确定的载荷作用下，保持其弹性变形不超过其允许范围的能力。在钻孔过程中，钻床的立柱、摇臂等都将发生变形，如图 1-3-2 所示。这种变形虽然是弹性的，但从加工精度考虑，必须对这种弹性变形加以限制，否则会影响工件的质量。例如，齿轮轴变形过大而使轴上的齿轮啮合不良，影响齿轮传动的正常工作，如图 1-3-3 所示。构件因刚度不足而丧失正常工作能力，称为刚度失效。

　　稳定性是指构件在某种受力形式下，保持其平衡形式或变形形式不发生突变的能力。如千斤顶的顶杆，如图 1-3-4 所示，工作时承受轴向压缩的载荷，当载荷小于某一数值时，顶杆能保持直线平衡状态，当载荷超过这一数值时，在外界微小的扰动之下顶杆会突然由直线平衡形式转变为弯曲的平衡形式，使顶杆丧失正常工作能力。构件的这种平衡或变形形式发生突变而导致其丧失正常工作能力的现象，称为压杆失稳。

　　其他工程上还会发生压杆失稳的情况，有液压装置的活塞杆因压力过大弯曲（图 1-3-5），起货机吊杆因压力过大而弯曲（图 1-3-6），等等。

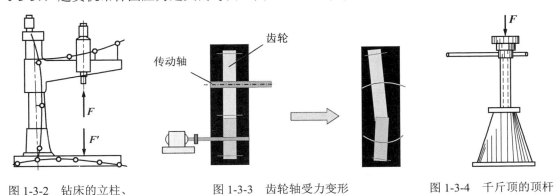

图 1-3-2　钻床的立柱、　　　　图 1-3-3　齿轮轴受力变形　　　　图 1-3-4　千斤顶的顶杆
　　　　　摇臂发生变形

图 1-3-5　液压自卸车

图 1-3-6　舵用起重机

　　为了防止顶杆失稳，要尽量提高顶杆在发生失稳现象时的载荷（即临界载荷），其措施包括：①将压杆布置得离轴线远一些，如采用圆环状截面；②沿轴向，中间截面增大，两端截面缩小。

　　因此，要保证整个机器或结构的正常工作，构件必须满足三个基本要求：

　　1）足够的强度。

2）足够的刚度。

3）足够的稳定性。

在工程设计中，构件不仅要满足强度、刚度和稳定性要求，同时还必须符合经济方面的要求。前者往往要求加大构件的横截面，多用材料，而且要用强度高的材料；而后者却要求节省材料，避免大材小用、优材劣用，应尽量降低成本。因此，安全与经济之间是存在矛盾的。材料力学的任务是在满足强度、刚度和稳定性要求的前提下，从经济方面为构件选用适宜的材料，确定合理的截面形状和尺寸，为构件设计提供基本理论和计算方法。

三、变形体的基本假设

在静力分析中，曾经把物体抽象为刚体，从而使问题大为简化，但在研究构件的强度、刚度和稳定性问题时，就必须考虑物体的变形，这时的研究对象就应该是变形体了。

实际变形体的微观结构和性态是很复杂的，因此对变形体做适当的简化与抽象，以使问题简化。变形体的基本假设如下。

1. 均匀连续假设

假设材料是无空隙地、连续均匀地分布于物体所占有的全部空间，各点处的力学性质完全一致。

2. 各向同性假设

假设材料在各个方向上具有相同的力学性能。

3. 小变形假设

假设材料在外力作用下所产生的变形与物体本身尺寸相比是微小的（据此可用静力分析的方法来研究强度和刚度的平衡问题）。

四、杆件的基本变形形式

实际构件的尺寸和形状多种多样，按其几何形状可以分为四类：杆件、平板、壳体及块体。这里主要介绍杆件。

凡是细长的构件，即其长度远大于横截面尺寸的构件称为杆。杆有两个主要的几何特征：横截面，指杆沿垂直于长度方向的截面；轴线，指所有横截面形心的连线。

如传动轴、连杆、活塞杆、螺栓、梁等都可看作杆。如果杆的轴线为直线，则称为直杆，否则称为曲杆。截面形状一致的杆称为等直杆，如二冲程柴油机的活塞杆，主推进动力装置的中间轴等；截面形状改变的杆称为变截面杆，阶梯轴就是变截面杆。

杆件在不同的外力作用下，将产生不同形式的变形，其基本变形形式有以下几种：

1）轴向拉伸与压缩，如图 1-3-7（a）、（b）所示。

2）剪切，如图 1-3-7（c）所示。

3）扭转，如图 1-3-7（d）所示。

4）弯曲，如图 1-3-7（e）所示。

在工程实际中，杆件的变形一般比较复杂，但都可以看成由以上几种基本变形组合而成。

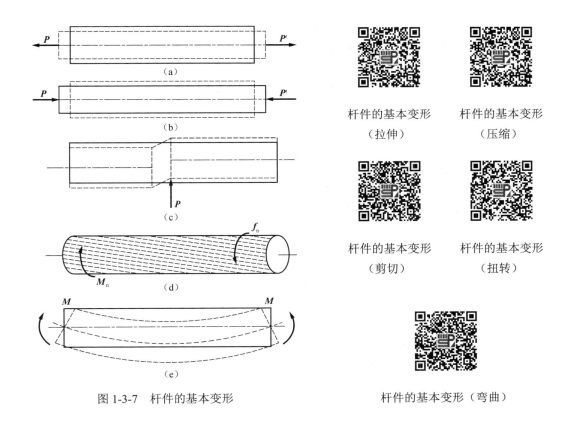

图 1-3-7 杆件的基本变形

杆件的基本变形（拉伸）

杆件的基本变形（压缩）

杆件的基本变形（剪切）

杆件的基本变形（扭转）

杆件的基本变形（弯曲）

第二节 载荷、内力和应力

一、载荷及其分类

在材料力学中，将所有作用于构件上的力和力偶统称为外力，可见外力是由载荷和约束反力组成的。

载荷是作用于构件上的主动力。常见的载荷有重力、惯性力、风力、水压力、气压力和液压力等。

（一）载荷的分类

1. 按其分布情况不同分类

（1）分布载荷

它又可分为体载荷、面载荷和线载荷。

体载荷：连续作用在构件内部每一个质点上的载荷，如重力、磁力、惯性力等。

面载荷：作用于构件表面上的载荷，如船底、水库堤坝上的液压力，柴油机燃气压力施加在活塞头上的载荷。

线载荷：如考虑梁的重力时分布在梁上的载荷；柴油机排气阀落座时，施加在阀座上的载荷；柴油机喷油器针阀偶件在针阀落座时施加在阀座上的载荷。

（2）集中载荷

作用在构件上很小面积或近似于在某一点上的载荷称为集中载荷。集中载荷是一种近似的简化，无论作用的面积如何小，也不可能小到一点。例如，在钳工工艺中用样冲打冲眼时，施加在工件上的载荷；汽车在桥梁上行驶时桥梁的载荷，均可认为是集中载荷。

2. 按载荷随时间的变化情况分类

（1）静载荷

若载荷由零缓慢地增加到某一定值后不再改变或有着次数不多的很慢的改变，这种载荷称为静载荷。例如，拉伸试验时施加于试件上的载荷；锅炉的压力；定速航行中，柴油机稳定工作时施加在轴系上的扭矩、推力等都可以看作静载荷。

（2）动载荷

随时间变化的载荷称为动载荷，它又可分为交变载荷和冲击载荷。

随时间做周期性变化的载荷称为交变载荷，如齿轮传动时轮齿承受的载荷；随时间做非周期性变化的载荷，或物体的运动在瞬时发生突变而引起的载荷称为冲击载荷，如冲压、打桩等。

船舶起航时，柴油机加速过程中，施加在轴系上的扭矩、推力等就属于动载荷。

在静载荷与动载荷作用下，材料的性能存在着差异，由于静载荷中的问题较为简单，而且它的理论和方法可作为解决动载荷问题的基础，所以在材料力学中首先研究有关静载荷的问题。

（二）名义载荷和计算载荷

1）名义载荷。根据额定功率用力学公式计算出来的载荷称为名义载荷。它是机器在平衡的工作条件下作用在零件上的载荷，并没有反映出机器在非平衡工作条件下（如机器的起动、制动时及工作负载变化时）零件的受力情况。

2）计算载荷。考虑到机器实际工作中的受载情况，引入载荷系数 k（$k > 1$），将名义载荷与载荷系数 k 的乘积称为计算载荷。它是工程中对零件进行设计计算时用的载荷。

二、内力和应力

1. 内力

内力是指构件内部两相邻部分之间的相互作用力。在构件不受外力时，其内部质点之间的相互作用力，称为固有内力。正是这种内力使各质点保持一定的相对位置，并使构件具有一定的几何尺寸和形状。构件受外力作用后，其产生形变的同时，其内部也因各部分之间相对位置的改变而引起内力的改变。

物体因受到外力作用而变形，其内部各部分之间因相对位置改变而产生相互作用力，这种由外力引起的内力的变化量称为附加内力。这种内力随外力的大小和形式的变化而变化，它的大小及其在构件内的分布规律与构件的强度、刚度、稳定性密切相关，所以对内力进行分析是解决构件强度、刚度、稳定性的基础。在材料力学中所研究的内力系指这种附加内力。

实验证明，物体的内力随着外力的大小和形式的变化而变化，变形增加，内力增加，对于确定的材料，内力有一定的限度，超过这一限度，材料将发生破坏。因此，内力分析是解决构件强度、刚度和稳定性等问题的基础。

2. 内力的计算方法——截面法

如图 1-3-8（a）所示，为了求出杆件某截面上的内力，用假想平面 *m—m* 将杆件截为两部分，如图 1-3-8（b）所示，并将其中任一部分从杆件中分离出来作为研究对象，因为杆件原来是平衡的，假想截开后仍然平衡，又根据材料的均匀连续性的假设，内力在杆件截面上是连续分布的，这些分布内力的合力就称为截面上的内力，因此就可以在截面上用内力来代替移去部分对留下部分的作用，此时的内力就演变成了外力，所以内力的大小和方向就可根据平衡方程求得，这一过程就称为截面法。

截面法

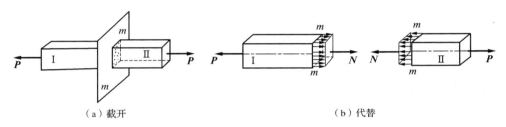

（a）截开　　　　　　　　　　　（b）代替

图 1-3-8　截面法

截面法可归纳为以下三个步骤：

1）截开。在需要求内力的截面处假想把构件截开为两部分。

2）代替。任取其中一部分为研究对象，并在截面上用内力来代替移去部分对留下部分的作用，注意内力的性质必须根据外力的性质来确定。

3）平衡。对研究对象建立平衡方程，根据已知外力求出截面上的内力。

3. 应力

在研究截面上任一点 *M* 处的内力时，可在 *M* 处取一微面积 ΔA，如图 1-3-9 所示，假设作用于该面积上的内力为 ΔP，将 ΔP 与 ΔA 之比定义为 ΔA 上内力的平均集度，即

$$p_{\mathrm{m}} = \frac{\Delta P}{\Delta A} \tag{1-3-1}$$

p_{m} 称为 ΔA 上的平均应力。

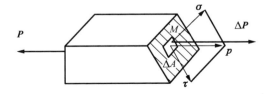

图 1-3-9　应力

当面积 ΔA 趋近于零时，比值 $\Delta P/\Delta A$ 的极限值就成为截面上 *M* 点处的内力集度，称为 *M* 点的应力，即

$$p = \lim_{\Delta A \to 0} \frac{\Delta P}{\Delta A} \qquad (1\text{-}3\text{-}2)$$

应力 p 又称为全应力，它是一矢量，通常把全应力 p 分解为沿截面法线方向（垂直于截面）的分量 σ 和与截面相切（平行于截面）的分量 τ，σ 称为正应力，τ 称为剪应力。应力的单位是帕（Pa），也可以用千帕（kPa）、兆帕（MPa），换算关系为

$$1\text{Pa} = 1\text{N}/\text{m}^2 \qquad 1\text{kPa} = 10^3\text{Pa} \qquad 1\text{MPa} = 10^6\text{Pa}$$

工程中，应力的单位常用兆帕，$1\text{MPa} = 1\text{MN}/\text{m}^2 = 1\text{N}/\text{mm}^2$。

需要指出的是，式（1-3-1）和式（1-3-2）是为说明应力概念而引入的，在实际计算中并不采用。

第三节　拉、压时材料的力学性能

在对构件进行强度和变形计算时，需要知道构件材料破坏时的应力（极限应力）、弹性模量 E 及胡克定律的适用范围等与材料有关的数据。这些数据一般通过材料试验测定。试验中得到的材料在外力作用下的各种物理性质，称为材料的力学性能。

试验表明，材料的力学性能不仅与材料的种类有关，还与载荷性质（静载荷或动载荷）及温度等外界条件有密切关系。下面以低碳钢和铸铁为例来介绍塑性材料和脆性材料的主要力学性能和主要特征。

一、拉伸时的力学性能

拉伸试验的目的是研究材料抵抗破坏的能力及受力后的变形规律，即研究材料从开始受力到破坏整个过程的力学性能。

1. 低碳钢拉伸时的力学性能

低碳钢是工程上使用较广的材料，它在拉伸试验中所表现的力学性能较全面，因此以低碳钢来研究材料在拉伸时的力学性能。

由于材料的某些性质与试件的形状、尺寸有关，为了使不同材料的试验结果能相互比较，国家标准《金属材料　拉伸试验　第1部分：室温试验方法》（GB/T 228.1—2010）规定了标准试件的形状与尺寸，如图 1-3-10 所示。试件中段为等直杆，其截面形状有圆形和矩形两种，用于测量变形的长度 Δl。对于圆截面试件，标准规定 $l = 10d$ 或 $5d$。前者称为 10 倍试件（长试件），后者称为 5 倍试件（短试件）。对于矩形截面试件，则 $l = 11.3\sqrt{A}$ 或 $5.65\sqrt{A}$。A 为试件中段的横截面面积。

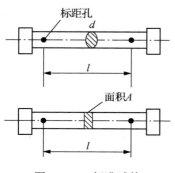

图 1-3-10　标准试件

当试件夹持在试验机上进行试验时，试件受到由零渐增的拉力 F，同时发生变形。若记录各时刻的拉力 F，以及与各拉力 F 对应的试件标距 l 长度内的绝对变形的长度 Δl，直至试件破坏为止。由此便能画出 F 与 Δl 的关系曲线，如图 1-3-11 所示，称为拉伸图或 $F\text{-}\Delta l$ 曲线。一般试验机上都备有自动绘图装置，在试件拉伸过程中自动地绘出拉伸图。由于 Δl 与试

件标距 l 和截面积 A 有关，因此即使是同一材料，当试件尺寸不同时，其拉伸图也不同。为了消除试件尺寸的影响，以反映材料本身的性能，将拉伸图的纵坐标 F 除以试件的横截面面积 A，即 F/A；横坐标 Δl 除以试件的标距 l，即 $\Delta l / l$。由于 $F/A=\sigma$，$\Delta l/l=\varepsilon$，故拉伸图的纵坐标变为 σ，横坐标变为 ε，于是得到 σ-ε 关系曲线，如图 1-3-12 所示，称为应力-应变图。它表明从加载开始到破坏为止，应力与应变的对应关系。

下面根据图 1-3-12 及实验过程中的现象，讨论低碳钢拉伸时的力学性能。

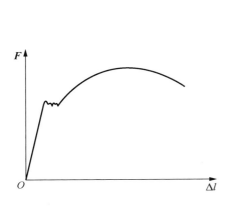

图 1-3-11　低碳钢的拉伸图　　　　图 1-3-12　低碳钢拉伸时的应力-应变图

（1）弹性阶段

拉伸时对应于图 1-3-12 上的直线 Oa 阶段，试件的应变与应力成线性正比关系，材料符合胡克定律。

拉伸或压缩试验结果表明，大多数工程材料制造成的杆件，在弹性范围内加载时，其纵向绝对变形 Δl 与轴力 N、杆长 l 成正比，与横截面面积 A 成反比，写成等式为

$$\Delta l = \frac{Nl}{EA} \tag{1-3-3}$$

式中，E 为比例常数，与材料有关，称为材料的拉压弹性模量，其单位与应力相同，常用 GPa 表示，该参数通常由试验测定；EA 称为杆件的抗拉刚度或抗压刚度，刚度越大，变形越小，它反映了拉、压杆抵抗变形的能力。

式（1-3-3）即为胡克定律的数学表达式，将 $\sigma = \dfrac{N}{A}$ 和 $\varepsilon = \dfrac{\Delta l}{l}$ 代入该式，得

$$\sigma = E\varepsilon \tag{1-3-4}$$

式（1-3-4）是胡克定律的另外一种表达形式，表明在弹性范围加载时，应力与应变成正比。

若以角 α 表示直线段 Oa 与横坐标 ε 间的夹角，由胡克定律 $\sigma = E\varepsilon$ 可知，材料的弹性模量 E 为直线的斜率，可用夹角 α 的正切表示，即

$$E = \tan\alpha = \frac{\sigma}{\varepsilon}$$

图上直线部分的最高点 a 对应的应力值 σ_p 是材料符合胡克定律的最大应力值，称为材料的比例极限。当应力超过比例极限后，图上 ab 已不是直线，说明应力和应变不再成正比

关系，此时材料已不符合胡克定律。但是，当应力值不超过 b 点对应的应力值 σ_e 时，拉力解除后，变形也随之消失，材料只出现弹性变形。如应力值超过 σ_e，即使把拉力全部解除，试件仍保留残余变形，即塑性变形。这样，b 点对应的应力值 σ_e 是材料只出现弹性变形的极限值，称为弹性极限。实际上，由于 a、b 两点非常接近，因此在工程上常认为二者是重合的，对弹性极限和比例极限不加严格区分。

试件的应力在从零增加到弹性极限的过程中，只产生弹性变形，故称为弹性阶段。

（2）屈服阶段

当应力超过弹性极限 σ_e 后，图 1-3-12 上出现一段接近水平线的小锯齿形线段 bc，说明这个阶段的应力虽有波动，但几乎没有增加，而变形却继续在增大，材料好像失去了对变形的抵抗能力。这种应力变化不大而应变显著增大的现象称为屈服或流动。图 1-3-12 上 bc 所对应的过程称为屈服阶段。

屈服阶段的最低应力值 σ_s 称为材料的屈服极限。

材料屈服时产生较大的塑性变形，在工程实际中，构件的应力若达到屈服极限而发生明显的塑性变形，就会影响构件的正常使用，所以屈服极限是衡量低碳钢类材料（塑性材料）强度的一个重要指标。

（3）强化阶段

屈服阶段之后，图 1-3-12 上为向上凸的曲线 ce，这表明材料发生塑性变形使内部晶格结构发生了相对滑移，材料又恢复了对变形的抵抗能力。如果继续增大变形，必须增大拉力，这种现象称为材料的强化。但变形的增大远比弹性阶段快，成为较平缓的曲线 ce，称为强化阶段。

强化阶段最高点 e 的应力称为强度极限，以 σ_b 表示。强度极限是试件所能承受的最大应力，也是衡量材料强度的另一个重要指标。

（4）颈缩断裂阶段

当应力达到强度极限 σ_b 后，在试件薄弱处将发生急剧的局部收缩，出现颈缩现象，如图 1-3-13 所示。由于颈缩处截面面积迅速减小，试件继续变形所需的拉力 F 也相应减少。用原始截面面积 A 算出的应力 F/A 等也随之下降，所以 σ-ε 曲线出现了 ef 部分，至 f 点试件发生断裂。

试件拉断之后，弹性变形全部消失，残留的是塑性变形，试件的标距由 l 变为 l_1，断口处的截面面积变为 A_1，如图 1-3-14 所示。l_1-l 是试件拉断时的塑性变形量，它与 l 之比称为材料的延伸率，用符号 δ 表示，即

$$\delta = \frac{l_1-l}{l} \times 100\% \qquad (1-3-5)$$

试件断口处横截面面积的相对变化率为

$$\psi = \frac{A-A_1}{A} \times 100\% \qquad (1-3-6)$$

称为截面收缩率。延伸率 δ、截面收缩率 ψ 都是衡量材料塑性性能的主要指标。δ、ψ 越大，说明材料断裂时产生的塑性变形越大，塑性越好。

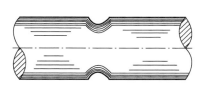

图 1-3-13　颈缩现象

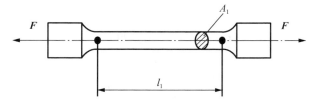

图 1-3-14　拉断后的标准试件

工程上，通常将常温、静载荷、简单受力情况下，延伸率 $\delta > 5\%$ 的材料称为塑性材料，如钢材、铜、铝等；$\delta < 5\%$ 的材料称为脆性材料，如混凝土、砖、灰铸铁、玻璃等。

2. 铸铁在拉伸时的力学性能

灰铸铁是一种典型的脆性材料，其拉伸时的应力-应变曲线是一条微弯的曲线，如图 1-3-15 所示，它与低碳钢的拉伸试验比较，有显著的不同，主要体现在：

1）图中没有明显的直线部分。

2）强度极限很低。

3）没有屈服阶段，断裂时没有显著的残余变形，延伸率通常只有 0.5%～0.6%。

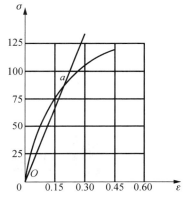

图 1-3-15　铸铁拉伸时的 σ-ε 曲线

4）没有缩颈现象，拉断时在横截面上发生脆性断裂。脆性材料拉伸时的应力-应变曲线没有明显的直线部分，严格来说，它不符合胡克定律。但是，由于它的变形很小，所以工程上通常用应力-应变曲线的一段割线 Oa 来代替曲线，近似认为 Oa 段符合胡克定律，并由此割线确定材料的弹性模量。

脆性材料没有屈服阶段，但可以测出强度极限，所以强度极限是衡量脆性材料强度的一个重要指标。

二、压缩时的力学性能

1. 低碳钢在压缩时的力学性能和特征

金属材料的压缩试验一般采用圆柱形试件，其高度为直径的 1.5～3 倍，以免试件被压弯。

塑性材料（如低碳钢）压缩时的 σ-ε 曲线，如图 1-3-16 所示，图中同时以虚线表示拉伸时的 σ-ε 曲线。

比较两条曲线可以看出：

1）这两条曲线的主要部分基本重合。开始压缩后，在屈服阶段和屈服之前的性质与拉伸几乎是一样的，即屈服极限、比例极限、弹性极限、弹性模量都相同。

2）当压缩使应力到达屈服点以后，试件出现显著塑性变形。由于试件两端面与压头间摩擦力的影响，试件两端的横向变形受到阻碍，故试件被压成鼓形。随着压力的增大，越压越扁，因此塑性材料不存在强度极限。

可见，低碳钢拉伸和压缩时的力学性能基本相同，所以一般不需要做压缩试验，采用拉伸时的力学性能指标即可。

2. 铸铁在压缩时的力学性能和特征

与塑性材料相比较，脆性材料如铸铁在压缩时的力学性能与拉伸时有较大的区别。灰铸铁压缩时的 $\sigma - \varepsilon$ 曲线如图 1-3-17 所示，可以看出：

1）铸铁压缩时，材料的强度极限 σ_b 与延伸率 δ 都比拉伸时大得多，其压缩强度极限为拉伸时的 4～5 倍，所以脆性材料宜作受压构件。

2）铸铁压缩时的 $\sigma - \varepsilon$ 图是一条曲线，没有明显的直线部分。工程上常把这条曲线近似地当作直线处理。因此在计算中仍认为服从胡克定律。

3）相对来说，铸铁压缩时的延伸率比拉伸时大很多，但其实铸铁在压缩时的变形也不是很大，当变形很小时试件就突然发生破坏，铸铁压缩破坏是有一点残余变形的，其断裂面与试件轴线约成 45° 角。

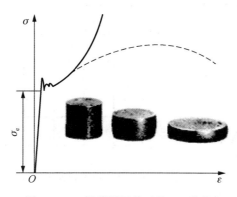

图 1-3-16　低碳钢压缩时的 σ-ε 曲线

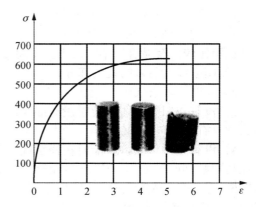

图 1-3-17　铸铁压缩时的 σ-ε 曲线

第四节　拉、压杆的变形

试验结果表明，直杆在轴向载荷作用下，既产生沿轴线方向的纵向变形，也产生垂直于轴线方向的横向变形。

设等截面直杆的原长为 l，横截面尺寸为 b，在轴向拉力作用下，变形后的长度为 l_1，横向尺寸为 b_1，如图 1-3-18 所示。

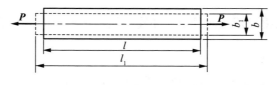

图 1-3-18　纵向变形

一、纵向变形

1. 绝对变形

杆件拉（压）后的变形与变形前的长度之差，称为绝对变形，以 Δl 表示，则

$$\Delta l = l_1 - l$$

拉伸时 Δl 为正，压缩时 Δl 为负。

2. 相对变形

绝对变形与杆件的原长有关（即在相同的条件下，杆件越长，绝对变形越大），为消除其影响，引入相对变形概念。将绝对变形 Δl 除以原长 l 即得到相对变形，并以 ε 表示，则

$$\varepsilon = \frac{\Delta l}{l} \tag{1-3-7}$$

式（1-3-7）中 ε 为单位长度的变形，又称纵向线应变，它为无量纲量，其正负号规定：伸长时为正，压缩时为负。

当然，在杆件拉（压）后同样存在横截面尺寸的变化，这里不再讨论。

二、横向变形

1. 绝对变形

横向变形的绝对变形以 Δb 表示，即

$$\Delta b = b_1 - b$$

拉伸时 Δb 为负，压缩时 Δb 为正。

2. 相对变形

横向变形的相对变形用 ε' 表示，即

$$\varepsilon' = \Delta b / b \tag{1-3-8}$$

式中，ε' 称为横向线应变，它为无量纲量，其正负号规定：伸长时为负，压缩时为正。因此，纵向线应变与横向线应变的正负总是相反的。

第五节　轴向拉伸和压缩变形

一、杆件的轴向拉伸与压缩

拉伸与压缩是杆件基本受力与变形形式中最简单的一种，它所涉及的概念、理论和方法虽然比较简单，但在材料力学中有一定的普遍意义。

工程中有许多杆件承受轴线方向的拉力或压力，因而产生拉伸或压缩变形。例如，如图 1-3-19 所示，简易吊车的三角架，在载荷 **G** 作用下 AB 杆受拉，BC 杆受压力，二杆分别产生拉伸和压缩变形；又如柴油机的连杆在气缸内压力作用下，将承受轴向压力，从而产生压缩变形；连接两构件的螺栓，在预紧时将承受轴向拉力，从而产生伸长变形；等等。

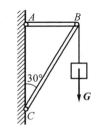

图 1-3-19　杆的拉伸与压缩

上述几种承受拉伸或压缩的构件均为直杆，其受力特点是：作用在直杆上的两个力等值、反向、作用线与杆轴线重合。其变形特点是：杆件产生沿轴线方向的伸长或缩短。工

程上对这类产生伸长或缩短的杆件，通常称为拉杆或压杆。

例如，柴油机连杆在工作时发生的是拉伸或压缩变形，二冲程柴油机活塞杆发生的是压缩变形；而主推进动力装置的中间轴在轴线上当主机正车时受到的是压缩变形，而当倒车时受到的是拉伸变形。

二、拉伸和压缩时横截面上的内力——轴力

前述已知，杆件拉伸和压缩时横截面上的内力可以用截面法求出，该内力称为轴力。

例 1-3-1　设阶梯杆自重不计，外力如图 1-3-20（a）所示。求各截面的内力。

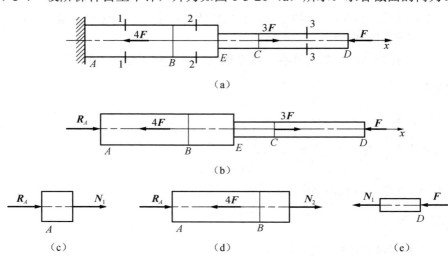

图 1-3-20　例 1-3-1

解：1）求约束反力。取阶梯杆为研究对象，画受力图，如图 1-3-20（b）所示。
由平衡条件

$$\sum F_x = 0 \qquad R_A - 4F + 3F - F = 0$$

得

$$R_A = 2F$$

2）分段。按外力作用点，将杆分为 AB、BC、CD 三段。

3）求各段轴力（假设轴力方向均背离截面）。

AB 段：取 1—1 截面左侧杆段为研究对象，如图 1-3-20（c）所示，由平衡条件

$$\sum F_x = 0 \qquad N_1 + R_A = 0$$

得

$$N_1 = -R_A = -2F$$

BC 段：取 2—2 截面左侧杆段为研究对象，如图 1-3-20（d）所示，由平衡条件

$$\sum F_x = 0 \qquad N_2 - 4F + R_A = 0$$

得

$$N_2 = 4F - R_A = 2F$$

CD 段：取 3—3 截面右侧杆段为研究对象，如图 1-3-20（e）所示，由平衡条件

$$\sum F_x = 0 \qquad N_3 = -F$$

式中计算结果出现负号，说明该轴力方向与原假设方向相反。

三、拉伸和压缩时横截面上的应力

由试验知，等截面直杆，如图 1-3-21（a）所示，在承受轴向拉伸或压缩载荷时，将产生均匀的轴向变形，如图 1-3-21（b）所示，根据材料均匀连续性假设可推知，在杆的横截面上只有沿轴线方向的应力，即正应力，并且在整个横截面上均匀分布，如图 1-3-21（c）所示。

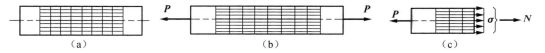

图 1-3-21　等截面杆的应力分析

设横截面上的轴力为 N，横截面面积为 A，由于正应力在截面上均匀分布，故有

$$\sigma = \frac{N}{A} \tag{1-3-9}$$

式（1-3-9）即为计算拉、压杆横截面上正应力的公式，通常规定：拉应力为正，压应力为负。

例 1-3-2　柴油机连杆螺栓，最小直径 $d = 8.5\text{mm}$，装配时拧紧螺母产生拉力 $F = 8.7\text{kN}$。试求螺栓最小横截面上的正应力。

解：由截面法可知，螺栓横截面上的轴力为

$$N = F = 8.7\text{kN}$$

最小截面积为

$$A = \pi d^2 / 4 = (3.14 \times 8.5^2) / 4 \approx 56.7(\text{mm}^2)$$

螺栓最小横截面上的正应力为

$$\sigma = N / A = (8.7 \times 10^3) / 56.7 \approx 153(\text{MPa})$$

四、杆件拉压的强度计算

1. 极限应力、许用应力与安全系数

（1）极限应力

材料丧失工作能力时的应力，称为极限应力或危险应力，用符号 σ^0 表示。

由上述可知，对塑性材料，当应力达到屈服极限时，构件会产生过大的塑性变形，将影响构件的正常工作，所以屈服极限 σ_s 是塑性材料的极限应力；对脆性材料，在变形很小时就断裂，所以强度极限 σ_b 是脆性材料的极限应力。

（2）许用应力和安全系数

显然，构件工作时的最大应力必须低于极限应力。但这还不够，因为构件的实际工作应力一旦达到材料屈服极限或强度极限时，杆件就会发生屈服或断裂。

为了保证杆件安全可靠地工作，应该规定杆件允许承受的最大应力值，这个应力值称为许用应力，用 $[\sigma]$ 表示。许用应力应低于极限应力。另外，从安全的角度考虑，还必须使材料具备一定的强度储备，以应对估计不到的特殊情况，这个储备系数称为安全系数，用

n 来表示，于是可得

$$[\sigma] = \frac{\sigma^0}{n} \qquad (1\text{-}3\text{-}10)$$

式中，$n > 1$。

塑性材料的许用应力为

$$[\sigma] = \frac{\sigma_s}{n_s} \qquad (1\text{-}3\text{-}11)$$

式中，n_s 为塑性材料的安全系数，通常为 1.5～2.0。

脆性材料的许用应力为

$$[\sigma] = \frac{\sigma_b}{n_b} \qquad (1\text{-}3\text{-}12)$$

式中，n_b 为脆性材料的安全系数，通常为 2.0～3.5。

安全系数选得越小，则许用应力越接近应力，且用料少，但构件将较危险；反之，如果安全系数选得过大，构件则较安全，但用料多。所以安全系数的选择是安全与经济矛盾的关键问题，也是一个复杂的实际问题，必须全面地考虑影响构件强度的各个因素，如材料的均匀程度、载荷的确定和应力计算的精确性，构件的工作条件和使用年限及发生破坏时后果的严重程度等。在实际应用中，安全系数的选择可参考有关的设计规范。

2. 杆件拉压时的强度计算

为了保证杆件在外力作用下安全正常地工作，必须使杆件中最大工作应力 σ_{max} 不超过材料的许用应力，即

$$\sigma_{max} = \frac{F_{max}}{A} \leqslant [\sigma] \qquad (1\text{-}3\text{-}13)$$

式（1-3-13）称为杆件拉压时的强度条件，运用强度条件可以解决以下三个问题：
（1）强度校核
已知杆件的材料、尺寸和所受载荷，可以应用式（1-3-13）校核杆件是否安全。
（2）选择截面尺寸
已知杆件的材料和所受载荷，确定杆件所需要的截面积，即

$$A \geqslant \frac{F}{[\sigma]}$$

由上式算出的 A 值选用截面尺寸时，有时也可以选择稍小于这个值的截面尺寸，但相应的应力不得超过许用应力的 5%。
（3）确定许用载荷
已知杆件的材料和尺寸，求出杆件所能承受的最大内力，再由 F_{max} 确定杆件所能承受的最大载荷，为此，可将强度条件式（1-3-13）改写成

$$F_{max} \leqslant A[\sigma]$$

五、拉压杆的应用

1. 贯穿螺栓

在十字头式柴油机中，一般采用贯穿螺栓把气缸体、机架和机座连在一起。

在大功率筒形活塞式柴油机中，大尺寸的固定机件之间也广泛采用贯穿螺栓连接。气缸体、机架、机座三者只受压应力不受拉力，如图 1-3-22（a）所示。由于大型柴油机的缸体、机架、机座均采用铸铁材料制作，贯穿螺栓的使用可使机件仅受压应力。同时贯穿螺栓中部的防振夹箍，起防止产生振动而断裂的作用，不起定位作用，可提高机件承受机械负荷能力。

贯穿螺栓都是采用专用工具紧固的。为了尽可能减小在固定机件中产生的附加应力，紧固应当从中央向两侧交替成对地进行，如图 1-3-22（b）所示。紧固一般分两个阶段进行，每个阶段在液压拉伸器的作用下，螺栓的弹性伸长量应达到规定值，但泵油压力要遵守说明书的规定。

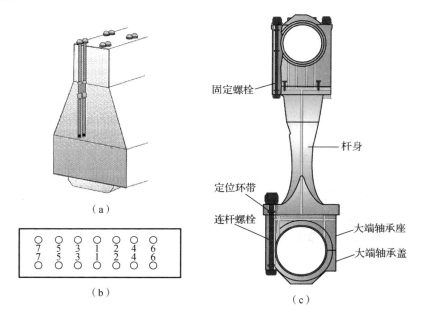

图 1-3-22　贯穿螺栓、连杆螺栓

2. 连杆及连杆螺栓、缸盖螺栓

1）连杆［图 1-3-22（c）］。连杆在气体力的作用下受到很大的压力（四冲程机在换气上死点时，如果往复惯性力大于气体力则会出现受拉的情况）。当压力过大时，杆身就会失去稳定而发生弯曲。连杆在摆动平面和与摆动平面相垂直平面内的约束情况不同，分别相当于铰接支撑和固定支撑。因此，连杆在这两个平面内的稳定性是不同的，连杆在摆动平面内的稳定性较差。此外，连杆在摆动平面内还受到由摆动产生的惯性力作用会引起横向弯曲。所以连杆在摆动平面内应有较大的抗弯刚度，实际使用中连杆杆身制成工字形，这样既提高了抗弯能力又相对节省材料、减小质量。

2）连杆螺栓。连杆螺栓是连杆大端盖与杆身之间的连接件。二冲程机的连杆螺栓在工作中只受预紧力的作用而受拉。而四冲程机的连杆螺栓除受预紧力外，还在排气行程后期和进气行程前期受到惯性力的作用，当往复惯性力大于气体力时则会出现受拉的情况，另外还受附加弯曲力矩，也就是螺栓受交变载荷的作用。尤其是高速四冲程柴油机连杆，工况较恶劣，在结构设计上采用间隙装配加定位环带，应合理选材（优质碳钢、合金钢）、精细加工、规定上紧。

3）缸盖螺栓。缸盖螺栓沿圆周均匀分布，螺栓始终受拉，使用液压拉伸器同时固紧，可保证气缸盖和气缸套受力均匀，提高密封性并使拆装容易进行。

3. 船舶主推进动力装置中的艉轴

船舶前进时，将螺旋桨的推力经艉轴、推力轴承传给船体，其中艉轴承受压应力；同理，船舶倒退时艉轴承受拉应力。

第六节 应 力 集 中

一、应力集中概述

1. 应力集中的概念

当等截面直杆轴向受拉（压）时，横截面上的正应力是均匀分布的。但如果截面的尺寸或形状有急剧变化，如杆件上钻有孔、沟槽、台肩等［图 1-3-23（a）、（c）］，通过偏光弹性实验分析发现，在这些尺寸或形状发生急剧变化的截面处及其附近，应力会急剧增大，且不均匀，较远处的应力会降低，并趋于均匀，如图 1-3-23（b）、（d）所示。这种因杆件的截面尺寸或形状发生突然改变，而在局部引起应力急剧增大的现象，称为应力集中。

由于构件设计上的需要，或构件材料的缺陷及内部组织不均匀，杆件横截面的尺寸或形状会发生变化，在这样的截面上一定存在应力集中现象。

2. 应力集中系数

在发生应力集中的截面，有应力集中时的最大应力 σ_{max} 与无应力集中时的应力 σ 之比，称为应力集中系数，用 α_k 表示，即

$$\alpha_k = \frac{\sigma_{max}}{\sigma}$$

它反映了杆件在静载荷下应力集中的程度，一般为 1.2～3。

3. 应力重新均匀分布现象

如图 1-3-24 所示，当塑性材料在某局部发生应力集中时，由于塑性材料在拉压时具有屈服阶段，所以当应力集中处的最大应力值达到屈服极限时，若载荷继续增大，材料将继续变形但应力不再增加。由于屈服区域的不断扩大，截面上的应力逐渐趋于均匀，直至整个截面上的应力都达到屈服极限时，截面上的应力又变成了均匀分布，这种现象称为应力重新均匀分布现象。

应力重新均匀分布现象对材料的破坏能起到一定的缓冲作用。

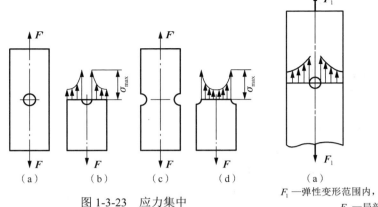

图 1-3-23　应力集中

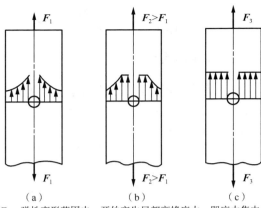

F_1 —弹性变形范围内，开始产生局部高峰应力，即应力集中；

F_2 —局部高峰应力值达到屈服值；

F_3 —因塑性好，随着孔变形将促使应力重新均匀分配。

图 1-3-24　应力集中对塑性材料的影响

二、应力集中对塑性和脆性材料的影响

对于有应力集中的构件，往往可以通过降低材料许用应力的方法来保证构件的安全。但是，由于不同的材料对应力集中的敏感程度是不同的，所以在某些情况下，有些材料可以不考虑应力集中对它的影响，而有的材料则需要对应力集中特别关注。

应力集中对塑性材料和脆性材料的强度的影响是完全不同的。应力集中对塑性材料的强度影响很小，而对脆性材料的强度影响很大。脆性材料对应力集中的敏感性甚强，由脆性材料制成的杆件，在有应力集中时容易出现裂痕或毁坏。

1. 应力集中对塑性材料的影响

塑性材料发生应力重新均匀分布现象能缓和应力集中的程度，所以在静载荷作用下，应力集中对塑性材料的影响较小，可以不予考虑。

2. 应力集中对脆性材料的影响

对于脆性材料，由于它没有屈服阶段，当载荷增加时，应力集中处最大应力点的应力始终最大，当它一旦达到强度极限 σ_b 时，构件即在该处出现裂纹。同时，在裂纹的根部又会有更严重的应力集中，使裂纹迅速扩大而导致构件断裂。因此，对脆性材料和高强度钢等塑性较低的材料，必须考虑应力集中的影响。

但对铸铁来说，由于其内部组织不均匀，缺陷很多，到处都有应力集中，而且在测定其抗拉强度时，已经反映了这些因素的影响，所以由构件外形变化引起的应力集中，相比之下已经微不足道，进行强度计算时可以不考虑它的影响。

三、应力集中的位置判定

由前面的分析可知，应力集中发生在截面尺寸或形状发生突然改变的地方。所以，凡是构件的截面尺寸发生突然变化的地方、构件的形状发生突然变化的地方、构件材料有缺陷的地方、构件材料内部组织不均匀的地方等，都会发生应力集中现象。

工程中，由于结构上的需要，很多构件都开有沟槽、孔、螺纹、切口和台肩等，在这样的尺寸变化的截面上一定存在应力集中现象。

四、应力集中的消除方法

由上述分析可知，应力集中发生在杆件横截面发生急剧改变的地方，它将使脆性材料的强度大大降低，或使塑性材料产生局部的塑性变形。所以，在工程实践中应尽量避免和消除应力集中现象。

消除应力集中的措施应从内部和外形两方面考虑：一是在选材料时应尽量避免材料可能存在的缺陷，以保证材料质量；二是注意改善构件的外部结构形状。

为减少应力集中的影响，除了设计时应尽量减少切口、开孔和突变之外，在必需的切口、开孔等杆件截面突变处采用渐变、倒角或圆弧过渡等措施，使截面尺寸变化缓和，这样可使应力集中现象大为减少。同时还应降低构件表面的粗糙度。特别是高强度钢对应力集中较敏感，应尤为注意。

另外，由于应力集中时最大应力常发生在构件表面，所以还要避免构件表面的损伤和化学腐蚀。同时应尽可能地提高构件表面的强度，如可采用表面热处理和采用表面机械强化的方法（如滚压和喷丸等措施）。

第七节　剪　切　变　形

一、剪切变形的概念

剪切变形是工程中常见的一种基本变形，如铆钉连接、键连接、销连接、精制孔螺栓连接等都是剪切变形的实例。如图 1-3-25（a）所示为一铆钉连接简图，钢板受外力 **P** 作用后又将力传递给铆钉，使铆钉左上侧面和右下侧面受力，如图 1-3-25（b）所示，此时铆钉的上下两部分将沿着外力的方向分别向右和向左移动，如图 1-3-25（c）所示，当外力足够大时，铆钉将被剪断。因此，剪切变形的受力特点是：构件受到一对大小相等、方向相反，作用线平行且相距很近的横向力作用。其变形特点是：介于两作用力之间的各截面沿作用力方向发生相对错动。

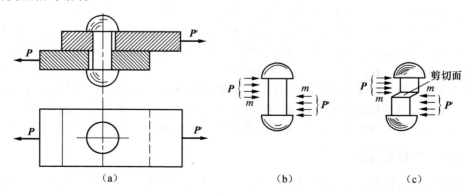

（a）　　　　　　　（b）　　　　　　　（c）

图 1-3-25　剪切变形

在承受剪切的构件中，发生相对错动的截面称为剪切面，剪切面与作用力平行，介于构成剪切的二力之间，据此可确定受剪构件剪切面的位置，如图 1-3-26 所示。

构件在受剪切时，伴随着挤压现象。如铆钉的圆柱面与铆钉孔的内圆柱面的接触，如图 1-3-25（a）所示，在外力的作用下，接触面间将相互传递压力，使两接触面间产生相互挤压，其后果可能产生塑性变形（压陷）甚至压碎现象，如图 1-3-27 所示。

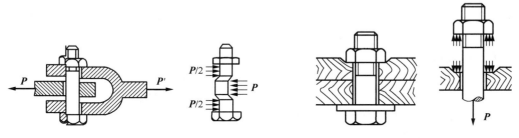

图 1-3-26　拖车挂钩　　　　　　　　图 1-3-27　剪切时的挤压

必须注意，挤压与压缩是不同的两个概念，前者产生于两物体的表面，后者产生于整个物体中。

二、剪切变形的内力和应力

以精制孔螺栓连接为例，如图 1-3-28（a）所示，取螺栓为研究对象，受力如图 1-3-28（b）所示，用截面法将螺栓从 m—m 截面截开，任取上半部分为研究对象，在截面上画出平衡力 Q，此力即为剪切面上的内力，称为剪力。剪切面上分布内力的集度称为剪应力，用 τ 表示，剪应力的单位与正应力单位相同，常用兆帕（MPa）表示。

因为剪切面上剪应力分布较复杂，故用以实验和经验为基础的实用计算法来计算。该方法假定剪应力在剪切面上是均匀分布的，所以剪应力计算式为

$$\tau = \frac{Q}{A}$$

式中，Q 为剪切面上的剪力；A 为受剪面积。

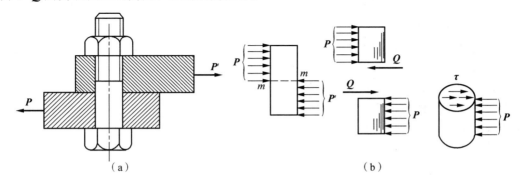

图 1-3-28　精制孔螺栓连接

第八节　扭　转　变　形

一、扭转变形的概念

　　工程中受扭的构件是很常见的，如螺钉旋具拧紧螺钉时刀口所受的阻力，与施加在手把上的力组成一对大小相等、方向相反的力偶，使杆部产生扭转；又如方向盘的操纵及汽车的传动轴，如图 1-3-29 所示；还有船舶的尾轴工作时的情形等，如图 1-3-30 所示，都属于扭转变形的实例。

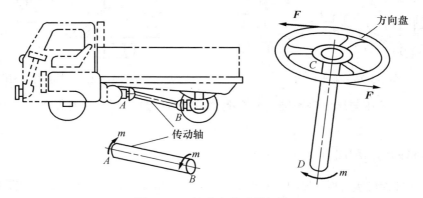

图 1-3-29　汽车主传动轴扭转

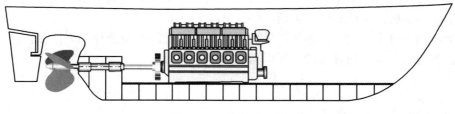

图 1-3-30　船舶推进轴

船舶推进轴扭转

　　一般地，扭转变形往往不是单独存在的，如传递动力的传动轴，在工作中既有扭转变形，又有弯曲变形。工程中把主要发生扭转变形的杆件称为轴，最常见的轴为圆截面轴，但也有非圆截面的轴，本节只介绍圆截面轴的扭转问题。

　　从以上实例可以看出，圆轴扭转变形的受力特点是：在垂直于轴线的平面内，作用着一对大小相等、转向相反的力偶。其变形特点是：各横截面绕轴线发生相对转动（错动）。圆轴上任意两截面间绕轴线转过的角度 φ 称为扭转角，如图 1-3-31 所示。

图 1-3-31　扭转变形

二、外力偶矩与转速、功率的关系

　　作用于轴上的外力偶矩，通常不是直接给出其数值，而是给出轴的转速和传递功率。当轴等速转动时，作用于轴上的力偶在单位时间内所做的功，即为功率 P，其值等于力偶

矩 m 与角速度 ω 的乘积，即

$$P = m \cdot \omega \tag{1-3-14a}$$

考虑到传递功率有两种表示方法——千瓦和马力，同时考虑到角速度 ω 与轴的转速 n（r/min）之间的关系：

$$\omega = \frac{2 \cdot \pi \cdot n}{60} \tag{1-3-14b}$$

以及单位换算：

$$1 \text{千瓦（kW）} = 1000 \text{N·m/s} \quad 1 \text{米制马力（PS）} = 0.735 \text{kW}$$

于是，由式（1-3-14a）和式（1-3-14b）得到由功率和转速计算外力偶矩的表达式：

$$m = 9549 \frac{P(\text{kW})}{n} \quad (\text{N·m})$$

$$m = 7024 \frac{P(\text{PS})}{n} \quad (\text{N·m})$$

在确定外力偶矩的方向时，应注意输入功率的齿轮或带轮上作用的力偶矩为主动力矩，其方向与轴的转动方向一致；输出功率的齿轮或带轮上作用的力偶矩为阻力矩，其方向与轴的转动方向相反。

三、圆轴扭转变形时横截面上的内力和应力

1. 扭转变形时的内力

圆轴在外力偶的作用下，其横截面上的内力是连续分布的，根据截面法分析，这一分布内力应该组成一作用在横截面内的合力偶，与作用在垂直于轴线平面内的外力偶相平衡。分布内力构成的合力偶的力偶矩，称为扭矩，用 M_{n} 表示。

当作用在轴上的外力偶矩确定之后，应用截面法可确定轴上各横截面内的扭矩。以图 1-3-32（a）所示两端承受外力偶矩 m 的圆轴为例，为求 $m - m$ 截面扭矩，假想将轴在 $m - m$ 处截开，研究其中任一部分的平衡，如图 1-3-32（b）所示之左段，由平衡条件，可以求出扭矩 M_{n} 的大小。

需要指出的是，根据工作要求，有的传动轴上除了一个输入功率轮外，可能有两个或两个以上的输出功率轮，这时轴上将有三个或三个以上的外力偶作用，因而需要分段应用截面法计算各段的扭矩，并且绘制出扭矩图，以描述横截面上扭矩沿轴线方向的变化。

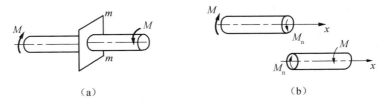

| (a) | (b) |

图 1-3-32 扭转变形时的扭矩

2. 扭转变形时的应力

由圆轴扭转变形的特点分析知，其横截面上只有剪应力，没有正应力，且剪应力与圆轴的

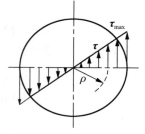

图 1-3-33　扭转变形的剪应力分布

半径垂直。经推算，横截面上任一点处的剪应力计算公式为

$$\tau_p = \frac{M_n}{I_p}\rho \qquad (1\text{-}3\text{-}15)$$

式中，M_n 为横截面上的扭矩；I_p 为该截面的极惯性矩（只与截面形状有关的几何量，可视为常数）；ρ 为该点到圆心的距离。对于确定的轴，M_n 和 I_p 都是定值，故轴心处剪应力为零，轴的边缘处剪应力最大，剪应力沿轴的半径呈线性分布，如图 1-3-33 所示。

第九节　弯　曲　变　形

一、弯曲变形的概念

实际生活和工程中承受弯曲或主要承受弯曲的构件是很多的，如桥式吊车的大梁［图 1-3-34（a）］、跳水板［图 1-3-34（b）］、火车轮轴［如图 1-3-34（c）］等，在外力作用下都将发生弯曲变形。

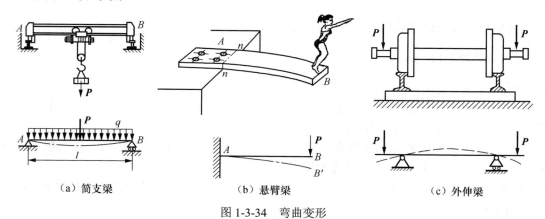

（a）简支梁　　　　　　　（b）悬臂梁　　　　　　　（c）外伸梁

图 1-3-34　弯曲变形

分析这些发生弯曲变形的构件，它们的共同特点是都可以简化为一根直杆，它们的受力特点是：外力都垂直作用于杆的轴线（该力称为横向力），或受杆件纵向对称面内的力偶作用（该力偶称为纵向力偶）。它们的变形特点是：杆件的轴线将弯曲成曲线。这种变形形式称为弯曲变形。发生弯曲或以弯曲变形为主的杆件称为梁。

工程中大多数梁的横截面具有对称轴，所有横截面的对称轴组成梁的纵向对称面，当所有外力均垂直于梁的轴线，其作用线均处于纵向对称面内时，梁弯曲后其轴线在纵向对称面内由直变曲，如图 1-3-35 所示。这种弯曲称为平面弯曲，它是弯曲问题中最常见也是最基本的一种。本章仅讨论平面弯曲问题。

经过简化，梁可以分为以下三种基本形式：

1）简支梁。梁的一端为固定铰链支座，另一端为活动铰链支座，如图 1-3-34（a）所示。

2）悬臂梁。梁的一端固定，另一端自由，如图 1-3-34（b）所示。

3）外伸梁。其支座形式同简支梁，但梁的一端或两端伸出支座之外，如图 1-3-34（c）所示。

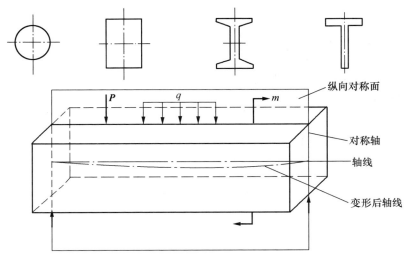

图 1-3-35　平面弯曲

二、梁弯曲时的内力和应力

1. 内力

应用截面法可以确定在平面弯曲情况下，梁的任意截面上分布的内力将组成一个力和力偶。前者称为剪力，用 Q 表示；后者称为弯矩，用 M_w 表示。

如图 1-3-36（a）所示，以简支梁为例，用截面法将梁从任意截面 m—m 处截开，分为左右两部分，取其中任一部分为研究对象，如图 1-3-36（b）所示。截面以左部分，因为整个梁处于平衡状态（即 $\sum F_y = 0$，$\sum m = 0$），截开后的各部分也应该处于平衡状态，所以在截面 m—m 处需加上一沿载荷方向的力 Q，称为剪力，以满足 $\sum F_y = 0$。同时，为满足 $\sum m = 0$，在截面 m—m 处还要加上一作用于纵向对称面的力偶 M_w，称为弯矩。剪力和弯矩的大小可通过平衡方程求出。

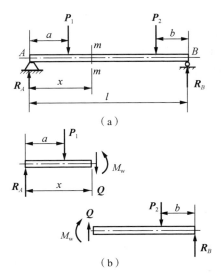

图 1-3-36　梁弯曲变形时的内力-弯矩

2. 应力

根据弯曲变形的特点分析，梁弯曲后某些纵向层产生了伸长变形，而另一些纵向层产生了缩短变形，二者之间必然存在着既不伸长也不缩短的纵向层，称为中性层。它是梁上拉伸区与压缩区的分界面，它与梁的纵向对称面垂直，中性层与横截面的交线，称为中性轴，如图 1-3-37 所示。

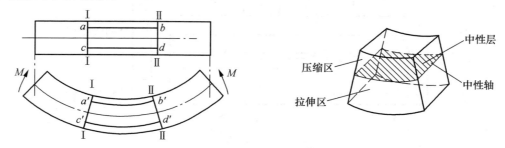

图 1-3-37　梁弯曲时的变形

由平面弯曲变形的结果分析可知，梁变形后横截面上既有正应力，也有剪应力。其中，正应力沿截面高度呈线性规律分布，在中性轴两侧各点分别承受拉应力和压应力，中性轴上各点的正应力为零；剪应力在截面上分布比较复杂，受截面形状的影响很大（如矩形截面梁的弯曲剪应力沿截面高度呈抛物线规律分布，即在截面的上下边缘处各点的剪应力等于零，在中性轴上各点的剪应力最大）。需要指出的是，大量实验表明工程中的梁大多为细长梁，其截面上的剪应力要比弯曲正应力小得多，弯曲正应力是决定梁强度的主要因素，因此截面上的剪应力可忽略不计。

梁横截面上任一点的正应力公式为

$$\sigma = \frac{M_w}{I_z} y \tag{1-3-16}$$

式中，σ 为横截面上某点处的正应力；M_w 为横截面上的弯矩；y 为横截面上该点到中性轴的距离；I_z 为横截面对中性轴 z 的惯性矩（只与截面形状有关，是一纯几何量，可视为常数）。该式表明：横截面上任一点的弯曲正应力与该截面上的弯矩 M_w 及该点到中性轴的距离 y 成正比，与截面对中性轴的惯性矩 I_z 成反比。中性轴上各点的正应力为零（$y=0$），离中性轴越远，正应力的绝对值也就越大，如图 1-3-38 所示，显然，最大正应力产生在离中性轴最远的边缘上，即

$$\sigma_{max} = \frac{M_w}{I_z} \cdot y_{max} \tag{1-3-17}$$

式（1-3-17）也可写成：

$$\sigma_{max} = \frac{M_w}{W_z}$$

其中 $W_z = I_z / y_{max}$，称为抗弯截面系数。

应该指出：上述公式是在纯弯曲（截面上无剪力的弯曲）的情况下导出的，而一般的梁横截面上既有弯矩又有剪力，因此用上述公式计算时存在误差。由于工程中一般为细长梁（$l/h \geq 5$），其截面上的剪应力对梁的强度影响很小，可忽略不计。所以一般梁的弯曲问题也可以运用上述公式计算。

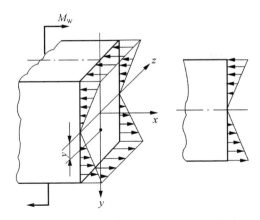

图 1-3-38　矩形截面梁弯曲时横截面上正应力分布

　　另外，工程中的梁一般具有对称于中性轴的横截面形状（如圆形、矩形、工字形等截面），其受拉和受压边缘离中性轴 z 的距离相等，因此最大拉应力和最大压应力相等，如图 1-3-39（a）所示。当截面形状不对称于中性轴时（如 T 形截面），其受拉和受压边缘离中性轴 z 的距离不等，因此最大拉应力和最大压应力不等，如图 1-3-39（b）所示。

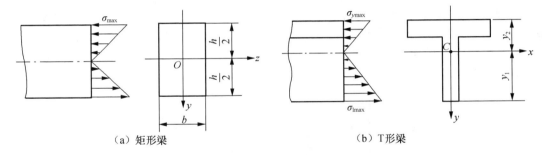

（a）矩形梁　　　　　　　　　　　　　（b）T 形梁

图 1-3-39　横截面形状对正应力分布的影响

三、提高梁抗弯能力的措施

　　梁在使用时有强度和刚度两方面的要求，因此应该从这两方面来讨论提高梁抗弯能力的措施。

　　1. 提高梁弯曲强度的措施

　　根据最大正应力条件：$\sigma_{max} = M_{w\,max} / W_z \leqslant [\sigma]$，为使最大工作应力 σ_{max} 尽可能小，在不改变所用材料的前提下，可通过降低最大弯矩或增大梁的抗弯截面系数这两条途径来实现。

　　（1）改善梁的受力情况

　　通过改善梁的受力或改变支座位置，使梁的最大弯矩尽量减小。其具体做法如下：

　　1）适当改变支座位置可以有效地降低最大弯矩值。如图 1-3-40（a）所示简支梁受均布载荷作用，梁内最大弯矩为 $M_{w\,max} = ql^2 / 8$ ［据受均布载荷作用简支梁弯矩计算公式：

$$M_w(x) = \frac{qlx}{2} - \frac{qx^2}{2}$$，如图 1-3-40（b）所示］。若两端支座各向内移动 $0.2l$，则梁内最大弯

矩降为 $M_{w\,max} = ql^2 / 40$（据受均布载荷作用简支梁弯矩计算公式和悬臂梁弯矩计算公式 $M_w = \dfrac{qx^2}{2}\,x = 0.2l$），仅为前者的 1/5，如图 1-3-40（b）所示。龙门吊车的大梁等工程结构通常将支座从两端向里移动一段距离，便可大大提高梁的抗弯强度。

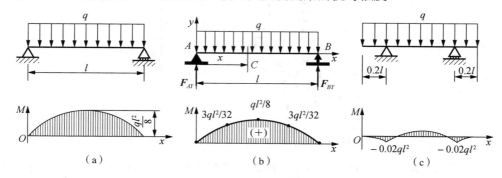

图 1-3-40　改善梁的受力情况

2）增加副梁（或称辅梁）也可以有效降低最大弯矩值。与图 1-3-41（a）所示简支梁，在其跨度中点受一集中载荷力 **P** 的作用，截面上最大弯矩为 $M_{w\,max} = Pl / 4$，若在此梁中部安置一根长为 $l/2$ 的副梁，则副梁将集中载荷 **P** 分为两个大小相等的集中力 **P**/2 加到主梁上，改变了主梁上力的作用点，其最大弯矩变为 $M_{w\,max} = Pl / 8$，仅为原来的一半，如图 1-3-41（b）所示。所以，在条件许可的情况下，可通过使载荷由集中变为分散，或改变支座位置、增加支座来提高梁的承载能力。

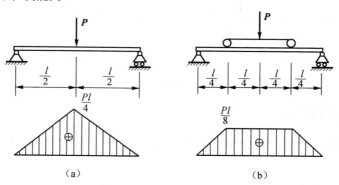

图 1-3-41　有效降低最大弯矩值

（2）选择合理的截面形状

1）根据抗弯截面系数选择截面形状。由前述已知，增大抗弯截面系数可提高梁的抗弯能力（$W_z = I_z / y_{max}$），而梁的 W_z 与截面的形状和尺寸有关：

圆形截面
$$W_z = \frac{bh^2}{6}$$

矩形截面
$$W_z = \frac{\pi d^3}{32}$$

合理的截面形状，应该是采用尽可能小的横截面积（A），获得尽可能大的抗弯截面系数（W_z），若用 W_z / A 来衡量截面的经济程度，其比值越大，截面就越经济合理。工程中常见的圆形、矩形和工字形截面的 W_z/A 值比较见表 1-3-1。

表 1-3-1 工程中圆形、矩形、工字形截面的 W_z/A 值

截面形状	W_z / mm³	所需尺寸	A / mm²	(W_z / A) / mm
	$W_z = \dfrac{\pi d^3}{32} \approx 250 \times 10^2$	$d = 137\text{mm}$	148×10^2	1.69
	$W_z = \dfrac{bh^2}{6} \approx 250 \times 10^2$	$b = 72\text{mm}$ $h = 144\text{mm}$	104×10^2	2.4
	250×10^2 （根据工字钢型号查得）	20b 工字钢	39.5×10^2	6.33

由表 1-5-1 中数据可见，矩形优于圆形，而工字形又优于矩形。这是因为弯曲变形时，横截面上中性轴附近应力很小，材料没有充分发挥作用，在不破坏截面整体性的前提下，将中性轴附近的材料移至距中性轴较远处，使材料充分发挥作用，从而形成工程结构中常用的空心截面，以及工字形、槽形和箱形等合理截面构件。

2）根据材料性质选择截面形状。对于拉压强度相同的塑性材料，应选用工字形等具有对称中性轴的截面，使其截面上的最大拉应力与最大压应力同时达到材料的许用应力；对于拉压强度不同的脆性材料，则应选用 T 形等上下不对称的截面，并使距中性轴较远的点受压力，从而使最大拉应力比较小。

（3）采用变截面梁

由前述可知，一般梁各截面的弯矩是不同的，而等截面梁的截面面积是根据危险截面的最大弯矩来设计的，显然，除了危险截面外，其他截面的最大应力远未达到许用应力，因此，从节约材料、减小结构质量的角度来看，等截面梁是不合理的。所以，为节省材料和减小构件质量，常常在弯矩较大处采用尺寸较大的横截面，即让截面尺寸随着弯矩的变化而变化，这就是变截面梁。工程中的阶梯轴、摇臂钻的横梁及建筑结构中的鱼腹梁等均属此例，如图 1-3-42 所示。

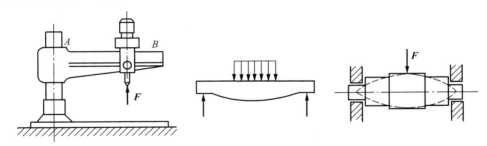

图 1-3-42 变截面梁

2. 提高梁弯曲刚度的措施

（1）减小梁的跨度或长度和适当增加支承

因为梁的变形与梁跨度的二次方甚至四次方成正比，所以梁的跨度对弯曲变形影响很大，在可能的条件下，减小梁的跨度是提高梁刚度的有效措施。

（2）改善受力、减小弯矩

弯矩是引起弯曲变形的主要因素。合理调整载荷的作用方法、位置，可减小弯矩，从而减小弯曲变形，增加梁的刚度。（其方法同提高弯曲强度措施相同，这里不再赘述。）

（3）增大截面惯性矩

由于弯曲变形与截面的惯性矩成反比，因此在不增加横截面面积的前提下，选择惯性矩较大的截面形状，如工字形、空心圆形、槽形及 T 形等截面。

此外，选用弹性模量（E）较大的材料，也能提高梁的弯曲刚度，但各种钢材的弹性模量（E）很接近，因此为提高刚度而选用高级钢材并不合理。

第十节 交变应力、疲劳失效和疲劳强度

一、交变应力

工程实际中的构件，在工作时所受的载荷通常是有规律地变化的，如内燃机工作时产生的气体压力和惯性力，这种载荷称为交变载荷。在交变载荷作用下，构件内部的应力也随之有规律地改变（应力的大小或连同符号交替改变），构件中这种随着时间变化而变化的应力，称为交变应力。工程中的交变应力有两种类型：当应力随时间做周期性变化时，最大正应力和最小正应力大小相等、符号相反，称为对称循环交变应力；当应力随时间做周期性变化时，最小应力为零，则称为脉动循环交变应力。例如，火车轮轴工作时的受力情况，前述已知可以将其简化为一外伸梁，如图 1-3-43 所示，作用在轮轴上的载荷 P 是不变的，此时的轮轴产生上凸的弯曲变形，即轮轴的上部受拉应力，下部受压应力，当轮轴与车轮一起旋转时，轮轴 m—m 截面上 A 点的应力是随时间做周期性变化的，如图 1-3-43 所示，从 a_1 转到 a_4（应力变化为 $0 \rightarrow$ 最大拉应力 $\sigma_{max} \rightarrow 0 \rightarrow$ 最大压应力 σ_{min}），此为对称循环交变应力；又如一对齿轮啮合，轮齿中任一点进入啮合时，载荷突然增大，应力突然增加，脱离啮合时，载荷突然消失，应力下降为零，每转一周都重复着这样的过程，此为脉动循环交变应力。

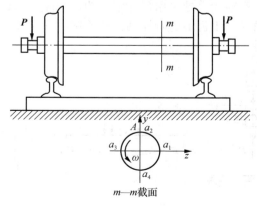

m—m 截面

图 1-3-43 交变载荷

二、疲劳失效

在交变应力作用下发生的破坏现象称为疲劳失效或疲劳破坏，简称疲劳。疲劳失效与静载荷作用下的强度失效有本质的不同，其特点如下：

1）疲劳失效时的最大应力低于材料的强度极限 σ_b，甚至低于屈服极限 σ_s。

2）疲劳失效时，构件无明显的塑性变形，即使是塑性很好的材料也呈脆性断裂。

3）疲劳失效是在交变应力重复多次循环后才发生的，其循环次数与应力的大小有关，应力越大，循环次数越少。

4）破坏后的断裂面有两个明显不同的区域，一个是光滑区，另一个是粗糙区，如图1-3-44所示。

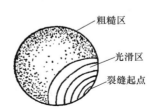
粗糙区
光滑区
裂缝起点

图1-3-44　疲劳断裂面特征　疲劳断裂面特征

三、疲劳破坏的原因

金属构件在交变应力作用下破坏的原因，目前一般的解释是：当交变应力超过一定限度并经历多次循环后，在构件的最大应力处或材料的缺陷处，首先产生了极细微的裂纹（称疲劳源），在裂纹的尖端发生应力集中。随着交变应力循环次数的增加，裂纹逐渐扩展，在扩展过程中，由于应力的交替变化，致使裂纹的两表面时而压紧，时而张开，类似研磨过程，因而形成疲劳断口处的光滑区。随着裂纹的不断扩展，构件横截面的有效面积逐渐减小，应力随之增大，当有效截面积减小到不足以承受外力时，便突然发生脆性断裂，形成断口的粗糙区。

在疲劳破坏之前，由于构件无明显的变形，裂纹的形成又不易发现，所以疲劳破坏带有隐蔽性和突然性，极易造成重大事故，因此，对于承受交变应力的构件，一般需要进行疲劳强度计算。

四、疲劳强度

由于构件的疲劳破坏与静载荷破坏有本质的不同，因此静载荷作用时的强度指标（σ_s 和 σ_b）已经不能作为疲劳强度指标，必须通过实验，测定材料在交变应力作用下的强度指标。在交变应力作用下，经过无穷多次应力循环而不发生破坏时的最大应力称为材料的持久极限或疲劳极限。一般规定：将钢的应力循环次数为 10^7、有色金属应力循环次数为 10^8 所对应的最大应力作为疲劳极限，此极限应力就是材料的疲劳强度指标，其中，对称循环应力的疲劳极限表示为 σ_{-1}，脉动循环应力的疲劳极限表示为 σ_0。实验结果表明，疲劳极限与循环特征有很大关系，对称循环下的疲劳极限最低，所以工程中常将对称循环的疲劳极限作为材料的疲劳强度指标。实验指出，钢材在拉压、弯曲、扭转对称循环下的疲劳极限与静载荷强度极限之间存在一定的数量关系：

$$\sigma_{-1}(拉压) \approx 0.28\sigma_b$$
$$\sigma_{-1}(弯曲) \approx 0.40\sigma_b$$
$$\tau_{-1}(扭转) \approx 0.23\sigma_b$$

影响疲劳极限的主要因素如下。

1. 构件外形的影响

构件外形的突然变化，如构件上有槽、孔、缺口、轴肩等，在应力集中的局部区域更易形成疲劳裂纹而降低构件的疲劳极限。应力集中现象越严重，疲劳极限也就越低，甚至造成构件失效。所以，对于在交变应力作用下的构件，尤其是高强度材料制成的构件，在设计时应尽量减缓应力集中。

2. 构件尺寸的影响

材料的疲劳极限是由直径为 6～10mm 的小试件测定的，随着构件横截面尺寸的增大，疲劳极限会相应地降低。这是由于当构件的横向尺寸大于小试件的直径后，构件内高应力区范围扩大，因而存在缺陷，形成疲劳裂纹的机会要多一些。

3. 构件表面质量的影响

一般情况下，构件的最大应力发生在表层，疲劳裂纹也多在表层生成。因此，构件的表面质量将会对疲劳极限有明显的影响。表面加工的刀痕、擦伤等将引起应力集中，降低疲劳极限；相反，若构件表面质量优于光滑小试件或构件表面经过某些强化处理，疲劳极限则会提高。

4. 表面腐蚀的影响

构件在燃烧气体、蒸汽、污水等腐蚀介质中工作时，金属表面因腐蚀介质的侵蚀形成粗糙表面，这样将促使疲劳裂纹的形成和扩展，因此材料疲劳极限一般明显降低。

5. 温度应力的影响

构件因冷热变化将产生热应力。当钢的工作温度在 400℃ 以下时，温度对疲劳极限的影响不大。超过 400℃ 以后，温度升高疲劳极限会降低。如果构件的冷热变化现象是随着时间而做周期性变化的，那么因此引起的热应力也是交变应力。所以，在此交变应力作用下，经若干应力循环后，构件有可能出现疲劳裂纹和裂纹扩展，甚至断裂。构件因交变热应力所引起的这种疲劳现象称为热疲劳。在船舶动力设备中某些构件的破坏，像内燃机的气缸盖、活塞顶部、锅炉管系及汽轮机叶片所出现的网状裂纹等都与热疲劳有关。在轮机的实际工作中，若不暖缸即快速开出，会使气缸构件温差过大，产生热应力，引起微小裂纹，而过早地产生疲劳破坏。因此船舶起航阶段，柴油机加速时应控制加速度，特别是高负荷阶段，防止加速太快，产生热应力。

五、提高构件疲劳强度的措施

材料的疲劳极限和构件的疲劳极限是不同的，这是因为实际构件的几何形状、尺寸大小、表面加工质量等因素都将影响其疲劳强度。因此，要提高构件的疲劳强度必须解决以下几方面的问题。

1. 缓和应力集中

截面突变处的应力集中是产生裂纹及裂纹扩展的重要原因。因此，设计构件外形时应尽量避免带有尖角的孔和槽，在截面尺寸突变处用圆角过渡，并尽量增大圆角半径。

2. 提高构件表面质量

构件表面应力一般较大（如弯曲和扭转），加上其表面被切削的痕迹会引起应力集中，容易形成疲劳裂纹，因此减小表面粗糙度可减少表面应力集中。此外，还应尽量避免构件表面的机械损伤和腐蚀。

3. 提高构件表面强度

大多数构件的最大应力常发生在构件表面，因此提高构件表面的强度是提高构件疲劳强度的重要措施。生产中常用表面热处理（表面淬火、渗碳、渗氮等）和表面强化（喷丸、滚压）等方法来提高其疲劳强度。

思　考　题

1. 什么是构件的强度、刚度和稳定性？
2. 材料力学的主要任务和主要研究对象是什么？
3. 杆件的轴线和横截面之间有何关系？
4. 什么是弹性和弹性变形？什么是塑性和塑性变形？
5. 什么是载荷？有几种分类？
6. 什么是内力？求内力的方法和步骤是什么？
7. 杆件的基本变形形式有哪些？试举例说明。
8. 三种材料的应力-应变图，如图 1-3-45 所示。试说明哪种材料的强度高，哪种材料的刚度大，哪种材料的塑性好。
9. 工作应力、极限应力和许用应力有何区别？
10. 什么是应力集中？减少应力集中的措施有哪些？

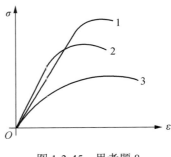

图 1-3-45　思考题 8

习　题

1. 指出图 1-3-46 和图 1-3-47 中构件的剪切面和挤压面。
2. 挤压应力与压应力有何区别？
3. 构件在什么情况下产生剪切变形？它与拉伸（压缩）变形有何区别？
4. 如图 1-3-48 所示，拉杆的材料为钢材，在拉杆和木材之间放一金属垫圈，其作用是什么？
5. 如图 1-3-49 所示，两个传动轴，哪一种轮的布置对提高轴的承载能力有利？
6. 圆轴和空心轴截面上的剪应力是如何分布的？

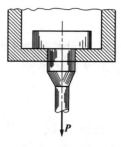

图 1-3-46　习题 1（1）

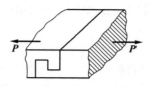

图 1-3-47　习题 1（2）

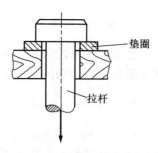

图 1-3-48　习题 4

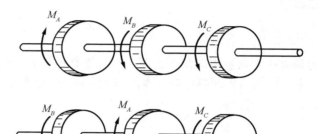

图 1-3-49　习题 5

第四章 机 械 振 动

第一节 机械振动及其分类

一、机械振动的概念

振动是工程中常见的现象，机械振动是指物体在平衡位置附近所做的往复机械运动。例如，钟摆的摆动、飞机机翼的抖动、内燃机工作时的振动等。在许多情况下振动是有害的，各种机械都可能因振动而引起零件损坏、运转精度下降、产生噪声等。此外，也可以利用振动原理，设计制造出为生产服务的振动机械，如建筑工程中的打桩机、混凝土振捣机及振动筛等。学习振动的目的是认识振动规律，充分用其利而避其害。

二、引起机械振动的因素

1. 外部因素

1）旋转构件的负载质量分布不均匀。
2）安装精度不够，构件间的间隙过大。
3）物体表面质量和润滑不够理想。

2. 内部因素

1）构件自身质量分布不均匀。
2）结构刚度不够。

三、机械振动的分类

1. 按产生振动的原因分类

1）自由振动：当系统的平衡被破坏时，只靠其弹性恢复力来维持的振动，如图 1-4-1（a）所示。
2）受迫振动：在外界干扰力的持续作用下系统被迫产生的振动，如图 1-4-1（b）所示。
3）自激振动：由系统具有非振荡性能源和反馈特性而引起的一种稳定的周期性振动。

振动（扭振）

（a）自由振动

（b）受迫振动和共振

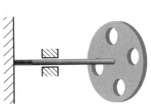
（c）扭转振动

图 1-4-1 振动

2. 按振动规律分类

1）简谐振动：能用一项正弦或余弦函数表达其运动规律的周期性振动。
2）非简谐振动：不能用一项正弦或余弦函数表达其运动规律的周期性振动。
3）随机振动：不能用简单函数或这些简单函数的组合来表达其运动规律，而只能用统计方法来研究其运动规律的非周期性振动。

3. 按振动位移的特征分类

1）扭转振动：振动体上的质点只做绕轴线的振动，如图 1-4-1（c）所示。
2）纵向振动：振动体上的质点只做沿轴线方向的振动。
3）横向振动：振动体上的质点只做垂直于轴线方向的振动。

4. 按振动系统的自由度分类

1）单自由度系统振动：确定系统在振动过程中任何瞬时的几何位置只需要一个独立坐标的振动。
2）多自由度系统振动：确定系统在振动过程中任何瞬时的几何位置需要多个独立坐标的振动。

第二节　自　由　振　动

一、振动系统的构成

工程实际中的振动系统是很复杂的，为了简化计算，在满足工程精度要求的前提下，通常把实际的振动系统抽象为一个简单的力学模型，例如，由电动机和横梁组成的系统，如图 1-4-2（a）所示，由于梁有较大的弹性，电动机有较大的质量，电动机工作时将产生沿铅垂方向的振动，如果梁的质量远小于电动机，则可将梁简化为一个不计质量的弹簧，电动机可看作具有质量的振体，于是该系统便简化为一个质量-弹簧系统，如图 1-4-2（b）所示。

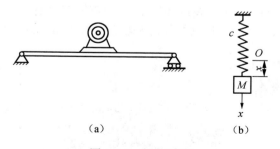

（a）　　　　　（b）

图 1-4-2　振动系统

在振动过程中，如振体的位置只需一个坐标就可确定，则该振动系统称为单自由度振动系统，否则就称为多自由度振动系统。本章只介绍单自由度的质量-弹簧系统的振动。

二、自由振动的产生

如图 1-4-3 所示为质量-弹簧系统，质量为 m 的重物挂于弹簧下端，弹簧的刚度系数为 k，不计质量，弹簧原长为 l_0，挂上重物后伸长 λ_s（称为静伸长），这时作用于重物的弹力 F 和重力 G 相平衡，此位置称为重物的平衡位置。如果外界给振体一个初始干扰，使振体有一个初位移和初速度，振体开始运动。当振体偏离平衡位置后，弹簧因变形而产生的弹性力作用于振体，使它回到平衡位置；当振体到达平衡位置时，具有一定的速度，加之本身的惯性，振体继续运动，并穿越平衡位置形成又一次偏离，如此不断循环往复，就表现为振体的振动。这种使振体回到平衡位置的力，称为恢复力。当恢复力的大小和振体到平衡位置的距离成正比时，称为线性恢复力。振动系统受到暂时性干扰后，仅在恢复力作用下的振动，称为自由振动。

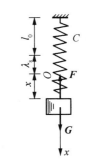

图 1-4-3　自由振动

典型的振动系统由振体和弹簧组成，弹簧实际上是一种广义名称，它主要起提供恢复力的作用，并不一定具有实际弹簧的形式。凡是具有近似于线性恢复力的振动，均可抽象地用弹簧来表示，如单摆的振动。

自由振动的运动规律如下：

$$x = A\sin(\omega t + \alpha) \tag{1-4-1}$$

式（1-4-1）表明，自由振动时，振体的坐标 x 是时间 t 的正弦函数，这种具有正弦函数关系的振动是简谐运动，其振动中心在平衡位置。

三、自由振动的基本物理量

1）A——振幅，指振体偏离平衡位置的最大距离，它反映了振体的振动范围和强弱。

2）$(\omega t + \alpha)$——位相，α 是 $t=0$ 时的位相，称为初位相。

3）T——周期，即振体每振动一次所需的时间，$T = 2\pi / \omega = 2\pi\sqrt{m/k}$。

4）f——频率，即振体在每秒内振动的次数，$f = 1/T = \omega/2\pi$。

5）ω——角频率，又称圆频率，即振体在 2π 秒内振动的次数，$\omega = 2\pi \cdot f = \sqrt{k/m}$。

综上所述，一个具有质量和弹簧的系统，在受到外界暂时性干扰产生初位移和初速度后，振体就在其平衡位置附近做自由振动，其振动规律为简谐运动。自由振动的振幅和初位相取决于振动的初始条件；自由振动的频率、圆频率、周期与系统的质量和刚性系数有关，与振动的初始条件和系统所受外力的大小无关。

第三节　有阻尼的受迫振动

工程中很多机械都在进行不衰减的持续振动，振体除了受弹簧的恢复力作用外，还受到外来干扰力的持续作用，干扰力一般是随时间变化的，有着不同的变化规律。本节只介绍最常见的按简谐规律变化的周期性干扰力所引起的受迫振动。

任何振动系统都存在阻尼，它来自多方面，如空气、油等介质的阻力及摩擦力和材料的内阻等各种各样的阻力，它的方向始终和振体的速度方向相反，统称为阻尼。

有阻尼受迫振动的运动规律由两部分组成：

$$x_1 = Ae^{-nt}\sin(\sqrt{\omega^2 - n^2} \cdot t + \alpha)$$
$$x_2 = B\sin(pt - \phi)$$

式中，B 为受迫振动的振幅；p 为受迫振动的圆频率（与干扰力的圆频率相同）；ϕ 为位相角；n 为阻尼系数；ω 为系统固有圆频率。

分析上式可知，有阻尼的受迫振动是由两部分运动叠加而成的：

第一部分（即 x_1）是有阻尼的自由振动，因阻尼的影响，只在振动开始时存在，经过一段时间后便消失。

第二部分（即 x_2）是有阻尼的受迫振动，它是由周期性变化的干扰力所引起的振动，干扰力不断地周期性对系统做功，补偿了阻尼功的消耗，因而振幅 B 始终保持定值，不会因阻尼的存在而衰减。

研究发现，受迫振动的频率总是与干扰力的频率相同，在持续简谐干扰力的作用下，受迫振动也是一个持续进行的简谐运动。

在受迫振动中，振幅 B 在许多工程问题中有着十分重要的意义，若振幅超过允许限度就会造成结构的破坏。下面仅就幅频曲线来讨论干扰力的圆频率 p 对振幅 B 的影响情况。

实验证明，当 p/ω 在 0.75～1.25 的范围内时，振幅 B 将相当大，故把这一区域称为共振区。此外，阻尼系数 n 对振幅 B 的影响，在低频区和高频区十分微小，可忽略不计，但是在共振区内，其影响很大。当无阻尼（$n=0$）时，共振时振幅趋于无穷大，随着阻尼增加，共振时的振幅便显著减小。可见，在共振区内阻尼对受迫振动有明显的抑制作用。

系统在共振时出现越来越大的振幅，原因是在共振的任何瞬时，干扰力的方向始终和振体的速度方向一致，并且变化规律也相同，在每一瞬时干扰力都做正功，使振动的动能不断增加，当没有阻尼消耗能量时，振幅就逐次增加，越来越大。可见，要避免共振，应使 p/ω 值落在低频区或高频区，即 p 和 ω 应有一定的差值。因此在研究共振问题时，系统的固有圆频率 ω 是一个十分重要的参数。

第四节　消振与隔振

剧烈的振动不但影响机器本身的正常工作，还会影响周围仪器设备的正常工作，使得机器运行的动力性、安全性、经济性和舒适性下降。当代新型超长行程柴油机的发展加剧了振动。减小振动危害的根本措施是合理设计，避免在共振区内工作。

许多引发振动的因素防不胜防，或难以避免，这时可以采用减振或隔振的措施。

减振：在振体上安装各种减振器，使振体的振动减弱。例如，利用各种阻尼减振器消耗能量达到减振目的。

隔振：将需要隔离的仪器、设备安装在适当的隔振器（弹性装置）上，使大部分振动被隔振器所吸收。隔振又分为主动隔振和被动隔振，如图 1-4-4 所示。主动隔振指将振源与基础隔离开，使其产生的振动不向周围传播，比如，在船舶轴系中装设液力耦合器，在船舶空气压缩机的底座上加装橡胶垫；被动隔振指将需防振动的

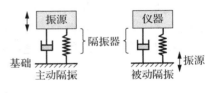

图 1-4-4 隔振措施

仪器、设备单独与振源隔离开，比如，将精密仪器设备用隔振材料保护，使其不受外界的影响。

常见的减振、隔振措施如下。

1. 消除振源或使振动减弱

持续性的干扰是造成受迫振动的根源。对一般机械来说，最常见的是由于转动部件的偏心或往复惯性力所造成的干扰。例如，柴油机往复运动部件产生的往复惯性力周期性作用于主轴承，使柴油机产生上下方向的振动；旋转运动部件产生的离心力使柴油机上下、左右振动。消除振源是消除受迫振动的一项"治本"措施。对于船舶轴系来说，为了消除振源，减弱振动干扰，除提高转动部件的制造和安装精度外，还应正确设计柴油机各缸的发火次序，并保证各缸发火定时正确以及各缸的爆发压力和功率均等。

2. 提高机器本身的抗振能力

衡量机器结构抗振能力的常用主要指标是动刚度，动刚度在数值上等于机器结构产生单位振幅所需的动态力。动刚度越大，则机器结构在动态力作用下的振动量越小。

3. 避开共振区

共振时的转速称为临界转速。根据实际情况，应尽可能改变机器的工作转速，使机器不在共振区内工作。例如，机器在正常运转时的转速应远离临界转速，机器在启动或操作运行过程中应尽快越过共振区。此外，还可以改变系统的固有频率，避免机器在共振区运行。例如，在柴油机的自由端安装适当尺寸的飞轮，改变轴系的长度或直径，或安装附加质量，从而改变系统的转动惯量和固有频率，使干扰频率远离整个系统的固有频率，以达到减振的目的。

4. 适当增加阻尼，减少振幅

阻尼可吸收系统振动的能量，使自由振动的振幅迅速衰减，对于受迫振动的振幅也有抑制作用，尤其在共振区内更显著。因此应适当增加阻尼，以削弱振动。

5. 安装减振器

减少柴油机振动的主要手段是安装减振器。加装减振器不仅可以改变振型、节点位置，还可以改变系统的自振频率。常用的减振器按其基本原理可分为三类：阻尼型、动力型和

动力阻尼型。阻尼型减振器中最典型、应用最普遍的阻尼介质是硅油，动力型减振器采用的阻尼介质是系统润滑油。常用的盖斯林格式减振器属于动力阻尼型减振器。

减振器维护管理的原则是：若一片弹簧损坏，则应将一组弹簧整套换掉。

6. 避免扭转-纵向耦合振动

减少轴系扭振和减少轴系纵振都可以采用配置减振器的措施，可分别配置扭振减振器和纵振减振器，两种减振器均安装在曲轴的自由端。避免扭转-纵向耦合振动的有效方法是减小扭振。大型低速柴油机通常采用设立转速禁区防止或减轻扭振。还可通过调整系统自振频率来减小轴系的扭振，比如，柴油机装设飞轮，改变系统的转动惯量，改变轴段刚度，等等。

在今后的专业课程中将涉及在船舶轴系中装设弹性联轴器或液力偶合器，由于弹性联轴器刚度很小，它可以大幅度地降低轴系的固有频率，使临界转速处于工作转速范围之外。液力偶合器的刚度近似为零，因此可将整个轴系分成两部分，从柴油机到液力偶合器为一部分，从液力偶合器到螺旋桨为另一部分。这两部分可视为互不相关，所以改善了轴系的扭转振动。

思　考　题

1. 什么是机械振动？用实例说明。
2. 机械振动可分为哪些种类？

习　　题

1. 自由振动与受迫振动有何区别？
2. 消振与隔振的方法有哪些？

第二篇　轮机工程材料

引　言

材料是人类赖以生存和发展，征服及改造自然的物质基础。一个国家的实力主要取决于其能源、材料、科技、教育等的发展水平，所以，材料也是社会生产力发展的标志。工程材料的种类繁多，根据材料的性质，一般可分为以下两大类。

1. 金属材料

金属材料是重要的工程材料，包括金属和以金属为基的合金。铁和以铁为基的合金，即钢、铸铁和铁合金，为黑色金属，这类材料性能好，价格低廉，在各种机器设备所用材料中占 80%以上；除黑色金属外的所有金属及其合金则为有色金属，包括铝及铝合金、铜及铜合金等。

2. 非金属材料

非金属材料主要包括高分子材料、陶瓷材料和复合材料。

用于船舶机械制造的各种材料称为轮机工程材料，它是制造船舶机械产品所必需的物质基础。轮机工程材料相关知识也是"主推进动力装置""船舶辅机""金工工艺"等后续课程必备的理论基础。

本篇内容以金属材料为主，主要介绍金属材料内部组织与性能之间关系的基本理论、热处理的基本理论和工艺、各类金属材料和非金属材料的性能和应用，以及船舶动力装置主要机件的合理选材和正确热处理，为后面专业课程学习提供必要的理论基础。

第一章　金属材料的性能

金属材料的性能包括使用性能和工艺性能。

使用性能指材料在使用过程中所表现出来的性能，包括力学性能、物理性能和化学性能。工艺性能是指在制造机械零件的过程中，材料适应各种冷、热加工和热处理的性能，包括铸造性能、锻造性能、焊接性能、热处理工艺性能、切削加工性能和冲压性能等。

第一节　金属材料的力学性能

金属材料的力学性能是指金属材料在外力作用下抵抗变形和断裂的能力。它是通过各种试验测定的，如拉伸试验、硬度试验、冲击试验和疲劳试验等。根据零件的使用温度不同，力学性能有室温力学性能和高温力学性能之分。

一、室温下的力学性能

金属材料在室温下的力学性能主要有强度、塑性、刚度、硬度、冲击韧性、疲劳强度等。其中刚度、强度和塑性是通过拉伸试验获得的。

拉伸试验是在拉伸试验机上进行的。试验前，将被试验的材料制成一定形状和尺寸的拉伸试样。常用的试样截面为圆形，如图 2-1-1 所示。其中，d_0 为试样截面的原始直径（mm），L_0 为试样的原始标距（mm）。拉伸试样一般分为长试样和短试样：长试样 $L_0=10d_0$；短试样 $L_0=5d_0$。

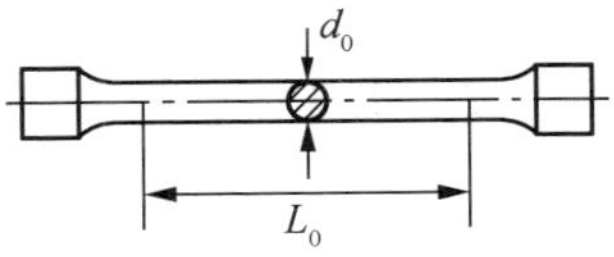

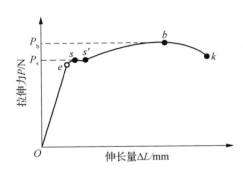

图 2-1-1　圆形拉伸试样简图

把拉伸试样夹在试验机的夹头上，缓慢增大拉伸力，直至拉断为止。试验机自动记录装置可将整个拉伸过程中的拉伸力与变形（伸长）量描绘在以拉伸力 P 为纵坐标，伸长量 ΔL 为横坐标的图上，即得到拉伸力和伸长量的关系曲线，称为拉力-伸长量曲线（拉伸曲线）。如图 2-1-2 所示为低碳钢的拉伸图。图中的 Oe 段是一条斜线，代表试样处于弹性变形阶段，此时若去掉拉伸力，试样完全恢复原来的形状和尺寸。当拉伸力继续增加时，试样在产生弹性变形的同时，开始产生微量的塑性（永久）变形。当拉伸力增大到 P_s 时，曲线上出现一段水平线段（或锯齿线）ss'，此时拉伸力不增加，而试样的塑性变形量却继续增大（伸长），这种现象称为屈服现象。s 点称为屈服点。拉伸力超过 P_s 后，试样在整个标距范围内产生均匀而显著的塑性变形，直至 b 点。P_b 为试样能承受的最大拉伸力，这时，试样横截面开始发生局部收缩——颈缩。此后，试样的变形局限在颈缩部位，所受的拉力迅速减小直至断裂（曲

图 2-1-2　低碳钢的拉伸图

线 k 点）。

不同的金属材料，其试样拉伸曲线不同。塑性好的材料在断裂前有明显的塑性变形，此种断裂称为韧性断裂；塑性差的材料断裂前无明显塑性变形，称为脆性断裂。

1. 刚度

刚度是指金属材料在外力作用下抵抗弹性变形的能力。

衡量材料刚度的指标是弹性模量 E，其值反映了金属材料弹性变形的难易程度。在弹性范围内，弹性模量 E 为应力与应变之比，即 $E=\sigma/\varepsilon$。E 越大，材料刚度越大，即在一定应力作用下产生的弹性变形越小。

一般机器零件大多在弹性变形状态下工作，故应具有一定的刚度。工程上将构件产生弹性变形的难易程度称为构件刚度，而影响构件刚度的两个因素是：材料刚度 E、构件截面积。这是因为

$$E=\frac{\sigma}{\varepsilon}=\frac{\dfrac{P}{A_0}}{\dfrac{\Delta L}{L_0}}=\frac{PL_0}{\Delta L A_0}$$

$$\Delta L=\frac{PL_0}{EA_0}$$

由上式可知，当外力 P 和试样长度 L_0 一定时，构件的弹性变形量 ΔL 取决于材料的弹性模量 E 和试样截面积 A_0。材料的弹性模量 E 主要取决于材料金属本性、晶格类型和原子间距，而与显微组织关系不大。

2. 强度

强度是金属材料在外力作用下抵抗塑性变形和断裂的能力。按照作用力性质的不同，可分为抗拉强度、抗压强度、抗剪强度、抗扭强度等。在工程上常用来表示金属材料强度的指标有屈服强度和抗拉强度。

（1）屈服强度

屈服强度又称屈服极限，用 σ_s 表示。它表征材料抵抗微量塑性变形的能力，也就是材料在外力 P_s 作用下刚刚开始产生塑性变形的应力。

$$\sigma_s=\frac{P_s}{A_0}$$

式中，P_s 为材料产生屈服时的外力，N；A_0 为试件的原始截面积，mm^2。

在应力-应变曲线上，不同材料有不同的屈服情况，有的有明显的屈服现象，有的却没有。除退火或热轧的低碳钢和中碳钢等少数合金有屈服现象外，大多数金属合金没有屈服点和屈服现象。工程上对不产生屈服现象的材料规定，将产生 0.2% 残余伸长率的应力作为屈服强度，用 $\sigma_{0.2}$ 来表示，如图 2-1-3 所示。σ_s 是具有屈服现象的材料特有的强度指标。所以，$\sigma_{0.2}$ 和 σ_s 均表征

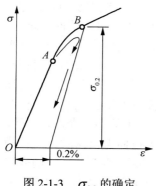

图 2-1-3　$\sigma_{0.2}$ 的确定

金属材料抵抗微量塑性变形的能力，是机械设计和选材的主要依据。

（2）抗拉强度

抗拉强度又称强度极限，用 σ_b 表示。它表征金属材料抵抗断裂的能力，也就是材料从开始受力到断裂为止所能承受的最大应力值。σ_b 由下式表示

$$\sigma_b = \frac{P_b}{A_0}$$

式中，σ_b 为抗拉强度，MPa；P_b 为试件在断裂前所承受的最大拉力，N。

抗拉强度 σ_b 是材料工作时的安全保证，也是设计机械零件和选材的主要依据。

（3）屈强比

σ_s 与 σ_b 之比称为屈强比，是工程上常用的参数。材料的屈强比越小，表示零件的储备强度越大，工作可靠性越高，可大大减少因突然超载而引起的破断，但材料潜力未能充分发挥。一般制造弹性零件的材料应具有较高的屈强比，通常要求 $\sigma_s / \sigma_b \geqslant 0.8$。

3. 塑性

塑性是金属材料在外力作用下产生塑性变形而不被破坏的能力。衡量金属材料塑性的常用指标有延伸率 δ 和断面收缩率 ψ。断面收缩率不受试样尺寸的影响，因此能更准确地反映材料的塑性大小。（参见第一篇第五章第五节拉压时材料的力学性能）

工程上常按延伸率的大小把材料分为两大类：$\delta > 5\%$ 的材料称为塑性材料，如钢、铝和铜等，使用时在选择许用应力[σ] 时，主要考虑屈服极限 σ_s 和安全系数 n_s（1.3～2.0）；$\delta < 5\%$ 的材料称为脆性材料，如铸铁等，使用时在选择许用应力[σ] 时，主要考虑强度极限 σ_b 和安全系数 n_b（2.0～3.5）。

$$[\sigma] = \sigma_s / n_s$$
$$[\sigma] = \sigma_b / n_b$$

材料的 δ 和 ψ 越大，则其塑性越好。良好的塑性对机械零件的加工和使用都具有重要意义。例如，塑性良好的材料易于进行压力加工（轧制、冲压、锻造等）；如果过载，由于其产生塑性变形而不致突然断裂，可以避免发生事故。

4. 硬度

硬度是指金属材料抵抗比它更硬的物体压入其表面的能力，即抵抗局部塑性变形的能力。它是衡量金属材料软硬程度的指标，是金属材料的重要力学性能之一。

常用的硬度测定法是用一定的载荷把一定形状的压头压入金属表面，然后测定压痕的面积或深度，从而确定硬度。在载荷一定的情况下，压痕越大或越深者，硬度越低。根据测量用的压力和压头的不同，可以获得不同的硬度指标。常用的硬度指标有布氏硬度、洛氏硬度、维氏硬度和显微硬度。

（1）布氏硬度

布氏硬度试验原理：把直径为 D 的淬火钢球（HBS）或硬质合金球（HBW），在一定力 P 的作用下压入被测金属表面，保持规定的时间后卸载，以单位压痕面积上受到的力作为硬度值，如图 2-1-4 所示。布氏硬度用 HB 表示，即

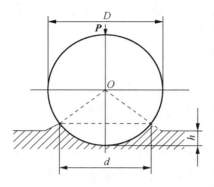

$$HB = \frac{P}{F}$$

式中，P 为外力，N；F 为压痕面积，mm^2；HB 为布氏硬度，MPa。

国家标准规定，当 HBS<450 时采用淬火钢球作压头，主要用来测量退火钢、普通碳钢、有色金属、铸铁、20钢、H68、HT250；当 450<HBW<650 时，主要用来测量淬火钢、工具钢、渗碳钢、GCr9、W18Cr4V、9SiCr。

图 2-1-4   布氏硬度试验原理

显然，HB 值越大，材料越硬。由于布氏硬度压痕面积较大，能反映较大范围内金属各组成相综合影响的平均值，因而试验结果较为准确，但因压痕大，不宜在成品零件上测定。

此外，可根据布氏硬度近似地估算出材料的抗拉强度，换算关系如下：

低碳钢 $\sigma_b \approx 0.36HB$；合金调质钢 $\sigma_b \approx 0.325HB$；高碳钢 $\sigma_b \approx 0.34HB$；灰铸铁 $\sigma_b \approx 0.1HB$。

（2）洛氏硬度

洛氏硬度试验使用的硬度仪如图 2-1-5 所示。洛氏硬度试验原理：用顶角为 120° 的金刚石圆锥体或直径为 1.588mm 的淬火钢球作为压头，依据零件表面上压痕深度来确定硬度。为了能用一种试验计来测定从软到硬不同金属材料的硬度，采用不同压头和载荷组成几种不同的洛氏硬度标度，每一种标度用一个字母在 HR 后加以注明，常用的洛氏硬度是 HRA、HRB 和 HRC 三种。洛氏硬度的试验条件和应用范围见表 2-1-1。

图 2-1-5   洛氏硬度仪

表 2-1-1   常用洛氏硬度的试验条件和应用范围

硬度符号	压头类型	总载荷/N	硬度测量范围	应用范围
HRA	顶角120°金刚石圆锥体	600	60～85	极硬材料，如硬质合金
HRB	直径1.588mm淬火钢球	1000	25～100	较软材料，如退火钢、有色金属等
HRC	顶角120°金刚石圆锥体	1500	20～67	较硬材料，如淬火钢、白口铸铁等

洛氏硬度试验操作简便、迅速，可直接从表盘上读出硬度值，可直接测量成品件及高硬度材料，如淬火钢、硬质合金、工具钢等；但测量不够准确，易产生误差。

（3）维氏硬度

维氏硬度试验原理基本上与布氏硬度试验原理相同，也是根据单位面积压痕表面上所

承受的试验力大小来测量硬度值。不同的是：维氏硬度试验是用两相对面夹角为136°的正四棱锥体金刚石作压头，如图 2-1-6 所示。维氏硬度用符号 HV 表示。

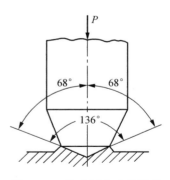

与布氏、洛氏试验法相比，维氏硬度试验法的测量精度高，压入深度浅，可以用于测量极薄试件及金属镀层、化学热处理后的表面硬度，可以测定从极软到极硬的各种材料；但操作较麻烦，故不宜用于成批生产的常规试验，一般用于科研中。

（4）显微硬度

利用显微硬度计可测定材料内部的组织或相组成物的硬度，显微硬度用 HM 表示。

图 2-1-6　维氏硬度试验原理

以上各种硬度在工厂生产、科学研究及学校实验室广泛应用，需要注意的是，HBS（或 HBW）、HRC、HV 三种硬度之间不能直接比较大小，应通过硬度对照表来比较，见表 2-1-2。但根据试验结果，可得粗略换算公式如下：当硬度在 200～600HBS（或 HBW）范围内，HRC ≈ 1/10HBS（或 HBW）；当硬度小于 450HBS 时，HBS ≈ HV。

表 2-1-2　硬度对照表

HB	HV	HRC
501	525	51
370	377	40
291	296	31
225	226	20
221	221	17

5. 冲击韧性

冲击韧性是金属材料在冲击载荷作用下抵抗破坏的能力。在工程上，许多机器零件，如柴油机的曲轴、活塞销、空气锤的锤杆和冲床的冲头等，在工作过程中往往受到冲击载荷的作用，由此而产生的变形和应力比静载荷要大得多。所以对于承受冲击载荷的零件或工具在其设计或运行管理时，不仅要求具有高的强度和一定的塑性，还必须考虑所用金属材料的冲击韧性。

冲击韧性的大小用 α_k 表示。它是在摆锤试验机上，对有缺口的试样进行冲击试验来决定的，如图 2-1-7 所示。试验时，把试样放在冲击试验机支座上，试样缺口背向摆锤的冲击方向，如图 2-1-7（a）所示。把一定重量的摆锤举至 h_1 高度，使其具有位能 mgh_1，然后由此高度下落冲断试样，试样冲断后摆锤继续向前升高至 h_2 高度，如图 2-1-7（b）所示，此时摆锤剩余能量为 mgh_2，则击断试样所消耗的冲击功为

$$A_k = mg(h_1 - h_2)$$

其冲击韧性为

$$\alpha_k = \frac{A_k}{F}$$

式中，F 为冲击面积，cm^2；α_k 为冲击韧性，J/cm^2。

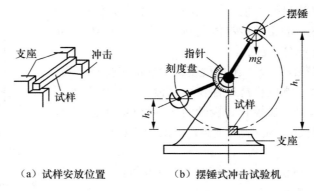

（a）试样安放位置　　　（b）摆锤式冲击试验机

图 2-1-7　摆锤式冲击试验原理示意图

冲击韧性 α_k 值越大，表明材料韧性越好，受到冲击时越不易断裂。α_k 值的大小受很多因素影响，不仅与试样形状、表面粗糙度、内部组织有关，还与试验时温度密切相关。因此冲击韧性一般只供选材时参考，而不能作为计算依据。

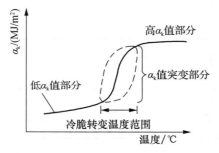

图 2-1-8　冲击韧性与温度的关系曲线

某些材料的 α_k 值与温度有关，如图 2-1-8 所示。α_k 值随工作温度降低而减小，并在某一温度范围时显著减小，这种现象称为冷脆（或脆性转变），使 α_k 值显著降低的温度称为脆性转变温度，而影响冷脆的主要因素是材料中含 P 的多少。在脆性转变温度以下材料由韧性状态转变为脆性状态。材料的脆性转变温度越低，说明材料的低温冲击韧性越好。因此，应对在低温和严寒地区工作的构件（如船体、桥梁）或零件材料的脆性转变温度和在最低使用温度下应具有的最低韧性值做出规定。

在生产实践中，绝大多数在动载荷下工作的零件与构件都是在小能量多次重复冲击载荷下工作，很少因一次超载冲击而破坏。所以材料的冲击韧性应以小能量多次重复冲击试验来测定。实验证明，材料在小能量多次重复冲击下的破坏过程是裂纹的产生和扩展过程，它是多次冲击损伤积累发展的结果；因此材料的多次冲击抗力是一项取决于材料强度和塑性的综合性指标，冲击能力高时，材料的多次冲击抗力主要取决于塑性；冲击能力低时，材料的多次冲击抗力主要取决于材料的强度。

6. 疲劳强度（见第一篇第三章第十节内容）

在机械中有许多零件，如曲轴、齿轮、连杆、弹簧等，是在交变载荷作用下工作的，零件在大小和方向周期变化的交变载荷作用下，在小于 σ_s 或 σ_b 的情况下发生突然断裂，这种现象称为疲劳断裂。材料在无限次交变载荷作用下不致引起破坏的最大应力称为疲劳强度，可用疲劳曲线表示，如图 2-1-9 所示。

金属产生疲劳同许多因素有关，目前普遍

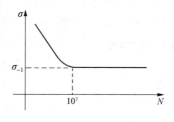

图 2-1-9　疲劳曲线

轴的疲劳断裂过程演示

认为是由于材料内部有缺陷，如夹杂物、气孔、疏松等；表面划痕、残余应力及其他能引起应力集中的缺陷导致微裂纹产生，这种微裂纹随应力循环次数的增加而逐渐扩展，导致零件突然断裂。

因此，为了提高零件的疲劳强度，应改善其结构形状，避免应力集中，提高加工工艺，减少内部组织缺陷；还可采用降低零件表面粗糙度和表面强化的方法，提高零件的表面质量。

二、高温下的力学性能

有些零件长期在高温下工作，如蒸汽锅炉中的高温、高压管道，柴油机的进、排气阀，废气涡轮中的喷嘴环、涡轮叶片等。这些零件室温下的力学性能不能满足高温下的工作要求。表 2-1-3 是 20 钢在不同温度和时间下工作的强度比较。

表 2-1-3 20 钢在不同温度和时间下工作时的强度比较

温度/时间	室温/短时	室温/长时	450℃/短时	450℃/300h	450℃/1000h
σ_b/MPa	420	420	330	230	120

由表 2-1-3 可知，温度越高，材料的强度越低；室温下材料的强度与受力的时间长短无关，而高温下的材料强度则与外力作用的时间长短有关，因此金属材料长时间在高温和一定应力作用下，即使应力小于 σ_s 也会发生缓慢的塑性变形，这种现象称为蠕变。温度越高，蠕变越严重，蠕变发展到最后也能导致断裂，造成设备的重大事故。通常当材料温度超过 $0.3T_m$（以绝对温度表示熔点）时，蠕变才显著。

金属材料在高温下的力学性能指标，主要有高温强度和热硬性。

1. 高温强度

高温强度又称热强度，它是应力、应变、温度和时间综合作用的反映。其指标有蠕变极限和持久强度。

（1）蠕变极限

蠕变极限又称蠕变强度，是金属材料长期在高温和应力作用下抵抗塑性变形的能力。蠕变极限用 σ_δ^T / t 表示，为在一定温度 T 和一定时间 t 内，产生一定塑性变形量 δ 时所能承受的最大应力，其单位为 MPa。例如，国内外多用 1Cr13 制作涡轮叶片，该材料的蠕变极限 $\sigma_{0.1/10000}^{500}$=57MPa，即在 500℃下工作 10000h，产生 0.1%的变形量时的最大应力为 57MPa。

（2）持久强度

持久强度是金属材料长期在高温和应力作用下抵抗断裂的能力。持久强度用 σ_t^T 表示，为在一定温度 T 下，工作一定时间 t 后产生破断的应力。例如，1Crl3 的持久强度 $\sigma_{10^5}^{500}$=190MPa，即在 500℃下工作 100000h 发生断裂时的应力为 190MPa。

2. 热硬性

热硬性又称红硬性或高温硬度，是金属材料在高温下仍具有较高硬度的性能，热硬性是高温下工作的零件，如高温轴承、高温切削工具等的重要高温性能指标。

第二节　金属材料的冷、热加工工艺及性能

要将金属材料变成毛坯或零件，就要对其进行加工，以改变其形状和尺寸。改变金属材料的形状和尺寸可在冷状态下进行（即在再结晶温度以下进行，通常指在室温下进行），也可在热状态下进行（即在再结晶温度以上进行）。对处于冷状态下的金属材料进行加工的方法称为冷加工，对处于热状态下的材料进行加工的方法称为热加工。

冷、热加工的方法很多，但按加工原理分，主要的加工方法有五种：铸造、锻造、焊接、冷成型加工和切削加工。其中铸造和焊接属于热加工，切削加工属于冷加工。而在诸多的压力加工方法中，有些属于热加工（如锻造），有些属于冷加工（如板料冲压）。五种加工方法均有各自的特点和应用范围。其中切削加工主要用于零件的最终加工，而铸造、锻造和焊接主要用于生产毛坯，但在某些情况下也可以直接生产成品。

零件选材的重要步骤之一，就是满足材料工艺性原则，即零件的选材要与该零件的加工工艺方法相适应；否则事倍功半。金属零件和构件在加工制造过程中要经受各种冷、热加工，如铸造、锻造、焊接、切削加工及热处理等。但材料不同，接受各种加工的能力也不同。因此，必须了解金属材料的常用加工工艺。

一、铸造加工工艺

把熔炼合格的液态金属浇注到预先制备好的与零件形状、尺寸相符的铸型空腔中，待其冷却凝固后获得零件或零件毛坯的方法称为铸造。用此法生产的零件或毛坯称为铸件。

1. 衡量材料可铸造性的指标

金属材料的铸造性是指材料用铸造方法获得完好铸件的能力。其衡量指标如下。

（1）流动性

流动性是铸造金属在浇注时本身的流动能力或充填铸型的能力。材料的流动性好，则其充填铸型的能力也好，能浇铸出薄壁、形状复杂的精致铸件，达到工程上所需的工艺要求；同时液态金属中的熔渣和气体易于上浮，不致形成夹渣、气孔等缺陷。

（2）收缩性

收缩性是指液态金属在铸型内冷却过程中，内部产生缩孔和铸件形状尺寸缩小的程度。金属液的收缩通常可分为液态收缩、凝固收缩和固态收缩三个阶段。收缩的结果是铸件的线性尺寸减小。当金属液浇满铸型后，由于型壁温度低，铸件表面会先凝固成一层封闭的外壳，而其内部仍为高温液态，温度继续下降，凝固层不断加厚，硬壳内的金属液因温度降低而发生液态收缩，并补充形成硬壳时的凝固收缩，液面要下降。与此同时，硬壳也因温度降低而使铸件外形缩小。由于金属的液态收缩和凝固收缩超过硬壳的固态收缩，金属液面将与硬壳的顶面脱离，如此进行下去，最终在铸件上部便形成一个倒锥形缩孔。铸件的各部分往往冷却速度不一致，因而必然发生相互牵制，结果在铸件中产生内应力，当内应力超过金属的 σ_s 时，铸件会变形；当内应力超过金属的 σ_b 时，铸件就开裂。所以铸造金属的收缩性是铸件中产生缩孔、变形和裂纹等缺陷的重要因素。

（3）偏析

偏析是指液态金属凝固后化学成分不均匀的现象。偏析越严重，铸件的性能就越差。

常用金属材料中，灰铸铁和锡青铜具有优良的铸造性能，而铸钢就差一点。

2. 铸造生产的优、缺点

（1）优点

1）可生产外形和内腔十分复杂的铸件，如柴油机机座、气缸体等。

2）适用于各种金属材料，特别是塑性差的材料，且铸件的尺寸和质量均不受限制。

3）铸件的形状、尺寸可以与零件非常接近，加工余量很小，甚至无加工余量，如精密铸造，故可节约材料。

4）铸造设备简单，制造铸型的模型和型砂来源广泛，价格低廉，故铸件成本较低。

（2）缺点

型砂铸造生产工序较多，有些工艺过程难以控制，铸件质量不够稳定，废品率较高；铸件组织粗大，内部常出现缩孔、缩松、气孔和砂眼等缺陷，其力学性能不如同类材料的锻件高，使得铸件要做得相对笨重些，从而增加了机器的质量；铸件表面粗糙，尺寸精度不高；工人劳动强度大，劳动条件较差。近年来，由于精密铸造和新工艺、新设备的迅速发展，铸件质量有了很大的提高。

3. 铸件的组织结构

铸件的形状和结构复杂，壁厚不均。铸锭是一特殊铸件，也是铸件中形状、结构最简单的铸件。铸锭的组织结构可分为以下三部分，如图 2-1-10 所示。

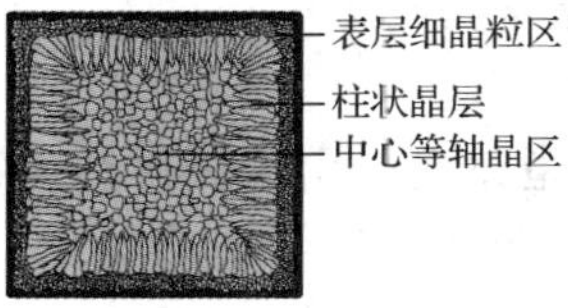

（1）表层细晶粒区

熔融液态金属浇入铸模时，由于铸模壁温度低，与模壁接触的液态金属受到骤冷，产生很大的过冷度，形成大量晶核，致使铸锭表层形成细小的等轴晶粒。

图 2-1-10　铸锭的组织结构

铸锭的组织结构

（2）柱状晶层

表面细晶粒层形成后，模壁温度升高，靠近表层细晶粒的液态金属冷却缓慢，过冷度减小，成核数相对减少。同时相对来说，垂直模壁的方向散热较快，所以结晶沿相反的方向进行，形成与表层垂直生长的柱状晶层。

（3）中心等轴晶区

柱状晶层长到一定程度后，铸锭中部开始形核长大，因内部液体温度大致是均匀的，每个晶粒的成长在各方向上接近一致，形成等轴晶粒。

4. 铸造分类

铸造生产种类较多，按照金属材料的不同可分为铸钢铸造、铸铁铸造、有色金属铸造；按照生产方法不同可分为砂型铸造和特种铸造（如金属型铸造、熔模铸造、压力铸造和离心铸造等）。砂型铸造是最基本的也是应用最广的铸造方法，90%以上的铸件是砂型铸造出来的，由于铸造所用的型砂反复使用，故型砂铸造又称翻砂。

（1）砂型铸造

砂型铸造是实际生产中应用最广泛的一种铸造方法，所需的材料和设备有制造铸型和型芯（形成铸件内腔）的砂，制造铸件外形和内腔的模型和型芯盒。用型砂制成铸型，待铸型干燥牢固后进行浇注，即把液态金属浇入铸型中。

砂型铸造工艺过程如下：①配制型砂和型芯砂；②制造模型与型芯盒；③制造砂型和型芯；④合箱与浇注；⑤落砂和清理；⑥铸件验收。图 2-1-11 所示为套筒的砂型铸造工艺过程。

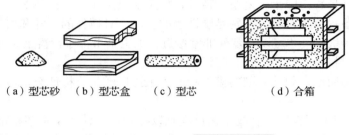

（a）型芯砂　（b）型芯盒　（c）型芯　　　　　（d）合箱

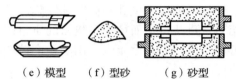

（e）模型　　（f）型砂　　（g）砂型

图 2-1-11　套筒的砂型铸造工艺过程

（2）特种铸造

特种铸造是指与砂型铸造不同的其他铸造方法。常用的有金属型铸造、熔模铸造、压力铸造和离心铸造。

1）金属型铸造。用金属材料（铸铁或钢）制造铸型生产铸件的方法称为金属型铸造，也称永久型铸造（可使用上千次）。

金属材料导热速度快，无退让性、无透气性，耐火性比型砂差，易产生浇不足、冷隔、裂纹及白口等缺陷。由于金属型反复受灼热金属液的冲刷，寿命会降低。

制造金属铸型最常用的材料为铸铁和铸钢。

与砂型铸造相比，金属型铸造的主要优点是铸型使用寿命长，因而可节约大量造型工时，提高生产率；劳动条件好；铸件尺寸精度高，公差等级为 IT16～IT12，表面粗糙度小，$Ra<12.5\mu m$；铸件冷却速度快，因而其晶粒细，力学性能好（抗拉强度比砂型铸造高 10%～20%）。其主要缺点是铸型成本高，制造困难，生产周期长；铸铁件易产生白口，不宜生产大型、复杂铸件。

金属型铸造主要用于大批量生产熔点较低的有色金属铸件，如飞机、汽车、内燃机等用的铝合金活塞、气缸体、气缸盖、水泵壳体及铜合金轴瓦、轴套等。黑色金属类铸件只限于形状简单的中、小型铸件。

2）熔模铸造。熔模铸造是用易熔材料（如蜡料）制成模型，然后在表面涂覆多层耐火材料，待硬化干燥后，将蜡模熔去，而获得具有与蜡模形状相应空腔的型壳，再经焙烧后进行浇注而获得铸件的一种方法，其工艺过程如图 2-1-12 所示。

熔模铸造的优点是铸件的精度高，可实现无屑加工；可以铸造形状复杂的铸件；可生产各种铸造合金的铸件，是生产耐热合金钢、磁性材料铸件的唯一方法；适合于单件、小批、成批生产各种铸件。但是熔模铸造生产工艺过程复杂，生产周期长，成本高；不适于生产大型铸件。

熔模铸造主要用于生产汽轮机、涡轮机的叶片或叶轮，切削刀具，以及飞机、汽车、拖拉机、风动工具和机床上的小型零件。

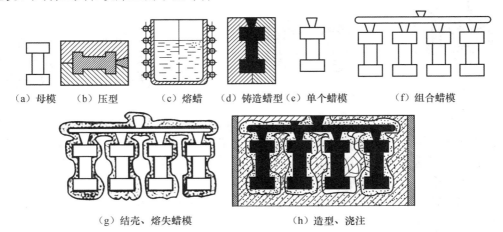

（a）母模　（b）压型　　（c）熔蜡　（d）铸造蜡型（e）单个蜡模　　（f）组合蜡模

（g）结壳、熔失蜡模　　　　　　　（h）造型、浇注

图 2-1-12　熔模铸造

3）压力铸造。压力铸造是使液体或半液体金属在高压作用下，以极高的速度充填压型，并在压力作用下凝固而获得铸件的一种方法，其工艺过程如图 2-1-13 所示。

压力铸造的优点是能得到致密的细晶粒铸件，其铸件强度比砂型铸造高 25%～30%；铸件质量高，可不经切削加工直接使用；可以压铸形状复杂的薄壁铸件；是所有铸造方法中生产率最高的。缺点是压铸件制造周期长，成本高；压铸件内部易产生很多细小气孔；不能热处理；不宜压铸厚壁铸件；另外，铁合金熔点高，压型使用寿命短。故目前铁合金压铸难以用于实际生产。用压力铸造法生产的零件有发动机气缸体、气缸盖、变速箱箱体、发动机罩、仪表和照相机、地壳体及管接头、齿轮等。

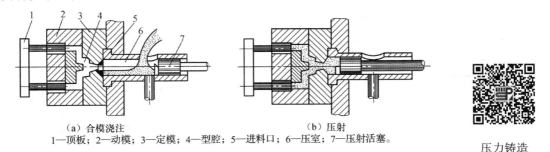

（a）合模浇注　　　　　　　　　　　（b）压射

1—顶板；2—动模；3—定模；4—型腔；5—进料口；6—压室；7—压射活塞。

压力铸造

图 2-1-13　压力铸造

4）离心铸造。离心铸造是将液态金属浇入高速旋转（250～1500r/min）的铸型中，使金属液体在离心力作用下充填铸型，以获得铸件的铸造方法，其工艺过程如图 2-1-14 所示。

由于铸件结晶过程是在离心力作用下进行的，因此，金属中的气体、熔渣等夹杂物由于密度较小而集中在铸件内表层，金属的结晶则从外向内呈方向性结晶（即定向凝固），因而铸件表层结晶细密，无缩孔、缩松、气孔、夹渣等缺陷，力学性能良好。离心铸造法铸造空心圆筒形铸件时可以省去型芯和浇注系统，这比砂型铸造节省工时。离心铸造还便于铸造"双金属"铸件，如钢套镶铜轴承等，其接合面牢固，耐磨，又节约金属材料。

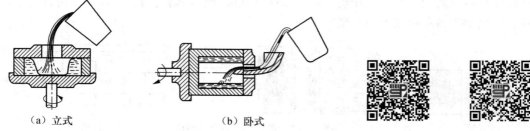

（a）立式　　　　　　　（b）卧式

图 2-1-14　离心铸造　　　　　　离心铸造（a）　　离心铸造（b）

离心铸造的不足之处在于铸件的内孔不够准确，内表面质量较差，且不能用于有成分偏析的合金。但这并不妨碍其应用于一般管道，对于内控需要加工的机器零件，则可采用加大内孔加工余量的方法来解决。

目前离心铸造广泛应用于铸造铸铁水管、钢套、轴套、活塞环坯料和输油管等。

二、锻造加工工艺

锻造是通过外力作用使金属坯料产生要求的塑性变形，从而获得符合一定形状、尺寸和技术要求的毛坯或零件的加工方法。用此法生产的毛坯或零件称为锻件。

锻造包括自由锻造和模锻造。自由锻造包括机器自由锻和手工自由锻。将加热至一定温度的金属坯料置于锻压设备上，借助设备的冲击力或压力使之产生塑性变形，称为机器自由锻，简称机锻；若用人力使金属坯料产生塑性变形，则称为手工自由锻。工厂普遍采用机锻，如图 2-1-15（a）所示。模锻造是将加热到一定温度的金属坯料置于具有要求形状的模具（即锻模）内，借助模锻设备的冲击力或压力使之产生塑性变形，得到与锻模内腔形状一样的锻件的加工方法，如图 2-1-15（b）所示。

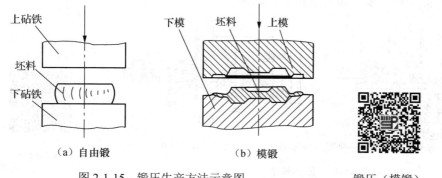

（a）自由锻　　　　　（b）模锻

图 2-1-15　锻压生产方法示意图　　　　锻压（模锻）　　锻压（自由锻）

自由锻造和模锻造是一般机械厂常用的生产方法。凡承受重载荷、工作条件恶劣的机器零件，如汽轮发电机转子、主轴、叶轮、重要齿轮、连杆等，通常采用锻件毛坯，再经切削加工制成。

1. 衡量材料可锻性的指标

金属材料的可锻性是其承受压力加工（锻造）的能力。可锻性的好坏取决于金属材料的塑性和变形抗力。材料的塑性好，则变形时不易开裂；变形抗力小，则锻压时省力，而且工、模具不易磨损。

一般来说，金属材料含碳量越高，可锻性越差。因此在常用的金属材料中，中、低碳钢的可锻性好，而高碳钢差，灰铸铁不能锻造。

2. 锻造工艺的特点

1）将金属坯料锻成与零件形状、尺寸接近的毛坯，再进行机械加工可节约材料和节省工时。

2）可以改善金属组织，提高力学性能。例如，可使钢锭中粗大晶粒变成细小晶粒，使其内部的缩松、气孔、微裂纹焊合，使组织致密，使夹杂物可流线分布与合理取向，改善偏析，从而提高钢的力学性能。故船用发动机重要零件常采用锻造毛坯，如十字头、尾轴等。

3）不能锻制形状复杂的锻件。

4）锻件成本高于铸件成本。

5）除自由锻外，其他锻压方法如模锻、冲压等都有较高的劳动生产率。

3. 锻件的检验

1）外观检验：锻件表面不允许有夹层、折叠、裂纹、结疤、密集的发纹和过烧等缺陷。

2）锻件尺寸检验。

3）力学性能试验和化学成分分析。

4）低倍组织检查或高倍金相分析。

一般锻件均需进行外观和尺寸检验，并根据锻件的技术要求进行其他检验。

三、焊接加工工艺

焊接是以局部加热或兼有加压的方法，使金属能进行原子间结合，获得永久性的连接的方法。焊接在工业上主要是作为连接，把棒料或板料焊接成构件、机架等。如大、中型柴油机的机座、机架、机体等均为全焊结构或铸焊结构。此外，焊接还可以用于堆焊修补铸件的疵孔，焊补零件或毛坯的裂纹，修复零件磨损处。

1. 衡量材料可焊接性的指标

金属材料的焊接性能主要与化学成分有关。碳素钢的含碳量越低，焊接性能越好；合金钢的焊接性能，除与含碳量有关外，还与其所含的合金元素有关。例如，低碳钢和普通低合金钢具有优良的可焊性，焊后接头内应力小。中碳钢中含碳量较低者，如30钢、35钢，应预热再焊接，且焊后应退火。高碳钢不宜焊接。灰铸铁和铝合金的可焊性很差，球墨铸铁的焊接性要比灰铸铁好些。

2. 焊接的特点

1）焊接板料厚度可以随需要增加，结构简单，表面平滑。

2）焊接件的形状可以根据需要进行拼接，不像锻造、铸造那样受限制。

3）焊接构件强度高、质量可靠、重量轻，比铆接节省金属材料。

4）焊接的容器对水、油、气体的密封性都好。

5）缺点是局部加热引起变形和冷却收缩时产生内应力而产生裂纹，这可以通过适当的措施来解决。

3. 焊接工艺

（1）熔化焊

这类焊接方法的共同特点是把焊件局部连接处加热至熔化状态形成熔池，一般还另加填充金属（如焊条或焊丝等），待其冷却结晶后形成焊缝，将两部分材料焊接成一个整体。因两部分材料均被熔化，故称熔化焊。这类焊接方法又可分为电弧焊（手工电弧焊、埋弧焊和 CO_2 气体保护焊）、气焊、电渣焊、等离子弧焊、电子束焊、激光焊等。

电弧焊是利用电弧加热和熔化金属进行焊接的方法。焊接时电弧的温度高，热量也比较集中。手工电弧焊由于使用的设备简单，操作方便，故在国内仍是常用的焊接方法之一。

如图 2-1-16 所示，若将焊条 1 装在焊钳 2 上，擦划或垂直敲击焊件 7，再很快将焊条提起，使之拉开后保持 2～4mm 的距离，由于焊条末端与焊件瞬时接触而造成短路，使其间充满了高热气体与金属蒸气，在两极间电场力的作用下，阴极发射出电子并撞击气体介质，使气体介质电离成正离子和负离子。同时，短路时产生的高温也使两极间气体发生电离。正离子奔向阴极，负离子和电子奔向阳极，动能变为热能，使两极表面放出大量的热和光，于是在焊条端部和焊件之间就会产生明亮的电弧 4。但是，焊接所用的电弧必须是稳定的。工业上使用的焊接电弧，就是在焊条与焊件间的气体介质中，发生持久的、强烈的放电现象。电弧焊就是利用焊接电弧放出的热量来熔化焊条和焊件而进行焊接的。

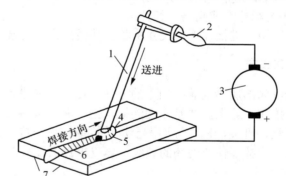

手工电弧焊

1—焊条；2—焊钳；3—电焊机；4—电弧；5—熔池；6—焊缝；7—焊件。

图 2-1-16　手工电弧焊示意图

手工电弧焊是工业上最常用的焊接方法，宜焊接 3～8mm 厚的钢材。此法方便灵活，可在任何场合和位置进行各种形式的焊接。

（2）压力焊

这类焊接方法的共同特点是，不论两块金属的接头处是否加热，都要施加压力，才能使其紧密接触而焊合。压力焊可分为电阻焊（包括点焊、缝焊和对焊）、摩擦焊、气压焊、冷压焊、超声波焊、高频焊、爆炸焊等。

（3）钎焊

钎焊将熔点比母材低的填充金属（称为钎料）熔化后，填入接头间隙并与固态的母材通过扩散实现连接的一类焊接方法。它又分为软钎焊（钎料熔点在 450℃ 以下，接头强度低，如锡基钎料）和硬钎焊（钎料熔点在450℃以上，接头强度较高，如铜基钎料）。

四、冷成型加工工艺

1. 轧制

使金属坯料在转动轧辊之间靠摩擦力连续进入轧辊而塑性变形的方法称为轧制，如图2-1-17所示。轧制生产所用的坯料是铸锭或方坯、板坯等。在轧制过程中，坯料的截面不断减小，长度不断增加，从而获得各种规格的板材、型材和无缝管材等。按轧制时温度是否高于再结晶温度轧制分为热轧和冷轧加工工艺。为了减轻金属坯料对变形的阻力，轧制一般采用热轧，冷轧只在轧制薄板时使用。

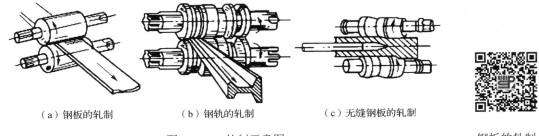

（a）钢板的轧制　　　　　　（b）钢轨的轧制　　　　　　（c）无缝钢板的轧制

图2-1-17　轧制示意图

钢板的轧制

2. 挤压

将金属坯料放在挤压筒内，用强大的外力使其从一端的模孔中挤出而变形的方法称为挤压，如图2-1-18所示。

根据金属流动方向与挤压时凸模运动方向的关系，挤压可以分为正挤压与反挤压，前者是指挤压模出口处金属流动方向与凸模运动方向相同，如图2-1-18（a）所示；后者是指挤压模出口处金属流动方向与凸模运动方向相反，如图2-1-18（b）所示。

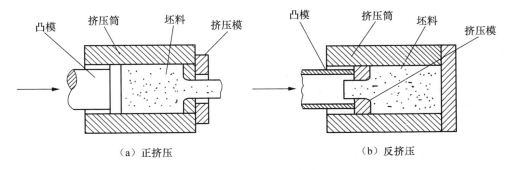

（a）正挤压　　　　　　　　　　　　（b）反挤压

图2-1-18　挤压示意图

挤压（反挤压）

挤压（正挤压）

3. 拉拔

使金属坯料强力通过拉拔模的模孔而改变金属坯料形状和尺寸的方法称为拉拔，如图 2-1-19 所示。

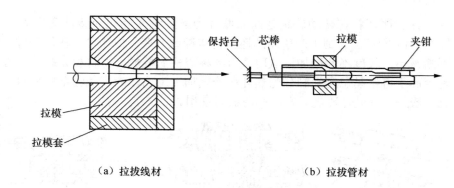

拉拔线材

（a）拉拔线材　　　　　　　（b）拉拔管材

图 2-1-19　拉拔示意图

拉拔时，金属坯料横截面面积减小，长度增加，用拉拔方法可以获得杆料、线材和薄壁管件。由于拉拔一次变形量小，因此需要进行多次拉拔工序，它属于冷变形加工，会产生加工硬化。加工硬化提高了金属的强度，但降低了塑性，不利于多次拉拔工序的进行。要多次拉拔时必须进行中间再结晶退火。拉拔的优点在于尺寸精确、表面质量好、生产率高。

4. 冷冲压

将金属板料置于冲模内，使其受压在室温下产生分离或塑性变形的一种加工方法称为冷冲压，如图 2-1-20 所示。冷冲压板料的厚度一般小于 8mm，如板料厚度超过 8mm，则采用热冲压。

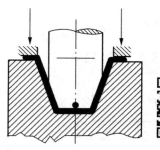

图 2-1-20　冷冲压　　　冷冲压

冷冲压具有以下特点：

1）可冲出形状复杂的零件，废料较少，材料利用率高。

2）冲压件尺寸精度高，表面粗糙度小，互换性好。

3）可获得强度高、刚性好、质量小的冲压件。

4）冲压操作简单，工艺过程便于实现机械化、自动化，生产率高；但冲模制造复杂，要求高。因此，这种工艺方法用于大批量生产时才能使冲压产品成本降低。

五、切削加工工艺

切削加工是利用切削工具从工件上切去多余材料的加工方法。通过切削加工，使工件变成符合图样规定的几何形状、尺寸精度和表面粗糙度等方面要求的零件。切削加工分为机械加工和钳工加工两大类。

切削加工性是指金属材料进行切削加工的难易程度。切削加工性与材料的种类、成分、硬度、塑性、组织等有关。硬度为 160～230HB 的材料切削加工性最好：切屑易断，加工表面光洁，刀具寿命长，消耗动力少。常用金属材料中，铸铁的切削加工性比钢好。

机械加工是利用机械力对各种工件进行加工的方法。它是通过工人操作机械设备进行加工的，其主要方法有车削、铣削、刨削、磨削、钻削、镗削、拉削、珩削、超精加工和抛光及螺纹、齿轮加工等，如图 2-1-21 所示。所用的机床为车床、钻床、刨床、铣床、磨床及螺纹、齿轮加工机床等。而所用的刀具为车刀、钻头、刨刀、铣刀、砂轮及螺纹、齿轮加工工具等。

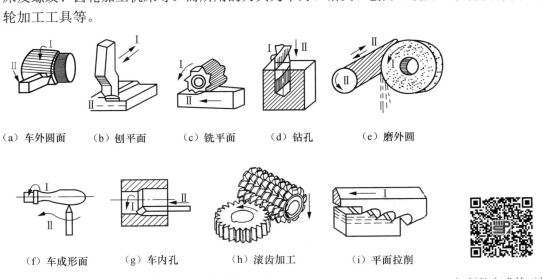

（a）车外圆面　　（b）刨平面　　（c）铣平面　　（d）钻孔　　（e）磨外圆

（f）车成形面　　（g）车内孔　　（h）滚齿加工　　（i）平面拉削

图 2-1-21　常见机械加工方法　　　　　　　　切削能完成的工作

钳工加工一般指在钳台上以手工工具为主，对工件进行加工的各种加工方法。钳工的工作内容一般包括划线、锯削、锉削、刮削、研磨、钻孔、扩孔、铰孔、攻螺纹、套螺纹、机械装配和设备维修等。对于有些工作，机械加工和钳工加工并没有明显的界限，如钻孔和铰孔，攻螺纹和套螺纹，二者均可进行。本节所介绍的是机械加工，习惯上常说的金属切削加工往往只指机械加工。

1. 车削加工

工件旋转做主运动，车刀做进给运动的切削加工方法称为车削加工。车削加工可以在卧式车床、立式车床、转塔车床、仿形车床、自动车床、数控车床及各种专业车床上进行，主要用来加工各种回转表面：外圆、内圆、平面、锥面、螺纹和滚花面等。根据所选用的车刀角度和切削用量的不同，车削可分为粗车、半精车和精车。粗车的尺寸公差等级为 IT12～IT11，表面粗糙度 Ra 为 25～100μm；半精车为 IT10～IT9，Ra 为 6.3～12.5μm；精车为 IT8～IT7，Ra 为 3.2～6.3μm。

（1）车床能完成的工作

车床能完成的工作是相当多的，在不加任何附加装置的情况下，它能完成的工作如图 2-1-22 所示。

（2）车削的工艺特点

1）易于保证轴、盘、套等类零件各表面的位置精度。

2）适用于有色金属零件的精加工。当有色金属零件要求较高的加工质量时，若用磨削，则砂轮表面空隙易堵塞，加工困难，故常用车削、铣削、刨削、镗削等方法进行精加工。在车削中用很小的切削深度和进给量进行加工，表面粗糙度可达 0.21μm，精度可达 IT5。

车床（车锥面）

3）切削过程比较平稳。车削工作一般是连续进行的，当刀具的几何形状和切削深度、进给量一定时，车削切削层的截面面积是不变的，因此切削过程较平稳，从而提高了加工质量和生产率。

4）刀具简单。车刀的制造、刃磨和安装均较方便，便于适应不同材料与具体加工要求。选用合适的刀具，有利于提高加工质量和降低生产成本。

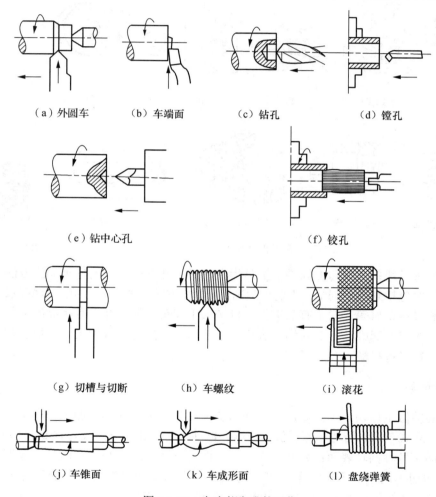

（a）外圆车　　（b）车端面　　　（c）钻孔　　　　（d）镗孔

（e）钻中心孔　　　　　　　　　　（f）铰孔

（g）切槽与切断　　（h）车螺纹　　　（i）滚花

（j）车锥面　　　（k）车成形面　　　（l）盘绕弹簧

图 2-1-22　车床能完成的工作

2. 钻削加工

用钻头或铰刀、锪刀在工件上加工孔的方法通称钻削加工。它可以在台式钻床、立式钻床、摇臂钻床上进行，也可在车床、铣镗床等机床上进行。虽然钻床可完成多种工作，但主要是加工孔。所以钻床被视为孔加工机床。不过钻床一般只适于加工直径 100mm 以内的孔，直径更大的孔，则在另外一种孔加工机床——镗床上进行。

（1）钻削所能完成的工作

钻床可完成的工作如图 2-1-23 所示。

用钻头在实体材料上加工孔的方法称为钻孔。钻孔是常用的孔加工方法之一。钻孔属于粗加工，其尺寸公差等级为 IT12～IT11；表面粗糙度 Ra 为，扩孔 6.3～12.5μm、机铰孔扩孔 1.6～6.3μm、手铰孔扩孔 0.4～0.8μm、镗孔扩孔 3.2～6.3μm。

钻床的几种典型加工表面

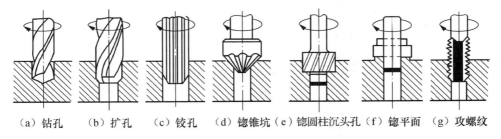

（a）钻孔　（b）扩孔　（c）铰孔　（d）锪锥坑（e）锪圆柱沉头孔（f）锪平面　（g）攻螺纹

图 2-1-23　钻床能完成的工作

（2）钻削的工艺特点

图 2-1-24 所示为用钻头钻削时的情况，与车削相比，钻削过程比较复杂。钻削时，钻头工作部分大多处在已加工表面的包围中，易引起一些特殊问题，如钻头的刚度和强度、容屑和排屑、导向和冷却润滑等。因此，其特点可概括如下：

1）容易产生"引偏"，即在加工时由钻头弯曲而引起的孔径扩大、孔不圆或孔的轴线歪斜等。

2）排屑困难。

3）切削热不易传散。钻削工作在机械加工中应用广泛，它又分为钻孔、扩孔、铰孔等。

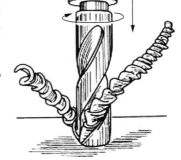

3. 镗削加工

图 2-1-24　钻头钻削时的情况

镗削加工是镗刀旋转做主运动，工件或镗刀做进给运动的切削加工方法。镗削加工主要在镗床上进行。镗孔是基本的孔加工方法之一。

在普通铣镗床上，与车孔基本类似，粗镗的尺寸公差等级为 IT12～IT11，表面粗糙度 Ra 为 25～12.5μm；半精镗为 IT10～IT9，Ra 为 6.3～3.2μm；精镗为 IT8～IT7，Ra 为 1.6～0.8μm。

在车床、钻床和铣床上也可以进行镗削加工，但对于形状复杂的箱体类零件，在镗床上加工才是最方便的。例如，发动机缸体、机床变速箱等体积较大零件上大孔的加工，还有精度要求较高的各种孔系的加工，必须在专门的镗床上进行。

镗床类机床是孔加工的主要机床，其主要工作是使用镗刀镗孔。在镗床上还可以铣平面、铣沟槽、钻孔、扩孔、铰孔、车端面、车环形槽、车螺纹等。一个箱体零件有时可以在镗床上完成全部加工。

在车床上镗孔时，工件做旋转主运动，刀具移动进给完成镗削工作。在镗床上镗孔时，常常是装在主轴上的镗刀杆做旋转主运动，装在工作台上的工件随工作台一起移动进给，完成镗削工作；有时候，装在镗床工作台上的工件不动，刀具旋转并同时移动进给完成镗削工作。

如图 2-1-25 所示为镗床能完成的工作。

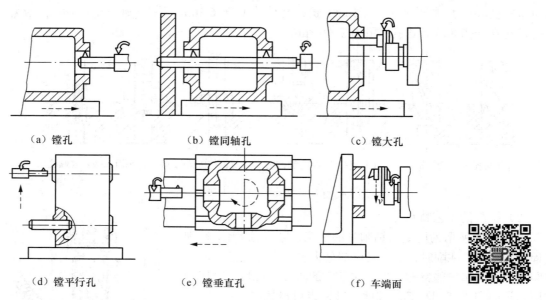

（a）镗孔　　　　　　　（b）镗同轴孔　　　　　　（c）镗大孔

（d）镗平行孔　　　　　（e）镗垂直孔　　　　　　（f）车端面

图 2-1-25　镗床能完成的工作

镗削能完成的工作

4. 铣削加工

铣床能完成的工作，如图 2-1-26 所示。

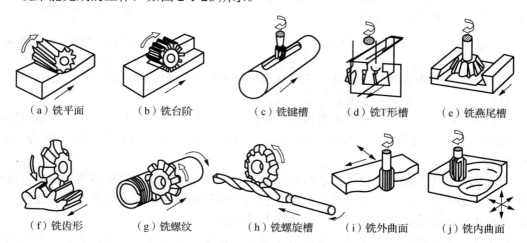

（a）铣平面　（b）铣台阶　（c）铣键槽　（d）铣T形槽　（e）铣燕尾槽

（f）铣齿形　（g）铣螺纹　（h）铣螺旋槽　（i）铣外曲面　（j）铣内曲面

图 2-1-26　铣床能完成的工作

铣削方式有如下两种。

（1）周铣法

用圆柱铣刀的圆周刀齿加工平面的方法，称为周铣法，如图 2-1-27（a）所示。根据铣刀旋转方向与工件进给方向之间的关系，它又可以分为逆铣和顺铣，如图 2-1-28 所示。当铣刀的旋转方向与工件的进给方向相反时，称为逆铣；当铣刀的旋转方向与工件的进给方向相同时，称为顺铣。与逆铣比较，顺铣的生产效率较高。

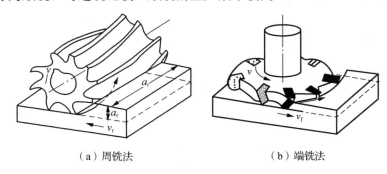

（a）周铣法　　　　　　　　　　（b）端铣法

图 2-1-27　周铣法与端铣法

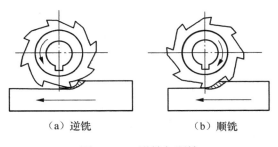

（a）逆铣　　　　　　　　（b）顺铣

图 2-1-28　逆铣与顺铣

顺铣　　　　　　逆铣

（2）端铣法

用端铣刀的端面刀齿加工端面的方法，称为端铣法，如图 2-1-27（b）所示。端铣法可以通过调整铣刀和工件的相对位置，调节刀齿切入和切出时的切削厚度，达到改善铣削过程的目的。

5.　刨削加工

用刨刀对工件做水平相对直线往复运动的切削加工方法称为刨削加工。刨削是平面加工方法之一，可以在牛头刨床和龙门刨床上进行，前者适宜加工中小型工件，后者适宜加工大型工件或同时加工多个中型工件。

在刨床上可完成如图 2-1-29 所示的各种工作。

6.　插削加工

用插刀对工件做垂直相对直线往复运动的切削加工方法称为插削加工。插削在插床上进行，可以看作"立式刨床"加工。插床主要用于单件小批量生产中对零件内表面的加工，如孔内键槽、方孔、多边形孔、花键孔等，也可以插削某些零件上的外表面。

图 2-1-30 所示是插床的构成及其能完成的主要工作。

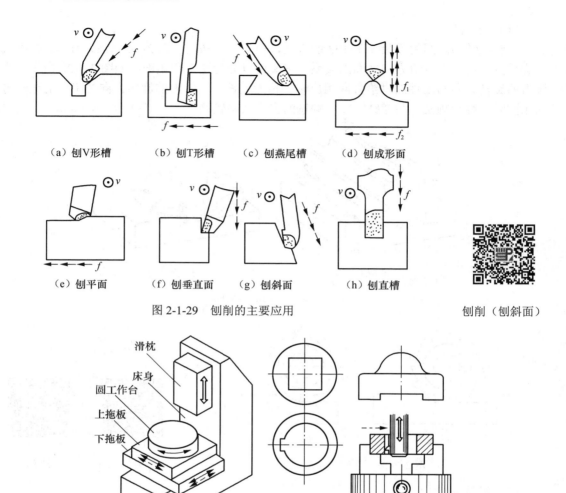

（a）刨V形槽　　（b）刨T形槽　　（c）刨燕尾槽　　（d）刨成形面

（e）刨平面　　（f）刨垂直面　　（g）刨斜面　　（h）刨直槽

图 2-1-29　刨削的主要应用

刨削（刨斜面）

滑枕

床身

圆工作台

上拖板

下拖板

（a）插床的构成及运动　　　　（b）加工插孔内的槽

图 2-1-30　插床的构成及其能完成的主要工作

7. 拉削加工

拉削可加工工件外表面，如图 2-1-31 所示；也可加工工件内表面，如图 2-1-32 所示。

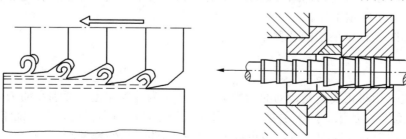

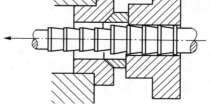

图 2-1-31　多刃拉刀的工作状态　　　　图 2-1-32　拉圆孔　　　　拉圆孔

8. 磨削加工

用砂轮或其他磨具加工工件表面的工艺过程，称为磨削。磨削加工可以获得精度高和粗糙度低的表面，在大多数情况下，它是机械加工最后一道精加工或光整加工工序。

普通磨削所能完成的工作如图 2-1-33 所示。

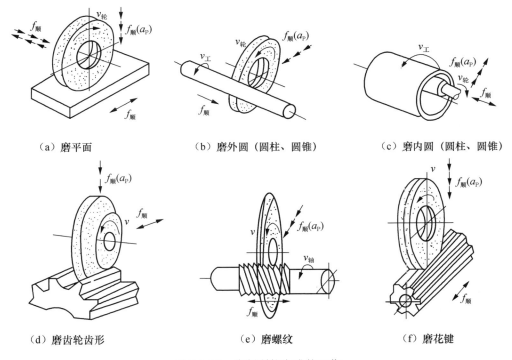

（a）磨平面　　　　　（b）磨外圆（圆柱、圆锥）　　　　　（c）磨内圆（圆柱、圆锥）

（d）磨齿轮齿形　　　　　（e）磨螺纹　　　　　（f）磨花键

图 2-1-33　磨削所能完成的工作

普通磨削多在通用磨床上进行，是一种应用十分广泛的精加工方法。按砂轮粒度和切削用量不同，普通磨削可分为粗磨和精磨。粗磨的尺寸公差等级为 IT8～IT7，表面粗糙度 Ra 为 1.6～6.3μm；精磨为 IT6～IT5（磨内圆为 IT7～IT6），Ra 为 0.4～1.6μm；超精磨的表面粗糙度 Ra 一般为 0.012～0.2μm。

六、热处理加工工艺性

金属材料的热处理性能主要用淬透性、淬硬性、晶粒长大倾向及回火脆性等来衡量，在后面的第四章钢的热处理中将详细讲解。

第三节　金属材料的物理性能和化学性能

金属材料的物理性能主要包括比重、熔点、热膨胀性、导电性、导热性、磁性等。中高速柴油机的活塞材料广泛使用铝合金，就是因为铝合金具有密度小、导热性好的优点，可有效降低活塞运行过程中的往复惯性力。

　　金属材料化学性能主要包括耐腐蚀性和抗氧化性。船舶上很多零件是与海水、蒸汽、油等接触的，或者在高温下工作，这就要求零件具有很好的耐腐蚀性和抗氧化性。

　　另外，船舶上也有一些零部件需要具有较好的耐磨性，如柴油机的活塞环与气缸套、曲轴与轴承等。耐磨性是与材料的硬度、组织、摩擦因数、表面粗糙度、相对运动速度和润滑条件等诸多因素有关的综合性能。

第二章　金属的晶体结构和结晶

金属材料与非金属材料相比，不仅具有良好的力学性能和某些物理、化学性能，而且工艺性能也较优良。实验证明，金属材料的力学性能是由其化学成分及微观晶体结构决定的。也就是说，即使都是金属材料，当化学成分不同或化学成分相同但晶体结构状态不同时，性能也会有很大差异。例如，钢的强度比铝合金高，但其导电性和导热性不如铝，原因是化学成分不同；又如，同样是 45 钢，当进行退火或淬火后，虽然化学成分均未改变，但材料内部晶体结构发生不同变化，导致其性能不同。因而掌握金属和合金的内部晶体结构和结晶规律，对于合理选材及采用合理的加工工艺具有重要意义。

第一节　金属的晶体结构

一、晶体与非晶体

自然界的固态物质，根据内部原子的排列特征可分为晶体与非晶体两大类。固态下物质内部原子呈有规则排列的即为晶体，这种有规律的原子排列称为晶体结构，如图 2-2-1（a）所示。绝大多数金属和合金固态下属于晶体，如纯铝、纯铁、纯铜等；固态下物质内部原子呈现无序堆积状况的称为非晶体，如松香、玻璃、沥青等。

晶体具有一定的熔点，其性能表现为各向异性；非晶体没有固定的熔点，其性能表现为各向同性。

二、晶体结构的基本概念

1. 晶格

由于晶体内部原子呈周期的有规则的排列，为了形象描述晶体内部原子排列的规律，将原子抽象为几何点，并用一些假想线条将几何点在三维方向连接起来，这样构成的空间格子称为晶格或空间点阵，如图 2-2-1（b）所示。

2. 晶胞

晶体中原子排列具有周期性变化的特点，通常从晶格中选取一个能够完整反映晶格排列规律的最小几何单元，这个单元称为晶胞，如图 2-2-1（b）所示，它具有很高的对称性。也就是说晶格是由无数晶胞堆积而成的。

3. 晶格常数

不同元素结构不同，晶胞的大小和形状也有差异。结晶学中规定，晶胞的大小由其各边的尺寸（即长、宽、高）表示，称为晶格常数，以 Å（埃）为单位来度量（$1\text{Å}=1\times10^{-8}\text{cm}$）。

晶胞各棱边之间的夹角分别以 α、β、γ 表示。当棱边 $a=b=c$，棱边夹角 $\alpha=\beta=\gamma=90°$ 时，这种晶胞称为简单立方晶胞，如图 2-2-1（c）所示。

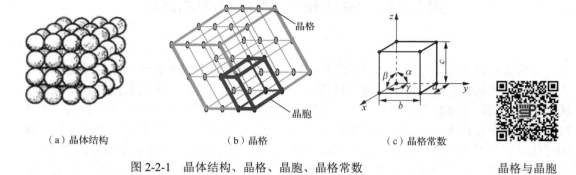

（a）晶体结构　　　　　　（b）晶格　　　　　　（c）晶格常数

图 2-2-1　晶体结构、晶格、晶胞、晶格常数

晶格与晶胞

4. 晶胞原子数

晶胞原子数一个晶胞中所包含的原子数。

5. 晶格致密度

晶格致密度指晶胞原子体积占晶胞体积的百分数，即

$$致密度 = \frac{晶胞原子数 \times 原子体积}{晶胞体积} \times 100\%$$

晶格致密度用来表示原子在晶格中排列的紧密程度。

6. 晶面和晶向

晶面是指晶格中各个方位的原子面。由此，可以把晶体看成由一层层晶面堆砌而成，如图 2-2-2 所示。晶向是指晶格中沿各个方向的原子排列。

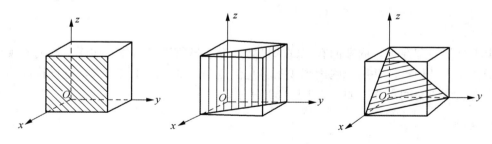

图 2-2-2　立方晶格的不同晶面

晶面和晶向反映了晶格中各个方位面上和各个方向上原子排列的情况，因此也就一定程度地反映了晶体结构的规律。

三、三种典型的晶体结构

常用的金属材料中，金属的晶格类型很多，但大多数金属属于体心立方晶格、面心立方晶格、密排六方晶格三种典型结构。

1. 体心立方晶格

体心立方晶格的晶胞是一个立方体，立方体的 8 个顶点和立方体中心各有一个原子，如图 2-2-3 所示。由于立方体 8 个顶点上的原子为 8 个晶胞所共有，所以晶胞原子数为 $1/8 \times 8 + 1 = 2$（个）；晶胞的各边尺寸相等，即 $a = b = c$，所以晶格常数只用 a 表示；因为原子半径 $r = \sqrt{3}a/4$，所以体心立方晶格的致密度为

$$致密度 = \frac{2 \times \frac{4}{3}\pi r^3}{a^3} = \frac{2 \times \frac{4}{3}\pi \times \left(\frac{\sqrt{3}}{4}a\right)^3}{a^3} \approx 0.68（或68\%）$$

这表明体心立方晶格中有 68% 的体积被原子所占有，其余为空隙。属于体心立方晶格类型的常见金属有纯铁（α-Fe）、铬（Cr）、钨（W）、钼（Mo）、钒（V）等，这类金属大多具有较高的强度和韧性。

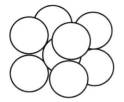 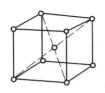 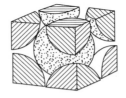

图 2-2-3　体心立方晶格的晶胞　　　　　　　体心立方晶格的晶胞

2. 面心立方晶格

面心立方晶格的晶胞也是一个立方体，除在立方体的 8 个顶点上各有一个原子外，在立方体的 6 个面的每个面的中心还有一个原子，如图 2-2-4 所示。晶格常数也是用 a 表示；面心立方晶格的单位晶胞原子数为 $1/8 \times 8 + 1/2 \times 6 = 4$（个）；原子半径 $r = \sqrt{2}a/4$，致密度是 0.74，表明面心立方晶格中原子排列较紧密。属于该晶格类型的常见金属有 γ-Fe、铝（Al）、铜（Cu）、镍（Ni）、铅（Pb）、金（Au）等，它们大多具有较高的塑性。

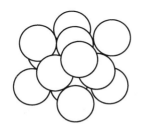 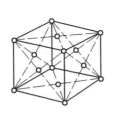 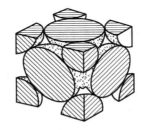

图 2-2-4　面心立方晶格的晶胞　　　　　　　面心立方晶格的晶胞

3. 密排六方晶格

密排六方晶格的晶胞是一个正六棱柱体，在上、下两个正六边形底面的 6 个顶点和中心各有一个与相邻晶胞共用的原子，另外在上、下两个底面的中间还有 3 个独有的原子，如图 2-2-5 所示。晶格常数用正六边形底面的边长 a 和上、下底面之间的距离（即晶胞高度）c 来表示；其单位晶胞原子数为 $1/6 \times 12 + 1/2 \times 2 + 3 = 6$（个）；致密度也是 0.74。它与面心

立方晶格原子排列密集程度相同，只是原子堆垛方式不同。属于密排六方晶格类型的常见金属有镁（Mg）、锌（Zn）、铍（Be）、镉（Cd）、α 钛（α-Ti）等，这类金属的塑性较差。

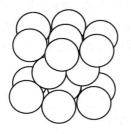 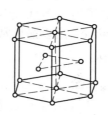 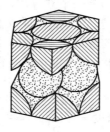

图 2-2-5　密排六方晶格的晶胞　　　　　　密排六方晶格的晶胞

四、实际金属的晶体结构

1. 单晶体和多晶体结构

前面研究金属的晶体结构时，把晶体看成原子按一定几何规律做周期性排列而成，即晶体内部的晶格位向是完全一致的，这种晶体称为单晶体。单晶体具有各向异性的特征。在工业生产中，只有通过特殊制作才能获得单晶体，如半导体元件、磁性材料等。

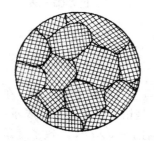

图 2-2-6　金属的多晶体结构

实际使用的工业金属材料，即使体积很小，其内部也包含了许多颗粒状的小晶体。每个小晶体内部，晶格位向基本上一致，而各个小晶体之间位向却不相同，如图 2-2-6 所示。每个小晶体的外形多为不规则的颗粒，通常称为晶粒，晶粒与晶粒之间的界面称为晶界。这种由许多晶粒组成的晶体称为多晶体，一般金属材料为多晶体。

晶粒尺寸是很小的，只有在金相显微镜下才能观察到。这种在显微镜下观察到的有关材料内部的形态、大小和分布等情况，称为显微组织或金相组织。

2. 金属晶体的特性

金属晶体的理化性能与力学性能是与晶体的晶格类型、晶面和晶向上的原子排列方式及排列密度有密切关系的。因此，对于只含一个晶粒的单晶体来说，晶体中不同晶面和晶向上的原子密度不同、原子间距不等及原子间作用力强弱不等，造成它在不同方向上的性能差异，这种现象称为单晶体的各向异性。例如，具有面心立方晶格的纯铜单晶体的抗拉强度在不同方向上的数值在 140～350MPa 范围内变化，延伸率则在 10%～50% 范围内变化。金属单晶体的各向异性，不仅表现在力学性能的差异上，也表现在理化性能的差异上。

工程上使用的金属与合金绝大多数为多晶体，仅在电子工业等的专门用途上特制单晶体金属。虽然每个单晶体是各向异性的，但在金属中包含无数方位不同的小晶体，彼此相互交错的结果，使金属多晶体表现出各向同性的特点。

3. 晶体缺陷

从理论上来讲，金属晶体内的原子呈规则排列，是理想的晶体结构。然而在生产实际中使用的金属与合金的晶体结构并非如此。在金属晶体中，由于晶体形成条件、原子的热运动及其他各种因素影响，原子规则排列在局部区域受到破坏，呈现出不规则排列，通常把这种区域称为晶体缺陷。根据晶体缺陷的几何特征，可分为点缺陷、线缺陷和面缺陷三类。

（1）点缺陷

点缺陷是指在三维尺度上都很小的一种缺陷。常见的点缺陷有空位、间隙原子和置换原子，如图 2-2-7 所示。

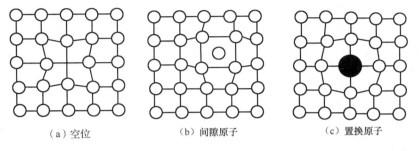

（a）空位　　　　（b）间隙原子　　　　（c）置换原子

图 2-2-7　点缺陷示意图

点缺陷的类型

这种缺陷在三维空间中，其长、宽、高的尺寸均很小（不超过几个原子直径）。点缺陷破坏了原子的平衡状态，使晶格发生扭曲，称为晶格畸变（如空位引起晶格收缩，间隙原子引起晶格膨胀，置换原子可引起收缩或膨胀）。晶格畸变可使其强度、硬度提高，塑性、韧性下降。

（2）线缺陷

线缺陷是指在二维尺度上很小而在第三维尺度很大的缺陷。这种缺陷就是位错。位错是指在晶体的某处有一列或数列原子发生了某种有规则的错排现象。位错有两种：刃型位错和螺型位错。

刃型位错如图 2-2-8 所示，即在金属晶体中，由于某种原因，晶体的一部分沿一定晶面相对晶体的另一部分（不动的部分）逐渐地发生了一个原子间距的错动。从图中可以看出在晶体的两部分中间多出半个原子面 *EFGH*，好似一刀刃插入其间，迫使周围原子偏离平衡位置，从而发生原子错排现象。

刃型位错

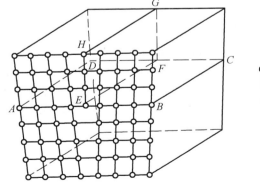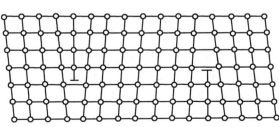

图 2-2-8　刃型位错示意图

位错在金属的结晶、塑性变形和相变过程中形成，在金属中大量存在。位错同样引起晶格畸变，是影响金属力学性能的重要的晶体缺陷。

（3）面缺陷

金属晶体中的面缺陷是指在二维尺度较大而第三维尺度较小的缺陷。常见的面缺陷有晶界和亚晶界。

1）晶界。金属晶粒之间的交界面即为晶界。晶界宽度一般为5～10个原子间距。晶界在金属中呈网状。晶界上原子处于两种方位晶粒的边缘位置，同时受两侧不同位向晶粒的影响，使晶界原子排列的规则性较差，处于两侧晶粒原子排列的过渡状态。由于晶界上原子处于不平衡位置，故晶界具有较高能量。此外，晶界容易被腐蚀，方便于制备金相试片。

晶界上一般积累较多的位错，同时晶界也是杂质原子聚集的地方，它们的存在加剧了晶界原子排列的不规则性，使晶界结构复杂化。

2）亚晶界。晶粒是一个单晶体，但并非理想晶体，而是由许多位向差很小的小晶块组成的。晶粒内位向差很小的小晶块称为亚晶粒，其尺寸为 $10^{-7}\sim10^{-4}$mm。相邻亚晶粒位向差非常小，最多为$1°\sim2°$。亚晶粒之间的交界面称为亚晶界，也是一种面缺陷。亚晶界是小角度晶界，其结构可视为位错规则排列。

晶界和亚晶界对材料的力学性能和物理、化学性能具有重要影响，主要体现在：界面能会引起界面吸附；界面上原子扩散速度较快；对位错运动有阻碍作用；易被氧化和腐蚀；原子的混乱排列利于固态相变的形核；熔点低。

第二节　金属的结晶

金属的组织与结晶过程关系密切，结晶后形成的组织对金属的使用性能和工艺性能有直接影响，因此了解金属和合金的结晶规律非常必要。

一、结晶的概念

绝大多数金属制件是经过熔化、冶炼和浇注而获得的，这种由液态转变为固态的过程称为凝固；如果凝固的固态物质是晶体，则这种凝固又称为结晶。一般金属在固态下是晶体，所以金属的凝固过程可称为结晶。

液态金属中原子间相互作用微弱，原子无规则运动，呈混乱的排列。近代研究表明，液态金属在温度接近凝固点时，原子间距、原子间的作用力和原子运动状态等均与固态金属接近。在液态金属中，短距离的小范围内，原子呈近似固态的规则排列，即为近程有序的原子集团。这种原子集团不稳定，瞬时形成又瞬时消失。所以金属从液态转变为固态的凝固过程，实质上是原子由近程有序状态过渡到长程有序状态的过程。所以，金属原子从一种排列状态（晶体或非晶体）过渡到另一种规则排列状态（晶态）的过程均属于结晶过程。金属从液态到固态的过程为一次结晶；金属从一种固态晶体结构过渡到另一种固态晶体结构的过程为二次结晶，或称重结晶。

二、纯金属的冷却曲线和过冷度

1．纯金属的冷却曲线

纯金属都有一个固定的熔点（或结晶温度），高于此温度熔化，低于此温度才能结晶成为晶体。金属的结晶温度通常用热分析法等实验方法来测定。

图 2-2-9 所示为纯金属的理论冷却曲线，其原理是在液态纯金属的缓慢冷却过程中，每隔一定时间测量一次温度，直到冷却至室温，将测量结果绘制在温度-时间坐标上便得到纯金属的冷却曲线，即温度随时间而变化的曲线。

由冷却曲线可见，液态金属随着冷却时间的延长，它所含的热量不断散失，温度也不断下降，但是当冷却到某一温度时，温度随时间延长并不变化，在冷却曲线上出现了"平台"，"平台"对应的温度就是纯金属的结晶温度。出现"平台"的原因，是结晶时放出的潜热正好补偿了金属向外界散失的热量。结晶完成后，由于金属继续向环境散热，温度又重新下降。

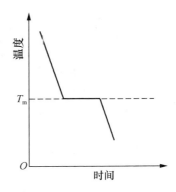

图 2-2-9　纯金属的理论冷却曲线

需要指出的是，图 2-2-9 中 T_m 为理论结晶温度，或称平衡结晶温度。

2. 过冷度

在实验条件下，控制冷却速度使温度变化极为缓慢，液态金属可在 T_m 结晶，而在实际生产中，由于有一定的冷却速度，故液态金属温度达到 T_m 时也不能结晶，或者说来不及结晶，而是继续冷却到 T_m 以下的某一温度才能结晶，即金属的实际结晶温度 (T_n) 总是低于理论结晶温度 (T_m)，这种现象称为过冷，如图 2-2-10 所示。理论结晶温度和实际结晶温度之差称为过冷度，以 ΔT 表示，即

$$\Delta T = T_m - T_n$$

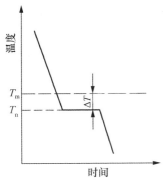

图 2-2-10　纯金属实际冷却曲线　纯金属实际冷却曲线

过冷是实际液态金属结晶的必要条件。生产中液态金属不过冷就不能结晶，金属结晶时过冷度的大小与冷却速度有关，冷却速度越快，过冷度就越大，金属的实际结晶温度就越低。一般情况下，过冷度变动较小，最多在 10～30℃ 之间变动。

三、结晶过程

1. 结晶的基本规律

金属结晶不是瞬间完成的，结晶过程包括晶核形成与晶体长大两个基本过程，如图 2-2-11 所示。

当液态金属温度稍高于熔点时，在原子无规则排列的液体金属中开始出现不稳定的近

图 2-2-11　纯金属结晶过程示意图　纯金属结晶过程

程有序的微小原子团。随着温度的降低，微小原子团的尺寸增大，稳定性增高。尺寸增大、稳定性增高的近程有序原子团称为晶胚。当液态金属过冷到 T_m 以下时，某些稳定性高的晶胚进一步成长为尺寸极小、原子排列规则的小晶体，即晶核。

随后，晶核周围的原子按一定的规律在晶核上堆积，这便是晶体的长大。形成晶核与晶体长大这两个过程既紧密联系又相互区别，在晶体长大的同时又不断形成新的晶核，液态金属逐渐减少，晶体也不断长大，直到各晶体互相接触为止，最终形成了多晶体结构的固态金属。

对一个晶粒的形成来说，它具有严格区分的成核和长大两个阶段，但对整体液态金属结晶过程来说，成核与长大过程始终交叉进行，所以说结晶是成核与长大并进的过程。

液态金属结晶后的晶粒大小对金属的力学性能有很大影响，晶粒越细小，金属的力学性能越好。

2. 晶体长大方式

液态金属中晶核形成后便立即长大。晶体长大的方式如图 2-2-12 所示，图 2-2-12（a）所示为平面生长；图 2-2-12（b）所示为枝晶长大或称树枝状生长。树枝状生长较常见，其晶核优先沿一定方向生长形成主干，即一次晶轴。然后在主干上生出枝干，即二次晶轴。进而生长出三次、四次晶轴等，如此不断生长和分枝，直至液态金属全部消失。由一个晶核长成的单晶体形成一个树枝晶。多晶体金属的每个晶粒都是以树枝状结晶，直到相互触及才停止生长。在晶体长大的过程中，过冷度小，固、液态金属的自由能差 ΔE 小，结晶的驱动力小，长大速度就小；反之，过冷度大，则长大速度就快。所以说，在晶体长大过程中，过冷度的大小是其动力。

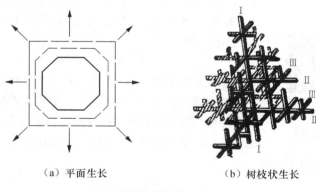

（a）平面生长　　　　　（b）树枝状生长

图 2-2-12　晶体长大的方式

晶体长大的方式

四、晶粒度

1. 晶粒度对金属力学性能的影响

晶粒的大小称为晶粒度。金属结晶后晶粒大小（晶粒度）对金属的力学性能有重大影响，一般来说，细小晶粒金属具有较高的强度和韧性，力学性能优于粗大晶粒，实际上细化晶粒是使金属材料强韧化的有效途径。

　　由于细小晶粒单位体积内的晶界面积多，可阻碍位错运动；晶界上原子排列不规则，并有大量位错和富集杂质，所以晶界能量大；晶界两侧晶粒位向不同也能阻碍位错运动。所以晶粒越细，金属强度越高。

　　为了提高金属的力学性能，希望得到细晶组织，因此必须了解影响晶粒大小的因素及控制方法。

　　2. 影响晶粒度的因素

　　液态金属结晶时，每个晶核长大形成一个晶粒，因此结晶后的晶粒大小主要取决于形核率 N（单位时间、单位体积内所形成的晶核数目）与晶核的长大速率 G（单位时间内晶核向周围长大的平均线速度）。显然，凡能增大形核率 N、减小长大速率 G 的因素，均能细化晶粒。

　　3. 控制晶粒度的方法

　　工业生产中，为了细化晶粒，改善其性能，常采用以下方法：
　　（1）适当增加过冷度
　　形核率和长大速率都随过冷度增大而增大，但在很大范围内形核率比晶核长大速率增长得更快，如图 2-2-13 所示。故过冷度较大时，单位体积中晶粒数目更多，晶粒得到细化。
　　实际生产中常采用的方法：降低浇铸温度，减慢铸型温度升高的速度。

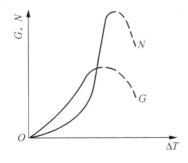

图 2-2-13　过冷度与形核率 N、长大速率 G 的关系曲线　　　　　过冷度对晶粒大小的影响

　　（2）孕育处理
　　在液态金属结晶前加入一些细小变质剂，即一些难熔固体质点，使之形成大量的人工晶核（非自发晶核），使结晶时形核率 N 增加，而长大速率 G 降低，这种细化晶粒的方法称为孕育处理，又称变质处理。例如，向钢液中加入铝、钒、硼，向铸铁中加入 Si-Fe、Si-Cu，向铝液中加入钛、锆等。孕育处理在生产中应用很广。
　　（3）细化晶粒的其他方法
　　采用增强金属液运动的方法，如机械振动、超声波振动和电磁振动等，增加结晶动力，使枝晶破碎，也间接增加了形核核心，同样可细化晶粒。

五、同素异构转变

　　有些金属自液态结晶后继续冷却，还会发生固态下晶体结构的变化，也就是说，这些金属（如铁、铬等）在固态下有两种或多种晶体结构。固态金属在不同温度或压力下具有不同晶格的现象称为同素异构现象。具有同素异构现象的金属随温度变化发生晶格形式转变，称为同素异构转变，也称为重结晶或二次结晶。纯铁的冷却曲线和晶格变化情况如图 2-2-14 所示。刚结晶完的纯铁具有体心立方晶格，称为 δ-Fe，冷却到 1394℃变为面心立方晶格，称为 γ-Fe；继续冷却到 912℃又变为体心立方晶格，称为 α-Fe，一直到室温。纯铁的同素异构转变过程可表示为

$$液态纯铁 \xleftarrow{\ 1538℃\ } δ\text{-Fe} \xleftarrow{\ 1394℃\ } γ\text{-Fe} \xleftarrow{\ 912℃\ } α\text{-Fe}$$

体心立方晶格　　　面心立方晶格　　　体心立方晶格

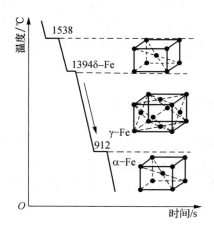

图 2-2-14　纯铁的冷却曲线和晶格变化情况　　　　　　纯铁的同素异构转变

　　除 Fe 外，还有铬、锰、钛、钴、锡等金属也具有同素异构转变。同素异构转变是进行热处理的基础，有重要的实际意义。

　　金属的同素异构转变，是金属在固态下晶体结构形式的变化，是通过原子的重新排列来完成的，与液态结晶相似，也是按照形核与长大的规律形成的。因此，把同素异构转变过程，即固态下的相变称为重结晶，以区别于液态结晶。

　　同素异构转变是在固态下进行的，固态下原子的扩散能力比液态时小，因此要求有较大的过冷度；转变时，因不同类型晶体结构的致密度不同，所以会产生体积变化并引起较大的内应力。

第三章 合金与合金相图

第一节 合金的构造

一、合金

纯金属虽然具有优良的导电、导热等性能，但它的力学性能较差，并且价格较高，因此在使用上受到很大限制。机械制造领域中广泛使用的金属材料是合金，如钢和铸铁等。

合金与纯金属比较，具有一系列优越性：如通过调整成分，可在相当大范围内改善材料的使用性能和工艺性能，从而满足各种不同的需求；改变成分可改善材料的物理性能和化学性能，得到功能材料；多数情况下，合金价格比纯金属低，如碳钢和铸铁比工业纯铁便宜，黄铜比纯铜经济等。

下面介绍一些与合金相关的基本概念。

1. 合金

一种金属元素与其他金属元素或非金属元素，经熔炼、烧结或其他方法结合成具有金属特性的物质。例如，碳钢和铸铁就是以铁和碳为主形成的合金；青铜和黄铜就是在铜的基础上分别加入锡、锌及其他元素而形成的合金。

2. 组元

组成合金的最基本的独立物质称为组元，简称元。组元可以是金属元素或非金属元素，也可以是稳定化合物。由两个组元组成的合金称为二元合金，三个组元组成的合金称为三元合金。

3. 合金系

由两个或两个以上组元按不同比例配制成一系列不同成分的合金，称为合金系。例如，80%Cu 和 20%Zn 所组成的二元合金称为金色黄铜，70%Cu 和 30%Zn 所组成的二元合金称为弹壳黄铜。由于成分的变化，合金的性能会相应地发生变化。

4. 相

合金中具有相同的化学成分、相同的晶体结构和相同的聚集状态并由界面彼此隔开的均匀组成部分称为相。例如，液态物质称为液相，固态物质称为固相；同样是固相，有时物质是单相的，而有时是多相的。

5. 组织

用肉眼或借助显微镜观察到的材料具有独特微观形貌特征的部分称为组织。它是由数量、形态、大小和分布不同的各种相所组成的固态物质。根据相的数目不同，它可分为单相、两相或多相组织。组织反映材料相的组成、形态、大小和分布状况，因此组织是决定材料最终性能的关键。在研究合金时通常用金相方法对组织加以鉴别。

二、合金的基本相结构

多数合金组元液态时都能互相溶解，形成均匀液溶体。固态时由于各组元之间相互作用不同，形成不同的组织。通常固态时合金组织中相结构有固溶体和金属化合物两大类。

1. 固溶体

（1）固溶体的概念

合金由液态结晶为固态时，一组元溶解在另一组元中，形成均匀的相称为固溶体；占主要地位的元素是溶剂，而被溶解的元素是溶质。固溶体的晶格类型保持着溶剂的晶格类型。所以固溶体是溶质原子溶解于溶剂的晶格中所形成的单相固体。

（2）固溶体的分类

根据溶质原子在溶剂中所占位置的不同，固溶体可分为置换固溶体和间隙固溶体两种。

1）置换固溶体。溶剂晶格结点上的部分原子被溶质原子所替代而形成的固溶体，称为置换固溶体，如图 2-3-1（a）所示。

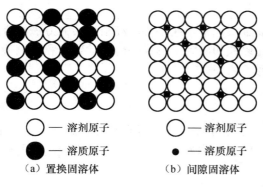

図 2-3-1　固溶体的两种类型

固溶体的两种类型

溶质原子溶于固溶体中的量称为固溶体的溶解度，通常用质量百分数或原子百分数来表示。按固溶体溶解度不同，置换固溶体可分为有限固溶体和无限固溶体两类。例如，在铜镍合金中，铜与镍组成的为无限固溶体；而锌溶解在铜中所形成的固溶体为有限固溶体，当锌的溶解度大于 39% 时，组织中除了固溶体外，还出现了铜与锌的化合物。

溶质在溶剂中的溶解度主要取决于两组元的晶格类型、原子半径和电化学特征等。通常两组元原子半径差别较小，晶格类型相同，原子结构相似，容易形成置换固溶体。事实上，大多数合金为有限固溶体，并且溶解度随温度升高而增大。

2）间隙固溶体。溶质原子溶入溶剂晶格间隙之中而形成的固溶体，称为间隙固溶体，如图 2-3-1（b）所示。形成间隙固溶体的条件是：溶质原子半径很小而溶剂晶格间隙较大。

由于溶剂晶格的间隙有限，通常形成间隙固溶体的溶质原子都是原子半径较小的非金属元素，如碳、氮、氢等非金属元素溶入铁中形成的均为间隙固溶体。间隙固溶体的溶解度都是有限的，所以间隙固溶体都是有限固溶体。其溶解度大小除与温度有关外，还与溶剂晶格类型有关，因为不同类型的晶格其间隙大小也不同。

（3）固溶体的性能

无论是置换固溶体还是间隙固溶体，溶质原子的溶入，都会使晶格发生畸变，同时晶体的晶格常数也要发生变化，原子尺寸相差越大，畸变也越大。畸变的存在使位错运动阻力增加，从而提高了合金的强度和硬度，而塑性和韧性下降，这种现象称为固溶强化。固溶强化是工业生产中强化金属材料的重要途径之一。

实践表明，适当控制固溶体中的溶质含量，可以在显著提高金属材料的强度、硬度的同时，仍能保持相当好的塑性和韧性。因此，对综合力学性能要求较高的结构材料，都是以固溶体为基体的合金。

2. 金属化合物

合金组元间发生相互作用而形成一种具有金属特性的物质称为金属化合物，它的晶格类型和性能完全不同于任一组元，一般可用化学分子式表示，如 Fe_3C、TiC、$CuZn$ 等。

金属化合物具有熔点高、硬度高、脆性大的特点，在合金中主要作为强化相，可以提高材料的强度、硬度和耐磨性，但塑性和韧性有所降低。

金属化合物是合金中重要的相结构，依其形成条件和特征的不同分为以下三种。

（1）正常价化合物

正常价化合物是严格遵守化合价规律的化合物，它有严格的化合比，成分固定，可用化学式表示，如 Mg_2Si、MnS 等。

（2）电子化合物

按照电子浓度的规律形成的化合物称为电子化合物。电子化合物由金属键结合，具有明显的金属性质，常在许多重要的工程合金中出现。

（3）间隙化合物

间隙化合物是由过渡族金属元素与原子半径较小的非金属元素（碳、氮、氢等）所组成的化合物。间隙化合物依组元间原子半径比值与结构特点分为以下两类。

1）具有简单晶格的间隙相：组元原子半径之比小于 0.59，合金中常用到的间隙相有碳化物、氮化物、氢化物等。

2）具有复杂结构的间隙化合物：组元原子半径之比大于 0.59，如 Fe_3C、Cr_7C_3 等。这类化合物具有高硬度和高熔点，但稳定性较差。

三、合金的组织及性能

固态合金中的基本相结构是固溶体和化合物，但在具体合金中，由于化学成分及组元间的相互作用不同，合金的组织可能是单相固溶体，也可能是单相化合物。然而在工业生产所用的合金中，几乎没有使用单相化合物合金的，这是由其性能决定的。

应引起注意的是，工程上使用的大多数合金的组织是机械混合物。机械混合物是两种或两种以上的相按一定质量百分数组合成的物质。混合物中各组成相仍保持自己的晶格，彼此无交互作用。机械混合物可以由不同的固溶体组成，也可以由固溶体与化合物组成，或者由不同组元的晶粒组成，其性能主要取决于各组成相的数量、性能及相的分布状态等。

合金的组织反映材料相的组成、形态、大小和分布状况，因此组织是决定材料最终性能的关键。

第二节　合金相图

相图是用来表示合金系中合金的组织与温度、成分之间关系的，也就是表示合金系在不同的温度、成分时，合金中各相的状态，所以相图又称为状态图。由于合金的相变过程是在极其缓慢的冷却条件即平衡条件下完成的，故相图还称为平衡图。

二元合金相图由于组元的变化而种类很多，但都是由基本的相图组成，下面就介绍三种常见的基本二元合金相图。

一、匀晶相图

二元合金系中的二组元在液态和固态时均能无限互溶，结晶时发生匀晶转变的相图，称为匀晶相图，如 Cu-Ni、Au-Ag、Fe-Cr 等均具有这种相图。合金冷却时在一定温度范围内不断自液相中结晶出单一固溶体的过程，称为匀晶转变或匀晶反应。

1. 冷却曲线

合金二组元在液、固态下无限互溶，与纯金属的结晶是在恒温条件下完成的相比，合金的结晶过程是在一定温度范围内完成的（图 2-3-2）。

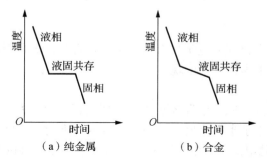

图 2-3-2　冷却曲线比较

冷却曲线比较

2. 相图分析

Cu-Ni 合金相图为典型的匀晶相图，如图 2-3-3 所示。图中 aa_1c 线为液相线，是不同合金开始结晶的温度线；ac_1c 线为固相线，是不同合金结晶终了的温度线。液相线以上的区域为液相区 L，合金全部处于液态；固相线以下的区域为固相区 α，合金形成无限固溶体；液、固相线之间为液、固两相共存区 $L+\alpha$。

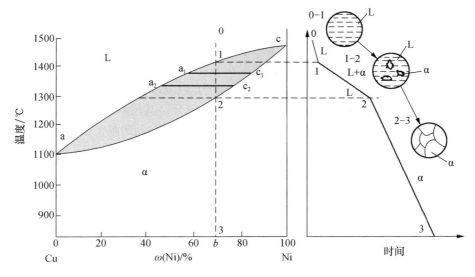

图 2-3-3　Cu-Ni 合金相图及结晶过程示意图

3. 合金的结晶过程

任选一合金，如以 b 点成分为例分析结晶过程，如图 2-3-3 所示。在相图上过此成分点作一垂线分别与液、固相线交于 1、2 两点。合金自液态冷至 1 点（对应温度 t_1）开始自液态结晶出 α 固溶体，随着温度不断降低，α 固溶体不断增多，液相 L 不断减少。到 2 点时（对应温度 t_2），液态合金全部结晶为 α 固溶体。温度降至室温，α 固溶体不再变化。结晶过程可用下式表达：

$$L \xrightarrow{\ t_1\ } L + \alpha \xrightarrow{\ t_2\ } \alpha$$

Cu-Ni 合金系中任一成分的合金结晶时都会发生匀晶转变，所不同的仅是随成分不同，各个合金的结晶温度和温度范围不同。匀晶转变也遵守成核与长大的规律结晶，并以枝晶方式长大。

4. 固溶体合金中的缺陷

固溶体在结晶过程中，只有在非常缓慢的冷却速度下原子才得以充分地扩散，才能获得成分均匀的固溶体。实际生产中，合金结晶冷却速度较快，并且结晶是在一定温度范围内完成的，造成先结晶的固相与后结晶的固相之间的成分差异保持到凝固后的合金中，这种晶粒内部化学成分不均匀的现象，称为晶内偏析，也称枝晶偏析。

图 2-3-4 所示为 Cu-Ni 合金的枝晶偏析示意图，深色部分为枝晶主干，含 Ni 量高；浅色部分为枝晶支干，含 Cu 量高。

枝晶偏析使合金的力学性能下降，耐蚀性降低。将带有枝晶偏析的合金加热到较高的温度，进行较长时间的保温，以达到成分均匀化的目的，这种热处理方法称为均匀化退火或称扩散退火。常将铸件加热至固相线下 100~200℃，长时间保温，使原子充分扩散，成分均匀，从而消除偏析。

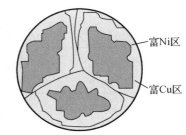

富Ni区

富Cu区

图 2-3-4　Cu-Ni 合金的枝晶
偏析示意图

二、共晶相图

合金中二组元在液态时无限互溶，固态时有限互溶或基本不互溶，结晶时发生共晶转变形成共晶组织的相图，称为共晶相图。

图 2-3-5 所示为 Pb-Sn 合金的共晶相图。adb 为液相线，acdeb 为固相线。d 点为共晶点，其所对应的成分（61.9%Sn、38.1%Pb）为共晶成分，其所对应的温度（183℃）为共晶温度，cde 线为共晶线。液态合金在 d 点发生共晶转变，结晶出与 c 点成分对应的固溶体 α 和与 e 点成分对应的固溶体 β 的两相机械混合物 α+β，称为共晶组织或共晶体。

因此，在一定温度下，由一定成分的液相同时结晶出成分一定的两个固相的转变过程，称为共晶转变或共晶反应。共晶反应可用下式表示：

$$L_d \xleftrightarrow{T} \alpha + \beta$$

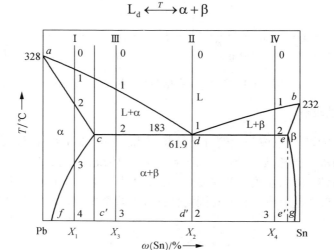

图 2-3-5　Pb-Sn 合金的共晶相图

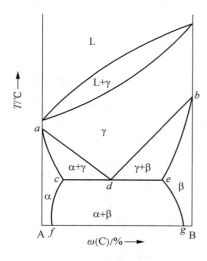

图 2-3-6　共析相图

三、共析相图

一定成分的固相，在一定温度下同时转变成两个成分一定的固相的过程，称为共析转变或共析反应。

如图 2-3-6 所示，d 点为共析点。共析转变也是在恒温下进行的，相应有一共析水平线、共析点、共析温度、共析成分及共析转变产物，即共析组织或共析体（也是机械混合物）。共析反应可表示为

$$\gamma_d \xleftrightarrow{T} \alpha + \beta$$

共析转变前的母相是固相，而共晶转变前的母相是液相，这是两种转变的最大区别。共析转变的主要特性如下：

1）共析转变是固相转变成固相，而固态下原子扩散比液态下原子扩散困难得多，所以发生共析转变需要较大的过冷度。

2）由于共析转变时的过冷度大，所以共析产物的组织

要比共晶组织细密。

3）因共析转变前后均为固相，各自具有不同类型的晶格，所以共析转变会引起内应力。

四、杠杆定理

杠杆定理是用来确定二元合金相图的两相区中相的成分及其相对量的。因为在两相区中，相的成分和相对量是随温度变化的，而单相区（液、固相）的成分在任何温度都与合金的成分相同。

1. 确定相的成分

以 Cu-Ni 合金相图为例，如图 2-3-7 所示，合金在温度 t 时的两相为 $L+\alpha$。通过 K 作一垂线，通过 t 作一水平线，分别与液、固相线交于 a、b 点。a、b 在横坐标上的投影 a'、b' 分别为液相 L 和固相 α 的成分。

2. 确定相对量

假定合金总量为 1，其中液相质量为 Q_L，固相质量为 Q_α。由前文知，液相 L 含 Ni 量为 a'，固相含 Ni 量为 b'，合金的含 Ni 量为 K，所以可得以下两式

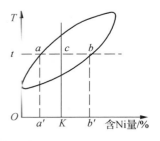

图 2-3-7　杠杆定理图

$$Q_L + Q_\alpha = 1$$
$$Q_L \cdot a' + Q_\alpha \cdot b' = 1 \cdot K$$

解此二式，得

$$Q_L = \frac{b'-K}{b'-a'} \qquad Q_\alpha = \frac{K-a'}{b'-a'}$$

因 $K-a' = a'K = ac$、$b'-a' = a'b' = ab$、$b'-K = Kb' = cb$，分别代入上式，得

$$Q_L = \frac{Kb'}{a'b'} = \frac{cb}{ab} \qquad Q_\alpha = \frac{a'K}{a'b'} = \frac{ac}{ab} \qquad \frac{Q_\alpha}{Q_L} = \frac{a'K}{Kb'} = \frac{ac}{cb}$$

依此式可计算出两相区液相和固相的相对质量：

$$Q_L = \frac{cb}{ab} \times 100\% \qquad Q_\alpha = \frac{ac}{ab} \times 100\%$$

以上两相区的相对量关系与力学中的杠杆定理相似，故称杠杆定理。

如利用杠杆定理可计算出珠光体中 F（铁素体）与 Fe_3C 的相对含量分别为 88% 与 12%；含碳量为 0.45% 的亚共析钢中的 F 与 Fe_3C 的相对含量分别为 93% 与 7%；含碳量为 1.0% 的过共析钢中的 P（珠光体）与 Fe_3C 的相对含量分别为 96% 与 4%。

第三节　Fe-Fe₃C 合金相图

在铁碳合金中，铁碳相互作用，除可形成固溶体外，还可形成一系列金属化合物 Fe_3C、Fe_2C、FeC。由于含碳量大于 6.69% 的铁碳合金脆性极大，在工业上无使用价值，所以通常仅研究含碳量小于 6.69% 的铁碳合金。$\omega(C) = 6.69\%$ 对应的正好全部是渗碳体 Fe_3C，可把它

作为一个组元，因而通常研究的铁碳相图是铁碳合金相图的一部分，即 Fe-Fe₃C 相图，如图 2-3-8 所示。

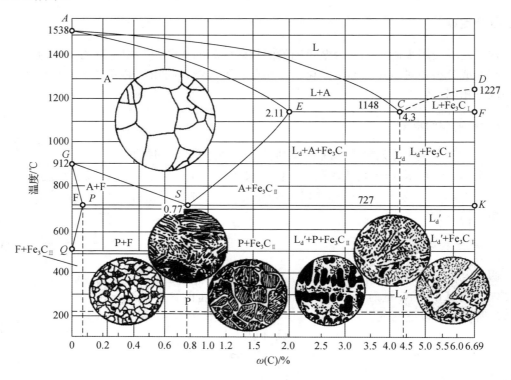

图 2-3-8　Fe-Fe₃C 相图

要熟悉并合理地选择铁碳合金，就必须了解铁碳合金的成分、组织和性能之间的关系；而铁碳合金相图正反映了平衡条件下铁碳合金的成分、温度和组织三者之间的关系，因此它是研究钢铁的基础，也是制订各种热加工工艺的依据。

一、铁碳合金相图中的组元

铁碳合金相图中的基本组元是铁和渗碳体。

1. 铁

铁是过渡族元素，熔点为 1538℃，密度为 7.87g/cm³。

（1）纯铁在固态下转变

纯铁在固态下有同素异构转变现象，晶格类型随温度变化。纯铁在 770℃ 以下时具有强磁性；770℃ 以上时，磁性消失。770℃ 称为居里点，磁性转变前后晶格类型不变。

（2）溶碳能力

碳在铁中的溶解度随晶格类型和温度不同而变化。当温度在室温到 727℃ 时，α-Fe 的体心立方晶格中的溶碳量为 0.0008%～0.0218%；当温度在 727～1148℃ 时，γ-Fe 的面心立方晶格中的溶碳量为 0.77%～2.11%。

（3）性能和用途

目前绝对的纯铁还不能制取，工业纯铁的纯度为99.8%～99.9%。其性能特点是强度、硬度低，塑性好，不能用来制造机械零件，仅利用其磁性制造仪器、仪表的铁心。在纯铁中加入少量碳，会明显提高纯铁的强度、硬度，其原因是铁和碳相互作用形成不同的合金组织。

2. 渗碳体

渗碳体是铁与碳的化合物，用 Fe_3C 表示，含碳量为6.69%，具有复杂晶格，如图 2-3-9 所示。渗碳体具有金属特性（金属光泽和导电性等），熔点为 1227℃，硬度高（800HBW），脆性大（$\delta = 0$、$\psi = 0$、$\alpha_k = 0$），强度低（$\sigma_b = 30MPa$）。渗碳体在钢铁中起强化作用，但工程中不能单独用于制造零件。

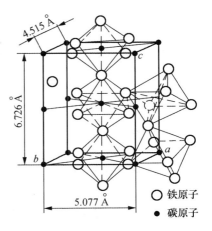

图 2-3-9　渗碳体晶格结构

二、铁碳合金组织中的组成物

在固态铁碳合金中，铁和碳的相互作用有两种：一是碳原子溶解到铁的晶格中形成固溶体，如铁素体和奥氏体；二是铁和碳按一定比例相互作用形成金属化合物，如渗碳体。铁碳合金中的基本相是铁素体、奥氏体和渗碳体；此外，固溶体和化合物之间还能形成机械混合物，如珠光体和莱氏体。因而，铁碳合金组织中的组成物有五种：铁素体、奥氏体、渗碳体、珠光体和莱氏体。

1. 铁素体

铁素体是碳溶于 α-Fe 的体心立方晶格中所形成的间隙固溶体，用 F 或 α 表示。

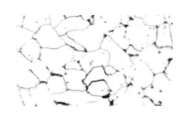

图 2-3-10　铁素体的显微组织

铁素体具有体心立方晶格，溶碳能力极小，室温下溶碳量为 0.0008%，727℃时最大为 0.0218%。因为碳原子半径为0.77Å，而体心立方晶胞中的最大空隙半径为 0.36Å，所以理论上不能溶碳，之所以能溶碳是由于 α-Fe 晶格中存在各种晶体缺陷。

铁素体的性能与纯铁近似，强度、硬度低，塑性好。铁素体的显微组织如图 2-3-10 所示。

2. 奥氏体

奥氏体是碳溶于 γ-Fe 的面心立方晶格中所形成的间隙固溶体，用 A 或 γ 表示。

奥氏体具有面心立方晶格，有很高的溶碳能力，在 727℃时溶碳量为 0.77%，1148℃时溶碳量最大达 2.11%。奥氏体在高温下存在，称为高温相。因为面心立方晶胞中的最大空隙半径为 0.52Å，加上晶体缺陷，所以溶碳能力大大高于铁素体。

奥氏体的强度、硬度较低，但塑性很好。奥氏体的显微组织如图 2-3-11 所示。

图 2-3-11　奥氏体的显微组织

3. 渗碳体

渗碳体是由铁和碳组成的具有复杂斜方结构的间隙化合物，如图 2-3-9 所示。

渗碳体 Fe_3C 可用 C_m 表示，依 Fe_3C 形态、分布与来源不同，可分为以下五种，但本质上无区别。

一次渗碳体：用 Fe_3C_I 表示，是 Fe_3C 直接从液态合金中析出的，呈粗大的板条状。

二次渗碳体：用 Fe_3C_{II} 表示，是从奥氏体中析出的，呈网状分布。

三次渗碳体：用 Fe_3C_{III} 表示，是从铁素体中析出的，呈薄片状分布。

共晶渗碳体：用 $Fe_3C_{共晶}$ 表示，是共晶组织莱氏体的组成相，是以莱氏体的基体形态存在。

共析渗碳体：用 $Fe_3C_{共析}$ 表示，是共析组织珠光体的组成相，呈片状分布。

渗碳体的形态和分布对钢的性能有重要的影响，是铁碳合金的重要的强化相。同时，渗碳体还是一个亚稳化合物，在一定条件下分解为铁和游离碳——石墨，这对灰铸铁的形成很重要。

4. 珠光体

珠光体是共析转变产物，是在 727℃ 时含碳量为 0.77% 的奥氏体发生共析转变所生成的铁素体与渗碳体的机械混合物，用 P 表示。机械混合物是两种或两种以上的相按一定质量百分数组合成的物质。混合物中各组成相仍保持自己的晶格，彼此无交互作用。机械混合

物可以由不同的固溶体组成，也可以由固溶体与化合物组成，或者由不同组元的晶粒组成，其性能主要取决于各组成相的数量、性能及相的分布状态等。

在高倍放大镜下，珠光体的显微组织呈现为在铁素体基体上分布层片状渗碳体，在低倍放大镜下呈层片状或暗黑色，如图 2-3-12 所示。

珠光体的力学性能：$\sigma_b \leqslant 770MPa$，$\delta=20\%\sim35\%$，硬度为 180HB，所以珠光体的强度较高，塑性、韧性和硬度在铁素体与渗碳体之间。

图 2-3-12　珠光体的显微组织

5. 莱氏体

莱氏体是共晶转变的产物，是奥氏体和渗碳体的机械混合物，用 L_d 表示。在 1148℃ 存在时其显微组织为渗碳体基体上分布着短棒状或粒状奥氏体，组织细密，性能硬、脆，称为高温莱氏体；室温下，其组织呈现为在渗碳体基体上分布着珠光体，称为低温莱氏体或变态莱氏体，用 L_d' 表示。

莱氏体中由于存在大量渗碳体，其性能与渗碳体相似，即硬度高、脆性大、塑性差。

三、相图中各特征点、特征线分析

1. 相图中的特性点

图 2-3-13 所示为简化的 $Fe-Fe_3C$ 相图，其中特性点的含义见表 2-3-1。

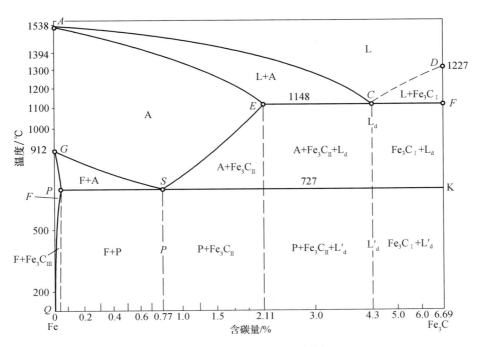

图 2-3-13 简化的 Fe-Fe₃C 相图

表 2-3-1 Fe-Fe₃C 相图中的特性点

特性点	温度/℃	含碳量/%	含义
A	1538	0	纯铁的熔点
C	1148	4.3	共晶点
D	1227	6.69	Fe₃C 的熔点
E	1148	2.11	碳在 γ-Fe 中的最大溶解度
F	1148	6.69	Fe₃C 共晶
G	912	0	γ-Fe 与 α-Fe 的同素异构转变点
K	727	6.69	Fe₃C 共析
P	727	0.0218	碳在 α-Fe 中的最大溶解度
S	727	0.77	共析点
Q	室温	0.0008	室温时，碳在 α-Fe 中的溶解度

2. 相图中的特性线

简化的 Fe-Fe₃C 相图中各特性线的意义见表 2-3-2。

表 2-3-2 Fe-Fe₃C 相图中的特性线

特性线	含义
ACD	液相线
AECF	固相线
GS	A—F 转变开始温度线（A_3 线）
GP	A—F 转变终止温度线
ES	碳在 γ-Fe 中的溶解度曲线（A_{cm} 线）

续表

特性线	含义
PQ	碳在 α-Fe 中的溶解度曲线
ECF	共晶转变线 $L_{4.3} \xleftarrow{1148℃} L_d(A_{2.11} + Fe_3C_{共晶})$
PSK	共析转变线（A_1 线）$A_{0.77} \xleftarrow{727℃} P(F_{0.0218} + Fe_3C_{共析})$

在简化的 Fe-Fe₃C 相图中有六条重要的特性线。

1）共晶转变线，即 *ECF* 水平线(1148℃)，发生共晶转变，产生莱氏体 L_d：

$$L_{4.3} \xleftarrow{1148℃} L_d \left(A_{2.11} + Fe_3C_{共晶} \right)$$

共晶转变是指含碳量为 4.3% 的液态合金，在 1148℃ 恒温下转变为奥氏体与共晶渗碳体的机械混合物，即高温莱氏体 L_d。凡含碳量大于 2.11% 的液态合金冷至 1148℃ 时，均发生共晶转变。

2）共析转变线，即 *PSK* 水平线(727℃)，发生共析转变产生珠光体 P，*PSK* 线又称 A_1 线。

$$A_{0.77} \xleftarrow{727℃} P \left(F_{0.0218} + Fe_3C_{共析} \right)$$

共析转变是指含碳量为 0.77% 的奥氏体，在 727℃ 恒温下转变为铁素体与共析渗碳体的机械混合物，即珠光体 P。凡含碳量大于 0.0218% 的铁碳合金，冷至 727℃ 时均发生共析转变。

3）*ES* 固溶线，是碳在奥氏体中的溶解度曲线。1148℃ 时奥氏体中最大溶碳量为 2.11%，随温度降低溶碳量不断减小，至 727℃ 时达最小溶碳量 0.77%；温度升高，溶解度随之升高。从奥氏体中析出的碳迅速形成渗碳体，即 Fe_3C_{II}；*ES* 线又称 A_{cm} 线。

4）*PQ* 固溶线，是碳在铁素体中的溶解度曲线。727℃ 时铁素体中的最大溶碳量为 0.0218%，随温度降低，溶碳量不断减小，至室温时达最小溶碳量 0.0008%；温度升高，溶解度随之升高。从铁素体中析出的碳迅速形成渗碳体，即 Fe_3C_{III}，Fe_3C_{III} 沿晶界析出；在含碳量较高的合金中，可忽略不计。

5）*GS* 线，又称 A_3 线，是冷却时高温下奥氏体转变为铁素体的开始线，这是固溶体溶剂晶格变化所致，所以 *GS* 为同素异构转变线。

6）*GP* 线，也是同素异构转变线，是冷却时奥氏体转变为铁素体的终了线。

3. 相区

Fe-Fe₃C 相图形成三个单相区，即 L、A 和 F 相区；五个两相区，即 L+A、L+Fe₃C_I、A+Fe₃C_II、F+A、F+ Fe₃C_III相区。在共晶转变线 *ECF* 和共析转变线 *PSK* 上形成三相共存区，分别为 L+A+Fe₃C 和 A+F+Fe₃C 三相共存。

四、铁碳合金的分类

根据含碳量和室温组织特点，铁碳合金可分为以下三类。

1. 工业纯铁

工业纯铁：$\omega(C) < 0.0218\%$。

2. 钢

钢：$0.0218\% \leqslant \omega(C) \leqslant 2.11\%$，特点是高温固态组织为奥氏体。
根据其室温组织不同，又可分为以下三种：

亚共析钢：$0.0218\% \leqslant \omega(C) < 0.77\%$，组织为 F+P。

共析钢：$\omega(C)=0.77\%$，组织为 P。

过共析钢：$0.77\% < \omega(C) \leqslant 2.11\%$，组织为 $P+Fe_3C_{II}$。

实际使用过程中，考虑到 Fe_3C_{II} 对材料性能的不利影响，一般 $\omega(C) \leqslant 1.35\%$。

3. 白口铸铁

白口铸铁：$2.11\% < \omega(C) < 6.69\%$，特点是高温均发生共晶反应生成莱氏体。

按白口铸铁室温组织特点，也可分为以下三种：

亚共晶白口铸铁：$2.11\% < \omega(C) < 4.3\%$，组织为 $P+Fe_3C_{II}+L'_d$。

共晶白口铸铁：$\omega(C)=4.3\%$，组织为 L'_d。

过共晶白口铸铁：$4.3\% < \omega(C) < 6.69\%$，组织为 $Fe_3C_I+L'_d$。

实际使用过程中，考虑到 L'_d 对材料性能的不利影响，一般 $\omega(C)$ 为 $2.5\% \sim 4.0\%$。

第四节　典型铁碳合金的结晶过程

一、共析钢的结晶过程及组织

共析钢的含碳量为 0.77%，结晶过程如图 2-3-14（a）所示。当此合金在 1 点以上温度时，全部为液态，当缓慢冷却到 1 点时，开始从液态合金中结晶出奥氏体。在 1～2 点，从液态合金中继续结晶出奥氏体，继续缓慢冷却至 2 点时结晶完毕，全部变成单相奥氏体组织，在 2～3 点仍为单相奥氏体，合金的成分不变。缓慢冷却至 3 点时，奥氏体发生共析反应，转变成珠光体，珠光体组织如图 2-3-14（b）所示。此后温度再降至室温时，组织不再发生变化。

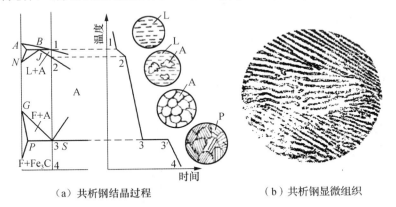

（a）共析钢结晶过程　　　　　　（b）共析钢显微组织

图 2-3-14　共析钢结晶过程及组织

共析钢结晶过程

二、亚共析钢的结晶过程及组织

亚共析钢的结晶过程如图 2-3-15（a）所示。合金在 3 点以上温度的组织转变过程与共析钢相同。温度降至 3 点后，则由奥氏体中不断析出铁素体，随着温度继续降低，铁素体量不断增加，奥氏体中碳的含量沿 GS 线增加。当温度降至 4 点时，剩余奥氏体含碳量达到 0.77%，则发生共析转变，这些剩余的奥氏体将全部转变为珠光体，4 点以下至室温，合金的组织不再发生变化。所有的亚共析钢，其室温组织都是由铁素体和珠光体组成的，差别仅在于铁素体与珠光体的相对量不同，含碳量越高，则铁素体量越低，珠光体量越高。亚共析钢的显微组织如图 2-3-15（b）所示，图中黑色部分为珠光体，为层片状，由于放大倍数较低，无法分辨层片；白色部分为铁素体。

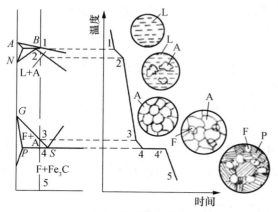

（a）亚共析钢结晶过程

（b）亚共析钢显微组织

图 2-3-15　亚共析钢结晶过程及组织

亚共析钢结晶过程

三、过共析钢的结晶过程及组织

过共析钢的结晶过程如图 2-3-16 所示。它与亚共析钢的主要区别是当温度降低到 3 点时，开始从奥氏体中沿晶界析出二次渗碳体，在 3～4 点区间，随着温度的降低，析出的二次渗碳体量不断增加，奥氏体中的含碳量沿 ES 线（参照图 2-3-13）不断下降。当温度冷至 4 点时剩余奥氏体中的含碳量降为 0.77%，则发生共析转变，剩余的奥氏体全部转变为珠光体，4 点以下至室温，合金的组织不再发生变化。因此，过共析钢的室温组织为网状二次渗碳体和珠光体，随着含碳量的增加，组织里的网状二次渗碳体也逐渐增大，当 $\omega(C)=1.35\%$ 之后，材料脆性大幅上升而失去使用价值。如图 2-3-16（b）所示为过共析钢的显微组织。

亚共晶白口铸铁、共晶白口铸铁及过共晶白口铸铁的结晶过程可参照上述方法进行分析。其组织如图 2-3-17 所示。

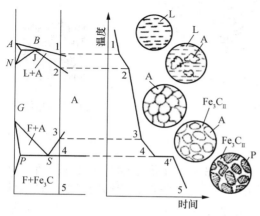

（a）过共析钢结晶过程

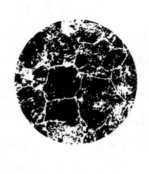

（b）过共析钢显微组织

图 2-3-16　过共析钢结晶过程及组织

过共析钢结晶过程

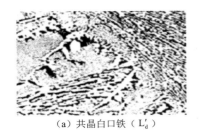

（a）共晶白口铁（L_d'） （b）亚共晶白口铁（$P+Fe_3C_{II}+L_d'$） （c）过共晶白口铁（Fe_3C_I板条状+L_d'）

图 2-3-17　白口铁的组织

共晶白口铸铁的结晶过程

过共晶白口铸铁的结晶过程

第五节　铁碳合金的成分与组织和性能的关系

一、含碳量对铁碳合金室温组织的影响

铁碳合金在室温的组织都是由铁素体和渗碳体两相组成的，随着含碳量增加，铁素体不断减少，而渗碳体逐渐增加，并且由于形成条件不同，渗碳体的形态和分布有所变化，故不同成分的铁碳合金具有不同的性能。

室温下随着含碳量增加，铁碳合金平衡组织的变化规律如下，如图 2-3-18 所示。

$$F \rightarrow F+P \rightarrow P \rightarrow P+Fe_3C_{II} \rightarrow P+Fe_3C_{II}+L_d' \rightarrow L_d' \rightarrow Fe_3C_I+L_d' \rightarrow Fe_3C$$

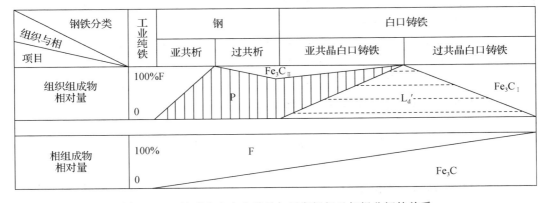

图 2-3-18　铁碳合金中含碳量与平衡组织及相组分间的关系

二、含碳量对铁碳合金力学性能的影响

铁碳合金室温平衡组织是由组成相 F 与 Fe_3C 构成，因此，铁碳合金的性能就与 F 和 Fe_3C 的性能、形态、数量和分布密切相关。含碳量对铁碳合金力学性能的影响如图 2-3-19 所示。

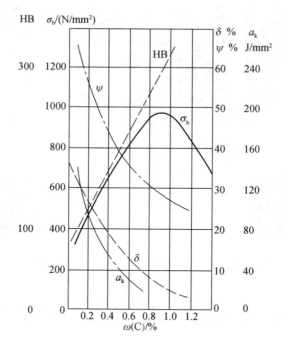

图 2-3-19　含碳量对铁碳合金力学性能的影响

Fe_3C 硬而脆，随着含碳量的不断增加，铁碳合金组织中的 Fe_3C 量逐渐增加，使合金的硬度呈直线增加；而 F 硬度低，塑性高，是一个软相，随着含碳量增加，合金中的 F 量逐渐减少，铁碳合金的塑性不断降低，即脆性不断增大。白口铸铁中的 Fe_3C 含量很大，甚至 Fe_3C 以合金的基体组织出现，故塑性几乎为零。

铁碳合金的强度不仅与强化相 Fe_3C 的含量有关，还与其形态有关。在钢中，随着含碳量的增加，F 量不断减少，P 量不断增加，使钢的强度呈直线增加。当含碳量达 0.9%时，钢的强度达到最大值；当含碳量超过 0.9%后，由于钢的组织中除片状 $Fe_3C_{共析}$外，还出现网状 Fe_3C_{II}，使钢的脆性增加，强度降低。所以工业生产中碳钢的含碳量不超过 1.35%。当含碳量超过 2.11%时，白口铸铁的组织中出现 L'_d，则性能硬而脆，难以切削加工，一般以铸态使用，且在炼铁的过程中进行石墨化处理，以避免组织中出现 L'_d。

冲击韧性随含碳量的变化同塑性的情况。

第六节　铁碳合金相图的应用

相图是分析钢铁材料平衡组织和制定钢铁材料各种热加工工艺的基础性资料，在生产实践中具有重大的现实意义。

一、作为选材的主要依据

由于含碳量对铁碳合金的性能起着决定性的作用，因此应根据生产需要选用不同的铁碳合金。

制造工程结构件，如船体、桥梁、锅炉及建筑工程构件，应选用含碳量较低（小于 0.25%）的钢，因为其塑性高，冷变形性及焊接性能好。

对于一般机器零件，如船用柴油机的曲轴、连杆，机床上的齿轮、轴类零件等，应选用含碳量中等（0.25%～0.6%）的钢。因为中碳钢具有一定的强度和硬度，又具有一定的塑性和韧性，是综合力学性能较好的材料。对于柴油机燃油系统上的精密偶件（柱塞—套筒、针阀—针阀体等）及各种刀具、量具、模具和弹簧等零件，要求硬度高、耐磨性好，或要求强度、疲劳强度高，弹性好，故应选用含碳量较高（通常含碳量大于 0.6%）的高碳钢。

白口铸铁脆且硬，不宜制造结构件和各种零件，但其硬度高、耐磨性好、铸造性优良，可以制造不受冲击的耐磨铸件，如犁铧、球磨机的磨球、冷轧辊等。

二、制定各种热加工工艺的主要依据

1. 在铸造工艺方面

铸造生产中，根据相图可估算钢铁材料的浇注温度，一般为液相线以上 50～100℃；由相图可知共晶成分的合金结晶温度最低，结晶区间最小，流动性好，体积收缩性小，易获得组织致密的铸件，所以通常选择共晶成分的合金作为铸造合金。钢的铸造性能远不如铸铁：流动性差，收缩性较大，容易产生分散缩孔和偏析，且铸件内应力大，容易变形和开裂。生产中，铸钢件的含碳量一般在 0.15%～0.6%范围内，因为此范围内的合金结晶温度区间小，铸造性能相对较好。

2. 在锻造工艺方面

在锻造工艺上，相图可作为确定钢的锻造温度范围的依据。通常把钢加热到奥氏体单相区，这种钢塑性好、变形抗力小，易于成形，所以当锻造或轧制时应使用具有单相奥氏体组织的钢。

一般钢的始锻温度低于固相线 100～200℃范围内，以利于充分地塑性变形。若加热温度过高，将会引起严重氧化、过烧（即晶界熔化）。

终锻或轧的温度要有利于保证锻件、轧件的质量。终锻温度过高，奥氏体在变形终了后的冷却中晶粒还会长大；终锻温度过低，会导致塑性降低而产生锻裂或轧裂。亚共析钢终锻（轧）时会产生大量铁素体，形成带状组织，使钢的力学性能产生方向性，韧性降低，所以终锻（轧）的温度应稍高于 *GS* 线。对于过共析钢，为了利用变形时的机械作用击碎组织中的网状二次渗碳体，终锻（轧）温度应控制在 *ES* 线与 *PSK* 线之间，一般为 800～850℃。

在焊接工艺中，焊缝及周围热影响区受到不同程度的加热和冷却，组织和性能会发生变化，相图可作为研究变化规律的理论依据。

热处理工艺中，相图是制定各种热处理工艺加热温度的重要依据，这一问题在后续章节中会专门讨论。

第四章　钢的热处理

第一节　概　述

一、热处理的基本概念和分类

热处理是将固态金属或合金通过加热、保温和冷却的方法改变内部组织，从而获得所需性能的一种工艺。热处理是一种重要的金属热加工方法，不仅适用于钢和铸铁，还适用于有色金属及其合金。

热处理是基于同素异构转变、共析转变、固溶和脱溶等固态下的组织转变来实现的，不改变工件的形状和尺寸。铁碳合金中组织转变规律就是热处理原理；根据原理制定的加热温度、加热方式、保温时间及冷却介质和冷却方式等工艺参数属于热处理工艺的内容。

热处理的目的是改善、提高材料的力学性能，既能提高强度、硬度、塑性和韧性，又能改善切削加工性能及消除应力等。

热处理在机械制造工业中占有十分重要的地位。船舶、机车、汽车和飞机的动力机械零件90%以上需要热处理。机床中的60%～70%的零件，以及各种工、模具大多数需要热处理。所以热处理是强化材料使其发挥潜在能力的重要方法，是提高产品质量和延长寿命的主要途径。

根据加热和冷却方式的不同，钢的热处理大致可以分为以下几种类型：

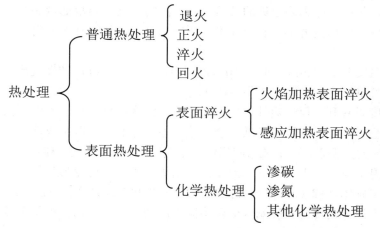

热处理的方法虽然很多，但任何一种热处理工艺都由加热、保温和冷却三个阶段所组成。热处理之所以能使钢的性能发生巨大变化，主要是经过不同的加热、保温、冷却过程，使钢的内部组织发生了变化。因此要了解各种热处理方法对钢的组织与性能的改变情况，必须首先研究钢在加热（包括保温）和冷却过程中的相变规律。而在热处理工艺中起主要作用的是温度和时间。所以任何类型的热处理工艺都可在温度—时间坐标上绘制热处理工艺曲线（冷却曲线）来表示，如图 2-4-1 所示，而其中温度对热处理组织的影响大于时间对热处理组织的影响。

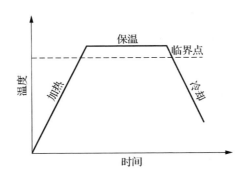

图 2-4-1　热处理工艺曲线

二、热处理的临界温度

研究钢的热处理在加热、冷却时的内部组织转变是以 Fe-Fe$_3$C 相图为依据的。在 Fe-Fe$_3$C 相图上，碳钢在平衡条件下加热和冷却的相变线有：*PSK* 线——共析转变线（A_1 线）；*GS* 线——同素异构转变线（A_3 线）；*ES* 线——固溶线（A_{cm} 线）。它们是在无限缓慢地加热或冷却情况下测定的，称 A_1、A_3、A_{cm} 为理论临界温度线。

而在实际生产中，由于具有一定的加热速度和冷却速度，钢的组织转变总有滞后现象，即加热时的实际转变温度总是高于理论临界温度线 A_1、A_3、A_{cm}，冷却时则低于理论临界温度线 A_1、A_3、A_{cm}，这种滞后现象分别称为过热和过冷。加热和冷却速度越大，滞后越加严重。与理论临界温度线相对应，通常把实际加热时各临界温度线用 A_{c1}、A_{c3} 及 A_{ccm} 表示，实际冷却时用 A_{r1}、A_{r3} 及 A_{rcm} 表示，如图 2-4-2 所示。

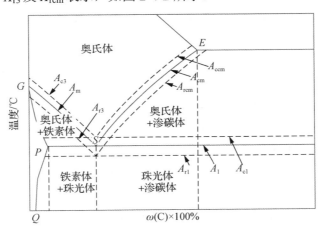

图 2-4-2　钢加热和冷却时的临界温度

第二节　钢在加热时的组织转变

热处理工艺过程第一步就是加热。从 Fe-Fe$_3$C 相图中可知，当共析钢加热到 A_{c1} 以上时，发生共析转变，珠光体全部转变为奥氏体；亚共析钢和过共析钢加热到 A_{c1} 以上时，发生共析转变，珠光体转变为奥氏体，加热到 A_{c3} 和 A_{ccm} 以上时，则全部转变为奥氏体。热处理加热最主要的目的是获得奥氏体，因此，这种加热到临界点以上获得奥氏体的过程称为奥氏体化。

一、钢的奥氏体化

钢的奥氏体化实质：晶格重构及 Fe、C 原子扩散过程。通过加热与保温共同作用完成。

1. 共析钢的奥氏体化

共析钢在室温下的组织为单一的珠光体，加热到 A_{c1} 以上时，由于铁原子的晶格改组和渗碳体逐步溶解而形成奥氏体，随后在保温过程中，通过碳原子的扩散使奥氏体成分均匀化，最后得到单一均匀的奥氏体，如图 2-4-3 所示。

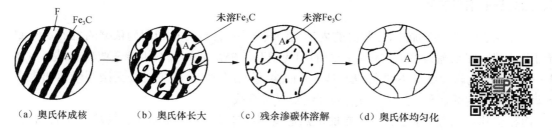

（a）奥氏体成核　　　（b）奥氏体长大　　　（c）残余渗碳体溶解　　　（d）奥氏体均匀化

图 2-4-3　共析钢奥氏体形成过程示意图　　　　　　共析钢奥氏体形成过程

（1）奥氏体晶核的形成

珠光体加热到 A_{c1} 以上后，奥氏体的晶核在铁素体与渗碳体的相界面上优先形成，这是因为奥氏体成核也像液态结晶成核一样，需要一定的能量和浓度等条件。而在相界面处，成分不均匀，原子排列不规则，扩散速度较大，原子势能也较高，这些为奥氏体的形核提供了成分、结构和能量等有利条件，而且在相界面处的奥氏体晶核紧靠渗碳体，可以依靠渗碳体的溶解而不断获得碳原子，从而保证具有一定尺寸的晶核逐渐长大。

（2）奥氏体晶核的长大

奥氏体晶核形成之后，便出现新的界面，即奥氏体与铁素体的相界面和奥氏体与渗碳体的相界面。奥氏体晶核长大就是这两个新界面分别向铁素体和渗碳体推移的结果。这个过程是通过铁原子和碳原子的扩散来进行的。它包含铁素体的体心立方晶格改组为奥氏体的面心立方晶格，以及渗碳体通过碳原子的扩散不断溶入已生成的奥氏体两个过程。

（3）残余渗碳体的溶解

由于铁素体的晶体结构和含碳量都与奥氏体接近，故铁素体向奥氏体转变的速度比渗碳体向奥氏体溶解的速度快。即在铁素体全部消失后，仍有部分渗碳体未溶解，这部分未溶的残余渗碳体将随着时间的延长，通过碳原子的不断扩散，继续向奥氏体溶解，直至全部消失为止。

（4）奥氏体的均匀化

当剩余渗碳体全部溶解后，奥氏体中碳分布仍是不均匀的，在原来渗碳体处碳浓度较高，原来铁素体处碳浓度较低。经过较长时间的碳原子扩散使奥氏体中碳浓度趋于均匀，最后获得单相均匀的奥氏体。为此必须进行一定时间的保温以使碳原子充分扩散。

因此，热处理加热后之所以需要一定的保温时间，不仅是为了把工件热透，使心部和表面温度趋于一致，还是为了使组织转变得以充分完成，以便在冷却后得到良好的组织和性能。

2. 亚、过共析钢的奥氏体化

亚共析钢和过共析钢统称为非共析钢，其奥氏体形成过程基本上与共析钢相同。不同点在于亚共析钢加热到 A_{c1} 时，还存在未溶的铁素体，必须加热到 A_{c3} 以上时，才能获得单一的奥氏体；过共析钢加热到 A_{c1} 以上时，还存在未溶的二次渗碳体，加热到 A_{ccm} 以上时，才能转变为单一的奥氏体。由此可知，对于非共析钢要获得单一奥氏体，必须加热到 A_{c3} 和 A_{ccm}，才能完全奥氏体化。

二、奥氏体晶粒长大及其影响因素

奥氏体转变完成后，奥氏体的晶粒是细小的。这是由于珠光体中铁素体和渗碳体交界面很多，产生奥氏体晶核的机会多之故。转变完成后如继续升温或延长高温停留时间（保温），则奥氏体晶粒要长大，这是由于在高温下原子活动能力较强，晶粒吞并所致。钢中奥氏体晶粒的大小直接影响冷却后的组织和性能，奥氏体晶粒大则冷却后组织晶粒大，力学性能差；奥氏体晶粒小，冷却后组织晶粒小，力学性能好。所以奥氏体晶粒度是评定加热质量的指标之一。

1. 奥氏体的晶粒度

（1）起始晶粒度

起始晶粒度为奥氏体刚刚形成时的晶粒的大小。此时的晶粒非常细小，难以测定，且不稳定，继续加热或保温时晶粒还会长大，故无实际意义。

（2）实际晶粒度

实际晶粒度为钢在热处理或热加工的具体加热条件下所获得的奥氏体晶粒的大小。实际晶粒度一般比起始晶粒度大，对钢的性能有直接影响。

（3）本质晶粒度

本质晶粒度反映钢在加热时奥氏体晶粒长大的倾向。加热时晶粒容易长大的钢称为本质粗晶粒钢；加热时晶粒不易长大的钢称为本质细晶粒钢。

标准晶粒度分为 8 级，1～4 级为本质粗晶粒钢，5～8 级为本质细晶粒钢。其中 1 级最粗，8 级最细。1～8 级，晶粒由粗渐渐变细，晶粒大小尺寸见表 2-4-1，等级示意图如图 2-4-4 所示。

表 2-4-1　标准晶粒度分级及尺寸对照表

晶粒度	1	2	3	4	5	6	7	8
单位面积晶粒数/（个/mm²）	16	32	64	128	256	512	1024	2048
晶粒平均直径/μm	250	177	125	88	62	44	31	32

实际生产中，用锰铁、硅铁脱氧的钢、沸腾钢一般为本质粗晶粒钢；用铝脱氧的钢、镇静钢一般为本质细晶粒钢。需经热处理的零件大多采用本质细晶粒钢。评定钢材本质晶粒度的方法，是将钢加热到 930℃，保温 8h，然后缓慢冷却。

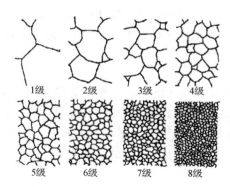

图 2-4-4　标准晶粒度等级示意图（放大 100 倍）

2. 影响奥氏体晶粒长大的因素

（1）加热温度和保温时间

加热温度越高，保温时间越长，奥氏体晶粒长大越明显，而加热温度的影响比保温时间的影响大得多。

（2）钢的成分

在一定范围内，奥氏体晶粒长大的倾向随含碳量的增加而加大，即钢的含碳量越低，奥氏体晶粒越细小。这是因为随含碳量的增加，碳在奥氏体中的扩散速度也相应增加的缘故。扩散能力增加，加速了奥氏体形核和长大。若碳以难溶碳化物形式存在，则阻碍晶粒的长大。钢中的合金元素，如钨、钒、钛、铌、铬、钼等合金元素有阻碍奥氏体晶粒长大的作用；而锰、磷、碳、氮等元素则有促进奥氏体晶粒长大的作用。

3. 奥氏体的晶粒度对钢的力学性能的影响

奥氏体晶粒度对钢的实际晶粒度的影响如图 2-4-5 所示。钢在热处理或热加工时，加热后的实际奥氏体晶粒越细小，冷却后（即使缓慢冷却）所形成的珠光体或其他相的晶粒也越细小，相应的钢的强度、硬度、塑性和韧性也越优良。

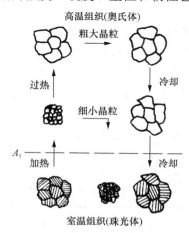

图 2-4-5　奥氏体晶粒度对钢的实际晶粒度的影响

奥氏体晶粒度大小

第三节　钢在冷却时的组织转变

冷却过程是热处理的第三个环节，也是热处理的关键工序，其冷却转变温度决定了钢冷却后的组织和性能。实际生产中常用的冷却方式有两种：等温冷却和连续冷却。等温冷却是将已奥氏体化的钢快速冷却到 A_{r1} 以下某一温度，等温停留一段时间，使奥氏体发生转变，然后冷却到室温，如等温退火、等温淬火等。连续冷却是将已奥氏体化的钢以一定冷却速度连续冷却到室温，并在连续冷却过程中发生组织转变，如炉冷、空冷、水冷、油冷等，如图 2-4-6 所示。

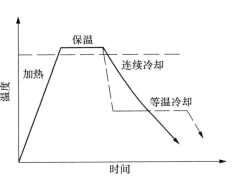

图 2-4-6　两种冷却方式

实践表明，同一种钢的奥氏体化条件相同，但冷却条件不同时，所获得的组织与性能将有明显差异。

45 钢在同样奥氏体化条件下，不同冷却速度对其力学性能的影响见表 2-4-2。

表 2-4-2　45 钢经 840℃加热后不同条件冷却后的力学性能

冷却方式	σ_b /MPa	σ_s /MPa	δ /%	ψ /%	HRC
随炉冷却	530	280	32.5	49.3	15～18
空气冷却	670～720	340	15～18	45～50	18～24
油中冷却	900	620	18～20	48	40～50
水中冷却	1100	720	7～8	12～14	52～60

一、过冷奥氏体的等温转变

奥氏体在临界温度以上为稳定相，能够长期存在而不变化。当奥氏体冷却到临界温度以下时则成为不稳定相，但过冷到临界温度以下的奥氏体并不是立即发生转变，而是要经过一段孕育期后才开始转变，这种在孕育期暂时存在的、处于不稳定状态的奥氏体称为冷奥氏体。过冷奥氏体以不同的冷却速度进行等温冷却时，它的转变温度、转变时间与转变产物（组织）的关系曲线称为等温转变曲线，因其形状似英文字母 C，故也称 C 曲线。它是用实验方法建立的，现以共析钢为例说明过冷奥氏体等温转变曲线的建立过程。

1. 共析钢 C 曲线的建立

将共析钢制成相同尺寸的薄片试样，并将它们分成若干组，每组有几个试样。将各组试样加热至 A_{c1} 以上，使之全部奥氏体化，获得均匀的奥氏体组织。然后将其投入不同温度（如 700℃、650℃、550℃、450℃等）的等温盐浴槽中，进行等温转变，测得在不同的过冷温度下不同的组织开始转变的时间（a_1、a_2、a_3 等）和终了转变的时间（b_1、b_2、b_3 等）。根据这些数据绘出以温度、时间为坐标的奥氏体等温转变曲线，即为 C 曲线，如图 2-4-7 所示。

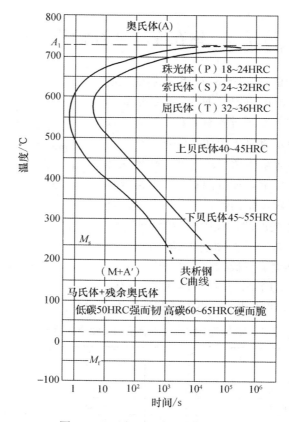

图 2-4-7 共析钢等温转变 C 曲线

由过冷奥氏体开始转变点连接的线称为转变开始线，即等温转变曲线中左边的那条曲线，它离纵轴的距离表示奥氏体在不同过冷度下开始转变所需的时间，称为孕育期。孕育期的长短表示奥氏体稳定性的大小。从图 2-4-7 中可见，在 550℃ 左右孕育期最短，即奥氏体最不稳定。由过冷奥氏体终了点连接的线称为转变终了线，即等温转变曲线中右边的那条曲线，它的右边是转变产物区。奥氏体转变开始线和转变终了线之间是过渡区，为过冷奥氏体和转变产物共存区。在等温转变曲线下方的 M_s（约 230℃）、M_f（约 -50℃）两条水平线，分别为马氏体转变开始和终了线，两线之间是马氏体与残余奥氏体共存区。

2. 共析钢 C 曲线各区转变过程及特点

在三个不同温度区间，共析钢的过冷奥氏体可以发生三种不同的转变。

（1）高温转变——珠光体型转变

珠光体型转变属于典型扩散（Fe、C）型转变。

在 $A_1 \sim 550℃$ 温度范围内，过冷奥氏体将转变为珠光体类型的组织。珠光体的组织是在 F 的基体上分布着层片状的 Fe_3C 的机械混合物。

过冷奥氏体转变为珠光体的过程为固态下的形核和长大过程，也是完全扩散型转变过程。首先在奥氏体晶界上通过碳原子的聚集，出现渗碳体的核心，由于渗碳体含碳量比奥氏体高得多，故在渗碳体长大的同时，必然使周围奥氏体的含碳量降低，从而使这部分奥氏体转变为铁素体。新生成的铁素体长大并向侧面排出多余的碳，使相邻奥氏体含碳量升高，促使新的渗碳体形成，由此形成了渗碳体与铁素体片层相间的珠光体组织。渗碳体核心也可以在已长大成的珠光体晶粒表面上产生，形成不同方向的片状珠光体。珠光体的形成（A→P 转变）过程如图 2-4-8 所示。

A→P 转变

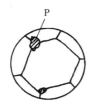

图 2-4-8　A→P 转变

在这个转变区内，等温转变的温度越低，即过冷度越大，所形成的珠光体内片层越细，即片层间距越小。

A_1～680℃温度范围内形成粗片状组织，即为珠光体（P），其显微组织如图 2-4-9（a）所示。

680～600℃温度范围内形成细片状的珠光体组织，称为索氏体（S），其显微组织如图 2-4-9（b）所示。

600～550℃温度范围内形成极细片状的珠光体组织，称为屈氏体（T），其显微组织如图 2-4-9（c）所示。

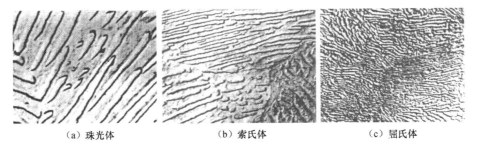
（a）珠光体　　　　（b）索氏体　　　　（c）屈氏体

图 2-4-9　珠光体类型显微组织

层片状珠光体的性能主要取决于片层间距，片层间距越小，珠光体的强度和硬度越高，塑性和韧性也越好。这是因为珠光体的基体相铁素体塑性好，较易变形，而分散在铁素体层片之间的片状渗碳体起强化作用。渗碳体片越厚，片间距越大，强化作用越小，同时渗碳体不易变形而易脆裂。反之，渗碳体片越薄，间距越小，也就容易与铁素体一起变形，使得塑性、韧性也有所改善。

（2）中温转变区——贝氏体型转变

贝氏体型转变属于半扩散（Fe、C）型转变。

在 550～230℃温度范围内，过冷奥氏体将转变为贝氏体类型组织，如图 2-4-10 所示，贝氏体的组织是含过饱和碳的铁素体与渗碳体组成的机械混合物。

过冷奥氏体转变为贝氏体的过程也是通过形核和长大完成的，只是由于温度低，铁原子已不能扩散，碳原子也只能进行短程扩散，故贝氏体型转变是半扩散型转变。根据贝氏体形态和转变温度不同，可分为上贝氏体和下贝氏体两种。

（a）羽毛状上贝氏体　　　　　　　　　　　（b）针状下贝氏体

图 2-4-10　贝氏体显微组织

550～350℃温度范围内形成上贝氏体，用 $B_上$ 表示。在上贝氏体组织中，过饱和铁素体呈条状，一排排由晶界伸向奥氏体晶内而长大，在铁素体条之间断断续续地分布着细条状的渗碳体，构成羽毛状特征，如图 2-4-10（a）所示。由于上贝氏体中铁素体含碳量的过饱和度低，故强度不高；而较粗的渗碳体在铁素体之间分布，使其脆性增大，所以上贝氏体的力学性能差，使用价值不大。

350～230℃（M_s）之间形成下贝氏体，用 $B_下$ 表示。在下贝氏体组织中，过饱和铁素体呈针状较散乱地成角度分布，铁素体内析出许多碳化物小片平行分布，并与铁素体针长轴成一定的角度，构成针状或竹状特征，如图 2-4-10（b）所示。下贝氏体具有较高的强度、硬度和良好的韧性。因此，下贝氏体是一种理想的组织（尤其是含碳量高的情况下，如果直接淬火高碳马氏体，则晶格畸变大，应力大，易开裂），实际生产中常采用等温淬火获得下贝氏体，以提高零件的强韧性。

（3）低温转变——马氏体型转变

马氏体型转变属于非扩散（Fe、C）型转变。

在 M_s～M_f 温度范围内，过冷奥氏体将转变为马氏体类型组织。马氏体是碳溶于α-Fe中形成的过饱和碳的铁素体。

过冷奥氏体向马氏体转变过程也是形核和长大的过程。但是由于转变温度更低，过冷度极大，转变速度很快，铁、碳原子均不能扩散。在马氏体转变过程中，铁原子只完成了铁的晶格转变，即γ-Fe→α-Fe，而碳原子完全失去了扩散能力，只能过饱和的溶解在α-Fe中，故马氏体转变属于非扩散型转变。因为α-Fe是体心立方晶格，间隙很小，当碳原子挤塞进去以后，使体心立方晶格变成体心正方晶格，马氏体晶格如图 2-4-11 所示。由于晶格严重歪扭，所以表现出高硬度。

马氏体转变具有固定的开始转变温度（M_s）和终了转变温度（M_f）。在此转变温度范围内，若温度下降终止，则马氏体转变也终止，所以马氏体是在连续冷却过程中发生转变的。

由于马氏体比容比奥氏体大，所以奥氏体转变成马氏体后发生体积膨胀，对没有转变的奥氏体产生一定压力，从而抑制了奥氏体向马氏体的转变。因此，即使连续冷却到 M_f 的温度，仍有少量奥氏体没有转变，这种奥氏体称为残余奥氏体，用符号 A′表示。

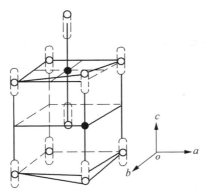

○Fe原子及其位移的范围
●C原子可能存在的位置

图 2-4-11 马氏体的晶体结构

以马氏体的形态按含碳量主要分两种，即板条状和针状。

1）板条状马氏体：如图 2-4-12（a）所示，一般为低碳钢或低碳合金钢的淬火组织。板条状马氏体因其含碳量低，晶格畸变小，淬火应力小且不存在显微裂纹，所以具有很好的韧性，同时强度和硬度也足够高。

2）针状马氏体：如图 2-4-12（b）所示，是含碳量较高的钢淬火后得到的组织。在光学显微镜下，它呈竹叶状或针状，针和针之间成一定的角度。最先形成的马氏体较粗大，往往横穿整个奥氏体晶粒，将奥氏体加以分割，使以后形成的马氏体片的大小受到限制。因此，针状马氏体大小不一。同时有些马氏体有一条中脊线，并在马氏体周围残留奥氏体。针状马氏体的硬度高而韧性差。

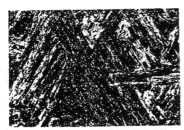

20 钢淬火板条
马氏体形成

（a）低碳（20 钢）板条状马氏体　　　　（b）高碳（T12）针状马氏体

图 2-4-12 马氏体的显微组织

3）残余奥氏体（A′）是含碳量大小 0.5%的奥氏体淬火时冷却到室温仍未转变的那部分奥氏体。它不易受硝酸酒精溶液的浸蚀，在显微镜下呈白亮色，分布在马氏体之间，无固定形态。

表 2-4-3 为共析钢的过冷奥氏体等温冷却转变产物的组织及性能比较。

表 2-4-3 共析钢的过冷奥氏体等温冷却转变产物的组织及性能比较

转变类型	转变产物名称	符号	转变温度/℃	显微组织特征	性能
珠光体类	珠光体	P	$A_1 \sim 680$	片层较粗的铁素体与渗碳体的机械混合物	18～24HRC
	索氏体	S	680～600	片层较细的铁素体与渗碳体的机械混合物	24～32HRC
	屈氏体	T	600～550	片层极细的铁素体与渗碳体的机械混合物	32～36HRC

续表

转变类型	转变产物名称	符号	转变温度/℃	显微组织特征	性能
贝氏体类	上贝氏体	$B_上$	550～350	羽毛状的过饱和铁素体与碳化物的机械混合物	40～45HRC
	下贝氏体	$B_下$	350～230	针状的过饱和铁素体与碳化物的机械混合物	45～55HRC
马氏体类	马氏体	M	$M_s=230$ $M_f=-50$	低碳马氏体，呈板条状的含过饱和碳的铁素体	50HRC 强而韧
				高碳马氏体，呈针状的含过饱和碳的铁素体	60～65HRC 硬而脆

3. 非共析钢的 C 曲线

亚共析钢和过共析钢的 C 曲线与共析钢的 C 曲线相比，增加了 A→F、A→Fe₃C 的转变开始线，所以在冷却后奥氏体转变产物不完全相同。非共析钢的 C 曲线在坐标图上的位置相对共析钢的 C 曲线向左移动，而且随着含碳量的增加，马氏体转变温度逐渐下降，如图 2-4-13 所示。

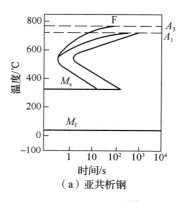
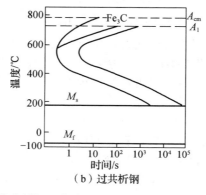

（a）亚共析钢　　　　（b）过共析钢

图 2-4-13　非共析钢 C 曲线

非共析钢 C 曲线（过共析钢）

非共析钢 C 曲线（亚共析钢）

二、过冷奥氏体的连续冷却转变

在热处理生产中，钢的冷却常采用连续冷却的方法，如炉冷、空冷、油冷、水冷等。而连续冷却转变较为复杂，转变曲线测定比较困难。所以通常用等温冷却曲线来研究连续冷却的情况。可利用共析钢的等温转变曲线研究连续冷却转变，如图 2-4-14 所示。使用时，将连续冷却速度曲线绘于 C 曲线图上，依交点的位置可以定性判断其组织转变和转变产物。

需要指出的是，连续冷却转变曲线只有 C 曲线的上半部分，而没有下半部分。这就是说，共析钢在连续冷却时，只有珠光体和马氏体转变，而没有贝氏体转变。而且连续冷却曲线在坐标中位置向右下方偏移。

V_1冷却速度曲线：相当于退火炉冷的情况，与 C 曲线交于 710～680℃附近，可判断过冷奥氏体发生珠光体转变，形成珠光体。

V_2、V_3冷却速度曲线：相当于正火空冷的情况，与 C 曲线交于 670～600℃附近，可判断发生珠光体类转变，形成索氏体。

V_4冷却速度曲线：相当于淬火油冷的情况，不与转变终了线相交，说明在中温区域没有发生完全的转变，一部分奥氏体在高温区域发生了珠光体类转变，形成屈氏体；另一部分冷至 M_s 点发生马氏体转变，形成马氏体。最终组织为屈氏体+马氏体。

V_5冷却速度曲线：相当于淬火水冷的情况，与 C 曲线不相交，过冷奥氏体在高、中温区域不发生转变，冷至 M_s 点以下发生马氏体转变。

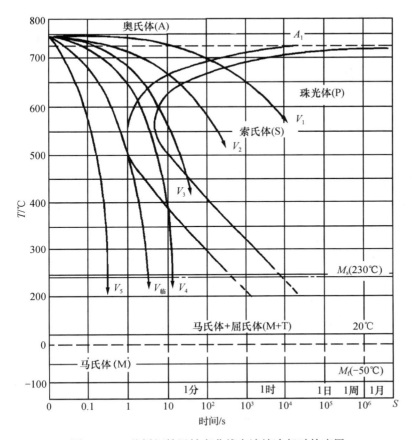

图 2-4-14　共析钢等温转变曲线在连续冷却时的应用　　　　　共析钢连续冷却转变

在 C 曲线图形中，有一种冷却速度曲线恰好与 C 曲线相切，该速度称为临界冷却速度，用 $V_临$ 表示。它是过冷奥氏体全部转变为马氏体的最小冷却速度。显然，凡大于 $V_临$ 的冷却速度均会全部产生马氏体组织，而不发生高、中温转变。显然，C 曲线右移，$V_临$ 减小；反之，$V_临$ 则增大。而 C 曲线的变化随着钢中化学成分的不同而改变。

第四节　钢的退火与正火

在生产中，常把热处理分为预先热处理和最终热处理两类。预先热处理通常安排在铸造、锻造及焊接等工艺之后、切削加工之前，用以消除前道工序造成的某些缺陷，为随后的切削加工做好准备。最终热处理是为了满足工件的使用性能要求。退火和正火属于预先热处理，对于使用性能要求不高的工件，也可以作为最终热处理。

一、钢的退火

退火是一种将钢加热到临界点以上或以下温度并保温一段时间后，再缓慢冷却至室温，以获得接近平衡状态组织的一种热处理工艺。退火的实质是将钢加热使其奥氏体化后进行珠光体转变或加热到临界点以下进行无相变的低温处理。

1. 退火的目的

1）降低硬度，提高塑性，以便于切削加工。适于切削加工的钢的硬度为 160～230HBS，而经铸、锻、焊的零件毛坯硬度较高，难于加工，经退火处理后则易于切削加工。

2）细化晶粒，消除组织缺陷，改善性能。如消除偏析、晶粒粗大等缺陷。

3）消除内应力，稳定尺寸，防止变形开裂。

2. 退火的种类

在实际生产中，退火种类很多，根据退火目的的不同分为以下几类。

（1）完全退火（又称重结晶退火）

完全退火是将钢件加热到 A_{c3} 线以上 30～50℃，保温一定时间后随炉缓慢冷却或埋入石灰石中冷却的一种热处理工艺。所谓"完全"，是指退火时钢件被加热到获得完全的奥氏体组织，也就是钢的组织全部进行了重结晶。

完全退火的目的是通过完全重结晶，使铸造、锻造或焊接所造成的粗大晶粒细化；并可使产生的组织不均匀状态得到改善；通过退火可使中碳以上的钢件获得接近平衡状态的组织，以降低硬度，便于切削加工。由于退火时冷却缓慢，也可以消除内应力。

完全退火一般用于中、小型亚共析钢的铸件、锻件及焊接件。它不能用于过共析钢，因为过共析钢在加热到 A_{ccm} 以上获得了单相奥氏体后，在缓慢冷却时，会析出网状渗碳体，使钢的强度和韧性降低。

（2）球化退火

将过共析钢加热到 A_{c1} 线以上 20～50℃，缓慢冷却到 A_{r1}（约 600℃）出炉空冷，使渗碳体球状化的一种热处理方法称为球化退火。

球化退火时，网状二次渗碳体 Fe_3C_{II} 在加热保温过程中部分溶解而断开，成为许多细小点状渗碳体弥散分布在奥氏体基体上。在随后缓冷过程中，以细小渗碳体质点为核心，形成颗粒状渗碳体，均匀分布在铁素体基体上，形成球状（或粒状）珠光体组织，其组织变化如图 2-4-15 所示。球化退火可使钢中网状二次渗碳体和珠光体中渗碳体球化，以便降低硬度、改善切削加工性能，并为以后淬火做准备，球化退火是一种非常重要的热处理工艺。

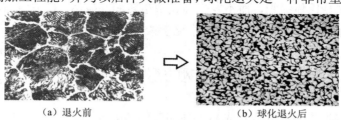

(a) 退火前　　　　　　　　　　　　　　　(b) 球化退火后

图 2-4-15　T10 工具钢球化退火

球化退火主要用于共析钢和过共析钢的锻件、轧件。如果退火前钢中已有粗大的网状渗碳体，需要先进行正火再球化退火。

（3）等温退火

将钢件加热至 A_{c3} 线以上 30～50℃（亚共析钢）或 A_{c1} 线以上 20～30℃（共析钢或过共析钢），保温一定时间，随炉冷却至稍低于 A_{r1} 的温度，进行等温转变，然后在空气中冷却的操作称为等温退火。

等温退火的目的与完全退火、球化退火的目的相同，但这种工艺节省钢件在炉内的时间，增加了退火炉周转率，使退火周期缩短，而且得到的截面组织性能均匀一致。　'

（4）再结晶退火

把经过冷变形的低碳钢（或有色金属）制件加热到再结晶温度以上 $100\sim200℃$（一般低碳钢或低合金钢为 $650\sim750℃$）保温后缓冷的操作称为再结晶退火。再结晶退火是一种无相变退火。

再结晶退火主要用于消除冷变形（如冷轧、冷拉、冷压等）的加工硬化，恢复塑性。

（5）去应力退火

将零件加热到 A_{c1} 以下 $100\sim200℃$（一般为 $500\sim600℃$），保温后缓慢冷至 $300℃$ 以下，再出炉空冷的操作称为去应力退火，也称为低温退火。去应力退火加热温度低于 A_{c1}，所以并无组织结构变化，也是一种无相变退火。

去应力退火主要用于消除铸件、锻件、焊接件和冷冲压及切削加工中的残余应力，以提高尺寸的稳定性，防止形状复杂和截面变化较大的工件在淬火中产生变形或开裂，可消除 $50\%\sim80\%$ 的残余应力。

（6）高温扩散退火（均匀化退火）

高温扩散退火是将工件加热到固相线以下 $100\sim200℃$，长时间保温使原子充分扩散，成分均匀后再随炉缓冷的一种热处理工艺。

高温扩散退火主要用于铸件及具有成分偏析现象的锻轧件，目的在于消除成分偏析以使组织均匀化。

二、钢的正火

正火是将钢加热到 A_{c3}（亚共析钢）、A_{c1}（共析钢）或 A_{ccm}（过共析钢）以上 $30\sim50℃$，保温后在空气中冷却的热处理工艺。正火的加热温度范围如图 2-4-16（a）所示。

与退火相比，正火的冷却速度较快，共析转变后生成片层较细的珠光体，即索氏体。同样的钢件正火后的强度和硬度比退火高。正火还是一种操作简单、生产周期短、成本低、生产效率较高的热处理方法。

正火的目的与退火有相似之处，可以细化晶粒，消除过热缺陷，改善钢的力学性能和切削加工性能，消除热加工造成的组织不均匀及内应力，消除或减少网状渗碳体，使钢的综合力学性能提高。

1）对于低碳钢，因其硬度偏低，切削时易产生"粘刀"现象，可采用正火提高硬度，改善其切削加工性能。

2）对于中碳钢，用正火代替"调质"处理，作为最终热处理，从而提高工件的力学性能；

3）对于高碳钢，可通过正火消除粗大网状渗碳体，为球化退火做好准备。

4）正火还可以代替工时很长的铸件、锻件的完全退火，以消除铸件、锻件的偏析、内应力和粗大晶粒。

各种退火和正火
加热温度范围

对于要求不高的普通零件，以正火作为最终热处理。因正火比退火的生产周期短，操作简便，能耗低，故在条件允许的情况下应优先采用正火方法。

图 2-4-16 为几种退火与正火的加热温度范围及工艺曲线。

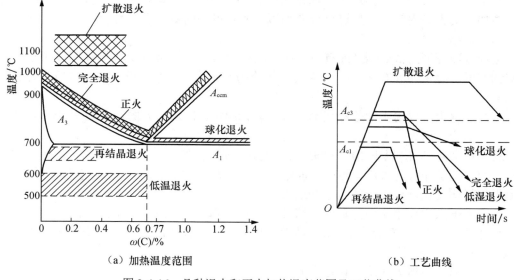

（a）加热温度范围　　　　　　　　　（b）工艺曲线

图 2-4-16　几种退火和正火加热温度范围及工艺曲线

第五节　钢 的 淬 火

　　淬火是将钢加热到临界点以上 30～50℃，保温一定时间，然后急速冷却的热处理工艺。淬火是钢的重要强化工艺。

　　淬火的实质是用超过临界冷却速度的方法阻止奥氏体分解为珠光体类组织，一般得到马氏体组织以提高其硬度。由于马氏体是不平衡组织，不稳定，硬度高、脆性大，不能直接使用，必须与回火工艺配合以获得所需要的各种不同性能的组织，来满足使用要求。

一、钢的淬火工艺

1．加热温度的确定

　　钢淬火的加热温度取决于钢的含碳量。为了得到细而均匀的马氏体，首先要在加热时得到细而均匀的奥氏体。如果在加热时形成粗大的奥氏体，则在淬火时会形成粗大的马氏体。粗大马氏体很脆，而且在淬火冷却时造成工件变形和开裂。钢的淬火加热温度范围如图 2-4-17 所示。

　　亚共析钢的淬火温度为 A_{c3} 以上 30～50℃，在该温度下钢的组织完全奥氏体化，淬火后获得马氏体+少量的残余奥氏体，称为完全淬火。如果将亚共析钢加热到 A_{c1}～A_{c3}，得到奥氏体+铁素体的组织，淬火后，奥氏体转变为马氏体，而铁素体被保留下来，使钢的强度和硬度降低，即俗称"没淬上火"。加热温度也不允许过高，否则会造成奥氏体晶粒粗大。

　　共析钢、过共析钢的淬火温度为 A_{c1} 以上 30～50℃，得到的组织为奥氏体+渗碳体，钢的组织没有完全奥氏体化，称为不完全淬火。淬火后获得马氏体+渗碳体+少量残余奥氏体组织。淬火后，奥氏体转变为马氏体，而渗碳体保留在钢中。由于渗碳体的硬度大于马氏体的硬度，所以不降低淬火钢的硬度。如果将过共析钢加热到 A_{ccm} 以上，则造成奥氏体晶粒粗大，增大淬火应力，容易产生变形和开裂，并浪费能源。

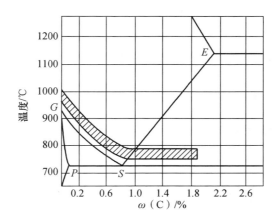

图 2-4-17　钢的淬火加热温度范围

2. 加热与保温时间的确定

淬火加热、保温时间的确定，既要保证工件表面和心部都达到指定的加热温度，获得均匀的奥氏体，又要保证晶粒不致粗大，还要考虑时间、经济及生产率。因此，选择加热、保温时间，对保证淬火质量及提高生产率都有重要意义。一般可以查阅有关热处理手册，并根据具体情况通过试验和经验确定。

3. 淬火冷却介质的选择

淬火冷却时，既要求冷却速度大于临界冷却速度以保证淬火工件获得马氏体组织，又要避免因温差而引起内应力，产生变形和开裂。因此，冷却速度是关系到淬火质量的关键操作。而淬火的冷却速度是由淬火冷却介质来保证的。

（1）理想的淬火冷却介质

由奥氏体等温转变曲线可知，要获得马氏体组织，不需要在整个冷却过程中都快速冷却，关键是在该曲线拐弯的附近，即在 650～400℃范围内快速冷却，以保证过冷奥氏体不分解为珠光体类型的组织。而在其他温度区域并不需要快速冷却，特别是在 M_s 点以下发生马氏体转变时应连续缓慢冷却，以防止变形和开裂。图 2-4-18 为钢在淬火时的理想冷却速度。

（2）常用的淬火冷却介质

水：水在 650～400℃范围内冷却速度小，大约只有 200℃/s，在 400℃以下冷却速度增大，到 300℃时达到最大（为 800℃/s），所以水的冷却特性很不理想。但由于水的冷却能力强，使用安全，价廉易取，并且零件淬火后容易清洗，所以水广泛用于碳钢零件的淬火处理。

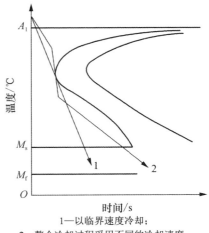

1—以临界速度冷却；
2—整个冷却过程采用不同的冷却速度。

图 2-4-18　钢在淬火时的理想冷却速度

盐水：水中加入 NaCl、Na_2CO_3 等物质，可使其冷却能力大大提高，尤其在 650～550℃范围内的冷却速度明显增加，具有最大的冷却速度，达 2000℃/s。但在 300～200℃时仍具有很高的冷却速度，容易使零件变形或开裂。

油：淬火用的油大多数为矿物油。油的冷却能力较弱，在 600℃时，其冷却能力仅为水的 1/4；在 200℃时，则为水的 1/28。因此，常采用适当提高油温、加强循环、加入添加剂等方法，来提高油的冷却能力。油的冷却特性较好，虽然在高温区冷却速度较低，但在低温区冷却速度合适，故适用于 $V_{临}$ 较小的合金钢。油在长期使用后易于老化，即黏度增大，使冷却能力下降，淬火后零件不易清洗。

另外，为了减少零件淬火时的变形，可采用盐或碱作为淬火冷却介质，它们的冷却能力介于水和油之间，这类介质常用于分级淬火和等温淬火，处理形状复杂、尺寸较小、变形要求严格的工件。

到目前为止，还没有一种理想的淬火冷却介质。在选择淬火介质时，原则是保证淬硬的前提下尽量选用较为缓和的冷却介质，以减少淬火零件的变形和开裂。

二、常用的淬火方法

由于淬火冷却介质不能完全满足淬火质量的要求，所以在热处理工艺方面还应考虑从淬火方法上加以解决。最常用的几种淬火方法如下：

1. 单液淬火

将加热后的零件放入一种冷却介质中连续冷却到室温的方法，称为单液淬火，如图 2-4-19

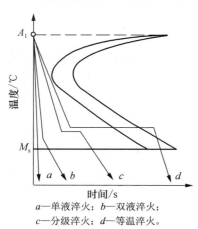

a—单液淬火；b—双液淬火；
c—分级淬火；d—等温淬火。

图 2-4-19　各种淬火方式示意图

所示。淬火介质可采用水、盐水、油及空气。例如，一般碳钢在水中淬火，合金钢在油中淬火等均属于单液淬火法。单液淬火操作简便，易实现机械化与自动化。由于水和油对钢的冷却性能都不理想，所以单液淬火常用于形状简单的零件淬火。

2. 双液淬火

将已经加热的零件先在冷却能力较强的介质中快速冷至 300～200℃，然后再在冷却能力较缓和的介质中缓慢冷却的操作，称为双液淬火。双液淬火是一种较为理想的冷却方式，如图 2-4-19 所示。此法适用于尺寸较大的碳钢零件。例如，大截面的碳钢件通常采用先水冷后油冷，合金钢则采用先油冷后空冷的方法。此种冷却方式的优点是在冷却能力较弱的介质中进行，产生的内应力小，减少了变形和开裂的倾向；缺点是两种冷却介质的转换时刻难以控制，转换过早不能淬硬，过晚则又会产生变形和开裂，所以一般用于尺寸较大的碳钢件淬火。

不同淬火方法示意图

3. 分级淬火

将已加热奥氏体化的零件先在 M_s 点附近的盐浴或碱浴中停留一段时间，以使零件内外温度均匀一致，取出后在空气中冷却的操作，称为分级淬火，如图 2-4-19 所示。由于零件内外温度均匀，且在缓冷条件下进行马氏体转变，使内应力大大降低，有效防止了零件变形和开裂。由于盐浴或碱浴的冷却能力有限（较水小），所以分级淬火适用于尺寸较小的零件，如刀具和量具。

4. 等温淬火

将已加热奥氏体化的零件放入稍高于 M_s 的盐浴或碱浴中，保持足够时间，直至奥氏体完全转变为下贝氏体，取出后在空气中冷却至室温的操作，称为等温淬火，如图 2-4-19 所示。等温淬火由于不产生马氏体转变，故淬火应力和变形极小，且淬火后的钢件具有很高的强度、硬度、塑性、韧性和耐磨性。等温淬火适用于形状复杂和要求高的小零件，如弹簧、小齿轮、丝锥、螺钉旋具等，也可用于由高合金钢制成的较大截面零件的淬火。等温淬火后可不进行回火处理。

5. 冷处理

将已加热的零件先经常规淬火，然后进一步深冷至室温以下的操作，称为冷处理。冷处理的目的是减少残余奥氏体量，以提高硬度和稳定尺寸。

常规淬火后钢的淬火组织中有残余奥氏体，这对高碳钢和中、高合金钢来说尤为严重。残余奥氏体不仅使淬火钢的硬度降低，而且因其不稳定易分解致使零件尺寸变化，影响机器正常工作。因此，对这类钢必须在零度以下淬火，一般在常规淬火后 0.5～1h 进行冷处理。通常深冷到-80～-60℃，或更低。冷处理只能使残余奥氏体量减少但不能消除，且成本高，适于柴油机精密偶件及贵重工模具的处理，可稳定零件的组织、尺寸；提高工件精度、强度、硬度。

三、钢的淬透性和淬硬性

1. 淬透性

淬透性是指钢在一定条件下淬火时获得淬硬层深度的能力。它是钢最重要的热处理工艺性能之一。

零件淬火时，表面的冷却速度最快，越靠近心部冷却速度越慢，如图 2-4-20 所示，所获得的马氏体量由表及里逐渐递减。淬硬层的深度是指从表面至半马氏体层（50%马氏体+50%屈氏体，这里指体积分类）的深度。淬硬层的深度越大，则钢的淬透性越高。根据淬透性的定义，如果工件淬火后其中心获得50%的马氏体，则认为工件淬透了。

（1）影响淬透性的因素

钢的淬透性取决于钢的临界冷却速度。$V_{临}$ 越小，一定条件下，钢淬火时获得的淬硬层深度越大，即淬透性越好；否则，淬透性越差。而 $V_{临}$ 的大小取决于 C 曲线的位置， C 曲线的位置越靠右，$V_{临}$ 也越小，钢的淬透性就越好。因而，凡是能影响 C 曲线位置的因素最终都会影响到淬透性。这种影响途径可以概括为：过冷奥氏体越稳定的钢，孕育期越长，那么 C 曲线的位置越向右移，从而 $V_{临}$ 也越小，所以钢的淬透性就越好。

而 $V_{临}$ 的大小主要取决于钢的化学成分，也就是钢的淬透性主要取决于钢的化学成分。在亚共析钢中，随着含碳量的增加，淬透性有所增加；而在过共析钢中，随着含碳量的增加，淬透性则有所降低。除 Co 外，大多数合金元素溶于奥氏体中均增加奥氏体的稳定性，使过冷奥氏体等温转变曲线右移，临界冷却速度降低，淬透性增大。

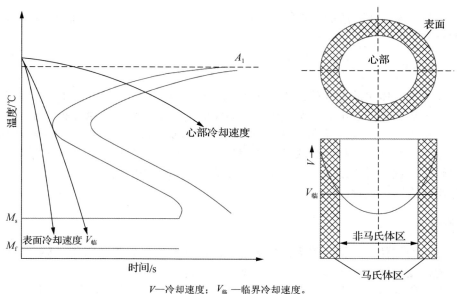

V—冷却速度；$V_临$—临界冷却速度。

图 2-4-20　工件淬硬层与冷却速度的关系

（2）淬透性的意义

淬透性是合理选材及制定热处理工艺的主要依据之一，具有重要的实用意义。

不同淬透性的钢调质后力学性能的比较，如图 2-4-21 所示。淬透性高，则工件能被淬透，经回火后的力学性能在整个截面上均匀一致；钢的淬透性低，则工件未被淬透，经回火后工件表层和心部的组织和性能均存在差异，心部的强度和硬度较低。在生产中可根据零件的使用要求选用不同淬透性的钢：对受力大且复杂的工件，应确保工件截面各处的组织和性能均匀一致，这时需选用淬透性高的钢，如船用柴油机连杆螺栓；若要求工件表面硬度高、耐磨性好，而心部要求韧性好，可选用低淬透性的钢，如齿轮。

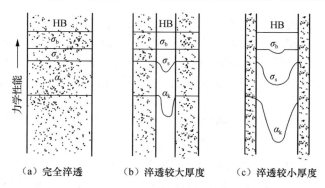

（a）完全淬透　　（b）淬透较大厚度　　（c）淬透较小厚度

图 2-4-21　不同淬透性的钢调质后力学性能的比较

此外，材料的淬透性也关系到淬火冷却介质的选用。淬透性高的钢在淬火冷却时可选用冷却能力较弱的淬火介质，这对减小淬火应力、变形和开裂十分有利，尤其对形状复杂和截面尺寸变化大的工件更为重要；淬透性低的钢，为保证淬硬必须选用冷却能力较强的介质。合金钢比碳素钢的淬透性好，所以合金钢一般用油作为淬火介质，而碳素钢则用水。

2. 淬硬性

钢的淬硬性是指钢在正常淬火条件下形成的马氏体组织所能达到的最高硬度。它取决于钢中的含碳量，含碳量越高，钢的淬硬性就越高。

应注意，钢的淬透性与具体淬火条件下实际工件的淬硬层深度是有区别的。淬透性是一种工艺性能，在相同的奥氏体化条件下，同一种钢的淬透性是相同的，但它的淬硬层深度受工件的形状尺寸和冷却介质的影响。另外，淬透性和淬硬性的概念也是有区别的，淬硬性高的钢，淬透性不一定好，而淬硬性低的钢，它们的淬透性可能很好。

四、淬火的缺陷

钢在淬火过程中，加热、冷却的工艺不合理或操作不当均可导致淬火质量不佳，产生淬火缺陷。

1. 氧化与脱碳

钢在高温加热和保温时，炉内氧化气氛与钢表面的铁或碳发生化学反应引起氧化和脱碳现象。这些气体在高温时与铁作用，生成一层松脆的氧化皮，容易剥落，增加金属的损耗，影响工件的精度，增大表面粗糙度；这些气体与碳作用生成 CO，降低钢表面的含碳量，使工件淬火后的表面硬度不足。

为了防止氧化和脱碳，可在工件表面涂防氧化剂涂料（如机油或石墨），或在具有防护性气氛（煤气、氮气等）的无氧化性加热炉中进行加热。

2. 淬火软点与硬度不足

零件在淬火后出现局部硬度偏低的现象称为软点，主要是由于零件表面不清洁或内部组织不均匀及偏析等造成的。淬火后零件的硬度没有达到淬火要求的硬度时称为硬度不足，俗称没淬上火。主要原因一是加热温度不够或保温时间不足，铁素体量较多或奥氏体含碳量不高；二是冷却能力不够，淬火组织中有索氏体或屈氏体，硬度偏低。这类缺陷可采用正火后重新淬火的方法来消除。

3. 过热与过烧

加热温度过高或保温时间过长，奥氏体晶粒显著粗化的现象称为过热。若加热温度接近开始熔化温度，则沿晶界处产生熔化或氧化的现象称为过烧。预防方法是严格控制加热温度和保温时间。钢过热时，可通过一次或两次正火来消除；但过烧无法补救，只能报废。

4. 变形与开裂

淬火时急冷，可使零件内产生较大的内应力，从而引起零件的变形与开裂。内应力主要包括温差应力和组织应力两类。温差应力是在加热和冷却过程中，零件各部分的温度不同、冷却速度不同，导致热胀冷缩不一致而引起的内应力。组织应力是发生组织转变时，不同的组织比容不同，导致体积发生变化而引起的内应力。淬火时内应力的产生是不可避免的，当淬火应力超过屈服强度时，引起工件变形；当应力超过强度极限时，导致工件开裂。工件变形一般可通过校正消除，但产生裂纹只能报废。

防止和减少淬火变形与开裂的措施如下：

1）正确选用材料，对形状复杂、要求变形小的零件，采用淬透性较好的材料，以便采用冷却速度小的淬火冷却介质。

2）设计时，零件结构应尽量避免尖角、厚薄不匀、形状不对称。

3）加热时，对导热性差的钢应先预热。

4）正确选择淬火方法和淬火冷却介质，避免内应力过大。

5）淬火后及时回火，以降低或消除内应力。

第六节　钢 的 回 火

回火是将淬火钢加热至 A_1 以下某一温度，保温一定时间后空冷到室温的一种热处理工艺。除等温淬火外，所有淬火钢都要进行回火处理。回火决定了钢在使用状态下的组织和性能，是很重要的热处理工艺。

一、回火的目的

1）减少或消除内应力，防止变形和开裂。工件在淬火后存在很大的内应力，如不及时通过回火消除，会引起工件进一步变形甚至开裂。

2）稳定组织，稳定工件尺寸。在通常情况下，钢淬火组织为马氏体和少量残余奥氏体，这些组织很不稳定，将引起工件的形状与尺寸的改变。通过回火使淬火组织转变为稳定组织，从而保证工件在使用过程中，不再发生形状和尺寸的改变。

3）调整硬度，提高韧性，以获得所要求的力学性能。淬火组织硬度高，脆性大，塑性和韧性较低。为了满足各种工件的不同性能的要求，就必须配以适当的回火工艺来改变淬火组织，以调整和改善钢的性能。

二、淬火钢在回火时组织与性能的变化

回火的实质是马氏体中过饱和碳的脱溶过程。碳脱溶的程度取决于回火温度的高低，温度越高碳获得的能量越多，脱溶能力越强。不稳定的马氏体及残余奥氏体有自发向稳定组织转变的倾向，分别可获得回火马氏体 M'、回火屈氏体 T'、回火索氏体 S'。脱溶后的碳常以粒状碳化物的形态存在，与过冷奥氏体直接形成 M、T、S 的碳化物有很大的区别，如图 2-4-22 所示，故材料的性能也存在极大差异。

钢的回火组织与性能如下。

1. 回火马氏体

回火马氏体 M' 是低温回火（150～250℃）组织。它仍保留了原马氏体的形态特征。针状马氏体回火析出了极细的碳化物，容易受到浸蚀，在显微镜下呈黑色针状。低温回火后马氏体针变黑，而残余奥氏体不变，仍呈亮白色，如图 2-4-22（a）所示。

回火马氏体 M' =（含过饱和碳的 F +极细小碳化物 $Fe_{2.4}C$）+ A'

低温回火的目的是降低内应力，减少脆性，保持淬火后的高硬度（58～62HRC）和耐磨性。

低温回火一般用于碳钢和合金钢制作的刀具、量具，柴油机燃油系统中的精密偶件，滚动轴承，渗碳件及表面淬火的零件。

2. 回火屈氏体

回火屈氏体 T′ 是中温回火（350～500℃）组织，硬度为 35～45HRC。

回火屈氏体 T′＝F+极细粒状 Fe_3C 混合物

铁素体基体基本上保持了原马氏体的形态（条状或针状），第二相渗碳体则析出在其中，呈极细颗粒状，用光学显微镜极难分辨，如图 2-4-22（b）所示。中温回火的目的是使钢具有较高的弹性极限、屈服极限及较高的韧性。中温回火主要用于承受冲击振动和交变载荷的各类弹性元件等。

3. 回火索氏体

回火索氏体 S′ 是高温回火（500～650℃）组织，硬度为 25～35HRC。

回火索氏体 S′＝等轴状 F +细粒状 Fe_3C

碳钢回火索氏体中的铁素体已经通过再结晶，呈等轴细晶粒状。经充分回火的索氏体已没有针的形态。在大于 500 倍的光镜下，可以看到渗碳体微粒，如图 2-4-22（c）所示。高温回火的目的是获得强度、塑性和韧性都较好的钢。这种淬火后进行高温回火的热处理称为调质处理。它广泛用于中碳钢制造的重要零件如曲轴、连杆、齿轮及轴等。

回火

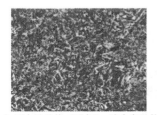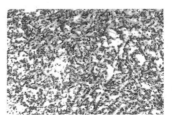

（a）回火马氏体（黑色）+残余奥氏体　　（b）回火屈氏体　　（c）回火索氏体

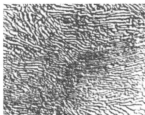

（d）板条状马氏体　　（e）屈氏体　　（f）索氏体

图 2-4-22　回火组织与过冷奥氏体直接冷却所得组织比较

4. 回火珠光体

淬火钢还可在 640～680℃进行高温软化回火，得到的组织为回火珠光体 P′。回火珠光体的性能为强度、硬度低，塑性和韧性高。

回火珠光体 P′=等轴状 F +粒状 Fe₃C

高温软化回火主要用于马氏体钢的软化和高碳合金钢返修，以代替球化退火。

随着回火时淬火钢内部组织的转变，必然引起钢的性能变化。回火时，性能变化的总趋势是随着回火温度的升高，硬度和强度下降，而塑性和韧性提高。图 2-4-23 是 40 钢力学性能与回火温度的关系。

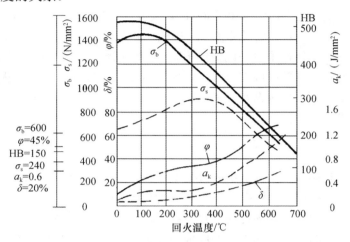

图 2-4-23　40 钢力学性能与回火温度的关系

三、回火脆性

随着回火温度的升高，钢的冲击韧性在 250～350℃和 450～650℃两个回火温度区出现明显的下降，这种随回火温度升高而冲击韧度下降的现象称为钢的回火脆性。它主要有以下两种。

1. 低温回火脆性（不可逆）

这类回火脆性发生在 250～350℃范围内，也称第一类回火脆性。其产生的原因是碳化物转变为薄片状渗碳体，沿马氏体晶界析出，破坏了马氏体之间的连续性，使韧性下降。大多数钢都产生低温回火脆性。不在该回火温度区间回火（弹簧钢除外）或使用含硅的钢将脆化温度推向高温，可防止低温回火脆性产生。

2. 高温回火脆性（可逆）

这类回火脆性发生在 450～650℃范围内，也称第二类回火脆性，是由杂质和合金元素在晶界处偏聚而造成的，主要在含铬、锰、硅、镍等的钢中产生。生产中可通过回火后快速冷却（水冷或油冷）或选用钼、钨等元素的钢等措施予以消除。

第七节　钢的表面热处理

对于承受弯曲、扭转、冲击和表面承受摩擦的零件如柴油机的曲轴、活塞销、凸轮及齿轮等，要求零件外强内韧，即表面具有高的强度、硬度、耐磨性和疲劳强度，而心部在保持一定的强度、硬度的同时具有足够的韧性。为满足这些零件的使用性能要求，需采用表面热处理。表面热处理包括表面淬火和化学热处理。

一、表面淬火

1. 概述

表面淬火是通过快速加热使工件表面温度迅速超过临界温度，在中心还没有达到临界温度以前，使表面奥氏体化后迅速冷却的一种操作。这种工艺只改变工件表面的组织，从而使表面获得高硬度、高耐磨性，而心部仍保持原来的组织。

（1）适用材料

表面淬火适用于中碳钢（40钢、45钢）、中碳合金钢和铸铁等材料。含碳量过高将使表面淬硬层增加，心部的韧性、塑性降低且增加淬火开裂的倾向；含碳量过低则会使表面硬度和耐磨性不足。

（2）预先热处理

表面淬火前为获得表面和心部所要求的组织应进行预先热处理。一般采用正火或调质，调质处理后的力学性能比正火好。如要求不高可采用正火处理。

（3）表面淬火后的组织

零件表面淬火后低温回火，则表面层为回火马氏体组织，心部为预先热处理的组织，即回火索氏体或索氏体。

2. 表面淬火的方法

常用的表面淬火方法有火焰加热表面淬火和感应加热表面淬火法。

（1）火焰加热表面淬火法

火焰加热表面淬火指利用氧-乙炔火焰将钢件表层迅速加热到淬火温度（火焰温度可达3100～3200℃），当热量还未来得及传向中心时，立即喷水冷却，实现淬火目的。其淬硬层为2～8mm，如图2-4-24所示。

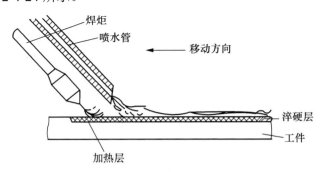

图2-4-24 火焰加热表面淬火示意图

火焰加热设备简单，使用方便，但温度不易掌握，质量不易控制，生产效率低。火焰加热适用于大件、单件或小批量生产，或用于局部淬火的零件或工具，如大型曲轴、大模数齿轮及锤子等。

（2）感应加热表面淬火法

感应加热表面淬火法加热速度快，晶粒度小，硬度大，脆性小；疲劳强度大；不易氧化、脱碳，变形小；是目前应用最广泛的一种表面淬火方法。它是根据电磁感应原理将零件置于有高频（或中频、工频）交流电的感应线圈内，如图 2-4-25 所示。处于交变磁场里的零件表面产生巨大的感应电流（涡流），由于交流电的集肤效应，零件心部几乎不产生电流。零件表面迅速被加热，随后喷水急速冷却，使工件表层得到细针状均匀的马氏体组织。

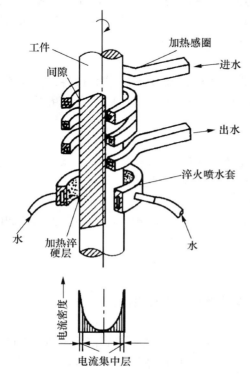

图 2-4-25　感应加热表面淬火示意图　　　　　感应淬火原理示意动画

根据所用电流频率不同，感应加热分为高频加热（淬硬层深度小于 2mm）、中频加热（淬硬层深度为 2～8mm）、工频加热（淬硬层深度为 10～15mm）。

感应加热表面淬火法的主要特点是加热速度快，生产效率高，淬火质量好，淬硬层深度易控制，易于实现机械化和自动化操作；但设备较复杂、昂贵，维修困难，适用于形状简单且大批量生产的工件。

二、表面化学热处理

表面化学热处理是将工件置于一定的化学介质中加热、保温和冷却，使介质中某些活性原子渗入工件表面层的一种热处理工艺。目的是改变其化学成分和组织，获得所要求的性能。表面化学热处理是通过分解、吸收和扩散三个基本过程进行的，即介质在一定温度下发生化学分解，产生渗入元素的活性原子；活性原子被工件表面吸收；渗入的活性原子由表面向中心扩散，形成一定厚度的扩散层。表面化学热处理种类很多，有渗碳、渗氮、渗金属或非金属等。我们只介绍渗碳、渗氮及碳氮共渗处理。

1. 渗碳

渗碳是将零件置于高碳介质中加热到 A_{c3} 以上，保温足够的时间，使产生的活性碳原子渗入零件表面的热处理工艺。渗碳的目的是提高工件表层的硬度、耐磨性和疲劳强度，而心部仍保持良好的韧性。

渗碳工艺适用于含碳量为 0.1%～0.25%的低碳钢和低碳低合金钢，渗碳可使表面层含碳量达 0.9%～1.05%，一般渗碳层的厚度可达 0.5～2.5m。零件渗碳后应立即淬火和低温回火处理，这样才能保证表面达到所要求的性能。柴油机的十字头销、活塞销、凸轮和齿轮等常采用渗碳工艺。

目前应用较为广泛的渗碳是气体渗碳。气体表面渗碳如图 2-4-26 所示。气体渗碳是指将零件装入密封的井式加热炉中，通入渗碳剂，如煤气、天然气等，或直接滴入煤油或甲醇+丙酮复合渗碳剂，加热到 900～950℃后保温，使零件表面增碳。气体渗碳生产效率高，劳动条件好，渗碳过程容易控制，渗碳层质量好，易于直接淬火，并且容易实现机械化与自动化。

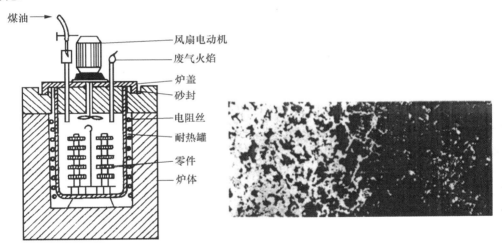

图 2-4-26　气体表面渗碳示意图

2. 渗氮（氮化）

渗氮是在一定温度下，使活性氮原子渗入工件表面的化学热处理工艺。目的是提高零件表面的硬度、耐磨性、耐蚀性和疲劳强度。渗氮工艺适用于含 Al、Cr、Mo 的合金钢零件，如 38CrMoAlA。柴油机曲轴、气缸套、排气阀及各种高速传动的精密齿轮、精密机床的主轴等常采用渗氮工艺。

渗氮工艺与渗碳工艺相比可使钢具有更高的力学性能。经渗氮处理后的钢的主要特点包括：具有很高的热硬性和耐磨性，并且在 600～650℃下保持不变；体积增大，造成表面压应力，使疲劳强度提高；氮化温度低，零件变形小；表面形成致密的化学稳定性较高的组织，具有较好的耐腐蚀性。但渗氮工艺复杂，生产周期长，成本高，渗氮层薄而脆，不宜承受集中的重载荷及冲击载荷。

渗氮工艺主要有气体渗氮、离子渗氮。

目前工业中应用最广泛的渗氮方法是气体渗氮。它是将零件置于通入氨气的氮化炉中，氨被加热时分解出的活性氮原子渗入零件表面，与钢中的合金元素 Al、Cr、Mo 形成 0.3～0.5mm 的氮化层，并向心部扩散。气体渗氮一般需要 20～50h。渗氮前零件需进行调质处理，以保证渗氮工件心部具有良好的综合性能，渗氮后无须淬火。

离子渗氮又称辉光离子渗氮，是近年来发展起来的较先进的渗氮工艺。离子氮化是使渗氮气氛中因辉光放电而形成的氮离子渗入零件表面的一种化学热处理工艺。原理是将需要渗氮的工件作阴极，以氮化炉壁接阳极，在真空室内通入氨气，并在阴阳极之间通以高压直流电。在高压电场作用下，氨气被电离，形成辉光放电。被电离的氮离子以很大的速度轰击零件表面，使工件表面温度升高（450～650℃），并使氮离子在阴极上夺取电子后还原成氮原子渗入工件表面并向内部扩散，形成渗氮层。离子渗氮具有速度快、时间短、质量高，工件变形小，氮化层均匀，脆性小，耐磨性和疲劳强度较高等特点，但设备比较复杂，操作技术要求高。

3. 碳氮共渗

碳氮共渗是在一定温度下，将碳、氮原子同时渗入工件表面的化学热处理工艺。它兼有渗碳和渗氮的优点，通常分为气体碳氮共渗和液体碳氮共渗（氰化）两类。气体碳氮共渗又分为低温气体碳氮共渗（软氮化）和中温气体碳氮共渗，目前工业上应用较多的是软氮化。

软氮化是将零件置于含有活性碳、氮原子的介质中进行低温（570℃）碳氮共渗，并以渗氮为主。共渗介质为尿素、甲酰胺和三乙醇胺等。渗层硬度一般为 400～700HV。软氮化的优点是能有效地提高零件的耐磨性、耐蚀性与疲劳强度，且速度快、时间短、生产率高、成本低，渗层脆性小，变形小且不易剥落。软氮化工艺适用于碳钢、合金钢和铸铁等材料。模具、量具、高速钢刀具、曲轴、齿轮、气缸套等耐磨工件的处理常采用碳氮共渗工艺。

第五章　金属的塑性变形和再结晶

金属材料的性能之一是具有塑性。利用金属的塑性变形可以改变金属的形状和尺寸，同时还可改变金属内部组织和金属的性能。但是金属零件或构件在使用中原则上是不允许产生塑性变形的，工程中采用加热的方法来消除塑性变形造成的不良影响。

第一节　单晶体金属的塑性变形

大多数钢和有色金属及其合金都有一定的塑性，因此它们均可在热态或冷态下进行锻压成形。金属在外力作用下首先要产生弹性变形，当外力增大到内应力超过材料的屈服极限时，就会产生塑性变形，即使去掉外力后，材料也不能恢复到原来的形状。

金属塑性变形是金属晶体每个晶粒内部的变形和晶粒间的相对移动及晶粒的转动的综合结果。

对单晶体试样拉伸时，外力 P 在一定晶面上分解为切应力 τ 和正应力 σ，如图 2-5-1 所示。正应力 σ 引起晶格的弹性变形，即晶格被拉长；除去 σ，晶格恢复。若 σ 超过晶格原子结合力时，则晶体被拉断。所以正应力 σ 不能引起单晶体塑性变形。

单晶体在切应力 τ 作用下，当 τ 较小时使晶格歪扭产生弹性变形，τ 增大到一定值则使晶体产生塑性变形，如图 2-5-2 所示。

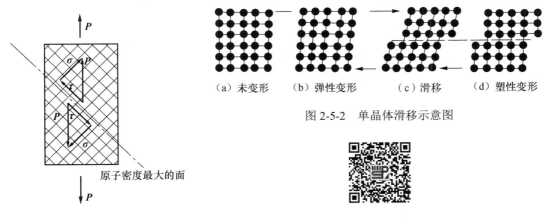

（a）未变形　（b）弹性变形　（c）滑移　（d）塑性变形

图 2-5-2　单晶体滑移示意图

原子密度最大的面

图 2-5-1　单晶体拉伸示意图

单晶体滑移变形

金属单晶体的塑性变形方式主要有滑移和孪晶两种。

一、滑移

滑移是在切应力的作用下，晶体的一部分相对于另一部分沿着一定的晶面和晶向发生滑动的现象，如图 2-5-3 所示。

1. 滑移的特点

1）滑移是在切应力作用下产生的，产生滑移的最小切应力称为临界切应力。

2）滑移常沿晶体中原子密度最大的晶面和晶向发生，这是因为原子密度最大的晶面和晶向之间间距最大，结合力最弱，产生滑移所需切应力最小。产生滑移的晶面和晶向分别称为滑移面和滑移方向。显然，滑移面和滑移方向通常是晶体中的密排面和密排方向。

单晶体金属滑移变形后，在光学显微镜下可观察到一些平行的线条，称为滑移带。它是由许多密集的和很细的滑移线组成的，如图 2-5-4 所示。

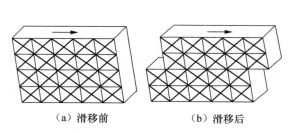

（a）滑移前　　　（b）滑移后

图 2-5-3　单晶体滑移示意图

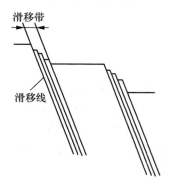

图 2-5-4　滑移带与滑移线

3）一个滑移面与其上的一个滑移方向构成一个滑移系。

一个滑移系表示晶体滑移时的一个空间取向，滑移系越多，滑移的空间取向越多，塑性就越好。具有密排六方晶格的金属如镁、锌、钛等的滑移系数目少，塑性最差。体心立方晶格与面心立方晶格的金属滑移系数目相同，都是 12。由于滑移方向比滑移面对塑性的影响大，体心立方晶格滑移面虽多，但滑移方向数目少，所以面心立方晶格的铝、铜、镍的塑性优于体心立方晶格的铁。三种典型晶格的滑移系见表 2-5-1。

表 2-5-1　三种典型晶格的滑移系

晶格类型	体心立方晶格	面心立方晶格	密排六方晶格
图示			
滑移面数目	6	4	1
滑移方向数目	2	3	3
滑移系数目	6×2=12	4×3=12	1×3=3

4）单晶体金属滑移变形之后，滑移面的上下两部分晶体的位向均未变，原子间的结合也未破坏。滑移面的上下两部分晶体的相对位移量是原子间距的整倍数。

5）由正应力 σ 所构成的力偶使晶体在滑移的同时还发生转动。

2. 滑移的机理

单晶体的滑移是通过晶体内的位错运动来实现的，而不是沿滑移面所有的原子同时做刚性移动的结果，所以滑移所需要的切应力比理论值低很多。例如，铜滑移时理论的临界切应力为 640MPa，实测值为 0.1MPa。位错运动引起滑移的示意图如图 2-5-5 所示。

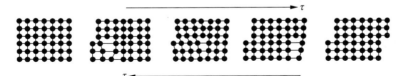

图 2-5-5　位错运动引起滑移的示意图

二、孪晶

孪晶是指单晶体在切应力的作用下，晶体的一部分沿着一定的晶面和晶向相对于另一部分发生了一定角度的转动的现象，如图 2-5-6 所示。

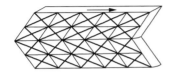

图 2-5-6　单晶体孪晶变形示意图

单晶体孪晶变形

晶体发生孪晶的部分称为孪晶带，发生孪晶时所沿的晶面称为孪晶面。单晶体发生孪晶后，以孪晶面为对称面，两侧晶体呈镜面对称。

滑移系较多的金属，容易产生滑移变形，而一些具有密排六方晶格的金属滑移系较少，多以孪晶方式变形。通常情况下，由于单晶体金属的临界孪晶切应力比其临界滑移切应力大得多，因此单晶体塑性变形时，滑移比孪晶容易。

第二节　多晶体金属的塑性变形

实际使用的金属材料大多数是多晶体。但就其中每一个晶粒范围内的变形来说，基本上与单晶体的变形情况相似，即金属多晶体的塑性变形方式也为滑移和孪晶。但由于在多晶体中受晶界、晶粒位向、晶粒大小的影响，其塑性变形要比单晶体的情况复杂得多。

一、多晶体金属的塑性变形

1. 晶界的影响

从双晶粒试样拉伸试验后的变形发现，晶粒的中部发生明显的变形，而晶界处变形很小，如图 2-5-7 所示。表明晶界对塑性变形有较大的抵抗能力。

（a）变形前　　　　　　　　　　　　（b）变形后

图 2-5-7　双晶粒试样在拉伸时的变形

晶界上原子排列不规则，富集杂质，具有较高的自由能，因而具有较高的抗变形能力。所以位错运动到晶界附近受阻而堆积，滑移线也大多终止于晶界处，极少穿过晶界。

2. 晶粒位向的影响

多晶体中，各晶粒空间位向不同，在外力作用下不可能所有晶粒同时产生滑移，仅那些有利方位的晶粒先开始滑移。而这些晶粒在滑移变形时又受到周围不同方位晶粒的约束与阻碍，所以抗变形能力增大。

3. 晶粒大小的影响

金属的晶粒越细小，其强度和硬度也越高。因为在相同的体积内，晶粒越细小，晶界的总面积就越大，同时每个晶粒周围的不同方位的晶粒数也越多，对塑性变形的抗力就越高。

金属的晶粒越细小，其塑性和韧性也越好。因为晶粒越细小，在相同体积内的晶粒数就越多，在外力作用下参与塑性变形的晶粒数也越多，即塑性变形分布于更多的晶粒内，所以变形均匀，不会造成局部应力集中而引起裂纹，仅使金属产生塑性变形而不破坏。在金属的强度和塑性同时增大的情况下，冲击韧性也会随之增大，因为要使金属断裂必然要消耗更大的能量。

通过使金属晶粒细化的方法可以提高金属的强度、硬度、塑性和韧性等。因此，晶粒细化是强化金属的重要手段。

二、多晶体塑性变形的过程

多晶体受外力后，首先是晶粒方位与外力最相适应的晶粒发生滑移，然后一批批依次发生滑移，从而完成多晶体的塑性变形。

与外力成45°角的切应力最大，凡滑移面和滑移方向与最大切应力一致的晶粒就是方位与外力最相适应的晶粒，也就是首先发生滑移的晶粒。有利于发生滑移的晶粒位向称软位向；反之称为硬位向。

首批发生滑移的晶粒由于受到晶界和周围不同方位晶粒的阻碍，产生大量位错堆集，引起应力集中，达一定程度时促使邻近晶粒滑移面上的位错移动，以致原来不适宜滑移的晶粒发生滑移。

第三节　塑性变形对金属组织和性能的影响

一、塑性变形对金属组织的影响

金属在冷塑性变形时，其内部晶粒将发生下列变化。

1. 晶粒变形

经过塑性变形，金属的外形发生了变化，其内部的晶粒形状也发生了相应的变化，且其内部晶粒形状的变化，大致与金属外形的变化成比例。例如，拉拔时晶粒随工件的变形而变长变细；在轧制时，晶粒逐渐变为扁平状，甚至变为薄片状。当变形程度很大时，晶粒可拉长成为线条状或纤维状，晶界变得模糊不清，如图2-5-8（a）所示。

2. 晶粒破碎

塑性变形不仅使晶粒形状发生变化，还使晶粒内部产生大量晶体缺陷，如空位、间隙原子，特别是位错。本来在未变形的晶粒内就存在大量位错，塑性变形后，由于位错密度激增，分布又极无规则，便产生位错与位错、位错与其他晶体缺陷之间复杂的交互作用，以致造成晶粒"破碎"，即由一个晶粒变成数个更小的亚晶粒，如图 2-5-8（b）所示。

3. 晶粒方位趋于一致

当金属的变形程度相当大时（70%以上），金属晶粒在变形过程中还会发生转动，这种转动是按一定趋向进行的，原来位向各不相同的各个晶粒逐渐在空间上趋向一致，即形成择优取向。这种由于变形而使晶面具有择优取向的组织称为形变织构。冷拉后形成的组织称为丝织构，冷轧后形成的组织称为板织构，如图 2-5-8（c）所示。

多晶体塑变

 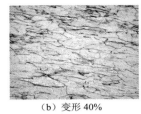 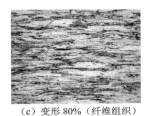

（a）变形 10%　　　　　（b）变形 40%　　　　　（c）变形 80%（纤维组织）

图 2-5-8　多晶体晶粒变形前后示意图

形变织构使金属产生明显的各向异性，不利于金属的使用，仅在个别场合如制造硅钢片上采用。

二、塑性变形对金属性能的影响

1. 加工硬化

金属在塑性变形后，强度和硬度提高而塑性和韧性下降的现象称为加工硬化（或冷变形强化）。低碳钢的强度、硬度和塑性、韧性随变形程度增加而变化的情况如图 2-5-9 所示。

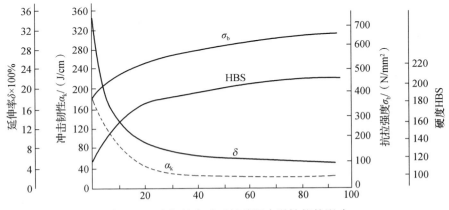

图 2-5-9　冷塑性变形对低碳钢力学性能的影响

加工硬化指塑性变形使金属晶格歪扭、晶粒破碎、位错密度增加，使滑移困难和位错受阻，使金属的抗变形能力增加，从而使金属的强度、硬度提高，塑性、韧性下降。

加工硬化在生产中具有重要的意义，它是提高金属材料强度、硬度和耐磨性的重要手段之一，如冷拉高强度钢丝、冷卷弹簧、坦克履带、铁路道岔等。但加工硬化后由于塑性和韧性进一步降低，给进一步变形带来困难，甚至导致开裂和断裂。

2. 各向异性

多晶体金属是各向同性的，但经塑性变形后晶粒呈纤维状，故金属性能也产生了方向性，沿纤维方向的强度和塑性大于垂直纤维方向的性能。

3. 理化性能的变化

塑性变形对金属的物理、化学性能也产生很大影响。例如，塑性变形可使电阻增加，耐腐蚀性能降低等。

4. 残余内应力

金属塑性变形时，金属表面与心部变形不一致、晶粒内部和各晶粒之间变形不一致、零件各部分变形不一致，均会引起内应力。但更主要的是塑性变形引起的大量晶体缺陷产生的晶格畸变内应力（占 90%以上），这些内应力是在外力除去后残留在金属内部的应力，称为残余内应力。金属在各种冷、热加工后都会产生残余内应力。残余内应力使金属的强度、耐蚀性降低，引起零件的变形和裂纹。一般说来，残余内应力是有害的，生产中常采用退火处理予以降低或消除。

第四节　变形金属在加热过程中的变化

金属经冷塑性变形后，其组织处于热力学不稳定状态，具有自动恢复到稳定状态的倾向，但室温下原子的动能小，不能恢复。若将其加热到一定温度，使原子获得能量就将发生组织和性能的变化而达到稳定状态。塑性变形金属在加热后其组织和性能的变化如图 2-5-10 所示。冷变形金属在加热过程中随着加热温度的升高，经历三个变化阶段，即回复、再结晶和晶粒长大。

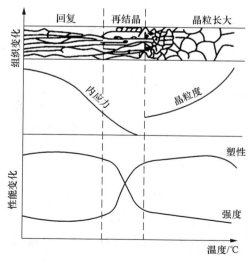

图 2-5-10　塑性变形金属在加热后其组织和性能的变化

回复与再结晶

一、回复

当加热温度较低时，由于原子扩散能力较小，塑性变形金属的内部组织无明显变化，力学性能也变化不大，而由塑性变形引起的残余内应力显著降低，其他物理和化学性能也部分地恢复到变形前的情况，这一阶段称为回复。

在回复阶段，由于加热温度较低，晶格中原子仅能做短距离扩散，使空位和间隙原子合并，空位与位错发生交互作用而消失，使晶体缺陷减少或消失，晶格畸变减弱，残余内应力显著下降。但因亚结构的尺寸未明显改变，位错密度未明显减少，因而力学性能在回复阶段变化不大。

二、再结晶

当塑性变形金属加热到比回复阶段更高的温度时，由于原子扩散能力增加，破碎的、拉长的或压扁的晶粒转变为均匀细小的等轴晶粒，同时加工硬化消失，这一变化称为再结晶。

再结晶也是由成核与长大两个基本过程组成的。晶核主要是在变形后晶格畸变严重、位错缺陷密集的地方先出现，因为那里的能量最高、最不稳定，因而也最易形成晶核。变形程度越大，形成的晶核便越多。晶核形成之后，随着时间的推移，逐渐向四周破碎的、变形的晶粒中长大；同时又不断形成新晶核，新晶核也在不断长大，直到新的内部无畸变的等轴晶粒全部代替破碎、变形的晶粒后，再结晶过程便告结束。

通过再结晶，金属的内部组织发生了彻底的改变，故其强度和硬度显著降低，而塑性和韧性重新升高，加工硬化现象得以消除，所以再结晶退火主要用于金属变形后或变形的过程中，使其硬度降低，塑性升高，便于进一步加工。但是，需要注意的是再结晶只是改变了晶粒的形状和尺寸，而新旧晶粒的晶格类型是完全相同的，即转变前后有组织变化而无相结构的变化。

再结晶并不是一个恒温过程，而是在一定温度范围内进行的。金属开始发生再结晶的最低温度称为再结晶温度，一般为该金属熔点的40%，即

$$T_{再} \approx 0.4 T_{熔}$$

式中，$T_{再}$为以热力学温度表示的金属再结晶温度，K；$T_{熔}$为以热力学温度表示的金属熔点温度，K。

此外，金属的塑性变形程度越大，金属晶粒破碎的程度越厉害，晶体的缺陷就越多，组织也就越不稳定，因此再结晶温度也就越低。

三、晶粒长大

冷塑性变形金属经再结晶后，获得细小均匀的等轴晶粒。但若继续升高温度或过分延长保温时间，则新形成的晶粒便会继续长大，成为粗晶组织，导致材料力学性能下降。

晶粒长大，实质上是晶界移位的过程，即一个晶粒的边界向另一个晶粒迁移，把另一个晶粒的晶格位向改变成与其晶格位向相同。于是形成晶粒"吞并"，即由于大小晶粒的能量不同，形成大晶粒吞并小晶粒而长大的现象。在晶粒长大过程中，一些晶粒逐渐减小最后消失，另一些晶粒则逐渐长大。因此应严格控制加热温度和保温时间。

此外，不可忽视塑性变形程度对再结晶后的晶粒度的影响。例如，当变形程度较小，为2%～30%时，易获粗晶粒；当变形程度较大，为30%～60%时，易获细小均匀的晶粒。

第五节　金属的冷变形和热变形

一、冷变形与热变形

生产中根据金属在变形时的温度不同，变形可分成冷变形和热变形。

金属在再结晶温度以下进行的塑性变形或加工称为冷变形或冷加工。如钢在常温下进行的冷冲压、冷轧、冷挤压等，在变形过程中，有加工硬化现象而无再结晶组织。冷变形工件没有氧化皮，可获得较高的公差等级，表面粗糙度较小，强度和硬度较高。由于冷变形金属存在残余内应力且塑性差，因此常常需要中间退火，才能继续变形。

热变形是在再结晶温度以上进行的，变形后只有再结晶组织而无加工硬化现象。如热锻、热轧、热挤压等。金属经塑性变形后再结晶，可使原来存在的不均匀、晶粒粗大的组织得以改善，或将铸锭组织中的气孔、缩松等压合，得到更致密的再结晶组织，从而提高金属的力学性能。

金属在再结晶温度以下的变形，虽然金属也处于加热状态，但并非热变形或热加工。例如，纯铁在400℃时的加工仍为冷加工，因为纯铁的最低再结晶温度是450℃。同样，金属在再结晶温度以上的变形，虽然没有加热金属或在室温下，也并非冷变形或冷加工。例如铅、锡等低熔点的金属在室温下的加工为热加工，因为铅、锡的最低再结晶温度分别为−63℃、−96℃。

二、热变形的特点

热变形与冷变形相比，其优点是塑性良好，变形抗力低，容易加工变形；但高温下金属容易产生氧化皮，所以制件的尺寸精度低，表面粗糙。

锻造曲轴的合理流线分布，如图2-5-11（a）所示，可保证曲轴工作时所受的最大拉应力与流线一致，而外加剪切应力或冲击力与流线垂直，使曲轴不易断裂。切削加工制成的曲轴，如图2-5-11（b）所示，其流线分布不合理，易沿轴肩发生断裂。

（a）锻造曲轴流线示意图　　　　　　（b）切削加工曲轴流线示意图

图2-5-11　曲轴加工流线示意图

金属热变形时，因变形会产生加工硬化，又因温度作用使金属的强度、硬度降低，加工硬化被消除，使变形抗力降低，以致塑性差的金属也不会开裂。所以金属始终保持塑性，使变形易于进行。热变形具有以下特点：

1）变形量较大，适用于大尺寸坯料的热加工。

2）热变形后金属表面易被氧化，故表面不光洁和尺寸较小。

第六章 工业用钢

钢是含碳量介于 0.0218% 和 2.11% 之间的所有铁碳合金的统称,包括碳素钢和合金钢两大类。钢因为其在性能和价格上与其他材料相比具有明显的优势,所以在工业生产中得到广泛应用,成为人类使用的重要的材料之一。

第一节 钢铁生产简介

钢铁的基本生产过程,如图 2-6-1 所示,首先获得铁矿石和焦炭等原料,然后把它们在炼铁高炉内炼制成生铁;下一步再以生铁为原料,用不同的炼钢炉冶炼成钢;钢要铸成钢锭或连铸坯形状,再送到轧钢机进行轧制加工,或者经过锻造,最终成为可用的各种形状的钢材。

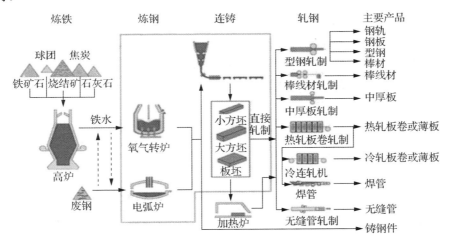

图 2-6-1 钢铁生产工艺流程

一、铁矿石的开采和加工

铁元素以化合物的状态存在于自然界中,尤其是以氧化铁状态存在的特别多。从理论上来说,凡是含有铁元素或铁化合物的矿石都可以称为铁矿石。但是从工业上或者商业上来说,铁矿石不但要含有铁的成分,而且必须有比较高的铁含量,这样才有利用的价值。

有较好冶炼性能和利用价值的主要是赤铁矿和磁铁矿两种。

呈暗红色或棕色的是赤铁矿,它的主要成分为三氧化二铁(Fe_2O_3),相对密度大约为 5.26,多数含铁量在 70% 以下,是最主要的铁矿石种类。

呈黑灰色或夹杂金属光泽的是磁铁矿,它的主要成分为四氧化三铁(Fe_3O_4),相对密度大约为 5.15,理论最高含铁量可达 72.4%,具有磁性,也是主要的铁矿石种类。

原矿石中的杂质成分太高，是不能直接用于炼铁的。为了提高矿石原料中的含铁量，要利用机械设备去除部分杂质，进一步富集含铁的成分，即要进行破碎和选矿。铁精矿呈粉状，一般称为铁矿粉，含铁量高的可以达到62%～66%。

这样的矿粉还不能直接装进高炉中冶炼，就像人们只在取暖炉中烧型煤一样，必须人为地把它们"捏"成块状，增加透气和还原性。国际上通行的办法是二次加工制造"烧结矿"和"球团矿"，这两种人造块矿同时提高了抗压强度，有利于高炉冶炼。

二、采煤炼焦炭

现在世界上95%以上的钢铁生产仍在使用300年前英国人达比发明的焦炭炼铁方法。其中，焦炭主要用作燃料，同时焦炭也是还原剂，没有它就不能从氧化铁中置换出铁。

焦炭不是矿物，需要用特定的几种煤混合"炼制"出来，一般的配比是肥煤25%～30%，焦煤30%～35%，然后装入炼焦炉中炭化12～24h后，形成坚硬多孔的焦炭。

焦炭外观与煤还是有几分相像的，但是它的热值很高，比煤纯净，几乎就是纯碳，而且质量要比煤小一半以上，这是因为其绝大部分杂质都被清除了。

三、高炉炼铁

高炉炼铁是将铁矿石与燃料、配料石灰石等，在高炉中熔化，使它在高温状态下发生还原反应，从氧化铁中还原出基本是以铁元素为主的、含部分碳的"生铁"，也就是铁水。

铁水注入铁水包内，运输去炼钢厂，或送到铸铁机。如果铁水不直接送去炼钢，还可以铸造成生铁块，储存或到市场上销售。高炉炼铁的主要产品如下：

（1）炼钢生铁

炼钢生铁含硅量较低，碳主要以Fe_3C形式存在，断口呈白色，又称白口铸铁；硬度高而脆性大，主要用作炼钢原料。

（2）铸造生铁

铸造生铁通过石墨化、孕育处理等方法使碳以石墨形式存在。它的硅含量较高，断口呈灰色，又称灰口铸铁，可用作铸造各类机器零件的毛坯。

（3）铁合金

炼铁时还可以冶炼部分铁合金，如含硅、锰量较高的硅铁和锰铁等。常用硅铁和锰铁作为炼钢时的脱氧剂或合金元素添加剂。

四、炼铁成钢

铁与钢性质上的根本区别就是含碳量，含碳量低于2.11%的为钢。炼钢的基本任务是脱碳、脱磷、脱硫、脱氧，去除有害气体和非金属夹杂物，提高温度和调整成分。可归纳为"四脱"（碳、氧、磷和硫），"二去"（去气和去夹杂），"二调整"（成分和温度）。

常用的炼钢设备是氧气顶吹转炉或电炉。

1. 转炉炼钢

转炉炼钢是把氧气鼓入熔融的生铁中，使杂质硅、锰等氧化，在氧化的过程中放出大量的热量（含1%的硅可使生铁的温度升高200℃），可使炉内达到足够高的温度。因此，转炉炼钢不需要另外使用燃料。转炉炼钢的原料包括 85%左右的铁水、10%～15%的废钢，再吹进氧气助燃，不用加任何燃料，依靠炽热铁水自身的物理热能很短时间内就可以产出比铁的物理、化学性能与力学性能更好的钢，如图 2-6-2（a）所示。

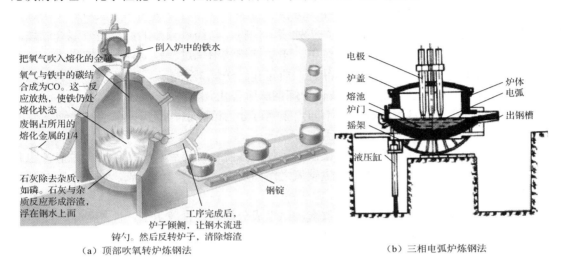

（a）顶部吹氧转炉炼钢法　　　　　　　　　　　（b）三相电弧炉炼钢法

图 2-6-2　钢的冶炼方法

转炉炼钢冶炼时间短（几十分钟一炉），生产率高，节省能源，且产出钢的品种多，质量好，成本低，适合于大型钢铁联合企业，主要生产各类普通用途的非合金钢（碳钢）。

转炉炼钢分类如下：

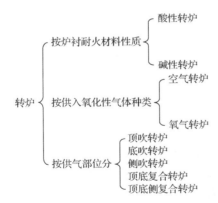

2. 电炉炼钢

如图 2-6-2（b）所示，电弧炼钢炉的炉体由炉盖、炉门、出钢槽和炉体组成，炉底和炉壁用碱性耐火材料或酸性耐火材料砌筑。电炉炼钢是指将三根石墨电极从炉顶插入炉内，通电后，电极与炉料间产生电弧发热，使炉料熔化，进行炼钢。它以转炉钢和废钢（主要）作原料，以铁矿石和纯氧作氧化剂，电弧炉冶炼温度高（可达 2000℃），气体放电形成电弧时能量很集中，弧区温度在 3000℃以上。电弧炉炼钢能有效地除去硫、磷等杂质，炉温容易控制，冶炼含有高熔点合金元素的合金钢；由于采用的炉料较纯净，冶炼过程容易调节，化学成分易控制，能够冶炼高级优质钢和合金钢，还可以熔炼含有大量难熔合金元素的特殊钢，以及低碳不锈钢，但冶炼成本高。

3. 平炉炼钢法

平炉炼钢法主要以液态或固态生铁、废铁、废钢、铁矿石及熔剂等为原料。平炉炼钢时，燃料（煤气、天然气和重油）由炉头处喷入炉膛，与经过预热的高温空气混合燃烧，将炉料熔化并产生高温，进行氧化精炼钢。平炉炼钢法冶炼过程较易控制，容量大，原料适应性强，可用于大批量生产，钢的品种、质量和转炉炼钢法相近，但炼钢时间长（几小时一炉），生产率低，近些年已逐渐被转炉炼钢法所替代。

根据炼钢过程中钢液脱氧程度的不同，碳钢可分为镇静钢、沸腾钢和半镇静钢三类。

（1）镇静钢

钢液在浇注前不仅使用弱脱氧剂锰铁，还使用强脱氧剂硅铁和铝进行充分脱氧，因此钢液的含氧量很低，凝固过程中不发生碳氧之间的反应，没有沸腾现象，液面平静，故称为镇静钢，编号为"Z"。

镇静钢虽然成本较高，但其组织致密，化学成分均匀，含硫量少，性能稳定，质量较好。工业中使用的优质和高级优质碳钢和合金钢大部分是镇静钢。

（2）沸腾钢

钢液在浇注前只用一定量的弱脱氧剂（如锰铁）进行脱氧，脱氧不完全，钢液中含氧量较高，且以 FeO 形式残留在钢液中，FeO 继续与碳反应生成 CO 气体。这种钢液在铸锭时，有大量的 CO 气体逸出，使钢液产生沸腾现象，故称为沸腾钢，编号为"F"。

沸腾钢组织不够致密，成分不太均匀，硫、磷杂质偏析比较严重，所以质量较差。但因其成材率较高，成本较低，故广泛用于一般工程。

（3）半镇静钢

钢液在浇注前采用锰铁和铝进行脱氧，钢液最终脱氧程度介于镇静钢和沸腾钢之间，在结晶过程中仍有少量的 CO 放出，故称为半镇静钢，编号为"b"。其性能介于沸腾钢和镇静钢之间。

五、铸造钢坯

转炉生产出来的钢水经过精炼炉精炼以后，需要将钢水铸造成不同类型、不同规格的钢坯。连铸工艺就是将精炼后的钢水连续铸造成钢坯的生产工序，主要设备包括回转塔、中间罐、结晶器、引锭杆、火焰切割机等，如图 2-6-3 所示。

上游处理完成的钢液，以钢水包运送到回转塔，经由钢液分配器分成数股，分别注入特定形状的铸模（结晶器）内，开始冷却凝固成型，生成外为凝固壳、内为钢液的铸坯，接着铸坯被引拔到弧状铸道中，经二次冷却继续凝固到完全凝固。经矫直后再依订单长度切割成大方坯、小方坯、板坯，参见图 2-6-1。此半成品视需要经钢坯表面处理后，再送轧钢厂轧制。

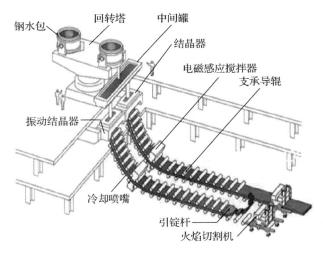

图 2-6-3 连铸工艺流程简图

连铸机效率高，可以设计同步生产 3～8 根方坯，少量企业更为先进，能够采用先进的近终型连铸方法，直接把钢水铸成很薄的钢带坯或型钢坯，减少轧钢机加工的环节，更加节省能源，增加效益。

六、钢材

钢材是钢铁工业为社会生产和生活提供的最终产品的主要形式。由于钢材产品品种、规格复杂多样，为了适应统计、生产、营销、库存等多方面管理的需要，国际上通常将钢材分为长材（又称型材）、扁平材（又称板带材或钢板）、钢管（又称管材）和其他（金属制品）四大类，如图 2-6-4 所示。钢材的主要生产方法是轧制、拉拔、挤压、锻造等，也就是将钢锭或钢坯经压力加工，使其塑性变形到所需形状。根据钢材塑性变形时的温度与再结晶温度之间的关系，生产方法分为热加工与冷加工，如热轧与冷轧。

热加工可以破坏钢锭的铸造组织，细化钢材的晶粒，并消除显微组织的缺陷，从而使钢材组织密实，力学性能得到改善。这种改善主要体现在沿轧制方向上，从而使钢材在一定程度上不再是各向同性体；浇注时形成的气泡、裂纹和疏松，也可在高温和压力作用下被焊合，且价格低廉。但热轧表面有氧化层，钢材表面平整性差。热加工一般用来处理钢锭和钢坯。

图 2-6-4 各种钢材

冷加工成型速度快、产量高，冷轧则没有氧化层，表面质量好，且不损伤涂层，可以做成多种多样的截面形式，以适应使用条件的需要；冷加工可以使钢材产生很大的塑性变形，从而提高了钢材的屈服点。但这种方式价格比较贵。冷加工一般用于生产带材、线材，速度比较快。

1. 钢板

钢板是一种宽厚比和表面积都很大的扁平钢材，可做镀锌、镀锡、镀铅等表面处理。

钢板按厚度不同分为薄板（厚度<4mm，坯料为热轧中厚板，采用冷轧）、中板（厚度 4～25mm，热轧）和厚板（厚度>25mm，热轧）三种。钢带包括在钢板类内。

钢带又称带钢，是各类轧钢企业为了适应不同工业部门工业化生产各类金属或机械产品的需要而生产的一种窄而长的钢板。其宽度在 1300mm 以内，长度根据每卷的大小略有不同。钢带与钢板的区别主要在于厚度，一般来讲 10mm 以下的称为钢带，10mm 以上的称为钢板。

钢带一般成卷供应，具有尺寸精度高、表面质量好、便于加工、节省材料等优点。

与钢板相同，钢带按所用材质分为普通钢带和优质钢带；按加工方法分为热轧钢带、冷轧钢带；按厚度分为薄钢带（厚度不大于 4mm）和厚钢带（厚度大于 4mm）；按宽度分为窄钢带（100～600mm）、中钢带（600～1000mm）、卷板（1000mm），其中窄钢带又分为直接轧制窄钢带和由宽钢带纵剪窄钢带；按表面状态分为原轧制表面和镀（涂）层表面钢带；按用途分为通用和专用（如船体、桥梁、油桶、焊管、包装等）钢带。

钢带是产量大、用途广、品种多的钢材。

2. 型钢

型钢是一种具有一定截面形状和尺寸的实心长条钢材。其按断面形状不同分简单断面型钢和复杂断面型钢两种。

（1）简单断面型钢

简单断面型钢又称棒材，是指产品断面形状为圆形、方形、扁形、六角形、八角形等简单断面，并以直条交货的钢材（混凝土用钢筋除外），如图 2-6-5 所示。棒材的主要品种有 ϕ12～ϕ50mm 定尺长度为 6～12m 的圆钢和螺纹钢。此类产品主要用于建筑、桥梁、公路、机械加工、水利、石油等行业。

（2）复杂断面型钢

复杂断面型钢包括工字钢、H 型钢、槽钢、钢轨、窗框钢和异型钢等，常见形状如图 2-6-6 所示。

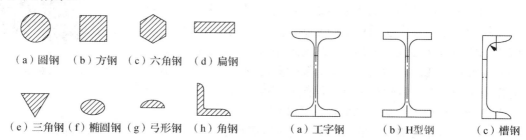

（a）圆钢　（b）方钢　（c）六角钢　（d）扁钢

（e）三角钢（f）椭圆钢（g）弓形钢　（h）角钢

（a）工字钢　　　（b）H 型钢　　　（c）槽钢

图 2-6-5　常见简单截面形状型钢　　　　　图 2-6-6　常见复杂截面形状型钢

工字钢又称钢梁，是截面为工字形的长条钢材，上下翼缘内表面有倾斜度，一般为 1：6，使得翼缘外薄内厚，造成工字钢在两个主平面的截面特性相差巨大，在应用中难以发挥钢材的强度特性。工字钢的结构已经决定了其抗扭性能差，因此，一般仅能直接用于在腹板平面内受弯的构件。轴心受压构件或在垂直于腹板平面还有弯曲的构件均不宜采用工字钢，这就使其在应用范围上有着很大的局限。工字钢广泛用于各种建筑结构、桥梁、车辆、支架、机械等。

H 型钢是一种新型经济建筑用钢，其是由工字型钢优化发展而成的一种断面力学性能更为优良的经济型断面钢材，翼缘内表面没有倾斜度，上下表面平行。轧制时，截面上各点延伸较均匀、内应力小，与普通工字钢比较，具有截面模数大、质量小、节省金属的优点，可使建筑结构减轻 30%～40%；又因其翼缘内外侧平行，腿端是直角，拼装组合成构件可节约焊接、铆接工作量达 25%，常用于要求承载能力大，截面稳定性好的大型建筑（如厂房、高层建筑等），以及桥梁、船舶、起重运输机械、设备基础、支架、基础桩等。

槽钢是截面为凹槽形的长条钢材。槽钢主要用于建筑结构、车辆制造和其他工业结构，槽钢还常常和工字钢配合使用。

3. 钢管

钢管类是一种中空截面的长条钢材。钢管按截面形状不同可分为圆管、方形管、六角形管和各种异形截面钢管；按加工工艺不同又可分为无缝钢管和焊接钢管两大类。

无缝钢管是指由整块金属制成的、表面上没有接缝的钢管，管采用斜轧穿孔机将实心钢坯穿孔后，再经冷拔或热轧而制成。无缝钢管主要用于石油、化工等行业。

焊接钢管是用钢板或钢带卷压成型，然后焊接而成。焊接钢管应用广泛，主要用于自来水管、煤气管等。

4. 线材

（1）盘条

盘条通常指成盘的小直径圆钢，热轧后卷成盘状交货的成品。盘条的直径在 5～19mm 范围内（通常为 6～9mm）。盘条主要用作拉丝的坯料，也可直接用作建筑材料和加工成机械零件。盘条在使用前需要用钢筋调直机调直下料。

（2）钢丝

钢丝是用热轧盘条经冷拉制成的再加工产品。钢丝按断面形状分类，主要有圆形、方形、矩形、三角形、椭圆形、扁、梯形、Z 字形等；按尺寸分类，有特细（<0.1mm）、较细（0.1～0.5mm）、细（0.5～1.5mm）、中等（1.5～3.0mm）、粗（3.0～6.0mm）、较粗（6.0～8.0mm）、特粗（>8.0mm）。

钢丝除直接使用外，退火的低碳钢丝可用于捆扎物体、也可编织成各种用品；高碳钢丝可制成各种弹簧，或用多根钢丝捻成合股的钢丝绳和钢索，用于吊索、电线、电缆、固定物体等。

七、锻造钢材

根据不同的需要，有一部分特殊性能或特殊形状的钢材，是无法用生产大批量产品的轧钢机加工出来的，而要采用小批量甚至仅仅生产一两件的数量进行生产。因此，炼钢后需要铸造若干个钢锭，然后经过加热，在模锻机、液压机等特种加工设备上制成异形特种钢材。特别需要说明的是，这一类钢材有一半以上并不是在钢铁企业中生产出来的，它们的产地是大中型机械工厂。

八、碳素钢与合金钢

根据钢在冶炼时是否加入合金元素将钢分为碳素钢与合金钢，它们的特性有很大的区别，见表 2-6-1。

表 2-6-1 碳素钢与合金钢的牌号、化学成分、力学性能对比

牌号	化学成分/%					力学性能						
	C	Si	Mn	P	S	σ_s	σ_b	δ	ψ	α_k	硬度（HB）	
						MPa		%		J/cm^2	热轧钢	退火钢
				不大于		不小于					不大于	
08F	0.05～0.11	≤0.03	0.25～0.50	0.004	0.040	180	300	35	60		131	
20	0.17～0.24	0.17～0.37	0.35～0.65	0.040	0.040	250	420	25	55		156	
20Mn	0.17～0.24	0.17～0.37	0.70～1.00	0.040	0.040	280	460	24	50		197	
20Cr						550	850	10	40	60		
20CrMnTi						850	1100	10	45	70		
40	0.37～0.45	0.17～0.37	0.50～0.80	0.040	0.040	340	580	19	45	60	217	187
40Mn						360	600	17	45	60	229	207
40CrNiMoA						850	1000	12	55	100		
60	0.57～0.65	0.17～0.37	0.50～0.80	0.040	0.040	410	690	12	35		225	229
60Si2Mn						1200	1300	5	25			

第二节 船用碳素钢

碳素钢简称碳钢，是指含碳量小于 2.11%，并含有一些在冶炼过程中难以除尽的杂质元素，如硅、锰、硫、磷等的钢。实际生产用钢的含碳量不超过 1.35%。

碳钢由于具有一定的力学性能，可以满足一般工程机械、普通机械零件、工具等的使用要求，且工艺性能良好，价格低廉，便于获得，所以在工业上得到了广泛的应用，在钢的总用量中占 90%以上。为了在生产上能合理选用各种碳钢，必须熟悉和了解我国碳钢的分类、编号和用途，以及一些常存杂质对钢性能的影响。

一、杂质对碳钢性能的影响

碳钢中，除含有铁和碳两种元素外，还有少量的锰、硅、硫、磷、氮、氢、氧等元素。这些元素是钢在冶炼时，由所用原料、冶炼方法和工艺操作等原因带入钢中的，统称杂质。它们对钢的性能有一定影响。

1. 锰

锰（Mn）在钢中是一种有益的元素，来自生铁及脱氧剂。室温下，锰大部分能溶于铁素体内，形成置换固溶体，而起到固溶强化的作用，使铁素体的强度和硬度有所提高。但碳钢中含锰量不多，通常小于 0.8%，所以对钢性能影响不显著；此外，锰与硫化合成 MnS，可以降低硫的有害作用，改善钢的热加工性能。

2. 硅

硅（Si）在钢中也是一种有益的元素，来自生铁及脱氧剂。硅能溶于铁素体，形成固溶体，使钢的强度、硬度有所提高。硅还具有较强的脱氧作用，生成的 SiO_2 大部分进入炉渣被排除，少量留在钢中，一般不超过 0.4%，所以影响也不显著。

3. 硫

硫（S）在钢中是一种有害元素，主要来自炼钢生铁及燃料。在固态下，硫在铁中的溶解度极小，主要以硫化铁（FeS）的形式存在钢中。由于 FeS 的塑性差，钢变脆。尤为严重的是 FeS 与 Fe 能形成低熔点（985℃）的共晶组织，分布在奥氏体的晶界上。当钢在 1000～1200℃温度下进行热加工时，由于分布在晶界上的共晶体（FeS+Fe）早已熔化，局部体积膨胀，在外力作用下导致钢开裂，这种现象称为"热脆"。钢中含硫量越高，热脆现象越严重。

为了防止热脆性，通常加锰，锰与硫形成高熔点（1600℃）的 MnS 作为非金属夹杂物留在钢中，在热加工时不会熔化，故锰能消除钢的热脆性。然而 MnS 夹杂在钢中，会降低钢的力学性能。从此观点看，MnS 仍是有害的物质（但是在易切削钢中 MnS 有断屑、润滑的作用）。因此，国家标准对硫的含量有严格的限制。

4. 磷

磷（P）在钢中也是一种有害元素，主要来自炼钢生铁及燃料。磷在碳钢中全部溶于铁素体基体，使钢的强度和硬度提高，塑性、韧性显著降低。此外，磷与铁能形成脆性很大的化合物 Fe_3P，使钢在常温下的韧性大大降低，特别是在低温时，韧性降低更突出，这种现象称为"冷脆"。钢中含磷量越高，冷脆现象越严重。此外，磷的存在还使得钢的焊接性能变差。因此，钢中含磷量应严格控制，越低越好。

5. 钢中的气体杂质

钢在冶炼过程中，可从炉气中吸收气体，并在凝固时使气体大部分析出。然而仍有少部分气体残留在钢中，主要为氮、氢、氧，使得钢的强度、塑性和韧性降低，而脆性明显增加。

（1）氮

氮是钢中的有害气体元素。氮在铁素体中的溶解度很小，并随温度而变化。590℃时溶解度最大，达 0.1%，室温时降至 0.001%以下。钢中含氮量较高时从高温快速冷却，则过量的氮来不及从铁素体中析出。当再加热至 250℃时，氮从铁素体中迅速脱溶，使钢的脆性急增，此时钢的表面呈紫蓝的火色，所以又称为"蓝脆"。

（2）氢

氢来自炉气或由锈蚀含水炉料带入，是一种有害的气体元素，使钢的塑性、韧性降低，造成氢脆。严重时可使钢中产生微裂纹（因裂纹的内壁呈白色而称为白点），使钢易于脆断。

（3）氧

氧是因炼钢需要而加入的，也是钢中的有害气体元素，在钢中以氧化物形式存在，使钢的力学性能变坏。氧在钢中还会形成低熔点（940℃）的三元共晶体（Fe+FeO+FeS），并聚集在晶界上，热加工时将产生热脆现象。

二、碳钢的分类

碳钢的分类方法很多，常见的有以下几种。

1. 按钢的含碳量分类

低碳钢：含碳量小于 0.25%。
中碳钢：含碳量为 0.25%～0.6%。
高碳钢：含碳量大于 0.6%。

2. 按钢的用途分类

碳素结构钢：主要用来制造工程构件和机器零件，工程构件如建筑用钢、桥梁用钢、船舶用钢等，机器零件如柴油机活塞销、连杆、曲轴等。碳素结构钢一般为中、低碳钢。
碳素工具钢：用来制造各种刃具、量具、模具等，一般为高碳钢。

3. 按钢的质量分类

普通碳素钢：含磷量不大于 0.045%，含硫量不大于 0.05%。
优质碳素钢：含磷量不大于 0.04%，含硫量不大于 0.04%。
高级优质碳素钢：含磷量不大于 0.035%，含硫量不大于 0.03%。

4. 按室温组织分类

亚共析钢：室温组织为 F+P。
共析钢：室温组织为 P。
过共析钢：室温组织为 $P+Fe_3C$。

三、碳钢的牌号、性能和用途

钢的品种很多，为了在生成、加工和使用过程中不致造成混乱，我国的国家标准对碳钢进行了编号。

1. 碳素结构钢

碳素结构钢按质量分为两大类：普通碳素结构钢和优质碳素结构钢。

（1）普通碳素结构钢

普通碳素结构钢的平均含碳量为 0.06%～0.38%，钢中含有害元素和非金属夹杂物较多，但易于冶炼，工艺性好、价格便宜，一般能满足普通机械零件及一般工程结构件的性能要求，是用量最多的一类钢。

普通碳素结构钢的牌号由代表屈服点的字母（Q）、屈服点数值、质量等级符号（A、B、C、D）、脱氧方法符号（F、b、Z、TZ）等四部分按顺序组成。质量等级反映了普通碳素结构钢中有害元素磷、硫含量的多少，从 A 级到 D 级，钢中磷、硫含量依次减少；脱氧方法符号中 F 表示沸腾钢，b 表示半镇静钢，Z 表示镇静钢，TZ 表示特殊镇静钢。例如，Q235AF

表示屈服强度 $\sigma_s = 235\text{MPa}$，质量等级为 A 级的沸腾钢。表 2-6-2 为普通碳素结构钢的牌号、化学成分和力学性能及应用举例。

表 2-6-2　普通碳素结构钢的牌号、化学成分和力学性能及应用举例

牌号	等级	化学成分/%					脱氧方法	拉 伸 试 验			应用举例
		C	Mn	Si	S	P		σ_s	σ_b	δ	
				不大于				MPa	MPa	%	
Q195	—	0.06～0.12	0.25～0.50	0.30	0.050	0.045	F、b、Z	(195)	315～390	33	钉子、铆钉、垫块及轻负荷的冲压件
Q215	A	0.09～0.15	0.25～0.55	0.30	0.050	0.045	F、b、Z	215	335～410	31	
	B				0.050						
Q235	A	0.14～0.22	0.30～0.65	0.30	0.050	0.045	F、b、Z	235	375～460	26	小轴、拉杆、连杆、螺栓、螺母、法兰
	B	0.12～0.20	0.30～0.70	0.30	0.045						
	C	≤0.18	0.35～0.80	0.30	0.040	0.040	Z				
	D	≤0.17			0.035	0.035	TZ				
Q255	A	0.18～0.28	0.40～0.70	0.30	0.050	0.045	Z	255	410～510	24	连杆、转轴、心轴、齿轮和键等
	B				0.045						
Q275	—	0.28～0.38	0.50～0.80	0.35	0.050	0.045	Z	275	490～610	20	

Q195、Q215、Q235、Q235B 塑性较好，焊接性好，有一定的强度，通常轧制成钢筋、钢板、钢管等，可用作桥梁、高压线塔、金属构件、建筑物构架等；也可制作受力不大的机械零件，如普通螺钉、螺母、铆钉、轴套及某些农机零件等。

Q235C、Q235D 可用于重要的焊接件。

Q255、Q275 强度较高，可轧制成型钢、钢板作构件用。

普通碳素结构钢通常在热轧空冷状态下使用，一般不再进行热处理。

（2）优质碳素结构钢

优质碳素结构钢的硫、磷含量均限制在 0.04%以下，出厂时同时保证钢的化学成分和力学性能；塑性和韧性均优于普通碳素结构钢，钢的质量较高。此类钢绝大多数是镇静钢，只有少数几种含碳量很低的钢是沸腾钢。优质碳素结构钢主要用来制造各种机械零件，一般需要热处理。

根据化学成分不同，优质碳素结构钢又分为普通含锰量钢（含锰量为 0.35%～0.80%）和较高含锰量钢（含锰量为 0.8%～1.2%）两类。

1）普通含锰量钢的牌号用两位数字来表示，这两位数字表示钢中平均含碳量的万分数。如 45 钢，读作 45 号钢，表示平均含碳量为 0.45%的优质碳素结构钢。

含碳量小于 0.15%的优质碳素结构钢，如 08 钢、10 钢等，具有良好的塑性、韧性和焊接性，但强度较低，而冷冲压性好，使用时一般不经过热处理，可轧制成薄钢板，用于船舶、锅炉与压力容器、桥梁建筑等。

含碳量为 0.15%～0.25%的钢属于低碳钢，如 15 钢、20 钢、25 钢等。这类钢经渗碳并淬火，可使钢表层硬度提高，耐磨性增强，而内部有较好的韧性，可用于制作凸轮、凸轮轴、活塞销、焊接容器、法兰盘、垫圈等。

含碳量为 0.3%～0.5%的钢属于中碳钢，如 35 钢、40 钢、45 钢、50 钢等。这类钢的强度比低碳钢高，有一定的塑性和韧性，焊接性不够理想，可以直接正火处理，但最好经

过调质处理，可获得良好的综合力学性能；可用于制作齿轮、轴、连杆、螺栓等，尤以 45 钢应用最广。

含碳量为 0.6%～0.7%的钢属于高碳钢，如 60 钢、65 钢、70 钢等。这类钢经过淬火及中温回火处理后，具有较高的弹性极限和屈服极限，常用来制作弹簧、高强度钢丝及其他耐磨件。

2）较高含锰量钢的牌号用含碳量的两位数字附加"锰"或其元素符号"Mn"表示。如 20Mn，表示平均含碳量为 0.20%，含锰量为 0.8%～1.2%的优质碳素结构钢。

较高含锰量钢的屈服极限和弹性极限比普通含锰量钢高，硬度和耐磨性也较大，但塑性、韧性较低。

部分优质碳素结构钢的牌号、性能特点及应用举例见表 2-6-3。

表 2-6-3　部分优质碳素结构钢的牌号、性能特点及应用举例

钢类	牌号	性能特点	应用举例
低碳沸腾钢	08F、10F	冷冲压性能好	05F 用作冶炼不锈钢、耐热钢的炉料，也可以代替工业纯铁。08F、10F 用来制造搪瓷制品、汽车外壳
低碳钢	10、15、20、25、15Mn、20Mn、25Mn	冷变形性能好、焊接性好、塑性和韧性高	10、20 可以制造工作温度<450℃的船用钢管 20 也可作为柴油机机体或机座的全焊结构或铸焊结构用材 15、20、15Mn、20Mn 可制造柴油机活塞销、凸轮、凸轮轴
中碳钢	30、35、40、45、50、55、35Mn、40Mn、45Mn、50Mn	综合力学性能好	中碳钢是一般机器上受力复杂、负荷较大的重要零件（主轴、齿轮等）的主要用材 45 是机械制造中用量最大的钢 35、45、45Mn 等可以制造柴油机曲轴、连杆、活塞杆、重要螺栓及中间轴、推力轴、尾轴等
高碳钢	60、65、70、75、80、85、60Mn、65Mn、70Mn	强度和硬度高、弹性高、屈强比高和耐磨性高	制造弹簧或要求高耐磨性的零件，如轧辊、轴、偏心轴、凸轮及钢丝绳等

（3）锅炉与压力容器用钢

锅炉与压力容器用钢是为了更好地满足锅炉与压力容器的使用要求，对普通或优质碳素结构钢的成分和性能进行调整，从而派生出的一类专用钢。锅炉用钢主要指用来制造锅炉过热器、主蒸汽管和炉胆、炉管等的专用钢。压力容器用钢主要指用于制造空气瓶、锅炉汽包、石化工业的气体分离或贮运设备的压力容器等。

锅炉与压力容器用钢一般为低碳优质镇静钢，含碳量在 0.16%～0.26%范围内，并具有良好的塑性和焊接性，一定的强度、高温强度和韧性、耐腐蚀性及一定的形变时效值。

为了保证锅炉与压力容器用钢的质量和使用安全，必须严格控制钢中的杂质元素 S、P、O、N 的含量，使之在规定的范围内。

锅炉用钢和压力容器用钢的牌号分别在碳素结构钢或合金钢的牌号末尾加"锅"（g）或"容"（R）。例如 20g，平均含碳量为 0.20%，g 表示锅炉用钢。15MnVR，平均含碳量为 0.15%，R 表示压力容器用钢。

2. 铸钢

铸钢件是由钢液直接浇注成的各种形状和尺寸的铸件。一般铸钢的含碳量为 0.15%～0.60%，从 Fe-Fe$_3$C 相图上可以看出，含碳量在这个范围的铁碳合金其铸造性能不好。因为钢的结晶温度范围大，故钢液流动性差，凝固时收缩率大，容易形成分散的缩孔和气泡，偏析也较严重；另外，由于结晶温度高，所以铸件组织粗大，因此铸钢件必须要进行热处理来改善组织，消除缺陷，获得所需的性能。

铸钢主要用于制作某些形状复杂，难以进行锻造或切削加工，同时又对材料的力学性能要求较高，采用铸铁难以满足性能要求的零件。例如，船舶柴油机的气缸盖、曲轴、摇臂、螺旋桨、尾轴管、锚链等。工作温度在 400℃ 以下的零件采用碳素钢铸件，工作温度在 400℃ 以上的零件采用合金钢铸件。

铸钢的牌号用"铸钢"二字的汉语拼音首字母组成"ZG"，其后两组数字分别表示屈服极限 σ_s 和强度极限 σ_b，即 $ZG\sigma_s - \sigma_b$，如 ZG270-500 表示屈服极限为 270MPa，强度极限为 500MPa 的铸钢。

铸钢的牌号、成分、力学性能及应用举例见表 2-6-4。

表 2-6-4　铸钢的牌号、成分、力学性能及应用举例

牌号	主要化学成分（小于）/%				室温力学性能（大于）				应用举例
	C	Si	Mn	P、S	σ_s	σ_b	δ	α_k	
					MPa	MPa	%	J/cm²	
ZG200 - 400	0.20		0.80		200	400	25	60	机座、变速箱壳
ZG230 - 450	0.30	0.50			230	450	22	45	外壳、轴承盖、阀体等
ZG270 - 500	0.40		0.90	0.04	270	500	18	35	机架、轴承座、曲轴、气缸体
ZG310 - 570	0.50	0.60			310	570	15	30	气缸、联轴器、齿轮
ZG340 - 640	0.60				340	640	12	20	起重运输机中齿轮联轴器及重要机件

3. 碳素工具钢

碳素工具钢含碳量较高，一般为 0.65%～1.35%，淬火和低温回火后具有很高的硬度和耐磨性，有一定的强度和韧性，主要用于制造刃具、量具、模具及其他工具用钢。

碳素工具钢中必须严格控制 S、P 杂质含量，以提高钢的可锻性，防止其变形开裂，同时严格控制 Si、Mn 含量，以免降低钢的淬透性。

碳素工具钢根据所含硫、磷杂质的含量分为优质碳素工具钢和高级优质碳素工具钢两种。优质碳素工具钢的牌号用 T 加数字表示。"T"为"碳"字汉语拼音的首字母，数字表示钢中平均含碳量的千分数，如 T8、T10 表示平均含碳量为 0.8%、1.0% 的优质碳素工具钢；高级优质碳素工具钢，则在牌号末尾加"A"，如 T8A 表示平均含碳量为 0.8% 的高级优质碳素工具钢。

碳素工具钢需热处理，机械加工前进行球化退火，目的是降低硬度，并为最终热处理做准备，机械加工后进行淬火并低温回火，可获得回火马氏体+粒状渗碳体+少量的残余奥氏体组织。

碳素工具钢硬度高、耐磨性好、价格低廉，但其热硬性差，尤其当刃部温度高于 200℃时，硬度和耐磨性迅速降低，而且淬透性低，故只用于制造尺寸不大的手动工具或低速、小切削量的机动工具等。碳素工具钢的牌号、成分及应用举例见表 2-6-5。

表 2-6-5　碳素工具钢的牌号、成分及应用举例

牌号	化学成分/%			硬度		应用举例
	C	Si	Mn	供应状态(不大于)(HB)	淬火后(不小于)(HRC)	
T7、T7A	0.65～0.74	≤0.35	≤0.40	187	62	扁铲、大锤、螺钉旋具、凿子等
T8、T8A	0.75～0.84	≤0.35	≤0.40	187	62	冲头、压缩空气工具、木工工具
T9、T9A	0.85～0.94	≤0.35	≤0.40	192	62	冲头、木工工具、凿岩工具
T10、T10A	0.95～1.04	≤0.35	≤0.40	197	62	车刀、刨刀、丝锥、钻头、手锯条
T11、T11A	1.05～1.14	≤0.35	≤0.40	207	62	车刀、刨刀、丝锥、钻头、手锯条
T12、T12A	1.15～1.24	≤0.35	≤0.40	207	62	锉刀、刮刀、精车刀、丝锥、量具
T13、T13A	1.25～1.35	≤0.35	≤0.40	217	62	刮刀、剃刀

注：淬火后硬度指碳素工具钢材料在淬火后的最低硬度。

第三节　船用合金钢

为了改善和提高碳素钢的力学性能及获得某些特殊性能，在冶炼过程中有目的地加入一些合金元素，如锰（Mn）、硅（Si）、铬（Cr）、镍（Ni）、钼（Mo）、钨（W）、铝（Al）、铜（Cu）等微量元素。在碳素钢的基础上加入一定量的合金元素就形成合金钢。

合金钢中加入不同化学成分、不同数量的合金元素，决定了钢材的不同特性。

硅：在炼钢过程中加硅作为还原剂和脱氧剂，镇静钢含有 0.15%～0.30%的硅。如果钢中含硅量超过 0.50%～0.60%，硅就属于合金元素。硅能显著提高钢的弹性极限、屈服强度和抗拉强度，故广泛用于制作弹簧钢。在调质结构钢中加入 1.0%～1.2%的硅，其强度可提高 15%～20%。硅和钼、钨、铬等结合，有提高抗腐蚀性和抗氧化的作用，可制造耐热钢。含硅 1%～4%的低碳钢具有极高的磁导率，用于电器工业制作矽钢片。硅量增加，会降低钢的焊接性能。

锰：在炼钢过程中，锰是良好的脱氧剂和脱硫剂，一般钢中含锰 0.30%～0.50%。在碳素钢中加入 0.70%以上锰时，即形成锰钢，其较一般含量的钢不但有足够的韧性，且有较高的强度和硬度。锰元素不仅能提高钢的淬性，还能改善钢的热加工性能。含锰 11%～14%的钢有极高的耐磨性，用于挖土机铲斗、球磨机衬板等。锰量增高，钢的抗腐蚀能力、焊接性能会降低。

铬：在结构钢和工具钢中，铬能显著提高强度、硬度和耐磨性，但同时降低塑性和韧性。铬又能提高钢的抗氧化性和耐腐蚀性，因而是不锈钢、耐热钢的重要合金元素。通常国际上把含铬量大于 13%的钢材称为不锈钢。

镍：镍能提高钢的强度，而又使钢保持良好的塑性和韧性。镍对酸碱有较高的耐腐蚀能力，在高温下有防锈和耐热能力。但镍是较稀缺的资源，故应尽量采用其他合金元素代用镍铬钢。

钨：钨熔点高，密度大，是贵重的合金元素。钨与碳形成碳化钨有很高的硬度和耐磨性。在工具钢中加钨，可显著提高热硬性和热强性，作切削工具及锻模具用。

钼：钼能使钢的晶粒细化，提高淬透性和热强性能，在高温时保持足够的强度和抗蠕变能力（长期在高温下受到应力，发生变形，称蠕变）。结构钢中加入钼，不仅能提高力学

性能，还可以抑制合金钢由于火而引起的脆性。在工具钢中加钼可提高热硬性。

铝：铝是钢中常用的脱氧剂。钢中加入少量的铝，可细化晶粒，提高冲击韧性。铝还具有抗氧化性和抗腐蚀性能，铝与铬、硅合用，可显著提高钢的高温不起皮性能和耐高温腐蚀的能力。铝的缺点是影响钢的热加工性能、焊接性能和切削加工性能。

铜：铜能提高强度和韧性，特别是提高抗大气腐蚀性能。其缺点是在热加工时容易产生热脆，铜含量超过 0.5%塑性显著降低。当铜含量小于 0.50%时，对焊接性无影响。

一、合金元素在钢中的作用

将合金元素加入钢中，合金元素与铁、碳相互作用，对钢的组织和性能产生很大影响，不仅可以提高钢的力学性能，还可以改善钢的工艺性能，如淬透性、回火稳定性、切削加工性等；此外，还可以获得某些特殊的物理化学性能，如耐热性、耐蚀性等。

1. 形成合金铁素体

大多数合金元素（铅除外）都能溶于铁素体中，形成合金铁素体。使铁素体的晶格畸变，产生固溶强化现象；铁素体的强度、硬度显著提高，但塑性及韧性却有所下降。Si、Mn、Ni 等合金元素的强化效果最显著，而 Mo、V、W、Cr 次之。合金元素对铁素体韧性的影响与它们的溶解度有关，当含硅量在 0.6%以下、含锰量在 1.5%以下时，能提高铁素体的韧性，超过此值韧性则有下降趋势；溶入适量的 Cr、Ni 也可使韧性提高；而 W、Mo 无论含量多少均使得铁素体韧性降低。因此，在合金钢中，合金元素的含量有限制。

2. 形成合金渗碳体或特殊碳化物

合金元素除溶于铁素体外，还可与碳作用形成碳化物。碳化物的稳定程度取决于合金元素与碳的亲和力，与碳亲和力由强到弱依次排列为 Ti、Nb、V、W、Mo、Cr、Mn 等。 Mn 与碳的亲和力较弱，其大部分溶于铁素体和奥氏体中，只有少部分溶于渗碳体形成合金渗碳体，合金渗碳体与渗碳体晶体结构相同，但比渗碳体略稳定，硬度也略高；Cr、Mo、W 等元素与碳的亲和力中等，当它们在钢中含量不多（<3%）时，一般也倾向形成合金渗碳体；Ti、Nb、V 等与碳的亲和力很强，形成特殊碳化物。特殊碳化物比合金渗碳体具有更高的熔点、硬度和耐磨性，并且更为稳定，不易分解。

碳化物的稳定性越高，就越难溶于奥氏体，熔点和硬度越高。

3. 阻碍奥氏体的晶粒长大

大多数合金元素会阻止钢在加热时的奥氏体晶粒长大，减少过热倾向，细化晶粒，只是影响的程度不同而已。与碳亲和力很强的合金元素，如 Ti、Nb、V 作用更显著。因为形成的特殊碳化物高温下比较稳定，以质点弥散分布在奥氏体晶界上，阻止奥氏体晶粒长大，使合金钢的强度、硬度和耐磨性显著增加的同时具有很好的韧性。

4. 提高钢的淬透性

除 Co 外，其他的合金元素都能使 C 曲线右移，增加过冷奥氏体的稳定性，降低临界冷却速度 $V_{临}$，提高了钢的淬透性。因此，合金钢可选用冷却能力较弱的冷却介质进行淬火，以减少工件的变形和开裂。常用于提高淬透性的合金元素有 Mo、Mn、W、Cr、Ni、Si 等。

5. 提高钢的回火稳定性

淬火钢在回火过程中，大多数合金元素的溶入阻碍了马氏体的分解和残余奥氏体的转变，同时减小了原子扩散的速度，从而使合金钢在较高的温度下回火。因此，在相同回火温度下，合金钢的硬度要高于相同含碳量的碳素钢，即合金钢具有更高的回火稳定性（或称回火抗力）。回火稳定性（或回火抗力）是指淬火钢在回火时抵抗强度、硬度下降的能力。高的回火稳定性不仅有利于消除应力、提高韧性，还能保证理想的强度和硬度。

二、合金钢的分类及编号

1. 合金钢的分类

合金钢的分类方法很多，最常见的有以下三种：

（1）按用途分类

合金结构钢：制造工程构件和机器零件的钢，包括普通低合金钢、合金渗碳钢、合金调质钢、合金弹簧钢和滚珠轴承钢等。

合金工具钢：制造各种刃具、量具和模具的钢，包括低合金工具钢、高速钢、量具钢和模具钢。

特殊性能钢：具有特殊物理、化学性能的钢，包括不锈钢、耐热钢、耐磨钢等。

（2）按合金元素含量分类

低合金钢：含合金元素总量不大于 5%；

中合金钢：含合金元素总量为 5%～10%。

高合金钢：含合金元素总量不小于 10%。

（3）按正火后的显微组织分类

按正火后的显微组织分类，合金钢可分为珠光体钢、贝氏体钢、马氏体钢及奥氏体钢。

2. 合金钢的编号方法

我国的合金钢是按含碳量及所含合金元素的种类和数量来编号的，即数字+合金元素+数字……排列。其编号原则如下：

1）牌号中最前面的数字表示钢中的含碳量。

① 合金结构钢。数字表示平均含碳量的万分数，使用两位数，如 15MnV、09Mn2。

② 合金工具钢。

a. 含碳量大于 1.0%时，牌号中表示含碳量的数字不标出，如低合金工具钢 CrWMn，含铬、钨、锰量均小于 1.5%。

b. 含碳量小于 1.0%时，数字表示含碳量的千分数，使用一位数，如 9SiCr。

③ 特殊性能钢。

a. 一般情况，数字表示含碳量的千分数，使用一位数，如 3Cr13、4Cr13。

b. 当含碳量不大于 0.03%和 0.08%时，在牌号前分别标注"00"和"0"，如 00Cr18Ni10 和 0Cr18Ni9 等。

④ 特殊用途的专用钢有其专用牌号。如滚动轴承钢，在钢号前面标以"滚"或"G"铬元素符号后面跟数字，表示平均含铬量的千分数。例如 GCrl5，表示平均含铬量为 1.5% 的滚动轴承钢。

2）钢中合金元素。用国际化学元素符号表示，元素后面的数字表示该种元素平均含量的百分数。若元素符号后面没有数字，表示该元素平均含量小于 1.5% 时；若元素符号后面标 2，表示该元素平均含量不小于 1.5%；若元素符号后面标 3，表示该元素平均含量不小于 2.5%；其余类推。例如合金结构钢 60Si2Mn，表示钢中平均含碳量为 0.6%，含硅量不小于 1.5%，含锰量小于 1.5%。

3）对于高级优质钢，则在牌号最后加注"A"字，如 38CrMoAlA 表示平均含碳量为 0.38%，含铬、钼、铝量均小于 1.5% 的高级优质氮化钢。

三、合金钢的成分、性能和用途

1. 合金结构钢

船舶动力装置中除使用大量碳素钢外，还使用大量的各类合金钢，以满足船舶对机件的工作要求，如体积小、质量小、耐磨损、耐疲劳、耐腐蚀、耐热等。常用的合金结构钢主要有低合金结构钢、合金渗碳钢、合金调质钢、合金弹簧钢和滚动轴承钢等。

（1）低合金结构钢

低合金结构钢是在低碳钢的基础上加入少量的合金元素而制成的。

1）成分特点。低合金结构钢含碳量多数小于 0.2%，钢中主加合金元素为 Mn，辅加合金元素有 Ti、V、Nb 等，总量不超过 3%。Mn 强化铁素体基体，Ti、V、Nb 等形成特殊碳化物，细化晶粒，可显著提高强度和韧性，降低脆性转变温度。

2）性能。低合金结构钢具有较高的强度和韧性，良好的塑性，适于冷变形加工，还有优良的焊接性能、较高的耐腐蚀性及耐低温特性。与含碳量相同的普通碳素钢相比，在相同受载条件下使用低合金结构钢可使结构的重量减轻，节约大量钢材，并提高工作的可靠性。这类钢由于在热轧空冷状态下使用，组织为铁素体+索氏体，一般不需要进行热处理。

3）常用牌号和用途。目前我国低合金结构钢品种逐渐增多，质量日益提高。低合金结构钢主要用于制造船舶、桥梁、钢炉、高压容器、大型焊接结构、车辆、石油化工设备及大型钢结构等方面。

16Mn 是我国开发最早、使用最多、产量最大的典型钢种。16Mn 的屈服强度为 295MPa，比普通碳素钢 Q235 的强度提高 20%～30%，广泛应用于船舶、桥梁等大型钢结构中，如南京长江大桥。

15MnVN 是具有中等强度级别的钢种，由于钢种加入 V、N 使晶粒细化和强化，因此强度、韧性、焊接性进一步提高，广泛用于船体、桥梁等大型焊接结构中。

常用的低合金结构钢的牌号、性能和应用举例见表 2-6-6。

表 2-6-6　常用低合金结构钢的牌号、性能和应用举例

牌号	σ_s / MPa	σ_b / MPa	δ / %	应用举例
09MnV	295	430～580	22	螺旋焊管、冷弯型钢、建筑结构
09Mn2	295	490～590	22	油船、油罐、油槽、机车车辆

续表

牌号	σ_s / MPa	σ_b / MPa	δ / %	应用举例
16Mn	295	510～660	22	桥梁、船舶、车辆、压力容器、建筑结构
15MnV	390	530～680	18	高、中压容器，车辆，船舶，起重机
15MnVN	420	590～740	19	大型焊接结构、大型桥梁，车辆

（2）合金渗碳钢

合金渗碳钢是指用于渗碳处理的低碳合金钢。它主要用来制造表面具有较高的硬度和耐磨性，心部韧性高、强度高，抗冲击的零件，如柴油机的凸轮、活塞销和汽车、拖拉机上的变速齿轮等。

1）成分特点。合金渗碳钢的含碳量为 0.1%～0.25%，主加合金元素有 Cr、Ni、Mn、B 等，可提高淬透性，保证零件淬火后从表面到心部都能被强化，并提高心部的韧性。辅加合金元素有 V、W、Mo、Ti 等，可形成稳定的合金碳化物，在渗碳加热时可防止晶粒长大，细化晶粒。

2）热处理和性能。渗碳钢的热处理一般是渗碳后直接淬火和低温回火，如 20CrMnTi 等。对于容易过热的钢种，渗碳后先进行正火消除过热缺陷，细化晶粒，再进行淬火和低温回火，如 20Cr、20Mn2 等。

热处理后表层组织为回火马氏体+合金碳化物+少量残余奥氏体，心部获得的组织是低碳回火马氏体（或屈氏体）+少量回火马氏体+少量铁素体。表层硬度高、耐磨性好，而心部保持较高的韧性，所以合金渗碳钢热处理后的性能特点为表硬内韧。

3）常用牌号和用途。20Cr 为典型的低淬透性合金渗碳钢，表面耐磨，心部韧性好，但强度较低，主要用于承受较小冲击载荷的小尺寸零件，如活塞销、凸轮、齿轮等。

20CrMnTi 是中等淬透性的合金渗碳钢，表面耐磨，心部强韧，工艺性能良好，主要用于承受较大冲击载荷的大尺寸耐磨零件，如随高速大载荷的齿轮、蜗轮等。

20Cr2Ni4、18Cr2Ni4WA 是高淬透性的合金渗碳钢，主要用于承受重载荷的大尺寸重要耐磨件。

常用渗碳钢的牌号和用途见表 2-6-7。

表 2-6-7　常用渗碳钢的牌号和用途

种类	牌号	用途
低淬透性渗碳钢	15Cr	制造工作速度较高而断面不大、心部韧性高的渗碳零件，如凸轮、曲柄销、活塞销、活塞环、联轴器等
	20Cr	制造心部强度要求较高、表面耐磨、形状复杂的渗碳零件，如凸轮、活塞销、蜗杆等
	20MnV	用于制造锅炉、高压容器、大型高压管道等
	20Mn2	制造较小的零件，如渗碳小齿轮、小轴、活塞销、柴油机套筒等
中淬透性渗碳钢	20CrMnTi	制造承受高速、中等或重载荷、冲击及摩擦的重要零件，如齿轮、十字头
	20CrMnMo	高级渗碳钢。用制造表面硬度要求高与耐磨的重要渗碳零件，如曲轴、凸轮轴
高淬透性渗碳钢	18Cr2Ni4WA	制造大截面、高强度、良好韧性及缺口敏感性低的重要渗碳件，如大截面的齿轮、传动轴，精密机床的蜗轮等
	12Cr2Ni4 20Cr2Ni4	制造大截面、重载荷、交变应力下工作，重要用途的渗碳零件，如柴油机的变速箱齿轮、减速机齿轮、蜗轮、蜗杆

（3）合金调质钢

合金调质钢是指经过调质处理后才能使用的中碳合金结构钢。它主要用于制造机械中受力复杂，对材料的综合性能要求较高的重要结构零件，如柴油机的曲抽、连杆、活塞杆、机床主轴和重要螺栓等。

1）成分特点。合金调质钢的含碳量一般为 0.3%～0.6%，含碳量过低不易淬硬，回火后达不到所要求的强度、硬度；含碳量过高又不能保证所要求的韧性。合金调质钢的合金元素总量小于 5%，主加元素有 Cr、Ni、Mn、B 等，可提高淬透性，强化铁素体基体。辅加元素有 Mo、W、V，Ti 等，V、Ti 可细化晶粒和提高回火稳定性，而 Mo、W 可防止第二类回火脆性。

2）热处理和性能。为了获得良好的综合力学性能，合金调质钢淬火后应进行高温回火处理，以获得回火索氏体组织。合金调质钢的淬透性较高，一般多用油淬，并应在回火时快速冷却以免产生第二类回火脆性。对调质处理后的零件，欲提高零件表面耐磨性和疲劳强度，还可用表面淬火或渗氮处理等方法进行表面强化。

对含碳量偏低的合金调质钢淬火后进行低温回火处理，可获得回火马氏体组织，得到的钢具有较高的强度、硬度及适当的塑性和韧性。

3）常用牌号和用途。40Cr 是一种常用的低淬透性合金调质钢，油淬最大临界直径为 30～40mm，比 40、45 钢具有更高的综合力学性能。40Cr 用于制造一般尺寸的重要零件，如曲轴、连杆、重要螺栓等。

35CrMo 是中淬透性合金调质钢，油淬最大临界直径为 40～60mm，不仅具有高的淬透性和良好的综合力学性能，较高的疲劳强度，还可以防止第二类回火脆性。因此，它主要用于制造高温（500℃以下）和繁重工作条件下的大尺寸零件，如曲轴、大型尾轴、活塞头和汽轮机转子轴等。

37CrNi3、40CrNiMo 是高淬透性的合金调质钢，油淬最大临界直径为 60～100mm，具有优良的综合力学性能，是国内外制造曲轴、中间轴、汽轮机转子轴和舵轴常用的重要材料。

常用合金调质钢的牌号和用途见表 2-6-8。

表 2-6-8　常用合金调质钢的牌号和用途

种类	牌号	用途
低淬透性调质钢	40Cr	制造中载、中速的零件，如齿轮、曲轴、连杆螺栓
	45Mn2	制造承受较高应力与磨损的零件，如车轴、齿轮轴
	35SiMn	制造中载、中速零件，如传动齿轮、连杆、螺杆
	40MnB	制造中、小截面重要调质件，如汽车转向轴、蜗杆
中淬透性调质钢	35CrMo	制造重载荷下工作的重要结构零件，特别是受冲击、振动、弯曲、扭转载荷的机件，如车轴、发动机的传动机件、汽轮发电机的转子
	40CrNi	制造截面较大、重载荷下工作的零件，如轴、连杆
	38CrMoAlA	制造高耐磨性、高疲劳强度和尺寸精确的零件，如气缸套、精密丝杠、精密齿轮、制造压缩机活塞杆
	40CrMn	制造高速、重载荷下工作的齿轮轴、齿轮、离合器
高淬透性调质钢	30CrNi3	制造负荷大的调质零件，如连杆、曲轴、螺栓
	40CrNiMoA	制造大截面锻件，如汽轮机的齿轮、转子，内燃机的连杆
	40CrMnMo	制造重载荷下工作的轴、偏心轴、齿轮轴、杆及汽轮机的零件等

（4）合金弹簧钢

弹簧钢是指用于制造弹簧或弹性元件的钢。弹簧在工作时以其弹性变形来吸收振动缓和冲击或释放能量以完成某些规定的动作。因此，弹簧的材料要具有高的弹性极限，保证弹簧有足够的弹性变形能力，当承受大载荷时不发生塑性变形。弹簧在工作时一般承受交变载荷，所以要求高的疲劳强度。此外，弹簧还应有一定的塑性、韧性。特殊条件下工作的弹簧，还应有耐热及耐腐蚀性等。对于截面小、受力较小的弹簧，可采用含碳量为 0.6%～0.9%优质碳素结构钢，而一些重要弹簧则必须采用合金弹簧钢。

1）成分特点。合金弹簧钢的含碳量为 0.45%～0.70%，含碳量过高将使塑性、韧性降低，疲劳强度下降。合多弹簧钢均为优质或高级优质钢。主加合金元素有 Si、Mn、Cr、V、W 等。其中 Si 和 Mn 可提高淬透性和强化铁素体，同时提高屈强比，而且以 Si 的作用尤为突出。Cr、V、W 可以细化晶粒，防止过热、脱碳等缺陷。

2）热处理和性能。弹簧的成型方法有两种，相应的热处理方法也有两种。

热成型弹簧，对于簧丝直径或厚度大于 10mm 的螺旋弹簧或板弹簧，采用热成型加工，通常与热处理一起进行。热卷成型后进行淬火+中温回火处理，获得回火屈氏体组织，具有很高的弹性极限与疲劳强度，并有一定的塑性和韧性。

冷成型弹簧，对于簧丝直径或厚度小于 10mm 的螺旋弹簧或板弹簧，一般采用冷轧钢板、钢带或冷拔钢丝冷卷成型。由于冷塑性变形使材料强化，已达到弹簧所要求的性能，故弹簧冷成型后只需低温去应力处理，并使弹簧定型即可。

3）常用牌号和用途。55Si2Mn、60Si2Mn 是最常用的合金弹簧钢，比碳素弹簧钢具有更高的强度、更高的淬透性和抗氧化性，较高的弹性极限、屈服点与疲劳强度，用于制造截面尺寸稍大的热成形弹簧。

50CrVA 不仅具有较高的淬透性，而且具有较高的高温强度、冲击韧性等，适用于制造大型重载弹簧，如高温排气阀弹簧。

常用合金弹簧钢的牌号、性能和用途见表 2-6-9。

表 2-6-9 常用合金弹簧钢的牌号、性能和用途

牌号	性能特点	用途
55Si2Mn 60Si2Mn 60Si2MnA	硅含量高，强度高，弹性好，抗回火稳定性好；易脱碳和石墨化，淬透性不高	制造各种弹簧，如汽车、机车的板簧、螺旋弹簧，高应力交变载荷下工作的重要弹簧，磨损严重的弹簧，250℃以下工作的耐热弹簧
55SiMnVB	淬透性、综合性能、疲劳性能均比 60Si2Mn 好	制造中、小型汽车的板簧，使用效果好，也可用于制造其他中等截面尺寸的板簧、螺旋弹簧
60Si2CrA	淬透性高，热处理工艺性能好，强度高，卷制弹簧后应及时处理消除内应力	制造载荷大的重要大型弹簧，如汽轮机气封弹簧、调节弹簧、冷凝器支撑弹簧、高压水泵碟形弹簧
60Si2CrVA		制造载荷大的重要大型弹簧，如常规武器取弹钩弹簧、破碎机弹簧
55CrMnA 60CrMnA	突出优点是淬透性好，此外热加工性能、综合力学性能、抗脱碳性能也好	制造大截面的各种重要弹簧，如汽车、机车的大型板簧、螺旋弹簧
60CrMnMoA	在现有各种弹簧钢中淬透性最高，力学性能、抗回火稳定性等也好	制造大型土木建筑、重型车辆、机械等使用的超大型弹簧，钢板厚度可达 35mm 以上，圆钢直径可超过 60mm
50CrVA	塑性、韧性较其他弹簧钢好，淬透性高，疲劳性能也好	制造各种重要的螺旋弹簧，尤其是工作应力振幅高、疲劳性能要求严格的弹簧，如阀门弹簧、喷油嘴弹簧、安全阀弹簧
30W4Cr2VA	强度高，耐热，淬透性很好，高温抗松弛和热加工性能也很好	制造工作温度 500℃以下的耐热弹簧，如汽轮机主蒸汽阀弹簧、锅炉安全阀弹簧、气封

（5）滚动轴承钢

滚动轴承钢是指用来制造滚动轴承内、外圈及滚动体的专用钢。滚动轴承在工作时承受交变载荷作用，而内、外圈与滚动体之间呈点或线接触，接触应力很大，容易导致轴承的接触疲劳破坏与磨损。因此要求滚动轴承钢必须具有足够高的抗压强度和很高的疲劳强度，高硬度和高耐磨性，一定的韧性、耐蚀性和尺寸稳定性等。

1）成分特点。滚动轴陕西省钢的含碳量为 0.95%～1.10%。主加合金元素为 Cr，通常含铬量为 0.40%～1.65%。Cr 能增加钢的淬透性，同时形成均匀分布的细小碳化物，从而提高轴承钢的硬度、耐磨性及耐蚀性。尺寸较大的滚动轴承，在钢中还可加 Si、Mn、V 等以进一步提高淬透性和强度。Si 可显著提高钢的回火稳定性。

2）热处理和性能。滚动轴承钢通常的加工过程为球化退火+机加工+淬火+低温回火。

球化退火作为预先热处理，目的是降低钢的硬度，便于切削加工，获得细颗粒珠光体+渗碳体组织，为淬火做准备。

淬火后低温回火作为最终热处理，目的是提高滚动轴承钢的硬度、耐磨性、韧性及疲劳强度，获得组织为极细的回火马氏体+均匀分布的细颗粒碳化物+少量的残余奥氏体。

对于精密轴承和对尺寸要求极高的零件，为保证尺寸稳定性，应在淬火后进行冷处理（-80～-60℃），并在低温回火及磨削加工后再进行一次人工时效处理（120～130℃，保温5～10h），尽量减少残余奥氏体的量，消除内应力，进一步稳定尺寸。

3）常用的滚动轴承钢。目前以含 Cr 轴承钢应用最广泛，其中用量最大的为 GCr15，由于淬透性不是很高，多用于制造中、小轴承零件，还可用于制造柴油机的精密偶件及精密量具、模具等。

在铬轴承钢中加入 Si、Mn，可提高淬透性和强度，如 GCr15SiMn，可用于制造大型轴承及大尺寸量具。此外，还可在轴承钢中加入 Mo、V 等制成无铬轴承钢。

常用滚动轴承钢的牌号、性能和用途见表 2-6-10。

表 2-6-10　常用滚动轴承钢的牌号、性能和用途

牌号	硬度（HRC）	用途
GCr9	62～64	直径小于 20mm 的滚动体
GCr15	62～64	壁厚小于 12mm，外径小于 250mm 的套圈，直径 25～50mm 的钢球，直径小于 22mm 的滚子，如柴油机、汽车、拖拉机的轴承，柴油机的精密偶件
GCr15SiMn	62～64	壁厚大于 12mm，外径大于 250mm 的套圈；直径大于 50mm 的钢球；直径大于 22mm 的滚子，制造大型和特大型轴承

2. 合金工具钢

合金工具钢按用途分为合金刃具钢、合金模具钢和合金量具钢。根据专业要求，只对合金刃具钢进行介绍。刃具切削时受工件压力，刃部与切屑之间发生强烈的摩擦，由于切削发热，刃部温度高，为 500～600℃，此外，还承受一定的冲击和振动。因此，要求合金刃具钢具有高硬度、高耐磨性、高的热硬性（高速切削时尤为重要），以及足够的塑性和韧性。

合金刃具钢按含合金元素总量又分为低合金刃具钢和高合金刃具钢（高速钢）两种。

（1）低合金刃具钢

1）成分特点。低合金刃具钢是在碳素工具钢的基础上加入一定的合金元素形成的。含

碳量为 0.75%～1.5%，合金元素总量小于 5%，主加合金元素有 Cr、Mn、Si、W、V 等。其中 Cr、Mn、Si 可提高淬透性和强度；W、V 加热时形成特殊碳化物，从而提高硬度和耐磨性，并防止过热，细化晶粒；另外，Si 还可提高钢的回火稳定性。

2）热处理和性能。低合金刀具钢的加工过程为球化退火+机加工+淬火+低温回火。毛坯锻压后的预先热处理采用球化退火工艺，切削加工后的最终热处理为淬火后低温回火，组织为回火马氏体+颗粒状碳化物+少量残余奥氏体。低合金刀具钢硬度高、耐磨性好，有一定的热硬性，工作温度为 250～300℃。

3）常用低合金刀具钢。低合金刀具钢常用于制造形状复杂的低速切削刀具和薄刃刀具，如锉刀、板牙、丝锥等，也可用于制造冷冲模。其中常用的有 9SiCr、CrWMn 等。

常用低合金刀具钢的牌号、热处理和用途见表 2-6-11。

表 2-6-11　常用低合金刀具钢的牌号、热处理和用途

牌号	淬火温度/℃	回火温度/℃	回火后硬度（HRC）	用途
9SiCr	860～880	180～200	60～62	薄刃刀具，如板牙、丝锥
CrWMn	800～830	140～160	62～65	微变形钢、长铰刀、拉刀、丝杠、精密量具

（2）高速钢

1）成分特点。高速钢的含碳量在 0.70%，高达 1.65%，含碳量一方面要与合金元素量相匹配，形成足够的合金碳化物；另一方面要有足够的碳溶于奥氏体中，保证马氏体的硬度。

主加合金元素有 W、Mo、Cr、V 等，合金元素总量大于 10%。其中 W 可提高钢的热硬性，W 在钢中形成 WC，不仅阻止奥氏体晶粒长大，而且溶于奥氏体中提高淬火组织的回火稳定性。回火时一部分 WC 弥散析出，造成"二次硬化"，未溶的 WC 可细化晶粒。钼的作用与钨的作用类似。

几乎所有的高速钢含有 4% 的 Cr，不仅显著提高淬透性，还提高钢的抗氧化脱碳能力；V 也是强碳化物形成元素，能显著提高钢的热硬性、硬度及耐磨性。

2）性能。高速钢硬度高、耐磨性好，具有很高的热硬性，高速切削时刃部温度高达 600℃ 而硬度无明显降低；淬透性高，尺寸不大时可空冷淬火，故有"风钢"之称。显然，高速钢克服了一般碳素工具钢和低合金刀具钢淬透性低、热硬性差的缺点。

3）常用高速钢。常用高速钢的牌号、热处理和用途见表 2-6-12。

表 2-6-12　常用高速钢的牌号、热处理和用途

牌号	热处理				用途
	淬火		回火		
	淬火温度/℃	硬度不小于（HRC）	回火温度/℃	硬度（HRC）	
W18Cr4V	1270～1285	63	550～570（三次）	63～66	切削中等硬度材料和用于 600℃ 下工作的高速切削刀具，如车刀、钻头、铣刀、铰刀
W6Mo5Cr4V2	1210～1230	64	540～560（三次）	63～66	承受较大冲击的刀具，如插齿刀、钻头、铣刀、丝锥、板牙等
W6Mo5Cr4V3	1200～1220	63	540～560（三次）	>65	要求耐磨、热硬性高，且耐磨性和韧性较好配合的形状复杂的刀具，如拉刀、铣刀等

3．特殊性能钢

特殊性能钢是指具有特殊的物理、化学性能和力学性能的钢种，包括不锈钢、耐热钢、耐磨钢等。本节主要介绍船舶动力装置中所用的不锈钢和耐热钢。

（1）不锈钢

通常将在空气、水、酸、碱、盐溶液或其他腐蚀性介质中具有高的化学稳定性的钢种称为不锈钢。

1）金属的腐蚀。金属表面在周围介质作用下受到破坏的现象称为腐蚀，如船体钢板的生锈，柴油机排气阀的高温腐蚀，气缸套外圆表面的穴蚀，船舶管子的锈烂等。腐蚀可分为化学腐蚀和电化学腐蚀两类。

化学腐蚀是指金属与周围介质发生直接化学作用而引起的破坏。金属在干燥气体和非电解质溶液中的腐蚀均属于化学腐蚀。腐蚀产物在零件金属表面上沉积形成一层膜，如果膜稳定、致密和完整，则将金属与周围介质隔开，阻止腐蚀的继续进行，对金属起保护作用。这种膜的保护作用称为钝化，这种膜称为钝化膜。如果膜疏松，则介质将穿过膜，继续与金属发生化学作用，直至完全腐蚀。可见，金属在介质中耐化学腐蚀的能力取决于金属在此种介质中所形成的膜的结构和性质。

电化学腐蚀是指金属在电解质溶液（酸、碱、盐溶液）中发生电化学作用而引起的腐蚀。大部分金属的腐蚀属于电化学腐蚀。当两种电极电位不同的金属互相接触，而且有电解质溶液存在时，将形成微电池，如图 2-6-7（a）所示，使电极电位较低的金属成为阳极并不断被腐蚀，电极电位较高的金属为阴极而不被腐蚀。在同一合金中，也有可能产生电化学腐蚀。例如钢中，渗碳体的电极电位比铁素体高，如图 2-6-7（b）所示，当有电解质溶液存在时，铁素体成为阳极被腐蚀。

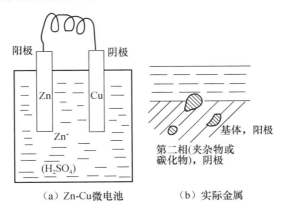

（a）Zn-Cu微电池　　　　（b）实际金属

图 2-6-7　电化学腐蚀过程示意图

2）提高金属抗腐蚀能力的基本途径。

① 隔离保护层。用金属的镀层或非金属的涂层将金属表面与腐蚀性介质隔离；或是在钢中加入合金元素，在钢的表面形成致密的钝化膜，使钢与周围介质隔离，提高钢的耐腐蚀能力。常加入的合金元素有 Cr、Si、Al 等。

② 提高电极电位。在钢中加入合金元素，使钢中基本相的电极电位显著提高，从而提

高制钢的耐电化学腐蚀的能力。常加入的合金元素有 Cr、Ni、Si 等。

③ 在室温下呈单相组织。在钢中加入合金元素，可使钢形成单相组织，阻止构成微电池，从而提高钢的耐蚀性。常加入的合金元素有 Cr、Ni 等。

3）成分特点。不锈钢的含碳量为 0.03%～1.0%，合金元素的总量大于 10%。主要的合金元素有 Cr、Ni、Mo、Cu、Mn、Ti、Nb 等。

碳在不锈钢中与铬形成碳化物，含碳量越高，形成的碳化物越多，钢种的耐蚀性就越差。所以，要求不锈钢的含碳量较低。

合金元素铬是提高不锈钢耐蚀性的主要因素，主要表现为：可使钢的表面生成 Cr_2O_3 保护膜，防止钢表面腐蚀；提高钢的电极电位，并随着钢中含铬量增加，电极电位不断增加，当含铬量达到 12.5% 时，钢的电极电位出现一次突变，所以许多不锈钢的含铬量为 13%；同时可使钢获得单相基体组织。当含铬量小于 17% 时，随含碳量的增加可获得单相马氏体；当含铬量大于 12.7% 时，含碳量较低时，可获得单相铁素体；当含铬量达到 27% 时，铁素体稳定性增加，钢中的含碳量也相应提高。

镍也是提高不锈钢耐腐蚀性的另一重要合金元素，当钢中含铬量为 18%～27%，含镍量大于 8% 时，可以获得单相奥氏体，具有更高的耐蚀性。

钼可提高钢的耐晶间腐蚀的能力，铜可显著提高钢的耐酸腐蚀性。

4）常用不锈钢。

① 马氏体型不锈钢。这类钢的含碳量为 0.1%～1.0%，含铬量为 13%～18%，因淬透性很高，淬火后空冷即能得到马氏体组织，故称为马氏体型不锈钢。马氏体型不锈钢随着含碳量的增加，强度、硬度和耐磨性提高，但耐蚀性降低。其中 1Cr13、2Cr13 类似于普通调质钢，用于制造要求力学性能高、耐蚀性能好的汽轮机叶片、不锈结构件等，热处理采用淬火+高温回火，获得回火索氏体组织；3Cr13、4Cr13 类似于工具钢，用来制造手术刀、量具、弹簧等，热处理采用淬火+低温回火，获得回火马氏体组织。

② 奥氏体型不锈钢。这类钢的含碳量较低，大多在 0.1% 左右，含铬量大于 18%，含镍量大于 8%。利用铬镍的配合在室温下能获得单相奥氏体，具有较高的耐蚀性、塑性，良好的韧性及焊接性，一定的耐热性，无磁性，但强度、硬度较低。奥氏体型不锈钢一般适宜冷作成型，船舶航海仪器中的无磁零件必须使用这种钢。常用的奥氏体不锈钢有 0Cr18Ni9、1Cr18Ni9、0Cr18Ni9Ti 等。奥氏体型不锈钢一般采用固溶处理获得单相奥氏体组织，即将钢加热到 1050～1150℃ 后水冷，使碳化物溶于奥氏体内，快速冷却后即获得单相奥氏体。

③ 铁素体型不锈钢。这类钢的含碳量小于 0.15%，含铬量为 13%～27%，并加入 Mo、Ti、Si、Nb 等。这类钢从高温到低温组织无显著变化，始终保持单相铁素体组织。这类钢不仅耐酸能力强，且抗氧化性好，特别是抗应力腐蚀性能好，塑性也高，但力学性能和工艺性能较差。这类钢多用于受力不大的耐酸结构或作为抗氧化钢使用。0Cr13、0Cr13Al 等常作耐热钢使用，如制造排气阀等。1Cr17、1Cr17Ti 等，可耐大气、淡水、稀硝酸等介质腐蚀。因铁素体型不锈钢加热到 900～1000℃ 组织也不会发生变化，故不能用淬火来强化，通常在退火处理状态下使用。

常用不锈钢的牌号、特性和用途见表 2-6-13。

表 2-6-13　常用不锈钢的牌号、特性和用途

类型	牌号	特性和用途
马氏体型	1Cr12	良好的不锈耐热钢，用来制造汽轮机叶片及高应力部件
	1Cr13	具有良好的耐蚀性、机械加工性，用来制造刃具类
	0Cr13	用来制造较高韧性及受冲击负荷的零件，如汽轮机叶片、不锈设备的衬里、螺栓、螺母等
	Y1Cr13	不锈钢中切削性能最好的钢种，用来制造自动车床
	1Cr13Mo	比 1Cr13 耐蚀性高的高强度钢，用来制造汽轮机叶片、高温部件
	2Cr13	淬火状态下硬度高，耐蚀性良好，用来制造汽轮机叶片
	3Cr13	比 2Cr13 淬火后的硬度高，用来制造刃具、喷嘴、阀座、阀门等
	3Cr13Mo	用来制造较高硬度及高耐磨性的热油泵轴、阀片、阀门轴承、医疗器械弹簧等零件
	1Cr17Ni2	用来制造较高强度的耐硝酸及有机酸腐蚀的零件、容器和设备
铁素体型	1Cr17	耐腐蚀性良好的通用钢种，建筑内装饰用、重油燃烧器部件
	0Cr13Al	从高温下冷却不产生显著硬化，用作汽轮机材料、淬火用部件、复合钢材
	Y1Cr17	比 1Cr17 切削性能高，用来制造自动车床、螺栓、螺母等
	1Cr17Mo	为 1Cr17 的改良钢种，比 1Cr17 抗盐溶液性强，作为汽车外装材料使用
	00Cr12	比 0Cr13 含碳量低，焊接部位弯曲性能、加工性能、耐高温氧化性能好，用来制造锅炉燃烧室
奥氏体型	0Cr18Ni9	作为不锈耐热钢使用最广泛，用于食品用设备，一般化工设备，原子能工业用设备
	1Cr18Ni9	经冷加工有高的硬度，用于建筑用装饰部件
	1Cr18Mn8Ni5N	节镍钢种，代替牌号 1Cr18Ni9
	1Cr18Ni9Ti	用于焊芯、抗磁仪表、医疗器械、耐酸容器及设备衬里、输送管道等设备和零件
	0Cr17Ni12Mo2	在海水和其他各种介质中，耐腐蚀性比 0Cr19Ni9 好，主要用作耐点蚀材料

（2）耐热钢

耐热钢是指在高温下具有抗氧化性和热强性的特殊钢，包括抗氧化钢和热强钢。

抗氧化钢在高温下具有较好的抗氧化性和一定的高温强度，又称不起皮钢。通常在钢中加入足够的 Cr、Si、Al 等元素，生成结构致密的高熔点氧化膜，严密地覆盖在金属表面，使金属与外界的高温氧化性气体隔绝，从而避免进一步氧化。抗氧化钢具有致密、稳定的氧化膜，从而提高了钢的抗氧化性。耐热钢主要用于制造锅炉零件、燃气轮机燃烧室零件等。

热强钢是在高温下具有一定抗氧化能力和较高强度及良好组织稳定性的钢，通常在钢中加入 W、V、Mo 等元素增加钢的蠕变极限或热强度。热强钢主要用于燃气轮机的转子和叶片，柴油机的进、排气阀，锅炉过热器及高温下工作的螺栓、弹簧等。

耐热钢按照组织不同，可分为珠光体型、马氏体型和奥氏体型耐热钢。

1）珠光体耐热钢。珠光体耐热钢常用的牌号有 15CrMo、12CrMoV 等，是低碳低合金钢，工作温度低于 600℃，主要用作锅炉用钢和管道材料等。

2）马氏体耐热钢。马氏体耐热钢有铬钢和铬硅钢两类。含铬量为 10%～13% 的铬钢，具有较高的淬透性和热强度，用来制造工作温度在 580℃ 以下的涡轮叶片，如 1Cr13、2Cr13、1Cr11MoV 等。

铬硅钢属于中碳高合金钢，主要用于制造工作温度低于 750℃ 的柴油机排气阀，所以又称为气阀钢，如 4Cr9Si2、4Cr10Si2Mo 等。

3）奥氏体耐热钢。奥氏体耐热钢是含有大量铬和镍的高合金钢，其中 1Cr18Ni9Ti、1Cr18Ni12Ti 主要用于制造工作温度在 600～700℃ 范围的涡轮叶片。4Cr114Ni14W2Mo 用于制造工作温度低于 750℃ 的柴油机排气阀。

常用耐热钢的牌号、特性和用途见表 2-6-14。

表 2-6-14　常用耐热钢的牌号、特性和用途

类型	牌号	特性和用途
奥氏体型	0Cr18Ni9	通用耐氧化钢，可承受 870℃以下反复加热
	0Cr17Ni12Mo2	高温具有优良的蠕变强度，用于制造热交换用部件、高温耐蚀螺栓
	4Cr14Ni14W2Mo	有较高的热强性，用于制造内燃机重负荷排气阀
	1Cr18Ni9Ti	有良好的耐热性及抗腐蚀性，用于制造加热炉管、燃烧室筒体、退火炉罩
	0Cr18Ni10Ti	用于制造在 400～900℃腐蚀条件下使用的部件，高温用焊接结构部件
	2Cr21Ni12N	用于制造以抗氧化为主的汽油机及柴油机用排气阀
	5Cr21Mn9Ni4N	用于制造以经受高温强度为主的汽油机及柴油机用排气阀
珠光体型	0Cr13Al	由于冷却硬化少，用于制造燃气透平压缩机叶片、退火箱、淬火台架
	1Cr17	用于制造 900℃以下耐氧化部件，散热器、炉用部件、喷嘴
	00Cr12	耐高温氧化，用于制造要求焊接的部件，锅炉燃烧室、喷嘴
马氏体型	4Cr9Si2	有较高的热强性，用于制造内燃机进气阀，轻负荷发动机的排气阀
	4Cr10Si2Mo	有较高的热强性，用于制造内燃机进气阀，轻负荷发动机的排气阀
	1Cr11MoV	有较高的热强性、良好的减振性及组织稳定性，用于透平叶片与导向叶片
	1Cr12WMoV	有较高的热强性、良好的减振性及组织稳定性，用于透平叶片、紧固件、转子及轮盘
	1Cr13Mo	用于汽轮机叶片，高温、高压蒸汽用机械部件
	2Cr13	淬火状态下硬度高，耐蚀性良好，汽轮机叶片

第四节　船体结构用钢及其他船舶设备用钢

一、船体结构用钢

船体结构用钢简称船用钢，指用于制造海船和大型内河船舶的钢。船体结构用钢应符合我国《钢质海船入级与建造规范》中对船体结构钢力学性能的要求。由于船体结构一般采用焊接工艺进行建造，所以要求船体结构用钢应当具有良好的冷变形性能和焊接性能，同时具有一定的强度、冲击韧性和耐海水腐蚀性。所以船体结构用钢都是低碳优质镇静钢。对船体结构钢还必须充分考虑船舶航区的环境温度，对不同温度下钢材的冲击韧性提出不同的要求，特别应提出低温冲击韧性的要求。

1. 一般强度船体结构用钢

一般强度船体结构用钢的牌号由代表冲击韧性等级的字母表示。冲击韧性等级共分A、B、D、E 四级：A——20℃条件下的冲击韧性等级；B——0℃条件下的冲击韧性等级；D—— -20℃条件下的冲击韧性等级；E—— -40℃条件下的冲击韧性等级。

一般强度船体结构用钢的屈服极限均不小于 235MPa。

一般强度船体结构用钢的力学性能见表 2-6-15。

表 2-6-15　一般强度船体结构用钢的力学性能

钢材等级	屈服点 σ_s 不小于/MPa	抗拉强度 σ_b /MPa	延伸率 δ 不小于/%	夏比 V 形缺口冲击试验钢材						
				试验温度/℃	平均冲击功不小于/J					
					厚度 t/mm					
					$t \le 50$		$50 < t \le 70$		$70 < t \le 100$	
					纵向	横向	纵向	横向	纵向	横向
A	235	240～520	22	20	27	20	34	24	41	27
B				0						
D				-20						
E				-40						

2. 高强度船体结构用钢

高强度船体结构钢均为经过细化晶粒处理的镇静钢。强度等级按其最小屈服极限分为 320MPa、360MPa、400MPa 三个等级，每一强度等级又按其冲击韧性的不同分为 A、D、E、F 四级。

冲击韧性等级字母及含义：A——0℃条件下的冲击韧性等级；D——-20℃条件下的冲击韧性等级；E——-40℃条件下的冲击韧性等级；F——-60℃条件下的冲击韧性等级。

高强度船体结构用钢的牌号为：冲击韧性等级字母+强度等级的前二位数字（二位数字）。

屈服强度等级数字表示最小屈服极限值的 1/10。如 E32，表示-40℃条件下的冲击韧性等级 E，屈服极限不低于 320MPa 的高强度船体结构用钢。

高强度船体结构用钢的牌号、力学性能见表 2-6-16。

表 2-6-16　高强度船体结构用钢的牌号、力学性能

牌号	屈服点 σ_s 不小于/MPa	抗拉强度 σ_b /MPa	延伸率 δ 不小于/%	夏比 V 形缺口冲击试验钢材						
				试验温度/℃	平均冲击功不小于/J					
					厚度 t/mm					
					$t \le 50$		$50 < t \le 70$		$70 < t \le 100$	
					纵向	横向	纵向	横向	纵向	横向
A32	315	400～590	22	0	31	22	38	26	46	31
D32				-20						
E32				-40						
F32				-60			不适应			
A36	355	490～620	21	0	34	24	41	27	50	34
D36				-20						
E36				-40						
F36				-60			不适应			
A40	390	510～650	20	0	41	27	不适应			
D40				-20						
E40				-40						
F40				-60						

3. 焊接结构用高强度淬火回火钢

焊接结构用高强度淬火回火钢均为经过细化晶粒处理的镇静钢。强度等级按其最小屈服极限分为 420MPa、460MPa、500MPa、550MPa、620MPa 和 690MPa 六个等级，每一强度等级又按其冲击韧性的不同分为 A、D、E、F 四级。

冲击韧性等级字母及含义：A——0℃条件下的冲击韧性等级；D—— -20℃条件下的冲击韧性等级；E—— -40℃条件下的冲击韧性等级；F—— -60℃条件下的冲击韧性等级。

焊接结构用高强度淬火回火钢的牌号为：冲击韧性等级字母+屈服强度等级数字（三位数字）。

屈服强度等级数字表示最小屈服极限值。如 D460，表示-20℃条件下的冲击韧性等级 D，屈服极限不低于 460MPa 的焊接结构用高强度淬火回火钢。

焊接结构用高强度淬火回火钢的牌号、力学性能见表 2-6-17。

表 2-6-17　焊接结构用高强度淬火回火钢的牌号、力学性能

牌号	屈服点 σ_s 不小于/MPa	抗拉强度 σ_b /MPa	延伸率 δ（横向）不小于/%	夏比 V 形缺口冲击试验钢材		
				试验温度/℃	平均冲击功不小于/J	
					纵向	横向
A420				0		
D420	420	530～680	18	-20	42	28
E420				-40		
F420				-60		
A460				0		
D460	460	570～720	17	-20	46	31
E460				-40		
F460				-60		
A500				0		
D500	500	610～770	16	-20	50	33
E500				-40		
F500				-60		
A550				0		
D550	550	670～830	16	-20	55	37
E550				-40		
F550				-60		
A620				0		
D620	620	720～890	15	-20	62	41
E620				-40		
F620				-60		
A690				0		
D690	690	770～940	14	-20	69	46
E690				-40		
F690				-60		

二、其他船舶设备用钢

1. 锅炉与压力容器用钢

锅炉与压力容器用钢按最小抗拉强度分为 360MPa、410MPa、460MPa 和 490MPa 四个等级，每一强度等级又按其冲击韧性的不同分为 A、B 两个等级。

冲击韧性等级字母及含义：A——20℃条件下的冲击韧性等级；B——0℃条件下的冲击韧性等级。

锅炉与压力容器用钢牌号为：抗拉强度等级数字（三位数字）+冲击韧性等级字母。

410A 表示抗拉强度为 410MPa，20℃条件下冲击韧性等级 A 的锅炉与压力容器用钢。

锅炉与压力容器用钢的等级、力学性能见表 2-6-18。

表 2-6-18　锅炉与压力容器用钢的等级、力学性能

钢材等级		抗拉强度 σ_b /MPa	屈服点 σ_s 不小于/MPa			延伸率 δ（横向）不小于/%		夏比 V 形缺口冲击试验钢材	
			厚度范围/mm			厚度范围/mm		试验温度/℃	平均冲击功不小于/J
			$t≤16$	$16<t≤40$	$40<t≤60$	$t≤40$	$40<t≤60$		
360	A	360～480	205	195	183	26	25	20	27
	B		235	215	195	26	25	0	
410	A	410～530	235	225	215	24	23	20	
	B		265	245	235	24	23	0	
460	A	460～580	285	255	245	22	21	20	
	B		295	285	275	22	21	0	
490	A	490～610	305	275	265	21	20	20	
	B		315	315	305	21	20	0	

2. 船舶管系材料

（1）船舶管系分类

船舶管路是船舶的主要设备。管子是管路系统的基本元件之一，专门用来输送或排出气体、液体。管子及其附件构成管路。管路、机械设备、器具和检测仪表等构成船舶管路系统，简称船舶管系。船舶管系按工作性质与用途不同可分为动力管系和船舶系统管系。

动力管系主要为船舶动力装置中的主、辅机服务，包括燃油管路、滑油管路、冷却水管路、压缩空气管路和排气管路。

船舶系统管系是为了保证船舶安全和满足船员生活需要而设的，包括舱底水系统、压载水系统、消防系统、通风系统、供水系统、制冷与空调系统、货油系统及辅助锅炉装置等。

船舶管系的管子种类很多，主要有以下几种分类方式：

1）按管子的材料分，主要分为碳素钢管、合金钢管、双金属管、紫铜管、黄铜管、铝管和铸铁管等。

2）按管子的制造方法分，主要分为热轧钢管、冷拔钢管、对接焊接钢管、搭接焊接钢管和螺旋形焊接钢管等。

3）按管子用途分，主要分为蒸汽管、水管、煤气管和电缆管等。

（2）船用管子材料

1）管路级别。船舶管路中的管子材料、试验要求、连接形式和热加工工艺均应按照管路级别和用途进行选择。不同压力管路的等级见表 2-6-19。

表 2-6-19　不同压力管路的等级

管路用途	Ⅰ级		Ⅱ级		Ⅲ级	
	设计压力/MPa	设计温度/℃	设计压力/MPa	设计温度/℃	设计压力/MPa	设计温度/℃
输送蒸汽	>1.6	>300	≤1.6	≤300	≤0.7	≤170
输送燃油	>1.6	>150	≤1.6	≤150	≤0.7	≤60
输送其他介质	>4	>300	≤1.4	≤300	≤1.6	≤200

2）船用管子材料的选用原则。

① 碳钢和碳锰钢管，必须为无缝钢管或按验船部门认可的焊接工艺制造的焊接钢管。这类管可用于Ⅰ、Ⅱ级管系，但使用温度不大于 450℃；用于Ⅲ级管系，应根据验船部门认可的技术标准进行制造和试验。

② 铜和铜合金无缝管，可用于Ⅰ、Ⅱ级管系。紫铜和铝黄铜管使用温度不大于 200℃，适于高温用途的特殊青铜管使用温度不大于 260℃，铜镍合金管使用温度不大于 300℃。

③ 灰铸铁管，不得用于Ⅰ、Ⅱ级管系，一般用于Ⅲ级管系和油船货油舱内的货油管路。但不得用于蒸汽管路、消防管路、舱底水管路、压载水管路、锅炉管路、介质温度超过 220℃管路、运载闪点不大于 60℃货油的油船露天甲板上的货油管路、遭受水击和振动严重的管路等。

④ 铁素体球墨铸铁管，可用于双层底舱和货油舱内的舱底、压载和货油管路，不得用于介质温度不小于 350℃的管路。

3）船用管子液压试验分装船前试验和装船后试验。

装船前试验：所有Ⅰ、Ⅱ级管系和设计压力大于 0.34MPa 的蒸汽管、给水管、压缩空气管和燃油管连同附件，在制造完成后，包扎绝热材料或涂上涂层进行试验。

装船后试验：燃油管系、油舱加热管系、通过双层底或深舱的舱底水管路、液压管系应按表 2-6-20 的要求进行试验。

表 2-6-20　装船后的液压试验

管系	试验压力
燃油管系	1.5 倍设计压力，但不得小于 0.4MPa
油舱加热管系	
通过双层底或深舱的舱底小管路	不小于该舱的试验压力
液压管系	1.25 倍设计压力，但不能超过设计压力+7MPa

第七章 铸 铁

铸铁是含碳量大于 2.11%，（常用含碳量为 2.5%～4.0%），并含有较多硅、锰元素及磷、硫等杂质的铁碳合金。铸铁是一种价格低廉、用途广泛的金属材料。与钢相比较，铸铁虽然力学性能较低，但具有许多钢所没有的优良性能，如良好的减振性、耐磨性、铸造性、切削加工性等，且生产工艺及设备简单。因此，铸铁在工业生产中得到了普遍的应用。

第一节 铸 铁 概 述

一、铸铁的石墨化

铸铁中的碳既可以渗碳体形式存在，也可以石墨形式存在。铁中碳原子析出并形成石墨的过程称为石墨化。铸铁实质是钢的基体上分布着不同形态的石墨。故铸铁的性能取决于两方面，一是钢的基体，可进行各种热处理工艺；二是石墨存在的形态、大小和分布。

铸铁中的石墨化过程有三种方式：①从液态合金中直接结晶出石墨；②碳从奥氏体中脱溶析出形成石墨；③已形成的渗碳体加热到高温后，会分解为铁素体和石墨（$Fe_3C \longrightarrow 3F+G$）。一般铸铁在结晶过程中，因为其含碳量（2.5%～4.0%）更接近渗碳体（含碳量为6.69%），而非石墨（含碳量为100%），故析出渗碳体所需的原子扩散量较小，渗碳体晶核容易形成，所以从液态合金中或是从奥氏体中析出的是渗碳体而不是石墨。但是在扩散时间足够的条件下，或是液态合金中含有可以促进石墨化的元素（如稀土、Si 等），便会直接从液态合金中或是奥氏体中析出石墨。

游离态的石墨（G）是一种稳定相。石墨的晶格类型为简单六方晶格，如图 2-7-1 所示。碳原子呈层状排列，同一层晶面上碳原子间距较小，原子结合力较强，而层与层之间间距较大，结合力较弱，所以石墨受力后容易沿层间滑移，而且其强度、硬度、塑性极低，接近 0，硬度仅为 3HBS，比容大。

根据铁碳合金中碳存在的形式，铸铁可分为以下几种类型：

灰铸铁，碳主要以游离态的石墨的形式存在于铸铁中，断口呈暗灰色，生产中广泛使用。

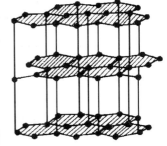

图 2-7-1 石墨的晶体结构

麻口铸铁，碳一部分以石墨形式存在，另一部分以渗碳体形式存在，断口呈黑白相间的麻点。这类铸铁也具有较大的硬脆性，故工业上很少使用。

白口铸铁，碳主要以化合态渗碳体的形式存在于铸铁中，断口呈银白色。这类铸铁组织中都存在共晶莱氏体，硬度高、脆性大，难于切削加工，故很少直接用来制造机械零件。

二、石墨对铸铁性能的影响

石墨（G）对铸铁性能影响很大，主要表现在以下方面：

1）因石墨比容大，使铸件的收缩率下降，故铸铁的铸造性好。

2）因石墨具有良好的润滑性和亲油性，故铸铁的耐磨性好。

3）因石墨的密度小，组织松软，使铸铁具有优良的吸振和消振性（是钢的 10 倍）。

4）因石墨的力学性能几乎为零，对基体起割裂作用，故铸铁可视为具有无数微小裂纹和孔洞的钢，使铸铁力学性能不如钢，其强度、硬度、塑性、韧性均低于钢，降低的程度取决于石墨对基体割裂的程度。

5）同样因石墨对基体的割裂，铸铁对缺口不敏感。

6）因石墨力学性能差，故铸铁切削加工时，切削易断，还可润滑刀具。

铸铁常应用于机床床身、发动机缸体、齿轮、曲轴。

三、影响石墨化的主要因素

影响铸铁石墨化的主要因素是化学成分和冷却速度。

1. 化学成分的影响

碳和硅是强烈促进石墨化的元素。铸铁中碳和硅的含量越高，石墨化进行得越完全。这是因为随着含碳量的增加，液态铸铁中石墨的晶核数目也增多，故促进了石墨化。硅之所以促进石墨化，不仅是由于硅原子和铁原子结合削弱了铁原子与碳原子的结合力，还会使共晶点的含碳量降低，共晶转变温度升高，这些都有利于石墨化。由于共晶成分的铸铁具有最佳的铸造性能，所以灰铸铁中一般将含碳量控制在接近共晶成分的范围内。

硫不仅强烈阻碍石墨化，还恶化了铸铁的铸造性能，如降低铁水流动性，容易产生裂纹等，所以含硫量一般不允许超过 0.15%。

锰虽然也阻碍石墨化，但由于锰能与硫形成硫化锰，削弱硫对石墨化的不利影响，所以铸铁中应保持一定的含锰量，一般为 0.6%～1.3%。

磷对石墨化稍起作用，它能提高铁水的流动性，对铸造薄壁复杂铸件有利；但易增大铸铁的冷脆倾向，故含磷量也应控制在 0.3% 以下。

2. 冷却速度的影响

铸铁结晶过程中的冷却速度对石墨化影响很大。冷却速度快，过冷度大，碳原子来不及扩散，使石墨化难以充分进行，而利于渗碳体的形成；冷却速度小，过冷度小，碳原子有充分时间扩散，利于石墨化进行。在铸造生产中，冷却速度的大小主要决定于浇铸温度、铸件壁厚、铸型材料等。在其他条件相同的情况下，铸件壁越厚，冷却速度越慢，越有利于石墨化进行。

图 2-7-2 为铸铁成分（C 含量+Si 含量）和铸件壁厚（冷却速度）对石墨化的影响。从图中可以看出，薄壁铸件容易得到白口组织；要获得灰口组织就应增加壁厚，增加碳和硅的含量。相反，厚大铸件，为了避免过多、过粗的石墨，应适当减少碳、硅的含量。因此，为了获得具有某种组织的铸件，必须根据铸件的壁厚来选择合适的碳、硅含量。

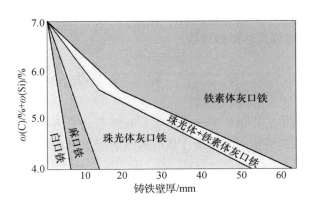

图 2-7-2　铸铁成分和铸件壁厚对石墨化的影响

四、工业铸铁的分类

工业铸铁根据石墨的形态、大小不同，可分为以下几类。

1）普通灰铸铁：铸铁中石墨呈粗片状，如图 2-7-3（a）所示。这类铸铁是生产中应用最广的铸铁。

2）孕育铸铁：灰铸铁经变质处理后，粗大石墨片变成细小石墨片，如图 2-7-3（b）所示，又称变质铸铁。

3）球墨铸铁：铸铁中的石墨以球状形式存在，如图 2-7-3（c）所示，通过球化剂与铁水反应后凝固而得。

4）蠕墨铸铁：铸铁中的石墨以蠕虫状形式存在，如图 2-7-3（d）所示，石墨形态介于片状和球状之间，通过蠕化剂与铁水反应后凝固而得。

5）可锻铸铁：铸铁中的石墨以团絮状形式存在，如图 2-7-3（e）所示，是白口铸铁经过石墨化退火或氧化脱碳可锻化处理而获得的有较高韧性的铸铁。

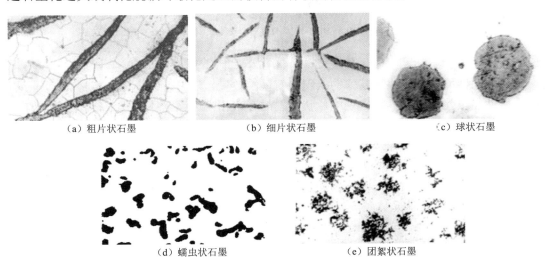

（a）粗片状石墨　　　　　　（b）细片状石墨　　　　　　（c）球状石墨

（d）蠕虫状石墨　　　　　　（e）团絮状石墨

图 2-7-3　各种铸铁的石墨形态

此外，还有合金铸铁，即在上述铸铁中加入一定量的合金元素，如 P、Cu、Mo、Cr、Mn、Si、Al 等，以获得特殊性能的铸铁。

第二节　灰　铸　铁

灰铸铁是机械制造中应用最广的一种铸铁，包括普通灰铸铁和孕育铸铁两种。石墨粗片状的灰铸铁称为普通灰铸铁；石墨细片状的灰铸铁称为孕育铸铁。

一、普通灰铸铁

1. 灰铸铁的化学成分

灰铸铁中含碳量为 2.7%～3.9%，含硅量为 1.1%～2.8%，含锰量为 0.5%～1.4%，含磷量小于 0.30%，含硫量小于 0.15%。

2. 灰铸铁的组织和性能

灰铸铁的组织特点是在钢的基体上分布着片状石墨，显微组织如图 2-7-4 所示。基体可以是铁素体、珠光体或珠光体+铁素体（即 F、P 或 P+F），它们分别相当于工业纯铁、亚共析钢、共析钢的组织。

（a）铁素体灰铸铁　　　　　（b）铁素体+珠光体灰铸铁　　　　　（c）珠光体灰铸铁

图 2-7-4　灰铸铁的显微组织

灰铸铁的性能主要取决于基体的组织和石墨的数量、形态、大小及分布状况。由于石墨的力学性能很差，所以，灰铸铁中片状石墨的存在相当于钢基体中分布着许多小裂纹，它不仅割断了基体的连续性，减少了基体承载的有效面积，而且在石墨尖角处容易导致应力集中，当铸件受拉力或冲击力作用时，易发生脆性断裂。因此，灰铸铁的抗拉强度、疲劳强度都比钢低，塑性、韧性也很差，是典型的脆性材料。而且灰铸铁中石墨的数量越多、片层越粗大、分布越不均匀，则抗拉强度越低。此外，灰铸铁的基体组织对力学性能也有一定的影响，基体中的珠光体越多，灰铸铁的强度、硬度越高。表 2-7-1 中 HT100、HT150、HT200 均为普通灰铸铁。

不过，灰铸铁的抗压强度、硬度主要取决于基体，石墨的破坏作用表现不出来，所以灰铸铁的抗压强度和硬度与相同基体的钢接近。灰铸铁的抗压强度为本身抗拉强度的 3～4 倍。

由于热处理只能改变灰铸铁的基体组织，不能改变石墨的形状和分布状况，这对提高灰铸铁力学性能的效果不大，故灰铸铁的热处理工艺仅有消除应力的退火、改善加工性能的退火、表面淬火等。

二、孕育铸铁

普通灰铸铁组织中石墨片比较粗大，因而其力学性能较低。为了提高普通灰铸铁的力学性能，生产上常进行孕育（变质）处理，即在浇注前向铁水中加入少量孕育剂，改变铁水的结晶条件，从而获得均匀分布的细片状石墨组织，并细化珠光体基体组织。经孕育处理后的灰铸铁称为孕育铸铁。

工业上常用的孕育剂有硅铁和硅钙合金，加入量一般为铁水量的 0.4% 左右。经孕育处理的铸铁，不仅强度有很大提高，而且塑性和韧性也有一定的提高。此外，由于孕育剂的加入，冷却速度对结晶过程的影响减小，使得结晶几乎是在整个体积内进行，因而在铸件各个部位可获得均匀一致的组织。孕育铸铁常用于制造柴油机气缸套、活塞环、机床导轨等。表 2-7-1 中 HT250、HT300、HT350 均为孕育铸铁。

表 2-7-1　灰铸铁的牌号、性能及用途

分类	牌号	基体组织	铸铁壁厚/mm	最小抗拉强度 σ_b/MPa	用途
普通灰口铸铁	HT100	F	2.5～10	130	适用于载荷小，对摩擦、磨损无特殊要求的零件，如盖、外罩、油盘、手轮、支架、底板、重锤等
			10～20	100	
			20～30	90	
			30～50	80	
	HT150	F+P	2.5～10	175	适用于承受中等应力（抗弯应力小于10MPa）的零件，如普通机床上的支柱、底座、齿轮箱、刀架、床身、轴承座、工作台、带轮等
			10～20	145	
			20～30	130	
			30～50	120	
	HT200	P	2.5～10	220	适于承受大应力（抗弯应力小于30MPa）的重要零件，如汽车、拖拉机的气缸体、气缸盖、活塞、缸套、机座、飞轮、刹车轮等
			10～20	195	
			20～30	170	
			30～50	160	
孕育铸铁	HT250	细P	4.0～10	270	
			10～20	240	
			20～30	220	
			30～50	200	
	HT300	S 或 T	10～20	290	适用于承受高弯曲应力（小于50MPa）及拉应力，要求耐磨和高气密性的重要零件，如剪床、压力机等重型机床的床身、机座、机架及受力较大的齿轮、凸轮、衬套，大型发动机的气缸体、缸套、气缸盖、油缸、泵体、阀体等
			20～30	250	
			30～50	230	
	HT350	S 或 T	10～20	340	
			20～30	290	
			30～50	260	

第三节　球　墨　铸　铁

普通灰铸铁经孕育处理后虽然强度得到较大提高，但是由于不能改变石墨的分布形态，故力学性能，尤其是塑性和韧性与钢相比仍然很差。因此，要有效提高铸铁的力学性能，必须改善石墨的分布形态。基于这种观点，在 20 世纪 50 年代发展了一种石墨球状分布的高性能铸铁，称为球墨铸铁。

为了获得球墨铸铁，需将铁水进行球化处理。即在浇注前向铁水中加入球化剂和孕育剂，我国广泛采用的球化剂是稀土-镁合金、稀土。

一、球墨铸铁的化学成分和组织

球墨铸铁中，含碳量为 3.6%～3.9%，含硅量为 2.0%～2.8%，含锰量为 0.6%～0.8%，含磷量小于 0.1%，含硫量小于 0.07%，含镁量为 0.03%～0.05%，含铼量为 0.02%～0.04%（稀土元素）。与灰铸铁相比，球墨铸铁的碳、硅含量较高，对磷、硫的含量限制较严，并且含有少量的镁及稀土元素。

浇注前在铁水中加入一定量的球化剂，使石墨结晶成球状的操作称为球化处理。我国多用稀土-镁合金作为球化剂，克服分别采用镁和稀土元素的缺点，提高球墨铸铁的力学性能。但镁、稀土元素是强烈阻碍石墨化的元素，故在球化处理后需立即进行孕育处理，以获得形状圆整、分布均匀的细小石墨球。

球墨铸铁的组织由钢的基体和球状石墨组成。根据基体不同，球墨铸铁可分为：铁素体基体球墨铸铁、铁素体+珠光体基体球墨铸铁、珠光体基体球墨铸铁三种，显微组织如图 2-7-5 所示。另外，还可以通过等温淬火、调质处理获得下贝氏体基体和回火索氏体基体球墨铸铁。

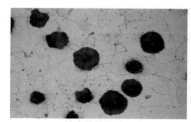
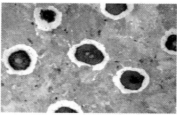
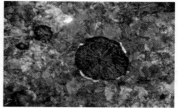

　（a）铁素体基体球墨铸铁　　　　（b）铁素体+珠光体基体球墨铸铁　　　　（c）珠光体基体球墨铸铁

图 2-7-5　球墨铸铁的显微组织

二、球墨铸铁的牌号、性能和用途

球墨铸铁的牌号由"球铁"二字汉语拼音的首字母"QT"和两组数字组成，数字分别表示最低抗拉强度和最小延伸率。如 QT400-18 表示抗拉强度不低于 400MPa，延伸率不小于 18%的球墨铸铁。球墨铸铁中石墨呈球状，对基体的割裂作用以及应力集中现象都大为减轻，同时最大限度提高了基体承受载荷的有效面积，故球墨铸铁的力学性能比灰铸铁高很多，尤其是强度显著提高。而且石墨球直径越小，分布越均匀，力学性能越高。球墨铸铁的强度、塑性和韧性等力学性能超过某些低碳钢，与中碳钢接近。同时球墨铸铁还有许多比钢好的优良性能，如较好的铸造性，良好的切削加工性、耐磨性、减振性等。

球墨铸铁由于具有许多优良的性能，所以应用广泛。它在造船业中可以代替某些中碳钢，用来铸造一些受力复杂而强度、韧性和耐磨性要求高的零件，如用珠光体球墨铸铁制造中、高速柴油机曲轴、连杆，大齿轮等，也可用来制造气缸套、起货机和抛锚机的齿轮、链轮及锅炉与管系的附件等。球墨铸铁的牌号、力学性能和用途见表 2-7-2。

表 2-7-2　球墨铸铁的牌号、力学性能和用途

基体类型	牌号	力学性能				用途
		σ_b /MPa	$\sigma_{0.2}$ /MPa	δ /%	硬度（HB）	
		不小于				
铁素体	QT400-17	400	250	17	130～180	汽车、拖拉机底盘零件；阀体、阀盖等
	QT450-10	450	310	10	160～210	
铁素体+珠光体	QT500-07	500	320	7	170～230	机油泵齿轮
珠光体	QT600-03	600	370	3	190～270	柴油机和汽油机曲轴、连杆、气缸套、凸轮轴；部分车床、磨床主轴
	QT700-02	700	420	2	225～305	
回火索氏体	QT800-02	800	480	2	245～335	
下贝氏体	QT900-02	900	600	2	280～360	汽车、拖拉机传动齿轮

球墨铸铁的主要缺点是凝固时收缩率较大，对球化处理前的铁水要求严格，所以熔炼和铸造工艺要求较高。此外，减振性不如灰铸铁。

三、球墨铸铁的热处理

因球状石墨对基体的割裂作用小，所以球墨铸铁的力学性能主要取决于基体组织，因此通过热处理可显著改善球墨铸铁的力学性能。

1. 退火

退火是为了改善球墨铸铁的切削加工性能，消除铸造应力。当铸态组织中不仅有珠光体，还有渗碳体时，须采用高温退火，使渗碳体分解。当铸态组织中不含渗碳体时，为了获得高塑性、高韧性铁素体基体的球墨铸铁，可进行低温退火。如汽车、拖拉机底盘应进行退火处理。

2. 正火

正火主要是增加基体组织中的珠光体量，并细化组织，提高强度、硬度和耐磨性。如柴油机缸套铸件需要正火。

3. 调质处理

调质处理可获得高的强度和韧性，适用于受力复杂、截面尺寸较大、综合力学性能要求高的铸件，如柴油机曲轴、连杆等重要零件。调质处理可获得回火索氏体和球状石墨组织。

4. 等温淬火

等温淬火是获得高强度和超高强度球墨铸铁的重要热处理方法。等温淬火可以有效地防止变形和开裂，适用于形状复杂、易变形、截面尺寸不大、受力复杂、要求综合力学性能好的球墨铸铁铸件，如齿轮、曲轴、滚动轴承套圈、凸轮轴等。

第四节　蠕 墨 铸 铁

蠕墨铸铁是一种新型高强度铸铁材料，它的强度接近于球墨铸铁，并且具有一定的韧性和较高的耐磨性，同时又具有接近于灰铸铁的良好的铸造性能和导热性。

蠕墨铸铁是在一定成分的铁水中加入适量蠕化剂和孕育剂处理，使石墨形似蠕虫状分布的铸铁。加入的蠕化剂主要采用镁-钛合金、稀土-镁-钛合金或稀土-镁-钙合金等。

一、蠕墨铸铁的化学成分和组织

蠕墨铸铁的化学成分与球墨铸铁相似，要求高碳、高硅、低硫、低磷，并含有一定量的稀土与镁。其中含碳量为 3.5%～3.9%，含硅量为 2.2%～2.8%，含锰量为 0.4%～0.8%，含磷量小于 0.1%，含硫量小于 0.1%。

经蠕化处理后的铸铁中的石墨片比普通灰铸铁中的石墨片要小，端部较圆、较钝，呈蠕虫状，如图 2-7-3（d）所示。蠕墨铸铁的显微组织由基体组织和蠕虫状石墨组成。

二、蠕墨铸铁的牌号、性能与应用

蠕墨铸铁的牌号表示方法与灰铸铁相似，由"蠕铁"二字汉语拼音首字母"RuT"及后面一组数字组成，数字表示最低抗拉强度。例如 RuT420，表示抗拉强度不低于 420MPa 的蠕墨铸铁。蠕墨铸铁的牌号、力学性能和用途见表 2-7-3。

表 2-7-3　蠕墨铸铁的牌号、力学性能和用途

基体组织	牌号	力学性能				用途
		σ_b /MPa	$\sigma_{0.2}$ /MPa	δ /%	硬度（HBS）	
		不小于				
F	RuT260	260	195	3	121～197	增压器废气进气壳体、汽车底盘零件等
F+P	RuT300	300	240	1.5	140～217	适于制造要求较高强度和承受热疲劳的零件，如气缸盖、排气管、液压件、钢锭模等
F+P	RuT340	340	270	1.0	170～249	重型机床件，大型齿轮箱体、盖、座、飞轮，起重机卷筒等
P	RuT380	380	300	0.75	193～274	适于制造要求强度高或耐磨性高的零件，如气缸套、活塞环、制动盘、钢珠研磨盘等
P	RuT420	420	335	0.75	200～280	

蠕虫状石墨的分布形态介于片状和球状之间，所以蠕墨铸铁的力学性能介于相同基体组织的灰铸铁和球墨铸铁之间，兼备灰铸铁和球墨铸铁的某些优点。其强度接近球墨铸铁，并具有一定的塑性、韧性和疲劳强度，有较高的耐磨性；而蠕墨铸铁的导热性、铸造性及

切削加工性均优于球墨铸铁，与灰铸铁接近。蠕墨铸铁在生产中已大量应用，主要用于生产气缸盖、气缸套、钢锭模、阀体等。

第五节　可锻铸铁

可锻铸铁俗称"玛钢"或"马铁"，它是将白口铸铁坯件在高温下经过长时间石墨化退火或脱碳热处理而获得的具有团絮状石墨的一种铸铁。由于石墨呈团絮状，对基体割裂作用小，所以与灰铸铁相比，可锻铸铁具有较高的强度、塑性和韧性。但必须指出，可锻铸铁实际上是不能锻造的。

一、可锻铸铁的化学成分和组织

可锻铸铁中，含碳量 2.2%～2.8%，含硅量为 1.2%～1.8%，含锰量为 0.4%～0.6%，含磷量小于 0.1%，含硫量小于 0.2%。

根据热处理工艺的不同，可获得三种不同基体的可锻铸铁：

1）黑心可锻铸铁，由白口铸铁坯件在中性气氛中经长时间高温石墨化退火而成，退火工艺如图 2-7-6 所示，基体组织为铁素体。因其断口呈黑色，故称黑心可锻铸铁，显微组织如图 2-7-7（a）所示。

2）珠光体可锻铸铁，由白口铸铁坯件在中性气氛中经高温石墨化退火，快速通过共析温度范围，只完成第一阶段石墨化退火而成。其退火工艺如图 2-7-6 所示，基体组织为珠光体，显微组织如图 2-7-7（b）所示。

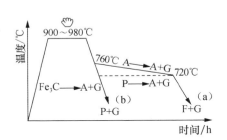

图 2-7-6　可锻铸铁的石墨化退火

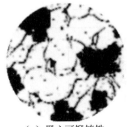
（a）黑心可锻铸铁

（b）珠光体可锻铸铁

图 2-7-7　可锻铸铁的显微组织

3）白心可锻铸铁，由白口铸铁坯件在氧化性气氛中经脱碳退火而制得。其基体组织为铁素体+珠光体+少量渗碳体，因断口白亮，称白心可锻铸铁。白心可锻铸铁生产周期长，成本较高，故工业上应用较少。

二、可锻铸铁的牌号、性能和用途

可锻铸铁的牌号由"可铁"二字的汉语拼音首字母"KT"和代表类别的字母（H、B、Z）及两组数字组成。其中，H 代表"黑心"，Z 代表"珠光体"，B 代表"白心"；两组数字分别代表最低抗拉强度和最小延伸率。例如 KTH300-06，表示抗拉强度不低于 300MPa，延伸率不小于 6%的黑心可锻铸铁。

由于可锻铸铁中石墨呈团絮状，对基体的割裂作用大为减轻，其力学性能优于灰铸铁，并接近于同类基体的球墨铸铁，可用于制作承受冲击和振动的零件。与球墨铸铁相比具有质量稳定，铁水处理简单等优点，尤其是薄壁件，采用球墨铸铁容易形成白口组织，故采用可锻铸铁较为合适。

黑心可锻铸铁具有一定的强度，较高的塑性和韧性，常用于制造承受冲击和振动的零件，如船用电机的机壳、船舶管系接头、水箱等；珠光体可锻铸铁具有较高的强度和硬度，但塑性和韧性不如黑心可锻铸铁，用于制造承受重载荷、耐磨损的零件，如小型曲轴、连杆、齿轮等。

但是可锻铸铁退火时间长，生产过程复杂，因而生产效率低、成本高，在一定程度上使其应用受到限制。可锻铸铁的牌号、力学性能和用途见表2-7-4。

表2-7-4　可锻铸铁的牌号、力学性能和用途

种类	牌号	试样直径/mm	力学性能			硬度（HBS）	用途
			σ_b/MPa	$\sigma_{0.2}$/MPa	δ/%		
			不小于				
黑心可锻铸铁	KTH300-06	12 或 15	300		6	不大于150	承受轻动载荷及静载荷，气密性要求高的零件，如三通管件、中低压阀门等
	KTH330-08		330		8		承受中等载荷和静载荷的工作零件如扳手、犁刀、犁柱、车轮壳等
	KTH350-10		350	200	10		承受较高的冲击、振动的零件，如汽车、拖拉机的前轮壳、差速器壳、转向节壳、制动器等，铁道零件、船用电机壳等
	KTH370-12		370		12		
珠光体可锻铸铁	KTZ450-06		450	270	6	150～200	可用来代替低、中碳钢、低合金钢及有色金属制造承受较重载荷、耐磨和具有韧性的重要零件，如曲轴、凸轮轴、连杆、齿轮、摇臂、活塞环、轴承、犁刀、万向接头、棘轮、扳手、传动链条、矿车轮等
	KTZ550-04		550	340	4	180～230	
	KTZ650-02		650	430	2	210～260	
	KTZ700-02		700	530	2	240～290	
白心可锻铸铁	KTB350-04	9	340		5	≤230	适宜制作厚度在15mm以下的薄壁铸件和焊接后不需进行热处理的零件
		12	350		4		
		15	350		3		
	KTB380-12	9	320	170	15	≤200	
		12	380	200	12		
		15	400	210	8		
	KTB400-05	9	360	200	8	≤220	
		12	400	220	5		
		15	420	230	4		
	KTB450-07	9	400	230	10	≤200	
		12	450	260	7		
		15	480	280	4		

第六节　合　金　铸　铁

随着工业的发展，对铸铁性能的要求也越来越高，不但要求它具有一定的力学性能，有时还要求它具有某些特殊的性能，如耐热性、耐磨性及耐腐蚀性等。为此，可向铸铁中

加入一定量的合金元素，从而形成合金铸铁，也称为特殊性能铸铁。常用的合金铸铁有耐热铸铁、耐磨铸铁和耐蚀铸铁等。

一、耐热铸铁

铸铁的耐热性主要指它在高温下抗氧化和抗热生长的能力。热生长是指铸铁产生不可逆体积长大（也称生长）的现象。在高温下工作的铸件，如加热炉底板、换热器、坩埚、船舶蒸汽锅炉中的炉条、废气管道等，要求有良好的耐热性。

为了提高铸铁的耐热性，在球墨铸铁中加入大量 Si、Al、Cr 等合金元素，使铸铁在高温下表面形成致密的氧化膜，保护内层不被氧化；还提高了铸铁的临界温度，使铸铁在使用温度范围内不发生固态相变，从而提高其耐热性。

二、耐磨铸铁

船用柴油机气缸套、活塞环等都是在润滑条件下工作的铸铁零件，为了提高铸铁的耐磨性，其组织应为软基体上牢固嵌有坚硬的强化相。软基体在磨损后形成凹陷的沟槽可储存润滑油并保持油膜，而坚硬的强化相可承受摩擦。珠光体基体的灰铸铁即是符合这一要求的材料，珠光体是铁素体和渗碳体的层片状组织，铁素体为软基体，磨损后形成贮油沟槽，渗碳体为强化相，同时石墨片也有润滑作用，所以有较好的耐磨性。

为了进一步提高其耐磨性，通常在珠光体基体的灰铸铁（如 HT250、HT300）中加入 0.3%～0.6% 的磷，形成高磷耐磨铸铁。磷在铸铁中的溶解度仅为 0.2%，当含磷量超过 0.2% 时，磷与铸铁中的铁素体和珠光体形成磷共晶体，细小的磷共晶体分布在珠光体基体上，由于磷共晶体硬而脆，故可以显著提高铸铁的耐磨性。

还可以在珠光体基体的灰铸铁中加入其他合金元素，如 Cr、Cu、Mo、B、V、W、Nb 等，形成各种耐磨合金铸铁。合金元素可以使灰铸铁中珠光体增多并细化，也使石墨细化，从而提高铸铁的强度和硬度，耐磨性显著提高。耐磨合金铸铁广泛用于船用柴油机气缸套、活塞环、机床导轨等零件。

三、耐蚀铸铁

耐蚀铸铁是指在腐蚀性介质中工作时具有耐蚀能力的铸铁。普通铸铁的耐腐蚀性很差，因为铸铁组织中的石墨电极电位最高，构成阴极，铁素体电极电位最低，构成阳极，在电解质溶液中发生电化学腐蚀，铁素体不断溶解而被腐蚀。在铸铁中加入 Si、Al、Cr、Mo、Cu、Ni 等合金元素后，一方面在铸铁表面形成一层致密的保护膜，另一方面提高了铁素体的电极电位，从而提高铸铁的耐腐蚀性能力。常用的耐蚀铸铁有高硅、高铝和高铬耐蚀铸铁，主要用于化工机械，如制造容器、管道、泵、阀门等。

第八章 有色金属及其合金

金属材料分为黑色金属和有色金属两大类。黑色金属主要是指钢和铸铁，而把其余金属及合金统称为有色金属。有色金属及其合金的种类很多，虽然它们的产量不及黑色金属多，但是它们具有许多特殊性能和优点，因而成为现代工业技术中不可缺少的材料，特别是在船舶工业上应用更广。本章主要介绍轮机工程中常用的铝、铜及其合金，轴承合金。

第一节 铝及铝合金

一、工业纯铝

1. 性能特点

纯铝是银白色的金属，具有面心立方晶格，无同素异构转变。

纯铝的熔点为 660.4℃，密度为 2.7g/cm³，约为铁或铜的 1/3，是一种轻金属材料。纯铝具有良好的导电性和导热性，仅次于银和铜。纯铝在空气中具有良好的耐蚀性，这是由于在空气中其表面能生成一层致密的 Al_2O_3 保护膜，保护了内部金属不被腐蚀。但铝与碱接触极易被腐蚀。

纯铝的塑性好（δ =50%，ψ = 80%），可通过冷、热加工制成各种型材。但强度、硬度很低（σ_b =80～100MPa，20HBS），不适合制作零件。通过加工硬化可以提高纯铝的强度（σ_b =150～250MPa），但塑性有所降低。

工业纯铝主要用于制作导电体、导热体和耐大气腐蚀而对强度要求不高的用品，如电线、电缆、散热片、电线保护套管等。

2. 工业纯铝的代号

工业纯铝的纯度为 99.7%～99.8%，常见杂质有 Fe 和 Si，铝中杂质越多，其导电性、耐蚀性和塑性就越差。根据杂质的含量，工业纯铝有 L1、L2、L3、L4、L4-1、L5、L5-1、L6 等级，其中"L"是"铝"的汉语拼音字首，数字表示序号，序号越大，纯度越低。

二、铝合金

铝中加入适量合金元素构成铝合金，可以获得较高的强度，并保持良好的加工性能。许多铝合金不仅可以通过冷变形来提高强度，还可以利用合金元素进行固溶强化、时效强化及变质强化来改善性能。因此铝合金可以用来制造承受较大载荷的机器零件和构件。根据要求不同，加入的合金元素有 Si、Mg、Cu、Mn 等。

铝合金一般具有图 2-8-1 所示的相图。根据铝合金成分和加工工艺特点不同，将铝合金分为形变铝合金和铸造铝合金两类。

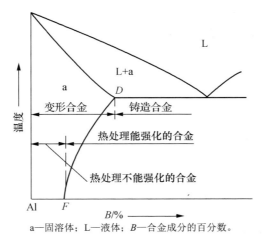

a—固溶体；L—液体；B—合金成分的百分数。

图 2-8-1　铝合金相图的一般形式

1. 形变铝合金

在图 2-8-1 中，合金成分含量低于 D 点的铝合金，在加热后能形成单相固溶体组织，塑性较好，适合变形加工，称为形变铝合金。

（1）硬铝合金

硬铝合金属于 Al-Cu-Mg 系合金，加入 Cu 和 Mg 可使铝合金形成强化相，故能通过淬火时效处理而获得相当高的强度。它在淬火时效状态下有较好的切削加工性，但耐蚀性较差。其牌号用"LY"（"铝"和"硬"二字的汉语拼音首字母）加顺序号表示，如 LY11。硬铝合金应用很广，可轧成板材、管材和型材以制造各种铆接与焊接零件。

（2）超硬铝合金

超硬铝合金属于 Al-Cu-Mg-Zn 系合金，它的强度在铝合金中最高。其牌号用"LC"（"铝"和"超"二字的汉语拼音首字母）加顺序号表示，如 LC4。超硬铝主要用于受力较大而要求重量轻的结构件，如飞机大梁、起落架等。

（3）锻铝合金

锻铝合金属于 Al-Cu-Mg-Si 系合金和 Al-Cu-Mg-Ni-Fe 系合金，这类合金加入的合金元素种类多，但含量少，因而具有良好的热塑性，适合锻造。其牌号为"LD"（"铝"和"锻"二字的汉语拼音首字母）加顺序号表示，如 LD6。锻铝合金主要用来制造各种锻件和模锻件，如航空发动机活塞、直升机桨叶等。

2. 铸造铝合金

用来制造铸件的铝合金称为铸造铝合金（简称为铸铝），即图 2-8-1 中合金成分含量高于 D 点的铝合金。铸造铝合金具有共晶组织，流动性好，可以浇铸各种复杂形状的铸件。

根据主要合金元素的不同，铸造铝合金可分为四类：Al-Si 系、Al-Cu 系、Al-Mg 系和 Al-Zn 系。铸造铝合金的牌号用"ZL"加三位数字表示，"ZL"是"铸铝"二字的汉语拼音首字母；第一位数字表示主要合金类别，如"1"表示 Al-Si 系，"2"表示 Al-Cu 系，"3"表示 Al-Mg 系，"4"表示 Al-Zn 系；第二、三位数字表示合金的序号。

（1）Al-Si 系铸造铝合金

Al-Si 系铸造铝合金俗称硅铝明，是一种应用最广的铸造铝合金。这类合金具有良好的铸造性能，如流动性好、收缩及热裂倾向小、密度小，有足够的强度，耐蚀性好。其牌号有 ZL101～ZL111。

其中，ZL108、ZL110 称为特殊硅铝明，主要用于制造船用中高速柴油机、汽车和拖拉机的柴油机或汽油机的活塞，及其他在 250℃ 以下工作的零件等。

ZL108 为铝硅系 8 号铸造铝合金，其比重小，热膨胀系数低，导热率高，耐热性好，铸造性良好，可进行精密铸造，可进行热处理强化，室温和高温下的力学性能较高；强度、硬度较高，耐磨性好，是常用的活塞材料。

ZL110 为铝硅系 10 号铸造铝合金，具有较高的耐热性、耐磨性，切削加工性能良好，铸造性尚好，熔炼简单，不需变质处理；但与 ZL108 相比，其热膨胀系数较高，比重大，耐磨性也较低，用于制造船用中、高速柴油机活塞。

（2）Al-Cu 系铸造合金

这类合金具有较高的耐热强度，可制造高温下工作的零件。但由于组织中共晶体少，故铸造性能差，耐蚀性也不好，目前大部分被其他合金所代用。其牌号有 ZL201、ZL202、ZL203。

（3）Al-Mg 系铸造合金

这类合金的特点是密度小、耐蚀性好、强度高，但铸造性能差，易产生热裂和缩松，多应用于承受冲击、振动载荷和腐蚀条件下工作的零件，如海轮配件、泵用零件等。其牌号有 ZL301、ZL302。

（4）Al-Zn 系铸造合金

这类合金强度较高，但耐蚀性差；工艺性很好，可用于在铸态下直接使用的零件，如汽车、飞机、仪表、医疗器械等。其牌号有 ZL401、ZL402 等。

第二节　铜及铜合金

铜及其合金按其表面颜色，分为紫铜、黄铜、青铜和白铜，其中后三种为铜合金。

一、紫铜

紫铜即工业纯铜，因在大气中表面形成的氧化铜膜呈紫色而得名。

1. 性能特点

紫铜密度为 $8.96g/cm^3$，熔点为 1083℃；在固态下具有面心立方晶格，无同素异晶转变。

紫铜具有良好的导电性和导热性，仅次于银；在大气、淡水中具有良好的耐蚀性；塑性极好，可进行各种形式的冷、热压力加工；但是强度较低（σ_b=230～250MPa），不适合制作零件和构件。其力学性能见表 2-8-1。

表 2-8-1 紫铜的力学性能

状态	力学性能	
	σ_b / MPa	δ / %
铸造	180～220	15～25
轧制、退火	250～270	40～50
冷加工	400～450	1～16

2. 紫铜的代号

紫铜的纯度为 99.95%～99.5%，紫铜中的杂质对其性能影响很大，其中有害杂质铋和铅会引起紫铜的热脆，而硫、氧会导致紫铜的冷脆。根据杂质的含量，紫铜分为四个等级，代号为 T1、T2、T3 和 T4。代号中"T"是"铜"的汉语拼音首字母，数字表示序号，序号越大，纯度越低。

3. 紫铜的热处理

紫铜的热处理有再结晶退火，目的是消除紫铜的冷加工硬化，并进行软化，一般最适合的退火温度为 600～650℃，然后在水中冷却，以除去表面的灰黑色氧化皮（CuO）。如在船上，轮机人员利用喷灯对硬化的紫铜管、紫铜垫片等加热至发红后立即水冷，来进行软化退火。

紫铜主要用于制造电线、电缆等导电器材和紫铜管材。船舶动力装置中的柴油机润滑油管、锅炉水管、蒸汽管和密封垫片（如气缸盖垫片）等采用紫铜制成。

二、黄铜

黄铜是以铜和锌为主要元素的合金。按化学成分的不同，黄铜可以分为普通黄铜和特殊黄铜；按生产方式不同，黄铜可分为压力加工黄铜和铸造黄铜。

1. 普通黄铜

普通黄铜是由铜和锌组成的二元合金。

（1）普通黄铜的成分与性能

普通黄铜的性能与含锌量之间的关系如图 2-8-2 所示，含锌量达 30%时其塑性最大，含锌量达 45%时其强度最高，含锌量继续增加，其强度、塑性均下降。因此，工业生产中的黄铜含锌量一般不超过 47%。

（2）普通黄铜的牌号、性能和用途

压力加工普通黄铜的牌号由"H"（"黄"字的汉语拼音首字母）与数字组成，数字表示合金中含铜百分数。例如，H68，即表示含铜 68%，余量为锌的压力加工普通黄铜。

铸造普通黄铜的牌号为："Z"（"铸"字的汉语拼

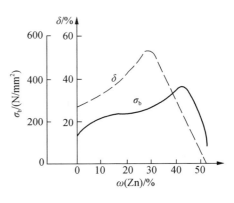

图 2-8-2 含锌量对黄铜力学性能的影响

音首字母）+铜元素符号+锌元素符号及其含量，如 ZCuZn38，表示含锌 38%、余量为铜的铸造普通黄铜。

黄铜二元相图中液相线与固相线间隔小，所以铸造黄铜的铸造性能好，即流动性好，偏析倾向小，铸件组织致密，适于铸造复杂和精致的铸造制品。

普通黄铜在船上应用较广，可用于制作冷凝管、水泵零件、冷藏零件和散热片等。

（3）普通黄铜的腐蚀

1）季裂：含锌量大于 7%（尤其是含锌量大于 20%）的黄铜，经冷加工后，因有残余应力，在潮湿的大气、海水，特别在氨的介质中易发生自动开裂，这种现象通常称为"季裂"。季裂是应力和腐蚀介质共同作用产生的电化学腐蚀现象。黄铜的季裂随含锌量的增加而加剧，一般可用低温去应力退火来消除应力而防止季裂现象；或者可以加入适量的 Sn、Si、Al、Mn 等元素来显著降低对应力腐蚀开裂的敏感性。

2）脱锌：黄铜的另一种腐蚀现象就是脱锌，脱锌是黄铜制件表面氧化膜局部破坏后，锌溶于盐水或酸性溶液，造成制件表面残留一层多孔海绵状的纯铜。实质是因锌的电极电位远低于铜而发生的电化学腐蚀。

2. 特殊黄铜

为了改善和提高普通黄铜的耐蚀性、力学性能及工艺性，减少应力腐蚀倾向，在普通黄铜中加入少量的硅、铝、铅、锡、锰、铁及镍等元素而形成的黄铜，称为特殊黄铜。根据主加元素的不同，特殊黄铜有锡黄铜、锰黄铜、铝黄铜等。

压力加工特殊黄铜的牌号为："H"+主加元素符号+铜含量+主加元素含量。例如 HMn58-2，表示含铜 58%、含锰 2%、余量为锌的压力加工锰黄铜。

铸造特殊黄铜的牌号为："Z"+铜元素符号+锌元素符号及其含量+其他合金元素符号及其含量，如 ZCuZn40Mn2 表示含锌 40%、含锰 2%，余量为铜的铸造锰黄铜。

（1）锡黄铜

锡元素可使黄铜在海洋大气和海水中的耐蚀性大大地提高，同时强度也得以提高，又称为海军黄铜。如 HSn70-1 常用于制造冷却器及冷凝器的管子。

（2）锰黄铜

锰元素可使黄铜的强度有较大的提高，同时还可提高其在海水、氯化物及热蒸汽中的耐蚀性。如 ZCuZn40Mn2，用于制造尾轴的轴套，ZCuZn41Mn3Fe1 中加入 1%的铁，使黄铜的强度和韧性提高，用于制造螺旋桨。

（3）铝黄铜

铝元素可使黄铜的强度和硬度提高，改善黄铜的耐蚀性。用于制造船舶上的冷凝器管子等耐蚀零件。在铝黄铜中加入适量的镍、锰、铁可获得高强度、高耐蚀性的铝锰铁黄铜，如 ZCuZn26Al6Fe3Mn3 可用于制造军舰的螺旋桨、大型蜗杆等。

三、青铜

除黄铜（Cu-Zn）和白铜（Cu-Ni）以外的铜合金称为青铜。青铜又分为锡青铜和无锡青铜。

青铜按生产方式不同，可分为压力加工青铜和铸造青铜两大类。压力加工青铜的牌号为："Q"（"青"字的汉语拼音首字母）+主加元素符号及其含量+其他合金元素含量。如QPb30 表示含铅 30%、含铜 70%的铅青铜。铸造青铜的牌号与铸造黄铜的牌号表示方法相同，如 ZCuSn10Pb1。

1. 锡青铜

以锡为主加合金元素的铜合金称为锡青铜。

（1）锡青铜的成分和性能

锡在铜中形成固溶体，也可形成金属化合物。根据锡含量的不同，锡青铜的组织和力学性能也不相同，如图 2-8-3 所示。$\omega(Sn) \leqslant 5\%$，为单相组织，塑性好，适于冷、热加工；$5\% < \omega(Sn) < 7\%$，为两相组织，塑性下降，硬度提高，宜热加工。常用锡青铜的含锡量为 3%～14%，$\omega(Sn) > 20\%$，其强度急剧下降。

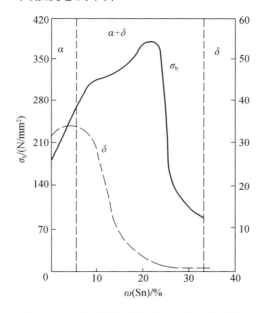

图 2-8-3　锡青铜力学性能与含锡量的关系

锡青铜铸造性好（铜中最优）、收缩率小，适宜铸造形状复杂的零件；易形成分散缩孔，使材质不够致密，高压下容易渗漏；在气、淡水、海水和水蒸气中的耐蚀性较高；优良的耐磨性 [$\omega(Sn) = 10\%$时最好]，较高的强度，良好的抗磁性及低温韧性。

辅加合金元素中，铅用以提高耐磨性和改善切削加工性；锌能够缩小结晶温度，改善铸造性，提高强度；磷可提高耐磨性、流动性，利于脱氧。

（2）锡青铜的用途

含锡量小于 8%的锡青铜，适宜冷热压力加工，通常加工成板、棒、管等型材使用；适宜制造仪表上要求耐蚀及耐磨的零件、弹性零件、抗磁零件及机器中的轴承、轴套等。

含锡量大于 10%的铸造锡青铜具有良好的铸造性，适于铸造形状复杂但致密度要求不高的零件，是良好的减磨材料。如 ZCuSn10P1，可作轴承合金，制造连杆小端、摇臂处的整体衬套和齿轮、涡轮等。

2. 无锡青铜

（1）铝青铜

以铝为主加元素的铜合金称为铝青铜。铝青铜的力学性能高于锡青铜和黄铜，并具有更高的强度、耐磨性和耐蚀性，并能进行热处理强化。铸造铝青铜的结晶温度范围小，流动性好，形成晶内偏析和分散缩孔的倾向小，但收缩率较大，易获得组织致密的铸件。

在铝青铜中还可添加 Fe、Ni、Mn 等合金元素，以提高强度、耐磨性和耐蚀性。例如，QA19-4 为平均含铝 9%、平均含铁 4%的铝青铜，用于制造阀座、摇臂衬套等；QAl12-8-3-2 是含 Mn、Pb、Ni 的铝青铜，用于制造大型船用螺旋桨。

（2）铅青铜

以铅为主要元素的铜合金称为铅青铜。铅青铜主要用作耐磨材料，如 QPb30 为含铅30%的铅青铜，用于制作大功率高速柴油机轴承。

（3）硅青铜

以硅为主要元素的铜合金称为硅青铜。如 QSi3-l 为含硅 3%、含锰 1%的铜硅合金，常用于制造船舶辅机零件及排水系统管件。

（4）铍青铜

以铍为主要元素的铜合金称为铍青铜。铍青铜不仅具有高的强度和硬度，而且具有高的弹性极限、疲劳极限、耐蚀性，主要用来制作精密仪器、仪表中各种重要用途的弹性元件和耐蚀、耐磨零件等，如铍青铜 QBe2 用于制作高速止回阀阀片和重要弹簧。

四、白铜

以镍为主要合金元素的铜合金称为白铜。普通白铜仅含 Cu 和 Ni，其牌号为：B+平均含镍量，"B" 为 "白" 的汉语拼音首字母。例如，B19 表示含镍 19%，余量为铜的普通白铜。

普通白铜中加入 Zn、Mn、Fe 等元素构成特殊白铜，根据加入的合金元素种类分别称为锌白铜、锰白铜、铁白铜。其牌号为：B+其他元素符号+平均含镍量+其他元素的平均含量。例如，BZn15-20 表示含镍 15%，含锌 20%，余量为铜的锌白铜。

在固态下，Cu 与 Ni 无限互溶，因此工业白铜的组织为单相 α 固溶体，有较好的强度和优良的塑性，能进行冷、热变形，冷变形后能提高强度和硬度；耐蚀性很好，电阻率较高。工业白铜主要用于制造船舶仪器零件、化工机械零件及医疗器械等。含锰量高的锰白铜可制作热电偶丝。

第三节　轴　　承

轴承是用来支承轴，使其能实现回转运动的重要部件。机器工作的可靠性、承载能力、寿命长短和传动效率，都与轴承的选用是否正确有密切关系。

一、轴承的要求与作用、分类

轴承在机器中有两大主要要求与作用：具有一定的强度和刚度支承轴或轴上回转零件，

保持轴的旋转精度；具有小的摩擦力矩，使回转件转动灵活，减少转动时轴与支承之间的摩擦和磨损。

轴承按照工作元件的摩擦性质不同，可分为滑动轴承和滚动轴承两大类。滑动轴承按其摩擦状态不同又可分为液体摩擦滑动轴承和非液体摩擦滑动轴承。

轴承按承受载荷的方向，又可分为如图 2-8-4（以滚动轴承为例）所示三种类型：承受径向载荷 F_r 的径向轴承，如图 2-8-4（a）所示；承受轴向载荷 F_a 的推力轴承，如图 2-8-4（b）所示；同时承受径向载荷 F_r 和轴向载荷 F_a 的径向推力轴承，如图 2-8-4（c）所示。

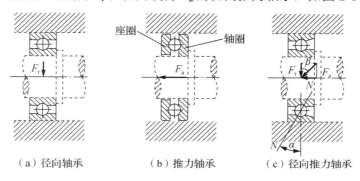

（a）径向轴承　　　　（b）推力轴承　　　　（c）径向推力轴承

图 2-8-4　轴承按承受载荷方向分类

二、滑动轴承

1. 滑动轴承概述

（1）滑动轴承的分类

1）按受载方向分类：分为径向轴承（包括整体式和剖分式轴承）、推力轴承、径向推力轴承。

2）按润滑状态分类：分为液体润滑滑动轴承（包括液体动压润滑和液体静压润滑）、混合润滑滑动轴承（摩擦表面为液体摩擦+边界摩擦）。

3）按轴瓦使用的材料分类：分为单材料轴承和多材料轴承。单材料轴承，如黄铜、灰铸铁等制成的轴承；多材料轴承，以钢、铸铁或青铜作轴瓦基体，在其表面浇注一层或两层很薄的减摩材料（称为轴承衬≤6mm）。

（2）滑动轴承的特点

滑动轴承的主要优点：①普通滑动轴承结构简单，径向尺寸小；制造、装拆方便；②承载能力大，具有良好的耐冲击性和吸振性；运转平稳、噪声低，旋转精度高；③高速时比滚动轴承的寿命长；④可做成剖分式。其在船舶动力装置中被广泛应用。例如柴油机、增压器、空气压缩机、轴系、锚机及绞缆机等的轴承均为滑动轴承。

滑动轴承的主要缺点：①维护复杂；②对润滑条件要求高；③边界润滑时轴承的摩擦损耗较大。

2. 滑动轴承的摩擦状态

滑动轴承在工作时，由于相对滑动速度、载荷、润滑条件及轴颈与轴瓦的材料和工作面粗糙度的不同，滑动轴承的摩擦状态也不相同。

（1）液体摩擦状态

在充分润滑的条件下，轴颈与轴承之间形成并保持足够厚度的一层压力油膜，从而将轴颈与轴承之间的滑动表面完全隔开，因此消除了金属之间的摩擦与磨损，这种状态称为液体摩擦状态。液体摩擦状态的轴承，其工作阻力主要是润滑剂的内摩擦阻力，摩擦系数小（$f = 0.001 \sim 0.008$），产生的磨损也最小，这是一种最理想的摩擦状态。

液体摩擦状态使两摩擦表面隔开的方法有两种：一种是利用摩擦表面的有利几何形状和表面间的相对运动使润滑剂流体产生楔形油膜或挤压油膜，以承受外部载荷并隔开摩擦表面，这种润滑称为流体动压润滑。另一种是流体静压润滑，利用外部压力将具有一定压力的润滑剂流体不断地打入摩擦表面间并使之隔开。例如低速二冲程柴油机十字头销轴承，由于十字头销的运动速度较低，达不到产生动压润滑的要求，而此处轴承所需的承载力大，故采用流体静压润滑。

流体动压润滑依靠轴承或相对运动表面在运动方向上构成几何收敛楔形而产生的楔形效应。为此，相对运动零件或者在结构上自然形成楔形油膜，如轴与轴承、推力块与推力环等均能在运转时形成楔形油膜，或者在零件表面上设计成一定的形状，以便运转时产生楔形效应，建立楔形油膜。在此基础上，只要具备以下条件，建立楔形油膜，就能实现流体动压润滑。

1）摩擦表面应具有较高的加工精度和表面粗糙度等级。

2）摩擦表面间具有一定的合适配合间隙。

3）保证连续而又充分地供给一定温度下黏度合适的润滑油。

4）相对运动零件必须具有足够高的相对滑动速度。

如图 2-8-5 所示为轴与轴颈之间液体润滑油膜的形成过程。轴静止时，轴颈在自重作用下与轴承在最下方接触，在两侧形成楔形间隙，润滑油充满此间隙。当轴开始旋转时，由于润滑油具有黏性，附着在轴颈表面，被轴颈带着一起转动，从上部较宽的进油空间携带到狭窄空间。此层润滑油在楔形空间互相挤压，由于润滑油的可压缩性极小，挤压的结果是楔形油膜压力骤增，产生了使轴颈向上抬起的力。楔形油膜的压力随轴颈转速升高而增加，当轴颈转速升高到一定值时，液体油膜的压力使轴微微向上抬起，与轴承分开，在轴颈与轴承之间便形成了完整的液体油膜，这时轴与轴承即形成液体摩擦。在油膜厚度最小为 δ_{min}，油膜压力最大为 p_{max}。柴油机中的主轴承、连杆大端轴承、推力块式推力轴承及柴油机活塞环与缸套在正常工作期间活塞处于行程中部位置时均属于此类润滑。船舶机器在实际运转中，在起动、停车或者不稳定工况运转时，摩擦副难以实现或保持流体动压润滑而产生磨损。

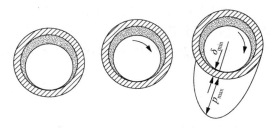

图 2-8-5　轴与轴颈之间液体润滑油膜的形成过程

（2）非液体摩擦状态

除了液体摩擦状态以外的其他摩擦状态，通称为非液体摩擦状态。它又可分为干摩擦、边界摩擦和混合摩擦三种状态。

1）干摩擦状态。如图 2-8-6（a）所示，两个摩擦表面之间（轴颈表面与轴承孔表面）没有任何润滑剂而直接接触时所产生的摩擦称为干摩擦。此时，摩擦系数大（$f = 0.1 \sim 0.5$）。实际生产中，如果轴承处于干摩擦，其磨损和发热会很严重，最后引起烧瓦而使轴承报废，严重时还会引燃周围易燃粉尘造成火灾，所以这种摩擦状态必须避免。

2）边界摩擦状态。如图 2-8-6（b）所示，当摩擦表面间只有少量的润滑剂时，依靠润滑剂和加入润滑剂中添加剂的物理、化学性能，使金属表面的分子和润滑剂分子之间具有吸附作用，因而在金属表面上形成一层牢固且极薄（小于 $0.1\mu m$）的吸附油膜称为边界油膜。由于边界油膜极薄，不足以将两金属表面完全分隔开，还由于两金属表面微观不平的高峰部分相互搓削，故轴与轴承之间仍有摩擦和磨损，这种摩擦状态称为边界摩擦状态。边界摩擦状态虽不能完全消除金属表面的磨损，却可以显著减少摩擦和磨损。此时，摩擦系数要比干摩擦状态低得多（$f = 0.01 \sim 0.1$）。

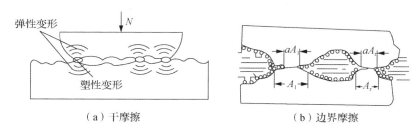

（a）干摩擦　　　　　　　　　　（b）边界摩擦

图 2-8-6　滑动轴承的非液体摩擦状态

3）混合摩擦状态。它是以液体摩擦状态和边界摩擦状态为主，并伴随有部分干摩擦状态的一种摩擦状态，称为混合摩擦状态。其摩擦系数 $f = 0.005 \sim 0.1$。

金属零件在工作中，其表面的摩擦状态并不是一成不变的，有时是一种摩擦状态，有时又变成另一种摩擦状态，有时几种摩擦状态混合存在。例如，发动机曲轴的轴颈与轴瓦，在正常工作状态下，能够达到比较理想的液体润滑，但在起动之初或在曲轴承受冲击载荷时，油膜难以形成或受到破坏，即会出现边界摩擦甚至干摩擦。又如，活塞与气缸之间正常工作中可以形成边界摩擦，但当气缸过热时，吸附膜被烧坏，就会出现干摩擦。

在实际生产中，轴承的干摩擦是不允许存在的，而边界摩擦是不能单独存在的，因而大多数属于混合摩擦状态。

3. 滑动轴承的主要失效形式

非液体摩擦滑动轴承的主要失效形式是磨损和胶合。

由于轴上零件的工作载荷完全通过轴承工作面传递给机座，因此工作压力较大。轴颈回转时，工作面间产生较大的相对滑动摩擦，导致零件磨损、配合间隙增大，从而影响了旋转精度，甚至使轴承不能正常工作。

当轴承受载荷过大、速度过高，且润滑不良时，摩擦将加剧、发热过多，造成胶合失效，严重时出现烧瓦或抱轴事故。

4. 滑动轴承的结构

（1）径向滑动轴承

径向滑动轴承的结构有剖分式（两半式）和整体衬套式两种形式，如图 2-8-7 所示。剖分式便于轴的安装，间隙可调整，但结构复杂，应用于船用柴油机的主轴承、曲柄销轴承和十字头轴承；整体式结构简单，成本低廉，但磨损后轴颈与轴承孔之间的间隙无法调整，只能沿轴向装拆，活塞销轴承和摇臂轴承多为整体衬套式轴承。两半式滑动轴承由轴承座、轴承盖和上、下轴瓦及螺栓组成。上、下轴瓦又分为厚壁式和薄壁式两种。

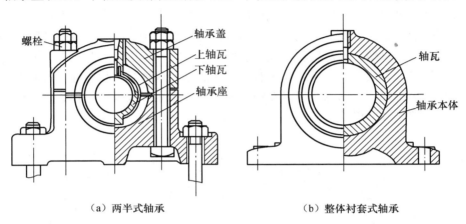

（a）两半式轴承　　　　　　　　　（b）整体衬套式轴承

图 2-8-7　滑动轴承的分类

两半式滑动轴承轴瓦又由瓦壳和紧贴轴颈的瓦衬（耐磨合金层）两部分组成，在瓦壳上浇铸一层耐磨合金层或直接把钢板与耐磨合金层轧制在一起，还可以采用烧结的方法制成。用来制造轴瓦耐磨合金层的材料即为轴承合金。船用滑动轴承轴瓦的结构形式通常有以下三种。

1）两半式滑动轴承。厚壁用铸造方法制造，将轴承合金用离心铸造法浇铸在其表面，轴瓦内表面制出各种形式的孔位、沟槽；薄壁用板材轧制的方法制造，轴瓦刚性小，受力后形状取决于轴承座的形状，轴瓦与轴承座需精密加工。

① 两半式厚壁轴瓦。厚壁轴瓦的厚度大于 $0.064D$（D 为轴径），如图 2-8-8（a）所示，合金层厚度为 0.75～2mm。厚壁瓦的瓦壳材料多为低碳钢，瓦衬材料通常是巴氏合金。厚壁轴瓦刚性大，允许拂刮，在上、下轴瓦的结合面上又有垫片，可以用来调整轴承间隙。这种轴瓦主要用于中、低速船用柴油机的主轴承、曲柄销轴承和十字头轴承等。

② 两半式薄壁轴瓦。薄壁轴瓦厚度一般为 $0.02～0.065D$（D 为轴径），如图 2-8-8（b）所示，合金层厚度为 0.2～0.7mm。薄壁轴瓦的瓦壳材料一般为低碳钢，瓦衬材料可用巴氏合金、铜基轴承合金或铝基轴承合金等。薄壁轴瓦不允许拂刮，因为在瓦面上往往镀上一层薄薄的软金属层，如果把软金属层刮去，轴瓦就会失去它应有的性能。薄壁轴瓦在上、下瓦的结合面上没有垫片，只能用调换轴瓦的方式来调整轴承间隙。这种轴瓦主要用于中、高速柴油机的轴承。

2）整体式衬套。整体式衬套常采用青铜，有时在衬套的内圆表面上再浇铸一层巴氏合金，如图 2-8-8（c）所示。这种轴套结构简单，但轴的装拆不方便，主要用于筒状活塞式柴油机连杆小端轴承和摇臂轴承等。

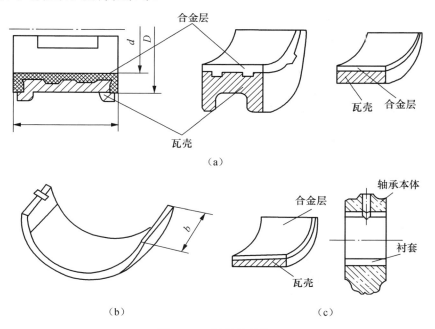

（a）

（b）　　　　　　　　　　　　（c）

图 2-8-8　轴瓦的结构

3）调心式滑动轴承。如图 2-8-9 所示，将轴瓦的外面制成球面结构，当轴倾斜时，轴瓦能自动调整位置，以适应轴的偏斜，保证轴颈与轴承配合表面接触良好，从而避免产生偏载。此类轴承主要用于轴的刚度较小，轴承宽度较大的场合。

需注意的是，调心式轴承必须成对使用才能起到调心的效果。

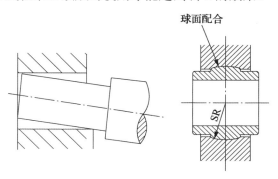

图 2-8-9　调心式滑动轴承

（2）推力滑动轴承

轴上的轴向力应采用推力轴承来承受。止推面可以利用轴的端面，也可在轴的中段做出凸肩或装上推力圆盘。两平行平面之间是不能形成动压油膜的，因此须沿轴承止推面按若干块扇形面积开出楔形。图 2-8-10（a）所示为固定式推力滑动轴承，其楔形的倾斜角固定不变，在楔形顶部留出平台，用来承受停车后的轴向载荷。图 2-8-10（b）所示为可倾式推力滑动轴承，其扇形块的倾斜角能随载荷、转速的改变而自行调整，如图 2-8-10（c）所示，因此性能更为优越。扇形块数一般为 6～12。

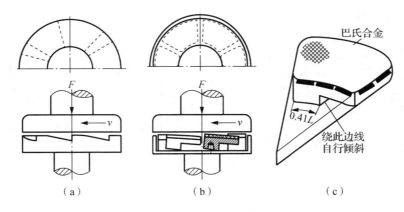

图 2-8-10　推力滑动轴承

5．滑动轴承的润滑

润滑是指通过润滑剂改善摩擦副表面的摩擦状态，降低摩擦阻力，减缓磨损作用的技术，润滑可以影响和改变所有摩擦和磨损过程，能够显著提高机器设备的使用性能、延长使用寿命并减少能源和材料的消耗。有力推动经济高效、节能降耗、绿色低碳、循环再生发展和增长方式的转变。

（1）润滑的作用

1）降低摩擦系数。减少磨损，如在良好的液体摩擦条件下，其摩擦系数可以低到 0.001 甚至更低。

2）冷却散热。带走摩擦所产生的热量及外界传来的热量，使机件不致因过热而损坏。

3）冲洗清洁。冲洗运动表面的污物，带走摩擦中掉下来的金属微粒，减少或防止磨料磨损。

4）密封防漏。在发动机中，缸壁与活塞环之间的润滑油膜，能使活塞环的密封性增加，减少漏气损失。

5）防止腐蚀。润滑油膜隔绝了空气及酸性物质与零件表面的直接接触，减少了机件受氧化、腐蚀的程度。

6）消振减声。利用润滑油膜的缓冲作用，能使发动机的振动减弱，运转平稳。由于润滑油膜的隔离，使运动副的摩擦和冲击声减弱。

7）传递动力作用。例如推力滑动轴承中推力环与推力块之间的动力油压。

（2）润滑剂

轴承的润滑材料分为润滑油和润滑脂两种。为了充分发挥轴承的功能，重要的是根据轴承的使用条件和使用目的合理选用润滑材料。

1）润滑油。润滑油是主要的润滑剂，其中绝大部分为石油制品（矿物油）。润滑油最重要的物理性能是黏度，黏度大小表示液体流动时内摩擦阻力的大小。黏度越大，内摩擦阻力越大，液体的流动性也就越差，它是选择润滑油的主要依据。黏度有几种不同的表示方法，我国标准常用运动黏度来表示润滑油的性质，例如 N10 机械油，它就表示在 40℃时，运动黏度值为 $9.00 \sim 11 \text{mm}^2/\text{s}$，平均值为 $11 \text{mm}^2/\text{s}$。牌号越大，其运动黏度值越大，油也越稠。

选择润滑油的一般原则：重载、低速、高温应选择黏度较大的润滑油；反之，则应选用黏度较小的润滑油。

润滑油具有良好的流动性，可形成动压、静压润滑或边界润滑，适合液体润滑轴承和混合润滑轴承。

2）润滑脂。润滑脂是润滑油加入各种稠化剂后制成的半固体膏状润滑剂，俗称黄油。常用的稠化剂是各种脂肪酸金属皂，如钙、钠、锂等金属脂肪酸皂。润滑脂稠厚，流动性差，所以承压能力大而且易于密封，不必经常补充。但润滑脂的内摩擦阻力较大，故不宜用于高速的场合。润滑脂的主要性能指标为滴点和针入度。

① 滴点。滴点表示润滑脂的耐热能力。润滑脂在规定条件下加热融化，开始滴下第一滴时的温度称为滴点。滴点越高，表示耐热性能越好。为了保证润滑效果，所选润滑脂的滴点应高于工作温度 20～30℃，以免工作时润滑脂过多地流失。

② 针入度。针入度又称稠度，它表示润滑脂的稀稠程度和流动性。它是用质量为 150g 的标准圆锥体，在 5s 的时间内沉入 25℃ 的润滑脂中的深度（以 0.1mm 为单位）来测定的。显然，针入度小，润滑脂稠，摩擦阻力大，适用于低速、重载；针入度大，润滑脂稀，适合于速度稍高的场合。

3）其他润滑剂。

① 水：主要用于橡胶轴承或塑料轴承。

② 气体：主要是空气，只适用于轻载、高速轴承。

③ 固体润滑剂：常用的有二硫化钼、碳—石墨、聚四氟乙烯等，用于有特殊要求的场合，如要求环境清洁、真空或高温等。其采用涂敷、粘结或烧结在轴瓦表面，调配到润滑油和润滑脂中使用，掺入轴承材料中或成型后镶嵌在轴承中使用。

④ 液体润滑剂：如汞、液态钠、钾、锂等，主要用于宇航器中的某些轴承。

（3）润滑方法和润滑装置

为了将润滑剂送入润滑部位，保证有良好的润滑状态，还应选择合适的润滑方法和润滑装置，通常可以根据系数 K 来确定润滑方法和润滑装置，K 的计算公式如下：

$$K = \sqrt{pv^2}$$

式中，$p = \dfrac{E}{Bd}$(MPa)，为轴承的压强，如图 2-8-11 所示；v 为轴颈的圆周速度，m/s。

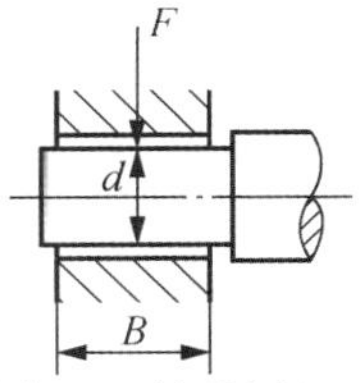

B—轴承宽度；d—轴颈直径；F—载荷。

图 2-8-11　计算 K 值使用的参数

K 值越大，表示轴承负荷越大、速度越高、发热量越大。显然，其中速度的影响最为突出。不同的 K 值推荐的润滑方法和润滑装置见表 2-8-2。

表 2-8-2　不同的 K 值推荐的润滑方法与润滑装置

K 值	润滑剂	润滑方式	润滑装置	适用场合
≤2	润滑脂	间歇挤入	旋盖油杯、压注油杯	低速、重载
2～16	润滑油	定时加油	针阀式油杯、弹簧盖油杯、压配式压注油杯	中低速、轻中载
16～32		定额加油	油杯润滑	中速、中载
		压力循环供油	飞溅润滑、油泵供油	
>32		压力循环供油	油泵供油	高速、重载、发热较大的轴承

常用润滑方法和润滑装置，可分为间歇式供油和连续式供油两大类。间歇式供油（如用手动油壶或油枪定期加油）只能用于低速、轻载轴承。对于重载的滑动轴承应采用连续式供油。常用的连续式供油装置有以下几种。

1）压力润滑。如图 2-8-12（a）所示，压力润滑用油泵将润滑油压进轴承中去，这种润滑方式工作可靠，能保证连续供油，供油量可以调节，即使在高速重载下也能取得良好的润滑效果。但需要一套供油设备，对轴承的密封要求高，且费用较高。这种方法适用于大型、重载、高速、精密和自动化机械设备，如柴油机的主轴承。

2）飞溅润滑。如图 2-8-12（b）所示，飞溅润滑是将轴上的回转零件（如齿轮）浸入油池，回转时将润滑油带起飞溅到密封箱体内壁上，再沿着箱体内壁上的油沟流入轴承。这种方法简单可靠，但应注意带油的回转零件的速度不宜太高，浸入油池不宜太深。

3）油环润滑。如图 2-8-12（c）所示，在轴颈上套有油环，环垂入油池，当轴旋转时，靠摩擦力带动油环转动，因此可把润滑油带到轴颈和轴承上去，但仅能用于卧轴的润滑。采用油环润滑时，如轴的转速过低则油环无力把油带起，而转速过高带起的油又易被甩掉。这种方法适用于轴径大于 50mm 的中速和高速（100~2000r/min）轴承。油环最好是无缝的，轴承宽径比小于 2 时，可只用一个油环，否则需用两个油环。

4）滴油润滑。图 2-8-12（d）所示是最经典的针阀式滴油油杯。将手柄提置垂直位置，针阀上升，油孔打开供油，手柄放置水平位置，针阀降回原位，停止供油。旋转螺母可调节注油量的大小。滴油量随润滑油黏度、轴承间隙和供油孔位置不同有显著变化。这种方法用于圆周速度小于 4～5m/s 的轻载和中载轴承。

5）油绳润滑。如图 2-8-12（e）所示，杯体中储存润滑油，靠油绳的毛细管作用和虹吸作用实现连续润滑。油绳还有过滤作用。这种润滑方式注油量较小，适用于轻载及轴颈转速不高的场合，用于圆周速度小于 4～5m/s 的轻载和中载轴承。

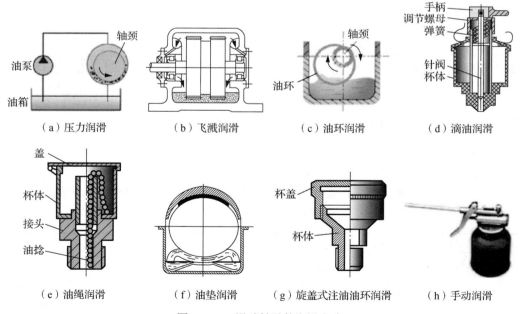

图 2-8-12　滑动轴承的润滑方式

6）油垫润滑。如图 2-8-12（f）所示，利用油垫的毛细管作用，将油池中的润滑油涂到轴径表面。此方法能使摩擦表面经常保持清洁，但尘埃也会堵塞毛细孔造成供油不足。油垫润滑的供油量通常只有油润滑的 1/20。

7）旋盖式注油油杯（用于脂润滑）。如图 2-8-12（g）所示，杯盖与杯体采用螺纹联接，旋合时在杯体和杯盖中都装满润滑脂，定期旋转杯盖，可将润滑脂挤入轴承中。

8）手动润滑。如图 2-8-12（h）所示，在发现轴承的润滑油不足时，适时用加油器供油，这是最原始的方法。这种方法难以保持油量一定，因疏忽而忘记加油的危险较大，通常只用于轻载、低速或间歇运动的场合。最好在加油孔上设置防尘盖或球阀，并用毛毡、棉、毛等作过滤装置。

三、滚动轴承

滚动轴承是利用滚动体，并依靠主要元件间的滚动接触来工作的轴承。与滑动轴承相比，滚动轴承具有摩擦系数小、启动灵敏、效率高、润滑方便、轴向结构紧凑的优点；但抗冲击能力较差、高速时出现噪声、不能制成两半式、径向尺寸大、工作寿命不及液体摩擦的滑动轴承。

滚动轴承已有国家标准，并实现了专业化生产，一般不需要自行生产，只要根据具体的载荷、转速、旋转精度和工作条件等方面的要求，正确选择轴承类型和尺寸及进行轴承组合设计即可。

1. 滚动轴承的结构

滚动轴承由外圈、内圈、滚动体和保持架组成，如图 2-8-13 所示。内圈装在轴上，随轴一起转动，外圈装在机座的轴承座孔内，一般固定不动。内、外圈上常制有凹槽，称为滚道。凹槽可降低滚动体与座圈的接触应力，同时限制滚动体轴向移动，起导向作用。滚动体安装在滚道中，当内、外圈之间相对旋转时，滚动体沿着滚道滚动形成滚动摩擦；保持架的作用是将相邻的滚动体隔开，并均匀分布在滚道上，减少滚动体之间的碰撞和磨损。

滚动体是滚动轴承的核心元件，其形状有球状和滚子状（短圆柱滚子、圆锥滚子、鼓形滚子、螺旋滚子、长圆柱滚子、滚针等），如图 2-8-14 所示。滚动体可以为单列、双列和多列。

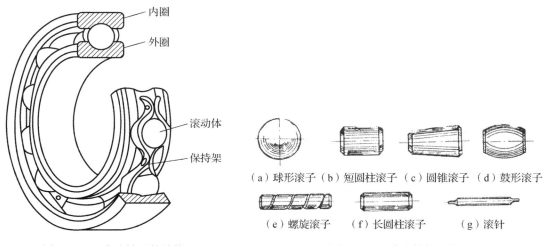

图 2-8-13　滚动轴承的结构　　　　图 2-8-14　滚动体的形状

2. 滚动轴承的材料

滚动体与内、外圈的材料应具有高的硬度和接触疲劳强度、良好的耐磨性和冲击韧性。

轴承套圈及滚动体用含铬的合金钢制造，如 GCr15、GCr15SiMn，高精度轴承用 ZGCr15 或 ZGCr15SiMn 钢制造。热处理后，GCr15 和 ZGCr15 钢制造时，其硬度应为 HRC61~65，用 GCr15SiMn 和 ZGCr15SiMn 钢制造时，其硬度应为 HRC60~64。工作表面要求磨削和抛光。保持架多用低碳钢冲压制成，也有用有色金属合金或塑料制造的。

3. 滚动轴承的润滑

滚动轴承的润滑分脂润滑和油润滑，通常可以根据滚动轴承的速度因子 dn 来确定润滑方式。速度因子 dn 表示滚动轴承的速度极限，dn=轴承内径（mm）×轴的转速（r/min），表示轴承质量的高低，目前国外已经能达到 3×10^6 的数量级，目前我国为 $2.5\sim3\times10^6$。

脂润滑时：

$$dn<(1.5\sim2)\times10^5\text{mm}\cdot\text{r/min}$$

如图 2-8-15（a）所示，润滑脂作为润滑介质，其优点在于润滑脂的流动性小，不容易出现泄漏，容易密封，一次加脂可以维持相当长的一段时间，对于不便经常添加润滑剂的地方，或不允许润滑油流失而致污染产品的工业机械来说，这种润滑方式十分适宜；形成的润滑膜强度好，能承受较大的载荷。同时，滚动轴承采用脂润滑还能延长润滑维持时间，使得轴承维护更为简单。滚动轴承以润滑脂润滑也存在缺点，如润滑脂和润滑油相比，摩擦力矩较大，对于需要高速运转的滚动轴承适用性较低。

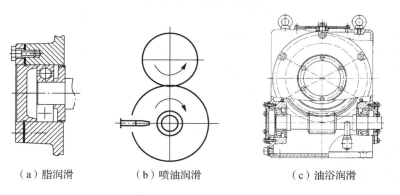

（a）脂润滑　　　　　（b）喷油润滑　　　　　（c）油浴润滑

图 2-8-15　滚动轴承润滑

另外，脂润滑方式的降温性能较差，若滚动轴承中润滑脂添加过多，还会因搅拌润滑剂而造成滚动轴承过热。轴承中脂的填充量不应超过轴承空间的 1/3～2/3，否则会由于搅拌润滑剂过多而使轴承过热。选择润滑脂是根据轴承的速度因子来确定润滑脂的稠度（针入度）和润滑油基础油的黏度的。

滚动轴承采用油润滑的方式进行润滑，可以达到很好的降温、冷却效果，特别适用于工作温度比较高的滚动轴承。滚动轴承使用的润滑油黏度为 $0.12\sim0.2\text{cm}^2\text{/s}$，若滚动轴承的负荷高、工作温度高，则选择黏度高的润滑油，而转速快的滚动轴承适合黏度低的润滑油。滚动轴承采用油润滑的缺点是，油润滑要求轴承必须保持良好的密封状态，避免润滑油的泄漏。另外，油润滑需要设置比较复杂的供油装置，在操作和使用上不如润滑脂方便，加大了滚动轴承的维护工作量。

油润滑方法有油浴润滑、喷油润滑、滴油润滑、油雾润滑和压力供油润滑。常用的喷油润滑如图 2-8-15（b）所示，适合高速、重载工况；油浴润滑如图 2-8-15（c）所示，这个方法不适于高速，因为搅动油液剧烈时要造成很大的能量损失，以致引起油液和轴承过热。油面高度不超过最下方的滚动体中心。

第四节　滑动轴承合金

一、滑动轴承的工作条件

滑动轴承是机器中的一个重要部件，支承着轴和轴上零件的转动。当轴旋转时，轴和轴瓦之间有强烈的摩擦，受到周期性交变载荷的作用，并产生冲击振动。在高速和重载作用下，轴承很容易发热和磨损。润滑油老化变质后产生的有机酸也会对轴瓦产生腐蚀。在起动和停车时，轴颈和轴瓦也往往处于半干摩擦的状态，容易发生咬合。煤船和矿砂船上工作的轴承，很难避免硬质颗粒的侵入，因而造成磨粒磨损。另外，柴油机运动部件校中的偏差，也会使轴瓦产生严重的附加载荷。所以，选择合适的轴承合金材料相当重要。

二、对轴承合金性能的要求

1）力学性能：有足够的抗压强度、疲劳强度和硬度，足够的塑性和韧性。

2）良好的表面工作性能：指与轴颈之间的摩擦因数小，耐磨，功率小；良好的抗咬合性、减磨性、亲油性、嵌藏性、顺应性。

3）良好的理化性能：指具有良好的耐蚀性、导热性和较小的热膨胀性。

4）良好的工艺性：指易铸造和切削加工。

5）具有合适的成分和合理的组织结构：指在软基体上分布硬质点或在硬基体上分布软质点。

三、轴承合金的组织特点

根据对轴承合金的性能要求，轴承合金的组织往往呈现两种形式：

1）软基体上均匀分布着硬质点。

2）硬基体上均匀分布着软质点。

经验证明，这样的合金组织很容易和轴颈跑合，并且软的基体或质点被磨去以后会形成凹坑，凹坑可以储存润滑油，有利于润滑油膜的形成，使摩擦因数降低。当有硬质颗粒侵入时，很容易被嵌入凹坑，避免或减轻硬质颗粒对轴颈的刮伤。软的基体或质点还可以吸收振动，缓和冲击。硬的基体则起到支撑轴颈的作用，并且保证轴承具有足够的耐磨性，如图 2-8-16 所示。

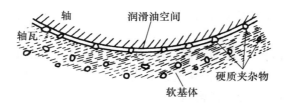

图 2-8-16　理想的轴承合金组织

四、常用轴承合金

常用轴承合金有巴氏合金、铜基轴承合金和铝基轴承合金。

1. 巴氏合金

巴氏合金即巴比特合金，因呈白色，又称白合金，是机器上广泛使用的一种轴承合金。它分为锡基巴氏合金和铅基巴氏合金两大类。

巴氏合金的牌号表示方法为：ZCh+基本元素符号+主加元素符号+主加元素含量+辅加元素含量，其中"Z"表示"铸造"，"Ch"表示"轴承合金"。例如 ZChSnSbCu11-6，表示铸造的锡基巴氏合金，主加元素锑的含量为 11%，辅加元素铜的含量为 6%，其余为基本元素锡。

（1）锡基巴氏合金

锡基巴氏合金又称为锡基轴承合金，是以锡为基本元素，加入锑、铜组成的三元合金。在锡基巴氏合金中加入 6% 的铜是为了消除比重偏析。在图 2-8-17 中，黑色基体便是软基体，白色针状或白色方块都是硬质点，因而形成了在软基体上均匀分布硬质点的理想组织结构。

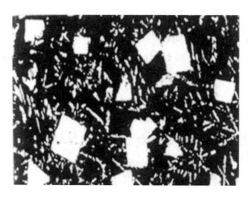

图 2-8-17　锡基巴氏合金 ZChSnSbCu11-6 的显微组织

锡基巴氏合金摩擦因数小，容易跑合；亲油性好，不容易发生咬合；顺应性和嵌藏性等表面性能也好。另外，导热性、耐腐蚀性和铸造工艺性也很好。但耐热性差，有比重偏析现象，疲劳强度低，为提高疲劳强度常采用表面第三镀层，形成三层轴瓦。由于锡的熔点比较低，工作温度升高时，锡基巴氏合金的强度和硬度都会显著降低，承载能力下降，所以它的工作温度不超过 110℃。它主要用于中、低速柴油机的主轴承、曲柄销轴承和十字头轴承、船舶中间轴轴承和尾轴轴承等。

（2）铅基巴氏合金

铅基巴氏合金又称为铅基轴承合金，是在铅锑合金中加入锡、铜而形成的轴承合金。常用牌号为 ZChPbSbCu11-16-2，表示锑的含量为 11%，锡的含量为 16%，铜的含量为 2%，其余为基本元素铅。

铅基巴氏合金的组织结构也是在软基体上分布着硬质点。铅基巴氏合金的跑合性、抗咬合性、嵌藏性、顺应性等表面性能比较好，但其承载能力、疲劳强度、耐热性和铸造工艺性不如巴氏合金，其工作温度不能超过 120℃。这类合金由于价格便宜，所以在中速、中载且冲击不大的机器轴承上广泛应用，如船用离心泵、压缩机、起货机、锚机及中间轴承和尾轴承等。

2. 铜基轴承合金

铜基轴承合金包括铅青铜、锡青铜、铝青铜、铍青铜、硅黄铜、铝黄铜和锰黄铜等合金材料，而最常用的是铅青铜和锡青铜。

（1）铅青铜

铅青铜是铅和铜组成的二元合金。最常用的牌号是 ZQPb30，表示铅的含量为 30%、铜的含量为 70%。在常温下铅和铜是互不相溶的，因此其组织是两者的机械混合，即在铜的硬基体上嵌藏着软的铅质点。

铅青铜的主要优点是承载能力强、疲劳强度高、耐磨性好、摩擦因数小、导热性好，能在 250℃下正常工作。因此能够满足高速重载柴油机的工作要求。铅青铜的缺点是耐蚀性、顺应性、嵌藏性和抗咬合性等表面性能比较差，还不如巴氏合金。为了改善铅青铜的表面性能，可以在轴瓦表面镀覆上一层 0.02~0.03mm 的软金属，如锡、铅、铟等，使其成为三层（钢壳—铜铅合金—表面镀层）结构的轴瓦。

铅青铜适宜制造高速、重载及冲击载荷的重要轴承，如高速大功率柴油机的主轴承、连杆轴承等。

（2）锡青铜

常用的铸造锡青铜牌号有 ZQSn10-l、ZQSn6-6-3、ZQSn5-5-5。

ZQSn10-l 表示锡的含量为 10%，磷的含量为 1%，余量为铜的磷锡青铜。其显微组织也是在软基体上均匀分布着硬质点。这种合金具有较高的强度和疲劳强度，优良的耐磨性，良好的稳定性，在大气、淡水中有良好的耐蚀性，在海水中耐蚀性中等，但偏析倾向大，常用作高速、重载柴油机轴承，并制成整体衬套式轴承。

ZQSn6-6-3 表示锡的含量为 6%，锌的含量为 6%，铅的含量为 3%，余量为铜的锌铅锡青铜。ZQSn5-5-5 表示锡的含量为 5%，锌的含量为 5%，铅的含量为 5%，余量为铜的锌铅锡青铜。这类轴承合金具有良好的耐磨性和铸造性，较高的强度和疲劳强度，在大气、淡水中有良好的耐蚀性，良好的切削加工性，工作温度达 280℃，常用于制造中重载荷、中速柴油机的轴承和减速器、起重机及机床轴承。

3. 铝基轴承合金

铝基轴承合金是目前国内外应用较广的一种合金。它的密度小，导热性好，疲劳强度高、耐热性好，并且原料丰富，价格低廉。但它的膨胀系数较大，运转时易与轴咬合，尤其是起动时危险性更大。常用的铝基轴承合金有低锡铝轴承合金、铝锑镁轴承合金和高锡铝轴承合金。

（1）低锡铝轴承合金

低锡铝轴承合金中锡的含量小于 10%，并含铜、镁、镍等合金元素，其余为铝基体。它的组织结构是在硬基体上均匀分布软质点。它具有承载能力强、疲劳强度高、耐磨性好、耐腐蚀性好，但表面性能欠佳，因此往往在轴承表面镀覆一层软金属，以改善其表面性能。它常用于中、高速重载轴承。

（2）铝锑镁轴承合金

铝锑镁轴承合金中锑的含量为 3.5%～5.5%，镁的含量为 0.3%～0.7%，其余为铝基体。它的组织结构是在较软的铝基体上分布着 AlSb 化合物硬质点。镁的作用是提高合金的强度。该合金具有高的疲劳强度和耐蚀性，较好的耐磨性，但承载能力不强，常用于低速、中载轴承，如农机、拖拉机轴承等。

（3）高锡铝轴承合金

高锡铝轴承合金中锡的含量大于 10%。由于铝和锡在固态下几乎不溶解，所以其组织结构为硬的铝基体上均匀分布着锡的软质点，其中合金元素铜可以强化铝的基体。

1）20 高锡铝合金：锡的含量为 20%，铜的含量为 1%，其余为铝。该合金承载能力强，疲劳强度高，耐热性、耐磨性和耐蚀性良好，由于锡的含量高，表面性能也不错，再加上切削加工性好，工艺简单，成本低等优点，可代替巴氏合金等轴承材料。该合金广泛用于重载的中、高速船用柴油机主轴承和连杆轴承，也用于汽车、拖拉机的轴承上。

2）40 高锡铝合金：其疲劳强度已与巴氏合金接近，可用于船用大型低速柴油机的十字头轴承上。

目前大型低速柴油机已经使用锡的含量为 30%～40%的高锡铝轴承合金，锡的含量越高，轴承的表面性能越好，但其承载能力和疲劳强度略有下降。

第九章　船用非金属材料

目前在各领域中非金属材料都得到了广泛的应用。在船舶工程上，非金属材料已成为不可缺少的重要材料。例如利用塑料制作螺旋桨、尾轴承、舵轴承、手柄及各种管子等；利用胶粘剂对船机零件进行修理、安装等。

非金属材料包括高分子材料、陶瓷和复合材料。本章主要介绍高分子材料（塑料、橡胶、胶粘剂）、陶瓷和复合材料的基本知识及这些材料在船舶工程中的应用。

第一节　高分子材料

高分子材料是以高分子化合物为主要组成成分的材料，包括天然和人工合成两大类。高分子化合物通常指分子量大于 5000 的化合物，一般由一种或几种简单的低分子化合物重复连接而成（聚合反应），又称高聚物。其具有一定的强度、弹性和塑性。人工合成的高分子化合物分为塑料、橡胶、合成纤维、胶粘剂等。

高聚物的特性和局限性如下。

1）质量小：最轻的一类材料。相对密度是钢的 1/8，普通陶瓷的一半以下。

2）高弹性：如橡胶的弹性变形率为 100%～1000%，金属一般为 1%。

3）低弹性模量：塑料和橡胶分别为金属的 1/10 和 1/1000。

4）减摩、耐磨性好：聚四氟乙烯摩擦系数仅为 0.04，几乎是所有固体材料中最低的。

5）高绝缘性：因不能产生自由电子和离子，所以对电、热、声是良好的绝缘体。

6）高耐腐蚀性：因不能产生自由电子和离子，也不会发生电化学腐蚀；又由于高聚物的化学稳定性，故耐酸碱等。例如被誉为塑料王的聚四氟乙烯，甚至可耐"王水"。

7）低强度、低冲击韧性：抗拉强度比金属低很多，且造成冲击韧性比金属也小很多，仅为金属的 1/100。此为高聚物作为工程构件材料使用的障碍。

8）高热膨胀性：约为金属的 3～10 倍。

9）老化：受氧、光、热、机械力等长时间作用后，失去刚性、蠕变。

10）耐热性差。

一、塑料

1. 塑料的组成

塑料是以合成树脂为主要成分，加入各种添加剂（填料、固化剂、增塑剂、稳定剂、润滑剂、着色剂、发泡剂、阻燃剂等），在一定温度和压力下加工塑制成型的材料。树脂是塑料的主要组成部分，对塑料性能起主要作用；添加剂是为改善塑料的某些性能而加入的物质。

2. 塑料的主要特性

1）相对密度小：仅为钢铁的 1/4～1/80。

2）良好的耐蚀性：塑料能耐大气、水、油、酸和碱的腐蚀，如聚四氟乙烯能耐"王水"的腐蚀。广泛应用于制造在腐蚀条件下工作的零件和化工设备。

3）良好的减摩性：塑料因摩擦因数小而具有良好的减摩性能，能用作无润滑条件下工作的某些耐磨零件。

4）良好的电绝缘性和消音吸振性。

此外，塑料还有一些缺点：刚度与强度低，耐热性能差，膨胀系数大，易老化等。

3. 塑料的分类及常用塑料

（1）塑料的分类

1）按应用范围分类，塑料分为通用塑料和工程塑料。

通用塑料是指产量大、价格低、用途广的常用塑料，主要有聚乙烯、聚氯乙烯、聚苯乙烯、聚丙烯、酚醛塑料和氨基塑料。它们占塑料总产量的 75%以上，大多用作生活用品，也可用作要求不高的工程制品。

工程塑料是指能用作机械零件和工程构件的塑料。与通用塑料相比，工程塑料有较高的强度、刚度、韧性和耐热性。常用的有聚酰胺、聚甲醛、有机玻璃、ABS 塑料和聚砜等。

2）按受热行为分类，塑料分为热塑性塑料和热固性塑料。

热塑性塑料是指能重复加热成型的塑料；热固性塑料是指不能重复加热成型的塑料。

（2）常用塑料

常用热塑性塑料的名称、特性和用途见表 2-9-1。

表 2-9-1　常用热塑性塑料的名称、特性和用途

类别	名称	主要特性	用途
通用塑料	聚乙烯（PE）	优良的耐蚀性和电绝缘性	薄膜、塑料瓶等包装材料，插座，高频绝缘件，化工耐腐蚀管道、阀件等
	聚苯乙烯（PS）	电绝缘性、透明性好，强度高，质硬，但耐热性、耐磨性差，性脆易裂	各种仪表外壳、灯罩、高频插座、其他绝缘件，以及玩具、日用器皿、色彩鲜艳的制品
	聚氯乙烯（PVC）	耐蚀性和绝缘性好，耐冲击和耐寒	耐蚀构件，如管道、弯头、三通阀、泵件，农业和工业包装用薄膜、人造革，电绝缘材料
	聚丙烯（PP）	强度及耐热性好，是通用塑料中唯一能用至100℃的无毒塑料；优良的耐蚀性和绝缘性，但不耐磨，低温呈脆性	继电器小型骨架、插座、外罩、外壳、法兰盘、泵叶轮、接头、化工通道、容器、药品和食品的包装薄膜
工程塑料	尼龙（聚酰胺PA）	强度高，突出的耐磨性和自润滑性（摩擦系数小），耐热性不高，芳香尼龙具有高的耐热性（200℃）	用于小型耐磨机件，以代替有色金属，如齿轮、凸轮、衬套、轴承、密封圈。芳香尼龙可用于耐热机件和绝缘件
	聚碳酸酯（PC）	强度高，韧性优异且尺寸稳定，耐热性好（120℃），透明性好。但化学稳定性差，耐磨和耐疲劳性低于尼龙，易裂	高精度构件及耐冲击构件，如齿轮、蜗轮、防弹玻璃、飞机挡风罩、座舱盖，以及作为高绝缘材料

续表

类别	名称	主要特性	用途
工程塑料	ABS 塑料（聚苯乙烯——丁-二烯-丙烯腈共聚物）	良好的韧性、成型性，较高的强度、刚度，高的尺寸稳定性等综合性能，还有可电镀性。改变组成比例，可调节其性能，适应范围广	在机械、电器、汽车、飞机、化工等工业中广泛应用，如齿轮、叶轮、轴承、把手、仪表盘、冰箱衬里、飞机舱内装饰板、窗框、电视机外壳等
	聚砜（PSU）	除具有良好综合力学性能外，具有突出的耐热性和抗蠕变性，有可电镀性，但耐有机溶剂差，易裂	用于较高温度的结构件，如齿轮、叶轮、仪表外壳，以及电子器件中的骨架、管座、无线罩积分电路板等
	聚甲基丙烯酸甲酯（有机玻璃PMMA）	透光好，强度较高，但不耐磨	广泛用于具有透明和较高强度的零件、装饰件，如光学镜片、标牌、飞机与汽车的座窗、设备防护罩等
	聚四氟乙烯（FTFE 或 F-4）	有卓越的耐热、耐寒性，使用于-195～+250℃。极强的耐蚀性，甚至耐沸腾"王水"，被称为"塑料王"。但强度低，刚性差，加工成型性差	用于化工、电器、国防等方面，如电气上的超高频绝缘材料、液氢输送管道的热圈、软管等

常用热固性塑料的名称、特性和用途见表 2-9-2。

表 2-9-2　常用热固性塑料的名称、特性和用途

名称	主要特点	用途
酚醛塑料（PF）又称电木	固化成型后硬而脆，刚度大，耐热性高，耐蚀性、绝缘性较高	广泛用于开关、插座、骨架、壳罩等电器零件
氨基塑料，又称电玉	力学性能、耐热性、绝缘性接近电木，但色彩鲜艳	开关、插头、插座、旋钮等电器零件
环氧树脂塑料（EP）	有高的强度和韧性，尺寸稳定，耐热、耐寒性好，易于成型（浇铸成型），环氧树脂胶接力强，价格高，有一定毒性	用于浇铸模具、电缆头、电容器、高频设备等电器零件

4．工程塑料在船舶上的应用

（1）制作船舶构件

尼龙可制作舷窗、导流帽等；泡沫塑料可制作舱室隔热材料、救生浮具等；聚氯乙烯塑料可制作扶手等。

（2）制造船机零件

尼龙用于制造尾轴承、舵轴承、阀盘、齿轮、滑块、手柄等；ABS 塑料管、硬质聚氯乙烯塑料管可制作船舶常温低压管路；塑料用于制造常温工作条件下的活塞环，主、辅机中的离合器片、制动片及密封垫片。

（3）塑料用于防腐

例如，螺旋桨上涂塑料防止桨叶的穴蚀和电化学腐蚀；柴油机缸套冷却水隔套、舵叶、水舱壁及与海水接触机件的内壁涂塑料防腐。

二、橡胶

橡胶也是高分子材料，具有高弹性。

1. 橡胶的组成

橡胶是由生胶、配合剂（硫化剂、硫化促进剂、填充剂、着色剂等）与增强材料（各种纤维织物、金属丝编织物等）组成的。

生胶（纯胶）是指未加配合剂的天然胶或合成胶，它是橡胶的主要组成部分。生胶是塑性胶，不能直接使用；配合剂是为改善橡胶性能而加入的物质；增强材料用于提高橡胶制品的强度并减少其变形。

2. 橡胶的特性

橡胶的主要特性是具有高弹性，弹性模量极小，弹性变形量极大，去载后很快恢复原状，故橡胶具有优异的吸振和储能能力。此外，橡胶还具有较高的耐磨性、电绝缘性、隔音性和阻尼性，一定的强度和硬度，但易老化。橡胶广泛用于制造密封件、减振件、轮胎、电线和电缆的绝缘材料及生活用品等。

3. 常用橡胶及应用

（1）橡胶分类

按生胶来源不同，橡胶分为天然橡胶和合成橡胶；按其应用范围不同，橡胶又分为通用橡胶和特种橡胶。通用橡胶是指用于制造轮胎和一般工程制件的量大面广的橡胶；特种橡胶是指能在特殊条件（如高温、低温、酸、碱、油、辐射等）下使用的橡胶。

常用橡胶的种类、性能和用途见表 2-9-3。

表 2-9-3　常用橡胶的种类、性能和用途

种类	名称	σ_b/MPa	δ/%	使用温度 t/℃	耐磨性	耐有机酸能力	耐无机酸能力	耐碱性	耐油和气的能力	实用性能特点	用途
通用橡胶	天然橡胶（NR）	20~30	650~900	-50~+120	中	差	差	好	显著溶胀	高强度、绝缘、防震	通用制品、轮胎
	丁苯橡胶（SBR）	15~20	500~800	-50~+140	好	差	差	好	显著溶胀	耐磨	通用制品、轮胎、胶板、胶布
	顺丁橡胶（BR）	18~25	450~800	-73~+120	好	差	差	好	不适用	耐磨、耐寒	轮胎，耐寒运输带
	氯丁橡胶（CR）	25~27	800~1000	-35~+130	中	差~可	中	好	轻微~中等溶胀	耐酸、耐碱、耐汽油、耐燃	耐燃、耐汽油、耐化学腐蚀的管道、胶带、电线电缆的外皮，汽车门窗的嵌条
	丁腈橡胶（NBR）	15~30	300~800	-50~+170	中	差~可	可	中	适用	耐油、耐汽油、耐水、气密	耐油密封垫圈、输油管、汽车配件及一般耐油制件
特种橡胶	聚氨酯橡胶（UR）	20~35	300~800	-30~+80	好	差	差	差	适用	高强度、耐磨、耐汽油、耐油	实心轮胎、胶辊、耐磨件
	硅橡胶	4~10	50~500	-100~+300	差	中	可	—	显著溶胀	耐热、耐寒、抗老化、无毒	耐高、低温的制品和绝缘件、印模材料和人造血管
	氟橡胶（FPM）	20~22	100~500	-50~+300	中	差	好	中~好	适用	耐蚀、耐碱、耐热	化工衬里、高级密封件，高真空胶件

（2）橡胶在船舶上的应用

在甲板上和露天的场合均采用氯丁橡胶；在机舱中常温下工作的场合采用丁腈橡胶；在高温下工作的则采用氟橡胶或硅橡胶。

三、胶粘剂

1. 胶接特点

胶粘剂是依靠其本身形成的薄膜，将两物体表面牢固粘接为一体的一种非金属材料。用胶粘剂把两物体连接在一起的方法为胶接或粘接。与焊接、铆接、螺栓联接等方法相比，粘接的优点是工艺简便，粘接接头的粘接面应力分布均匀、不产生应力集中，强度高、质量小，能粘接非金属材料，也能粘接各种金属材料，胶接密封性、耐蚀性和绝缘性好。其缺点是粘接接头不耐高温、易老化。

胶粘剂分为有机胶粘剂和无机胶粘剂（如磷酸盐、水玻璃等）。其中，有机胶粘剂又分为天然胶粘剂（如骨胶、虫胶、皮胶等）和合成胶粘剂。工程上应用最广的是合成胶粘剂。

2. 合成胶粘剂的组成

合成胶粘剂是以具有黏性的合成高分子化合物为基料，加入一定量添加剂组成的。根据胶粘剂的要求不同，加入不同添加剂。主要添加剂有固化剂、填料、增塑剂、稀释剂、促进剂和着色剂等。

3. 常用合成胶粘剂

合成胶粘剂有热固性树脂胶粘剂、热塑性树脂胶粘剂、合成橡胶胶粘剂和混合型胶粘剂。常用合成胶粘剂的种类、性能和用途见表2-9-4。

表 2-9-4　常用合成胶粘剂的种类、性能和用途

分类	常用合成胶粘剂种类	特性	应用
热固性树脂胶粘剂（通过室温或加热固化为不溶解、不熔化的物质）	环氧树脂（胺类固化）	性能全面、耐热、耐水	应用广泛，有"万能"胶之称，可用于金属—金属、塑料—塑料、玻璃、陶瓷、金属—非金属
	聚氨酯	耐低温，柔性好，用于-80～+100℃，粘接强度较高	耐低温的金属—金属、塑料—塑料、金属—塑料
	有机硅树脂	耐高温，韧性差	金属—金属、绝缘体
热塑性树脂胶粘剂（加热软化粘接、冷后硬化，再加热又软化）	α-氰基丙烯酸酯	韧性好、常温快干、使用方便、可反复粘接，但耐热性、耐磨性差，-60～+70℃使用	金属、塑料、橡胶、木材、玻璃、陶瓷等
	聚醋酸乙烯酯		木材、织物、纸制品
	聚丙烯酸酯		金属、热固性塑料、玻璃、陶瓷、压敏胶
橡胶胶粘剂（将橡胶溶在有机溶液中配成胶液使用）	氯丁橡胶	起始黏性高、柔性高，但耐热、耐寒性差，强度低	金属—橡胶、塑料、橡胶
	丁腈橡胶		金属—织物、耐油胶件
	硅橡胶		密封金属件、热固性塑料、玻璃件

续表

分类	常用合成胶粘剂种类	特性	应用
混合胶粘剂（将上述胶粘剂相互掺混使用）兼有两种以上胶粘剂的性能优点	酚醛—丁腈	具有酚醛的耐热好、强度高，又有丁腈柔性好的优点。用于-50～+250℃	金属、金属—非金属、航空金属构件、塑料、陶瓷
	酚醛—聚乙烯醇	具有强度高、韧性好、耐寒的优点，用于-60～+70℃	合金钢、玻璃钢、金属—非金属、泡沫塑料—金属
	酚醛—缩醛—有机硅		

4．胶粘剂在轮机工程中的运用

（1）修复船机零件

胶粘剂主要用于零件裂纹和断裂的修理，如柴油机的机座、机架、气缸体等的裂纹；船机零件的微动磨损和腐蚀的修理，如修复由于微动磨损造成的紧固配合的齿轮与轴的松动，修复气缸体、气缸套外表的腐蚀；水下修补，如船体水下部位的修补。

（2）用于主、辅机和轴系的安装工艺

改进主、辅机机座的安装工艺，用垫片涂环氧树脂来代替繁重的垫片拂刮工作，简化了主机安装工艺且减轻了工人的劳动量。胶粘剂也用于中、小型螺旋桨与尾轴的装配。

第二节 陶　瓷

陶瓷是以天然硅酸盐或人工合成的无机化合物为原料，经制粉、配料、成型和烧结制成的无机非金属材料。陶瓷具有其他材料所没有的优良性能，故在建筑、冶金、化工、机械、电子、宇航和核工业中得到广泛应用，成为与金属、高分子材料并列的三大支柱材料之一。

一、陶瓷的分类

工业陶瓷材料主要包括无机玻璃、陶瓷和玻璃陶瓷三大类。其中，陶瓷又分为传统陶瓷、特种陶瓷和金属陶瓷。

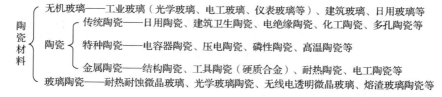

传统陶瓷又称普通陶瓷，主要以黏土为原料制成，如陶瓷、玻璃、水泥和耐火材料等。其主要成分为 SiO_2、Al_2O_3 等。

特种陶瓷是由人工合成的原料按普通陶瓷的制作工艺制成的具有特殊物理、力学、化学性能的新型材料，主要用于冶金、化工、能源和一些新技术中。

金属陶瓷主要指以氧化物和非氧化物为基体、以金属为粘结剂、成分和性能接近陶瓷的材料，如粉末冶金。

二、陶瓷的特性

与其他材料相比，陶瓷主要具有如下特性：

1）很高的硬度和弹性模量。陶瓷的硬度通常在 HV1500 以上，高于淬火钢硬度（HV500～800）；弹性模量是金属的若干倍，是高分子材料的 10^3～10^4 倍。

2）很高的热硬性、高温强度和抗蠕变能力。陶瓷是工程上常用的耐高温材料，某些陶瓷是理想的高速切削刀具材料。

此外，陶瓷还具有极好的高温抗氧化性和对酸、碱、盐的耐蚀性，大多数陶瓷还有很好的电绝缘性。

陶瓷的主要缺点是脆性大、抗热振能力差、抗拉强度低，但其抗玉强度比抗拉强度高得多。

三、常用工程结构陶瓷

常用工程结构陶瓷的种类、性能和用途见表 2-9-5。

表 2-9-5　常用工程结构陶瓷的种类、性能和用途

种类	名称	抗弯强度/MPa	抗拉强度/MPa	抗压强度/MPa	性能特点	应用
普通陶瓷	普通工业陶瓷	65～85	26～36	460～680	绝缘性较好，有一定强度	用于受力不大的绝缘件；绝缘子、绝缘的机械支撑件
	化工陶瓷	30～60	7～12	80～120	耐蚀性较高，但强度低	用于受力不大、强度低的耐酸、耐碱容器，反应塔，管道
特种陶瓷	氧化铝陶瓷（刚玉）	250～450	室温为255、1000℃为850	室温为2100～3000 1000℃为850	强度高出普通陶瓷 2～6 倍，硬度高，热硬性（1200℃时为HRA80）和高温强度好，缺点是脆性大。用于1200℃工作的高温构件	高温器皿：坩埚、热电偶套管、电炉丝套管等；切削淬火钢的刀具，拉丝模。另外，用于内燃机的火花塞、火箭导流罩、高温轴承等
	氮化硅陶瓷	490～590	150～275	—	强度、硬度高，优良的耐蚀性和耐磨性，但耐热性低于氧化铝陶瓷	耐蚀、耐磨、耐高温的密封环，高温轴承，热电偶套管，燃气轮机叶片，切削淬火钢、冷硬铸铁的工具
	氮化硼陶瓷	53～109	1000℃为25	233～315	良好的耐热性、热导性和高温绝缘性，是理想的散热材料和高温绝缘材料。但硬度、强度低于其他特种瓷，可进行机加工	坩埚、冶金用高温容器、半导体散热绝缘零件、高温轴承，玻璃成型模具
					立方氮化硼陶瓷有极高硬度和热硬性，与金刚石接近	切削淬火钢等刃具
	碳化硅陶瓷	1400℃ 500～600	—	—	最大优点是高温强度好，其次，热导性和硬度高，耐蚀、耐磨性也很好	用于 1500℃以上工作的结构件，如火箭尾喷管的喷嘴、浇铸金属的浇口、炉管、热电偶套管，也用于高温轴承、高温热交换器、核燃料的包封材料

第三节 复 合 材 料

复合材料是由两种或两种以上不同性质的材料，经人工组合形成的新型多相材料。复合材料保留了各组成材料的性能优点，并且具有单一材料所没有的综合性能，如钢筋混凝土、木质层压板等。

一、复合材料的组成与性能特点

1. 复合材料的组成

复合材料一般由强度低、弹性模量低、韧性好的基体相（如树脂、金属等），与强度高、弹性模量高、韧性差的增强相（如玻璃纤维、碳纤维、云母等）所组成。基体相起着粘接和将应力传递给增强相的作用；增强相起着阻止基体塑性变形的增强作用和主要承载作用。

2. 复合材料的性能特点

与单一材料相比，复合材料具有以下主要特性。

（1）比强度和比模量高

比强度是强度与密度的比值；比模量是弹性模量与密度的比值（或比刚度）。比强度和比模量对于要求具有较小自重，但保持高强度和高刚度的结构是非常重要的指标。大多数复合材料的基体和增强材料密度不大，而增强材料强度很高，所以比强度和比模量高。例如碳纤维增强环氧树脂的比强度比钢高 7 倍，比模量比钢高 3 倍。

（2）抗疲劳性好

复合材料中基体的塑性好，缺陷少的纤维疲劳抗力很高。基体能消除或减少应力集中，使疲劳源难以发展成裂纹或减缓其扩展速度。钢的疲劳极限仅为其抗拉强度的 40%～50%，而碳纤维增强塑料的疲劳强度为其抗拉强度的 70%～80%。

（3）减振性能好

由于复合材料的相界面具有吸收振动能量的作用，可使振动很快停止。

（4）高温性能好

各种增强纤维一般在高温下仍可保持高强度，所以用它们增强的复合材料，其高温强度和弹性模量均较高，特别是金属基复合材料。

二、常用复合材料

按基体相材料不同，复合材料可分为高聚物基复合材料、金属基复合材料和陶瓷基复合材料。按增强相种类和形态不同，复合材料又可分为纤维增强复合材料、颗粒增强复合材料和层叠增强复合材料等。目前使用较广泛的是高聚物基复合材料和层叠增强复合材料。

1. 高聚物基复合材料

高聚物基复合材料按照基体相的特性可分为塑料基复合材料和橡胶基复合材料。其中，塑料基复合材料应用较为广泛。塑料基复合材料按基体性质又分为热固性塑料基复合材料和热塑性塑料基复合材料。按增强相类型可分为纤维增强（玻璃纤维、碳纤维等）、层片增强（云母、玻璃、金属等）、晶须增强（碳化硅晶须、氧化铝晶须等）、颗粒增强（氧化铝、碳化硅、石墨、金属等）。

（1）玻璃纤维增强塑料

玻璃纤维增强塑料又称玻璃钢，属于塑料型复合材料。它是以树脂为粘结剂，以玻璃纤维及其制品为增强体的复合材料，常用于制造机器罩壳、船体及石油化工中的各种耐蚀罐、管道、泵及阀门等。

例如，玻璃纤维增强尼龙，刚度、强度和减摩性好，可替代有色金属合金制造轴承、齿轮等。环氧树脂玻璃钢用于高强度制件。

在玻璃纤维增强塑料中，玻璃纤维强度高，承受主要负荷；纤维能有效阻止基体分子链的运动，限制微裂纹延伸，提高材料强度、刚性、抗疲劳、抗蠕变特性，提高材料使用寿命及可靠性。

（2）碳纤维增强塑料

碳纤维增强塑料是以碳纤维作为增强剂，以树脂作基体构成的。其强度、刚度和其他许多性能超过玻璃纤维增强塑料，且具有优良的减摩性、耐腐蚀性及导热性。它主要用于航空、航天部门的比强度和比刚度要求高的结构件，如飞机机身、螺旋桨、尾翼、卫星壳体及化工设备中耐蚀件、轴承、齿轮等。

（3）云母增强塑料

云母增强塑料是以热塑性树脂或热固性树脂为基体，以云母为增强材料的一类新型复合材料。云母是层状结构硅酸铝盐的总称，呈现六方形的片状晶形，是主要造岩矿物之一，云母晶体内部具层状结构。

具有二维片状结构的云母在塑料中起平面增强作用，提高制品的弯曲模量和拉伸强度。云母在塑料中的取向均匀保证了制品异向同性，防止翘曲变形，并赋予产品优良的尺寸稳定性。云母粉具有良好的热稳定性（耐高温600℃以上），在隔热的同时可抑制塑料在热分解过程中挥发物的产生，提高材料的热稳定性（热变形温度和耐高温蠕变性）。云母的加入还能对塑料的阻尼性能、光学性能和电学性能起到改善作用。

例如，云母增强聚丙烯除具有纯聚丙烯的一些优良性能外，拉伸强度、弯曲强度和热变形温度都得到提高，弹性模量高，尺寸稳定性好。云母增强聚丙烯可代替 ABS 塑料用于汽车和电器、仪表工业，如车灯灯罩、车内装饰件、挡板元件、空调和加热器阀外壳，以及微波炉、空调的扇叶等。另外，其也是一种很好的电磁波屏蔽材料。

2. 层叠增强复合材料

层叠增强复合材料是由两层或多层不同材料层叠复合而成的。层叠增强复合材料可根据使用要求分别改善其力学性能、耐蚀性、装饰性等。例如，在钢板表面覆叠一层塑料可提高其耐蚀性，用于食品和化学工业；两层玻璃之间覆叠一层聚乙烯醇缩丁醛，可用作安全玻璃等。

第十章　船机主要零件的材料和热处理

掌握船舶主要零件的工作条件、常用材料及热处理方法，是保证船舶动力装置中的各类机器、设备和系统正常工作的关键，对保证船舶机器长期安全可靠运行及轮机员的日常检修、自修和监修也是非常必要的。

第一节　机械零件材料的选用原则

工程上常用的金属材料有碳素钢、合金钢、铸铁、有色金属及其合金等，它们各自的性能特点都不一样。在众多的金属材料中，要选择一个能充分发挥材料潜能的适宜材料，通常根据工况确定对零件的性能要求，根据性能要求初选相应的材料，对初选的材料进行适当的热处理以调配出所需的性能。合理选材必须以零件使用性能为前提，再考虑材料的工艺性能和经济性，并要充分重视环保，符合可持续发展的要求。

一、选材的原则

1）确定性能要求。根据零件的工作条件（工况）确定零件对材料力学性能、工艺性能、理化性能的要求。

2）初选材料。根据性能要求初步选定满足要求的材料。

3）性能提升。对材料进行必要的热处理，调整材料性能，以满足使用要求。

二、合理选材

1）满足使用性能和工艺性能为前提。

2）最大限度地发挥材料的潜力。

3）最大限度地降低成本。

三、选材时应考虑的内容

1. 使用性能

一个零件的使用性能指标是在充分分析零件的工作条件和失效形式后提出的。

（1）零件的工作条件

1）受力状况——拉伸、压缩、剪切、扭转、弯曲。

2）载荷性质——静载荷、冲击载荷、交变载荷。

3）工作温度——常温、低温、高温。

4）环境介质——有、无腐蚀性介质或润滑油。

5）特殊性能要求——导电性、导热性、导磁性、密度、膨胀等。

（2）零件常用力学性能指标在选材中的应用

设计选材时，仅有对材料使用性能的要求是不够的，必须将这些使用性能要求量化为相应的性能指标数据。常用的力学性能指标主要有强度、硬度、塑性、韧性等，可以分别用于指导不同工作条件及失效形式下材料的选择。在表 2-10-1 中列出了典型船机零件的工作条件、主要失效形式和主要性能指标，可以作为类似零件设计和选材时的参考。

表 2-10-1　典型船机零件的工作条件、失效形式和主要力学性能指标

零件	工作条件	主要失效形式	主要力学性能指标
紧固螺栓	拉应力，切应力	过量塑性变形，断裂	强度，塑性
连杆螺栓	交变拉应力，冲击	过量塑性变形，疲劳断裂	疲劳强度，屈服强度，韧性
连杆	交变拉压应力，冲击	疲劳断裂	拉压疲劳强度，韧性
活塞销	交变切应力，冲击，表面接触应力	疲劳断裂	疲劳强度，硬度，韧性
曲轴及轴类零件	交变弯曲、扭转应力，冲击，振动	疲劳，过量变形，磨损	弯曲疲劳强度，屈服强度，硬度，韧性
传动齿轮	交变弯曲应力，交变接触压应力，摩擦，冲击	断齿，齿面点蚀，齿面塑性变形，齿面胶合	弯曲、接触疲劳强度，表面硬度，心部韧性
气阀弹簧	交变弯曲应力，冲击	过量变形，疲劳	弹性极限，屈强比，疲劳强度
滑动轴承	交变应力，摩擦，腐蚀，冲击	磨损，过量变形，疲劳，腐蚀	接触疲劳强度，硬度，耐蚀性
汽轮机叶片	交变弯曲应力，高温燃气，振动	过量变形，疲劳，腐蚀	高温弯曲疲劳强度，蠕变极限及持久强度，耐蚀性，韧性

尽管在各类手册中有大量的试验结果与数据，但这些数据都是在规定的试验条件下得到的，与零件的实际工作条件可能相差很大。所以应对手册数据进行适当修正（用零件做模拟试验）以提供可靠的选材保证。

除了根据力学性能之外，材料的物理性能与化学性能在选材中也有相当重要的作用。例如，加热炉的炉底板材料应具有良好的耐热性；和腐蚀性介质接触的零件应有较高的耐蚀性等。

2. 工艺性能

材料的工艺性能是指材料加工的难易程度。常见的加工工艺包括冷加工、热加工和热处理。材料工艺性能的好坏关系到零件加工成本的大小、生产效率的高低等。与使用性能相比，工艺性能处于次要地位，但在特殊情况下，工艺性能也可能成为选材的主要依据。

3. 符合经济原则

材料的经济原则是指在满足力学性能的前提下，为了降低工件的生产成本，选用价格较低的材料。一般来说，铸铁的价格低于铸钢，普通钢的价格低于优质钢，碳素钢的价格低于合金钢，低合金钢的价格又低于高合金钢。此外，零件材料的选用还应考虑材料的供应状况。

第二节　轮机主要零件材料的选用及其热处理方法

船用柴油机是以压缩发火方式使燃料在气缸内燃烧，以高温高压燃气推动活塞运动，并通过连杆机构将活塞的往复运动转变为曲轴的回转运动而对外做功的，如图 2-10-1 所示。柴油机的一个工作循环包括进气、压缩、燃烧、膨胀和排气几个过程，它可以在活塞的两个行程或四个行程内完成，相应称为二冲程或四冲程柴油机。

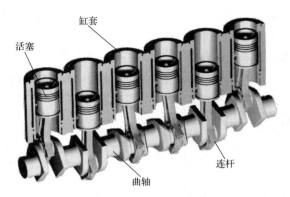

图 2-10-1　船用柴油机的主要运动部件

一、曲轴

1. 曲轴的工作条件和对材料的要求

曲轴是柴油机的重要工作零件，其作用是汇集柴油机各缸所做的功，并以回转运动的方式传递出去。曲轴由主轴颈、曲柄臂、曲柄销和输出端等部分组成。

（1）曲轴的工作条件

曲轴是柴油机的重要零件，结构复杂、重量大、造价高。

曲轴在工作中受力复杂，承受周期性变化的气体力、往复惯性力、离心力以及由这些力引起的弯矩和扭矩作用，并随着曲柄转角和负荷而变化，由此在曲轴内部产生交变应力，引起弯曲和扭转变形以及弯曲和扭转振动。

曲轴各轴颈均与轴承在很高的比压下产生相对运动，使轴颈遭受较大的摩擦和磨损，特别是在润滑不良、机座或船体变形、轴承间隙不合适、超负荷运转或经常起停发动机时，轴颈的磨损会明显加剧。

曲轴形状复杂，截面尺寸变化处很多，有些曲轴在轴颈处还设有油孔，因而存在较大的应力集中。

小型形状常做成整体式，如图 2-10-2 所示；大中型曲轴制成半组合式（图 2-10-3）和全组合式（图 2-10-4）。半组合式曲轴的曲柄臂和主轴颈之间是以红套或液压套合方式配合的。全组合式曲轴的曲柄臂和主轴颈之间以及曲柄销之间都是以红套或液压套合方式配合的。目前，随着压力加工技术的发展以及大型锻压设备的出现，大中型曲轴也趋于整体式，因而具有更好的强度和刚度，工作也更加安全可靠。

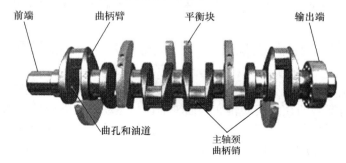

图 2-10-2　整体式曲轴

图 2-10-3　半组合式曲轴

图 2-10-4　全组合式曲轴

（2）对曲轴材料的要求

曲柄应具有良好的综合力学性能，即较高的强度、硬度和冲击韧性；应具有足够的疲劳强度；还应具有优良的耐磨性。

2. 曲轴的材料及热处理

（1）曲轴的材料

船用中高速柴油机采用整体式曲轴，常选用 35、40、45、40Cr、45Cr、35CrMoA 等中碳钢或合金调质钢，也可选用球墨铸铁 QT600-3、QT700-2 等；船用大型低速柴油机曲轴大多采用半组合式，其主轴颈常选用 35、40、45 等中碳钢，曲柄常选用 ZG270-500、ZG310-570 和 ZG25MnV 等铸钢。

（2）曲轴的热处理

为了获得良好的综合力学性能，曲轴的组织必须为回火索氏体或索氏体。曲轴的热处理工艺因材料、尺寸和工作条件不同而异，具体要求如下：

1）碳钢曲轴锻件应经正火处理，粗加工后进行退火处理，其硬度为 HB180～240。

2）合金钢曲轴锻件应经退火处理，粗加工后进行调质处理，硬度为 HB207～286。合金钢曲轴轴颈表面硬度高时，可采用表面淬火或氮化处理，硬度达 HRC50 以上。一般淬硬深度大于 2～3mm，氮化层深度大于 0.3mm；但曲轴过渡圆角处绝不应淬硬。

3）铸钢曲柄需要两次正火和回火处理，或经高温扩散退火、正火及回火处理，粗加工后进行退火处理。

4）球墨铸铁曲轴应进行正火处理，粗加工后退火处理，硬度为 HB220～290；轴颈表面硬度要求高时，可进行高频淬火。

（3）曲轴轴颈的表面强化处理

曲轴轴颈表面强化处理可使曲轴的耐磨性和疲劳强度大大提高，主要采用下列方法：

1）氮化处理。常用气体氮化、气体软氮化、离子氮化等。如软氮化可使碳钢曲轴弯曲疲劳强度提高 60%～80%，合金钢曲轴弯曲疲劳强度提高 20%～30%，球墨铸铁曲轴弯曲疲劳强度提高 50%～70%。

2）喷九、滚压等强化方法。喷丸不仅使曲轴表面强化，还可使弯曲疲劳强度提高 15%～25%；曲轴圆角滚压强化可使曲轴弯曲疲劳强度提高 20%～70%。

二、连杆

1. 连杆的工作条件和对材料的要求

连杆是柴油机的主要运动构件之一，由连杆小端、连杆身和连杆大端三部分组成，如

图 2-10-5 所示。它的作用是把活塞与曲轴连接起来，把作用于活塞上的气体力和惯性力传递给曲轴，将活塞的往复运动转变为曲轴的回转运动。

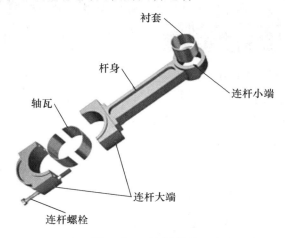

图 2-10-5　连杆组成

连杆分为无十字头式和十字头式两种，如图 2-10-6 所示。其中无十字头式连杆用于四冲程中、高速筒形活塞式柴油机中，十字头式连杆用于二冲程低速柴油机中。

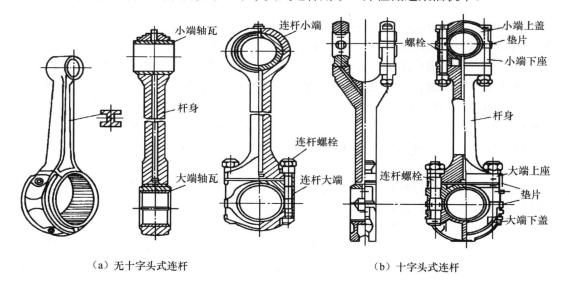

（a）无十字头式连杆　　　　　　　　　　（b）十字头式连杆

图 2-10-6　连杆种类

（1）连杆的工作条件

柴油机运转时，连杆受到周期性变化的气体力和惯性力的作用。二冲程柴油机连杆杆身受交变的压应力和弯曲应力；四冲程柴油机连杆杆身受交变的拉、压应力和弯曲应力；连杆大、小端轴承分别与曲柄销、活塞销产生相对运动，受到摩擦与磨损。

（2）对连杆材料的要求

连杆材料应具有良好的综合力学性能，即有较高的强度、疲劳强度、冲击韧性及足够的刚度。

2．连杆的材料

船用大型中、低速柴油机由于转速低、交变应力频率低，对材料的疲劳强度要求不高，主要保证刚度，所以连杆常选用 35、40、45 等中碳钢，最终热处理为正火。

船用中、高速柴油机及高速大功率增压柴油机连杆，由于对疲劳强度要求较高，常选用 40Cr、35CrMo、42CrMo、18CrNiWA 等合金调质钢，

连杆毛坯锻造成型，小型高速柴油机连杆多采用模锻，大、中型柴油机连杆多采用自由锻。

3．热处理

船用大型低速柴油机连杆常选用中碳钢正火处理，粗加工后退火处理。

中、高速柴油机连杆选用中碳钢时应进行调质或正火处理；用合金钢时进行调质处理，得到回火索氏体，它具有很好的综合力学性能。

由于合金钢对细小裂缝特别敏感，所以连杆表面应进行喷丸强化，并进行抛光加工，使连杆表面不存在细微的裂缝，并形成一定的残余压应力，以提高连杆的疲劳强度。

对于小型高速柴油机，目前已采用球墨铸铁作为连杆材料，最终热处理可以是正火或调质处理。

三、气缸套

气缸套是柴油机燃烧室的组成部件之一，根据柴油机类型、结构的不同分为二冲程柴油机气缸套，如图 2-10-7（a）所示；四冲程柴油机气缸套，如图 2-10-7（b）所示。二冲程柴油机因为没有进气阀，有些连排气阀也没有，所以在缸套下部开设扫气口。

（a）二冲程柴油机气缸套　（b）四冲程柴油机气缸套

图 2-10-7　气缸套

1．气缸套的工作条件和对材料的要求

（1）气缸套的工作条件

气缸套的工作条件十分恶劣，其内壁与高温、高压燃气直接接触，同时内圆表面还承受活塞组件的强烈摩擦和燃气的腐蚀。气缸套外壁直接或间接受到冷却水的冷却和腐蚀、

穴蚀。气缸套因内、外温差可引起热应力，高压燃气等的作用会引起相当大的机械应力。

（2）对气缸套材料的要求

由于气缸套的主要损伤形式是磨损，所以首先要求材料具有较高的强度、硬度和耐磨性，同时它又是组成燃烧室的部件，所以又要有很好的耐热性、导热性和耐蚀性。

2. 气缸套材料及表面强化手段

由于铸铁具有优良的耐磨性、减振性、铸造性和切削加工性，且价格低廉，所以绝大部分柴油机气缸套材料均为铸铁。

1）灰铸铁是船用柴油机气缸套常选用的材料，常用于大型低速柴油机和一般中、高速柴油机，典型牌号如 HT250、HT300 等。

2）合金铸铁常用于中、高速强载柴油机气缸套。常用的是耐磨合金铸铁，如高磷铸铁、钒钛铸铁、磷铬铸铁、铬钼铜铸铁及含硼铸铁等。

为了提高气缸的耐磨性和耐蚀性，应对气缸套内、外圆表面进行强化处理。最常用的强化手段有内圆表面高频淬火、松孔镀铬等。内、外圆表面均可进行离子氮化处理。

气缸套的内表面与活塞环的外表面必须相匹配，形成一个合理的摩擦副，才能达到减少摩擦的目的。

四、活塞组件

活塞、活塞环和活塞销共同组成活塞组件，如图 2-10-8 所示。在高温高压燃气作用下，活塞在气缸内往复运动并通过连杆把燃气作用力传递给曲轴输出，实现热能向机械能的转换。活塞组常见的失效形式有磨损、变形和断裂。

图 2-10-8　活塞组件

1. 活塞

（1）活塞的工作条件及对材料的要求

活塞与气缸套、气缸盖组成燃烧室，直接受到高温、高压燃气和往复惯性力的作用，承受较大的热应力与机械应力。活塞在往复运动中，其外圆表面与气缸套发生摩擦与撞击，润滑不良的情况下更为严重。

由于活塞与高温、高压、强腐蚀性的燃气相接触，所以要求材料具有足够的强度、硬度和很好的耐磨性、耐热性和导热性、耐蚀性。对于高速柴油机，还要求活塞材料尽量轻，以减少反复惯性力。

（2）活塞的材料及热处理

船用大型低速柴油机通常采用十字头组合式活塞，活塞头部常采用 ZG230-450、ZG270-500 等铸钢，经正火处理，具有一定的耐磨性。中高速柴油机的活塞头则采用 ZG25Mo、ZG35CrMo 等合金铸钢，具有更好的耐热性和耐蚀性。裙部常采用孕育铸铁，如 HT250、HT300，经退火处理，具有很好的耐磨性。

船用中、低速柴油机的整体式活塞材料常选用铸铁，如孕育铸铁 HT250、HT300；缸径为 100～400 mm 的中速柴油机活塞可来用球墨铸铁 QT500-7。

高速柴油机的整体式活塞广泛采用铸造铝合金，如 ZL108、ZL110 等，热处理工艺为固溶+时效处理。高速重载柴油机活塞可用 LD8、LD10 和 LD11 等锻铝材料，也可采用固溶加+效处理。

2. 活塞环

活塞环是活塞组件之一，如图 2-10-8 所示。活塞环装于活塞上的活塞环槽中。活塞环分为气环和油环两类。气环的作用是保持燃烧室的气密性并把活塞的热量向气缸壁传出。油环的作用是向气缸壁布油，控制和调节气缸壁之间的润滑油，避免多余的滑油进入燃烧室，从而减少滑油的消耗，同时也减少了燃烧室积炭的倾向。

（1）活塞环的工作条件及对材料的要求

活塞环的工作条件十分恶劣，是易损件。一般来说，活塞环的正常使用寿命为8000～10000h。活塞环在柴油机气缸燃烧室工作时受到高温、高压燃气的作用。活塞环随同活塞在气缸中做往复运动的同时，还在活塞环槽中做往复回转和扭曲等运动，使活塞环外圆表面和端面受到摩擦、磨损，润滑不良的条件下则更为严重。

由于活塞环的主要损伤形式是磨损和折断，所以要求材料具有足够的硬度，一般要求低速柴油机活塞环材料硬度为 180～220HBS；中、高速柴油机活塞环材料硬度为 190～230HBS。同一活塞环的材料硬度相差不超过 20HBS。活塞环又与高温、强腐蚀的燃气接触，所以又要具有较好的耐热性与导热性和耐蚀性。

（2）活塞环的材料及强化手段

活塞环常用的材料是铸铁，因为铸铁具有很好的耐磨性。最常用的是 Cr-Mo、Cr-Mo-Cu 等合金铸铁等，也可以用 HT250、HT300 等孕育铸铁，还可以采用 QT600-3 等球墨铸铁。

有些高速大功率柴油机采用的钢制刮油环，一般采用共析钢、耐热钢。

第一、第二道活塞环与燃烧室最近，工作条件最差，所以常在外圆表面进行松孔镀铬，以提高其耐磨性。

3. 活塞销

活塞销是筒形活塞与连杆小端之间的连接件，如图 2-10-8 所示，它把活塞所受到的力传递给连杆，并支承连杆小端与其保持一定的相对运动。

（1）活塞销的工作条件及对材料的要求

活塞销受到气体力和活塞往复惯性力的周期性强烈冲击和交变的弯曲应力作用，对应的销座和连杆小端受到剪切作用。活塞销与连杆小端以及活塞销座之间有严重的摩擦，由于相互摆动，不容易形成连续的润滑油膜，所以润滑条件比较差。

根据活塞销承受冲击、交变载荷及过度磨损，所以活塞销材料整体上应具有足够的强度，表面具有较高的硬度和耐磨性，心部具有足够的冲击韧性。

（2）活塞销的材料和热处理

船用柴油机的活塞销材料一般选用 15、20 等低碳钢，或 15Cr、20Cr、20CrMnTi 等合金渗碳钢。高速重载柴油机多选用含合金成分较高的合金钢。

选用低碳钢和合金渗碳钢作为活塞销的材料，仅能保证其具有足够的冲击韧性，要使表面具有足够的硬度，必须对活塞销外圆表面进行渗碳、淬火后再低温回火处理。

五、气阀

气阀是柴油机配气机构中的主要零件，如图 2-10-9（a）所示。它的作用是对柴油机进行正确的配气，以保证柴油机工作过程的连续进行。

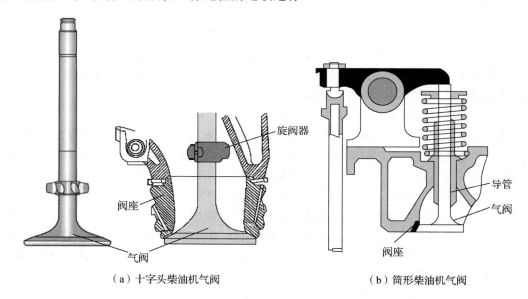

（a）十字头柴油机气阀　　　　　　　　（b）筒形柴油机气阀

图 2-10-9　柴油机气阀

1. 气阀的工作条件及对材料的要求

（1）气阀的工作条件

四冲程柴油机的气缸盖上设有进、排气阀，如图 2-10-9（b）所示。一般进气阀的温度为 400～500℃，排气阀的温度为 650～800℃。气阀的头部直接与高温、高压燃气接触，所以气阀承受较高的热负荷和机械负荷。排气阀受到高温废气的冲刷与腐蚀。气阀阀杆与导套不断摩擦，润滑条件很差。阀面和阀座不断摩擦和撞击。所以，气阀是柴油机中工作条件恶劣的零件。

（2）对气阀材料的要求

由于气阀的工作温度很高，首先要求材料具有很好的耐热性、导热性、组织稳定性和较小的热膨胀系数。同时要求它在高温下能保持足够的强度、硬度、耐磨性和耐蚀性。

2. 气阀的材料

进气阀的材料常采用合金调质钢，如 40Cr、35CrMo、40CrNi 等，或采用气阀钢，如 4Cr9Si2。排气阀的材料常采用气阀钢，如 4Cr9Si2、4Cr10Si2Mo、4Cr14Ni4W2Mo 等。

3. 热处理

4Cr9Si2、4Cr10Si2Mo 是马氏体热强钢，排气阀锻造后为了降低硬度便于加工，进行退火处理，最后进行调质处理，使钢具有高的热强性、组织稳定性和耐磨性。4Cr10Si2Mo 由于含钼，不仅其他性能较 4Cr9Si2 高，而且回火脆性倾向更小。

4Cr14Ni4W2Mo 是奥氏体热强钢，在 1170～1200℃经固溶处理，并在 750℃进行时效处理以达到要求的性能，排气阀工作温度高达 750℃。

六、精密偶件

柴油机燃油系统中高压油泵的柱塞—套筒、喷油器中的针阀—针阀体、出油阀—阀座是柴油机的三对精密偶件，其结构如图 2-10-10 所示。精密偶件精度要求高，工作表面粗糙度低，配合间隙小。

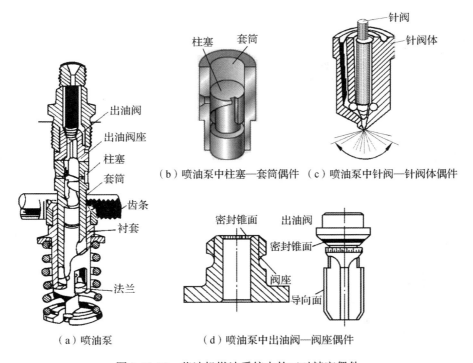

（a）喷油泵　　（b）喷油泵中柱塞—套筒偶件　（c）喷油泵中针阀—针阀体偶件　（d）喷油泵中出油阀—阀座偶件

图 2-10-10　柴油机燃油系统中的三对精密偶件

1. 精密偶件的工作条件及对材料的要求

（1）精密偶件的工作条件

偶件在工作中主要受到高压燃油的腐蚀和冲击作用。偶件的相对运动使工作表面受到严重的摩擦和磨损。

（2）对精密偶件材料的要求

精密偶件材料应具有足够的强度和硬度，一般硬度不低于60HRC；较高的耐磨性和热硬性，较好的耐蚀性；有较高的疲劳强度和冲击韧性。偶件材料应线膨胀系数相同，金相组织稳定，以防偶件尺寸变化导致偶件咬死。

2. 精密偶件的材料

根据精密偶件的性能要求，通常用的材料有滚动轴承钢GCr15、低合金工具钢CrWMn、氮化钢38CrMoAlA及高速钢W18Cr4V等。

3. 精密偶件的热处理

采用GCr15制造的精密偶件通常经830～860℃淬火，再进行冷处理，以尽量减少残余奥氏体的量，稳定组织，然后进行低温回火，获得所需的组织。

七、螺旋桨

1. 螺旋桨的工作条件及对材料的要求

（1）螺旋桨的工作条件

螺旋桨是目前应用最为广泛的一种推进器，船舶航行时，柴油机通过轴系把功率传至螺旋桨，螺旋桨回转与水作用产生轴向推力，再通过轴系、推力轴承传给船体，实现船舶航行的目的。

螺旋桨由桨叶和桨毂组成，如图2-10-11所示，一般有3～6个桨叶。中小型船舶常采用3～4个桨叶，大型船舶通常采用4～5个桨叶。螺旋桨直径一般为800～6000mm，但目前大型船舶桨叶直径已接近9m。

螺旋桨在水下工作时，不仅受到来自主机的巨大转矩，而且与海水或河水有相对作用，受到水动力的作用。此外，螺旋桨还受到海水或河水的冲刷和腐蚀。

图2-10-11　螺旋桨

（2）对螺旋桨材料的要求

螺旋桨的材料应具有较高的强度、塑性和冲击韧性，良好的耐穴蚀和有耐电化学腐蚀的能力以及良好的铸造性和机械加工性能等。

2. 螺旋桨的材料

船用螺旋桨的主要材料有黄铜、青铜、铸钢和铸铁等。

如黄铜ZCuZn41Mn3Fel、ZCuZn24Al5Mn2Fe2，适用于制造大型海船和军舰的螺旋桨，但因其耐穴蚀性能差和价格高，不适合制造高速船的螺旋桨。

铝青铜 ZCuAl12Mn8Fe3Ni2、ZCuAl14Mn8Fe3Ni2，广泛用于大型、高速海船和舰船螺旋桨。

铸铁 HT200、HT250，一般用于功率小、航速低的内河小船上。

铸钢 ZG230-450、ZG200-400，常用于冰区和内河航行的船舶。

八、重要螺栓

1. 重要螺栓的工作条件及对材料的要求

（1）重要螺栓的工作条件

船用柴油机的气缸盖螺栓、组合式活塞的连接螺栓、连杆螺栓、主轴承螺栓、贯穿螺栓和地脚螺栓、轴系的法兰连接螺栓等都是非常重要的螺栓，如图 2-10-12 所示，因为它们的断裂往往会造成整机毁坏的严重事故。

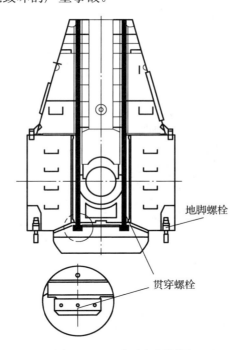

图 2-10-12　柴油机侧剖图

这些螺栓不仅要保证机件的连接和紧固，还要承受机器运转时产生的载荷作用。螺栓受力较复杂，除受拉力作用外，还受惯性力、冲击力和振动等的周期性作用。此外，某些螺栓还受到高温的作用和腐蚀。

（2）对重要螺栓材料的要求

为了保证螺栓的连接和紧固，以使机器安全可靠地运转，螺栓材料应该具有足够的强度尤其是疲劳强度，具有高的淬透性和低的缺口敏感性，以及适当的硬度、塑性和冲击韧性。高温下工作的螺栓应具有耐热性，在腐蚀介质中工作的螺栓应具有较高的耐蚀性。

2. 重要螺栓的材料及热处理

柴油机的重要螺栓材料常采用中碳钢或合金调质钢。一般船用中、高速柴油机的重要螺栓多采用 40Cr、35CrMoA、40CrNi 等；大型低速柴油机的重要螺栓多采用 40、45、40Cr 等。

重要螺栓为满足使用要求均应进行调质处理，使其获得较好的综合力学性能。调质后螺栓横截面上均匀分布着回火索氏体组织，允许少量的游离态的铁素体和粒状渗碳体存在。对于大型低速柴油机的连杆螺栓和贯穿螺栓等，允许用正火代替调质处理。

九、涡轮叶片

1. 涡轮叶片的工作条件及对材料的要求

（1）涡轮叶片的工作条件

涡轮叶片是废气涡轮增压器的重要零件之一，它装于涡轮盘上构成涡轮叶轮，如图 2-10-13 所示。叶轮的作用是把从喷嘴喷出的高速燃气（废气）的动能和压力能转换成机械能，实现增压器转子的高速回转运动。所以涡轮叶片是实现能量转换的关键零件。

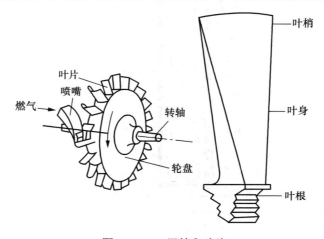

图 2-10-13　涡轮和叶片

涡轮叶片在高温、高腐蚀性的柴油机废气冲击作用下高速回转，柴油机废气温度一般为 500～600℃，增压器转速也非常高，为 10000～50000r/min。所以，涡轮叶片在高温下受到很高的应力作用和高温燃气的强烈腐蚀和冲刷。

（2）对涡轮叶片材料的要求

涡轮叶片的工作条件对涡轮叶片的材料提出了较高的要求，即应具有较高的强度、蠕变强度、疲劳强度，具有较高的冲击韧性和耐蚀性，具有一定的塑性和良好的加工工艺性能。

2. 涡轮叶片的材料

涡轮叶片常用的材料有 1Cr13、4Cr14Ni14W2Mo、15Cr11MoNiVA 和 35CrMoA 等耐热钢。其中 1Cr13 是马氏体型不锈钢，具有较高的强度、硬度和耐磨性，对大气、海水、淡水等有较好的耐蚀性，工作温度低于 580℃。4Cr14Ni14W2Mo 是奥氏体型热强钢，具有较高的热强度，工作温度不超过 750℃，是目前国产废气涡轮增压器涡轮叶片常用的材料。

第三篇　机构与机械传动

引　言

机器在我们的日常生活和工作中随处可见，从家庭用的缝纫机、洗衣机，到汽车、推土机及工业机器人等。船舶机舱里的柴油机、空气压缩机、造水机、舵机等也是机器。机器的种类繁多，构造、用途和性能也各不相同。

如图 3-0-1 所示为一台内燃机。其工作原理如下：新鲜空气由进气管通过进气阀 3 被下行的活塞 2 吸入气缸，然后进气阀 3 关闭，活塞 2 沿气缸套 1 上行压缩新鲜空气，喷油并点火使可燃混合气在气缸中燃烧，气缸中产生高温高压的燃气，推动活塞 2 下行，通过连杆 5 带动曲轴 6 转动，向外输出机械能。当活塞 2 再次上行时，排气阀 4 打开，废气通过排气管排出。图中，凸轮 7 和顶杆 8 用来启、闭进气阀和排气阀；齿轮 9、10 则用来保证进气阀、排气阀和活塞之间形成一定规律的动作。以上各部分协同配合动作，把燃气燃烧时的热能转变为曲轴转动的机械能。

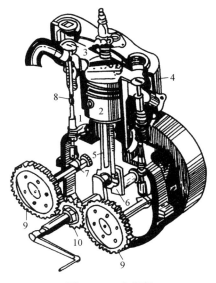

图 3-0-1　内燃机　　　　　　　　　内燃机

又如洗衣机由电动机、V带传动机构、波轮和机座组成。电动机回转时，经V带传动机构带动波轮回转，搅动洗涤液完成洗衣工作。

从以上两个实例可以看出，虽然各种机器的构造、用途和性能各不相同，但是从它们的组成、运动确定性以及功、能关系来看，都具有以下几个共同的特征：

1）机器是多个实物（构件）的组合体。

2）组成机器的各实物（构件）之间都具有确定的相对运动。

3）能够完成有效功或能量的转换。

机器的主体部分由机构组成，而机构又是由构件组成的。

1．机构

在一般情况下，一台机器包含若干个机构。例如，往复式内燃机为把燃料燃烧时产生的热能转变为机械能并向外输出，就必须通过曲柄滑块机构，将活塞的往复直线运动转变为曲轴的旋转运动。为了使内燃机的进、排气定时准确，必须通过凸轮机构定时启闭进、排气阀。而凸轮的运动又是由齿轮机构来传递的。故机构具有以下几个特征：

1）机构是人为的多个实物（构件）的组合体。

2）组成机构的各运动实体之间具有确定的相对运动。

由此可见，机构具有机器的前两个特征，机构起着运动传递和运动形式转换的作用，但机构不能独立地完成有效功或转换能量。

从结构和运动的观点来看，机器与机构之间并无区别。因此，人们常用"机械"一词作为它们的总称。

2．构件

组成机构的相互间做确定运动的各个实物称为构件。构件可以是单一的整体，如内燃机中的整体式曲轴，也可以是由若干个零件组成的刚性结构，如内燃机中的连杆总成。当构件运动时，组成同一构件的各个零件之间不允许有相对运动。由此可见，构件是运动的单元。

3．零件

从制造、加工的角度看，任何机械都是由若干单独加工制造的单元体——零件组合而成。零件是机械组成中不可再拆的最小单元，也是制造的单元。如图3-0-2所示的内燃机中的连杆，由单独加工的连杆体、连杆盖、螺栓、螺母等零件装配而成。

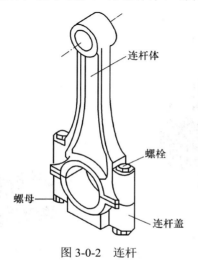

连杆体
螺栓
螺母
连杆盖

图3-0-2　连杆

连杆

第一章　平面机构的运动简图及自由度

第一节　运动副及分类

机构由多个构件组合而成，其中每个构件都以一定的方式至少与另一个构件相联接，这种联接使两个构件既直接接触，又能产生确定的相对运动。每两个构件间的这种直接接触所形成的可动联接称为运动副。

构成运动副的两个构件间的接触不外乎点、线、面三种形式。按照接触特性，一般将运动副分为低副和高副两大类。

一、低副

两构件通过面接触组成的运动副，因其接触部分的压强较低，故称为低副。

根据它们之间的相对运动形式，又可分为回转副和移动副。

1）回转副。两构件组成只能在一个平面内做相对转动的运动副，称为回转副，又称转动副或称铰链，如图 3-1-1 所示。

2）移动副。两构件组成只能沿某一轴线做相对移动的运动副称为移动副，如图 3-1-2 所示。组成移动副的两构件可能都是运动的，也可能有一个是固定的。

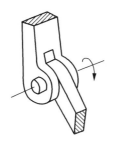

图 3-1-1　回转副

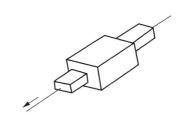

图 3-1-2　移动副

二、高副

两个构件通过点或线接触组成的运动副，因其接触部分的压强较高，故称为高副，如图 3-1-3 所示。图 3-1-3（a）中的车轮与钢轨；图 3-1-3（b）中的凸轮与从动件；图 3-1-3（c）中的轮齿 1 与轮齿 2 分别在其接触处 A 点组成高副。它们之间的相对运动是转动和沿公切线 t-t 方向的移动。

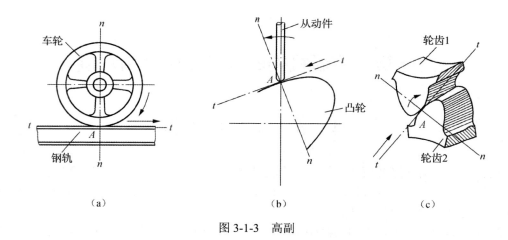

图 3-1-3　高副

第二节　平面机构运动简图

一、平面机构运动简图的概念和表达方法

1. 平面机构运动简图概念

从原理方案设计的角度看，机构能否实现预定的运动和功能，是由原动件的运动规律、联接各构件的运动副类型及机构的运动尺寸（即各运动副间的相对位置尺寸）来决定的，而与构件及运动副的具体结构、外形（高副机构的轮廓形状除外）、断面尺寸、组成构件的零件数目及固联方式等无关。因此，为使问题简化，撇开与运动无关的复杂结构和外形，保留与运动有关的尺寸，用工程上规定的简单符号和线条代表运动副和构件，并按一定的比例尺表示机构的运动尺寸，绘制出表示机构的简明图形。这种图形称为机构运动简图。

机构运动简图能完全表达机构的运动特性、传动特点及构件组成。

若只是为了表明机械的组成状况和结构特征，也可以不严格按比例来绘制简图，这样的简图通常称为机构示意图。

2. 机构运动简图中构件及其运动副的表达方法

如图 3-1-4 所示，图中 3-1-4（a）～（c）是两个构件组成回转副的表示法。用圆圈表示回转副，其圆心代表相对转动轴线。若组成回转副的两构件都是活动件，则用图 3-1-4（a）表示。若其中有一个为机架，则在代表机架的构件上加阴影线，如图 3-1-4（b）、（c）所示。

两构件组成移动副的表示方法如图 3-1-4（d）～（f）所示。移动副的导路必须与相对移动方向一致。同前所述，图中画阴影线的构件表示机架。

两构件组成高副时，在简图中应当画出两构件接触处的曲线轮廓，如图 3-1-4（g）所示。

如图 3-1-5 所示为构件的表示方法，图 3-1-5（a）表示参与组成两个回转副的构件，图 3-1-5（b）表示参与组成一个回转副和一个移动副的构件。在一般情况下，参与组成三个回转副的构件可用三角形表示。为了表明三角形是一个刚性整体，常在三角形内加剖面线或在三个角上涂以焊接的标记，如图 3-1-5（c）所示；如果三个回转副中心在一条直线上，则可用图 3-1-5（d）表示。超过三个运动副的构件的表示方法可依此类推。对于机械中常用的构件和零件，有时还可采用惯用画法，如用粗实线或点画线画出一对节圆来表示互相啮合的齿轮；用完整的轮廓曲线来表示凸轮。其他常用零部件的表示方法可参看 GB/T 4460—2013《机械制图　机构运动简图用图形符号》。

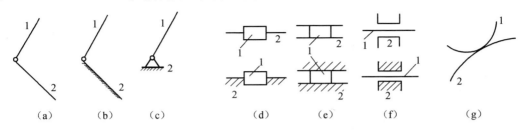

图 3-1-4　平面机构运动副的表示方法

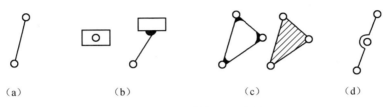

图 3-1-5　构件表示方法图

组成机构的构件，按其运动性质，一般可分为以下几种。

1）原动件：机构中已知运动规律的构件，它的运动规律是外界给定的。

2）从动件：机构中随着原动件运动的其他活动构件。

3）机架或固定件：用于支承活动构件的构件。

二、运动简图的绘制

机构运动简图的绘制步骤如下：

1）分析机构的动作原理、组成情况和运动情况，确定原动件、从动件、机架。

2）沿着运动传递路线，逐一分析每两个构件间相对运动的性质，以确定运动副的类型和数目。

3）恰当地选择运动简图的视图平面。通常可选择机构中多数构件的运动平面为视图平面，必要时也可选择两个或两个以上的视图平面，然后将其展到同一图面上。

4）选择适当的比例尺 μ_l〔μ_l＝实际尺寸（m）/图示长度（mm）〕，定出各运动副的相对位置，并用各运动副的代表符号、常用机构的运动简图符号和简单线条，绘制机构运动简图。从原动件开始，按传动顺序标出各构件的编号和运动副的代号。在原动件上标出箭头以表示其运动方向。

例 3-1-1　绘制如图 3-1-6（a）所示的偏心轮滑块机构的运动简图。

1）分析机构结构，找出三大件（即原动件、从动件及机架）。该机构由偏心轮 1、连杆 2、摇杆 3、连杆 4、滑块 5 及机架 6。共六个构件组成。机架 6 为固定件，偏心轮 1 为原动件，其余构件为从动件。

2）分析各构件之间相对运动，确定运动副的类型和数目。偏心轮 1 与机架 6、连杆 2 与偏心轮 1、摇杆 3 与连杆 2、摇杆 3 与机架 6、连杆 4 与摇杆 3、滑块 5 与连杆 4 之间的相对运动都是转动，组成 6 个回转副。滑块 5 与机架 6 组成移动副。

3）合理选择视图。为了能清楚地表明各构件间的运动关系，对于平面机构，通常选择平行于构件运动的平面作为视图平面。图 3-1-6（a）已能清楚地表明各构件间的运动关系，故选此平面作为视图平面。

4）选定适当比例尺 μ。

5）按一定顺序绘制：首先从原动件开始，定出机架上固定铰链点 O_1。再根据实际相对位置尺寸，按长度比例尺 μ 定出固定铰链点 O_3 和固定导槽方位线 x-x。选定原动件 O_1A 某一位置，接着以 A、O_3 点为圆心，以连杆 2 和摇杆 3 长为半径画弧交于 B。再以 B 点为圆心，连杆 4 长为半径画弧，与直线 x-x 相交于 C 点，得回转中心 C。最后，用构件和运动副的规定符号相连，就绘制出该机构运动简图。注意固定件要加画斜线，原动件应标注指示运动方向的箭头，如图 3-1-6（b）所示。

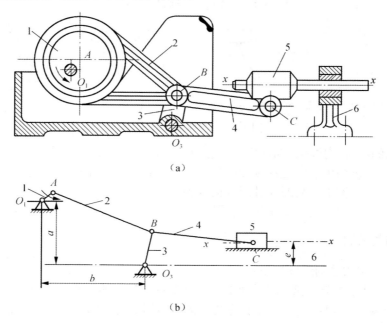

（a）

（b）

图 3-1-6　偏心轮滑块机构

第二章　平面连杆机构

平面连杆机构是由一些刚性构件用回转副和移动副连接组成的机构，其上各构件均在同一平面或平行平面内运动。由于这种机构的结构简单、易于加工，能近似地完成各种给定的运动或轨迹，而且各构件为面接触，压力强度和磨损较小，使用寿命较长，因此它被广泛地应用在牛头刨床、曲柄压力机、搅拌机等机器以及各种农业机械、矿山机械和自动生产线中。平面连杆机构在轮机工程中也有很多应用，如活塞式内燃机、空气压缩机中的曲柄滑块机构、液压舵机和回转式油泵中的导杆机构、示功器中的直接导路机构等。

但是，平面连杆机构与其他机构相比，设计过程比较复杂，而且给定的运动或轨迹多为近似的，如要较精确地按给定的运动或轨迹进行设计，往往需要增加构件和运动副数目。这又使机构复杂、效率降低，甚至出现自锁而不能工作。同时，机构的平衡比较困难，所以速度高时将引起较大的振动。

第一节　平面铰链四杆机构的基本形式及应用

在平面连杆机构中，结构最简单且应用最广泛的是由四个构件所组成的平面四杆机构，当所有的运动副均为回转副时称为铰链四杆机构。如图 3-2-1 所示，它是平面四杆机构的基本形式。在该机构中，固定不动的杆 4 称为机架；与机架相联接的杆 1 和 3 称为连架杆；连接两连架杆的杆 2 称为连杆。

在铰链四杆机构中，连杆 2 通常做平面运动。如果连架杆能做整周回转运动，称为曲柄；若仅能在某一角度范围内往复摆动，称为摇杆。

在铰链四杆机构中，按连架杆能否做整周转动，可将四杆机构分为三种基本形式。

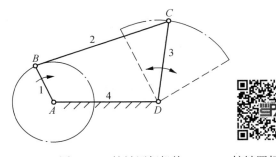

图 3-2-1　铰链四杆机构　　　　铰链四杆机构

一、曲柄摇杆机构

在铰链四杆机构中，若两连架杆中一个为曲柄，另一个为摇杆，则称为曲柄摇杆机构。该机构的传动特点是：曲柄做匀速回转运动；摇杆做变速往复摆动。在实际应用中，可根据需要以曲柄或摇杆作为原动件，如图 3-2-2 所示的搅拌机（曲柄作为原动件）；又如图 3-2-3 所示的汽车刮水器，一个曲柄驱动两个摆杆，带动两个刮水器同时工作。反之，曲柄摇杆机构也可将原动件的往复摆动变为从动件的整周转动，在图 3-2-4 所示的缝纫机踏板机构中，在机架 1 的支承下当脚踏摇杆 2 使其做往复摆动时，通过连杆 3 使曲轴 4 做连续转动。

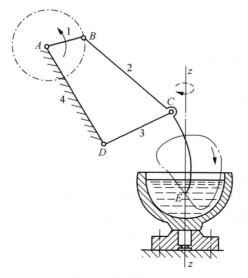

图 3-2-2　搅拌机机构

图 3-2-3　汽车刮水器

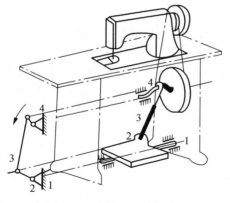

图 3-2-4　缝纫机踏板机构

搅拌机机构　　汽车刮水器　　缝纫机机构

二、双曲柄机构

在铰链四杆机构中，若两连架杆均为曲柄，则此四杆机构称为双曲柄机构。这种机构的传动特点是当主动曲柄 1 连续等速转动时，从动曲柄 3 一般做不等速转动。图 3-2-5 所示为惯性筛机构，它利用双曲柄机构 ABCD 中从动曲柄 3 的变速回转，使筛子 6 具有所需的加速度，从而达到筛分物料的目的。

惯性筛机构 机车车轮联动机构

在双曲柄机构中，若两曲柄的长度相等且平行，则称为平行四边形机构，如图 3-2-6 所示。这种机构的传动特点是主动曲柄和从动曲柄以大小相等、方向相同的角速度转动，连杆做平行移动。平行四边形机构有一个从动曲柄转动方向不确定问题，为解决此问题，可以在从动曲柄 CD 上加装一个惯性较大的轮子，利用惯性维持从动曲柄转向不变。也可以通过加虚约束使机构保持平行四边形（如图 3-2-7 所示的机车车轮联动的平行四边形机构），从而避免机构从动曲柄转动方向不确定问题；又如图 3-2-8 所示的挖土机的驱动铲头机构，由于平行四边形机构的特点，与铲头连接的连杆 *BC* 移动时始终处于平行状态，所以不论铲头处于上升或下降位置，都不会使所载的东西掉出来。

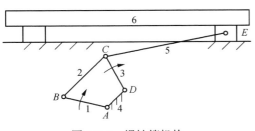

图 3-2-5　惯性筛机构

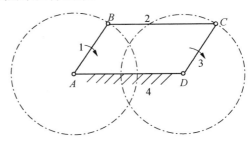

图 3-2-6　平行四边形机构

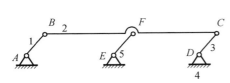

图 3-2-7　机车车轮联动机构

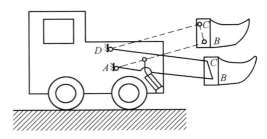

图 3-2-8　挖土机

　　两曲柄长度相同，而连杆与机架不平行的铰链四杆机构，称为反向双曲柄机构，如图 3-2-9 所示。这种机构的传动特点是主、从动曲柄转向相反但转速相同。如图 3-2-10 所示的车门启闭机构就是采用了这种机构，当主动曲柄 1 转动时，通过连杆 2 使从动曲柄 3 朝相反方向转动，从而保证两扇门能同时开启或关闭。

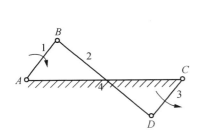

图 3-2-9　反向双曲柄机构

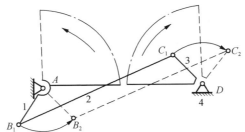

图 3-2-10　汽车车门开启机构

汽车车门开启机构

三、双摇杆机构

　　在铰链四杆机构中，若两连架杆均为摇杆，则称为双摇杆结构。该机构的运动特点是两摇杆做变速摆动时，连杆做平面运动。如图 3-2-11 所示的鹤式起重机的变幅机构中的四杆机构 *ABCD* 即为双摇杆机构，当主动摇杆 *AB* 摆动时，另一摇杆也一起摆动，使悬挂在 *E* 点的重物沿一近似水平直线移动，将货物由船上卸至码头。

起重机的
变幅机构

汽车前轮的
转向机构

又如图 3-2-12 所示汽车前轮的转向机构，两摆杆的摆角不相等，完成汽车两前轮相对回转中心 P 不同的回转弧长。

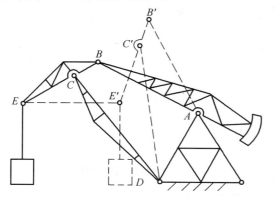

图 3-2-11　鹤式起重机的变幅机构

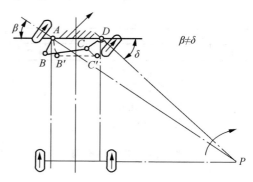

图 3-2-12　汽车前轮的转向机构

第二节　平面铰链四杆机构的工作特性

平面连杆机构具有传递和变换运动、实现力的传递功能，前者称为平面连杆机构的运动特性，后者称为平面连杆机构的传力特性。了解这些特性，对于正确选择平面连杆机构的类型，进而进行机构设计具有重要指导意义。

一、运动特性

1. 铰链四杆机构有曲柄的条件

机构中能做整周回转运动的连架杆是关键构件，因为只有具有这种构件，机构才有可能由电动机等连续转动的原动机来驱动，才具有较高的使用价值。

下面以如图 3-2-13 所示的四杆机构为例，说明铰链四杆机构有曲柄的条件。

在图 3-2-13 中，设 $d > a$，在杆 1 绕铰链 A 转动的过程中，铰链点 B 与 D 之间的距离 g 是不断变化的，当 B 点到达图示 B_1 和 B_2 两位置时，g 值分别达到最大值 $g_{max} = d+a$ 和最小值 $g_{min} = d-a$。

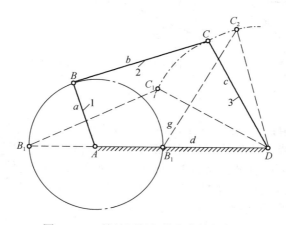

图 3-2-13　铰链四杆机构有曲柄的条件

如要求杆 1 能绕铰链 A 相对杆 4 做整周转动，则杆 1 应能通过 AB_1 和 AB_2 这两个关键位置，即可以构成三角形 B_1C_1D 和三角形 B_2C_2D。根据三角形构成原理：三角形任意两边长度之差（和）必小（大）于第三边的长度。即可以推出以下各式：

由 $\triangle B_1C_1D$ 可得

$$(a+b)-b \leqslant c$$

亦即

$$a+d \leqslant b+c \tag{3-2-1a}$$

由 $\triangle B_2C_2D$ 可得

$$(d-a)+b \geqslant c$$

和

$$(d-a)+c \geqslant b$$

亦即

$$a+b \leqslant c+d \tag{3-2-1b}$$

和

$$a+c \leqslant b+d \tag{3-2-1c}$$

将式（a）、（b）、（c）分别两两相加可得

$$a \leqslant c, \; a \leqslant b, \; a \leqslant d \tag{3-2-1d}$$

上述关系说明：

1）在曲柄摇杆机构中，曲柄为最短杆。

2）最短杆与最长杆长度之和小于或等于其余两杆长度之和（最长杆必为 b、 c、 d 其中之一），是曲柄存在的必要条件。

根据各杆间相对运动关系可知，在满足最短杆与最长杆之和小于或等于其他两杆之和的前提下，取不同构件为机架时，可以得到不同类型的铰链四杆机构。

1）取与最短杆相邻的构件为机架，则最短杆为曲柄，另一连架杆为摇杆，故组成曲柄摇杆机构。

2）取最短杆为机架，则两连架杆均为曲柄，故组成双曲柄机构。

3）取与最短杆相对的构件为机架，则两连架杆均为摇杆，此时组成双摇杆机构。

如果铰链四杆机构中的最短杆与最长杆长度之和大于其余两杆长度之和，则该机构中不可能存在曲柄，无论取哪个构件作为机架，都只能得到双摇杆机构。

2. 急回运动特性

在如图 3-2-14 所示的曲柄摇杆机构中，当主动曲柄 1 位于 B_1A 而与连杆 2 成一直线时，从动摇杆 3 位于右极限位置 C_1D。当曲柄 1 以等角速度 ω_1 逆时针转过角 φ_1 而与连杆 2 重叠时，曲柄到达位置 B_2A，而摇杆 3 则到达其左极限位置 C_2D。当曲柄继续转过角 φ_2 而回到位置 B_1A 时，摇杆 3 则由左极限位置 C_2D 摆回到右极限位置 C_1D，其往复摆动的角度为 ψ，称为摆角。由图可以看出，曲柄相应的两个转角 φ_1 和 φ_2 为

$$\varphi_1 = 180° + \theta$$
$$\varphi_2 = 180° - \theta$$

式中，θ 为摇杆位于两极限位置时曲柄相应两位置所夹的锐角，称为极位夹角。

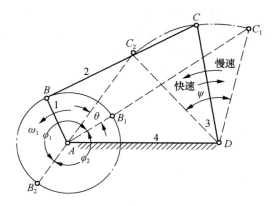

图 3-2-14　曲柄摇杆机构的急回运动特性

由于 $\varphi_1 > \varphi_2$，因此曲柄以等角速度 ω_1 转过这两个角度时，对应的时间 $t_1 > t_2$，（$t_1 = \varphi_1 / \omega_1$，$t_2 = \varphi_2 / \omega_1$）。而摇杆 3 往复摆动的平均角速度分别为

$$\omega_{m1} = \psi / t_1 , \quad \omega_{m2} = \psi / t_2$$

显然，$\omega_{m1} < \omega_{m2}$，即从动摇杆往复摆动的平均角速度不等，一慢一快。为了提高机械的工作效率，应在慢速运动的行程工作（正行程），快速运动的行程返回（反行程），这样的运动称为急回运动。通常用所谓行程速比系数 K 来衡量急回运动的相对强弱程度，即

$$K = \omega_{m2} / \omega_{m1} = t_1 / t_2 = \varphi_1 / \varphi_2 = \frac{180° + \theta}{180° - \theta} \tag{3-2-2}$$

上述分析表明：K 与 θ 有关，当 $\theta = 0$ 时，$K = 1$，说明该机构无急回运行特性；当 $\theta > 0$ 时，则机构具有急回运动特性。而且 θ 角越大，K 值越大，机构的急回运动特性也越显著。

如已知 K，即可求得极位夹角 θ。

$$\theta = 180° \cdot \frac{K-1}{K+1} \tag{3-2-3}$$

在某些机械（如牛头刨床、插床或惯性筛等）中，常利用机构的急回运动特性来缩短空回行程的时间，以提高生产效率。

二、传力特性

1. 压力角 α 和传动角 γ

在如图 3-2-15 所示的铰链四杆机构中，如果不计惯性力、重力、摩擦力，则连杆 2 是二力共线的构件，由主动件 1 经过连杆 2 作用在从动件 3 上的驱动力 F 的方向将沿着连杆 2 的中心线 BC。力 F 可分解为两个分力：沿着受力点 C 的速度 v_c 方向的分力 F_t 和垂直于 v_c 方向的分力 F_n。设力 F 与受力点的速度 v_c 方向之间所夹的锐角为 α，则

$$F_t = F \cos \alpha$$
$$F_n = F \sin \alpha$$

其中，沿 v_c 方向的分力 F_t 是使从动件转动的有效分力，对从动件产生有效回转力矩；而 F_n 则是仅仅在回转副 D 中产生附加径向压力的分力。由上式可知，α 越大，径向压力 F_n 也越大，故称角 α 为压力角。压力角的余角称为传动角，用 γ 表示，$\gamma = 90° - \alpha$。显然，γ 角越大，则有效分力 F_t 越大，而径向压力 F_n 越小，对机构的传动越有利。因此，在连杆机

构中，常用传动角的大小及其变化情况来衡量机构传力性能的优劣。

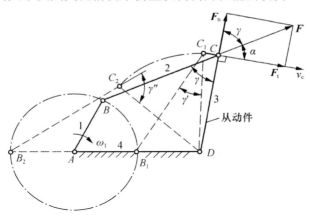

图 3-2-15　铰链四杆机构压力角分析

在四杆机构的运动过程中，传动角的大小是变化的。当曲柄 AB 转到与机架 AD 重叠共线和拉直共线两位置 AB_1、AB_2 时，传动角将出现极值 γ' 和 γ''（传动角总取锐角）。为了保证机构具有良好的传力性能，通常应使 $\gamma_{min} \geqslant 40°$；对于高速和大功率的传动机械，应使 $\gamma_{min} \geqslant 50°$。

2. 死点位置

在如图 3-2-16 所示的曲柄摇杆机构中，设摇杆 CD 为主动件，则当机构处于图示的两个虚线位置之一时，连杆与曲柄在一条直线上，出现了传动角 $\gamma=0°$ 的情况（若曲柄 AB 作主动件，不会发生此情况）。这时主动件 CD 通过连杆作用于从动件 AB 上的力恰好通过其回转中心，使从动件运动的有效分力 $F_t=0$，所以将不能使曲柄 AB 转动，机构的此种位置称为死点位置。由上述可见，四杆机构中是否存在死点（也称为止点）位置，取决于从动件是否与连杆共线。死点位置会使机构的从动件出现卡死或运动不确定现象。

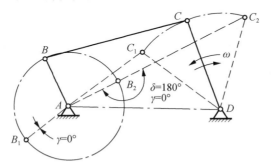

图 3-2-16　曲柄摇杆机构中死点分析

对于传动机构而言，机构有死点是不利的，应该采取措施使机构能顺利通过死点位置。对于连续运转的机器，可以采取如下措施通过死点。

1）利用从动件的惯性来通过死点位置。如发动机的曲轴上都装有飞轮，气缸越少，飞轮的尺寸做得相对越大。又如图 3-2-4 所示的缝纫机踏板机构就是借助于带轮的惯性通过死点位置的。

2）采用多组相同机构错位排列的方法。如多缸柴油机曲柄周向均匀错开排列，使其各缸能按发火顺序先后均匀发火，使各缸曲柄连杆机构的死点位置相互错开，达到使各缸顺利越过死点的目的。

机构的死点位置并非总是起消极作用。在工程实际中，不少场合也利用机构的死点位置来实现一定的工作要求。如图 3-2-17 所示为夹紧工件用的连杆式快速夹具，它是利用死点位置来夹紧工件的。在连杆 2 的手柄处施以压力 *F* 将工件夹紧后，连杆 *BC* 与连架杆 *CD* 成一直线。撤去外力 *F* 之后，在工件反弹力 *T* 作用下，从动件 3 处于死点位置。即使此反弹力很大，也不会使工件松脱。如图 3-2-18 所示为飞机起落架处于放下机轮的位置，此时连杆 *BC* 与从动件 *CD* 位于一直线上。因机构处于死点位置，故机轮着地时产生的巨大冲击力不会使从动件反转，从而保持支撑状态。

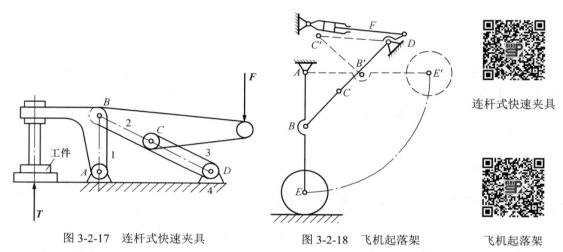

图 3-2-17　连杆式快速夹具　　　　图 3-2-18　飞机起落架

连杆式快速夹具

飞机起落架

第三节　平面铰链四杆机构的演化

平面铰链四杆机构除了三种基本形式以外，在工程实际中还广泛应用着其他类型的四杆机构。这些四杆机构都可以看作是由铰链四杆机构通过下述不同方法演化而来的。

一、回转副转化为移动副——曲柄滑块机构

曲柄滑块机构是曲柄摇杆机构演化而来的。如图 3-2-19（a）所示是铰链四杆机构。连杆 2 上的铰链 *C* 由于受摇杆 3 的控制，它的轨迹是以点 *D* 为圆心、以杆长 l_{CD} 为半径的圆弧 k_C。如果在机架 4 上装设一个同样轨迹的圆弧槽 k_C，而把摇杆 3 做成滑块的形式置于槽中滑动，如图 3-2-19（b）所示，则滑块 3 与机架 4 所组成的移动副就取代了点 *D* 的回转副。这时，连杆 2 上的 *C* 点的运动情况，将完全相同于有回转副 *D* 时的情况。圆弧槽 k_C 的圆心即相当于摇杆 3 的转动轴 *D*，圆弧槽 k_C 的半径即相当于摇杆 3 的长度 l_{CD}。

当圆弧槽 k_C 变为直线槽时，如图 3-2-19（c）所示，则相当于摇杆 3 的长度 l_{CD} 趋近于无穷大，转动轴 *D* 在直线 k_C 的垂直无穷回转处，原来代表机架 4 的 *AD* 线上的点 *D*，则在过点 *A* 垂直于直线 k_C 方向的无穷远处；这时所得到的机构，就是具有偏距 *e* 的偏置曲柄滑块机构。它相当于曲柄摇杆机构的摇杆增长至无穷大的情况。

如果 $e \neq 0$，称为偏置式曲柄滑块机构，因为 $\theta \neq 0°$，有急回运动特性，如图 3-2-20 所示。

如果 $e = 0$，称为对心式曲柄滑块机构，因为 $\theta = 0°$，没有急回运动特性，如图 3-2-19（d）所示。这种机构结构简单，在船舶机械中应用很广。当滑块为主动件时，此机构可将滑块的往复移动变为曲柄的连续转动，如船舶的柴油机、蒸汽机等；当曲柄为主动件时，此机构可将曲柄的连续转动变为滑块的往复移动，如空气压缩机、活塞式泵等。

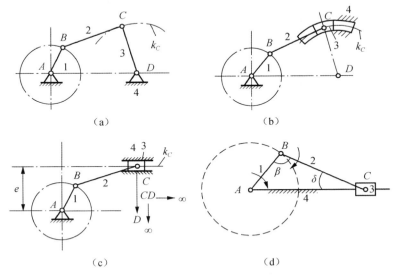

图 3-2-19　曲柄摇杆结构的演化

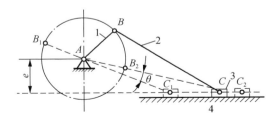

图 3-2-20　偏置曲柄滑块机构的急回运动特性

在对心式曲柄滑块机构中，曲柄 AB 旋转到与连杆 BC 成一直线的两个位置时，滑块 C 分别处于两极限位置 C_1 和 C_2，其间的距离 S 称为滑块的行程，它与曲柄长度 r 有如下关系：$S = 2r$。而连杆的长短并不影响滑块行程的大小，行程仅仅决定于曲柄长度 r。为使机构能正常工作，曲柄长度 r 应小于连杆长度 l，即 $r < l$。通常取 $l/r = 3 \sim 12$，具体数值随机器类型而定。

当以滑块为原动件时，不论是对心曲柄滑块机构，还是偏置曲柄滑块机构，都有死点位置存在，即连杆与曲柄共线时。

曲柄滑块机构中，对滑块而言，传动角 γ 是连杆 2 与垂直于滑块 3 运动方向的夹角，当曲柄 1 的位置与滑块 3 的运动方向垂直时，$\gamma = \gamma_{\min}$（$\alpha = \alpha_{\max}$）。对曲柄而言，传动角 γ 是连杆与曲柄所夹之锐角，二者共线时 $\gamma = 0°$（死点位置）。

二、选取不同构件为机架

以低副相联接的两构件之间的相对运动关系，不会因取其中哪一个构件为机架而改变，这一性质称为低副运动可逆性。根据这一性质，在如图 3-2-1 所示的曲柄摇杆机构中，若改取构件 1 为机架，则得双曲柄机构；若改取构件 3 为机架，则得双摇杆结构；若改取构件 2 为机架，则得另一个曲柄摇杆机构。习惯上称后三种机构为第一种机构的倒置机构，见表 3-2-1。

表 3-2-1 四杆机构的几种形式

固定构件	铰链四杆机构	有一个移动副的四杆机构
1	双曲柄	回转或摆动导杆
2	曲柄摇杆	曲柄摇块
3	双摇杆	移动导杆
4	曲柄摇杆	曲柄滑块

同理，根据低副运动可逆性，当在曲柄滑块机构中固定不同构件为机架时，便可以得到具有一个移动副的几种四杆机构。如表 3-2-1 表示，当杆状构件 4 与块状构件 3 组成移动副时，依照 4 的运动状态不同，将给予不同的命名，若 4 为机架，称其为导路；若 4 做整周转动，称其为转动导杆；若 4 做往复摆动，称其为摆动导杆；若 4 做移动，称其为移动导杆。在曲柄滑块机构（4 作机架）的基础上，若选取 1 作机架，并且 $l_1 < l_2$ 则成为转动导杆机构；若选取 1 作为机架，并且 $l_1 > l_2$ 则成为摆动导杆机构；若选取 2 作为机架，则成为曲柄摇块机构；若选取 3 作为机架，则成为移动导杆机构。

1）转动导杆机构。因为杆 2、4 均能转动，故可视为双曲柄机构，如图 3-2-21 所示。

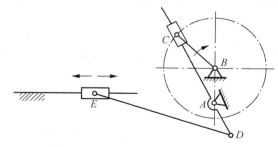

图 3-2-21 牛头刨床的转动导杆机构

牛头刨床切削机构的急回运动特性

　　2）摆动导杆机构。由如图 3-2-22 可见，此机构的极位夹角 θ 等于导杆的摆角 ψ，故具有急回运动特性。滑块 4 对导杆 1 的作用力 $\boldsymbol{F}$ 的方向始终垂直于导杆，即传动过程始终为 $\gamma = 90°$，所以该机构的传力性能最好。此机构常用作回转式液压油泵、牛头刨床和插床的工作机构，如图 3-2-23 所示。

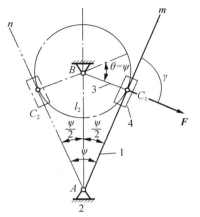

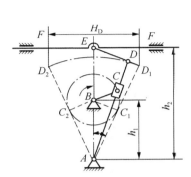

牛头刨床的转动导杆机构

牛头刨床的摆动动导杆机构

图 3-2-22　牛头刨床切削机构的急回运动特性　图 3-2-23　牛头刨床的摆动导杆机构

　　3）曲柄摇块机构（也称摇块机构）。此机构广泛用于摆缸式内燃机和液压驱动装置，如图 3-2-24 所示为卡车车厢自动翻转卸料机构。

　　4）移动导杆机构（也称定块机构）。此机构常用于抽水机和抽油泵中。如图 3-2-25 所示为抽水机机构，当杆 2 反复摆动时，杆 1 做往复移动使水从固定件 4 中抽出。

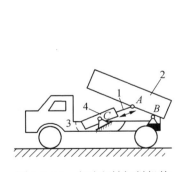

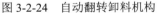

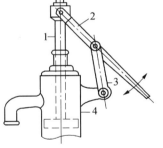

图 3-2-24　自动翻转卸料机构　　图 3-2-25　抽水机机构　　自动翻转卸料机构　　抽水机机构

三、扩大回转副的尺寸

　　在曲柄滑块机构中，如果将曲柄端部的回转副 B 的半径加大至超过曲柄的长度 AB，便得到如图 3-2-26 所示的机构。此时，曲柄变成了一个几何中心为 B、回转中心为 A 的偏心圆盘，其偏心距 e 即为原曲柄长。该机构与原曲柄滑块机构的运动特性完全相同，其机构运动简图也完全一样。但因偏心轮机构的偏心距较小，一般只能以偏心轮为主动件，将它的连续回转运动变为滑块的往复移动。在设计机构时，当曲柄长度很短、曲柄销需承受较大冲击载荷而工作行程很小时，常采用这种偏心轮机构形式。在偏心轮机构中，只能以偏心轮为主动件，决定从动件行程的主要是偏心距。

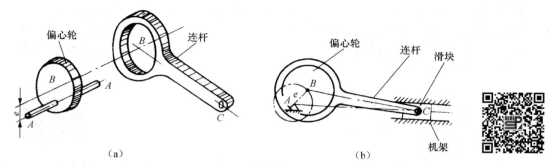

（a）　　　　　　　　　　　　　　　　　　（b）

图 3-2-26　偏心轮机构

偏心轮机构

这种机构广泛用于传力较大的冲床、颚式破碎机（图 3-2-27）、内燃机和小型往复泵、变向变量油泵、回油阀式高压油泵等轮机机械设备中。

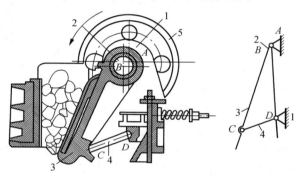

图 3-2-27　颚式破碎机

颚式破碎机

四、各种铰链四杆机构工作特性的比较

各种铰链四杆机构工作特性的比较见表 3-2-2。

表 3-2-2　各种铰链四杆机构工作特性比较

特性	类型					
	曲柄摇杆机构	曲柄滑块机构	导杆机构	曲柄摇块机构	移动导杆机构（定块机构）	偏心轮机构
急回运动特性	当 $\theta \neq 0$ 时，有 当 $\theta = 0$ 时，没有	偏置式 $e \neq 0$ 时，有 对心式 $e = 0$ 时，没有	转动导杆机构：没有 摆动导杆机构：有，$\theta = \psi$	无	无	无
死点	当摇杆为主动件时，连杆与曲柄共线位置为死点	当滑块为主动件时，$e \neq 0$ 和 $e = 0$ 都存在死点	无	无	无	无
应用	缝纫机、天线调节	柴油机、蒸汽机、空气压缩机、活塞泵	回转泵、牛头刨床、插床	自卸车	抽水机	各种泵

第四节　曲柄滑块机构的运动分析

在轮机工程中，通常将曲柄滑块机构称为曲柄连杆机构。如图 3-2-28 所示为对心式曲柄连杆机构的几何关系图。

一、活塞的位移 x

如图 3-2-28 知：当曲柄自上死点位置转过 α 角时，活塞的位移：

$$x = R(1-\cos\alpha) + L(1-\cos\beta)$$

$$\approx R(1-\cos\alpha) + \frac{R\lambda}{4}(1-\cos 2\alpha) \qquad (3\text{-}2\text{-}4)$$

式中，$\lambda = R/L$，为曲柄半径与连杆长度比 $\left(\dfrac{1}{12} \sim \dfrac{1}{3}\right)$。

由式（3-2-4）可以看出，活塞的位移可以视为两个简谐运动位移之和。当 $\alpha = 0°$ 时，$x = 0$（上死点）；当 $\alpha = 180°$ 时，$x = 2R = S$（下死点）；当 $\alpha = 90°$（或 $\alpha = 270°$）时，$x = R + R/2\lambda > R$，即当 $\alpha = 90°$（或 $\alpha = 270°$）时，$x \neq S/2$；在 $\alpha < 90°$（或 $\alpha > 270°$）的某一位置时，活塞位移 $x = R$。

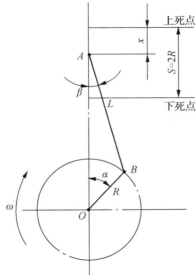

曲柄滑块机构

A—活塞销中心；B—曲柄销中心；β—连杆摆角；
L—连杆长度；R—曲柄半径；S—活塞行程；α—曲柄转角。

图 3-2-28　曲柄连杆机构

二、活塞的运动速度 v

活塞运动速度

$$v = \mathrm{d}x/\mathrm{d}t$$

$$v \approx R\omega\left(\sin\alpha + \frac{\lambda}{2}\sin 2\alpha\right) \qquad (3\text{-}2\text{-}5)$$

式中，ω 为曲柄回转角速度。由式（3-2-5）可知：当 $\alpha = 0°$（上死点）或 $\alpha = 180°$（下死点）时，$v = 0$。由 $\mathrm{d}v/\mathrm{d}\alpha = 0$ 求极值，可知当 $\alpha < 90°$（或 $\alpha > 270°$）的某一位置时（行程中央），活塞运动速度最大，如图 3-2-29 所示。

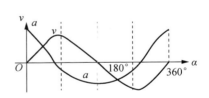

图 3-2-29　活塞的速度与加速度变化曲线

三、活塞运动加速度 a

活塞运动加速度

$$a = \mathrm{d}v / \mathrm{d}t$$
$$a \approx R\omega^2(\cos\alpha + \lambda\cos 2\alpha) \qquad\qquad (3\text{-}2\text{-}6)$$

由式（3-2-6）知：当 $\alpha = 0°$ 时，a 达正最大值 $a_{\max} = R\omega^2(1+\lambda)$，方向向下；当 $\alpha = 180°$ 时，a 达负最大值 $a'_{\max} = -R\omega^2(1-\lambda)$，方向向上；当 $\alpha < 90°$（或 $\alpha > 270°$）的某一位置（行程中央）时，$a=0$，如图 3-2-29 所示。

四、运动分析的意义

1）由式（3-2-5）可知，活塞自上死点开始做周期性往复运动的时候，它的运动速度呈正弦规律变化，变化周期为 2π。由此使气缸内活塞与气缸套之间各部位形成液体润滑的条件差异较大。活塞位于行程中央时润滑条件最好，位于上、下死点时最差。它是气缸套产生不均匀磨损的重要因素。

2）由式（3-2-6）可知，活塞自上死点开始做周期性往复运动的时候，它的运动加速度呈余弦规律变化，变化周期为 2π。由此使活塞在往复运动时产生周期性大小、方向都变化的往复惯性力，其大小与加速度成正比，方向与加速度相反，即活塞位于上死点时其方向向上，活塞位于下死点时其方向向下，这将导致：

① 活塞在膨胀做功时，往复惯性力的方向向上，正好与气体力方向相反，致使内燃机做功能力下降，效率降低。

② 使四冲程内燃机连杆在换气上死点可能受拉。如图 3-2-30 所示，四冲程内燃机在换气上死点时，气体力较小，甚至小于此时的往复惯性力，如此将使连杆受拉伸作用。二冲程内燃机无此现象。

③ 使内燃机产生上下振动。

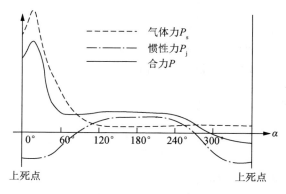

图 3-2-30　四冲程内燃机的气体力与往复惯性力

第三章　凸轮机构

凸轮机构是由具有曲线轮廓或凹槽的构件，通过高副接触带动从动件实现预期运动规律的一种高副机构。它广泛地应用于各种机械，特别是自动机械、自动控制装置和装配生产线中。当需要其从动件必须准确地实现某种预期的或复杂的运动规律时，常采用凸轮机构。

第一节　凸轮机构的分类和应用

一、凸轮机构的组成

凸轮机构是常用的高副机构，如图 3-3-1 所示，由凸轮、从动件、机架三个构件组成。

凸轮机构中的凸轮是一个有曲线轮廓或凹槽的构件，它通常做连续的等速转动，也有的做摆动或往复直线移动，常作为原动件。

从动件则按预定的运动规律作间歇的（也有做连续的）往复直线移动或摆动。凸轮和从动件之间可以通过弹簧力、重力或几何形状等方法来保持接触。

二、凸轮机构的主要特点

1）只要正确地设计凸轮的轮廓曲线，就可使从动件实现复杂的运动规律。

2）凸轮机构的结构简单、紧凑，可广泛地应用在各种自动化机械中。

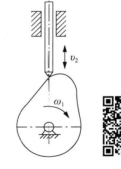

图 3-3-1　凸轮机构　凸轮机构

3）凸轮与从动件为点或线接触，易磨损，一般仅用于传递功率不大的场合。

4）从动件的工作行程较短。

5）凸轮的轮廓曲线设计和加工比较困难。

三、凸轮机构的分类

1. **按照凸轮的形状分类**

（1）盘形凸轮（或称平板凸轮）

如图 3-3-1 所示，盘形凸轮呈盘状，并且具有变化的向径。当其绕固定轴转动时，可推动从动件在垂直于凸轮转轴的平面内运动。

它是凸轮最基本的形式，结构简单，应用最广，但从动件的行程不能太大，否则凸轮径向尺寸过大，对工作不利，大多用在行程较短的传动中。

应用：如图 3-3-2 所示为柱塞泵喷射系统，可控制回油孔式高压油泵柱塞往复运动完成吸排油动作，达到提高燃油压力的目的；如图 3-3-3 所示为配气系统中控制气阀启闭的机构。

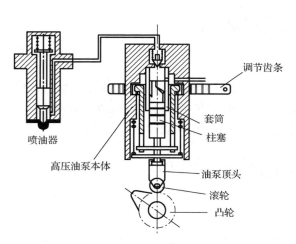

图 3-3-2　柱塞泵喷射系统

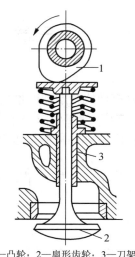

1—凸轮；2—扇形齿轮；3—刀架。

图 3-3-3　气阀驱动机构

气阀驱动机构

图 3-3-4　移动凸轮　　移动凸轮

（2）移动凸轮（或称楔形凸轮）

如图 3-3-4 所示，当盘形凸轮的转轴位于无穷远处时，则凸轮将做直线运动，这种凸轮称为移动凸轮。当凸轮做往复直线运动时，将推动从动杆在同一平面内做往复运动。

在以上两种凸轮机构中，凸轮与从动件之间的相对运动均为平面运动，故又统称为平面凸轮机构。

（3）圆柱凸轮（或称立体凸轮）

如图 3-3-5 所示，凸轮的轮廓曲线位于圆柱面上。它可以看做是将上述移动凸轮卷成圆柱体演化而成的。从动件可以做与凸轮轴线平行的往复直线移动，如图 3-3-5（b）所示的送料机构；也可以绕与凸轮轴线垂直相错的轴线做摆动，如图 3-3-5（a）所示的进刀机构。它可以使从动杆得到较大的行程，所以可用于要求行程较大的传动中。

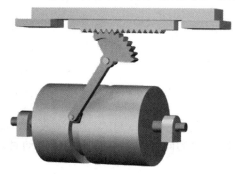

（a）进刀机构　　　　　　　　（b）送料机构

图 3-3-5　圆柱凸轮

由于圆柱凸轮可展开为移动凸轮，而移动凸轮又是盘形凸轮的特例，因此盘形凸轮是凸轮的最基本形式，它是本节的主要研究对象。

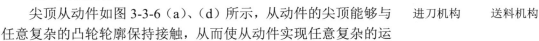

进刀机构　　送料机构

2．按照从动件的形状分

（1）尖顶从动件

尖顶从动件如图 3-3-6（a）、（d）所示，从动件的尖顶能够与任意复杂的凸轮轮廓保持接触，从而使从动件实现任意复杂的运动规律。这种从动件结构最简单，但尖顶处易磨损，故只适用于速度较低和传力不大的场合，如各种仪表中的传动。

（2）滚子从动件

滚子从动件在从动件端部安装一个滚轮，如图 3-3-6（b）、（e）所示，即为滚子从动件。从动件与凸轮之间为滚动摩擦及线接触，磨损较小，可用来传递较大的动力，但它的零件较多，重量增加，且滚子轴磨损后有噪声，所以，只适用于重载、低速的场合，如回油孔式高压油泵。

（3）平底从动件

平度从动件如图 3-3-6（c）、（f）所示。从动件与凸轮轮廓之间为线接触，接触处易形成油膜，润滑状况好。此外，在不计摩擦时，凸轮对从动件的作用力始终垂直于从动件的平底，故受力方向不变，$\alpha = 0°$，传动平稳，传动效率高，常用于高速场合。其缺点是不能应用在有内凹轮廓的凸轮机构。

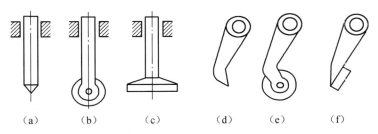

（a）　　　（b）　　　（c）　　　（d）　　　（e）　　　（f）

图 3-3-6　从动件的类型

3．按从动件的运动形式分类

（1）直动从动件

从动件相对于机架做往复直线运动，如图 3-3-6（a）～（c）所示。

（2）摆动从动件

从动件相对机架做往复摆动，如图 3-3-6（d）～（f）所示。

4．按凸轮与推杆的锁合方式分类

（1）力锁合的凸轮机构

如图 3-3-7 所示，利用推杆的重力、弹簧力或其他外力使推杆始终与凸轮保持接触。

（2）形锁合的凸轮机构

推杆与凸轮的高副接触不需要依靠外力，而是利用推杆与凸轮的特殊几何结构进行锁合，称为形锁合，常见的如图 3-3-8 所示。

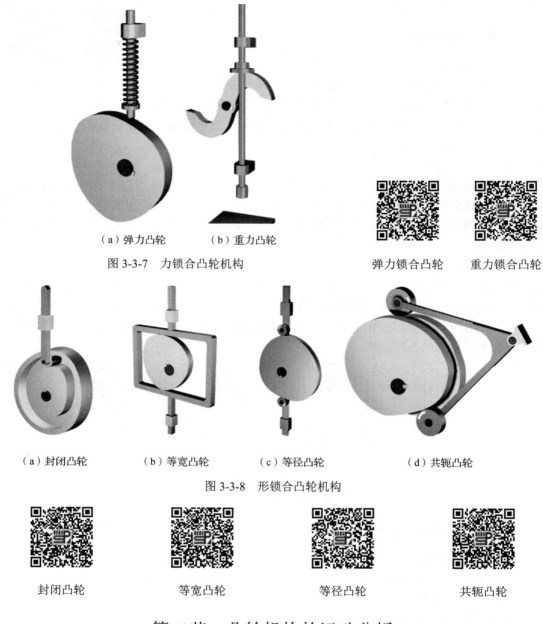

（a）弹力凸轮　　　　（b）重力凸轮

图 3-3-7　力锁合凸轮机构

弹力锁合凸轮　　　重力锁合凸轮

（a）封闭凸轮　　　（b）等宽凸轮　　　（c）等径凸轮　　　（d）共轭凸轮

图 3-3-8　形锁合凸轮机构

封闭凸轮　　　　　等宽凸轮　　　　　等径凸轮　　　　　共轭凸轮

第二节　凸轮机构的运动分析

　　凸轮的轮廓曲线取决于从动件的运动规律。因此设计凸轮时，首先应根据工作要求，确定从动件的运动规律。为研究运动规律，现介绍一些基本名词。

一、凸轮机构的基本名词

　　下列名词是以如图 3-3-9 所示的尖顶对心移动从动件盘形凸轮机构为准。

　　1）凸轮基圆半径。以凸轮的最小半径 r_b 所作的圆称为基圆，r_b 称为基圆半径。

2）推程、行程和推程运动角。当凸轮以角速度 ω_1 逆时针等速转过角度 δ_0 时，从动件由最低位置被推到最高位置，从动件的这一运动过程称为推程。移动的距离 h 称为行程，对应的凸轮转角 δ_0 称为推程运动角。

3）远休止角。凸轮继续转过 δ_S 时，从动件在最高位置停止不动，δ_S 称为远休止角。如果 $\delta_S = 0°$，则从动件在最高位置没有停止，而是立即从最高位置向下运动。

4）回程和回程运动角。当凸轮继续回转时，从动件由最高位置降至最低位置，从动件的这一运动过程称为回程，对应的凸轮转角 δ_0' 称为回程运动角。

5）近休止角。当凸轮继续回转时，从动件静止不动，对应的凸轮转角 δ_S' 称为近休止角。与远休止角一样，近休止角 δ_S' 同样可以等于零，此时从动件在最低位置没有停止。如果 δ_S 与 δ_S' 同时等于零，则从动件做连续运动。当凸轮继续回转时，从动件又重复以上运动。

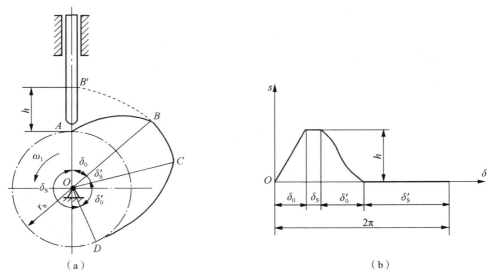

图 3-3-9　尖顶对心移动从动件盘形凸轮机构

二、从动件的运动规律

从动件的运动规律是指从动件由最低位置上升到最高位置，又由最高位置回到最低位置时，其运动参数——位移 s、速度 v、加速度 a 随凸轮转角 δ 变化的规律。它们全面地反映了从动件的运动特性及其变化的规律性。

由以上分析可知，从动件的运动规律取决于凸轮轮廓曲线的形状，我们要根据工作要求选定从动件的运动规律，选择相应的凸轮轮廓曲线。例如，对于内燃机中控制气阀启闭的凸轮机构，要求气阀启闭要快，保持全开的时间要长，气阀落座时要轻，以减小其撞击和噪声，故在设计凸轮轮廓时均应合理考虑。

第四章　带　传　动

第一节　带传动概述

带传动是一种应用很广的机械传动，如图 3-4-1 所示。在轮机工程中，空调、制冷压缩机、污水泵、污油泵、应急空气压缩机等大多采用带传动。

一、带传动的传动原理

如图 3-4-1 所示，带传动由主动带轮、从动带轮和紧套在两带轮上的传动带组成。传动带预张紧在两带轮上，使传动带和带轮在接触面间产生正压力。当主动轮在原动力的驱动下旋转时，则传动带分别在主、从动轮之间产生两组摩擦力 $\sum F_{j主}$ 和 $\sum F_{j从}$。主动轮处，带轮作为主动件依靠 $\sum F_{j主}$ 驱动带运行；从动轮处，带作为主动件依靠 $\sum F_{j从}$ 驱动带轮转动。通过两次静摩擦力传动将原动力传递给负载工作，达到传递运动和动力的目的。

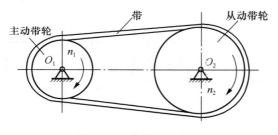

图 3-4-1　带传动示意图

带传动

带传动与摩擦轮传动相似，都是靠静摩擦力传动，区别在于摩擦轮传动是二轮直接摩擦，而带传动是二轮通过中间挠性件（皮带）进行摩擦传动的。

带传动一般情况下，小轮为主动轮，且 $\sum F_{j主} < \sum F_{j从}$，故正常工作时：

$$\sum F_{j主} \geqslant P \text{（圆周力）}$$

二、传动带和带传动的应用

1. 传动带

传动带按横截面形状分为五种：平带、三角带（楔形带或 V 带）、圆形带、多楔带和同步带，如图 3-4-2 所示，均为无接头的挠性件。前四种为摩擦传动，而同步齿形带属啮合传动。

1）平带：横截面形状为矩形，其工作面为内表面；结构简单，柔性好，常用于较远距离和高速传动。

2）V 带：普通 V 带已标准化，按截面尺寸由大到小分为 Y、Z、A、B、C、D、E 七种型号，带长也为标准值，在规定的张紧力下，位于带轮基准直径上的周线长度 L_d 的系列如图 3-4-3 所示，可根据两轮的中心距合理选择。

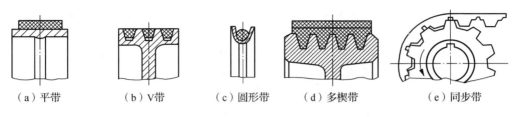

（a）平带　　（b）V带　　（c）圆形带　　（d）多楔带　　（e）同步带

图 3-4-2　传动带的类型

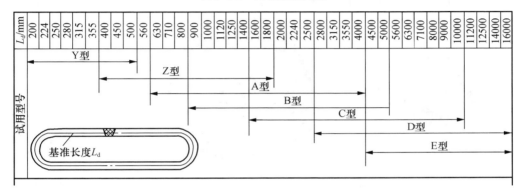

图 3-4-3　普通 V 带基准长度 L_d 的标准系列值

3）圆形带：结构简单，传力能力小，仅用于家用机器和仪表中。

4）多楔带：传力能力最强，相对结构尺寸最小。

5）同步带：结构复杂，但传动比最准确。

2. 带传动的应用

1）自动装卸机构：如图 3-4-4 所示，利用带减速同时防止因过载造成电机损坏。

2）配气机构：如图 3-4-5 所示，可实现远距离传动，且传动准确。

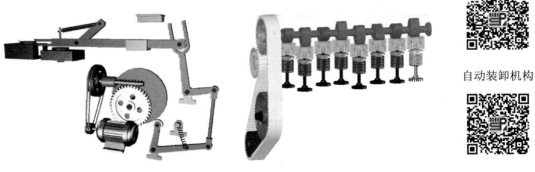

自动装卸机构

配气机构

图 3-4-4　自动装卸机构　　图 3-4-5　配气机构　　配气机构

三、带传动的特点

带传动是以传动带为中间挠性件并通过摩擦力来传递运动和动力的，因此带传动有以下几个特点：

1）传动比 $i\neq$ 常数，因为带传动始终存在弹性滑动，不适合应用于精确传动中。

2）传动带富有弹性，能缓冲吸振，故传动平稳，无噪声。

3）过载时，利用带的打滑，可防止重要部件的损坏，起到过载保护的作用。可用于两轮中心距较大的场合，且结构简单，制造、安装精度要求不高，使用维修方便。

4）不仅可用于两平行轴间的传递，也可用于两交错轴间传递，如图 3-4-6 所示。

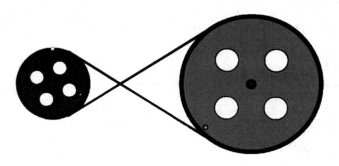

图 3-4-6　交叉式带传动　　　　交叉式带传动

5）一级传动时，两轮转向相同。

6）因依靠摩擦力传递运动和动力，故承载能力小，不宜用于传递大功率（功率小于50kW，带速 $v=5\sim25\mathrm{m/s}$）。

7）外廓尺寸大，轴和轴承上的作用力较大，传动效率低（$\eta=0.85\sim0.9$），寿命短（3000～5000h）。

8）工作时有静电，不宜在易燃、易爆的场合工作。

四、平带与 V 带传动的比较

两种带传动主要的差异表现在横截面形状、工作面位置和数目及传力能力上，如图 3-4-7 所示（原理与摩擦轮相同）。

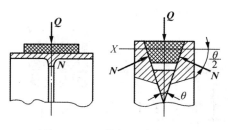

图 3-4-7　平带与 V 带的比较

1. 平带

横截面：形状为矩形。
工作面：为一个内表面。

最大传力能力为

$$\sum F_{\max 1} = \sum F_{j主} = Nf = Qf$$

2. V 带

横截面：形状为等腰梯形。

工作面：夹角为 $34° \sim 38°$ 的两个侧面表面。

最大传力能力为

$$\sum F_{\max 2} = \sum F_{j\pm} = 2Nf = \frac{Qf}{\sin\frac{\theta}{2}} \approx 3.07Qf \approx 3.07F_{\max 1}$$

这说明 V 带传动平稳、传力能力强，因而得到广泛的应用。V 带的不足之处为寿命较短。

第二节　带传动过程中的力传递分析、运动传递分析

一、受力分析和应力分析

1. 带传动的受力分析

1）静止时：带安装时必须预张紧套在带轮上，在带与带轮接触面上产生压紧力 Q，并由此产生正压力 N，为带实现传动做好准备。带工作之前，带处于静止状态，传动带由于张紧而使带轮两边的带受到相同的拉力，称为初拉力，用 F_0 表示，如图 3-4-8（a）所示。

2）工作时：主动轮 1 在动力矩 M_1 的作用下以 n_1 转动，由于摩擦力的作用，通过传动带驱动从动轮 2 克服阻力矩 M_2 并以 n_2 转动，此时带轮两边的带所受拉力不再相等，进入主动轮一侧的带被拉紧，称为紧边，拉力由 F_0 增至 F_1，退出主动轮一侧的带被放松，称为松边，拉力由 F_0 降至 F_2，如图 3-4-8（b）所示。紧边和松边的拉力差值（F_1-F_2）即为带传动传递的有效圆周力，用 F 表示。有效圆周力 F 在数值上等于带与带轮接触弧上摩擦力值的总和 $\sum F_j$。

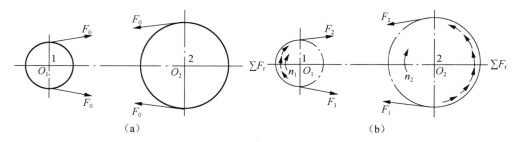

（a）　　　　　　　　　（b）

图 3-4-8　传动带工作前后拉力的情况

有效传动时：

$$F = \sum F_{j\pm} = F_1 - F_2 = \sum F_{j\text{从}} = P$$

主动轮带动从动轮正确传动并且不产生打滑的条件：

$$F = P \leqslant \sum F_{j\max \pm}$$

而 F_1、F_2 与 F_0、F 之间存在一定的关系，松、紧边拉力的变化量为

因为

$$F_1 - F_0 = F_0 - F_2 \text{ 和 } F = F_1 - F_2$$

所以

$$F_1 = F_0 + \frac{F}{2}$$

$$F_2 = F_c - \frac{F}{2}$$

2. 带传动时的应力分析

带传动工作时，在带中产生三种应力，如图 3-4-9 所示。

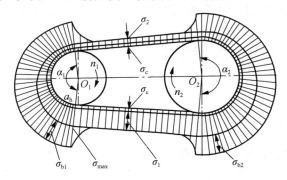

图 3-4-9　传动带的应力分布情况

1）由拉力产生的拉应力。带工作时，其紧边和松边拉力产生的拉应力分为

$$\sigma_1 = \frac{F_1}{S}$$

$$\sigma_2 = \frac{F_2}{S}$$

式中，S 为带的横截面面积。

因为 $F_1 > F_2$，所以 $\sigma_1 > \sigma_2$。带绕过主动轮时，拉应力由 σ_1 逐渐降为 σ_2；带绕进从动轮时情况相反，拉应力由 σ_2 逐渐增加为 σ_1。带转动一周此应力交变四次。

2）由离心力产生的拉应力。当带在轮上做圆周运动时将产生离心力，离心力对带的拉力为

$$F_c = qv^2$$

由离心力产生的拉应力各处相等，其值为

$$\sigma_c = \frac{qv^2}{S}$$

式中，q 为带单位长度上的质量，kg/m；v 为带速，m/s。

由上式可知，q 和 v 越大，σ_c 越大，故带速不宜过高，一般取 v=5～25m/s。高速传动时，应采用材质较轻的带。

3）带绕过带轮时产生的弯曲应力。传动带工作时，绕在带轮上的部分，由于弯曲变形而产生弯曲应力。由材料力学可知，传动带最外层的弯曲应力为

$$\sigma_b = \frac{2Ey_0}{d_d}$$

式中，y_0 为带的最外层到中性层的距离；d_d 为带轮的基准直径；E 为带材料的弹性模量。

由上式可知，带轮直径越小、带越厚，弯曲应力越大，因此传动带绕在小轮部分的弯曲应力 σ_{b1} 比绕在大轮部分的弯曲应力 σ_{b2} 大。带转动一周此应力交变四次，σ_{b1} 是导致带疲劳破坏的主要因素，故小带轮的直径不能过小。

4）带工作时 $\sigma_{\max}$ 发生的位置与时刻。传动带工作时，各截面上的应力可用与传动带相垂直的线段来表示，如图 3-4-9 所示，它表示了传动带横截面上的应力沿整个带长的分布情况。可以看出，传动带工作时的最大应力发生在紧边绕入主动轮（小轮）处，其值为

$$\sigma_{\max} = \sigma_1 + \sigma_{b1} + \sigma_c$$

式中，$\sigma_{\max}$ 仍为交变应力，带转动一周此应力交变四次。

二、带传动的弹性滑动与打滑

在带传动中，如果不考虑传动带在轮上的滑动，则传动带的速度与两带轮的圆周速度相等。若主动轮和从动轮的直径分别为 D_1 和 D_2，转速分别为 n_1 和 n_2，则带传动的理论传动比为

$$i = \frac{n_1}{n_2} = \frac{D_2}{D_1}$$

但带传动在工作时，传动带在带轮上不可避免要产生滑动，使从动轮的实际圆周速度低于理论速度。如果滑动严重，还影响传动的正常进行。在带传动中，传动带在带轮上的滑动有以下两种。

1. 弹性滑动

带是具有弹性的物体，受力后将产生弹性变形。当拉力增加时，其伸长量也增加。当拉力减少时，带的伸长量将会减少，如图 3-4-10 所示为传动带的弹性变形。传动带的紧边速度 v 与主动轮轮面的圆周速度 v_1 相等。当传动带在主动轮处由紧边过渡到松边时，拉力由 F_1 逐渐降低到 F_2。因此，自某点 B' 开始，带的弹性拉伸变形逐渐减小。传动带由点 B' 到点 C，因弹性拉伸变形的减小而向点 B' 缩回，收缩时的弹力克服 $B'C$ 上的摩擦力 $\sum F_{j1}$，使带与轮面之间产生相对滑动，带相对轮向后滑动（图 3-4-11），这种由于拉力差及带的弹性变形量的改变而引起传动带与轮面在局部接触弧上的相对滑动，称为弹性滑动。在带传动的过程中，松、紧边拉力不相等的现象始终存在，带的弹性变形量也必然会改变，故弹性滑动是不可避免的。

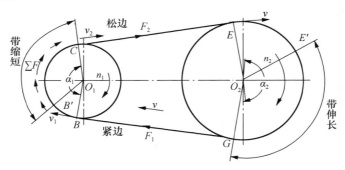

图 3-4-10　传动带的弹性变形

与主动轮相似，从动轮上自某点 E' 开始。带的伸长量逐渐加大。因此，在 $E'G$ 弧上也要产生弹性滑动，但带相对轮向前滑动（图 3-4-11）。

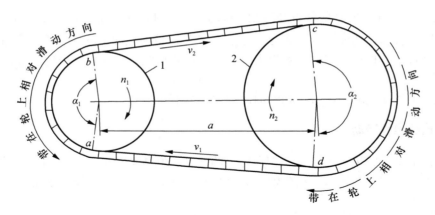

图 3-4-11　带的弹性滑动

2. 打滑

带传动是依靠带与带轮间的两次摩擦力传动进行的，摩擦力在运动和力的传动过程中，起到了中间传递的作用。首先是主动轮（一般情况为小轮）依靠 $\sum F_{j主}$ 将原动力 F_E 传递给带 $\rightarrow F_E = \sum F_{j主} = F_1 - F_2$，使带运转起来；而后在从动轮（大轮）处，带作为主动件依靠 $\sum F_{j从}$ 将有效拉力 F 传给从动轮 $\rightarrow F_1 - F_2 = F = \sum F_{j从} = P$，克服阻力 P，驱动负载工作；而静摩擦力的传递能力又将受其最大值 $\sum F_{jmax主}$、$\sum F_{jmax从}$ 的制约，又因 $\sum F_{jmax主} < \sum F_{jmax从}$，故当所需传动的圆周力 $F < \sum F_{jmax主}$ 时，带与带轮间仅产生弹性滑动。而当所需传递的圆周力 $F > \sum F_{jmax主}$ 时，传动带将沿小带轮的整个接触弧产生显著的相对滑动，这种滑动称为打滑。

出现打滑时，虽然主动轮还在转动，但带与从动轮都不能正常运转，从动轮转速急剧下降，使带迅速磨损、发热和损坏，故在带传动中应防止出现打滑现象。

带的滑动过程可用滑动曲线来表示，如图 3-4-12 所示，弹性滑动阶段为直线，说明滑动率与圆周力成正比，而打滑阶段为曲线。为了保证带传动正常工作，应避免传动带与带轮间发生打滑现象。保证传动带不打滑的条件就是传动带所传递的圆周力 $F \leqslant [F]$（即不过载）。$[F]$ 值是保证带传动正常工作时所允许传递的最大圆周力，称为许用有效圆周力。影响 $[F]$ 值大小的主要因素为 $\sum F_{jmax主}$，而所有影响 $\sum F_{jmax主}$ 值的因素即为影响 F 和 $[F]$ 的因素，也是下一节我们分析影响带传动能力的因素的依据。

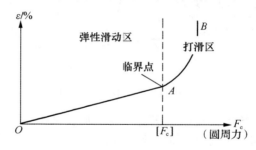

图 3-4-12　滑动曲线

3. 几何滑动

因带传动时，带是包裹在带轮上的，无论是何种截面的传动带，带与带轮各接触点具有相同的转动中心和转动半径，各接触点处带与轮的圆周速度始终保持一致，故带传动中不存在几何滑动。

三、传动的主要失效形式

带传动中，失效主要表现在传动带上，而传动带又以带在带轮上产生打滑和因受交变应力产生的疲劳破坏为主要表现形式。

第三节　影响带传动能力的因素与带的张紧

一、影响带传动能力的因素

由第二节知影响带传动能力的因素即为影响 $\sum F_{j\max\pm}$ 值的因素，主要有以下几点。

1. 传动带初拉力 F_0 的影响

初拉力 F_0 是由传动带预张紧安装在两带轮上而产生。初拉力 F_0 的大小直接影响到传动带与带轮间压紧力 Q 的大小，Q 增大 → N 增大 → Nf 增大 → $\sum F_{j\max\pm}$ 增大，[F]值随之增大，传力能力提高。但是如果初拉力 F_0 过大，则使传动带受力与变形增大，传动带容易失去弹性产生塑性变形，会在短期内松弛 → F_0 减小，从而使传力能力和使用寿命均下降；反之初拉力 F_0 过小，摩擦力就小，带的传力能力得不到充分发挥，传动时易打滑，故应将 F_0 控制在适当的范围内。因此，传动带在安装时只能张紧到一定程度。

2. 传动带的带速 v 的影响

传动带速度 v 的增大将会使传动带的离心拉应力 σ_c 增大，同时使传动带与带轮间的压力减小，摩擦力也随之减小，带传动的承载能力降低。因此带传动的带速不宜取得过高。但传动带运动速度的大小也将影响传动带的[F]的大小，带速 v 越大，所产生的离心力也越大。离心力将使带拉长，从而使传动带与带轮间的压紧力 Q 减小 → $\sum F_{j\max\pm}$ 减小 → [F]减小，所以带速过高不利于传动。但是，传递功率、圆周力与带速三者间的关系为

$$P = \frac{Fv}{1000}$$

式中，P 为传递功率，kW；F 为传递圆周力，N；v 为带速，m/s。

由上式可知，带速越低，单根带所能传递的功率越小，在传递相同的功率时，所需带的根数就越多。因此，带速 v 过低也不利于传动，一般 $v=5\sim25\text{m/s}$。

3. 小带轮包角 α_1 的影响

传动带与带轮接触弧所对应的圆心角称为包角，用 α 表示。包角 α 越小，带与带轮的接触弧就越短，接触面间所产生的总摩擦力 $\sum F_{j\max\pm}$ 就越小，带的[F]也越小，因此，为保

证带传动正常工作，带与带轮间必须有足够大的包角。在带传动中，一般要求 $\alpha_1 \geqslant 120°$。

4. 工作情况的影响

带传动过程中，除了保证带不打滑外，还应保证带有一定的疲劳寿命，而影响疲劳寿命的主要因素是截面上存在循环交变的各种应力，带每运行一周，应力交变四次。为保证一定的使用寿命，对其大小和每分钟内的变化次数必须加以限制，一般规定每分钟绕轮的次数小于 10 次为好。

二、带的张紧装置

带经过一段时间的工作后，由于带的塑性变形和磨损而出现松弛现象，使带的预张紧力 F_0 减小，从而影响其传动能力。为了消除带的松弛，恢复初拉力 F_0，达到预期的传动效果，应经常检查和调整带的张紧力，常用的方法如下。

1. 调中心距张紧

（1）定期张紧

如图 3-4-13（a）所示，把装有带轮的电动机安装在滑道上，通过旋转调整螺钉以增大或减小中心距，从而达到张紧或放松的目的。此法常用于水平布置的场合。

图 3-4-13（b）为电动机安装在一摆动底座上，通过调整螺钉定期调整中心距，来达到张紧目的。此法常用于近似垂直布置的场合。

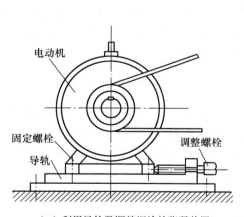

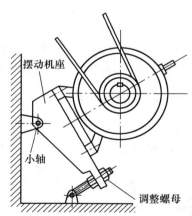

（a）利用导轨及调整螺栓的张紧装置　　　　（b）利用摆动机座和调整螺母的张紧装置

图 3-4-13　定期张紧装置

（2）自动张紧

如图 3-4-14 所示，把电动机安装在摆动架上，利用电动机和摆动架的自重，使带轮和电动机随摆动架绕固定轴摆动，以达到自动张紧的目的。此法常用于小功率带传动。

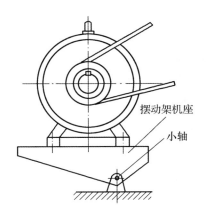

图 3-4-14　自动张紧

2. 安装张紧轮

当带传动的中心距不能调整时，可采用张紧轮将带张紧。一般情况下张紧轮应尽量安装在松边、内侧，靠近大带轮，如图 3-4-15 所示。这样做可一边工作一边张紧，避免带的反向弯曲，减少对小带轮包角的影响。

对于传动比较大且中心距又小的平带传动，张紧轮可安装在松边、外侧，靠近小带轮，如图 3-4-16 所示。这样做可增加小带轮包角，但带会产生反向弯曲，易疲劳损坏。

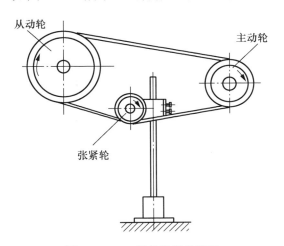

图 3-4-15　V 带的张紧轮装置

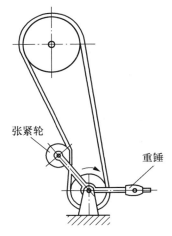

图 3-4-16　平带的张紧轮装置

张紧轮张紧

三、带的安装

正确地安装、使用并在使用过程中注意加强维护，是保证带传动正常工作，延长胶带使用寿命的有效途径。一般应注意以下几点：

1）安装时，两带轮轴线应相互平行，两轮相对应的 V 带型槽应对齐，其误差不得超过 20°，如图 3-4-17 所示。否则将使带扭曲，加剧带的磨损，甚至引起带从带轮上脱落。

2）安装 V 带时，应先缩小中心距（如松开调节螺钉和固定螺钉或松开张紧轮），将 V

带套入槽中，再调整中心距并予以张紧。不应将带硬往带轮上撬，以免损坏带的表面和降低带的弹性。

3）V 带在轮槽中应有正确的位置，带的顶面应与带轮外缘平齐，底面与带轮槽底间应有一定间隙，以保证带两侧工作面与轮槽全面贴合，如图 3-4-18 所示。

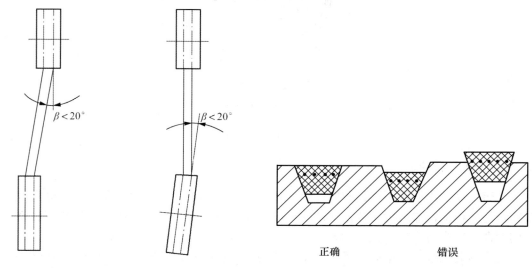

图 3-4-17　带轮的安装要求　　　　　图 3-4-18　V 带在带轮中的正确位置

4）用多根 V 带传动时，为避免载荷分布不均，V 带的配组代号应相同，且生产厂家和批号也应相同。

5）使用中应对带做定期检查，发现有一根带松弛或损坏就应全部更换，不能新、旧带混用，以免受力不均，使新带很快损坏。换下的旧带经过测量，实际长度相同的，可组合在一起重新使用，以免浪费。

6）为了便于带的装卸，带轮应布置在轴的外伸端。带传动要加防护罩，以免发生意外；要保护带传动的工作环境，以防落上酸、碱、油而玷污胶带及防日光暴晒。

7）切忌在有易燃、易爆气体环境中（如煤矿井下）使用带传动，以免发生危险。

第五章　链　传　动

一、链传动的工作原理

链传动由主动链轮、链条和从动链轮组成，如图 3-5-1 所示。在传动过程中，链轮轮齿与链条链节将连续不断地啮合，进入主动链轮一侧为紧边，退出主动链轮一侧为松边。因此它是具有中间挠性件的啮合传动。

链传动按用途可分为传动链、起重链和牵引链三种。起重链和牵引链用于起重机械和运输机械。在一般机械中，最常用的是传动链，而传动链主要有套筒滚子链和齿形链两种，其中应用最广泛的是套筒滚子链。故本章着重介绍套筒滚子链的结构、特点及使用维护。

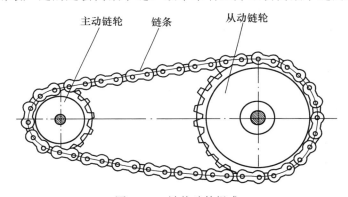

图 3-5-1　链传动的组成　　　　　　　　　　　链传动

二、链传动的特点

链传动工作时靠链轮轮齿与链条啮合而传递运动和动力，与带传动相比有以下特点。

1. 优点

1）因为没有滑动，故可以保持准确的平均传动比；但瞬时速度和瞬时传动比不均匀，故不适宜用在高速的场合，链速低于带速，链速<15m/s。

2）工况相同时，结构紧凑，传递圆周力大。同样可用于中心距较大（中心距为5～6m）的场合。

3）不需要很大的张紧力，因此作用在轴上的载荷较小。

4）摩擦损失小，效率较高（η=0.92～0.95），并且能在温度较高、湿度较大的环境中使用。

2. 缺点

1）瞬时速度不均匀，高速运动时不如带传动平稳；不宜在载荷变化很大和急促反向的传动中应用，工作时有噪声。

2）由于铰链磨损，链节距 p（两相邻销轴间的中心距）伸长，容易引起脱链，失去工作能力。

3）只能用于平行轴间的传动，并且要求安装精度高，制造费用比带传动高。

由于链传动具有上述特点，故它主要用于要求平均传动比准确（$i \leqslant 6$）、传递功率不大（$P < 100\text{kW}$）、两轴间距较大、工作环境恶劣、不宜采用带传动和齿轮传动的场合，如矿山机械、农业机械、自行车等；在船舶机械中，用于主机凸轮轴的传动机构及喷油和排气阀定时的传动机构中。

三、套筒滚子链和链轮

1. 套筒滚子链

套筒滚子链的结构如图 3-5-2（a）所示，它是由内链板、外链板、销轴、套筒、滚子等组成的。

（1）结构与配合关系

结构与配合关系，如图 3-5-2（b）所示。

销轴与外链板、套筒与内链板分别用过盈配合固定。

滚子与套筒、销轴与套筒内孔分别为间隙配合。当链节屈伸时通过套筒绕销轴自由转动，可使内、外链板间做相对转动。

当链条与链轮啮合时，滚子沿链轮齿廓滚动，减轻了链与链轮轮齿的磨损，从而减小摩擦和损失，延长使用寿命，并且噪声低。

链板制成"∞"字形，其目的是使各截面强度接近，且能减小质量及运动惯性。

当传递较大的动力时，可采用双排链或多排链。多排链由几排普通单排链用销轴连成。多排链制造比较困难，装配生产的误差易使受载不均，所以双排链用得较多，四排链以上就用得很少。

套筒滚子链已经标准化，其结构、基本参数和尺寸可查阅有关手册。

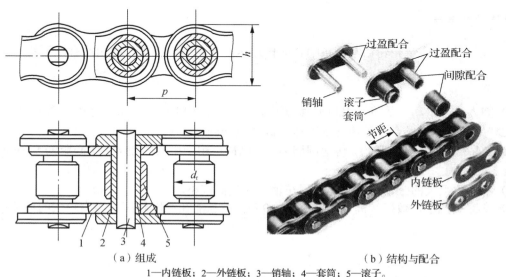

（a）组成

1—内链板；2—外链板；3—销轴；4—套筒；5—滚子。

（b）结构与配合

图 3-5-2　套筒滚子链

（2）链节距

滚子链已标准化，由专业厂家生产。

链条上相邻两销轴中心间的距离，以 p 表示，称为链节距，如图 3-5-2（b）所示，它是链传动的主要参数之一。链条的长度常用 L 表示，$L=np$，n 为节数。

（3）接头形式

链的节数一般取偶数，这样链构成环形时，可使内外链板正好相接，接头处可采用开口销［图 3-5-3（a）］或弹簧夹［图 3-5-3（b）］锁紧。当链节数为奇数时，则必须用过渡链节［图 3-5-3（c）］才能构成环状。因过渡链节的弯板工作时会产生附加弯曲应力，故比较少用。但在重载、冲击、反向等条件下工作时，采用全部由过渡链节构成的链，柔性较好，能减小冲击和振动。

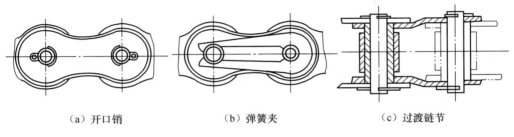

（a）开口销　　　　　　　　　（b）弹簧夹　　　　　　　　　（c）过渡链节

图 3-5-3　连接链节

2. 链轮的齿形、结构和材料

链轮的齿形已标准化。如图 3-5-4(a)所示为滚子链轮端面标准齿形之一。其齿廓由 $a'a$、ab、cd 三段圆弧和一段直线 bc 组成，称为三圆弧一直线齿形。其轴向齿形呈圆弧状，如图 3-5-4（b）所示，以使链节便于与链轮进入啮合和退出啮合。

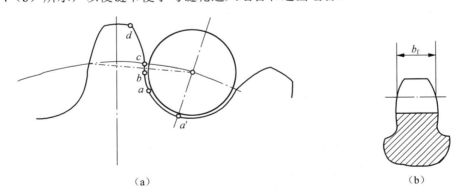

（a）　　　　　　　　　　　　　　　　　（b）

图 3-5-4　链轮齿形

链轮的结构如图 3-5-5 所示，小直径链轮可制成实心式［图 3-5-5（a）］，中等直径的链轮可制成孔板式［图 3-5-5（b）］，直径较大时可用焊接结构［图 3-5-5（c）］或组合结构［图 3-5-5（d）］。

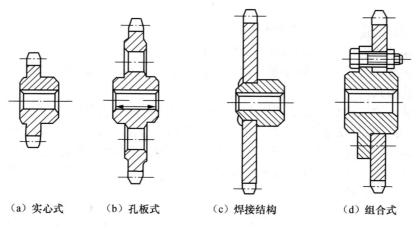

（a）实心式　　（b）孔板式　　（c）焊接结构　　（d）组合式

图 3-5-5　链轮的结构

链的使用寿命在很大程度上取决于链的材料及其热处理、制造精度等。制造套筒滚子链轮的材料应具有足够的强度和耐磨性。与大链轮相比，小链轮轮齿的啮合次数比较多，故小链轮应采用较好的材料。

四、链传动的运动特点

1. 链的平均速度和平均传动比

链传动的运动情况和绕在多边形轮子上的带相似，多边形的边长相当于链节距 p，边数相当于链轮齿数 z。轮子每转过一周，带子转过的长度应为 zp，当两链轮的转速分别为 n_1、n_2，齿数为 z_1、z_2 时，则链的平均速度（m/s）

$$v = \frac{z_1 p n_1}{60 \times 100} = \frac{z_2 p n_2}{60 \times 100}$$

由此可得平均传动比

$$i = \frac{n_1}{n_2} = \frac{z_2}{z_1}$$

以上两式是指在一段时间内发生的情况，即链速和传动比的平均值。

2. 链的瞬时速度

如图 3-5-6（a）所示，设主动链轮以 ω_1 做匀速转动，链的张紧边在图中的上边且处于水平位置，链的一个销轴 A 刚与链轮啮合。若链轮在销轴处的圆周速度为 $v_1 = \omega_1 r_1$，则此时链条向前移动的速度 $v = v_1 \cos \gamma$，γ 为链节距 p 对应的中心角的一半。当链轮转过 γ 角时，销轴 A 位于图 3-5-6（b）的位置，此时链条前进的速度就等于链轮的圆周速度，即 $v = v_1 = v_{\max}$。等到下一个销轴 B 进入链轮时，链条的速度又降到 $v = v_1 \cos \gamma$。由此可见，链传动工作时，链条的速度是不断地做周期性变化的。由于链速 v 不断变化，所以在一般情况下从动轮的瞬时角速度 ω_2 将是不均匀的，链传动的瞬时传动比 $i = \omega_1 / \omega_2$ 也将不是恒定不变的，其结果将导致传动装置产生附加的动载荷。

此外，由图 3-5-6 可以看出，链节 A 在绕链轮轴心转过 γ 角后，它的高度变化由图 3-5-6（a）

中的最低位置到图 3-5-6（b）中的最高位置，这将使整个链条上下抖动，从而使链传动工作不平稳和产生噪声。

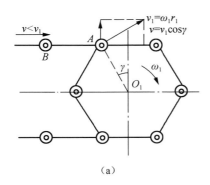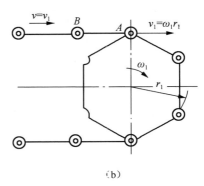

（a）　　　　　　　　　　　　　　　　　　（b）

图 3-5-6　　链条速度的不均匀性

3．链传动的动载荷

产生动载荷的主要原因如下。

1）链速不均匀和从动链轮的角速度周期性变化，从而在传动中必然引起动载荷。链的角加速度越大，动载荷也越大。

2）链沿垂直方向的分速度也做周期性的变化，使链产生上下抖动，也使链传动产生动载荷。

3）链节进入链轮的瞬间，链节与链轮轮齿以一定的相对速度啮合，链与链齿将受到冲击，并产生附加动载荷。

动载荷过大将增加传动的功率损耗，降低使用寿命。由于链传动有动载荷产生，所以链传动不宜用于高速传动。

综上分析，在链传动中，多边形效应使得链条速度和瞬时传动比发生周期性波动，造成传动不平稳现象，另外链节与轮齿啮合瞬间的相对速度也要引起冲击和噪声。这是链传动的固有特性，称为链传动的多边形效应。

为减少多边形效应，设计时应合理选择传动参数及转速，z 减小、p 增大、n_1 增大→多边形效应增大。

五、链传动的失效形式

由于链条的强度比链轮低，所以一般链传动的失效只要是链条的失效，常见的形式如下。

1．链条的疲劳损坏

链传动由于松边和紧边的拉力不同，链条各元件受交变应力作用。当应力达到一定数值，并经过一定的循环次数后，链板会产生疲劳断裂，滚子、套筒表面也会产生疲劳剥落。在润滑正常的闭式传动中，链条的疲劳强度是链传动承载能力的主要因素。

2. 链条铰链的磨损

链条与链轮啮合时，相邻链节间要发生相对转动，因而销轴与套筒、套筒与滚子间发生摩擦，引起磨损。由于磨损，链节变长，易造成跳齿或脱链，使链传动失效。这是开式传动或润滑不良的链传动的主要失效形式。

3. 链条铰链的胶合

当转速很高、载荷很大时，套筒与销轴间由于摩擦产生高温而发生黏附，使元件表面发生胶合。

4. 链条的拉断

在低速（链速小于 0.6m/s）、重载或瞬时严重过载时，链条可能被拉断。

5. 滚子和套筒的冲击破坏

链传动在反复启动、制动或反转时产生巨大的惯性冲击，会使滚子和套筒发生冲击疲劳破坏。

六、链传动的布置、张紧与润滑

如图 3-5-7 所示，链传动安装时，必须使两链轮的轴线互相平行，且两链轮的中心面在同一平面内，否则将使磨损加剧或链条从链轮上脱落；两链轮最好呈水平布置，如需倾斜布置，两链轮中心连线与水平线夹角 φ 应小于 45°，如图 3-5-7（b）所示；应尽量使紧边在上，松边在下，以免松边垂度过大干扰链与链轮轮齿的正确啮合。为了补偿链条磨损后的伸长量，链传动和带传动一样，应具有调整两链轮中心距的装置，或安装一个张紧轮，张紧轮应安装在链条松边靠近小链轮处，置于内外侧均可。

在安装、调整链传动时，应尽量使链条包在链轮上，且松紧适度，通常用测量松边垂度 y [图 3-5-7（a）]的方法来控制链的松紧程度。合适的松边垂度为 $y=(0.01\sim0.02)a$（a 为两轮中心距）。

链的张紧主要采用张紧轮结构，张紧轮一般设置在松边，可设置在内、外侧，如图 3-5-7（c）、（d）所示。

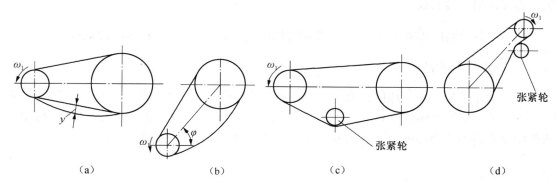

（a）　　　　　　　（b）　　　　　　　（c）　　　　　　　（d）

图 3-5-7　链传动的布置

　　润滑是影响链传动工作能力及寿命的重要因素之一。润滑可以减轻链条和链轮齿面的磨损，缓和链条和链轮齿面的冲击。常用的润滑方式如下。

　　1）人工定期润滑：用油壶或油刷定期注油。通常链速小于 2m/s 时使用该方法。

　　2）滴油润滑：用油杯通过油管将润滑油滴入松边内、外链板间隙处，每分钟给油量为 5～20 滴。通常链速在 2～4m/s 时使用该方法。

　　3）油浴润滑：将松边链条浸入油池中，浸油深度为 6～12mm，不宜过深，否则易使油发热而变质。

　　4）飞溅润滑：用甩油盘将油甩起，经壳体上的集油装置将油导流到链条上。

　　5）压力润滑：采用特设的油泵将油喷射至链条啮合处。此方法适用于链速大于 8m/s 的大功率重要设备，润滑油采用 N32、N46、N68 等机械油。

第六章　齿　轮　传　动

　　齿轮传动是最重要的一种传动机构，它的应用范围非常广泛，在金属切削机械、交通运输机械、矿山冶金机械、纺织轻工机械等机械设备中，无论是主要机构还是辅助机构，都大量采用齿轮传动。

　　齿轮是圆周上有齿的轮。工作时利用一个齿轮轮齿的侧面推动另一个齿轮轮齿的侧面来传递运动和动力，而轮齿的顶部和根部是不发生接触的。

第一节　齿轮传动概述

一、齿轮传动的分类

　　齿轮传动的类型很多，分类方法也很多。常见的分类方法如下，如图 3-6-1 所示。

　　1. **按啮合方式分**

　　1）外啮合齿轮传动。如图 3-6-1（a）、（d）、（e）所示，一级传动时主、从动轮转向相反。

　　2）内啮合齿轮传动。如图 3-6-1（b）所示，一级传动时主、从动轮转向相同。

　　3）齿轮齿条传动。如图 3-6-1（c）所示，可将旋转运动转换为直线运动。

　　2. **按轮齿的形态和两齿轮轴线位置分**

　　1）两平行轴间传动。直齿圆柱齿轮如图 3-6-1（a）所示，斜齿圆柱齿轮如图 3-6-1（d）所示，人字齿圆柱齿轮如图 3-6-1（e）所示。

　　2）两相交轴间传动。直齿圆锥齿轮如图 3-6-1（f）所示。

　　3）两交错轴间传动。螺旋齿轮如图 3-6-1（g）所示。

　　3. **按齿轮的工作条件分**

　　1）开式齿轮传动：轮齿全部外露，灰尘、杂质等容易落入，且只能定期润滑，因此轮齿齿面易磨损，多用于低速、低精度要求的传动中。

　　2）闭式齿轮传动：轮齿全部装在密封的刚性箱体内，安装精度高、润滑条件较好、传动效率高，多用于重要传动。

　　4. **按齿轮齿面硬度分**

　　1）软齿面齿轮（HBS≤350）：齿轮一般采用调质、正火进行热处理，改善力学性能，增大强度和韧性。配对齿轮均采用软齿面时，小齿轮受载次数多，故材料应选好些，热处理硬度稍高于大齿轮（30～40HBS）。

　　2）硬齿面齿轮（HBA>350）：齿轮一般采用表面淬火、渗碳淬火、渗氮进行热处理，以提高齿轮的接触强度、耐磨性、抗冲击载荷的能力。

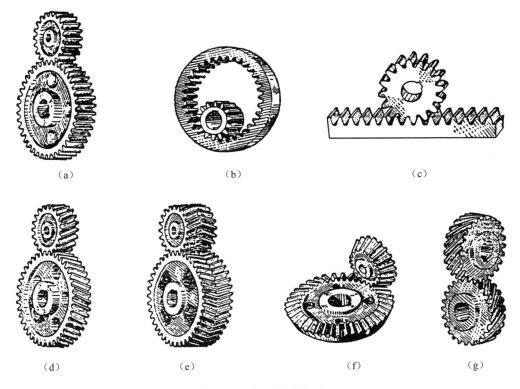

（a）　　　　　　　　　（b）　　　　　　　　　（c）

（d）　　　　　（e）　　　　　（f）　　　　　（g）

图 3-6-1　齿轮传动分类

| 直齿圆柱
外啮合 | 直齿圆柱
内啮合 | 齿轮齿条啮合 | 斜齿圆柱
齿轮啮合 | 人字齿圆柱
齿轮啮合 | 直齿圆锥
齿轮啮合 |

5．按齿廓线的形状分

渐开线齿轮传动、摆线齿轮传动、圆弧点啮合齿轮传动。因渐开线齿轮加工和安装都比较方便，所以一般机械多采用渐开线齿轮。

二、齿轮传动的特点

齿轮传动是依靠齿轮间轮齿的相互啮合来传递运动和动力的。与其他传动相比，其主要有以下特点。

1．优点

1）能保证恒定的传动比。

$$i = \frac{n_{主}}{n_{从}} = \frac{z_2}{z_1} = 定值 \quad （i > 1 减速；\ i < 1 加速）$$

2）传递功率和圆周速度范围大（$0 < P_传 < 100MW$；$0 < n < 10^5 m/s$）。

3）传动效率高（$\eta = 0.94 \sim 0.99$）。

4）结构紧凑，寿命长，工作可靠。

5）可传递平行、垂直和空间两轴之间的运动和动力。

2. 缺点

1）齿轮的制造成本和安装精度高。

2）传动的噪声和振动较大。

3）不宜用于轴间距离较大的传动场合。

三、齿轮传动的应用

1）内燃机曲轴驱动凸轮轴的正时齿轮：如图 3-6-2 所示，利用齿轮传递准确的特点，实现进排气定时、喷油定时、启动定时。

2）齿轮泵：如图 3-6-3 所示。利用齿轮一对轮齿进入啮合，一侧容积减小，压力上升，排出液体；一对轮齿退出啮合，一侧容积增大，压力降低，吸入液体。当齿轮改变转动方向时，吸排液体方向也发生改变。

3）实现分路传动：如图 3-6-4 所示，原动力由轴 I 输入，经过多级齿轮传递，分别获得轴 II、III、IV、V、VI 的转动。

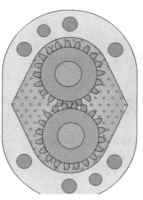

图 3-6-2　内燃机　　　　　　图 3-6-3　齿轮泵　　　　　　图 3-6-4　实现分路传动

齿轮传动的应用：内燃机　　　　　　齿轮泵　　　　　　实现分路传动

4）汽车换挡：如图 3-6-5 所示，当输入轴转速不变，通过改变主、从动轮的齿数比 $i = z_2 / z_1$，达到改变输出轴转速的效果。

5）汽车差速器：如图 3-6-6 所示，通过差速齿轮使汽车在直行时，左右两轮的转速相等；当汽车转弯时，左右两轮出现转速差，且速差随回转半径减小而增大。

6）蜂窝煤制作：如图 3-6-7 所示，带传动、直齿圆柱齿轮传动、曲柄连杆机构、圆锥齿轮传动、槽轮机构、凸轮机构共同协作完成蜂窝煤制作的全过程。

图 3-6-5　汽车换挡

图 3-6-6　汽车差速器

图 3-6-7　蜂窝煤制作

汽车换挡

汽车差速器

蜂窝煤制作

第二节　齿轮的失效形式和常用材料

一、齿轮的失效形式

大多数齿轮传动既传递运动又传递动力，因此齿轮传动除须运动平稳外，还必须有足够的承载能力。由于传动装置有开式、闭式；齿面按硬度有软齿面（硬度≤350HBS）、硬齿面（硬度>350HBS）之分；齿轮转速有高与低；载荷有轻与重之分，因此实际应用中常会出现各种不同的失效形式。分析研究失效形式有助于建立齿轮设计的准则，提出防止和减轻失效的措施。齿轮的失效主要发生在轮齿部分，至于齿轮的其余部分如轮毂、轮辐和轮缘等处，一般很少出现失效。轮齿部分的失效形式分为两大类：一类是齿体失效，通常指轮齿的折断；另一类是齿面失效，常见的有齿面点蚀、齿面磨损和齿面胶合等。轮齿常见的失效形式如下。

1. 轮齿折断

（1）弯曲疲劳折断

轮齿在传递动力时，相当于一个悬臂梁，在齿根处弯矩最大，同时齿根处产生的弯曲应力集中也很高。因此，轮齿折断一般发生在齿根部分，如图 3-6-8 所示。当弯曲应力超过材料的弯曲疲劳极限时，齿根部就会出现疲劳裂纹，裂纹逐渐扩展，最终引起轮齿折断。

当齿轮是由脆性材料（如铸铁、淬火钢等）制成时，因脆性材料抗冲击和过载能力较差，故在轮齿受到过载或冲击时，常会突然折断。一般闭式硬齿面齿轮传动的主要失效形式为轮齿折断。

（2）过载折断

当轮齿突然过载，或经严重磨损后轮齿过薄时，也会发生轮齿折断，称为过载折断。

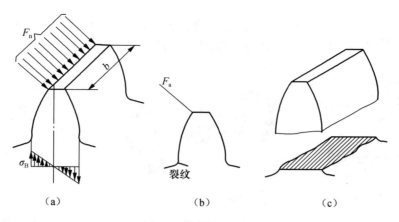

图 3-6-8　轮齿的折断

（3）局部折断

如果轮齿宽度过大，由于制造、安装的误差使其局部受载过大，会造成局部折断，如图 3-6-9 所示。在斜齿圆柱齿轮传动中，轮齿工作面上的接触线为一斜线，轮齿受载后如有载荷集中，就会发生局部折断。若轴的弯曲变形过大而引起轮齿局部受载过大，也会发生局部折断。

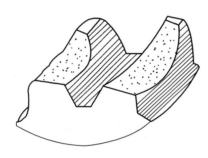

图 3-6-9　轮齿的局部折断

为防止因轮齿折断而造成重大人身及安全事故，可提高材料的疲劳强度和心部韧性，减小应力集中，提高齿面制造精度，增大模数，加大齿根厚度等。如对轮齿进行喷丸、滚压等冷作处理以提高齿面硬度、保持心部韧性；增大齿根圆角半径，消除该处的加工刀痕；增大轴及支承物的刚度以减轻齿面局部过载的程度。

2. 齿面点蚀

（1）产生部位

点蚀多发生在节线附近的齿根表面处，如图 3-6-10 所示。

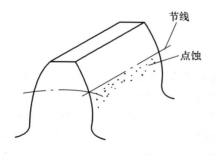

图 3-6-10　齿面点蚀

（2）原因

齿面点蚀是由交变的接触应力造成疲劳所致。当齿轮传递动力时，轮齿表面将有接触应力产生。当齿轮转向一定时，齿面上任一点所产生的接触应力均逐渐由零变到最大值，然后又逐渐由最大值变为零，齿面接触应力是脉动循环变化的。当接触应力超过了表层材料的接触持久极限时，齿面就会出现微小的疲劳裂纹，加之润滑油渗入裂纹，裂纹产生高压，促使裂纹扩张，从而导致金属成小片状剥落下来，形成许多细小的凹坑，破坏了轮齿工作表面，使啮合情况恶化，造成轮齿失效。这种现象称为齿面点蚀。

（3）发生场合

对于润滑良好的闭式软面齿轮传动，常因齿面点蚀而失效。对于开式传动，在点蚀出现前，已产生磨损，故一般看不到点蚀。

（4）危害

齿面出现点蚀后，轮齿齿面工作面积减小，点蚀严重时，会破坏渐开线齿廓表面，造成传动的不平稳和引起冲击噪声，使齿轮不能正常工作。

（5）措施

为了防止过早出现疲劳点蚀，可采用增大齿轮直径、提高齿面硬度、降低齿面粗糙度、增加润滑油黏度等方法。

3. 齿面磨损

（1）产生的原因

齿面磨损有两种。两齿廓在啮合过程中，除了节点处以外，都要产生相对滑动，由于齿面间相对滑动引起的磨损，称为研磨磨损。另外，由于金属微粒、灰尘、污物进入轮齿摩擦表面而引起的磨损，称为磨粒磨损。

（2）危害

齿面严重磨损后，渐开线齿廓被破坏，侧隙增大，如图 3-6-11 所示，导致传动不平稳，引起冲击和噪声，影响正常工作，甚至因齿根削弱，而造成轮齿折断。

图 3-6-11　齿面磨损

（3）发生场合

齿面磨损主要发生在开式传动中，尤其是多尘、污物严重的场合，它是开式齿轮传动的主要失效形式。在闭式齿轮传动中，如润滑不良或润滑油不洁，也会引起齿面很快地磨损。因此，新制齿轮减速器经跑合一段时间后，要重新更换润滑油。

（4）预防措施

为防止齿面过快磨损，可改善工作环境，定期更换润滑油，提高齿面硬度，加大模数以增大齿厚。

4. 齿面胶合

（1）发生场合

齿面胶合多发生在重载齿轮传动中。

（2）产生的原因

当齿轮在高速、重载传动时，轮齿表面所受压力大，啮合齿面间的相对滑动速度高，使啮合区温度升高，润滑油黏度降低，润滑油膜被破坏，致使两齿面的金属直接接触并互相粘接；当齿轮低速、重载传动时，由于齿面间的压力较大，相对滑动速度小而使油膜不易形成。以上情况都促使轮齿在重压下发生金属的直接接触。于是，两齿面相对滑动时，在较软的轮齿表面上的金属将被撕下，形成胶合沟痕，如图 3-6-12 所示，使齿轮的工作表面遭到破坏，从而造成齿轮失效。

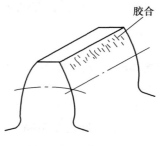

图 3-6-12　齿面胶合

（3）危害

齿面胶合会破坏正常的齿廓，使齿轮不能正常传动。

（4）预防措施

预防齿面胶合的措施：适当提高齿面硬度，降低表面粗糙度；低速传动中采用黏度较大的润滑油；高速传动中采用抗胶合性能较好的活性润滑油。

5. 齿面塑性变形

（1）产生的原因

软齿面齿轮重载传动中齿面压力过大，导致摩擦力大于材料的屈服极限，轮齿表面层材料就会沿着摩擦力方向产生塑性变形，在主动轮 1 的节线附近形成凹沟，从动轮 2 的节线附近形成凸棱，从而使轮齿齿廓曲线被破坏，如图 3-6-13 所示。

（2）发生场合

齿面塑性变形发生在低速重载、起动频繁的传动中。

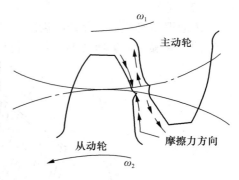

图 3-6-13　齿面塑性变形

（3）对传动影响

变形使轮齿齿廓曲线被破坏，影响齿轮的正常传动。

（4）预防措施

预防齿面塑性变形的措施：提高齿面硬度或采用高黏度的润滑油。

二、齿轮的常用材料及热处理

齿轮常用的材料是优质碳素结构钢和合金结构钢，其次是铸钢和铸铁。除尺寸较小的普通用途的齿轮采用圆轧钢外，大多数齿轮采用锻钢制造；对于形状复杂、直径较大（$d \geqslant 500$）和不易锻造的齿轮，才采用铸钢；传递功率不大、低速、无冲击载荷及开式齿轮传动中的齿轮，可采用灰铸铁。有色金属仅用于有特殊要求（如耐腐蚀、防磁性等）的齿轮。对高速、轻载及精度要求不高的齿轮，为了减小噪声，也可采用非金属材料（如塑料、尼龙、夹布胶木等）。

1. 锻钢

锻钢是制造齿轮的主要材料。为了改善材料的力学性能和提高齿面硬度，还要经热处理。按照不同的热处理方法所获得的齿面硬度不同，分为软齿面和硬齿面齿轮两类。

（1）软齿面齿轮

齿面硬度不大于 350HBS，热处理后切齿。常用的材料为 40、45、50、40Cr、35SiMn 等中碳钢和中碳合金钢，常用的热处理方法是正火与调质。这类齿轮常用于对强度、速度及精度要求不高的一般机械设备中，如一般齿轮减速器。

（2）硬齿面齿轮

齿面硬度大于 350HBS，这类齿轮毛坯经过正火或调质后切齿，再做表面硬度处理，最后进行磨齿等精加工。表面硬化处理常采用的方法有：①表面淬火，一般用于中碳钢或中碳合金钢，如 40、45、40Cr、35SiMn 等；②渗碳淬火，常用于低碳合金钢，如 20Cr、20CrMnTi 等；③渗氮处理，用于含铬、钼、铝等合金元素的渗氮钢。

2. 铸钢

直径较大、形状较为复杂不宜锻造的齿轮（如 $d \geqslant 500\text{mm}$ 的大齿轮），通常采用铸钢制造。常用材料的牌号有 ZG310-570、ZG340-640、ZG35SiMn 等。铸造后，轮坯在切齿前要经退火及正火处理，以消除铸件的残余内应力。

3. 铸铁

铸铁常用于制造低速、受力不大、形状复杂的齿轮。开式传动时也常用铸铁制造的齿轮，常用灰铸铁有 HT250、HT300 等，常用的球墨铸铁有 QT500-2、QT600-2 等。

第七章　蜗轮蜗杆传动

第一节　蜗杆传动概述

一、蜗杆传动的组成

蜗杆传动由蜗杆和蜗轮组成，如图 3-7-1（a）所示。它们的轴线在空间交错成90°，通常是蜗杆为主动件，蜗轮为从动件。从传动性质来看，蜗轮蜗杆传动实际上是齿轮传动的一个特例。

1. 蜗杆

常用的普通蜗杆，犹如一梯形螺杆，此种蜗杆与螺纹类似，它有单头、多头之分，头数用 z_1（一般 $z_1=1\sim4$，否则，将造成蜗杆太长）表示，有左旋、右旋之分；它在通过其轴线的剖面内，齿形呈梯形，为一标准直齿齿条形，如图 3-7-2 所示。齿形角 $\alpha_1=20°$；在垂直于蜗杆轴线的截面与蜗杆螺旋面的交线为阿基米德螺旋线，故称为阿基米德蜗杆。它是目前应用广泛的蜗杆之一，本节仅介绍这种蜗杆。

2. 蜗轮

蜗轮的齿形与斜齿轮相似，它的螺旋角 β 与蜗杆的升角 λ 大小相等、旋向相同，如图 3-7-1（b）所示；为了改善齿面间的接触情况，通常将蜗轮圆柱表面的母线做成圆弧形，部分地包围着蜗杆，故在轴向剖面中，蜗轮轮齿沿齿宽方向呈圆弧形，如图 3-7-1（b）所示；在通过蜗杆轴线，并垂直蜗轮轴线的平面内，蜗杆的形状呈标准的直边齿条形，蜗轮的齿形为标准渐开线齿廓，此平面称为蜗轮的端面（或主平面），其上的参数为模数 m_2、齿数 z_2、压力角

蜗杆传动

$\alpha_2=20°$。蜗轮一般是用与蜗杆形状相同的滚刀切制的，只有这样才能保证蜗杆与蜗轮正确啮合，蜗轮蜗杆在主平面内的传动可视为齿轮与直齿齿条间的传动。

值得注意的是，在与主平面相平行的其他截面内，蜗杆截面形状不是直边齿条形，蜗轮的齿形也不是渐开线齿形。

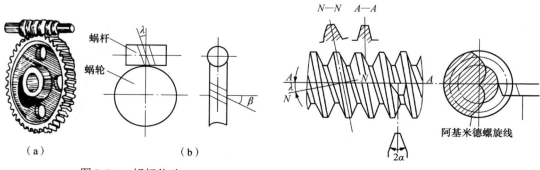

图 3-7-1　蜗杆传动　　　　　　　　　　图 3-7-2　阿基米德蜗杆

二、蜗轮蜗杆传动的主要参数和几何尺寸

1. 蜗杆的模数 m_1 和压力角 α_1

为了正确传动和加工方便，规定在主平面内的参数符合标准，即规定蜗杆的轴向模数为 m_1、轴向压力角 $\alpha_1 = 20°$。

2. 蜗杆的螺旋导程角 λ、齿距 p_{a1} 和直径系数 q

如图 3-7-3 所示，螺旋导程角 λ 是形成蜗杆时应用的相同螺旋线的螺旋角；齿距 p_{a1} 为形成蜗杆螺纹在中径线上的轴向螺距（螺纹的中径=蜗杆的分度圆直径 d_1）。由图可知 z_1、p_{a1}、λ、d_1 之间存在如下关系：

$$\tan\lambda = \frac{z_1 p_{a1}}{d_1 \pi}$$

即

$$d_1 = \frac{p_{a1}}{\pi} \times \frac{z_1}{\tan\lambda} = m_1 q$$

式中，$\dfrac{p_{a1}}{\pi} = m_1$，$m_1$ 为蜗杆的轴向模数；

$\dfrac{z_1}{\tan\lambda} = q$，$q$ 为蜗杆的直径系数。

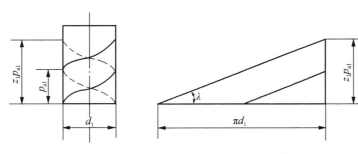

图 3-7-3　蜗杆展开图

由上式知，影响蜗杆分度圆直径的因素有三方面：m_1、z_1、λ。

1）m_1、z_1 相同时，如果 λ 越小，则 $q = z/\tan\lambda$ 越大，结果是 d_1 越大；蜗杆刚度增大，但传动的效率降低。

2）自锁：根据螺纹的工作特点，λ 越小，自锁性能越好，故有自锁要求的蜗杆（如起重装置中，电动机停止转动后，为防止货物依自重自动下降，造成人员伤亡）均采用单头蜗杆。当 $z_1 = 1$ 时，$\lambda = \lambda_{min}$，所以 $\eta < 0.5$。

3）蜗杆的加工：加工阿基米德蜗杆与车制螺纹相似，用直线刀刃的车刀在车床上切制。

3. 蜗轮的端面（或主平面）上的模数 m_2、齿数 z_2、压力角 α_2

由于蜗轮的端面齿形为标准渐开线齿廓，故此齿廓上的标准参数即为蜗轮的模数 m_2、齿数 z_2、压力角 $\alpha_2 = 20°$。

三、正确啮合的条件

因蜗杆传动运动和动力主要是通过主平面完成的，并且蜗轮蜗杆在主平面内的啮合相当于直齿齿条与渐开线齿轮啮合，故根据齿轮正确啮合的原理知，蜗杆正确啮合的条件如下：

$$\begin{cases} \alpha_1 = \alpha_2 \\ m_1 = m_2 \\ \lambda = +\beta \end{cases}$$

四、蜗杆传动的传动比和中心距

1. 传动比 i

$$i = \frac{n_1}{n_2} = \frac{z_2}{z_1} \neq \frac{d_2}{d_1}$$

式中，$d_2 = mz_2$；$d_1 = m\dfrac{z_1}{\tan\lambda}$；$z_1 = 1\sim4$，$z_1$ 大则效率高；$26 \leqslant z_2 \leqslant 80$。

2. 中心距 a

对于标准蜗杆传动，中心距（图 3-7-4）为

$$a = \frac{d_1 + d_2}{2} = \frac{m}{2}(z_2 + q)$$

渐开线齿轮啮合时，具有中心距可分性，因此对于渐开线齿轮传动的中心距偏差要求不太严格。对于蜗杆传动，因为蜗轮除了主平面上是渐开线齿形外，与主平面平行的其他截面上，齿廓不是渐开线齿形，因而没有中心距可分性，故对蜗杆传动的中心距偏差要求比较严格。

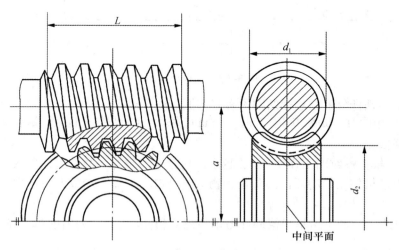

图 3-7-4 蜗杆传动的中心距

五、传动特点

与齿轮传动相比，蜗杆传动的优点如下：

1）结构紧凑，传动比大。在动力传递中，一般传动比 i =10～40，最大可达 80。若只用于传递运动(如分度运动)，其传动比可达 1000。这样大的传动比如用齿轮传动，则需要采取多级传动才行。

2）传动平稳、噪声小。由于蜗杆上的齿是连续不间断的螺旋齿，它与蜗轮齿啮合是连续不断的，蜗杆齿无啮入和啮出的过程，因此工作平稳、噪声小。

3）可制成具有自锁性的蜗杆。当蜗杆的螺旋线升角小于啮合面的当量摩擦角时，可以自锁，即蜗杆只能带动蜗轮转动，而蜗轮不能带动蜗杆转动。这一特性，常用于蜗杆传动的起重装置中，可使重物悬在任意高度而不会自行下落，如图 3-7-5 所示。

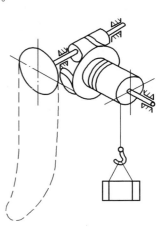

蜗杆传动的主要缺点如下：

1）传动效率低、功率小。这是由于蜗轮和蜗杆在啮合处有较大的相对滑动，因而发热量大，使传动效率降低。蜗杆传动效率一般为 0.7～0.8，当具有自锁性时，效率小于 0.5。故蜗杆传动不适于传递大功率，常用于传递功率 50kW 以下的传动。

2）对散热要求高。因是连续传动，摩擦产生的热量大，所以要求工作时有良好的润滑和散热条件。

3）制造成本高。为了减磨、耐磨及防止胶合，蜗杆多在淬硬后进行磨削，蜗轮常用青铜制造，因此制造成本较高。

图 3-7-5　手动葫芦

4）对中心距的准确性要求高。

5）不能互换啮合。由于蜗轮的轮齿呈圆弧且包围着蜗杆，所以切制蜗轮的滚刀参数必须与工作蜗杆的参数完全相同，即不仅模数、压力角要相同，连滚刀的头数、分度圆直径、螺旋升角也都要与蜗杆的相同，其加工时的中心距与传动中心距也必须一致。因此，仅模数和压力角相同的蜗轮与蜗杆是不能任意互换啮合的。

6）蜗杆轴向力大。因蜗杆的受力特点，在正常传动的同时必然产生较大的轴向力，使轴承摩擦损失增大。

六、蜗轮蜗杆传动的应用

1）风扇摇头，如图 3-7-6 所示。

2）自动机床，如图 3-7-7 所示。

3）自动装卸机构，如图 3-7-8 所示。

以上均是利用蜗杆传动大的传动比，达到一级减速效果最佳。

风扇摇头　　自动机床

图 3-7-6　风扇摇头　　　　图 3-7-7　自动机床　　　　图 3-7-8　自动装卸机构

第二节　蜗杆传动的失效形式和常用材料

一、蜗杆传动的失效形式

蜗杆传动的失效形式与齿轮传动相同，有折断、磨损、点蚀和胶合等失效形式。但在蜗杆传动中，由于蜗轮与蜗杆在接触面处有很大的相对滑动速度 v_s，如图 3-7-9 所示（图中 v_1 为蜗杆的圆周速度，v_2 为蜗轮的圆周速度），故摩擦和发热远比齿轮传动严重，因而更容易发生磨损和胶合。由于蜗杆齿是连续的螺旋，且蜗杆的强度大于蜗轮，因而失效多发生在蜗轮轮齿上。实践表明，在闭式传动中，蜗轮失效形式主要是胶合和点蚀；在开式传动中，失效形式主要是磨损；而轮齿弯曲疲劳折断很少发生。

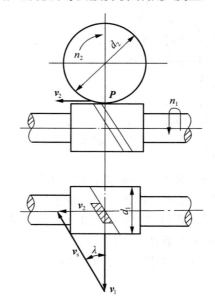

图 3-7-9　蜗杆传动的滑动

提高蜗杆齿面硬度和降低粗糙度，采用抗胶合润滑剂，能提高蜗杆传动的抗胶合能力，同时也能提高耐磨性和抗点蚀能力。

二、蜗杆、蜗轮的常用材料

由于蜗杆传动滑动速度较大，蜗杆和蜗轮的材料不仅要求具有足够的强度，更重要的是具有良好的减磨性、耐磨性和抗胶合能力。

1. 蜗杆

蜗杆一般用碳钢或合金钢制造，硬度要高，表面粗糙度要小。对于高速、重载传动，蜗杆材料常用 15Cr、20Cr、20CrMnTi 等，经表面渗碳淬火，表面硬度为 58～63HRC，并经磨削；对于中速、中载传动，蜗杆材料可用优质碳素钢或合金结构钢，如 45、45Cr、35SiMn 等，经表面淬火，表面硬度为 45～55HRC，也需磨削；低速、不重要的传动可用 45 钢经调质处理，表面硬度 HBS≤270。

2. 蜗轮

常用的蜗轮材料为青铜和铸铁。在 $v_s > 5\text{m/s}$ 的重要传动中，蜗轮材料常用铸造锡青铜，如 ZcuSn10Pb1、ZCuSn5Pb5Zn5 等，这种材料的耐磨性、抗胶合性能及切削性能较好，但强度较低；在 $v_s < 6\text{m/s}$ 的传动中，蜗轮材料可用无锡青铜，如 ZCuAl10Fe3，这类材料的强度较高，价格较廉，但减磨性比锡青铜差；在 $v_s \leqslant 2\text{m/s}$ 的不重要传动中，蜗轮材料可用灰铸铁，如 HT150、HT200 等，也可用球墨铸铁，如 QT600-3、QT700-2 等。

第四篇　热　工　基　础

引　言

能源是人类进行生产劳动的动力。自然界中蕴藏着各种不同形式的能，人类迄今已不同程度地开发和利用了自然界的风能、水能、太阳能、燃料的化学能及原子核能等。其中风能和水能是自然界以机械能的形式提供的能量，其他的都是直接或间接地以热能形式供人们利用。据统计，人们利用能量大多数是以热能的形式。因此热能的利用研究对于整个人类的生产与生活有着重要的意义。

热能利用有两种基本方式：一种是直接利用，即把热能直接用于加热物体，能量的形式不发生变化，如烘干、冶炼、采暖、蒸煮以及化工过程利用热能进行分解或化合等。这些直接加热过程必须在加热设备或热交换器中进行；另一种是间接利用，即将热能转换为其他形式的能量，如机械能或电能而加以利用，发电厂、船舶等动力装置皆属此类。

把热能转换为机械能的设备称为热能动力装置，简称热机。热机分为两大类：内燃机与外燃机。内燃机如柴油机、汽油机、燃气轮机；外燃机如蒸汽轮机。

还有一种消耗能量（如热能、机械能）而使热从低温处移向高温处的制冷装置也在工业上和人们生活中有了越来越多的应用。

为了使热能动力装置或制冷装置更加有效、更加经济，需要充分掌握有关能量及其形式间相互转换规律的知识——即工程热力学知识。工程热力学研究能量转换装置工作过程，探讨、分析影响转换效果的因素和提高转换效率的途径。合理有效地实现热能与其他形式能量的转换、提高能源利用率是关系到社会和人类发展的重要课题。

工程热力学主要采用宏观热力学的研究方法，即把组成物质的大量分子、原子等微粒作为整体的宏观研究方法。针对具体问题采用抽象、概括的理想简化方法，抽出共性，突出本质，建立分析模型，推导出一系列有用的公式，得到若干重要结论。但是这种方法不考虑物质分子和原子的微观结构，也不考虑微粒子的运动规律，所以不能说明热现象的本质及其内在原因。为此，工程热力学在必要时要引用微观气体分子运动论和统计热力学的方法、观点和理论对一些物理现象、物质的性质等进行说明解释。

工程热力学的基本任务就是通过对各种用能设备及系统中的能量转换过程及影响因素的研究，探索有效、合理利用能量的技术途径和基本方法。

工程热力学的主要内容和研究方法如下：

1）研究热力学的两个基本定律。热力学第一定律指出了热能与机械能相互转换时在数量上保持守恒的关系；热力学第二定律指出了能量转换的方向、条件、限度，并由此说明热能与机械能之间存在着质的差别，应用这两个定律可以从量和质两个方面综合研究热力设备中的能量转换。

2）研究工质的热物理性质。热力设备中的能量转换是借助于流体工质来完成的，故研究热力设备中的能量转换必须掌握工质在其中是如何起到中间媒介作用的。

3）研究各种热力设备中的能量转换过程。应用热力学基本定律，分析计算工质在热力设备中所经历的状态变化过程和循环过程，并在此基础上进一步分析影响能量转换效率的因素，探讨提高转换效率的途径。

第一章 基 本 概 念

本章阐明了热力系的定义及其描述，着重介绍热力系平衡状态、基本状态参数、可逆过程、功和热等概念，初步认识热力循环和状态方程（坐标图），正确理解基本概念的含义和术语，也为学习本课程打下良好的基础。

第一节 热力系、状态和状态参数

一、工质与热力学系统

1. 工质

工质是热力系内所用的能量转换的媒介物质，如内燃机中的燃气、制冷机中的制冷剂等，是实现能量转换必不可少的内部条件。如往复式内燃机通过工质的受热膨胀将热能转换为机械能，燃气是工质。蒸汽动力装置中的工质是水蒸气。制冷装置中的工质是制冷剂。

常选气体作为工质，因为气体具备良好的膨胀性、压缩性和流动性，这样可以使能量转换有效而且迅速。工程中常用的工质分为理想气体（燃气、空气）与实际气体（水蒸气、制冷剂蒸汽）。不同性质的工质对能量转换效果有决定性影响，因此对不同工质的研究是工程热力学的重要内容。

2. 热力学系统

热力学中，为了便于分析能量转换，在对现象进行热力学分析时，根据研究问题的需要，人为地选取一定范围内的物质作为研究对象，其称为热力学系统，简称系统或热力系。热力系可以是一定质量的工质，也可以是一定容积的空间。热力系以外的周围物质称为外界。热力系与外界的分界面称为边界，此边界可以是真实的，也可以是假想的；可以是固定的，也可以是运动的。

一般情况下，热力系与外界处于相互作用中，彼此可以通过边界进行物质交换和能量交换（功交换、热量交换）。按此交换情况不同，将外界分为以下几种。

1）热源：仅与系统有热量交换的外界。热源分为高温热源和低温热源（又称冷源），一般认为热源的热容量无限大，即其温度不因吸热或放热而变化，故又称恒温热源。

2）功源：仅与系统有机械能交换的外界。

3）质源：仅与系统有工质交换的外界。

按系统与外界的交换，将热力系可分为以下几类。

1）封闭系：指热力系与外界无物质交换，又称闭口系，如图 4-1-1 所示。例如，柴油机膨胀、压缩过程中，压缩机的压缩过程中，整个制冷系统等可视为封闭系。

2）开口系：指热力系与外界有物质交换，如图 4-1-2 所示。开口系通常总是取相对固定的空间，故又称控制体积系统，如有气体进出的管道、工作中的柴油机、运行中的锅炉、汽轮机等。

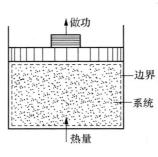

图 4-1-1　封闭系

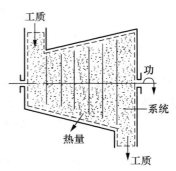

图 4-1-2　开口系

3）绝热系：指热力系与外界无热量交换。当物质流进、流出系统时，其流速很高，来不及交换热量或有可忽略的微小热量交换时，系统理想化为绝热系，如气流进出燃气轮机、喷管等时可视为绝热。

4）孤立系：热力系与外界无任何能量（功和热）和物质交换。

应当指出，热力系必须根据实际情况来选择，以能给解决问题带来方便为原则。系统选取方法对研究问题的结果并无影响，仅与解决问题的复杂程度有关。例如，内燃机在气缸进、排气阀门都关闭的压缩过程，视气缸为封闭系；而把内燃机进、排气及燃烧膨胀等所有的工作过程一起研究时，视气缸空间为开口系。在热力学中，把热力系分为什么类型的系统，是根据热力系与外界之间有无物质交换、功交换和热量交换来进行划分的，各种系统相互之间不具有完全的排它性。譬如，封闭系与外界之间一定没有物质交换，但它没有限制与外界之间有无热量和功的交换，所以封闭系也可能是绝热系，还可能是孤立系，当然它一定不可能是开口系。

二、热力状态

为了对热力系进行分析研究，首先须正确描述系统。热力学中把热力系在某一瞬间所呈现的宏观物理状况称为热力状态（简称状态）。

若热力系的冷热程度（温度）均匀一致，且不随时间而变，则认为该热力系处于热平衡；若热力系的压力均匀一致，且不随时间而变，则认为该热力系处于力平衡。对简单热力系，同时具备了热平衡和力平衡，系统就处于"热力学平衡态"。热力系可能呈现各种不同的状态，其中具有特别意义的是平衡状态。处于热力学平衡态的系统，只要不受外界影响，它的状态就不会随时间而改变，平衡不会自发地破坏，这是热力学平衡态的特点。

与非平衡态相比较，系统的平衡态的描述最为简单。这是因为：其一，平衡态与时间无关，即处于平衡态的系统一定处于稳态；其二，处于平衡态的系统，其内部的各处的状态都是均匀一致的。对应于系统的每一平衡态，有且只有一个压力和一个描述系统冷热程度的参数——温度。反之则不然，因此描述系统非平衡态极其复杂。

平衡态有两个必备基本条件，不受外界影响（外界对系统不做功和不传热）和不随时间变化。不能把平衡态简单地说成是不随时间变化的状态，也不能说成是外界条件不变的状态。

需要指出的是，通常情况下，处于稳态的系统不一定处于平衡态。例如，一根金属棒一端与热的电炉接触，另一端与冷的冰接触，当这根棒内任意一点的温度不随时间而变化时，则该系统处于稳态，但该系统内部各点的温度不是均匀一致的，因而处于非平衡态。

若系统内空间分布是均匀一致的，则该系统称为均匀系统。系统中每个均匀的部分称为"相"。均匀系是由单相组成的，但随时间可能发生变化。例如，由水和水蒸气组成的系统就是两相的非均匀系统，在两相（液相和气相）的分界面上，密度发生突变。在大多数情况下，处于平衡态的系统为均匀系，但非均匀系统在一定条件下也能处于平衡态。例如，由冰、水和水蒸气组成的三相系共存的唯一平衡态，就是水的三相点（压力为0.000611MPa，温度为0.01℃）。

当热力系内部存在不平衡力时，在力差（压力差）的推动下，系统内部各部分间将发生相对位移，因而热力系的状态不可能保持不变，因此只有不存在力差才可能达到力平衡；同样，热力系内工质不存在温差时，才满足热平衡。力差或温差是系统发生变化的推动力，在热力学中称为"不平衡势"；可见，热力系处于平衡状态的条件是系统内部不存在不平衡势。

三、状态参数

1. 状态参数的性质

在热力学中，把描述系统宏观特性的物理量称为热力系状态参数，简称状态参数。对于处于平衡态的任一系统，只需要确定压力、温度等很少几个状态参数即可描述其热力学状态。工程热力学中常用的状态参数有六个，即压力、比容、温度、内能、焓和熵。之所以引入这些状态参数，是因为它们都直接或间接地与系统的能量或能量转换有关。其中与物质质量无关的参数称为强度量，如压力、温度。强度量是描述系统内各点特征的状态参数，它不具有可加性；与物质质量成正比的参数称为尺度量，如容积、内能、焓、熵。尺度量是描述系统总体特征的状态参数，尺度量具有可加性。尺度量除以系统质量可转化为强度量，此尺度量表示单位质量热力系的相应状态参数，通常在其参数名称前冠以"比"字，用小写字母表示，如比容、比焓等。

要强调的是，状态参数值由系统的状态唯一确定。当系统从初态变为终态时，状态参数的变化量只与系统的初、终状态有关，而与达到这一状态的路径无关。即对任意状态参数X，当热力系从初态1变化至终态2时，其参数的变化量为$\Delta X = X_2 - X_1$；当热力系经历一封闭的状态变化过程而又恢复到原始状态时，其状态参数变化为零。平衡状态可以简单地用状态参数描述。

2. 基本状态参数

在常用的六个状态参数中，压力、温度和比容可通过仪器直接观察或容易测量获得且使用最多，称为基本状态参数。其余状态参数可根据基本状态参数间接计算获得。

（1）比容

一定质量（m，单位为kg）的工质所占有的空间称为工质的容积（即系统空间），用符号V表示，单位是m^3。比容是指单位质量工质所占的容积，则其比容为

$$v = \frac{V}{m}$$

比容（v）的单位为 m^3/kg。不难看出，比容的倒数即为密度（ρ）。

$$\rho = \frac{m}{V} = \frac{1}{v}$$

即工质在状态变化中，比容不变则密度也不变，反之亦然。微观意义上讲，对一定气体而言，密度、比容均为描述分子聚集疏密程度的物理量。

（2）压力

工质指向系统表面单位面积上的垂直作用力，称为压力（实际指压强）。如 F 表示系统表面垂直作用的总力，A 为表面面积，则压力 p 为

$$p = \frac{F}{A}$$

国际单位制中压力的单位是帕（Pa），$Pa = N/m^2$。由于"帕（Pa）"单位过小，工程上常用千帕（kPa）或兆帕（MPa）作为压力单位。其压力单位及单位之间换算参见第六篇第三章。

分子运动论把气体压力看作气体分子撞击容器壁面的宏观表现，是在单位面积的容器壁面上呈现的平均作用力。

压力是由压力计测量获得的。工程上常用的压力计有弹簧管压力表和测量小压力值的 U 形管压力计。测压仪表本身常处于大气压力 p_b（外界压力）的作用下，表上所指示的压力并非被测系统的真实压力，而是系统压力与当地大气压力的差值。

U 形管压力计如图 4-1-3 所示，当系统压力与环境压力不等时，则可由 U 形管两边液柱的高度差 H 读出系统与大气压 p_b 间的压差。

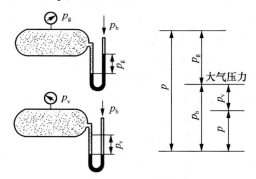

图 4-1-3　压力关系换算示意图

系统内工质的真实压力称为绝对为压力 p。

当绝对压力 p 高出当地大气压 p_b（$p > p_b$）时，测压计示数即为绝对压力与大气压的压力差，称为表压力 p_g，于是

$$p = p_b + p_g \tag{4-1-1}$$

当绝对压力低于当地大气压（$p < p_b$）时，测压计示数是当地大气压与绝对压力的差值，称为真空度 p_v，于是

$$p = p_b - p_v \tag{4-1-2}$$

真空度即负表压，真空度越大则绝对压力越小。

当地大气压力值不能是负值，大气压力也可用压力计测定，其值随测定时间、地点而异。标准大气压值为 760mmHg，它相当于 0.1013MPa；将压力为 1 标准大气压（1atm）、

温度为 0℃的状况称为标准状况。

如图 4-1-3 所示，表压力和真空度均是以大气压作为基准的，是指绝对压力与大气压之差。即使绝对压力不变，若大气压力变化，表压力或真空度也要发生变化。绝对压力是以绝对真空为基准的，只有绝对压力才能表征工质状态的状态参数，在热力学中仅以绝对压力作为计算依据。

（3）温度

温度是描述热平衡的物体宏观特性的物理量。按分子运动论，气体的温度是气体内部分子平均动能的度量。具体来说，温度与物体分子的平均动能成正比，即气体的温度越高，其分子的热运动就越剧烈。温度的数量表示法称为温标，常用的温标有三种：摄氏温标、华氏温标和热力学温标。温标的建立一般需要选择测量手段，规定基准及分度方法。国际单位制中，温度采用热力学温标，也称开尔文温标或绝对温标，符号 T，单位为开尔文（K）。热力学温标取水的气、液、固三相平衡共存状态点为基准点，并定义其温度为 273.16K。热力学温标的每 1 开（K）是水的三相温度点的 1/273.16℃。

摄氏温标，符号为 t，单位为℃，摄氏温标定义为

$$t（℃） = T（K）-273.15 \tag{4-1-3}$$

即规定了热力学温标 273.15K 为摄氏温标的零点，且这两种温标的温度间隔完全相同。

英、美等国常采用华氏温标，其用 t（℉）表示，华氏温标上的 32℉与水的冰点 0℃对应，212℉与水的沸点 100℃对应，即

$$t（℉） = 9/5×t（℃）+32 \tag{4-1-4}$$

四、状态方程与状态参数坐标图

热力系的各状态参数分别从不同角度描述系统的某一宏观特性，那么要想确定系统的平衡状态，需要多少独立参数呢？状态公理指出：简单可压缩热力系平衡状态的两个独立状态参数可确定其热力系状态。换句话说，简单热力系的任意三个状态参数间必存在某种函数关系，即

$$f\left(p,v,T\right)=0$$

此式建立了压力、温度、比容这三个基本状态参数之间的函数关系，称为工质的状态方程。状态方程的具体形式取决于工质的性质。

状态方程通常由实验确定，也可由理论推导求得，如理想气体的状态方程 $pv = RT$ 就是其中的一个特例。

对于简单热力系，可以任选状态参数中两个独立参数组成二维平面坐标图来描述被确定的平衡状态，这种坐标图称为状态参数坐标图。显然，不平衡状态由于没有确定的参数，所以在坐标图上无法表示。

经常应用的状态参数坐标图是以单位质量工质热力系的状态参数压力（p）为纵坐标，以状态参数比容（v）为横坐标的直角坐标图，称为压容图（p-v 图），分别以温度为纵坐标与以比熵为横坐标的温熵图（T-s 图）和焓熵图（h-s）等。如图 4-1-4 所示的 p-v 图中，系统的某个平衡态对应于坐标图上的一点，如点 1（p_1、v_1）、点 2（p_2、v_2）；反之图上一点代表了一个平衡态，只有平衡态才能表示在状态参数坐标图上。

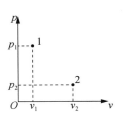

图 4-1-4　p-v 图

第二节　热力过程、热力循环及功量和热量

一、热力过程

热能和机械能的相互转化必须通过工质的状态变化才能实现。热力系从一个状态向另一个状态变化时所经历的全部状态的总和称为热力过程，简称过程。

热力系与外界只有通过热力过程才能相互交换热量和功量，但要让热力系经历热力过程，就必须存在某种不平衡势差，使得热力系原有的平衡遭到破坏，从而使热力系的状态发生变化。不平衡势差是热力系经历热力过程的必要条件。这样一来，热力系经历的实际过程必将是一系列的非平衡态。这些非平衡态实际上已无法用状态参数来描述。为了解决这一问题，需要对实际过程进行简化，建立热力过程的理想化的物理模型。准静态过程和可逆过程就是在工程热力学中具有特殊意义的两种理想化的模型。

1．准静态过程

热力系从一个平衡状态连续经历一系列平衡的中间状态过渡到另一个平衡状态的过程称为准静态过程。也就是说，在准静态过程进行的每一个瞬间，系统内部均可以看作平衡状态的过程。

下面我们来考察一下实际热力过程中系统内部状态的变化。

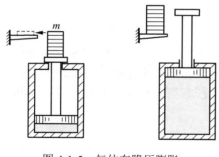

图 4-1-5　气体在降压膨胀

如图 4-1-5 所示，将活塞下方的封闭空间作为研究的热力系。当取走活塞上方重物时活塞向上移动，系统内工质状态发生变化。如将重物分成若干小块，并令总质量 $m = n \cdot \Delta m$，然后依次移去一小块，则随着 n 的增加，Δm 的减小所引起的热力系内部的不平衡性也减小。当 n 的数目极大而使 Δm 为一微小质量时，其所造成的热力系内部的不平衡小到可以忽略。此时，由于推动活塞运动的不平衡力极小，活塞的移动是足够缓慢的。这样足够缓慢进行的过程，使热力系从初始平衡态变化到终了平衡态的过程中所经历的每一中间状态足够接近平衡态，那么这一过程即为准静态过程。

在热力学中，把恢复平衡所需要的时间称为弛豫时间。只要过程进行的时间比弛豫时间长得多，则过程所经历的每一中间状态可以足够准确地看作平衡态。可见，热力系实施准静态过程的条件是，让实际过程在进行的足够缓慢的极限情况下，使推动过程的不平衡势为无限小而足够接近平衡态。

实际设备所进行的过程都是在有限不平衡势差作用下进行的，是非准静态过程，但在热力学中，为了便于分析，常把某些实际过程当作准静态过程处理。这是因为有些不平衡态的出现常常是短暂的，热力系中一旦出现了不平衡，热力系中的工质便能以相当快的速度恢复平衡，而且恢复平衡所需时间往往比破坏平衡所需时间少得多。例如，实际柴油机的压缩和膨胀过程，活塞运动的平均速度一般为每秒几米，但气体中使压力不平衡趋向平

衡的压力波的速度为声速，一般为每秒几百米，因此过程进行的时间远大于弛豫时间，这样的过程完全可以看作准静态过程。

2. 可逆过程

在工质进行完一个热力过程后，如果能使工质沿着相同的路径、逆向回到原来的初始状态，并且系统和外界也全部都恢复到原来的状态而不留下任何痕迹，这样的过程就是可逆过程。反之，则称为不可逆过程。

准静态过程是为了对系统的热力过程进行描述而引出的一个概念，但这还不够，因为过程是在外界对系统作用下发生的，所以又要研究过程对外界所产生效应的性质，即过程的不可逆性。

由经验可知，实际过程的不可逆因素主要有耗散效应（通过摩擦、电阻、磁阻、非弹性变形等使功变为热的现象）、有限温差下的传热、自由膨胀和不同工质的混合四种。

如图 4-1-6 所示，气体在气缸内的膨胀过程，假定是准静态过程，但气体内部及气缸运动存在摩擦，那么膨胀过程中有一部分机械能消耗于摩擦变为了热量。若该过程逆向返回，不仅不能把膨胀过程产生的摩擦热转变回运动机械能，还要再消耗额外的机械能用于恢复至初态，所以此来往过程的影响不能抵消，即外界留下痕迹，可见准静态只是可逆过程的必要条件。

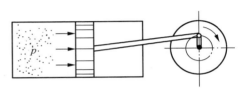

图 4-1-6　气体在气缸内膨胀

准静态过程与可逆过程是有区别的，准静态过程只是系统本身总是处于平衡状态即可，而可逆过程则要求系统与外界都处于平衡状态且不存在摩擦和传热温差，即准静态过程是任一瞬时系统处于内部平衡的过程，而可逆过程是系统同时处于内部平衡和外部平衡的过程。内、外平衡是可逆过程的充分和必要条件，只有无耗散效应的准静态过程才是可逆过程，故可逆过程一定是准静态过程，可逆过程在状态坐标图上可以用一条实线表示，如图 4-1-7 中 1—2 过程。

需要强调的是，系统进行一个过程后，无论包含几个不可逆因素，还是不包含任何不可逆因素，都可以使系统回到其初态，问题是在系统回到初态时能否消除原来过程中外界所发生的变化，使外界也恢复自己的初态。可逆过程要求系统和外界均能以原来变化路径恢复到各自的初态而不留痕迹，所以可逆过程必须是系统与外界均保持平衡的变化过程。而准静态过程不一定是可逆过程。

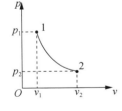

图 4-1-7　可逆过程

综上所述，一个可逆过程应该满足以下三个条件：

1）准静态过程。

2）换功时应无摩擦。

3）传热时应无温差。

实际上，严格的可逆过程是不存在的，一切实际过程都是不可逆过程。因为没有温差就不能传热，要完全避免摩擦就不能有机械运动，所以可逆过程是理想化的过程。因为可逆过程的能量损耗为零，所以理论上将热量转变成功的量最多，它表示一个极限，即能达到的最高效率。在热力学问题中，实际过程可以做到非常接近于一个可逆过程。

把实际过程简化后当作可逆过程进行分析计算，然后再用一些经验系数加以修正，这正是引出可逆过程的实际意义所在。因而将可逆过程作为热力设备实际过程中能量转换效果的比较标准和极限。根据理想过程分析评价热力设备和装置的质量与效率，从而提出改善的途径，这正是工程热力学的主要任务之一。因此，研究可逆过程在理论上具有十分重要的意义。

二、热力循环

热力循环是指工质从某一初态出发经一系列状态变化后又回到原来初态的热力过程，即封闭的热力过程，简称循环。系统实施循环的目的是实现预期的连续的能量转换。

完成一个循环后，工质所有的状态参数虽没有变化，但系统既从外界输入能量也输出能量。将输入、输出量的代数和称为净量，如循环的吸热与放热量差称为循环净热，循环的输出功与输入功的绝对差称为循环净功。

1. 循环的分类

1）按平衡性分：分为可逆循环、不可逆循环。

2）按循环效果来分：分为动力循环（又称热机循环）和制冷（热）循环。如图 4-1-8（a）所示为动力循环，系统中工质从高温热源吸收热量 Q_1，向低温热源放出热量 Q_2，对外做功 W。如图 4-1-8（b）所示为制冷（热）循环，外界对系统做功 W，从低温热源吸收热量 Q_2，向高温热源放出热量 Q_1。

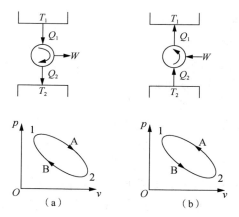

图 4-1-8　两种热力循环的能量交换

3）按循环时工质状态变化路径方向分：分为正循环（即热机循环）、逆循环（即制冷或热泵循环）。

2. 循环具有的特征

1）循环中工质的任意一个状态参数的净变化量都为零，并可用数学式 $\oint \mathrm{d}x = 0$ 表示，x 表示任一状态参数，如 u、h 等。

2）循环过程中工质与外界交换的净功 w 等于其与外界的净传热量 q，因为任何热力循环都应符合热力学第一定律，同时考虑到工质在完成一个循环后又回到初态，内能的变化量 $\Delta u=0$ 或 $\oint \mathrm{d}u = 0$，所以

$$q=\Delta u+w=w$$

如蒸汽动力循环过程中，蒸汽在锅炉中吸收的热量与废蒸汽在冷凝器中放出的热量的代数和，就等于蒸汽在汽轮机中做的功与在泵中所耗功量的代数和。

3. 循环的经济性

循环中能量利用的经济性是指通过循环所得收益与所付出代价之比，它反映了实现循环的装置性能的优劣，故也称为装置的性能系数。

1）热机：如图 4-1-8 所示，对正循环的热机，循环的经济性指标称热效率 η_t。

$$\eta_{t} = \frac{W}{Q_1} \tag{4-1-5}$$

2）制冷（热）：当用于制冷时，其目的是从低温热源吸收热量 Q_2 以维持其低温环境，其性能用制冷系数 ε 来评价。当用于供暖时，其目的是向温度较高的热源提供热量，其性能用供热系数 ε' 来评价。

制冷系数 ε 为

$$\varepsilon = \frac{Q_2}{W} \tag{4-1-6}$$

供热系数 ε' 为

$$\varepsilon' = \frac{Q_1}{W} \tag{4-1-7}$$

三、功与热

热力过程中，热力系与外界之间的能量交换有两种形式，一种是做功，一种是传热。

1. 容积功

功是系统与外界之间在压力差推动下交换的机械能量，是通过宏观有序（有规则）运动的方式传递的能量。

在力学中，功被定义为力与力方向上的位移的乘积。设系统在力 $\boldsymbol{F}$ 的作用下产生微小位移 $\mathrm{d}x$，则其所作的微元功为

$$\delta W = F\mathrm{d}x$$

一般把封闭系统中通过工质的容积改变而与外界交换的功称为容积功，分为膨胀功与压缩功。

如图 4-1-9 所示，取气缸—活塞机构中的气体为系统工质，气体的压力为 p、活塞端面的面积为 A，当活塞移动 $\mathrm{d}x$ 时，由于热力系进行可逆过程，外界压力必定始终与系统压力相等，因此系统对外做的功为

$$\delta W = F\mathrm{d}x = p \cdot A\mathrm{d}x = p\mathrm{d}V$$

系统从状态 1 变化到状态 2 时

$$W = \int_1^2 p\mathrm{d}V \tag{4-1-8}$$

式中，W 表示为质量为 m（单位：kg）的工质系统可逆过程（或准静态 kg 过程）所做容积功。如图 4-1-9 所示，功的大小等于过程线与横轴之间的面积。令 1kg 工质的系统所做的功为 w，即 $w=W/m$，则

$$w = \int_1^2 p\,dv \qquad\qquad (4\text{-}1\text{-}9)$$

热力学中规定，1—2 过程容积增大，系统对外界做功取为正值；而外界对系统做功如图 4-1-9 中 2—1 过程容积减小，功取负值。在国际单位制中，功的单位为焦（J）或千焦（kJ）。

从式（4-1-9）可以看出，当 $dv > 0$ 时，$w > 0$，即工质膨胀时，系统对外界做功，此也称为膨胀功；反之，工质被压缩时 $dv < 0$，外界对系统做功 $w < 0$，即为压缩功。

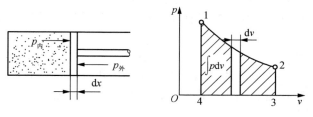

图 4-1-9　膨胀功

2. 热

系统与外界因存在温差而通过边界传递的能量称为热量。热量总是自发地从高温处传递到低温处，即温差是热量传递的驱动力。因为温度是物体内部分子和原子不规律热运动剧烈程度的度量，所以热量是不规律运动的能量传递方式。

热力学中规定：热力系吸热取正值，放热时取负值。热量的单位与功的单位相同，用大写字母 Q 和小写字母 q 分别表示质量为 $m$kg 的工质（整个热力系）及 1kg 工质在过程中与外界交换的热量。

关于热量的计算，在物理学中曾学过利用比热计算热量的方法，即

$$Q = \int_1^2 mc\,dT$$

式中，c 为工质的比热。

比较功与热，可以看出热量和功的相同之处。它们都是系统与外界间的传递量，都是引起状态变化的过程量。换而言之，功、热不是一个状态参数，而是过程参数，所以功、热的大小不仅与过程的初终态有关，而且与过程的性质有关。它们在传递中一旦越过边界便"消失"并转化为系统或外界的能量，因此系统工质在某一状态下有多少热或多少功，显然是毫无意义的、错误的。

热量和功量既然都是与过程有关的量，它们必然具有一定的类比性。由此类比，我们推导可逆过程中热量的计算公式。

热量是在温差的推动下所传递的能量，相应地应该有某一状态参数变化来标志有无传热，我们定义这个状态参数为熵，以符号 S 表示。因此，可逆过程中，类比于可逆过程中功的关系式，系统与外界交换的热量也可用如下数学表达式计算

$$\delta Q = T\,dS \quad 或 \quad Q = \int_1^2 T\,dS \qquad\qquad (4\text{-}1\text{-}10)$$

系统内 1kg 的工质有

$$\delta q = T \mathrm{d}s \quad 或 \quad q = \int_1^2 \mathrm{d}s \qquad (4\text{-}1\text{-}11)$$

式中，$s = S/m$，s 称为比熵。

由上式得可逆过程中状态参数熵的定义式为

$$\mathrm{d}S = \frac{\delta Q}{T} \quad 或 \quad \mathrm{d}s = \frac{\delta q}{T} \qquad (4\text{-}1\text{-}12)$$

熵的单位为 kJ/K，比熵单位的为 kJ/(kg·K)。

与 p-v 图同理，T-s 图过程线与横坐标之间的面积就是可逆过程交换的热，如图 4-1-10 所示。

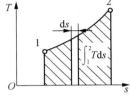

图 4-1-10　T-s 图

式（4-1-12）表明，工质在微元可逆过程中从热源吸收的热量除以工质吸热时热源的绝对温度所得的商，定义为工质在该温度时该微元过程的熵的增量。因此，系统的可逆过程中熵变化表征了可逆过程与外界热交换的方向和大小，即可逆过程工质熵增加（1—2 过程，$\mathrm{d}s > 0$）时，系统吸热（$q > 0$）；工质熵减少（2—1 过程，$\mathrm{d}s < 0$）时，系统放热（$q < 0$）。

为了准确地表达熵与过程进行方向性关系，再引入熵流与熵产的概念。

系统由于与外界交换热量引起熵变化，称为熵流 ΔS_f。

$$\Delta S_\mathrm{f} = \int_1^2 \frac{\delta Q}{T} \qquad (4\text{-}1\text{-}13)$$

熵流即指按可逆过程计算的熵变化量。

系统因不可逆因素的存在而引起熵的增加，称为熵产 ΔS_g。因不可逆过程引起的耗散效应而存在功损失，损失的机械能在工质内部重新转化为热能（耗散热）被工质吸收，这部分由耗散热产生的熵一定增加，即熵产永远是正数（$\Delta S_\mathrm{g} > 0$）。虽然不可逆因素的形式可以不同，但其属性等效，实质相同。不可逆性越大，熵产值越大。熵产等于零（$\Delta S_\mathrm{g} = 0$）指过程为可逆过程。熵产量是产量所有不可逆过程不可逆性大小的量。

对任意过程而言，系统的熵变化为

$$\Delta S = \Delta S_\mathrm{f} + \Delta S_\mathrm{g} = \int_1^2 \frac{\delta Q}{T} + \Delta S_\mathrm{g} \qquad (4\text{-}1\text{-}14)$$

例如绝热过程，无论是否可逆，均有 $Q = 0$，所以 $\Delta S = \Delta S_\mathrm{f} + \Delta S_\mathrm{g} = 0 + \Delta S_\mathrm{g}$。可见，可逆绝热过程中熵不变，即为定熵过程；不可逆绝热过程中，工质的熵必定增大。

熵的希腊原名的意义是转换，指热量可以转换为功的程度。由经验得知，热量转换为功的能力与热源的绝对温度有关，热源温度越高，系统在可逆过程中从热源吸收的热量可转换为功的那一部分所占比例就越大。由式（4-1-13）知，当在可逆过程中系统从热源吸收的热量相同时，热源的绝对温度越高，则系统的熵增量就越小，热量转换为功的能力就越强。也可以说，热力过程的熵变化量越满足于熵的定义式，则其过程越接近于可逆过程，由此过程进行能量转换程度越大。

第二章　热力学基本定律

热力学第一定律是能量守恒和转换定律在热力学中的具体应用，它确定了热能与机械能在转换中的数量关系，奠定了对该转换进行定量分析的基础。本章主要讨论热力学第一定律的内容、实质，开口系统和闭口系统的热力学第一定律及数学表达式，并相应引出状态参数内能和焓。

第一节　热力学第一定律

一、热力学第一定律的实质

人类在长期的实践和精确实验中发现了一个自然界普遍规律——能量守恒与转换定律。它指出：“自然界一切物质都具有能量，能量有各种不同形态。能量不可能被创造也不可能被消灭，而只能在一定条件下从一种形态转变为另一种形态，在转换中能量总量恒定不变。”

热力学第一定律的实质是能量守恒与转换定律在热现象中的应用。

在工程热力学的范围内，主要考虑的是热能和机械能之间的相互转换与守恒，所以热力学第一定律表述为：“热可以转变为功，功也可以转变为热；一定量的热消失时，必然伴随产生相对应量的功；消耗一定量的功时也必然出现与之对应量的热。”

对于违反了能量守恒与转换定律的“第一类永动机”，热力学第一定律表述为：“第一类永动机是不可能制造成的。”

对于任意热力学系统，热力学第一定律表述为

　　　　输入系统的能量 − 系统输出的能量 = 系统中储存能量的变化量

对孤立系统，热力学第一定律表述为：“孤立系统内能量的总量保持不变”。

二、热力系统的能量——储存能

工程热力学中，能量可分为两大类：传递中的交换能量和系统具有的储存能量。传递中的能量即为通过系统边界与外界交换的能量，其有功和热两种形式。系统具有的储存能也分为两类：一类是以系统相对于其外部参照系的参数来描述的宏观能量，如热力系统整体运动所具有的动能 E_k 和重力势能 E_p；另一类是以系统内部工质的状态参数来描述的微观能量，它是系统内工质的分子运动和其他微观运动模式所确定的能量，也就是热力学所定义的内能 U。若系统质量为 m，速度为 c_f，在重力场中的高度为 z，则系统储存能可表示为

$$E = U + E_k + E_p = U + \frac{1}{2}mc_f^2 + mgz \qquad (4\text{-}2\text{-}1a)$$

对系统单位质量的比储存能而言

$$e = u + \frac{1}{2}c_f^2 + gz \qquad (4\text{-}2\text{-}1b)$$

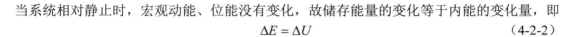

当系统相对静止时，宏观动能、位能没有变化，故储存能量的变化等于内能的变化量，即

$$\Delta E = \Delta U \qquad (4\text{-}2\text{-}2)$$

三、封闭系统的热力学第一定律与内能

1. 内能

热力学内能是指热力系的工质微观粒子本身所具有的能量，用符号 U 表示，单位为 kJ。单位质量工质所具有的热力学能，称为比热力学能，用符号 u 表示，单位为 kJ/kg。

根据热力学内能的含义，热力学内能是下列各能量的总和：

1）分子热运动形成的内动能。它包括分子的移动动能、转动动能和原子振动动能。温度越高，内动能越大，故热力学能是温度的函数。

2）分子间相互作用力形成的内位能。内位能取决于分子间距离，因此热力学能又是比容的函数。

3）构成分子的化学能和构成分子的原子能等。由于工程热力学一般不涉及化学反应和核反应，从而其化学能和原子能不发生变化，因此能量分析中不考虑该部分。

由上述分析可知，实际气体的热力学内能是温度和容积（比容）的函数为

$$u = f(T, v) \quad 或 \quad u = f(T, p) \qquad (4\text{-}2\text{-}3)$$

温度和比容是两个独立的状态参数，由状态公理得，内能也是状态参数。

内能的绝对值无法测定，在工程计算中通常指涉及内能的相对变化量 Δu，因此它们的绝对零值的基准态可以人为地选定。

2. 封闭系统的能量方程

在实际热力过程中，许多系统都是封闭系统。例如，活塞式压缩机的压缩过程，内燃机的压缩和膨胀过程等。

如图 4-2-1 所示，气缸活塞系统是典型的封闭系。通常该封闭系的宏观动能和重力势能均无变化。因此系统的储存能变化只有内能的变化 ΔU。系统与外界交换能仅为热量 Q 和容积功 W 的形式。

根据热力学第一定律，可得

$$Q - W = \Delta U \qquad (4\text{-}2\text{-}4)$$

对 1kg 工质而言，有

$$q = \Delta u + w \quad 或 \quad \delta q = du + \delta w \qquad (4\text{-}2\text{-}5)$$

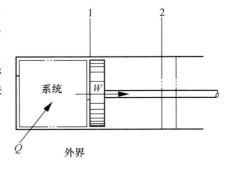

图 4-2-1　封闭系统

式（4-2-4）和式（4-2-5）是直接从能量守恒与转换的普遍原理得出的，没有对系统因此而发生的过程做任何假设，因此它适用于任意过程、任意工质。应用封闭系能量方程时，应注意各个参数的正负号意义与第一章所述规定一致。

前已述及，对可逆过程，有 $w = \int_1^2 p \, dv$，故封闭系可逆过程的能量方程为

$$\delta Q = dU + p \, dV \quad 或 \quad Q = \Delta U + \int_1^2 p \, dV \qquad (4\text{-}2\text{-}6)$$

对 1kg 工质的封闭系可逆过程，有

$$\delta q = \mathrm{d}u + p\mathrm{d}v \quad \text{或} \quad q = \Delta u + \int_1^2 p\mathrm{d}v \tag{4-2-7}$$

由能量方程容易得到：循环的净功等于循环的净热。

四、开口系的热力学第一定律与焓

1. 稳定流动

工程中所用的换热器、冷凝器、压缩机、锅炉、涡轮机等热力设备在运行的时候，工质总是不断地流进和流出，以实现连续的能量转换，此类动力设备就是热力学中的开口系。开口系总是与工质的流动有关，大多数情况下，工程中所用的热力设备都在外界影响不变的条件下稳定运行，这时工质的流动状况不随时间而改变，即流道中任意位置工质的状态参数和流速不随时间而改变，这意味着单位时间内系统与外界传递的热量和功也不随时间而改变，这种流动称为稳定流动。

稳定流动中的一元稳定流动参数变化简单且接近实际大多数开口系，为了简化分析，后续在研究各类开口系能量转换时均视为此类流动。一元稳定流动是假设工质的状态参数和流速只沿流动方向发生变化，与流动方向垂直的横截面上，各点状态参数和流速不变。一元稳定流动中，各流体截面工质的质量流量相等，且不随时间而改变，这是质量守恒定律在流体力学中的应用，即连续性方程的描述。

一元稳定流动满足以下条件：

1）任意一点的状态参数不随时间变化。
2）系统内工质质量无积累，即单位时间进入系统的质量等于离开系统的质量。
3）系统内储存能量保持不变，即单位时间内进入系统的能量等于离开系统的能量。

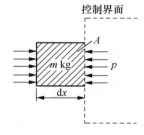

控制界面

图 4-2-2　流动功推导示意图

2. 流动功

如图 4-2-2 所示，以燃气轮机为例，该机作为一开口系，由于系统和外界都具有一定压力，工质要流动就必须克服沿途压力而做功。因此对流入系统的工质而言，外界推动工质做功；工质流出系统时，系统推动工质对外做功。这种推动工质流动所做的功称为流动功，或推进功。换言之，它是流体流进具有一定压力的空间所必须具有的能量。

设在系统边界面的外界气体的状态参数为压力 p_1、比容 v_1、质量 m，进口截面面积为 A，该气体被外界推挤前进 $\mathrm{d}x$ 距离而进入系统，则外界对系统所做的推进功为

$$\delta W_{\mathrm{f1}} = p_1 A \mathrm{d}x = p_1 \mathrm{d}V_1 = m p_1 \mathrm{d}v_1$$

若 1kg 气体，其比推进功为

$$w_{\mathrm{f1}} = p_1 v_1$$

同理，系统推出气体时就要通过边界面对外界做推出功，系统推出 1kg 气体的比推出功为

$$w_{\mathrm{f2}} = p_2 v_2$$

于是，1kg 气体进、出开口系时与外界交换的流动功为

$$w_f = p_2 v_2 - p_1 v_1 = \Delta(pv) \tag{4-2-8}$$

由式（4-2-8）可知，流动功只取决于工质进、出的状态，是热力学状态参数。流动功是气体在系统和外界之间维持流动所需的能量。

3. 开口系稳定流动能量方程

假如工质以一元稳定流动流经开口系，进出口状态参数及速度如图 4-2-3 所示，则 1kg 工质，进入系统带进的能量为

$$e_1 = u_1 + p_1 v_1 + \frac{1}{2} c_{f1}^2 + g z_1$$

流动功为 $p_1 v_1$；工质流出系统带出的能量为

$$e_2 = u_2 + p_2 v_2 + \frac{1}{2} c_{f2}^2 + g z_2$$

流动功为 $p_2 v_2$。

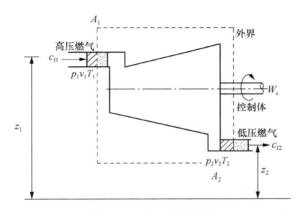

图 4-2-3　开口系示意图

假定 1kg 工质流经开口系时从外界吸入的热量为 q，通过系统对外界输出比轴功 w_s，根据一元稳定流动特性知

$$u_1 + p_1 v_1 + \frac{1}{2} c_{f1}^2 + g z_1 + q = u_2 + p_2 v_2 + \frac{1}{2} c_{f2}^2 + g z_2 + w_s$$

令 $h = u + pv$

$$q = \Delta h + \frac{1}{2} \Delta c_f^2 + g \Delta z_2 + w_s \tag{4-2-9}$$

对于 $m$kg 工质，稳定流动能量方程表示为

$$Q = \Delta H + \frac{1}{2} m \Delta c_f^2 + m g \Delta z_2 + W_s \tag{4-2-10}$$

4. 焓

因为流动工质在流入或流出开口系统的过程中，比内能 u 和比流动功 pv 总是同时出现，且二者都只由系统的内部状态参数唯一确定，所以在热力学中把这两者之和定义为比焓，即

$$h = u + pv$$

由焓的定义可知，焓是由状态参数内能、压力和比容组成的量，故焓也由工质的状态唯一确定，是工质的状态参数。其物理意义为工质流进或流出系统时带入或带出的内能与推动功之和；其实质就是工质在流动中，随工质转移的那一部分能量。

5. 轴功 W_s 与技术功 W_t

工质流经开口系通过传动轴与外界交换的功称为轴功 W_s。系统中单位质量流动工质与外界交换的轴功为 $w_s = W_s/m$，m 为系统工质的质量。

工质流经开口系而引起的进、出口流动宏观动能的变化量与宏观位能的变化量以及通过传动轴与外界交换的轴功之和，称为技术功 W_t，即

$$W_t = \frac{1}{2}m\Delta c_f^2 + mg\Delta z + W_s \qquad (4\text{-}2\text{-}11)$$

单位质量流动工质与外界交换的技术功为

$$w_t = \frac{1}{2}\Delta c_f^2 + g\Delta z + w_s \qquad (4\text{-}2\text{-}12)$$

这三项为不同类型热力系可以利用的机械能。例如，火箭发动机的喷管中，利用动能变化得到高速气流；水泵中利用势能差以提高水流的水位；燃气轮机则利用轴功对外做机械功。

在定义技术功之后，稳定流动能量方程可以表达为更简单的形式。

$$q = \Delta h + w_t \qquad (4\text{-}2\text{-}13)$$
$$\delta q = dh + \delta w_t \qquad (4\text{-}2\text{-}14)$$

6. 可逆过程的技术功与稳定流动方程

根据热力学第一定律 $\delta q = du + \delta w$，且开口系 $\delta q = dh + \delta w_t$，所以 $du + \delta w = dh + \delta w_t$。同时，$dh = d(u+pv) = du + d(pv)$，进而可得

$$\delta w_t = \delta w - d(pv) \qquad (4\text{-}2\text{-}15)$$
$$w_t = w - \Delta(pv) \qquad (4\text{-}2\text{-}16)$$

开口系中工质对外界所做的技术功，等于工质的膨胀功与流动净功的差值。

又可逆过程中 $\delta w = pdv$，代入式（4-2-15）可得

$$\delta w_t = pdv - d(pv) = -vdp$$

$$w_t = -\int_{p_1}^{p_2} vdp \qquad (4\text{-}2\text{-}17)$$

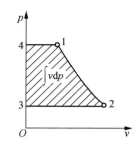

图 4-2-4　可逆过程的技术功

表示在 $p\text{-}v$ 图上，如图 4-2-4 所示，可逆过程的技术功可以用过程线 1—2 左侧的面积来表示。显然，技术功也是与过程路径有关的量。压力降低（$dp<0$），系统对外做功，技术功为正；压力升高（$dp>0$），外界对系统做功，技术功为负；定压流动（$dp=0$）则系统与外界无技术功的交换。

五、稳定流动能量方程的应用

船舶轮机工程中，大部分热力设备都可以按稳定流动的开口系处理，当应用稳定流动能量方程进行计算分析时，必须具体问题具体分析，并结合实际条件，采用一些简化方法，

分析热力设备中所发生的能量传递与转化过程。下面将简要分类分析说明。

1. 动力机

工质流过汽轮机和燃气轮机等时，压力降低，对外做功，故二者都属于动力机。

如图 4-2-5 所示，汽轮机为稳定流动开口系。取 1kg 工质讨论，因为工质在汽轮机内流速很高，与外界换热很小，可认为 $q=0$（绝热）；而且工质进、出速度相差不大，可认为 $\Delta c_f^2/2=0$，进、出工质的重力位能差甚微，即 $g\Delta z=0$。于是在正常稳定工况下，汽轮机的能量方程可简化为

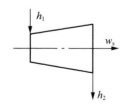

图 4-2-5　汽轮机示意图

$$w_s = h_1 - h_2$$

上式说明，汽轮机对外界做的轴功来源于其进、出口的焓降。由于对汽轮机做了 $\Delta c_f^2/2=0$、$g\Delta z=0$ 的简化，即 $w_s=w_t$，因此汽轮机对外界所做的技术功全部以轴功方式输出。

可逆流动的汽轮机，其能量方程还可以为

$$w_s = w_t = -\int_1^2 v\mathrm{d}p$$

2. 热交换器

热交换器的功能是使其中的流动工质与外界发生热量交换。热力设备中的锅炉、冷凝器、蒸发器、燃烧室等均属热交换器。热交换器与外界没有功量交换，而且忽略进、出工质宏观动能与重力位能差，即视为稳定流动过程。对于稳定流动的工质，根据具体条件和求解目的进行分析，如图 4-2-6（a）所示，以热交换器内其中一股流体的流经空间为热力系（虚线所示），工质在热交换器中由 1—2 过程后被冷却或被加热，其热量交换为

$$Q = \Delta H$$

可见，由稳定流动能量方程可知，工质流经热交换器时所吸收或放出的热量等于工质焓值的变化量。

若计算在热交换器内冷、热流体之间的各自换热量，忽略有冷、热流体的热交换器与外界换热，即如图 4-2-6（b）所示热交换器系统，有

$$\Delta H = 0$$

或

$$m(h_2 - h_1) = m'(h_{2'} - h_{1'})$$

式中下标 1、2 和 1′、2′ 分别对应于图 4-2-6（b）中的冷流体和热流体进出口状态。

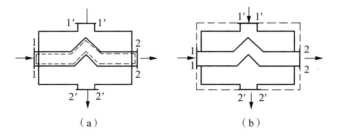

（a）　　　　　　　　　　（b）

图 4-2-6　热交换器

3. 泵和压缩机

工质在泵和压气机中的流动是动力机的逆过程。它们是消耗外界的轴功使工质压力升高的装置，使用液态工质作为介质的为泵，使用气态工质的为压气机。上述关于动力机的讨论全部适用于泵和压气机，只是计算出的轴功为负值。

通过对典型热力设备的分析、计算，在应用能量方程解题时，其步骤可归纳如下：

1）为便于解决问题，确定研究对象，即选好热力系。

2）画出示意图（熟练时可省略）。

3）写出能量方程，并根据具体条件简化方程式。

4）注意各参数单位制，解出未知量。

第二节　热力学第二定律

热力学第一定律是从量的角度阐明能量守恒与转化定律，热力学第二定律是从质的角度揭示能量传递与转换定律，它们都是热力学基本定律。本节主要介绍热力学第二定律的经典表述、卡诺循环、逆卡诺循环和卡诺定理。本节还将从工程应用的角度，阐明提高动力装置的热效率和制冷装置的制冷系数的基本途径。

一、热力循环的经济性指标

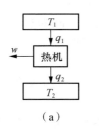

（a）

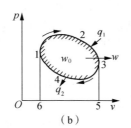

（b）

图 4-2-7　正循环

1. 正循环

为了持续不断地将热转换为功，工程上是通过热机来实现的，工质在热机内的状态变化称为热机循环，即"正循环"。如图 4-2-7（a）所示为热机内工质经历一个正循环后与外界交换的能量；如图 4-2-7（b）所示为工质状态变化的循环情况。

对正循环的热机，由第一章中式（4-1-5）得，正循环的经济性指标即热效率 η_t 为

$$\eta_t = \frac{W}{Q_1} = \frac{Q_1 - Q_2}{Q_1} = 1 - \frac{Q_2}{Q_1} \quad 或 \quad \eta_t = 1 - \frac{q_2}{q_1} \tag{4-2-18}$$

2. 逆循环

如图 4-2-8 所示为逆循环。若逆循环是从低温物体吸收热量以维持低于环境温度的制冷循环，则由式（4-1-6）得，制冷循环的经济性指标，即制冷系数为

$$\varepsilon = \frac{Q_2}{W} = \frac{Q_2}{Q_1 - Q_2} \quad 或 \quad \varepsilon = \frac{q_2}{w} = \frac{q_2}{q_1 - q_2} \tag{4-2-19}$$

若逆循环是向高温物体供热以维持高于环境温度的热泵循环，则由式（4-1-7）得，热泵的供热系数为

$$\varepsilon' = \frac{Q_1}{W} = \frac{Q_1}{Q_1 - Q_2} \quad \text{或} \quad \varepsilon = \frac{q_1}{w} = \frac{q_1}{q_1 - q_2} \tag{4-2-20}$$

可见，对同一个逆循环有：$\varepsilon' = \varepsilon + 1$。

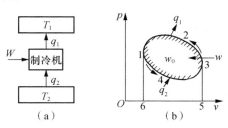

图 4-2-8　逆循环

二、热力学第二定律的内容与实质

1. 热力学第二定律的实质

功变热和热变功，从本质上说它们是两种根本不同的转换。经验表明，通过摩擦功可以自发地全部转换为热，而热却不能通过摩擦自发地全部转换为功。

热力学第一定律是从量的角度，阐明能量相互转换的守恒性，是热工计算的基础。但这并不意味着满足热力学第一定律的过程就都能自发实现，因为不同的能量其质量有差别，能量的传递与转换有一定的方向性。例如，热量总是自发地从高温物体传向低温物体，却不能自发地反向进行。但是，这并不等于说"非自发过程就不能实现"，只要加上一定的条件，热能可以转换为机械能，低温物体也可以向高温物体传递热量。

由此可见，非自发过程同样可以进行，它只是不能自发地进行，而是需要外界条件来补偿。这里的补偿条件就是：热量从低温物体传向高温物体需要有机械能转变成热能的过程来补偿；热能转变成机械能则需要有热量从高温物体传向低温物体的过程作为补偿。这些补偿条件都是自发过程，即一个非自发过程的进行需要一个自发过程来补偿。

在没有补偿条件下，自然界的一切过程的进行只能朝着自发过程的方向进行，这就是过程的方向性，任何过程都具有方向性。

热力学第二定律从质的角度揭示了能量传递和转换的方向、条件及限度。其中，能量转换过程进行的方向是最根本的内容。

2. 热力学第二定律的表述

由于能量相互转换所涉及的现象多种多样，因此热力学第二定律的叙述形式也很多。这里只针对热、功转换和热量传递介绍两种典型的说法。

1）开尔文和普朗克说法从热机的热功转换角度阐述了热力学第二定律。"不可能从单一热源取热，并使之完全变为有用功而不产生任何其他变化。"

这里"引起其他的变化"还是指外界需要付出一定的代价和发生一定的变化，这说明功变热是不可逆自发过程。

能否说"功可以全部变成热，而热不能全部变成功"呢？不能！因为如果允许产生"其他的变化"，热是可以全部变成功的，如气体在定温膨胀过程中的能量转换，但此时气体的状态发生了变化。如果不让气体的状态发生变化，就一定要构成循环。只有（热机）循环才能在气体状态不发生变化的情况下连续不断地将热能转换为机械能，开尔文说法实际上是对热机热效率为100%的机器的否定，说明 $0 < \eta_t < 100\%$。

热效率为100%的单一热源的热机又称为第二类永动机。换言之，开尔文说法还可以表述为："第二类永动机是不可能制造成功的。"

2）克劳修斯说法从热量传递的角度阐述了热力学第二定律。"不可能把热量从低温物体传到高温物体，而不产生其他变化。"注意，不能说"热不能由低温处传向高温处"，因为如果允许外界发生一定的变化或者说提供一定的帮助，热是可以由低温处传向高温的。制冷机和热泵的逆循环就是这样工作的。克劳修斯说法就是对不需做功就能制冷的机器的否定。

可见，热力学第二定律适用于任意工质的、可逆或不可逆的热机循环或制冷循环。

热力学第二定律的以上两种表述，虽然各自从不同角度反映了热过程的方向性，但其实质是统一的、等效的。

三、卡诺循环和卡诺定理

单一热源的热机是造不成的，即热机的热效率总是小于100%。那么在两个热源之间的热机热效率的最高极限是多少呢？1824年，法国工程师卡诺解决了这一问题，并指出了改进循环提高经济性指标的途径和原则。

1. 卡诺循环

如图4-2-9所示为卡诺循环，它是由1—2可逆绝热膨胀过程、2—3可逆定温放热过程、3—4可逆绝热压缩过程、4—1可逆定温吸热过程所组成，即卡诺循环是由两个定温换热过程和两个可逆绝热做功过程组成的可逆正循环。

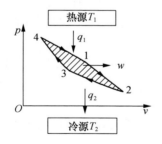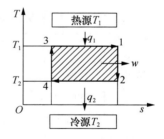

图 4-2-9　卡诺循环

根据热机热效率的定义，可得卡诺循环的热效率

$$\eta_{tc} = 1 - \frac{q_2}{q_1} = 1 - \frac{T_2}{T_1} \tag{4-2-21}$$

由式（4-2-21）知，卡诺循环的热效率仅与高、低温热源的温度有关，而与工质的性质无关。

如果使循环在状态参数坐标图上沿卡诺路径逆时针方向进行，该循环称为逆卡诺循环，如图4-2-10所示。可见，与卡诺循环不同之处在于其相反的状态变化方向，逆卡诺循环运行结果是消耗了外功，从低温热源等温地吸取热量并连同消耗的循环净功一起等温地放给高温热源。

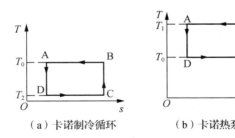

（a）卡诺制冷循环 （b）卡诺热泵循环

图 4-2-10 卡诺制冷循环与卡诺热泵循环的 T-s 图

如图 4-2-10（a）所示，逆卡诺循环制冷系数为

$$\varepsilon_{\mathrm{c}} = \frac{q_{\mathrm{DC}}}{w} = \frac{q_{\mathrm{DC}}}{q_{\mathrm{AB}} - q_{\mathrm{DC}}} = \frac{T_2}{T_0 - T_2} \tag{4-2-22}$$

如图 4-2-10（b）所示，逆卡诺循环供热系数为

$$\varepsilon_{\mathrm{c}}' = \frac{q_{\mathrm{AB}}}{w} = \frac{q_{\mathrm{AB}}}{q_{\mathrm{AB}} - q_{\mathrm{DC}}} = \frac{T_1}{T_1 - T_0} \tag{4-2-23}$$

显而易见，逆卡诺循环的制冷系数或供热系数只与高温热源的温度和低温热源的温度有关，与工质的性质无关。注意，经济性指标负数没有意义，所以计算式中热量均取正值。

2. 卡诺定理

以上讨论的卡诺循环，是以理想气体为工质，由可逆过程组成的可逆循环。以其他工质所进行的循环，或者工作在两个热源之间的其他热机（可逆或者不可逆的），其热效率可从卡诺定理中得到，卡诺定理表述如下：

1）在相同的高温热源和低温热源之间工作的一切可逆热机，其热效率均相等，与工质的性质无关。

2）在相同高温热源和低温热源之间工作的一切热机循环，以卡诺循环热效率最高。

四、提高热效率的途径

卡诺循环中的绝热压缩和绝热膨胀过程已被实际热能动力装置所采用，但定温吸热和定温放热过程由于工质性质和技术等因素无法得到有价值的应用，即能够按照或近似按照卡诺循环工作的实际热机至今还没有造出来。因此，各种实际热能动力装置所遵循的理想（可逆）循环，其高温热源和低温热源一般由温度不同的无穷多个热源所组成。我们可以找出工质从高温热源吸热的平均温度 T_{m1} 和向低温热源放热的平均温度 T_{m2}，将这种理想循环等效成卡诺循环。如图 4-2-11 所示，将一任意理想循环 a—b—c—d—a 等效成卡诺循环 1—2—3—4—1。T_{m1} 为吸热过程 a—b—c 的平均温度，T_{m2} 为放热过程 c—d—a 的平均温度。因此这种理想循环的热效率可表示为

$$\eta_{\mathrm{tc}} = 1 - \frac{T_{\mathrm{m2}}}{T_{\mathrm{m1}}}$$

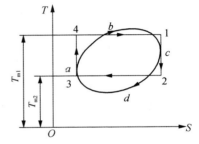

图 4-2-11 等效卡诺循环

从公式知，提高工质的平均吸热温度 T_{m1}，降低工质的

平均放热温度 T_{m2}，可提高循环热效率。

按卡诺定理，在给定高、低温热源的所有热机循环中，以卡诺循环热效率为最高。卡诺循环是两热源间的可逆循环，而实际循环由于摩擦和有限温差的传热，都是不可逆循环，因此，实际循环的热效率必然小于相同热源条件下卡诺循环的热效率。

综上所述，提高实际热能动力装置热效率的基本途径如下：

1）尽量避免或减少实际循环中的不可逆性，使实际循环尽量接近可逆循环。

2）提高工质从高温热源的吸热温度，使其向高温方向发展。

3）降低工质向低温热源的放热温度，尽量使其低至接近环境温度。

因为循环的放热温度受环境限制不可能很低，所以提高热效率的主要途径是提高高温热源的温度。实际使用中，这种热机正是向提高循环最高温度和最高压力的方向发展的。

五、提高制冷系数的途径

逆卡诺循环如图 4-2-12 所示，循环按 1—2—3—4—1 途径进行。

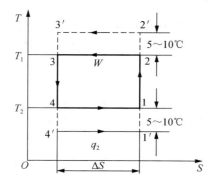

图 4-2-12　逆向卡诺循环

逆向卡诺循环的制冷系数为

$$\varepsilon_c = \frac{q_2}{q_1 - q_2} = \frac{T_2 \Delta s}{T_1 \Delta s - T_2 \Delta s} = \frac{T_2}{T_1 - T_2} \qquad (4\text{-}2\text{-}24)$$

式（4-2-24）表明，逆卡诺循环的制冷系数 ε_c 仅与高温热源的温度和低温热源的温度有关，与工质的性质无关。高温热源的温度 T_1 越低，低温热源的温度 T_2 越高，则逆卡诺循环的制冷系数越高。

可以证明，在给定冷却水（高温热源）温度 T_1 和冷库（低温热源）温度 T_2 的条件下，以逆卡诺循环的制冷系数为最高。因为逆卡诺循环是由可逆过程组成的可逆循环，所以，逆卡诺循环中工质与高、低温热源的传热是无温差的，而实际传热过程是有温差的；工质向冷却水（高温热源）放热，其温度比 T_1 高 5～10℃，如图 4-2-12 所示，工质从冷库（低温热源）吸热，其温度比 T_2 低 5～10℃。因此，暂不考虑摩擦等因素，仅考虑传热温差的影响，实际循环的单位质量制冷量比逆卡诺循环少了面积 $A_{4'1'144'}$，实际循环消耗的单位质量比功比逆卡诺循环多了面积 $A_{2'3'322'}$，这就证明"在给定高温热源温度 T_1 和低温热源温度 T_2 的条件下，以逆卡诺循环的制冷系数为最高"。

综上所述，提高实际制冷装置制冷系数的基本途径如下：

1）在满足冷藏对象温度要求的前提下，应选择较高的冷库（低温热源）温度。

2）在可选择的情况下，选择低温的冷却介质（高温热源）。

3）尽量避免和减少过程的不可逆性，如减小冷凝器、蒸发器的传热温差和各种摩擦损失，使实际循环尽量接近可逆循环。

对热泵循环，逆卡诺循环的供热系数为

$$\varepsilon_c' = \frac{q_1}{q_1 - q_2} = \frac{T_1 \Delta s}{T_1 \Delta s - T_2 \Delta s} = \frac{T_1}{T_1 - T_2} = \varepsilon_c + 1 \qquad (4\text{-}2\text{-}25)$$

因为 $\varepsilon_c' = \varepsilon_c + 1$，所以提高热泵循环供热系数的途径与提高制冷系数的途径相同。

第三章　工质的热力性质

热力设备中，热功转换都是通过工质的一系列状态变化过程实现的，为了对不同的过程和循环进行分析计算，除了掌握热力学基本定律外，还必须了解常用工质的热力性质。

工程上常用的工质有两类：理想气体（气体）和实际气体（蒸汽）。本章分别介绍了理想气体、实际气体、理想气体与实际气体混合物（湿空气）的热力性质及其分析、计算方法。

第一节　理想气体的热力性质

为了方便分析、简化计算，本节先建立理想气体模型，然后讨论理想气体状态方程式及比热、热力学能、焓等热力性质。

一、理想气体的概念

气体分子间的距离较大，分子本身的体积与气体所占的容积相比小到可以忽略不计，分子间的内聚力也小到可以忽略不计。根据这种情况，气体分子运动论对气体的分子模型做了抽象的假设：气体的分子如同弹性小球，分子间的内聚力和分子本身的体积可以忽略不计。这种气体称为理想气体。因此，理想气体忽略了分子的内位能，即理想气体只有内动能，它仅为温度 T 的函数，即 $u=f(T)$。

能否把某一状态的气体看作理想气体，一方面决定于它和理想气体的分子模型接近的程度。一般说来，同一种气体，当它的温度越高、压力越低或比容越大，即处于远离液态的稀薄状态时，越接近理想气体。另一方面决定于计算所要求的准确度。由于理想气体的定律和状态方程非常简单，便于计算，船舶动力装置中所用的空气和燃气，以及空气中所含的水蒸气均可按理想气体进行计算，所以研究理想气体有很大的实用价值。但蒸汽动力装置中的蒸汽以及蒸汽压缩制冷装置中的制冷剂蒸汽，不能视为理想气体。

二、理想气体状态方程

当理想气体状态发生变化时，基本状态参数之间存在着一定的关系。大量实验证明，理想气体的基本状态参数之间遵循下列三个定律。

波义耳—马略特定律：同一种气体在温度不变的条件下，其绝对压力与比容成反比。即当 $T_1=T_2$ 时，$p_1 v_1 = p_2 v_2$。

盖·吕萨克定律：同一种气体在压力不变的条件下，其比容与绝对温度成正比。即当 $p_1=p_2$ 时，$v_2/v_1 = T_2/T_1$。

查理定律：同一种气体在比容不变的条件下，其绝对压力与绝对温度成正比。即当 $v_1=v_2$ 时，$p_2/p_1 = T_2/T_1$。

上述三个实验定律只说明了理想气体特定条件下的规律，综合起来，就可得到平衡态

时，理想气体温度、压力和比体积的一般关系式，即理想气体状态方程，也称为克拉佩克(Clapeyron)方程。方程为

对质量为 m kg 的气体，有

$$pV=mRT \tag{4-3-1a}$$

对 1kg 气体，有

$$pv=RT \tag{4-3-1b}$$

对物质的量为 n kmol 的气体，有

$$pV=nR_\mathrm{m}T \tag{4-3-2a}$$

对 1kmol 气体，有

$$pV_\mathrm{m}=R_\mathrm{m}T \tag{4-3-2b}$$

式中，p 为绝对压力，Pa；v 为比容，$\mathrm{m^3/kg}$；T 为热力学温度，K；V_m 为单位千摩尔容积，$\mathrm{m^3/kmol}$；V 为容积，$\mathrm{m^3}$；R 为气体常数，$\mathrm{J/(kg\cdot K)}$；R_m 为通用气体常数，$\mathrm{J/(kmol\cdot K)}$。

阿伏伽德罗定律指出，在同压、同温下，各种气体的摩尔容积都相同。在物理标准状态（$p_0=1.01325\times10^5\mathrm{Pa}$，$T_0=273.15\mathrm{K}$）下，各种气体的 1 摩尔的容积同为 $0.022414\mathrm{m^3}$，故有

$$R_\mathrm{m}=\frac{p_0V_\mathrm{m0}}{T_0}=\frac{1.01325\times10^5\times0.022414\times10^3}{273.15}\mathrm{J/(kmol\cdot K)}=8314\mathrm{J/(kmol\cdot K)}$$

可见，理想气体的通用气体常数 R_m 是一个既与状态无关，也与理想气体种类无关的普适恒量。

对不同气体，R 有不同的值，仅取决于气体的种类（性质），与气体状态无关。对任意一种气体，已知其千摩尔质量 M，R 可由下式确定。

$$R=\frac{R_\mathrm{m}}{M}=\frac{8314}{M}\mathrm{J/(kg\cdot K)} \tag{4-3-3}$$

空气的气体常数 $R=287\mathrm{J/(kg\cdot K)}$，氧气的气体常数 $R=259.8\mathrm{J/(kg\cdot K)}$，氮气的气体常数 $R=297\mathrm{J/(kg\cdot K)}$。

三、应用理想气体状态方程的注意事项

1）式（4-3-1a）、（4-3-1b）、（4-3-2a）、（4-3-2b）分别列出了四种形式的理想气体状态方程，但它们的适用条件各不相同。

2）各方程中使用的均是绝对压力和绝对温度。工程测量中测得的一般是摄氏温度和相对压力，应注意换算成绝对温度和绝对压力。

3）在计算气体从一个热力状态到另一个热力状态时，应注意气体的质量不能发生变化，否则不能应用上述状态方程进行计算。

例 4-3-1 已知大气压力为 1bar，温度为 20℃，空气的气体常数 $R=287\mathrm{J/(kg\cdot K)}$，求大气的比容。

解： 已知 $T=20\mathrm{K}+273\mathrm{K}=293\mathrm{K}$，$p=1\times10^5\mathrm{Pa}$。

由理想气体状态方程 $pv=RT$，得

$$v=\frac{RT}{p}=\frac{287\times293}{1\times10^5}=0.841(\mathrm{m^3/kg})$$

例 4-3-2 已知氧气瓶的容积 $V=40\mathrm{L}$，温度为 20℃，氧气表读数为 15MPa，氧气的气

体常数 R=259.8 J/(kg·K)，求瓶内氧气的质量。

解：

$$V=40L=40×10^{-3}m^3$$

$$p=p_b+p_g=0.1MPa+15MPa=15.1×10^6Pa$$

$$T=20K+273K=293K$$

由理想气体状态方程 $pV=mRT$，得

$$m = \frac{pV}{RT} = \frac{15.1×10^6 × 40×10^{-3}}{259.8×293} = 7.93(kg)$$

四、理想气体的比热

热力过程中，工质吸热或放热的计算常常要涉及比热容，尤其是理想气体工质热力学能、焓和熵的计算分析与比热有着密切的关系。因此，气体比热是气体的重要热物理性质之一。

1. 比热的概念和影响比热的因素

物体在准静态过程中温度改变 1K 或 1℃所需要的热量，称为该物体的热容量，简称热容，以 c 表示，单位为 kJ/K。单位物量的物质变化 1K（或 1℃）所交换的热量称为比热容，简称比热。

$$c = \delta q / dT \ \text{或} \ c = \delta q / dt$$

由于物量单位有质量、摩尔和容积，故气体比热有三种：质量比热 c，单位为 kJ/（kg·K）；摩尔比热 c_m，单位为 kJ/（kmol·K）；容积比热 c'，单位为 kJ/（m³·K）。值得注意的是，容积比热中物量单位是取标准状况下 1 m³ 的物质量。工程实践中，应用质量比热较为普遍。

三种比热之间的关系为

$$c_m = M \cdot c = 22.4c' \tag{4-3-4}$$

理想气体比热的值除因物量单位而不同外，还与下列因素有关：

（1）与气体种类有关

不同种类的气体，由于其相对分子质量、分子结构等特性不同，比热特性也不同。

（2）与过程性质有关

气体变化 1K 经历的热力过程不同，所交换的热量就不同，其比热也不同。所以，比热是与过程有关的物性参数。工程上最常见的换热过程是保持压力不变或容积不变，相应地有定压比热 c_p 和定容比热 c_v。在气体的内能、焓及熵的变化量计算中，用到的也是这两种比热。

迈耶方程表达了 c_p 和 c_v 二者之间的关系：

$$c_p - c_v = R, \ c_p/c_v = k \tag{4-3-5}$$

式中，k 称为绝热指数，$1< k <2$（表 4-3-1）。因此同温度下气体的 c_p 总比其 c_v 大一些。从能量守恒观点分析，气体定容加热时，吸热量全部转变为分子的动能使温度升高；而定压加热时吸热量中不仅一部分转变为分子内能，吸热量中另一部分使容积增大，即转变为外界所做的膨胀功，所以同样温度升高 1K 所需热量大一些。

表 4-3-1　理想气体的定值比热 $[R_m = 8.314\text{kJ/}(\text{kg·K})]$

物理量	单原子气体	双原子气体	多原子气体
Mc_v（c_v）	$3×R_m/2$（$3×R/2$）	$5×R_m/2$（$5×R/2$）	$7×R_m/2$（$7×R/2$）
Mc_p（c_p）	$5×R_m/2$（$5×R/2$）	$7×R_m/2$（$7×R/2$）	$9×R_m/2$（$9×R/2$）
$k = c_p / c_v$	1.67	1.40	1.29

（3）与温度有关

实验和理论表明，理想气体比热与温度有关，而与压力无关。

2．理想气体比热的计算

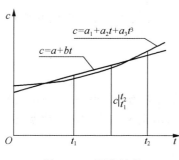

图 4-3-1　平均比热

理想气体比热与温度成单值函数关系。由实验得知，气体比热随温度升高而变大，其与温度的关系用 c-t 曲线表示，如图 4-3-1 中曲线 $c = c(t)$ 所示。拟合该曲线的数学表达式为

$$c = a_1 + a_2 t + a_3 t^2 + \cdots$$

比热以 $c = c(t)$ 形式表达，较真实地反映了理想气体比热与温度的关系，故称为真实比热。即把气体温度由 t 升高到 $t+\mathrm{d}t$ 所需的单位质量热量 δq 与 $\mathrm{d}t$ 的比值称为气体在温度 t 时的真实质量比热。

工程上为了简化涉及的比热计算，且又满足一定的计算精度，常利用平均比热进行计算。平均比热是指在一定温度范围 $t_1 \sim t_2$ 真实比热的平均值，即

$$c\Big|_1^2 = \frac{\int_1^2 c \mathrm{d}t}{t_2 - t_1} \tag{4-3-6}$$

（1）平均比热的曲线关系求解法

即按 $c = a_1 + a_2 t + a_3 t^2 + \cdots$ 代入式（4-3-6），则

$$c\Big|_1^2 = \frac{c\Big|_0^2 \cdot t_2 - c\Big|_0^1 \cdot t_1}{t_2 - t_1} \tag{4-3-7}$$

式（4-3-7）中 $c\Big|_0^1$、$c\Big|_0^2$ 分别表示温度自 0℃到 t_1 和 0℃到 t_2 的平均比热，其值由热工手册查得。按比热随温度变化的曲线关系计算的平均比热最为准确，也最烦琐。

（2）直线关系法

在工程计算中，在温度变化范围不大而真实比热变化很小时，或比热的计算精度满足一般要求时，按比热随温度变化的直线关系计算平均比热。即按比热与温度的近似直线 $c = a + bt$ 代入式（4-3-6），得

$$c\Big|_1^2 = a + b(t_2 + t_1) \tag{4-3-8}$$

式中系数 a、b 的值由相关热工手册查取。此法较准、较简便。

（3）定值法

当温度变化范围很窄或粗略计算时，为计算简便，将比热近似看作不随温度而变化，此求解比热的方法称为定值法。此法最为简便，在对计算精度要求低时，以及在热工相关理论定性分析中常使用。

空气在定值比热计算中按双原子气体计。

也可由迈耶方程［式（4-3-5）］得

$$c_v = \frac{1}{k-1} \cdot R, \quad c_p = k \cdot c_v = \frac{k}{k-1} \cdot R$$

因为定压加热过程中，工作容积膨胀对外做功，所以使相同物量的工质升高相同的温度定压过程中所需的热量比定容过程多，故定压比热一般大于定容比热。

五、理想气体的内能、焓和熵

由比热定义得，系统内理想气体与外界交换热量也可以由比热计算，即

$$q = c\big|_1^2 \, \Delta T \quad \text{或} \quad q = \int_2^1 c \mathrm{d}t$$

比热还可以应用于理想气体的内能变化量、焓变化量和熵变化量。

根据理想气体物理模型，由理想气体的 $u = f(T)$ 和 $pv = RT$，推导出 $h = u + pv = u + RT = \psi(T)$，即理想气体的内能和焓均为温度的单值函数。结合能量方程，采用定值比热时，内能和焓的变化量可按下式计算

$$\Delta u = c_v (T_2 - T_1) = c_v \cdot \Delta T \quad\quad\quad (4\text{-}3\text{-}9)$$

$$\Delta h = c_p (T_2 - T_1) = c_p \cdot \Delta T \quad\quad\quad (4\text{-}3\text{-}10)$$

虽然此结论是从定压或定容过程中得到的，但由于气体状态参数中内能和焓的变化取决于初、终状态的温度，它适用于理想气体的任何过程。值得指出的是，对于非理想气体（实际气体），式（4-3-9）只能用来计算实际气体的定容过程内能的变化；式（4-3-10）只能用来计算实际气体的定压过程焓的变化。

按定值比热近似计算理想气体的比熵变为

$$\Delta s = c_v \ln \frac{T_2}{T_1} + R \ln \frac{v_2}{v_1} = c_p \ln \frac{T_2}{T_1} - R \ln \frac{p_2}{p_1} = c_v \ln \frac{p_2}{p_1} + c_p \ln \frac{v_2}{v_1} \quad (4\text{-}3\text{-}11)$$

熵是状态参数，同内能和焓一样，在任意过程中的熵变化量只与初终状态有关，与过程无关，所以上述熵变量的计算式适用于理想气体的任意过程。

第二节 蒸汽的热力性质

蒸汽是指较接近于液态的实际气体，常用的如水蒸气、氨蒸汽、氟里昂蒸汽等。显然，蒸汽不能像理想气体那样用简单公式计算、分析。由于蒸汽性质较为复杂，物性方程十分复杂。为便于一般工程计算，已在实验基础上由实际气体状态方程，编制成蒸汽热力性质图表，供工程计算时查出其各状态下状态参数和相关性质参数。

本节主要介绍水蒸气的状态、性质，水蒸气发生过程，水蒸气热力性质图表的结构和使用方法，以及水蒸气热力过程的分析与计算方法。所得结论有普遍的指导意义，也适用于其他实际气体。

一、定压下水蒸气的发生过程及其状态

物质由液态转变为气态的过程称为汽化，汽化一般有蒸发和沸腾两种方式。蒸发只发

生在液体表面，在任何温度下都能进行；沸腾是指汽化同时发生在液体的表面和内部，只有在液体温度达到其压力下对应的沸点才能出现沸腾。物体由气态转变为液态的过程称为液化或凝结。

1. 饱和温度与饱和压力

汽化时，由于分子不停地无规则热运动，液体表面某些动能较大的分子会克服邻近分子的引力，脱离液面逸入上部空间，形成蒸汽，温度越高，汽化越快，故汽化速度决定于液体的温度；在汽化过程的同时，蒸汽分子在杂乱运动中也会相互碰撞回到液面，液面上

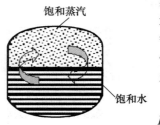

蒸汽分子越多，压力越高，返回液面的蒸汽分子越多，这样液化速度就越快，所以液化速度决定于空间蒸汽的压力。当汽化速度等于液化速度，气液两相处于动平衡时，这种动态平衡状态称为饱和状态，如图 4-3-2 所示。饱和状态的压力称为饱和压力 p_s，饱和状态下气、液的温度相同，称为饱和温度 t_s（沸点）。

图 4-3-2 饱和状态

饱和压力与饱和温度是一一对应的，两者互为函数关系，即 $p_s=f(t_s)$。当饱和温度一定时，饱和压力也一定；反之，当饱和压力一定时，饱和温度也一定。饱和温度越高，饱和压力也越高；反之，饱和压力越高，饱和温度也越高。

2. 水的定压汽化过程及其特点

工程上所用的水蒸气是在锅炉中定压加热汽化产生的。

如图 4-3-3 所示，水在汽缸内进行定压加热。假定水开始处于压力为 0.1MPa、温度为 0℃状态，如图 4-3-3（a）所示，此刻水温低于 0.1MPa 压力下对应的饱和温度 99.634℃。液体的温度低于其压力下所对应的饱和温度时，该液体称为未饱和液体（或过冷液）。因为饱和温度与饱和压力为一一对应关系，故就一定温度而言，未饱和水是其压力高于其温度所对应的饱和压力的水。未饱和液体压力下所对应的饱和温度与未饱和液的温度之差称为过冷度。未饱和水的压力 p 和温度 T 是两个相互独立的状态参数，因此，由压力和温度便可确定其状态。因为水的压缩性很小，所以压力 p 对 v、u、h、和 s 影响不大。水的热膨胀性也较小（水在 0~4℃时，会出现"冷胀热缩"），因而温度对水的比容影响也不大。

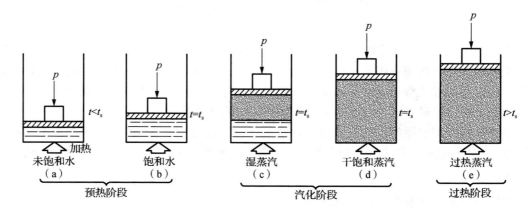

图 4-3-3 水在容器中的定压汽化过程

当加热使水温达到其压力下的饱和温度 t_s 时，水成为饱和水，如图 4-3-3（b）所示。水在定压下从未饱和状态加热到饱和状态称为预热阶段，所加热量称为液体热，用 q_1 表示。

对饱和水继续加热，水开始沸腾并逐渐转变为蒸汽。这时，压力为饱和压力 p_s，温度为对应的饱和温度 t_s，转变过程中工质为饱和蒸汽与饱和水的混合物，即湿蒸汽，如图 4-3-3（c）所示。其比容随着定压加热显著增大，最后一滴水汽化时全部变为饱和蒸汽（也称干饱和蒸汽）。

饱和液吸热转变成同温、同压力下的饱和蒸汽的过程称为汽化阶段，如图 4-3-3（b）～（d）所示，这一阶段定压下的吸热量即为汽化潜热，单位质量工质的比汽化潜热，用 r 表示。

可见，饱和压力和饱和温度下工质可能是饱和水、湿蒸汽和饱和蒸汽，因此饱和压力和饱和温度下，饱和水的状态参数均加上标"′"，饱和蒸汽的状态参数均加上标"″"表示。

饱和压力或饱和温度一定，则饱和水与饱和蒸汽的状态就可以确定。但由于湿蒸汽处于平衡态，为液相饱和水与气相饱和蒸汽混合非均匀系统，仅知道饱和压力或饱和温度不能确定其状态，还必须给定湿蒸汽中饱和蒸汽所占比例。工程上通常给出湿蒸汽的干度 x，即

$$x = \frac{m''}{m' + m''} = \frac{m''}{m}$$

式中，m' 和 m'' 分别表示湿蒸汽中所含饱和水与饱和蒸汽的质量。即干度 x 表示 1kg 湿蒸汽中含 x kg 的饱和蒸汽、（$1-x$）kg 的饱和水。显然，$x=0$ 指饱和水，$x=1$ 指干饱和蒸汽，湿蒸汽为 $0<x<1$。x 越大，饱和蒸汽越多，越接近于干饱和蒸汽状态；反之，越接近于饱和水。

对于干度是 x 的湿蒸汽状态参数，可由同样饱和温度 t_s（或饱和压力 p_s）下的饱和水和饱和蒸汽的状态参数利用下式求得：

$$h = xh'' + (1-x)h' \tag{4-3-12}$$
$$s = xs'' + (1-x)s' \tag{4-3-13}$$

湿蒸汽的其他状态参数按上式类似求解。

对干饱和蒸汽再继续加热，蒸汽温度将升高，比容增加，蒸汽的温度高于其压力下所对应的饱和温度时，这种蒸汽称为过热蒸汽，如图 4-3-3（e）所示。就一定温度而言，过热蒸汽是其压力低于其温度所对应的饱和压力的蒸汽。该加热阶段称为过热阶段，过热阶段中蒸汽吸收的热量称为过热量，用 q_{sup} 表示。

过热蒸汽的温度与其压力下所对应的饱和温度之差称为过热度。

二、水蒸气的 p-v 和 T-s 图

为了进一步阐明水的定压汽化过程和蒸汽的热力性质，在 0.006112MPa$<p<$22.115MPa 范围内，分别用不同的压力对水进行定压加热汽化过程，并绘制在 p-v 图和 T-s 图上，从而得水蒸气的 p-v 图和 T-s 图，如图 4-3-4 所示。

水几乎是不可压缩的，所以对水绝热压缩所消耗的功很少，根据热力学第一定律，内能的增加也很少，温度几乎没有提高。因此，在 T-s 图上，不同压力下的未饱和水的定压线重合，都重合于 1°、2°、3°点。

在定压 p_1 下预热阶段为图 4-3-4 中的 1°—1′ 线段。在这一阶段中工质始终呈单一液相，定压预热时温度上升，根据热力学第一定律得其液体热为

$$q_l = h_1' - h_1^\circ$$

图 4-3-4（b）中 T-s 图上液体热为 1°—1′线下阴影面积。

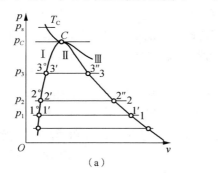 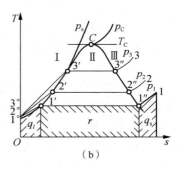

（a）   （b）

图 4-3-4 水定压汽化过程 p-v 和 T-s 图

1′—1″线为定压（定温）下汽化阶段，其汽化过程的比汽化潜热为

$$r = h_1'' - h_1' \qquad 或 \qquad r = T \cdot (s_1'' - s_1')$$

比汽化潜热在 T-s 图上为横线 1′—1″线下矩形阴影面积。汽化阶段中工质为湿蒸汽。

对干饱和蒸汽继续加热，处于汽相区的过热蒸汽，在图 4-3-4 中 1″—1 过热阶段所吸收的过热热量为

$$q_{sup} = h_1 - h_1''$$

在 T-s 图上 q_{sup} 为 1″—1 线下阴影面积。

改变压力 p 对水进行定压加热实验，可得上述类似过程，并在图 4-3-4 中的 p-v 图和 T-s 图上得类似状态点，2°—2′—2″—2 与 3°—3′—3″—3 等。1′、2′、3′为不同压力下饱和水点，1″、2″、3″为不同压力下饱和蒸汽点，连接各压力的饱和水点，形成饱和水线（或称下界线）；同样，连接各压力的饱和蒸汽点，形成饱和蒸汽线（或称上界线），两线交于 C 点，称为临界点。水的临界点参数 p_c=22.115MPa、t_c=373.99℃、v_c=0.003106m³/kg。当 $t > t_c$ 时，物质仅以气态存在，不论压力 p 多大，也不能使蒸汽液化。在临界点上饱和水和饱和蒸汽已不再有区别。

饱和水线和饱和蒸汽线将 p-v 和 T-s 图分成三个区域：饱和水线左侧为过冷水（未饱和水）状态区，饱和蒸汽线右侧为过热蒸汽状态区，饱和水线和饱和蒸汽线之间为湿蒸汽状态区。

综上所述，水在定压下蒸汽发生的过程在 p-v 和 T-s 图上可归纳为：一点（临界点）、两线（上、下界线）、三区（液相区，汽、液两相共存区，汽相区）、五态（未饱和水、饱和水、湿蒸汽、干饱和蒸汽、过热蒸汽）。

以类似方法可观察其他实际气体工质如制冷剂等的相变过程，可得出与水蒸气基本构成相似的状态参数坐标图，但其临界参数值、饱和压力与饱和温度的关系、图上各曲线斜率等都各自不同。

三、水蒸气的热力性质图表

为了一般工程上计算简便，蒸汽状态参数或性质参数可由水蒸气性质图、表查取。本

书中水蒸气性质图、表是以水的三相点的液相水为基准点的。水的基准态参数：$p_0=0.0006112MPa$、$v_0=0.0011m^3/kg$、$T_0=273.16K$、$u_0=0$、$s_0=0$、$h_0=u_0+p_0v_0=0.0006118kJ/kg$。对水和水蒸气的图、表的讨论方法和原则对于其他蒸汽同样是适用的。

1. 水和水蒸气的热力性质表

水蒸气不同于理想气体，它不满足状态方程 $pv=RT$。按实验研究所得到的水蒸气状态方程比较复杂，不适于工程实际计算。于是根据大量实验数据和计算分析，将不同温度和压力下的未饱和水、饱和水、饱和蒸汽和过热蒸汽的比容、焓、熵等各种状态参数列成水蒸气表，以便计算。

水蒸气表分为两类，一是饱和水和饱和蒸汽表；二是未饱和水和过热蒸汽表（附表 3）。

（1）饱和水与干饱和蒸汽表

饱和水和干饱和蒸汽表，分为按温度排列（附表 2）和按压力排列（附表 1）两种，表中饱和水、饱和蒸汽的参数分别用上标"′"和"″"表示。表 4-3-2（节录）记录了饱和水与干饱和蒸汽的参数：v'、h'、s'、v''、h''、s'' 和比汽化潜热 r 值。若以温度为序，则列有对应饱和压力 p_s；若以压力为序，则列有对应饱和温度 t_s，同时可查得相应的饱和水和饱和蒸汽的比容、比焓、比熵以及比汽化潜热。

对于湿蒸汽，根据已知温度（或压力），从附表中查出饱和水和干饱和蒸汽的各个参数，再由给定的湿空气的干度 x，按式（4-3-12）、式（4-3-13）计算出湿蒸汽的比容、比焓和比熵。

表 4-3-2　饱和水与干饱和蒸汽表

（一）按温度排列（附表 2 节录）

温度	压力	比容		焓		比汽化潜热	熵	
		液体	蒸汽	液体	蒸汽		液体	蒸汽
t	p_s	v'	v''	h'	h''	r	s'	s''
℃	MPa	m³/kg		kJ/kg		kJ/kg	kJ/(kg·K)	
0	0.0006112	0.00100022	206.154	−0.05	2500.51	2500.6	−0.0002	9.1544
110	0.143243	0.00105156	1.2106	461.33	2691.26	2229.9	1.4186	7.2386

（二）按压力排列（附表 1 节录）

压力	温度	比容		焓		比汽化潜热	熵	
		液体	蒸汽	液体	蒸汽		液体	蒸汽
p	t_s	v'	v''	h'	h''	r	s'	s''
MPa	℃	m³/kg		kJ/kg		kJ/kg	kJ/(kg·K)	
0.01	45.7988	0.0010103	14.673	191.76	2583.72	2392.0	0.6490	8.1481
0.1	99.634	0.0010432	1.6943	417.52	2675.14	2257.6	1.3028	7.3589
1.0	179.916	0.0011272	0.19438	762.84	2777.67	2014.8	2.1388	6.5859

（2）未饱和水及过热蒸汽性质表

未饱和水及过热蒸汽性质表见表 4-3-3。在未饱和水和过热蒸汽参数值之间，用一粗水平线分隔开，上方为未饱和水的参数，下方为过热蒸汽的参数。

表 4-3-3 为附表节录，表中列出了各种压力及温度下的未饱和水及过热蒸汽的 v、h、s 值。

表 4-3-3   未饱和水及过热蒸汽性质表（节录）

p	0.1MPa			1.0MPa			10MPa		
饱和参数	t_s=99.63			t_s=179.88			t_s=310.96		
	v'=0.001043、v''=1.6943			v'=0.00111274、v''=0.19430			v'=0.0014526、v''=0.01800		
	h'=417.52、h''=2675.1			h'=762.6、h''=2777.0			h'=1408.6、h''=2724.4		
	s'=1.3028、s''=7.3598			s'=2.1382、s''=6.5874			s'=3.3616、s''=5.6143		
t	v	h	s	v	h	s	v	h	s
0	0.0010002	0.1	−0.0002	0.0009997	1.0	−0.0001	0.0009953	10.1	0.0005
50	0.0010121	209.40	0.7035	0.0010117	210.1	0.7030	0.0010077	217.8	0.6989
100	1.969	2676.5	7.3628	0.0010432	419.7	1.3062	0.0010386	426.8	1.2992
200	2.172	2875.2	7.8348	0.2059	2827.5	6.6940	0.0011480	855.9	2.3176
300	2.639	3074.1	8.2162	0.2580	3051.3	7.1239	0.0013978	1234.7	3.2494
400	3.103	3278.0	8.5439	0.3066	3264.0	7.4605	0.02641	3098.5	6.2158

注：t_s 的单位为℃；v 的单位为 m³/kg；h 的单位为 kJ/kg；s 的单位为 kJ/(kg·K)。

2. 水蒸气的热力性质 h-s 图

p-v、T-s 图在分析过程和循环时虽有特殊优点，但由于热量和功在 T-s、p-v 图上均以面积表示，故而做数值计算时有其不便之处。而 h-s 图因可以用线段长度表示热量和功而得到广泛应用。根据热力学第一定律，定压过程的热量等于焓差；绝热过程的技术功也等于焓差。由于水蒸气的产生过程可看作定压过程，而水蒸气在汽轮机内膨胀及水在水泵内加压均可看作绝热过程，所以计算水蒸气循环中的功、热量及热效率等利用 h-s 图将更加方便。h-s 图也称莫里尔图，是德国人莫里尔在 1904 年首先绘制的。

h-s 图是利用水蒸气表中的数值绘制的图，使分析热力过程更方便，描述更清晰、直观。再有，工程上使用水蒸气的热力设备的过程有关功和热通常用焓差计算，因而由水蒸气的 h-s 图可以同时分析热力过程、判断功的大小、判断热的大小。

如果利用水蒸气的各种热力性质表，可以确定水蒸气不同状态下各个状态参数的数值，所得结果比较精确。但是，水蒸气表在使用上有一定的不便之处。例如，不同的区域要查不同的表；两相区的状态必须通过干度才能确定状态参数；表中数据不连续，中间状态参数值必须采用插入法来计算等。另外，虽然用水蒸气热力性质表能确定状态，为水蒸气热力过程的工程计算提供参数值，但不能用蒸汽表来具体描述和分析过程。

h-s 图的示意图如图 4-3-5 所示，图中绘有饱和水线（x=0）、干饱和蒸汽线（x_1=1）、临界点，以及定熵线、定焓线、定压线、定温线、定容线，在湿蒸汽区还有定干度线。定压线在湿区为倾斜直线，因斜率 $\partial h / \partial s = T$。湿区定压即定温，T 不变，故斜率不变而为直线。进入过热区后，定压加热时温度将要升高，故其斜率也逐渐增加。曲线在交界处平滑过渡，此处与直线的斜率相等，直线恰为曲线的切线。

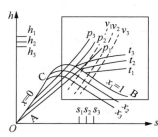

图 4-3-5   水蒸气的 h-s 图

定温线在接近饱和区处向右上倾斜，表明在定温下压力降低时 h 将增加，这说明蒸汽的 h 不仅是 T 的函数，而且与 p 或 v 有关；当向右远离饱和区后，即过热度增加时逐渐平坦（上斜减少），最后接近水平线。这说明过热度高时，水蒸气的性质趋近于理想气体，它的焓值决定于 T，而与 p 的关系不大。

由于工程上所用蒸汽多为干度较大的湿蒸汽（其干度 x 很少小于 0.5）、饱和蒸汽或过热蒸汽，因此实用的 h-s 图只保留了右上部分，如图 4-3-5 中粗黑线框出的部分。对于干度较低的湿蒸汽和水的参数，仍然可由水和水蒸气表来查得。

h-s 图是根据水蒸气表中的数据绘制的。它和其他状态参数坐标图一样，图上的一点表示一个确定的平衡状态，从通过该点的各定值线可查得相应的各状态参数值。图上的一条线表示一个确定的热力过程，查取初、终态的参数值，就可对该过程进行热工计算。

四、水蒸气的基本热力过程

分析工质热力过程的目的和任务就是通过研究工质的热力性质及状态和状态变化过程来揭示状态参数的变化和能量转换规律。具体而言，就是求过程的始末状态参数，过程中功量和热量的交换以及热力学能、焓、熵等参数的变化。理想气体采用数学分析计算，但水蒸气为实际气体，不存在简单的状态方程，因此不便用分析方法求得初、终状态参数的数值。此外，水蒸气的比热、焓不是温度的单值函数，热量不能用比热和温差求得，因此一般利用水蒸气表和 h-s 图进行水蒸气热力过程的计算。

水蒸气热力过程的分析计算一般按下列步骤进行：

1）根据初态的两个已知独立参数，在图表上查取初态的其他参数值。

2）根据过程特征（沿定压线、定熵线、定温线、定容线）和一个终态参数，在图上确定终态的点，并查取终态的其余参数值。

3）根据过程特点和初、终态参数值，结合热力学定律，计算过程中工质与外界交换的功量和热量。

建议读者在 h-s 图或 T-s 图、p-v 图等图上将过程表示出来，这样可使分析、计算更直观明了。至于过程分析和计算画哪种图合适，应视具体问题的要求和已知条件而定。

蒸汽典型的热力过程参数计算，举例如下。

1. 定压过程

在忽略蒸汽流动压力损失时，如蒸汽动力装置中水在锅炉中的加热、汽化和过热过程，蒸汽在冷凝器中的凝结过程，均为定压过程。图 4-3-6 所示为水蒸气在定压 p_1 下由过热状态 1 冷却至湿蒸汽状态 2 的过程，有：

$$w = \int_1^2 p\mathrm{d}v = p(v_2 - v_1) \quad w_t = -\int_1^2 v\mathrm{d}p = 0 \quad q = \Delta h = h_2 - h_1$$

2. 绝热等熵过程

蒸汽的膨胀做功（如在汽轮机中膨胀对外做功，由状态 1 点到状态 2 点）过程在忽略热交换条件时视为绝热过程，如图 4-3-7 所示。对任意绝热过程，有

$$w = -\Delta u = u_1 - u_2 = (h_1 - h_2) - (p_1 v_1 - p_2 v_2) \quad w_t = -\Delta h = h_1 - h_2$$

可逆绝热即为定熵过程，当过程可逆时，也可利用 $w = \int_1^2 p\mathrm{d}v$、$w_t = -\int_1^2 v\mathrm{d}p$ 和 $q = \int_1^2 T\mathrm{d}s$。

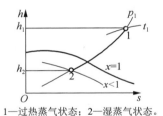

1—过热蒸气状态；2—湿蒸气状态。

图 4-3-6　水蒸气定压冷却过程

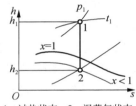

1—过热状态；2—湿蒸气状态。

图 4-3-7　水蒸气定熵膨胀过程

3. 定容过程

定容过程比体积不变，膨胀功为零，根据热力学第一定律，该过程热量变化为

$$w = \int_1^2 p\,\mathrm{d}v = 0 \qquad w_\mathrm{t} = -\int_1^2 v\,\mathrm{d}p = v(p_1 - p_2)$$

$$q = \Delta u = u_2 - u_1 = h_2 - h_1 - v(p_2 - p_1)$$

可见，由能量方程分析、计算过程量时，涉及状态参数变化量时，理想气体用简单的公式计算，而蒸汽（实际气体）则用查出的状态参数绝对值差。

4. 定温过程

定温过程如空气调节中喷蒸汽加湿过程，如图 4-3-14 中的 1—3 过程。

第三节　湿　空　气

湿空气可以看成干空气和水蒸气组成的混合空气。干空气可视为理想气体。由于湿空气中水蒸气的含量很少，即水蒸气的分压力很低（0.003～0.004MPa），水蒸气多处于过热状态，其比体积很大，分子之间距离较远，故空气中水蒸气可看作理想气体。所以，湿空气这种干空气和水蒸气的混合物是一种特殊的理想气体混合物。因此，有关理想气体的状态方程和一些定律及其计算公式都适用于湿空气。

在一般工程中往往忽略水蒸气影响。例如，以空气作为柴油机或燃气轮机动力装置的工质时，通常就不考虑其中含有的少量水蒸气的影响。但是在某些情况下，空气中的水蒸气对人们的生活和生产有很大的影响，如潮湿的空气会使人感觉不舒服，使食品容易腐烂；而干燥的空气也会使人感到不适，食品会因失去必要的水分而干缩，等等。利用空气调节装置可以把对人不适宜的空气状态，加工为适宜的状态。

湿空气按其中水蒸气的状态类型可分为饱和湿空气和未饱和湿空气。饱和湿空气是指干空气与饱和水蒸气的混合气体；未饱和湿空气是指干空气与过热水蒸气的混合气体。

一、湿空气的状态参数

1. 湿空气的温度与压力

湿空气中的干空气与水蒸气总是均匀混合的，故湿空气的温度 t 与干空气的温度 t_a、水蒸气的温度 t_v 均相等，即

$$t = t_\mathrm{a} = t_\mathrm{v}$$

混合气体中，当某个组成气体单独占有与混合气体相同的容积（$v_\mathrm{a} = v_\mathrm{v}$），并处于与混合

气体相同温度时，所呈现的压力称为该组成气体的分压力。按道尔顿定律，湿空气的压力 p 等于干空气的分压力 p_a 与水蒸气的分压力 p_v 之和，即

$$p = p_a + p_v$$

若湿空气是大气，则其压力为大气压力 p_b。

$$p_b = p_a + p_v$$

湿空气中分压力表征其组成气体的含量，湿空气中水蒸气量 m_v 变多，则水蒸气分压力 p_v 增大。

湿空气中水蒸气状态，如图 4-3-8 所示。可见，未饱和空气中的过热水蒸气（A 点），其蒸气分压力 p_v 低于其温度的对应水蒸气饱和压力 p_s；其水蒸气的温度高于水蒸气分压力对应的饱和温度（E 点温度）。

湿空气是一种特殊的理想混合气体，其中水蒸气的含量可因凝结析出而减少，也可能因为水分的蒸发而增加，所以研究湿空气实际上是研究水蒸气对湿空气性质的影响。

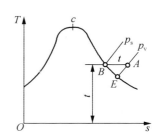

图 4-3-8　湿空气中水蒸气状态

2. 湿空气的湿度

我们可以从不同的角度来表示湿空气中水蒸气的状态和含量，为此引入湿度概念。

（1）绝对湿度

绝对湿度是指单位容积的湿空气中所含水蒸气的质量，其数值即等于湿空气温度 t 和其水蒸气分压力 p_v 下的水蒸气的密度（ρ_v），单位为 kg/m^3。

$$\rho_v = \frac{m_v}{V} = \frac{p_v}{R_v T} \tag{4-3-14}$$

式中，R_v 是水蒸气的气体常数。绝对湿度和水蒸气分压力一样，都说明湿空气中实际所含水蒸气的多少，湿空气的水蒸气分压力最大时，湿空气具有该温度下最大绝对湿度。

（2）相对湿度

绝对湿度的定义是指湿空气中所含水蒸气的绝对含量，并不能说明湿空气所具有吸收水蒸气能力的大小，因此，必须引入相对湿度的概念。相对湿度就是湿空气的绝对湿度 ρ_v 与同温度下饱和空气的绝对湿度 ρ_s 的比值，以符号 φ 表示，即

$$\varphi = \frac{\rho_v}{\rho_s} \tag{4-3-15}$$

据式（4-3-14）与式（4-3-15），可得

$$\varphi = \frac{p_v}{p_s} \tag{4-3-16}$$

即相对湿度等于湿空气水蒸气分压力 p_v 与同温度下水蒸气饱和压力 p_s 之比，它反映了湿空气容纳水蒸气的能力。

由式（4-3-16）可知，当 $\varphi = 0$ 时为不含水蒸气的干空气，当 $\varphi = 1$ 时为饱和空气当 $0 < \varphi < 1$ 时为未饱和空气。φ 越小，表示湿空气越远离饱和态，空气越干燥，吸收水蒸气的能力越强；反之，φ 越大，空气越潮湿，吸收水蒸气能力越弱。可见，饱和空气中的"饱和"可理解为湿空气中水蒸气的含量已达到最大限度，就其吸收水蒸气能力而言"饱和"了。

空气的干湿程度是对水在其中的蒸发速率而言的，相对湿度 φ 越大，蒸发速率越小；φ 越小，蒸发速率越大。因此，相对湿度确切地表述了湿空气的干湿程度。

3. 干球温度 t、露点 t_d、湿球温度 t_w

干球温度 t 即湿空气温度，是指空气中干空气的温度，也是其中水蒸气的温度。

未饱和空气在与水隔绝的情况下定压冷却，即水蒸气分压力 p_v 保持不变（水蒸气含量不变）而降低其温度 t，该水蒸气的状态变化沿图 4-3-8 中的定水蒸气分压力的 AE 线下行。随着温度下降至水蒸气分压力所对应的饱和温度（E 点），状态由原未饱和空气中的过热水蒸气态 A 至饱和空气中的饱和水蒸气态 E。E 点温度称为露点（t_d），因此露点就是湿空气中水蒸气分压力所对应的饱和温度。

如温度下降至低于露点，空气中水蒸气将凝聚析出水滴，如夏天清晨的结露现象。

露点是湿空气的一个重要状态参数。在空气调节中，为了减少湿空气中的水蒸气的含量，可以设法使湿空气冷却到温度低于露点，水蒸气便以水滴形式析出。露点对锅炉的运行管理有较大的影响，锅炉尾部受热面（如空气预热低温段）的腐蚀，就是由于受热面的

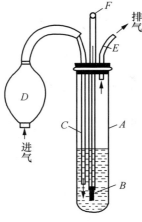

图 4-3-9　露点测定仪

金属温度低于烟气中水蒸气和二氧化硫气体的露点之故。一旦出现结露，水蒸气和二氧化硫气体将凝结在受热面上形成硫酸，造成严重腐蚀。防止此腐蚀的主要原则是设法避免烟气结露。

露点可由露点测定仪测得，露点测定仪的结构如图 4-3-9 所示。在一个镀有镜面的特制玻璃瓶 A 内装有部分乙醚液体，在乙醚中插入一根水银温度计 F，B 为测温包，手握橡胶气泵 D 经管子 C 通入乙醚中。当挤压气泵 D 时把空气压入乙醚中，使乙醚快速蒸发便会冷却玻璃瓶 A 的外壁面，使之降温。在靠近外壁面的湿空气中的过热蒸汽降温到饱和温度时，在 A 的镜面上即出现水珠。这时温度计 F 上所示温度就是该湿空气的露点温度。

如图 4-3-10（a）所示为干、湿球温度计。其有两根水银温度计，一根置于所测湿空气中，所测的温度即为湿空气温度 t，即干球温度，称为干球温度计。另一根温度计用浸于水的湿纱布包住，所测温度即为湿球温度 t_w，称为湿球温度计。若将干、湿球温度计置于有吸收水蒸气能力的未饱和空气中，湿球温度计上纱布的水分就会不断蒸发为将要融入空气中的水蒸气，水蒸发过程则需要吸收汽化潜热，该热量由湿球温度计周围的空气提供，紧贴纱布周围的空气温度降低。当温度下降到一定程度时，周围空气传给纱布的热量正好等于水蒸发所需热量而达到一种动态平衡，温度维持不变，这就是湿球温度 t_w。湿球温度 t_w 的值取决于水分蒸发和传热过程的速率，并主要受空气未饱和程度的影响。显然，湿空气越远离饱和状态（相对湿度 φ 越小），纱布水蒸发越快，湿球温度比干球温度就低得越多，干湿球温度之差（$t-t_w$）将越大；反之，相对湿度越大，则干湿球温度差越小。如果空气是饱和的，那么蒸发过程不会发生，从而传热过程也不会发生，这时湿球温度和干球温度相同。由此可知，φ 和（$t-t_w$）之间有一定的函数关系，该关系如图 4-3-10（b）所示。通过此图即可由干、湿球温度计读数查得湿空气的相对湿度 φ。

绝热条件下向湿空气加入水分，并让其蒸发使空气达到饱和，该饱和空气温度称为绝热饱和温度。实验表明，湿空气的湿球温度与绝热饱和温度近似。

相对湿度 φ 也可由温度计和露点测定仪分别测出湿空气温度 t 和露点 t_d，查饱和蒸汽表可得湿空气中水蒸气的饱和分压力 p_s 和其中水蒸气实际分压力 p_v，代入式（4-3-16）计算出湿空气相对湿度 φ。

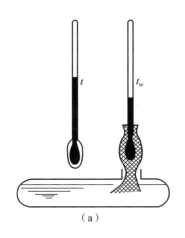

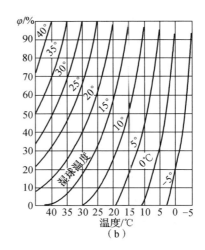

图 4-3-10　干湿球温度计

需要注意的是，湿空气中水蒸气含量决定了露点，湿球温度并不是露点。对未饱和空气，干球温度 t、湿球温度 t_w、露点 t_d 的大小关系是 $t > t_w > t_d$；对于饱和空气，三温度相等。

4. 湿空气的含湿量

在对湿空气处理的过程中，往往涉及加湿或去湿，即保持其中的干空气质量不变，增加或者减去水蒸气的含量。这时如果以湿空气的质量为基准进行分析计算将会比较麻烦，故提出以干空气质量为基准的含湿量的概念，从而给湿空气过程的高风险计算带来方便。

含有 1kg 干空气的湿空气中所含的水蒸气质量称为含湿量。它是一定容积的湿空气中，水蒸气质量 m_v 与干空气质量 m_a 的比值，用 d 表示，其单位为 kg 水蒸气/kg 干空气。即

$$d = \frac{m_v}{m_a}$$

由于湿空气中的水蒸气质量很少，通常以克为单位，此时含湿量的单位则为 g 水蒸气/kg 干空气。含湿量是指与 1kg 干空气相混合的水蒸气的质量，即指在（1+0.001d）kg 湿空气中含有 d g 水蒸气。

由于湿空气中的组成气体都是理想气体并具有相同的 V、T，根据理想气体状态方程，分析可得

$$d = \frac{622 p_v}{p - p_v} \tag{4-3-17}$$

可见，在湿空气压力 p 不变的情况下，湿空气的含湿量 d 与水蒸气分压力 p_v 之间有一一对应的关系。因此，当湿空气压力 p 一定时，无论对湿空气加热或冷却，d 都保持不变。

将式（4-3-16）代入式（4-3-17）得

$$d = \frac{622 \varphi p_s}{p - \varphi p_s} \tag{4-3-18}$$

当已知湿空气温度时，可由饱和水蒸气表查得 p_s，这样，相对湿度与含湿量之间的关系便可用式（4-3-18）来计算。

5. 湿空气的比焓

湿空气的焓等于干空气的焓与其中所含水蒸气的焓之和。

湿空气的比焓是以 1kg 干空气为基准的，也就是（1+0.001d）kg 湿空气的焓，仍用 h 表示，单位为 kJ/kg（干空气），因而湿空气的比焓 h 为

$$h = h_a + 0.001dh_v$$

在工程中取 0℃干空气的焓为零，并且因为湿空气热力过程中所涉及温度变化范围不大（100℃以下），干空气的质量定压比热也取定值，及 c_p=1.01kJ/(kg·K)，所以干空气的比焓为

$$h_a = c_p t = 1.01t$$

在低压下，水蒸气的比焓也可近似用下式计算

$$h_v = r_0 + c'_p t$$

式中，r_0 为 0℃时水的汽化潜热，取 r_0=2501kJ/(kg·K)。c'_p 为水蒸气在低压下的平均定压比热，取 c'_p =1.86kJ/(kg·K)。

因此，（1+0.001d）kg 的湿空气的焓为

$$h = h_a + 0.001dh_v = 1.005t + 0.001d\left(2501 + 1.86t\right) \tag{4-3-19}$$

式中的 t 为湿空气温度，即干球温度。

二、湿空气的焓湿图

为了简化计算，便于确定湿空气的状态及其参数，分析湿空气的状态变化过程，目前工程计算大量采用湿空气的焓湿图（h-d 图）。由于湿空气是理想混合气体，是包含一定质量干空气的湿空气，可能有水蒸气含量的变化，因此湿空气的状态决定于三个独立参数。平面图上的状态点只能有两个独立参数，所以平面焓湿图是在一定的总压力下，再选择两个独立参数作为坐标绘制的。也就是每一张焓湿图都是在一定的湿空气压力（大气压）下绘制的，不同湿空气压力下有不同的 h-d 图，使用时应注意选用与给定的当地大气压力相适应的 h-d 图。

湿空气的焓湿图以含有 1kg 干空气的湿空气为基准，以比焓 h 为纵坐标，含湿量 d 为横坐标，为了图形清晰便于读数，两坐标轴夹角为 135°，如图 4-3-11 所示。

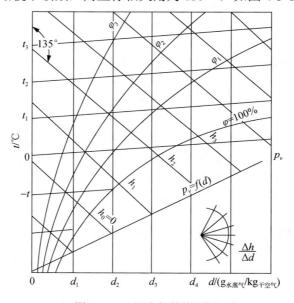

图 4-3-11　湿空气的焓湿图

下面将 h–d 图（图 4-3-11）上各条等值线的形状及相互关系简要说明如下。

1. 等焓线

等焓线是与横坐标成 135° 夹角的一束向右下方倾斜的平行直线，它与 $\varphi=100\%$ 曲线交点的温度即湿空气的湿球温度 t_d。通过含湿量 $d=0$ 及温度 $t=0℃$ 交点的定焓线，其焓值 $h=0$，向上的等焓线的焓值为正值，向下的等焓线的焓值为负值，且自下而上焓值逐渐增加。

2. 等含湿量线

等含湿量线就是一组与纵坐标平行的竖直线。等含湿量线与 $\varphi=100\%$ 曲线交点温度即为湿空气露点 t_w。等含湿量线自左向右含湿量值逐渐增加。

3. 水蒸气分压力 p_v 与含湿量 d 的关系线

由式（4-3-17）得，d 与 p_v 是一一对应关系。等含湿量线就对应等分压力线，其对应的 $p_v=f(d)$ 曲线一般绘在 $\varphi=100\%$ 下方的空白处，并在右侧纵坐标上标出 p_v 的值（也可绘在图的上方）。

4. 等温线

等温线（又称等干球温度线）是根据式（4-3-19）绘制的。由该式可知，当湿空气温度 t 为常数时，$0.001(2501+1.86t)$ 也为常数，则式（4-3-19）在 h-d 坐标上为直线方程。$1.005t$ 为此斜角坐标上的纵截距 a，$0.001(2501+1.86t)$ 为斜率 b，即 $h=a+bd$，$b=\tan\alpha$。由于 $1.86t$ 比 2501 小得多，所以可认为 h-d 图上的等温线基本上是斜率相同的一束直线。因为斜率为正值，所以定温线略向右上伸展。

根据前面的规定，0℃ 干空气焓值为零，那么当 $h=0$ 时，必然有 $t=0$，$d=0$。这样 0℃ 的等温线必然通过焓和含湿量的零点。

5. 等相对湿度线

将水蒸气的温度与其对应饱和压力的单值函数关系 $p_s=f(t)$ 代入式（4-3-17），有

$$d=\varphi\frac{622f(t)}{p-\varphi\cdot f(t)}$$

因此，当湿空气压力 p 一定时，对一给定的相对湿度 φ，就可由不同温度得出其对应的 d 值，将各不同温度定温线与其对应 d 的等含湿量线相交的一系列交点相连，就可在 h-d 图上绘出等相对湿度（φ）线。等相对湿度线簇为一组向上凸的曲线。它表征在一定 φ 值下随着焓值（或温度）的增加，湿空气的含湿量相应增加。

在一定的含湿量 d 下，相对湿度 φ 随着温度的下降而增加，即等相对湿度线的值从上向下逐渐增加直到饱和空气的 $\varphi=100\%$，因此饱和空气的等相对湿度线下部处各点表示水蒸气已开始凝结为水，故 $\varphi>100\%$ 没有实际意义。

h-d 图都是在一定的湿空气压力下绘制的，水蒸气分压力最大也不可能超过湿空气的压力 p。若湿空气 $p=0.1$MPa 时，其对应的水蒸气饱和温度是 99.634℃。当湿空气的温度比 99.634℃ 高时，湿空气中所含水蒸气的最大分压力 p_s 只能保持其最大值并等于 p，即

$$d = \frac{0.622\varphi p_{\mathrm{s}}}{p - \varphi p_{\mathrm{s}}} = \frac{0.622\varphi}{1-\varphi}$$

所以，这时 φ 不变，d 也不变，此刻等相对湿度线就是等含湿量线，故等相对湿度线与99.634℃的定温线相交后即折向上，成为垂直线。

6. 等湿球温度线

从湿球温度形成的过程可见，湿纱布上水分蒸发所需的汽化潜热来自湿空气本身，水变为水蒸气后又进入湿空气中。这样空气传递给水的热量又以液体热加汽化潜热的形式返回空气中，空气的焓值基本不变，因此湿球温度的形成过程可以看作定焓过程，即湿空气通过定焓加湿达到饱和湿空气状态的过程。在一般的 h-d 图上，并没有专门绘制等湿球温度线，而是以定焓线代之。

由于露点是给定的水蒸气分压力 p_{v} 所对应的饱和温度，因此可利用 h-d 图上的已知状态点，引垂线与临界线 $\varphi = 100\%$ 的等相对湿度线相交，其交点温度即为露点。

对湿空气的同一状态，当 $\varphi < 1$ 时，有 $t > t_{\mathrm{w}} > t_{\mathrm{d}}$；当 $\varphi = 1$ 时，有 $t = t_{\mathrm{w}} = t_{\mathrm{d}}$。

7. 热湿比线

湿空气的 h-d 图不仅能用点来代表湿空气某一状态，还能用线段来代表湿空气的状态变化。湿空气从初态点 1（h_1，d_1）无论经过何种过程到达终态点 2（h_2，d_2），均可用该过程焓值的变化量 $\Delta h = h_2 - h_1$ 与含湿量的变化量 $\Delta d = d_2 - d_1$ 的比值，来表示湿空气变化过程的特征和进行的方向，这个比值称为热湿比，用符号 ε 来表示，即

$$\varepsilon = \frac{\Delta h}{0.001\Delta d} \qquad (4\text{-}3\text{-}20)$$

由于 Δh 和 Δd 为正值或负值、零值，所以 ε 也有零值、正值、负值或正负无穷大。

热湿比线在图 4-3-11 所示的湿空气的 h-d 图的右下角。

三、用 h-d 图确定湿空气的参数

湿空气的 h-d 图与其他坐标图一样，图上的点可以表示一个确定的湿空气状态。在一定的大气压力下，只要知道湿空气的任意两个独立参数（t、φ、h、d），就可以根据 h-d 图确定湿空气的状态，并通过该点的各等值线，查出该点的其他参数。应当注意：

1）湿空气的 h-d 图是在湿空气的总压力一定时绘制的，所以再有两个独立参数就可以在 h-d 图上确定其状态。显然，确定湿空气的状态仍然需要三个独立的状态参数。

2）对于不同的大气压力 p_{b}，h-d 图是有所区别的。在工程中应当选择相应或相近的大气压力下的 h-d 图，以减少误差。

四、湿空气的典型热力过程

湿空气热力过程的计算主要是研究过程中湿空气焓值及含湿量与温度、相对湿度之间的关系。一般是利用稳定流动能量方程（通常不计动能差和位能差）及质量守恒方程，并借助湿空气的图线来分析、计算的。

工程上遇到的复杂的湿空气过程多是典型过程的组合，下面介绍几种典型湿空气过程。

1. 湿空气的加热或冷却过程

对于湿空气单纯地在换热器中加热或冷却的过程，其特征是过程中含湿量保持不变，即过程在 h-d 图上表示为沿等含湿量线进行。加热过程中湿空气的温度升高，焓增加，而相对湿度减少，故加热过程也用于干燥过程，该过程的热湿比 ε =+∞，如图 4-3-12 中 1—2 所示。冷却过程与加热过程正好相反，如图 4-3-12 中所示的 1—2′，该过程减焓降温，$\varepsilon = -\infty$。

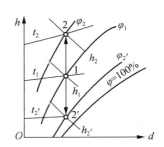

忽略湿空气宏观动能和重力位能的变化,由稳定流动能量方程,可得过程中单位质量干空气的湿空气在热交换器中加入或放出的热量为

$$q = h_2 - h_1$$

式中，h_1 和 h_2 分别为过程初、终状态湿空气的焓。

图 4-3-12 湿空气加热或冷却过程

2. 冷却去湿过程

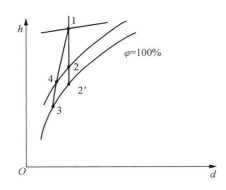

图 4-3-13 湿空气的冷却去湿

如图 4-3-13 所示，在湿空气的冷却过程中，如果湿空气被冷却到露点（过程 1—2′）后仍继续受冷，过程按图 4-3-13 中的 h-d 图 1—2′—3 进行，则湿空气中有蒸汽不断凝结而析出水滴，从而达到冷却使含湿量 d 减小的目的。

在冷却器中，实际测出的冷却后状态参数并不是状态点 3，而是状态点 1 和状态点 3 连线上的某一状态点 4。这是因为，湿空气流经冷却器时只有贴近壁面流动的一部分湿空气被冷却到点 3 的状态，其余部分湿空气则不断地与点 3 状态的湿空气混合。冷却器的管间距越小，管中纵向排数越多，趋于状态点 3 的湿空气的量就越多。

冷却去湿过程中，冷却器从单位质量干空气的湿空气带走的热量为

$$q = (h_1 - h_3) - (d_3 - d_1)h_w$$

式中，析出的冷凝水为 (d_3-d_1)，凝结水带走的热量为 $(d_3-d_1)h_w$，凝结水的焓为 h_w。

3. 加湿过程（绝热加湿）

空气调节装置中通过加湿（增加空气中水蒸气含量）来增大相对湿度。加湿过程可分为喷水加湿和喷蒸汽加湿两种。

（1）喷水加湿

喷水加湿是向空气中喷入水，水蒸发后溶入空气而增加了空气的含湿量，水分蒸发需要吸收热量，这分热量完全由空气本身供给，故喷水加湿过程也是蒸发冷却过程，又称为绝热加湿，如湿物在空气中干燥的过程就相当于空气的喷水加湿过程。

如图 4-3-14 所示，1—2 过程为喷水加湿。根据质量守恒定律，喷入的水分 m_w 为

$$m_{v2} - m_{v1} = m_w = m_a(d_2 - d_1)$$

由绝热过程的能量守恒有

$$Q = H_2 - (H_1 - H_w) = m_a(h_2 - h_1) - m_w h_w = 0$$

得

$$h_2 - h_1 = (d_2 - d_1)h_w$$

式中，h_w 为加入水的焓值。

由于水的 h_w 不大，$(d_2 - d_1)$ 很小，可以忽略不计，故有

$$h_2 - h_1 \approx 0 \quad 或 \quad h_2 = h_1$$

即湿空气的喷水加湿过程可视为湿空气的定焓过程，该过程的热湿比为零。

（2）喷蒸汽加湿

如图 4-3-14 所示，1—3 为喷蒸汽加湿。对湿空气喷蒸汽加湿也是绝热过程，由能量守恒定律得

$$h_2 - h_1 = (d_2 - d_1)h_v$$

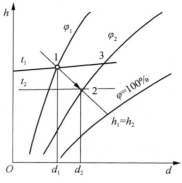

图 4-3-14 湿空气的加湿

式中，h_v 为加入的蒸汽的焓值。由于蒸汽焓值较水大，因此喷蒸汽加湿过程在 h-d 图上为焓、含湿量均增加的过程。因为喷入的蒸汽量很小，所以喷入的蒸汽温度对原湿空气的温度影响很小，工程上把喷蒸汽加湿按等温过程处理。

（3）湿空气的混合过程

为了节能，在空气调节装置中，常采用将一部分室内空气通过回风管吸至空气调节器进口，与通过新风管从室外吸入的新鲜空气混合后一起再进入空气器内处理。通常这样的混合过程视为绝热混合过程。

如图 4-3-15 所示，设已知新风空气状态为点 1，其干空气质量为 m_{a1}；回风空气的状态为点 2，其干空气质量为 m_{a2}；两股空气混合后的状态为点 3，其混合空气中的干空气质量为 m_{a3}，由质量守恒定律得

$$m_{a3} = m_{a1} + m_{a2}, \quad (m_{a1} + m_{a2})d_3 = m_{a1}d_1 + m_{a2}d_2$$

即

$$\frac{d_3 - d_1}{d_2 - d_3} = \frac{m_{a2}}{m_{a1}} \tag{4-3-21a}$$

同理，由绝热混合能量守恒得，混合后湿空气焓值有

$$\frac{h_3 - h_1}{h_2 - h_3} = \frac{m_{a2}}{m_{a1}} \tag{4-3-21b}$$

比较式（4-3-21a）和式（4-3-21b），可得

$$\frac{h_3 - h_1}{h_2 - h_3} = \frac{d_3 - d_1}{d_2 - d_3} \tag{4-3-21c}$$

式（4-3-21c）表明：h-d 图上，混合后的湿空气状态点 3 落在 1、2 两点所连直线上。点 3 在 1—2 直线上的位置取决于回风量与新风量的比值。当新风量大于回风量时，混合空气的状态靠近新风。由此也可知，空气调节装置吸入部分回风和新风混合时，无论新风量多少，从新风状态到混合风状态与从回风状态到混合风状态具有相同的热湿比。

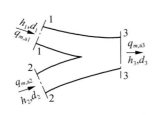 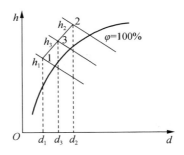

图 4-3-15　湿空气混合过程

　　在冬季，由于船舶舱室对外界放热以及室内居住人员的呼吸和湿物所散发出的水蒸气，由空气调节装置送入室内的热空气，在室内其焓 h 将下降、含湿量 d 将上升，是一个冷却加湿过程；在夏季，因为外界对舱室加热以及室内居住人员的呼吸和湿物所散发出的水蒸气，由空气调节装置送入室内的冷空气，在室内其焓 h 和含湿量 d 都将上升，是一个焓、湿均增大的过程。

第四章 工质的热力过程

在能量转换装置中，工质是通过在不同的设备中完成不同的热力过程来实现能量转换的。即工程上实施热力过程的目的不外乎两方面，一是实现预期的能量转换；二是获得预期的热力状态。前者如内燃机中燃气的膨胀做功过程，后者如空气压缩机中空气的压缩增压过程。二者表面上目的不同，实质上存在密切的内在联系。例如，压缩机的压缩过程，目的是获得预期的高压气体，但同样的进口状态，在获得同样出口压力的气体时，实施不同的热力过程的耗功量是不同的，这就涉及能量转换问题。因此，研究不同的热力过程，揭示各种热力过程中状态参数的变化规律和相应的能量转换状况是研究工质热力过程的任务和目的。

第一节 理想气体热力过程

工程中遇到的实际过程是多种多样的、不可逆的，有些复杂，有些则比较简单。多数情况下，为了分析方便和突出能量转换的主要矛盾，在理论研究中通过合理的假设或者加以理想化，则可以将一个复杂的过程简化为一个或一组简单的可逆过程。随后，考虑到不可逆耗损再借助一些经验系数进行修正使计算结果与实际情况相当接近。

实施热力过程的工质，有的可视为理想气体，有的则不能按理想气体来处理。对于理想气体的热力过程，由于其热力性质简单，故可以采用解析的方法进行分析计算。但对于不能视为理想气体的实际气体，只能应用热力学定律的基本公式，根据图或表进行分析计算。

根据热工设备中实际过程进行的条件，本节将热力系分别按稳定流动开口系和封闭系来讨论，并且将热力过程简化为最有实用意义的典型过程，如定容、定压、定温、绝热过程（又称基本热力过程）和较为普遍的多变过程。

本节仅讨论理想气体可逆过程的分析计算，以 1kg 气体作为讨论对象。研究的目的不仅在于分析一些具体过程，得到对这些过程的具体结论，还希望通过本节的讨论，使读者掌握应用热力学理论分析实际问题的基本方法。

热力过程分析计算的内容、方法及步骤概括如下：

1）根据过程特征，将过程变化规律以数学表达式描述——过程方程。

2）由过程方程和理想气体状态方程，确定过程初终态 p、v、T 基本状态参数间关系，并计算过程中的有关状态参数变化量Δu、Δh 等。

由前所述，按定值比热计算时，理想气体任意过程有

$$\Delta u = c_v \Delta T \qquad \Delta h = c_p \Delta T$$

3）在 p-v 和 T-s 图上表示该过程，以直观地进行定性分析。

4）由能量方程计算过程中与外界交换的功（w 或 w_t）量和热量（q）。根据理想气体的热力学第一定律有

$$q = c_v \Delta T + w \qquad q = c_p \Delta T + w_t$$

可逆过程与外界交换能还可用 $q = \int_1^2 c\mathrm{d}T = \int_1^2 T\mathrm{d}s$、$w = \int_1^2 p\mathrm{d}v$ 和 $w_t = -\int_1^2 v\mathrm{d}p$，结合过程方程式 $p = f(v)$ 进一步积分计算。

1. 定容过程

比容保持不变的过程称为定容过程。如一定量的气体在刚性密闭容器内进行加热或放热，为定容过程。

（1）过程方程

$$v = 定值$$

（2）初、终状态的基本状态参数之间关系

根据 $v = 定值$ 及 $pv = RT$ 可得出

$$v_2 = v_1 \qquad p_2 / p_1 = T_2 / T_1 \tag{4-4-1}$$

可见，理想气体定容过程中气体的压力与热力学温度成正比（查理定律）。

（3）$p\text{-}v$ 图与 $T\text{-}s$ 图

如图 4-4-1 所示，在 $p\text{-}v$ 图上定容过程为一与横坐标垂直的竖直线；在 $T\text{-}s$ 图上为上翘的指数曲线。由图示意义可见：$p\text{-}v$ 图上定容线下无阴影面积，即容积功为零，定容线左侧阴影面积为气体所获技术功。定容过程 1—2 方向上行，为气体定容升压过程；定容过程线 1—2′ 方向下行，为气体降压过程。$T\text{-}s$ 图上，过程线下阴影面积为交换热量，定容过程 1—2 方向右上行，即该定容过程为气体定容升温、吸热、熵增的过程；定容过程线 1—2′ 方向左下行，气体放热，熵减小，温度降低。注意 $p\text{-}v$ 和 $T\text{-}s$ 图示过程线的对应关系。

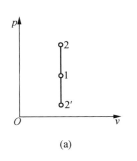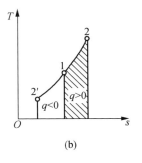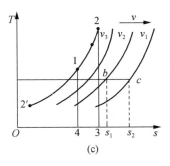

图 4-4-1　$p\text{-}v$ 图与 $T\text{-}s$ 图上定容线

在 $T\text{-}s$ 图上将某一定容线沿水平方向平移，可得一簇相互平行的定容线，越靠近右侧的定容线比容越大，如图 4-4-1（c）所示。

（4）功量和热量

由于过程特征为 $\mathrm{d}v = 0$，故定容过程的容积功为零，即

$$w = \int_1^2 p\mathrm{d}v = 0 \tag{4-4-2}$$

由式（4-4-2）可见，封闭系在定容过程中工质不做膨胀功，系统与外界交换的热量全部转变为气体内能，此结论由热力学第一定律推导，故不限于理想气体，对任何工质都适用。

根据比热定义，当比热取定值时，理想气体定容过程交换的热量为

$$q = c_v \Delta T \tag{4-4-3a}$$

或由热力学第一定律，得

$$q = \Delta u + w = \Delta u = c_v \Delta T \tag{4-4-3b}$$

定容过程的技术功

$$w_t = -\int_1^2 v\mathrm{d}p = v(p_1 - p_2) \tag{4-4-4}$$

2. 定压过程

压力保持不变的过程称为定压过程。工程上实际使用的加热器、冷却器、锅炉、蒸发器等换热设备是在接近于定压情况下工作的。

（1）过程方程

$$v_2 / v_1 = T_2 / T_1$$

即理想气体定压过程中气体的比容与绝对温度成正比（盖·吕萨克定律）。

（2）初、终状态参数的关系

$$p = 定值$$

（3）p-v 图与 T-s 图

如图 4-4-2 所示，在 p-v 图上的定压过程为与纵坐标垂直的横线。在 T-s 图上定压线类似于定容线，均为正斜率的上翘指数曲线，但定压线斜率比定容线小，即定压线比定容线平坦。

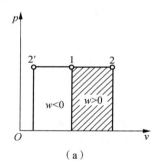 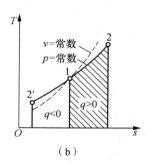 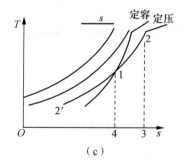

图 4-4-2 p-v 图与 T-s 图上定压线

p-v 和 T-s 图上的 1—2 过程为升温、比容增加的吸热膨胀过程；1—2' 过程为降温、比容减少的放热压缩过程。在 T-s 图上将某一定压线沿水平方向平移，可得一簇相互平行的定压线，如图 4-4-2（c）所示。

（4）功量和热量

由过程特征 $\mathrm{d}p = 0$，得定压过程的容积功

$$w = \int_1^2 p\mathrm{d}v = p(v_2 - v_1) \tag{4-4-5a}$$

对于理想气体，定压过程的容积功可表示为

$$w = R(T_2 - T_1) \tag{4-4-5b}$$

定压过程的热量为

$$q = \Delta u + w = \left(u_2 - u_1\right) + p\left(v_2 - v_1\right)$$
$$= \left(u_2 + pv_2\right) - \left(u_1 + pv_1\right) = h_2 - h_1 = \Delta h \qquad (4\text{-}4\text{-}6)$$

由式（4-4-6）可知，对封闭系，任意工质在可逆定压过程中，外界加给系统的热量一部分用于增加系统的内能，其余部分用于系统对外界做膨胀功；对开口系，任意工质在定压过程交换的热量等于其焓值变化量。

理想气体定压过程的热量还可表示为

$$q = \Delta h = c_{\mathrm{p}} \Delta T$$

定压过程的技术功为 $w_{\mathrm{t}} = -\int_1^2 v \mathrm{d}p = 0$，即工质按定压过程稳定流动时，不对外做技术功，这时 $q - \Delta u = w = pv - pv_1$，而 $pv_2 - pv_1$ 为流动功，即 $q - \Delta u$ 转化的容积功全部用来维持工质流动。

3. 定温过程

定温过程是工质状态变化时温度保持不变的过程。工程上，若过程进行得慢，工质与外界热交换良好时的热力过程可作为定温过程处理。

（1）过程方程

$$T = 定值$$

（2）初、终状态参数的关系

$$p_2 v_2 = p_1 v_1$$

因此，理想气体定温过程中气体的绝对压力与比容成反比（波义耳-马略特定律）。

（3）$p\text{-}v$ 图与 $T\text{-}s$ 图

如图 4-4-3 所示，定温过程在 $p\text{-}v$ 图上是一等边双曲线，在 $T\text{-}s$ 图上为平行于横坐标的水平线。由图示意义知，1—2 过程为比容增加、压力降低的膨胀吸热过程；1—2′过程为比容减少、压力升高的压缩放热过程。

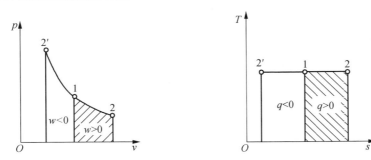

图 4-4-3　$p\text{-}v$ 图与 $T\text{-}s$ 图上定温线

在 $p\text{-}v$ 图上将某一定温线沿水平方向平移，可得一簇相互平行的定温线，越靠近右侧的定温线温度越高。

（4）功量和热量

理想气体的内能和焓都只是温度的函数，故理想气体定温过程也是定内能、定焓过程，即这时 $\Delta u = 0$、$\Delta h = 0$。

根据能量方程，定温过程有

$$q = w = w_t \qquad (4\text{-}4\text{-}7)$$

可见，理想气体定温过程的热量 q、容积功 w 和技术功 w_t 的数值相等，且它们的正负也相同，即理想气体在定温下加给气体的热量全部转变为系统输出功；或在压缩时外界消耗的功全部转为系统向外放出的热量。

理想气体定温过程的容积功为

$$w = \int_1^2 p\mathrm{d}v = \int_1^2 pv \frac{\mathrm{d}v}{v} = p_1 v_1 \ln\frac{v_2}{v_1} = p_1 v_1 \ln\frac{p_1}{p_2} = RT \ln\frac{p_1}{p_2} \qquad (4\text{-}4\text{-}8)$$

4. 定熵过程（可逆绝热过程）

在状态变化过程的任一瞬间，系统与外界没有热量交换的热力过程称为绝热过程。根据熵的定义式，可逆绝热过程的熵保持不变，即为定熵过程。特别说明，不可逆绝热过程不是定熵过程，而是熵增加的过程。绝对绝热过程难以实现，工质无法与外界完全隔热，但当实际过程进行很快，或一定量的工质换热量相对极少时可近似地看作绝热过程。例如，内燃机气缸内工质的膨胀和压缩过程、压缩机中气体的压缩过程（尤其是叶轮式空气压缩机）、汽轮机和燃气轮机喷管内工质的膨胀过程等。

（1）过程方程

由理想气体熵变的微分表达式 $\mathrm{d}s = c_p \dfrac{\mathrm{d}v}{v} + c_v \dfrac{\mathrm{d}p}{p} = 0$，可推导定熵时

$$pv^k = \text{定值} \qquad (4\text{-}4\text{-}9)$$

式（4-4-9）即为定熵过程方程式，式中的指数 k 为绝热指数。

（2）初、终态基本状态参数之间的关系

根据理想气体状态方程和过程方程得

$$\frac{p_2}{p_1} = \left(\frac{v_1}{v_2}\right)^k \qquad \frac{T_2}{T_1} = \left(\frac{v_1}{v_2}\right)^{k-1} \qquad \frac{T_2}{T_1} = \left(\frac{p_2}{p_1}\right)^{\frac{k-1}{k}} \qquad (4\text{-}4\text{-}10)$$

（3）$p\text{-}v$ 图与 $T\text{-}s$ 图

如图 4-4-4 所示，定熵过程在 $p\text{-}v$ 图上都是幂函数的不等边双曲线（又称高次双曲线），定熵线比定温线陡些。$T\text{-}s$ 图上定熵线为垂直的竖线。1—2 过程为压力降低、比容增大、降温的绝热膨胀过程；1—2′ 过程为升温升压、比容减少的绝热压缩过程。

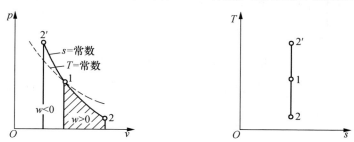

图 4-4-4　$p\text{-}v$ 图与 $T\text{-}s$ 图上定熵线

在 $p\text{-}v$ 图上将某一绝热线沿水平方向平移，可得一簇相互平行的绝热线，越靠近右侧

的绝热线，比熵越大。

（4）功量和热量

将绝热过程 $q=0$ 代入热力学第一定律表达式，对任意工质有

$$w = q - \Delta u = -\Delta u \qquad w_t = q - \Delta h = -\Delta h$$

对理想气体的绝热过程，有

$$w = -\Delta u = -c_t \Delta T = \frac{R}{k-1}(T_1 - T_2) = \frac{1}{k-1}(p_1 v_1 - p_2 v_2) = \frac{1}{k-1} p_1 v_1 \left[1 - \left(\frac{p_2}{p_1} \right)^{(k-1)/k} \right] \qquad (4\text{-}4\text{-}11)$$

$$w_t = -\Delta h = -c_p \Delta T = -k \cdot c_v \Delta T = k \cdot w \qquad (4\text{-}4\text{-}12)$$

可逆绝热过程（定熵过程），也可由积分式求解交换能。

5. 多变过程

以上四种基本热力过程，在工质状态参数发生变化时都有一个状态参数保持不变。实际过程往往是工质的所有参数都在变化，而且也不能完全绝热。我们将这样一种最接近绝大多数实际过程的气体状态参数所遵循的规律，称为多变过程。

（1）多变过程方程

大量实验研究，发现近似于大多数实际过程的多变过程方程为

$$p v^n = 定值 \qquad (4\text{-}4\text{-}13)$$

把符合式（4-4-13）的过程称为多变过程，式中指数 n 称为多变指数。

在某一多变过程中 n 为定值，但不同的多变过程其 n 值各不相同，n 值可在 0 到 $\pm\infty$ 间变化。当多变指数为某一确定的数值时，过程的特征也就确定了。在热力设备通常实施的热力过程中，n 值不会为负值，故不予以讨论。对于较复杂的实际过程，可把实际过程分成几段不同多变指数的多变过程来描述，每段过程的 n 值保持不变；若实际过程 n 的变化范围不大，则可用一个不变的平均值近似地代替实际变化的 n。可见，多变过程是一些规律过程的总称。

多变过程中的多变指数 n 具有不同数值时，过程就表现出不同的特性。前述四种基本过程都是多变过程的特例，即

当 $n=0$ 时，$p v^0 = p =$ 定值，即定压过程。

当 $n=1$ 时，$p v^1 = pv =$ 定值，即定温过程。

当 $n=k$ 时，$p v^k =$ 定值，即可逆绝热的定熵过程。

当 $n=\pm\infty$ 时，$p v^\infty =$ 定值，可写为 $p^{1/n} v =$ 定值，即定容过程。

（2）多变过程状态参数间的关系和功、热量

比较多变过程与定熵过程方程不难发现，两方程的形式相同，所不同的仅仅是指数值。因此，参照定熵过程可得多变过程基本状态参数之间的关系为

$$\frac{p_2}{p_1} = \left(\frac{v_1}{v_2} \right)^n \qquad \frac{T_2}{T_1} = \left(\frac{v_1}{v_2} \right)^{n-1} \qquad \frac{T_2}{T_1} = \left(\frac{p_2}{p_1} \right)^{\frac{n-1}{n}} \qquad (4\text{-}4\text{-}14)$$

同理，参照定熵过程，可得多变过程的容积功和技术功的表达式：

$$w = \frac{1}{n-1}\left(p_1 v_1 - p_2 v_2\right) = \frac{R}{n-1}\left(T_1 - T_2\right) = \frac{1}{n-1} p_1 v_1 \left[1 - \left(\frac{p_2}{p_1}\right)^{\frac{n-1}{n}}\right] \qquad (4\text{-}4\text{-}15)$$

$$w_{\mathrm{t}} = n \cdot w = n \cdot \frac{R}{n-1}\left(T_1 - T_2\right) \qquad (4\text{-}4\text{-}16)$$

多变过程热量的表达式为

$$q = \Delta u + w = c_{\mathrm{v}}\left(T_2 - T_1\right) + \frac{R}{n-1}\left(T_1 - T_2\right) \qquad (4\text{-}4\text{-}17\mathrm{a})$$

将迈耶方程 $c_{\mathrm{p}} - c_{\mathrm{v}} = R$ 及 $c_{\mathrm{p}}/c_{\mathrm{v}} = k$，代入式（4-4-17a），得

$$q = c_{\mathrm{v}}\left(T_2 - T_1\right) + c_{\mathrm{v}} \frac{k-1}{n-1}\left(T_1 - T_2\right) = \frac{n-k}{n-1} c_{\mathrm{v}}\left(T_2 - T_1\right) \qquad (4\text{-}4\text{-}17\mathrm{b})$$

令 $c_{\mathrm{n}} = \dfrac{n-k}{n-1} c_{\mathrm{v}}$，$c_{\mathrm{n}}$ 为理想气体多变过程的比热，则

$$q = c_{\mathrm{n}}\left(T_2 - T_1\right) \qquad (4\text{-}4\text{-}17\mathrm{c})$$

当 $n=0$ 时，$c_{\mathrm{n}} = k\,c_{\mathrm{v}} = c_{\mathrm{p}}$，即定压过程的比热。

当 $n=1$ 时，$c_{\mathrm{n}} = \pm\infty = c_T$，即定温过程按比热求热量时的相当比热。

当 $n=k$ 时，$c_{\mathrm{n}} = 0 = c_s$，即绝热过程按比热求热量时的相当比热。

当 $n=\pm\infty$ 时，$c_{\mathrm{n}} = c_{\mathrm{v}}$，即定容过程的比热。

（3）多变过程的 $p\text{-}v$ 图与 $T\text{-}s$ 图

为了在 $p\text{-}v$ 和 $T\text{-}s$ 图上对多变过程的状态参数变化和能量转换规律进行定性分析，须掌握多变过程线在 $p\text{-}v$ 和 $T\text{-}s$ 图上随多变指数 n 变化的分布规律。为此，首先在 $p\text{-}v$ 和 $T\text{-}s$ 图上作过同一初态 1 的四条基本过程线。

从图 4-4-5 可以看出，定容线和定压线把 $p\text{-}v$ 图分成 I、II、III 和 IV 四个区域。在 II、IV 区域，多变过程线的 n 值由定压线 $n=0$ 开始按顺时针方向增大，直到定容线的 $n=\infty$；在 I、III 区域，$n<0$，且 n 从 $n=-\infty$ 逐渐按顺时针方向增大到 $n=0$。

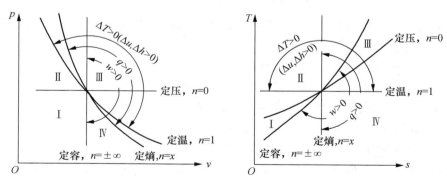

图 4-4-5 多变过程

在 $T\text{-}s$ 图上，多变过程是以定容过程（$n=\pm\infty$）为分界线，n 从 $-\infty$ 沿顺时针方向增大到 $+\infty$。

如图 4-4-5 所示，q 的正负是以过初态的定熵线为分界的。对过同一初态的多变过程，若过程线位于定熵线右侧，则 $q>0$；否则 $q<0$。

由于理想气体的内能和焓仅是温度的单值函数，故 ΔT 的正负决定了 Δu、Δh 的正负。ΔT 的正负是以过初态的定温线为分界的。过同一初态的多变过程，若过程线位于定温线的上方，则过程的 $\Delta T > 0$，$\Delta u > 0$，$\Delta h > 0$；反之，$\Delta T < 0$，$\Delta u < 0$，$\Delta h < 0$。

容积功 w 的正负是以过初态的定容线为分界的，过同一初态的多变过程，若过程线位于定容线的右方，则 $w > 0$，反之 $w < 0$。

这样，当已知过程的多变指数 n 时，就可以定性地在 $p\text{-}v$ 和 $T\text{-}s$ 图上画出该过程线。例如，$n=1.2$ 的空气多变过程一定在定温线（$n=1$）和绝热线（$n=k=1.4$）之间。其过程线如图 4-4-6 中 1—A 和 1—A' 所示。按上述分析方法，空气的 $n=1.2$ 的过程 1—A 和 1—A' 中，1—A 过程为 $q > 0$、$w > 0$、$\Delta T < 0$、$\Delta u < 0$、$\Delta h < 0$；而 1—A' 过程为 $q < 0$、$w < 0$、$\Delta T > 0$、$\Delta u > 0$、$\Delta h > 0$。

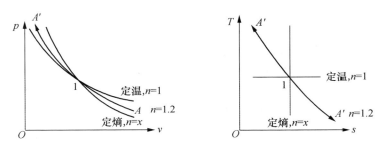

图 4-4-6　$n=1.2$ 的多变过程

利用多变过程的 $p\text{-}v$ 和 $T\text{-}s$ 图还可以根据过程交换能量的情况，大致判定其过程多变指数 n 的范围。

本节出现了很多计算公式，建议读者在准确理解基本概念、基本定律的基础上，学会运用热力学第一定律、理想气体状态方程式及一些定义式，自行推导和整理这些计算式，同时应注意各公式的适用范围。

第二节　气体和蒸汽的流动

在热力设备中，常有能量转换是在工质流动的过程中实现的，如汽轮机中蒸汽流经喷管使其流速增加的过程，叶轮式空气压缩机中气流经过扩压管使其减速增压的过程等。此外，热力工程上还经常遇到气体或蒸汽流经阀门、孔板等狭窄通道时产生的节流现象。因此有必要对气体和蒸汽的流动进行研究。

流体流动状况的变化是以流速的变化为标志的，根据能量守恒定律，流速变化必然意味着流动过程中有能量转换和流体热力状态参数的变化。此外，流体在管道内的流动还必须遵循质量守恒原理，所以流动速度与流道的尺寸有关。

基于流动管道短、气流速度快等特点，为了突出能量转换的主要矛盾，便于分析，我们忽略流动过程中气体与管壁的摩擦和传热，为无耗散的可逆绝热流动过程；又因一般流道的高低位置改变不大，气体工质的密度较小，故不考虑流动过程的位能变化。管道内空间任何点的气流参数都不随时间而变化，即稳定流动。流道同一截面上各点的同名参数实际值是不同的，简化各截面上的平均值为定值，认为同一截面上同一参数值相同，气流参数仅在流向上变化，即一元流动。气流对外不做（轴）功，取工质为定值比热的理想气体。因此，本节主要讨论的是一元稳定可逆绝热流动过程，认识其流动中能量转换规律及流速等参数与流道尺寸配合关系。

一、一元稳定流动的基本方程

根据流动的基本规律，结合研究对象的特点，可以得到以下基本方程。

1. 连续性方程

由质量守恒原理知，若保持稳定流动，如图 4-4-7 所示，则工质流经管道任一截面的质量流量保持不变，即

$$\dot{m} = \frac{Ac_f}{v} = 定值 \quad 或 \quad \frac{\mathrm{d}A}{A} + \frac{\mathrm{d}c_f}{c_f} = \frac{\mathrm{d}v}{v} \quad (4\text{-}4\text{-}18)$$

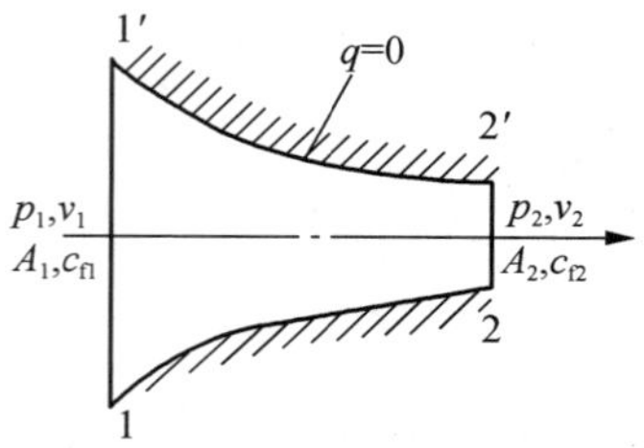

图 4-4-7 气体在管道内流动

式中，A 为截面面积，m^2；c_f 为流速，m/s；v 为截面工质比容，m^3/kg。式（4-4-18）称为稳定流动的连续性方程，它描述了流道内流体的流速、比容和截面面积之间的关系，即流道的截面面积增加率，等于比容增加率与流速增加率之差。对于不可压缩流体（如水、机油等），截面工质比容为常数，即 $\mathrm{d}v=0$，故截面面积 A 与流速 c_f 成反比，管截面收缩时流速增大，流速减小时则要求流道截面扩张。而对于可压缩的气体和蒸汽，管道截面的变化不仅造成流速的变化，还影响到工质的比容变化。此连续方程式普遍适用于稳定流动过程，而不论流体的性质如何和过程是否可逆。

2. 能量方程

当稳定流动能量方程应用于热机、压缩机和热交换器等热力设备时，气体流动动能的变化量一般可以忽略不计；当应用于管道时，则气体流动动能的变化量是非常重要的。由本节对气体在管道内流动的简化，气体在管道内做一元稳定流动时，可认为 $\Delta z=0$、$w_s=0$、$q=0$，代入稳定流动能量方程 $q=\Delta u+\Delta c_f^2/2+g\Delta z+w_s$，得管道内一元稳定流动任意工质的绝热过程能量方程为

$$\Delta h + \frac{1}{2}\Delta c_f^2 = 0 \quad 或 \quad h_1 + \frac{1}{2}c_{f1}^2 = h_2 + \frac{1}{2}c_{f2}^2 = 常数 \quad (4\text{-}4\text{-}19)$$

由式（4-4-19）可知，在稳定绝热流动过程中（无论是否可逆），任一截面上的焓与流动动能之和保持不变。

3. 过程方程

气体在稳定流动中已被简化为可逆绝热过程，即定熵过程。工质的状态参数变化规律遵循过程方程式

$$pv^k = 定值 \quad 或 \quad k\frac{\mathrm{d}v}{v} = -\frac{\mathrm{d}p}{p} \quad (4\text{-}4\text{-}20)$$

式（4-4-20）原则上只适用于理想气体定值比热的可逆绝热流动过程，对水蒸气一类的实际气体在管道内可逆绝热流动，也可近似地采用上述关系式。若为蒸汽，则式（4-4-23）中 k 仅是经验数据。

二、声速和马赫数

由物理学知，声音在理想气体介质中传播的速度，即声速为

$$a = \sqrt{kpv} = \sqrt{kRT} \qquad (4\text{-}4\text{-}21)$$

式（4-4-21）说明，声速与气体的性质及状态有关。在气体流动过程中，流道各截面上的气体状态发生变化，各截面上的声速也在变化。因此在气体介质中的声速称为当地声速，即指所考虑的流道在某一截面下的声速。

在讨论流动时，常根据气体流速 c_f 与当地声速 a 的比值来说明流动状况，这个比值称为马赫数，用 M 表示，即

$$M = \frac{c_f}{a} \qquad (4\text{-}4\text{-}22)$$

马赫数的物理意义为流动工质的惯性力与弹性力的比值。

根据 M 的大小，流动可分为：$M < 1$（称为亚声速流动）、$M=1$（称为声速流动或临界流动）、$M > 1$（称为超声速流动）。

三、促使流速改变的条件

气体在变截面管道中流动的目的在于实现热能和动能的相互转换。流体要流动，必须有外部动力的作用，这就是力学条件。有了动力之后，还必须创造条件充分利用这个动力，使流体得到最大的能量转换，也就是说，要使管道的流道形状能密切地配合流动过程的需要，以致这个过程不产生任何能量损失，尽可能地达到可逆的程度，从而形成了对管道形状的要求，这就是几何条件。必须同时满足力学条件和几何条件，才有可能使工质达到预期的转换目的。

1. 力学条件——压力变化与流速变化的关系

绝热流动时，将能量方程 $q=\Delta h + w_t = 0$ 代入式（4-4-19），得一元稳定可逆绝热流动过程

$$w_t = -\Delta h = \frac{1}{2}\left(c_{f2}^2 - c_{f1}^2\right) = -\int_1^2 v\mathrm{d}p \qquad (4\text{-}4\text{-}23a)$$

式（4-4-23a）表明，气流动能的增量和技术功相当，也就是说，工质在膨胀流动中产生的全部机械能即为气流动能的变化量。

将式（4-4-23a）写成微分形式

$$c_f\mathrm{d}c_f = -v\mathrm{d}p \qquad (4\text{-}4\text{-}23b)$$

由式（4-4-23b）可知，在流动过程中流速与压力的变化成反比，即欲使工质流速增加，必须有压力降低。所以压差是提高工质流动速度的必要条件。

由可逆绝热流动的过程方程［式（4-4-20）］可知，在定熵流动过程中，若压力下降，比容则增加；反之压力增加，比容减少。联系能量方程［式（4-4-23a）］得，管道中的气流其流速与比容是同时增加或减少的，而压力变化与比容和流速变化相反。即要想获得高速

气流，就必须使高压气体进行降压膨胀；同理，要想获得高压气体，则必须使气体流速降低以压缩。

把沿流向使流速增加为目的的管道称为喷管，而把沿流向使压力增加为目的的管道称为扩压管。根据上述分析可知，喷管内气体可逆绝热的流动为膨胀增速，即沿流向呈流速增加（$dc_f > 0$）、压力降低（$dp < 0$）、比容增加（$dv > 0$）和温度降低（$dT < 0$）的变化；扩压管与喷管正相反，为使气体被压缩而升压流动，其参数沿流向的变化是降速（$dc_f < 0$）、增压（$dp > 0$）、比容减小（$dv < 0$）和升温（$dT > 0$）。

2. 几何条件——流速变化与截面变化的关系

由前述的过程方程式、流动能量方程式和马赫数概念式得

$$\frac{df}{f} = (M^2 - 1)\frac{d\omega_g}{\omega_g} \qquad (4\text{-}4\text{-}24)$$

从式（4-4-24）可见，流速的变化不但与流速是高于当地声速还是低于当地声速有关，即与马赫数有关，还与流道截面变化有关。

（1）喷管截面的变化规律

对于喷管，流速是沿着流动方向不断增加的，即 $d\omega_g > 0$。这时式（4-4-24）中 df 的正负号与（$M^2 - 1$）的正负号相同。

当喷管进口的流速为亚声速时，$M < 1$，这时（$M^2 - 1$）为负值，因此，$df < 0$，即亚声速喷管是收缩形的，如图 4-4-8（a）所示。

当喷管进口的流速为超声速时，$M > 1$，这时（$M^2 - 1$）为正值，因此，$df > 0$，即超声速喷管是扩张形的，如图 4-4-8（b）所示。这是由于超声速气流膨胀时，比体积的增加率大于流速的增加率，因此截面积必须逐渐增大。

如果气流从亚声速一直增加到超声速，则喷管应是缩放形的。当气流速度小于当地声速时，喷管截面积逐渐减小；当气流速度大于当地声速时，截面积逐渐增大，即先收缩（亚声速段）后扩张（超声速段）。这种缩放形喷管又称为拉伐尔喷管，如图 4-4-8（c）所示。在缩放形喷管的最小截面处，即 $df = 0$ 处，由式（4-4-24）得 $M = 1$，即在最小截面处，流速恰等于当地声速，为临界流动，因此该截面为临界截面。

下面进行一个实例分析，轴流式废气涡轮结构及气流参数变化如图 4-4-9 所示，单级轴流式涡轮机的主要元件是固定的喷嘴环和旋转的工作叶轮，一列喷嘴环叶片和其后的一列工作叶片组成了涡轮机的一个级。

图 4-4-9（a）为废气流经喷嘴环和叶轮时，气流参数（压力 p、温度 T、流速 c）沿流道的变化情况；图 4-4-9（b）为喷嘴环和工作叶轮的局部剖视图；图 4-4-9（c）为平面叶栅，它是用一个圆柱面切割涡轮，并将所得切面展开在平面上而得到的系列叶型断面，喷嘴环的各叶片间和叶轮各叶片之间构成了废气流道。

（2）扩压管截面的变化规律

对于扩压管来说，流速沿流动方向是不断下降的，即按式（4-4-24），df 的正负号与（$M - 1$）的正负号相反。

当扩压管进口的流速为亚声速时，$M < 1$，（$M^2 - 1$）为负值，因此 $df > 0$，即亚声速扩压管是扩张形的，如图 4-4-10（a）所示。

当扩压管进口的流速为超声速时，$M>1$，（M^2-1）为正值，因比 d$f<0$，即超声速扩压管是收缩形的，如图 4-4-10（b）所示。

如果气流从超声速一直减速到亚声速，扩压管截面面积应先减小后增大而形成缩放形，如图 4-4-10（c）所示。

下面进行一个实例分析，如图 4-4-11 所示为废气涡轮增压器的空气压缩机结构及参数变化规律，一般采用单级离心式空气压缩机。它由进气道、工作轮、扩压器和排气涡壳组成。

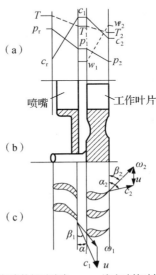

c_1—进入叶轮时气流的相对速度；　c_2—流出叶轮时气流的相对速度；
ω_1—进入叶轮时气流的绝对速度；　ω_2—流出叶轮时气流的绝对速度；
u—涡轮的周向速度。

图 4-4-9　轴流式废气涡轮结构及气流参数变化

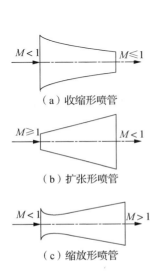

图 4-4-8　喷管截面形状

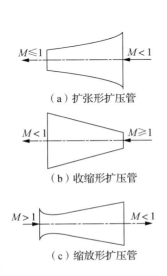

图 4-4-10　扩压管截面形状

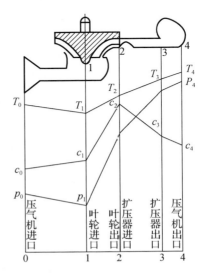

图 4-4-11　离心式空气压缩机结构及气流参数变化

当空气压缩机工作时，新鲜空气经进气道轴向进入空气压缩机叶轮。由于通道的导流作用，气流能在最小的损失下均匀进入空气压缩机叶轮。进气道是渐缩流道，在进气道中，压力、温度略有降低，流速提高。正是因为压力降低，空气才被吸入工作叶轮。空气进入空气压缩机叶轮后，随叶轮高速回转，产生离心力。这样，空气在叶轮叶片间随叶轮做圆周运动的同时，在离心力的作用下向叶轮外缘流动并被压缩。在叶轮中气体的流速、压力、温度都升高，其中流速提高很多。这是由于叶轮对气体做功，把叶轮的机械能变成了气体的动能和压力能。气体被压缩时温度也开高了。在扩压器中，由于流道逐渐扩大，使空气的动能转换为压力能，流速降低，压力升高。排气蜗壳中的通道也是渐扩的，因而空气流过时继续将动能转换为压力能。

四、绝热节流过程

工质在管道中流经一个小孔（如缩孔、孔板、阀门或狭缝等）时，由于流道截面突然缩小，工质流速急增、压力急降，这种现象称为节流，如图 4-4-12 所示。当工质流过小孔

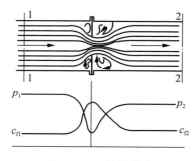

图 4-4-12　绝热节流

后，流道截面突然扩张到原来的尺寸，工质的流速降至孔前值，压力较孔处升高。工质流经小孔前后断面的突然收缩和扩大，使流动工质中产生了大量的涡漩，因而工质内部摩擦很剧烈，所以节流过程是典型非准静态的不可逆过程。这样，节流后压力就不能恢复到原来的数值。按照小孔直径与管道直径比值的不同，压力降低的数值也不同。又因为工质流经小孔时流速较大，来不及与外界进行热交换，故节流过程也可认为是不可逆绝热过程，节流后气体的熵必然增大。

另外，工质在节流过程中与外界无功量交换且不考虑其流动的位能差。在节流孔及其附近，工质流动状况很不稳定，但在距孔口较远处（如图 4-4-12 中截面 1—1 和截面 2—2 处）工质的流动是稳定的，故可运用稳定流动能量方程。

将稳定流动能量方程，整理得 $h_1=h_2$，即在绝热节流过程中，节流前、后工质的熵相等。

综上所述，绝热节流是熵增、降压、比容增大、等焓的不可逆过程，理想气体绝热节流前后温度保持不变，而实际气体绝热节流前后温度可能不变，可能降低，也可能升高。

大多数实际气体节流后温度降低，热力工程常利用节流温度变化效应使气体节流降温或使气体液化。例如，在蒸汽压缩制冷装置中，将 30℃制冷剂 R12 的饱和液体（对应的饱和压力为 0.74490MPa）节流后终压为 $p_2=0.10041MPa$，终温度下降至 $t_2=-30℃$。

绝热节流在工程上除广泛地应用于船舶的制冷和空气调节外，还常用于压力调节、流量调节、湿蒸汽的干度测量及蒸汽动力装置的功率调节等。

第三节　空气压缩机

空气压缩机是生产压缩气体的设备，它不是动力机，而是消耗机械能来得到压缩气体的一种工作机。按其生产的压缩气体的压力范围，可分通风机（表压小于 0.015MPa）、鼓

风机（表压为 0.015～0.04MPa）和压缩机（表压大于 0.04MPa）三类。空气压缩机按构造和工作原理，可分为活塞式和叶轮式（离心式、轴流式）两类。通风机和鼓风机是叶轮式的，而压缩机有叶轮式的也有活塞式的。此外，还有一种特殊压缩设备为引射式的。

　　船舶压缩空气系统分为高压系统和低压系统。高压系统主要用于起动主机、辅机做动力源，压力一般为 2～3MPa；低压系统主要用于控制空气和日用空气，压力一般为 0.7MPa。船舶常见的空气压缩机是活塞式空气压缩机，如图 4-4-13 所示。

　　本节主要讨论活塞式空气压缩机的工作原理、耗功量和产气量，对叶轮式空气压缩机的工作原理只做简单地介绍。

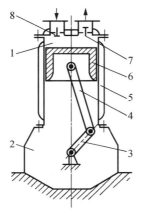

1—气缸；2—曲轴箱；3—曲轴；4—连杆；5—冷却水套；6—活塞；7—排气阀；8—进气阀。

图 4-4-13　活塞式空气压缩机示意图　　　　　　　　活塞式空气压缩机

一、单级活塞式空气压缩机工作原理

　　图 4-4-14（a）中主要示出活塞 1、气缸 2、吸气阀 3、排气阀 4 和空气滤清器 5 等。为了便于散热，有的气缸壁装有肋片 6，有的气缸做成双层，冷却水在隔层中流过进行冷却。图 4-4-14（b）所示为单级活塞式空气压缩机的示功图。示功图为气缸内气体压力随其容积的变化曲线，由示功器测得。现将压缩机的工作过程简述如下：

　　4—1 为吸气过程。进气阀开启，排气阀关闭，活塞向右行，气体被吸入气缸，直至右止点 1 完成进气，进气阀关闭。在整个进气过程中，因进气有流动阻力损失，所以气缸内压力始终小于进气口外界的大气压。

　　1—2 为压缩过程。进、排气阀均关闭，活塞在外力推动下向左行，被封闭在缸内的气体为多变压缩过程，其压力升高、温度升高。

　　2—3 为排气过程。活塞左行至 2 点时，其压力 p_2 大于储气瓶内的压力，排气阀开启，压缩气体排至储气瓶中，至左止点 3 时排气结束。由于排气有流动阻力，故排气压力略高于储气瓶中的压力。

　　3—4 为余隙容积内压缩空气的膨胀过程。

　　如图 4-4-14（b）中曲线 3—4 所示，当活塞到达上止点时，为了保证活塞在运动中不致碰撞敲击气缸盖，在活塞与气缸盖之间留有一个很小的余隙，由这一余隙所形成的容积称为余隙容积，用符号 V_0 表示。残存在余隙内的空气压力为 p_3。由于 $p_3>p_1$，活塞自上止点向下止点移动时不能立即从大气中吸入新鲜空气。只有残余的高压气体在气缸中膨胀至压力低于大气压力时（图中点4），进气阀才在大气压力与气缸内气体压力差的作用下克服弹簧张力而开启，吸气过程才能开始。

图 4-4-14（b）是实际压缩过程的示功图，如果略去进、排气系统的流动阻力和进、排气阀弹簧张力可得单级活塞式空气压缩机的理想示功图，如图 4-4-14（c）所示。上述四个过程由活塞往复一次来完成，它将状态为（p_1、T_1）的空气吸入，经过压缩变成压力为 p_3 的高压气体，最后排入空气瓶，它消耗的机械功可用 p-V 图中过程 12341 所包围的面积表示。

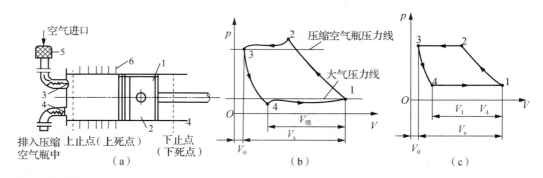

图 4-4-14　单级活塞式空气压缩机简图和示功图

二、单级活塞式理想压缩机及耗功量

1. 单级活塞式理想压缩机

为了研究方便起见，略去进、排气系统的流动阻力和余隙容积 V_0，而将实际工作过程理想化为理想压缩机的工作过程。

取气缸空间为热力系统，实际上此系统是不稳定流动的开口系统。为简化分析，本节对实际工作活塞式空气压缩机进一步做如下简化：

1）忽略余隙容积存在。即排气结束时余隙容积为零，气缸内无残留气体。

2）忽略所有过程中不可逆因素。

3）工质为理想气体，略去进、排气中的阻力损失，即进、排气为压力等状态参数不变化的质量变化过程，不是热力过程；忽略气体进、出压缩机的动能和重力位能差。

符合上述假设条件的称为活塞式理想压缩机，如图 4-4-15 所示。

图 4-4-15 中 4—1 为定压吸气过程，在吸气过程中，气体的压力、温度、比容都没有改变。气缸中气体容积的增加是由于进入气缸中的气体质量增加的结果，而比容没有变化。

图 4-4-15 中 1—2 为气体压缩过程。压缩过程有两种极限情况：一种是气缸被冷却比较充分的情况下的定温压缩过程，如图 4-4-16 中的 1—2_T；另一种是过程进行极快，气缸散热较差，气体与外界的交换量可忽略不计的绝热压缩过程，如图 4-4-16 中 1—2_s。压缩机中进行的实际压缩过程通常在上述两者之间，压缩过程中有热量传出，气体温度也有所升高，即实际过程是介于前两种过程之间的多变过程，如图 4-4-16 中的 1—2_n。

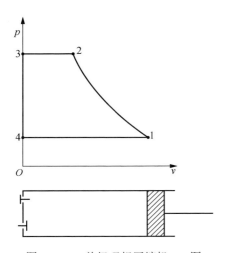

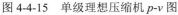

图 4-4-15　单级理想压缩机 $p\text{-}v$ 图

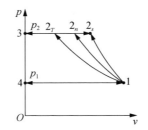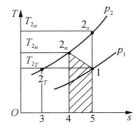

图 4-4-16　理想压缩机的三种压缩过程

2. 单级活塞式压缩机的耗功

压缩气体的生产过程包括气体流入、压缩和输出，所以压缩机耗功应以技术功计算，图 4-4-16 中 $p\text{-}v$ 图的过程 12341 所包围的面积就是实际压缩机一次工作消耗的机械功。

从 $p\text{-}v$ 图可以看出，定温压缩时压缩机所消耗的机械功最小（以面积 12_T341 表示），绝热压缩时所消耗的机械功最大，多变压缩时所消耗的机械功介于两者之间。因此，对压缩机气缸加强冷却，使实际的压缩过程尽量接近于定温压缩，能够减少压缩机的耗功，而且可以使压缩终点气体温度不过高，以保证活塞环在气缸壁上得到正常的润滑温度。此外，绝热压缩后气体比容较大，因而占用较大储气罐容积，这也是不利的。实际上单级活塞式压缩机过程的多变指数 $n=1.2\sim1.3$。

压缩机理想三种压缩过程的耗功量，由本章第一节相关内容可知

定温过程：　　$W_{t,T} = p_1 V_1 \ln \dfrac{p_1}{p_2}$

定熵过程：　　$W_{t,s} = \dfrac{k}{k-1} p_1 V_1 \left[1 - \left(\dfrac{p_2}{p_1} \right)^{\frac{k-1}{k}} \right]$

多变过程：　　$W_{t,n} = \dfrac{n}{n-1} p_1 V_1 \left[1 - \left(\dfrac{p_2}{p_1} \right)^{\frac{n-1}{n}} \right]$

式中，气体终压 p_2 与初压 p_1 之比称为增压比 β，即 $\beta = p_2/p_1$。

三、活塞式压缩机的容积效率

前面讨论的是无余隙的单级活塞式理想压缩机，实际压缩机有余隙容积。如图 4-4-17 所示反映了有余隙的活塞式压缩机的理想工作过程。可见，余隙内残气从 V_3（$V_3 = V_c$）膨胀降压至 V_4 才开始进气，直接影响到实际进气数量，故引入容积效率来衡量余隙容积对压缩机实际工作的影响。

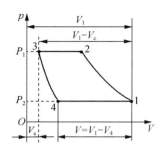

图 4-4-17　气缸余隙容积及影响

气缸实际进气容积为 V（$=V_1-V_4$），称为有效进气容积，容积 V_s（$=V_1-V_c$）称为气缸工作容积。

$$容积效率\ \eta_v = \frac{有效进气容积}{气缸工作容积} = \frac{V_1-V_4}{V_1-V_c}$$

余隙容积的影响从以下两方面讨论：

1．对压缩机供气量的影响

由图 4-4-17 可以看出，余隙容积的存在，造成气缸工作容积利用不充分，使压缩机供气量减少。

用有效进气容积和气缸工作容积之比来衡量气缸工作容积的利用率，称为容积效率，以 η_v 表示，即

$$\eta_v = \frac{V}{V_s}$$

令 $\delta = V_c/V_s$，称为压缩机的余隙比。设压缩过程 1—2 和余隙中残气的膨胀过程 3—4 都是相同指数 n 的多变过程，则

$$\eta_v = 1 - \frac{V_c}{V_s}\left[\left(\frac{p_2}{p_1}\right)^{\frac{1}{n}} - 1\right] = 1 - \delta\left(\beta^{\frac{1}{n}} - 1\right) \quad (4\text{-}4\text{-}25)$$

由式（4-4-25）可见，余隙比 δ 增大，或增压比 β 越大，容积效率 η_v 降低，即有效进气容积将减小，进气量减少。如图 4-4-18 所示，当增压比达到某一极限时，压缩线 1—2″ 与膨胀线 2″—1 重合，此时为有效进气容积小至零的无进气状况。

此外，p_2 越高，压缩终点的气温也越高，当温度超过润滑油的自燃点（300～350℃）时，润滑油就会自燃。压缩终点的气体温度一般不超过 160℃，以保证正常的润滑条件。

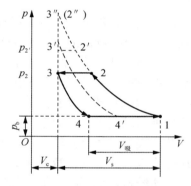

图 4-4-18　增压比对容积效率的影响

为了提高压缩机的容积效率和保证正常润滑条件，一方面应尽量减小压缩机的余隙容积，即降低余隙比 δ，一般为 2%～6%；另一方面单级压缩机的增压比 β 不宜过高，一般 $\beta \leq 7$ 为宜。当超过这个增压比时，应采用多级压缩机。

2．对压缩机耗功的影响

如图 4-4-17 所示，有余隙的单级活塞式压缩机将气体理想压缩时，按 1—2 和 3—4 两过程的多变指数相同计，则活塞往返一次，压缩机所消耗的机械功为

$$W_{c,n} = \frac{n}{n-1}p_1V_1\left[1 - \left(\frac{p_2}{p_1}\right)^{\frac{n-1}{n}}\right] - \frac{n}{n-1}p_4V_4\left[1 - \left(\frac{p_3}{p_4}\right)^{\frac{n-1}{n}}\right]$$

由于 $p_1=p_4$、$p_3=p_2$，因此

$$W_{c,n} = \frac{n}{n-1} p_1 (V_1 - V_4) \left[1 - \left(\frac{p_2}{p_1}\right)^{\frac{n-1}{n}} \right] = \frac{n}{n-1} p_1 V \left[1 - \left(\frac{p_2}{p_1}\right)^{\frac{n-1}{n}} \right] = \frac{n}{n-1} mRT_1 \left(1 - \beta^{\frac{n-1}{n}} \right) \quad (4\text{-}4\text{-}26a)$$

式中，m 为有余隙时的进气质量。如生产 1kg 压缩气体，式（4-4-26）改写成

$$w_{c,n} = \frac{W_{c,n}}{m} = \frac{n}{n-1} RT_1 \left(1 - \beta^{\frac{n-1}{n}} \right) \quad (4\text{-}4\text{-}26b)$$

式（4-4-26b）表明，有余隙后，理论上生产相同增压比、相同质量、相同压缩过程的压缩气体，压缩机耗功量与无余隙时相同。但有了余隙后，要达到原气缸排量的产气量，就必须让活塞往复工作更多次或者增大气缸尺寸，这使实际压缩过程的摩擦等能耗变大，实际压缩机因而多耗功，且增大尺寸又增加了设备的投资，所以余隙容积对压缩机是不利的。考虑到余隙对压缩机的影响，设计制造时应尽量减小余隙，通常取余隙比为 $\delta = 0.03 \sim 0.08$。

四、多级活塞式压缩机

1. 多级中间冷却压缩机及其优点

由分析已得知，理想气体压缩中的多变压缩最接近于实际压缩过程，此压缩后终点温度 T_2 为

$$T_2 = T_1 \left(\frac{p_2}{p_1}\right)^{\frac{n-1}{n}} = T_1 \beta^{\frac{n-1}{n}}$$

可见，实际压缩机出口压力越高（增压比越高），气体压缩终了温度越高。为了有效地降低压缩终点温度；同时，避免压缩终点压力较大而影响容积效率，常采用多级压缩、级间冷却的方法。

如图 4-4-19 所示为级差式两级压缩中冷活塞式压缩机示意图。气体首先进入低压缸被压缩至某一压力后进入级间冷却器被冷却，然后进入高压缸继续被压缩到终压后排出。

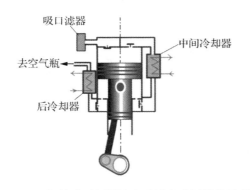

图 4-4-19　级差式两级压缩中冷活塞式压缩机示意图　　　级差式两级活塞式压缩

如图 4-4-20 所示为两级理想压缩机的 $p\text{-}v$ 图和 $T\text{-}s$ 图。图中过程 6—1 为低压气缸的吸气过程；1—2 过程为低压气缸中气体的压缩过程；2—5 过程为低压气缸的排气过程；5—2 过程为压缩气体进入中间冷却器的过程；2—2′过程为压缩气体在中间冷却器中的定压放热过程；2′—5 过程为冷却后的压缩气体排出冷却器的过程；5—2′过程为高压气缸的吸气过

程；2′—3 过程为高压气缸中气体的压缩过程；3—4 过程为高压气缸的排气过程。

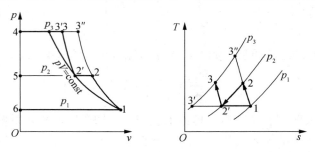

图 4-4-20　两级理想压缩机的 p-v 及 T-s 图

分析图 4-4-20 可以看出，采用多级压缩中间冷却方式具有以下优点：

1）提高压缩机的容积效率，这是最大的优点。由于实际存在余隙容积，所以单级压缩机的排气压力不可能过高。多级压缩将单级的一次压缩过程分成几个压缩段，分别在各个气缸逐级完成，因此与单级一次压缩相比气缸的增压比小了，压缩机的容积效率提高了。

2）降低了排气温度。由于各气缸之间有中间冷却器，图 4-4-20 中 T-s 图上显示，两级排气温度 T_3 显然比单级压缩线 1—3″的排气温度 $T_3″$ 低。

3）耗功量减少。从图 4-4-20 的 p-v 图上可知，若采用单级压缩，则耗功为面积 613″46；若采用两级压缩，则耗功为面积 6122′346，双级比单级节省的功为面积 22′33″2。由 p-v 图还可看出，一定量的气体，从同一初态压缩到相同终压时，压缩级数越多，越接近定温压缩 1—3′过程，耗功也越省。但在实际应用中，级数太多会使压缩机结构过于复杂，管理和维修也较麻烦，工程上通常根据增压比采用 2～4 级。

2. 两级理想压缩机的总功耗与最佳增压比

如图 4-4-20 所示，两级活塞式理想压缩机各级按相同指数多变过程计，因余隙容积对理论耗功无影响，故不计余隙容积。压缩 1kg 气体所耗功为低压缸技术功 w_{cn1} 与高压缸技术功 w_{cn2} 之和。理想压缩机总耗功为

$$w_{cn} = w_{cn1} + w_{cn2} = \frac{n}{n-1}RT_1\left[1-\left(\frac{p_2}{p_1}\right)^{\frac{n-1}{n}}\right] + \frac{n}{n-1}RT_{2'}\left[1-\left(\frac{p_3}{p_{2'}}\right)^{\frac{n-1}{n}}\right]$$

若气体在中间冷却器中被定压（$p_2 = p_{2'}$）冷却至初温，即将 $T_{2'} = T_1$ 代入上式得

$$w_{c,n} = \frac{n}{n-1}RT_1\left[2-\left(\frac{p_2}{p_1}\right)^{\frac{n-1}{n}}-\left(\frac{p_3}{p_2}\right)^{\frac{n-1}{n}}\right] \tag{4-4-27a}$$

根据数学原理，将式（4-4-27a）对 p_2 求导，并使其等于零，可得两级压缩最小总耗功时的最佳增压比 β 和最佳中间压力 p_2。

$$\beta_1 = \beta_2 = \beta = \sqrt{\frac{p_3}{p_1}} \qquad p_2 = \sqrt{p_1 p_3} \tag{4-4-27b}$$

式中，β_1、β_2 分别表示低压缸和高压缸的增压比。

两级最佳压缩时的最小耗功为

$$w_{cn} = 2w_{cn1} = 2w_{cn2} = \frac{2n}{n-1}p_1v_1\left[1-\left(\frac{p_2}{p_1}\right)^{\frac{n-1}{n}}\right] = \frac{2n}{n-1}RT_1\left[1-\beta^{\frac{n-1}{n}}\right] \qquad (4-4-28)$$

可见，多级压缩机当各级增压比相同时，即在气缸最佳增压比或级间最佳中间压力下，总耗功最小。采用最佳增压比后，不仅可以省功，还可使各级压缩耗功量相等，各缸进气温度、排气温度对应相等，各级压缩过程放热量相等。这对于压缩机的设计和运行都很有利。

五、叶轮式压缩机

如图 4-4-21 所示为离心式叶轮压缩机结构简图。气体沿叶轮轴向从叶轮中心部被吸入，进入叶轮叶片之间的气体在叶轮带动下高速旋转产生离心力，气体因此加速甩离叶片而进入泵壳，经蜗形泵壳流道扩压，流速降低、压力升高。

如图 4-4-22 所示，在轴流式压缩机中，气体从进口流入经收缩流道，流速得到初步提高，进口导向叶片使气流改为轴向，同时还起扩压的作用，使压力提高。转子由外力带动做高速转动，装在转子上的工作叶片推动气流，使气流获得很高的流速。高速气流进入装在泵壳上的导向叶片间的通道，使气流的动能降低而压力提高，导向叶片间的通道相当于一个扩压管。轴流式压缩机内由一列工作叶片和一列导向叶片构成一工作级，气流连续地流过各工作级，不断压缩、升压，最后流经扩压器时，气流的余速还有一部分被利用而提高压力，最终从出口排出高压气体。

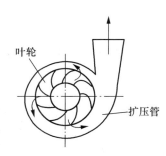

图 4-4-21 离心式叶轮压缩机

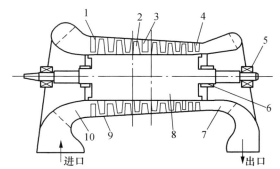

1—进口导向叶片；2—工作叶片；3—导向叶片；4—整流装置；5—轴承；
6—密封；7—扩压器；8—转子；9—机壳；10—收缩器。

图 4-4-22 轴流式压缩机

可以看出，叶轮式压缩机工作分两步，第一步通过工作叶片把机械能传给气体以增加其动能，第二步是气流在导向叶片和扩压管中降低流速，使压力升高。与活塞式压缩机相比，它们中的气体状态变化过程是一样的，但活塞式压缩机将消耗的外界机械能直接转化为气体的压力能。

由于叶轮式压缩机转速很高，气体流速快，可以认为压缩为绝热过程，且忽略气体进、出压缩机动能和重力位能变化。

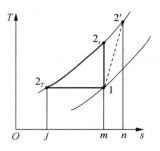

图 4-4-23　叶轮式压缩机压缩过程

图 4-4-23 为叶轮式压缩机绝热压缩过程的 $T\text{-}s$ 图。实际压缩为不可逆绝热的 1—2′熵增过程。1—2$_s$ 过程为理想可逆压缩过程。根据稳定流动任意工质的能量方程，不可逆绝热压缩过程的压缩机耗功为

$$w' = h_1 - h_{2'}$$

可逆压缩过程的压缩机耗功为

$$w_c = h_1 - h_{2s}$$

通常用绝热效率来衡量叶轮式压缩机中绝热压缩过程的不可逆的程度。绝热效率是指在相同初态下压缩至相同终态压力，可逆绝热压缩时压缩机耗功与不可逆绝热压缩时压缩机耗功之比，用符号 η_c 表示：

$$\eta_c = \frac{w_c}{w'} = \frac{h_1 - h_{2s}}{h_1 - h_{2'}} \tag{4-4-29a}$$

若工质为理想气体，且比热取定值，则

$$\eta_c = \frac{T_1 - T_{2s}}{T_1 - T_{2'}} \tag{4-4-29b}$$

叶轮式压缩机相比于活塞式压缩机的最大优点是流量大，气体能无间歇地连续流进、流出，没有余隙，机体紧凑，体积不大。但叶轮式压缩机的一级压缩增压比小，如要得到较高的压力，则需级数甚多；此外，因气流速度相当高，容易造成较大的摩擦等损耗。所以叶轮式压缩机适用于大排量、低压力场合。

第五章　热力循环与热工设备

要实现热能和机械能之间连续不断地转换，必须依靠热力设备内工质做热力循环来完成。前几章提及，循环分两大类，无论热力设备内工质是什么类型及工质做哪种循环，对它们的热力学分析方法有共同之处。本章重点介绍内燃机、蒸汽轮机与制冷装置等实际热力设备，对这些热力循环设备做抽象、概括和理想简化的热力学分析，以找出提高热力循环设备能量利用经济性的措施与途径。

第一节　汽、柴油机动力循环

热机：将热能转换为机械能的设备。热机的工作循环称为动力循环。按照动力装置所用工质的不同，动力循环可分为蒸汽动力循环（以蒸汽为工质）和燃气动力循环（以空气和燃气作为工质）两大类。

按照燃料燃烧的位置不同，把燃料的燃烧过程在机器的气缸内进行的动力装置，称为内燃机，如常见的汽车用汽油机、柴油机、燃气轮机（新型）；而把燃料的燃烧过程放在机器之外的燃烧室中进行的动力装置，称为外燃机，如蒸汽机。

按照点火方式不同，内燃机可分为压燃式（如柴油机）和点燃式（如汽油机）两种。内燃机、燃气轮机都属于能输出机械能的动力设备，它们都是通过工质进行正循环实现连续不断地将热能转换为机械能的热机。

本节主要讨论如何将它们的实际工作过程简化为理想循环，分析影响其热效率的因素，探讨提高循环热效率的途径。

一、分析动力循环的一般方法

实际动力循环非常复杂，燃料的燃烧需要柴油机频繁吸入新鲜空气并排出燃烧后的废气，从而使柴油机的实际工作过程不是一个封闭过程；同时，燃烧时柴油机内气体的化学成分发生变化等多种因素都会导致实际动力循环为不可逆循环。为了简化分析过程，通常暂不考虑各种不可逆因素，把实际的工作过程抽象概括为可逆理想循环进行分析，最后综合考虑各种因素对分析结果进行修正。

二、四冲程内燃机实际工作循环

往复式内燃机类型有多种，按所用燃料不同可分为汽油机、柴油机；按内燃机完成一次循环所需要的冲程可分为四冲程内燃机和二冲程内燃机。

下面以机械喷射式四冲程柴油机为例，说明内燃机实际循环工作原理。

如图 4-5-1 所示为四冲程柴油机工作中气缸内工质的压力随容积的变化曲线（示功图）。图中：

0—1 为吸气过程。排气阀关、进气阀开，活塞右行吸气至右止点（右死点）1。由于气流通道和气阀节流存在阻力损失，所以吸入气缸内的气体压力略低于进气口外的大气压。

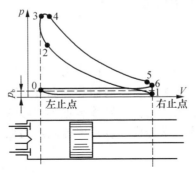

图 4-5-1　内燃机示功图

1—2 为压缩过程。进、排气阀关闭，活塞左行至左止点（左死点）前的 2 点完成压缩。在压缩过程的前一阶段，空气从气缸壁吸热，$q>0$；而压缩过程的后一阶段，被压缩后的空气温度高于气缸壁的温度，空气向气缸壁放热，$q<0$。平均多变指数 $n=1.34\sim1.37$。此过程消耗外界功使气体压缩后升压（3.0～5.0MPa）升温（600～700℃），压缩终点温度超过柴油燃点温度（约 335℃）。燃油喷入后能自行燃烧。

2—3—4 为燃烧过程。通常在压缩终了前，一部分燃油喷入气缸，当压缩终了时，这部分燃油已被气缸内空气加热而迅速燃烧，因而在活塞处于左止点附近，其运动速度变得很小的情况下，压力迅速上升至 5～8MPa（甚至达 8MPa），这一过程接近于定容燃烧过程。后来喷入气缸中的燃油继续燃烧，同时活塞也向右止点移动，这时燃烧过程接近于定压燃烧，燃烧终了时的温度为 1400～1800℃。

4—5 为膨胀过程。当活塞右行至 4 点时，油泵停止喷油，燃烧停止，气缸内高温高压的气体膨胀做功，推动活塞继续右行。此时，气缸容积不断增大，工质的压力、温度下降。和压缩过程相类似，膨胀过程也是一个多变过程。在膨胀的初始阶段，工质的吸热量大于工质向气缸壁的放热量，为吸热过程，$q>0$；后一阶段，工质以向气缸壁放热为主，是放热过程，$q<0$。整个膨胀过程的平均多变指数 $n=1.2\sim1.38$。由于气缸容积的限制，膨胀终了时废气的压力一般为 0.25～0.45MPa，温度为 600～700℃。

5—6—0 为排气过程。柴油机在膨胀终了前的 5 点位置时排气阀打开，废气由于压差作用排入大气中，气缸内压力由 0.25～0.45MPa 迅速降至略高于大气压力，这时活塞几乎没有移动，过程接近于定容过程；随后活塞左行，把剩余废气排出，由于存在流动阻力，排气时气缸内废气压力略高于大气压力，废气温度为 300～500℃。至此，柴油机完成了一个工作循环。

三、四冲程内燃机理想工作循环

1. 内燃机实际循环的理想化条件

由以上简述可知，柴油机的实际循环是开式循环，并有耗散效应、有限温差传热等不可逆因素；同时，由于喷入燃料并燃烧，循环中工质的成分一直在变化，压缩和膨胀过程的多变指数也在变化，所有的过程均不可逆。为了便于研究和分析，必须对柴油机的实际循环进行抽象和概括，建立理想化模型。

1）取消进、排气过程，将柴油机工作过程的开式循环近似看作气缸内气体状态进行变化的封闭循环；由于进气过程 0—1 和排气过程 6—0 中，只是气缸内工质的质量发生了变化，工质的状态和热力参数几乎没有变化，进气过程中工质对活塞做的功与排气过程中活塞对工质做的功近似相等而抵消，因此，取消这两个过程对热效率影响不大。

2）略去喷入燃油的质量，把工质视为化学成分不变、比热为定值的理想气体。

3）把燃烧过程看作外界对气体加热，并认为 2—3 过程为定容加热过程，3—4 过程为定压加热过程。

4）略去压缩过程和膨胀过程中工质与气缸壁的热量交换，平均多变指数近似为 1.4，近似认为是绝热过程。

5）用定容放热过程代替排气过程。工质从膨胀过程的终点开始定容放热，压力降低，直达压缩过程起点，完成一个循环。

6）忽略耗散效应等不可逆因素，将循环的所有过程均视为可逆过程。

经过上述的简化后，可得柴油机的理想热力循环，如图 4-5-2 所示。该循环由于兼有定容和定压加热过程，所以称为混合加热理想循环。它是当代大多数柴油机遵循的理想循环。

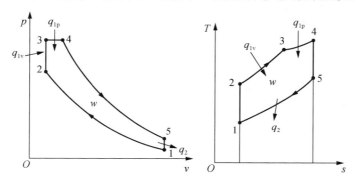

图 4-5-2 柴油机混合加热循环的 p-v 图和 T-s 图

2. 柴油机的理想循环（混合加热循环或萨加德循环）

（1）循环组成

柴油机的理想循环为混合加热循环，其过程组成如下：1—2 绝热压缩过程；2—3 定容吸热过程；3—4 定压吸热过程；4—5 绝热膨胀过程；5—1 定容放热过程。

（2）特性参数

表征柴油机循环特性的参数如下。

1）压缩比：压缩前与压缩后的比体积之比，$\varepsilon = v_1 / v_2$，是反映气缸容积的结构参数。

2）定容升压比：定容加热后与加热前的压力之比，$\lambda = p_3 / p_2$，是反映定容加热量的特性参数。

3）定压预胀比：定压加热后与加热前的比体积之比，$\rho = v_4 / v_3$，是反映定压加热量的特性参数。

（3）混合加热循环的热效率

如图 4-5-2 所示，在混合加热理想循环中，

定容过程 2—3 中单位质量工质的吸热量：$q_{1v} = c_v \left(T_3 - T_2 \right)$。

定压过程 3—4 中单位质量工质的吸热量：$q_{1p} = c_p \left(T_4 - T_3 \right)$。

循环中单位质量工质吸收的总热量：

$$q_1 = q_{1v} + q_{1p} = c_v \left(T_3 - T_2 \right) + c_p \left(T_4 - T_3 \right)$$

循环中工质向低温热源放出的总热量为定容放热过程 5—1 的放热量：

$$q_2 = c_v \left(T_5 - T_1 \right)$$

故循环热效率为

$$\eta_t = \frac{w}{q_1} = \frac{q_1 - q_2}{q_1} = 1 - \frac{q_2}{q_1} = 1 - \frac{c_v\left(T_5 - T_1\right)}{c_v\left(T_3 - T_2\right) + c_p\left(T_4 - T_3\right)}$$

综合上述各式，并由 $k = c_p / c_v$ 可得

$$\eta_t = 1 - \frac{1}{\varepsilon^{k-1}} \cdot \frac{\lambda\rho^k - 1}{(\lambda - 1) + k\lambda(\rho - 1)} \tag{4-5-1}$$

由式（4-5-1）可见，影响柴油机混合加热理想循环热效率的因素是压缩比 ε、定容升压比 λ 和定压预胀比 ρ。

（4）提高混合循环热效率的途径

当定容升压比 λ 和定压预胀比 ρ 不变时，提高压缩比 ε，混合加热理想循环的热效率 η_t 提高，但是由于目前柴油机的压缩比 ε（为 12～22）已经达到了较高的水平，进一步提高 ε，热效率 η_t 的提高并不显著，如图 4-5-3 所示；而且压缩比 ε 过大，会使压缩终点的压力 p_2 和气缸内最高压力 p_3 过高，引起柴油机各部件受力过大，不得不采用笨重的机件，使全机过于笨重，同时也增加了运动部件的磨损。

当压缩比 ε 不变时，提高定容升压比 λ 或降低定压预胀比 ρ，混合加热理想循环的热效率 η_t 提高，其相互关系如图 4-5-4 所示。

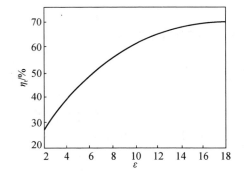

图 4-5-3　混合加热循环 η_t 随 ε 变化曲线

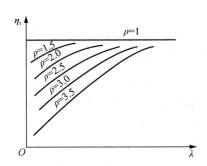

图 4-5-4　混合加热循环 η_t 随 λ 和 ρ 的变化曲线

总之，混合加热理想循环的热效率 η_t 随压缩比 ε 的提高、定容升压比 λ 的提高和定压预胀比 ρ 的降低而提高。

提高实际循环压缩与膨胀过程的多变指数对效率的影响如图 4-5-5 所示，减少实际过程的耗散，使其更接近绝热过程，n 增大→η_t 增大。

例 4-5-1　如图 4-5-2 所示的某非增压混合加热循环柴油机，压缩初始状态 $p_1 = 0.1$MPa，$t_1 = 20°C$，$\varepsilon = 13$，定压升压比 $\lambda = 1.7$，预胀比 $\rho = 1.4$，求特征点 2、3、4、5 点的压力、温度及循环热效率 η_t。

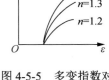

图 4-5-5　多变指数对效率的影响

解：绝热过程 1—2 为

$$p_2 = p_1\left(\frac{v_1}{v_2}\right)^k = p_1\varepsilon^k = 0.1 \times 13^{1.4} \approx 3.63\text{(MPa)}$$

$$T_2 = \frac{p_1 v_1}{R} = \frac{p_2 P T_1}{\varepsilon p_1 R} = \frac{p_2 T_1}{p \varepsilon_1} = \frac{3.36 \times 293}{0.1 \times 13} \approx 818(\text{K})$$

$$t_2 = 545(\text{℃})$$

定容过程 2—3：

$$p_3 = \lambda p_2 = 1.7 \times 3.63 \approx 6.2(\text{MPa})$$

$$T_3 = T_2 \frac{p_3}{p_2} = \lambda T_2 = 1.7 \times 818 \approx 1390(\text{K}), \quad t_3 = 1117(\text{℃})$$

定压过程 3—4：

$$p_4 = p_3 = 6.2(\text{MPa})$$

$$T_4 = T_3 \left(\frac{v_4}{v_3} \right) = \rho T_3 = 1.4 \times 1390 = 1946(\text{K}), \quad t_4 = 1673(\text{℃})$$

绝热过程 4—5：

$$p_5 = p_4 \left(\frac{v_4}{v_5} \right)^k = p_4 \left(\frac{v_4}{v_3} \right) \cdot \left(\frac{v_3}{v_5} \right)^k = p_4 \frac{\rho}{\varepsilon^k} = 6.2 \times \frac{1.4}{13^{1.4}} \approx 0.27(\text{MPa})$$

$$T_5 = T_1 \frac{p_5}{p_1} = 293 \times \frac{0.27}{0.1} = 797(\text{K}), \quad t_5 = 524(\text{℃})$$

$$\eta_t = \left(1 - \frac{q_2}{q_1} \right) \times 100\% = \left[1 - \frac{T_5 - T_1}{(T_3 - T_2) + K(T_4 - T_3)} \right] \times 100\%$$

$$= \left[1 - \frac{797 - 293}{(1390 - 818) + 1.4 \times (1946 - 1390)} \right] \times 100\% \approx 62.7\%$$

3. 汽油机的理想循环（定容加热循环）

汽油机由火花塞点火引燃，使气缸内由易挥发的汽油形成的可燃混合气迅速燃烧，燃烧时活塞位移极小，因此汽油机理想循环为定容加热循环（又称奥托循环），如图 4-5-6 所示。

（1）循环组成

从图 4-5-6 所示的定容加热理想循环 $p\text{-}v$ 和 $T\text{-}s$ 图可见，定容加热循环是由 1—2 可逆绝热压缩过程、2—3 可逆定容加热过程、3—4 可逆绝热膨胀过程、4—1 可逆定容放热过程组成的可逆正循环。

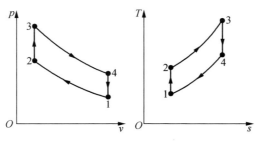

图 4-5-6　定容加热循环

（2）特性参数

比较定容加热理想循环与混合加热理想循环可以看出，定容加热理想循环是将加热量全部分配到定容加热过程的混合加热理想循环的一个特例，即混合加热理想循环的定压预胀比 $\rho=1$ 时就是定容加热理想循环。

（3）混合加热循环的热效率

根据混合加热循环热效率计算公式，当预胀比 $\rho=1$ 时，定容加热理想循环的热效率为

$$\eta_t = 1 - \frac{1}{\varepsilon^{k-1}} \tag{4-5-2}$$

因此，定容加热理想循环的热效率只随压缩比 ε 增加而提高。

但是，对于理想化为定容加热循环的实际汽油机来说，如果压缩比太高，在压缩过程中燃油和空气的可燃混合气体的温度就会超过它的自燃点而在点火前自行燃烧，发生"爆燃"，不但热效率会降低，还会影响机器的正常运行及寿命，所以汽油机的压缩比提高受到限制，通常为 $\varepsilon=6\sim10$。因此限制，汽油机压缩比 ε 较柴油机压缩比 ε 要低得多，这就是汽油机循环热效率一般比柴油机循环热效率低的原因。

4. 高增压柴油机及汽车用高速柴油机的理想循环（定压加热循环）

（1）循环组成

如图 4-5-7 所示，定压加热理想循环是由 1—2 可逆绝热压缩过程、2—3 可逆定压加热过程、3—4 可逆绝热膨胀过程、4—1 可逆定容放热过程组成的可逆正循环。

早期柴油机转速较低，应用庞大的压缩机在高压 8MPa 左右将柴油分散成雾状喷入气缸，这种供油方式不必提早喷油，燃烧过程主要是在活塞离开上止点后随喷随烧，进行到上止点后某一时刻即喷油结束时为止。喷油、燃烧、膨胀同时进行，整个燃烧过程气缸内压力变化不大，可以近似认为是定压燃烧过程。对实际循环理想化后可得早期柴油机的理想循环——定压加热循环（又称狄塞尔循环）。近年来，有些高增压柴油机及汽车用高速柴油机的燃烧过程，也都视为定压加热循环。

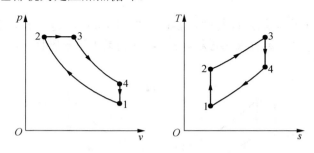

图 4-5-7　定压加热循环

（2）特性参数

定压加热理想循环相当于定容升压比 $\lambda=1$ 的混合理想循环特例。

（3）定压加热循环的热效率

$$\eta_t = 1 - \frac{\rho^k - 1}{\varepsilon^{k-1} k (\rho - 1)} \quad\quad\quad (4\text{-}5\text{-}3)$$

由式（4-5-3）知，定压加热理想循环的热效率 η_t 随压缩比 ε 的增大、预胀比 ρ 的减小和采用高 k 值的气体而增大。但定压加热循环压缩比的提高会受机械效率较小的限制，因为定压加热循环中机器所受的最高压力不是短时间作用的，压缩比过高会使零件笨重，摩擦损失增加，有效热效率得不到提高，所以对于高增压柴油机和汽车用高速柴油机，必须限制其循环的最高压力和温度。

但值得注意的是，在某些情况下，内燃机的机械负荷和热负荷是主要限制条件，其中，机械负荷的大小主要取决于系统的最高压力，热负荷的大小主要取决于系统的最高温度，当循环的最高压力和最高温度一定时，定压加热理想循环热效率最高。

四、三种理想循环比较

三种理想循环的 $T\text{-}s$ 图如图 4-5-8 所示，图中 $12_m 3451$ 为混合加热循环，$12_v 345112$ 为定容加热循环，$12_p 3451$ 为定压加热理想循环。由图 4-5-8 可见，三种理想循环的放热量 q_2 相等，均为面积 $a15ba$；而三种理想循环的吸热量 q_1 却不相等，存在 q_{1p}＝面积 $a12_p 345ba >$ q_{1m}＝面积 $a12_m 345ba > q_{1v}$＝面积 $a12_v 345ba$。即

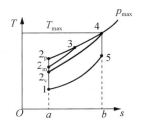

图 4-5-8　在循环最高压力和最高温度一定时三种理想循环的比较

$$q_{1p} > q_{1m} > q_{1v}$$

$$\eta_{tc} = 1 - \frac{q_2}{q_1} = 1 - \frac{T_2}{T_1}$$

因此循环热效率为

$$\eta_{1p} > \eta_{1m} > \eta_{1v}$$

可见，在 p_{max}、T_{max} 一定时，定压加热循环允许较高的压缩比 ε 而获得最好的经济性。这就是部分高增压柴油机即汽车用高速柴油机采用定压加热循环工作的原因。

五、内燃机循环的平均压力和功率

1. 内燃机循环的平均压力

设内燃机气缸工作容积（即活塞排量）为 V_s（单位：m^3），气缸中每一循环所用的工质为 m（单位：kg），则每一循环单位质量工质对活塞做的总功为 w（单位：J / kg），图 4-5-9 是内燃机理想循环示功图，所围面积数值即为循环总功 mw，则单位气缸工作容积在每一循环中做的功为

$$p_t = \frac{mw}{V_s} \quad\quad\quad (4\text{-}5\text{-}4)$$

式中，p_t 的单位与压力的单位相同，因此 p_t 称为内燃机理想循环的平均压力。可见，平均压力代表单位气缸容积的做功能力，p_t 越大，说明内燃机的动力性能越好。

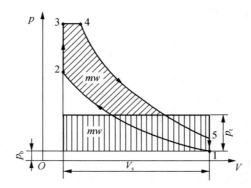

图 4-5-9　内燃机理想循环的 p-v 图与平均压力

因为循环中的工质的质量 $m = \dfrac{p_1 V_s}{R T_1}$，单位质量的循环功 $w = q_1 \eta_t$，代入式（4-5-4）得

$$p_t = \frac{mw}{V_s} = \frac{p_1 V_s q_1 \eta_t}{R T_1 V_s} = \frac{p_1 q_1 \eta_t}{R T_1} \qquad (4\text{-}5\text{-}5)$$

可见，增加单位质量气体的加热量 q_1、提高热效率 η_t 以及提高压缩始点气体的压力 p_1 和降低压缩始点气体的温度 T_1，可以提高平均压力 p_t。

但是，由于内燃机的气缸容积一定，在吸气过程中所能吸入的空气量也就为一个定值，为了使喷入的燃油完全燃烧，喷油量一定，因此 q_1 基本不变；热效率 η_t 的提高又受到循环特性参数的限制，因此影响 p_t 的主要因素就是压缩始点的压力 p_1 和温度 T_1。如果提高 p_1、降低 T_1，则空气密度增加，循环空气量增多，就允许喷入更多的燃油，从而加热量 Q_1 增大，循环功 mw 增多。因此提高压缩始点气体的压力 p_1 和降低压缩始点气体的温度 T_1 是提高平均压力的有效方法。

2. 内燃机的功率

（1）内燃机的指示功率

内燃机气缸中的工质在单位时间内对活塞做的功，称为指示功率，用符号 N_i 表示，单位为瓦（W）或千瓦（kW）。

内燃机每个气缸中的工质在每一工作循环中对活塞所做的功（单位：J）为

$$W = mw = p_t V_s = p_t \frac{\pi D^2}{4} S \qquad (4\text{-}5\text{-}6)$$

式中，D 为气缸直径，m；S 为冲程长度，m；$V_s = \pi D^2 S/4$ 为活塞排量，m^3。

若内燃机每分钟的转数为 n（r/min），冲程系数即每转完成的循环数为 τ，则完成一个循环用时 t 为

$$t = \frac{60}{n\tau}(\text{s})$$

因此，缸数为 i 的内燃机理想循环的指示功率 N_i（单位：W）为

$$N_i = \frac{iW}{t} = \frac{p_t V_s i n \tau}{60}(\text{W})$$

或
$$N_i = \frac{p_t V_s n i \tau}{0.06} \text{(kW)} \tag{4-5-7a}$$

式中，p_t 为平均压力，MPa；V_s 为气缸工作容积，m^3；n 为转速 r/min；i 为缸数。对于四冲程，$\tau = 1/2$，对于二冲程，$\tau = 1$。

由式（4-5-7a）可知，整机功率随 p_t、V_s、n、i、τ 等的增加而提高。对于实际柴油机，气缸工作容积 V_s、转速 n、缸数 i、冲程数 τ 的提高都受限制，本书对此不加评述，而平均压力 p_t 的提高是提高功率的有效方法。

因为循环中工质质量 $m = \dfrac{p_1 V_1}{RT_1}$，用 V_s 代替 V_1 则 $m = \dfrac{p_1 V_s}{RT_1}$；循环功 $w = q_1 \eta_t$，所以

$$p_t = \frac{mw}{V_s} = \frac{p_1 V_s q_1 \eta_t}{RT_1 V_s} = \frac{p_1 q_1 \eta_t}{RT_1} \tag{4-5-7b}$$

（2）提高内燃机指示功率的主要途径

由式（4-5-7b）可知，内燃机的指示功率 N_i 随缸数 i、转速 n、活塞排量 V_s 和平均压力 p_t 的增加，以及冲程数 τ 的减少而提高。

虽然增加缸数、气缸直径、冲程长度以及减少冲程数，可以提高内燃机的功率，但是这些参数改变的幅度受到多种因素的限制。内燃机转速的增加可以增大内燃机做功频率，提高功率。但是，转速增加会使磨损增加，内燃机的惯性力增加，使内燃机寿命缩短，可靠性变差。对于船用主机，还受到螺旋桨效率的限制，因而这种方法也是有限度的。目前新型船用低速柴油机大多通过降低转速以获得更高的经济性。因此，提高内燃机循环的平均压力 p_t，是提高内燃机指示功率 N_i 的主要途径。

现代柴油机为了提高平均压力进而提高功率，利用增压的方法，采用专门的压缩机（如废气涡轮增压器），先将空气由大气压力压缩到较高的压力 p_1，再经过空气冷却器降低空气的温度 T_1，然后送入柴油机气缸。这样，在柴油机的气缸容积不变的条件下，可充入更多的空气，从而可以多喷油，发出更大的功率。

（3）内燃机的有效功率

内燃机的指示功率只能反映气缸内部的功率大小，它不能完全从曲轴上输出，因为还要扣除活塞与气缸、曲轴与轴承之间的摩擦损失以及带动配气机构、水泵、油泵等所消耗的功率。实际上从内燃机轴上输出的功率，称为有效功率，用符号 N_e 表示，单位为瓦（W）或千瓦（kW）。

有效功率可用测功器测量。有效功率的数值比指示功率小，有效功率与指示功率之比为机械效率，用符号 η_e 表示。因而，有效功率也可写为

$$N_e = \eta_e N_i$$

在额定负荷下，内燃机的机械效率为 0.75～0.90。

例 4-5-2　例 4-5-1 的四冲程柴油机改装成增压柴油机，压缩始点的参数提高为 $p_1=0.15\text{MPa}$，温度 $t_1=60℃$，压缩比 $\varepsilon=13$，采用混合加热循环，定压升压比 $\lambda=1.7$，预胀比 $\rho=1.4$，缸径 $D=250\text{mm}$，活塞行程 $S=300\text{mm}$，转速 $n=600\text{r/min}$，缸数 $i=6$。求：①特征点 2、3、4、5 点的压力、温度；②循环热效率 η_t；③增压前、后发动机的理论功率；④增压前、后的平均压力。

解：1）特征点 2、3、4、5 点的压力、温度。压缩终点 2，按绝热过程方程式为

$$p_2 = p_1\left(\frac{v_1}{v_2}\right)^k = 0.15 \times 13^{1.4} \approx 5.44(\text{MPa})$$

$$T_2 = \frac{p_2 v_2}{R} = \frac{p_2 T_1}{\varepsilon p_1} = \frac{5.44 \times (60+273)}{13 \times 0.15} = 929(\text{K}), \quad t_2 = 656\text{℃}$$

定容加热过程终点 3：

$$p_3 = \lambda p_2 = 1.7 \times 5.44 \approx 9.25(\text{MPa})$$

$$T_3 = T_2\frac{p_3}{p_2} = \lambda T_2 = 1.7 \times 929 \approx 1579(\text{K}), \quad t_3 = 1306\text{℃}$$

定压过程终点 4：

$$T_4 = T_3\frac{v_4}{v_3} = \rho T_4 = 1.4 \times 1579 \approx 2211(\text{K}), \quad t_4 = 1938\text{℃}$$

$$p_4 = p_3 = 9.25\text{MPa}$$

绝热膨胀终点 5：

$$p_5 = p_4\left(\frac{v_4}{v_5}\right)^k = p_4\left(\frac{v_4}{v_3}\cdot\frac{v_3}{v_5}\right)^k = p_4\left(\frac{\rho}{\varepsilon}\right)^k = 9.25 \times \left(\frac{1.4}{13}\right)^{1.4} \approx 0.408(\text{MPa})$$

由定容过程关系式：

$$T_5 = T_1\frac{p_5}{p_1} = (60+273) \times \frac{0.408}{0.15} \approx 906(\text{K}), \quad t_5 = 633\text{℃}$$

2）循环热效率 η_t。因为增压后特性参数 ε、λ、ρ 没有变化，所以增压前后的热效率也没有变化。故

$$\eta_t = 62.7\%$$

3）增压前、后发动机的理论功率。

增压前，循环产生的单位质量功、进气量分别为

$$w = q_1 - q_2 = c_v(T_3 - T_2) + c_p(T_4 - T_3) - c_v(T_5 - T_1)$$
$$= 0.723 \times (1398-818) + 1.013 \times (1946-1390) - 0.723 \times (797-293)$$
$$= 414.3 + 563.2 - 364.4$$
$$= 613.1(\text{m}^3/\text{kg})$$

$$m = \frac{V_s}{v_1}$$

$$V_s = \frac{\pi}{4}D^2 S \approx \frac{3.14}{4} \times 0.25^2 \times 0.3 \approx 0.0147(\text{m}^3)$$

$$v_1 = \frac{RT_1}{p_1} = \frac{287 \times 293}{0.1 \times 10^6} = 0.841(\text{m}^3/\text{kg})$$

$$m = \frac{0.0147}{0.841} \approx 0.0175(\text{kg})$$

增压前，循环平均压力及整机功率分别为

$$p_t = \frac{mw}{V_s} = \frac{0.0175 \times 613.1 \times 10^3}{0.0147} = 7.3 \times 10^5(\text{Pa})$$

$$N_i = \frac{mw}{t} = p_t V_s ni\tau / 0.06 = 0.73 \times 0.0147 \times 600 \times 6 \times \frac{1}{2} / 0.06 \approx 320(\text{kW})$$

增压后，循环产生的单位质量功、进气量分别为

$$w = q_1 - q_2 = c_v(T_3 - T_2) + c_p(T_4 - T_3) - c_v(T_5 - T_1)$$
$$= 0.723 \times (1579 - 929) + 1.013 \times (2211 - 1579) - 0.723 \times (906 - 333)$$
$$= 470 + 640 - 414.3$$
$$= 695.7(\text{kJ / kg})$$

$$v_1 = \frac{RT_1}{p_1} = \frac{287 \times 333}{0.15 \times 10^6} = 0.637(\text{m}^3 / \text{kg})$$

$$m = \frac{V_s}{v_1} = \frac{0.0147}{0.637} = 0.023(\text{kg})$$

增压后，循环平均压力及指示功率分别为

$$p_t = \frac{mw}{V_s} = \frac{0.023 \times 695.7 \times 10^3}{0.0147} = 1.09 \times 10^6(\text{Pa}) = 1.09(\text{MPa})$$

$$N_i = \frac{mw}{t} = p_t V_s ni\tau / 0.06 = 1.09 \times 0.0147 \times 600 \times 6 \times \frac{1}{2} / 0.06 \approx 480(\text{kW})$$

比较增压前、后整机功率为

$$\frac{1.09 - 0.73}{0.73} \times 100\% = 49.3\%$$

可见，功率提高 49.3%。但是，增压后气体的各特征点温度、压力也升高，即柴油机的机械负荷、热负荷升高。

第二节 燃气轮机装置动力循环

一、燃气轮机装置的工作原理及特点

燃气轮机的压缩、燃烧和膨胀过程分别在压缩机、燃烧室和燃气轮机里进行，其装置简图如图 4-5-10 所示。空气首先进入轴流式压缩机 1，压缩后的空气进入燃烧室 2，一部分空气直接参与燃料燃烧，成为高温燃气，并与另一部分空气混合，然后进入燃气轮机 3 中膨胀做功，最后排到大气中。

由于燃气轮机没有曲柄连杆机构，因此允许有较高的转速，其装置的质量低于同功率的往复式内燃机。此外，由于燃气轮机中气体能够充分膨胀，使其压力降至稍高于大气压力，从而减少了高压废气所造成的损失。但是由于燃气轮机的部件是在高温下连续地工作的，因此进入第一排叶片的燃气温度要受到叶片材料耐热强度的限制。燃气轮机装置工作循环的最高温度要比往复式内燃机工作循环的最高温度低，热效率也远低于往复式内燃机。随着科学技术的发展，金属耐热性正在不断提高，叶片的冷却技术也在不断改进，所以燃气的初温得到提高，装置热效率也会随之提高。

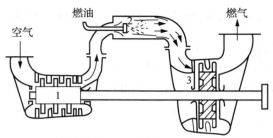

1—轴流式压缩机；2—燃烧室；3—燃气轮机。

图 4-5-10　燃气轮机装置简图

燃气轮机装置

二、定压加热燃气轮机装置的理想循环

　　燃气轮机的加热过程是在定压下进行的，因此其遵循的理想循环称为定压加热燃气轮机装置的理想循环，也称为布雷顿循环（或焦耳循环）。

　　在所做的功中，小部分带动压缩机工作，其余部分对外输出。做功后处于 4 点状态的废气而排入大气，从而完成一个开式的、不可逆的多变过程组成的复杂循环。

　　与对内燃机的理想分析方法一样，根据燃气轮机实际工作特点，经理想化后将其概括为两个定压过程与两个绝热过程形成的闭式循环，称为燃气轮机理想循环，其 p-v 和 T-s 图如图 4-5-11 所示。它是由 1—2 气体在压缩机中可逆绝热压缩过程、2—3 气体在燃烧室中被可逆定压加热过程、3—4 气体在燃气轮机中可逆绝热膨胀过程和 4—1 气体向大气中可逆定压放热过程组成的可逆正循环，其工质以空气替代燃气。

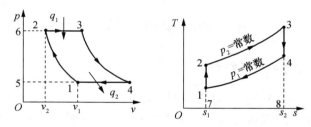

图 4-5-11　燃气轮机理想循环

三、燃气轮机理想循环的热效率及其影响因素

　　燃气轮机理想循环能量及热效率的分析计算类似于内燃机，但各个过程发生在燃气轮机装置的不同组成设备中，每个设备都按稳定流动开口系计。

　　下面取单位质量的工质，分析布雷顿循环的热效率。

　　在燃烧室中定压吸热量 q_1 为

$$q_1 = h_3 - h_2 = c_p \left(T_3 - T_2 \right)$$

　　向大气中定压放热量 q_2 为

$$q_2 = h_4 - h_1 = c_p \left(T_4 - T_1 \right)$$

　　循环的热效率为

$$\eta_\mathrm{t} = 1 - \frac{q_2}{q_1} = 1 - \frac{h_4 - h_1}{h_3 - h_2} = 1 - \frac{T_4 - T_1}{T_3 - T_2} \tag{4-5-8a}$$

式（4-5-8a）中，压缩机的进口温度 T_1 是已知的，压缩机的出口温度 T_2 及 T_3 和 T_4 可根据过程特点和已知参数、条件逐个求出。若引入压缩机增压比 $\beta = p_2/p_1$ 后，循环的热效率为

$$\eta_\mathrm{t} = 1 - \frac{1}{\beta^{\frac{k-1}{k}}} \tag{4-5-8b}$$

由式（4-5-8a）和式（4-5-8b）知，燃气进入涡轮机的初温 T_3 和压缩机的压缩比是影响定压加热燃气轮机装置的理想循环的热效率的两个主要因素。提高燃气初温和压缩比，可使燃气轮机效率显著提高。β 常为 5~20。

燃气轮机的未来发展趋势是提高效率，采用高温陶瓷材料，利用核能和发展煤电技术。提高效率的关键是提高燃气初温，即改进涡轮叶片的冷却技术，研制能耐更高温度的高温材料；其次是提高压缩比，研制级数更少而压缩比更高的压缩机；再次是提高各个部件的效率。

四、带废气涡轮增压器柴油机动力循环

如图 4-5-12 所示为船舶增压柴油机的废气涡轮增压器，相当于在柴油机排气管上串联了一个涡轮机，也可理解为无燃烧室的燃气轮机装置，它是以柴油机排出的气体作为工质，将高于大气温度和压力的柴油机排出的气体（废气）在涡轮机 2 内膨胀做功，所做的功通过转子轴 3 带动压缩机 4 叶轮转动，从而使压缩机 4 向柴油机提供较高的进气压力，使柴油机进气量更多，以提高平均压力，增加柴油机做功能力，动力循环 $p\text{-}v$ 图如图 4-5-13 所示。废气涡轮增压器是利用释放气缸排出的废气本身能量做功的，废气具有的能量占燃油燃烧总热量的 30%，其中被增压器利用的占 50%。

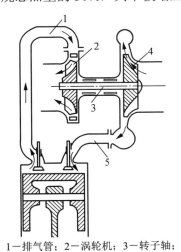

1—排气管；2—涡轮机；3—转子轴；
4—压缩机；5—进气管。

图 4-5-12　柴油机废气涡轮增压器

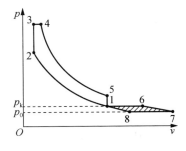

图 4-5-13　增压柴油机

柴油机废气涡轮增压器

第三节　蒸汽动力循环

　　水无色、无味、无害，透明、汽化潜热大，特别是它常见和容易获得，所以在动力循环中蒸汽使用最早，也最为广泛。以蒸汽为工质的动力循环称为蒸汽动力循环，蒸汽动力循环装置是目前火力发电及大型船舶的主要动力装置。

　　蒸汽动力装置不同于气体动力循环，由于燃烧产物不参与循环，故而蒸汽动力循环可利用各种燃料，如煤、渣油、核能，甚至可燃垃圾。本节将简单地介绍蒸汽动力循环的基本形式，并对其性能进行分析，研究提高其经济性能的方法和途径。

一、蒸汽动力循环的特点

　　1）为使用各种形式的燃料和劣质燃料提供了条件，从而提高整个装置的经济性。
　　2）与其他动力循环比较，蒸汽动力循环放热过程的不可逆性是很小的。
　　3）蒸汽动力循环所做的技术功绝大部分为循环净功。

二、简单蒸汽动力循环——朗肯循环

　　朗肯循环是最简单、最基本的蒸汽动力循环，如图 4-5-14 所示。它主要由锅炉、汽轮机、凝汽器和水泵四个基本设备组成。水在锅炉中被定压加热汽化，直至成为过热蒸汽后，进入汽轮机膨胀做功，做功后的低压蒸汽进入冷凝器被冷凝成水，凝结后的水在水泵中被压缩升压后，再回到锅炉中，完成一个循环。

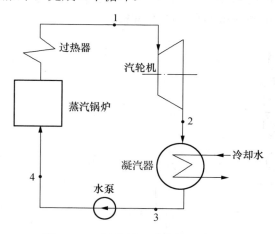

图 4-5-14　朗肯循环系统的装置组成

　　朗肯循环与蒸汽卡诺循环比较，主要的不同之处有两点。一是在朗肯循环中，工质的加热过程不是定温过程而是定压过程，完成加热过程后的工质是过热蒸汽，所以锅炉中要配置过热器。采用过热蒸汽不仅提高了循环工质的平均吸热温度，提高了蒸汽的做功能力和循环热效率，而且能促使乏汽（2 点）的干度提高，有利于汽轮机的安全运行。二是在朗肯循环中，工质在凝汽器中完全冷却凝结为饱和水，故可以用水泵来替换蒸汽压缩机，简化了设备、减少了耗功。

三、理想朗肯循环

对实际循环进行简化和理想化，略去摩擦阻力及温差传热等不可逆因素，理想朗肯循环由两个定压过程和两个绝热过程组成，对应的 T-s 图如图 4-5-15 所示。

两个定压过程与外界不涉及技术功的交换，而只涉及热量交换，热量交换是该过程的目的；两个绝热过程与外界涉及技术功的交换，但与外界没有热量的交换，技术功的交换是该过程的目的。

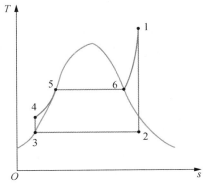

图 4-5-15 朗肯循环及 T-s 图

如图 4-5-15 所示，朗肯循环中，工质在锅炉中经历 4—1 的定压加热过程，由热力学第一定律得单位质量工质的吸热量为

$$q_1 = h_1 - h_4$$

工质在冷凝器中经历 2—3 的定压放热过程，单位质量工质的放热量为

$$q_1 = h_2 - h_3$$

因为水泵绝热压缩过程 2—3 所消耗的功 w_p 与蒸汽在汽轮机中绝热膨胀过程 1—2 的所做的功 w_T 相比很小，几乎可以忽略（$w_p = 0$），则循环净功为

$$w = q_1 - q_2 = (h_1 - h_4) - (h_2 - h_3) = (h_1 - h_2) - (h_4 - h_3)$$
$$= w_T - w_p \approx w_T = h_1 - h_2$$

四、朗肯循环的热效率

朗肯循环的热效率为

$$\eta_t = 1 - \frac{q_2}{q_1} = 1 - \frac{h_2 - h_3}{h_1 - h_4} = \frac{w}{q_1} \approx \frac{w_T}{q_1} = \frac{h_1 - h_2}{h_1 - h_4} \qquad (4\text{-}5\text{-}9)$$

由式（4-5-9）结合图 4-5-15 分析得，提高汽轮机进口初态的温度 T_1 和压力 p_1 是提高朗肯循环的热效率的根本措施。

对于朗肯循环，衡量其经济性的指标除了热效率 η_t 外，还有汽耗率 d，其定义为蒸汽动力装置输出 1kW·h（1 kW·h=3600kJ）功所消耗的蒸汽量，其单位为 kg/(kW·h)，即

$$d = \frac{3600}{w} = \frac{3600}{(h_1 - h_2) - (h_4 - h_3)} \qquad (4\text{-}5\text{-}10)$$

若忽略泵功 w_p，则有

$$d = \frac{3600}{w} \approx \frac{3600}{h_1 - h_2} \qquad (4\text{-}5\text{-}11)$$

汽耗率 d 越大，说明汽轮发电机组发同样多的电，需要更多的蒸汽参与朗肯循环，系统设备所需的投资就越大。如果说朗肯循环的热效率描述的是电厂运行中的经济性，汽耗率 d 则描述的是电厂建设中一次性投资的经济性。

计算朗肯循环上述各参数时，各状态点的焓值只能在水与蒸汽的焓熵图或热力性质表中查得。

第四节　蒸汽压缩制冷循环

一、通风、空气调节与制冷

室内空气质量的衡量参数有温度、湿度、流速、压力、清洁度、成分等。通风和空气调节是创造人们所需要的一定空气环境的一种手段，依据排风和送风质量的要求不同分通风和空气调节。

1. 通风

采用通风方法改善室内空气环境，是将室内被污染的空气直接或经净化后排至室外，将新鲜空气或经过净化符合卫生要求的空气补充进室内。实施通风的目的是通过采用控制空气传播污染物的技术，如净化、排除或稀释等技术，保证环境空间具有良好的空气品质，提供人的生命过程的需氧量，提供适合生活和生产的空气环境。通风系统不循环使用回风，对送入室内的室外新鲜空气并不处理或仅作简单加热或净化处理，并根据需要对排风先进行除尘净化处理后排出或直接排出室外。

按照动力不同，通风方式可分为自然通风和机械通风。

（1）自然通风

自然通风是依靠风压、热压使空气流动，具有不使用动力的特点，如图 4-5-16（a）、（b）所示。

（2）机械通风

机械通风依靠风机产生的风压强制室内外空气流动进行换气，适用于室内对送风有一定的要求或需控制室内有害物浓度的情况，如图 4-5-16（c）所示。

（a）利用风压的自然通风　　　（b）利用热压作用的自然通风　　　（c）机械通风

图 4-5-16　通风的方式

2. 空气调节

空气调节是指在某一特定空间内，对空气的温度、湿度、空气的流动速度及清洁程度进行人工调节，以满足工艺生产过程和人体舒适的要求。现代技术的发展有时还要求对空气的压力、成分、气味及噪声等进行调节与控制。因此，空气调节可视为是通风的高级形式。

空气调节系统一般由空气处理、空气输送、空气分配及调节系统四个基本部分组成。空气调节系统往往把室内空气循环使用，把新风与回风混合后进行热湿处理和净化处理，再送入被调房间。根据空调设备的设置情况，空气调节系统可分为集中式空调系统、半集中式空调系统和分散式空调系统。

（1）集中式空调系统

集中式空调系统的所有设备集中布置，如图 4-5-17（a）所示。该系统的优点是处理气量大，便于管理和控制，但机房占地面积较大。

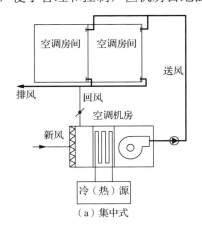
（a）集中式

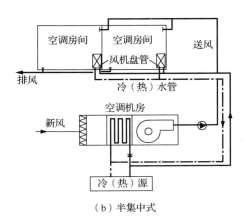
（b）半集中式

图 4-5-17 空调系统

（2）半集中式空调系统

半集中式空调系统除设有集中空调机房外，还设有分散在各房间内的二次设备，其中多半设有冷热交换装置，它的功能主要是处理未经集中空调设备处理的室内空气，如图 4-5-17（b）所示。该系统的优点是易于分散控制和管理，设备占用建筑空间少，但布置分散，维护管理不便，水系统复杂。

（3）分散式空调系统

分散式空调系统把冷热源和空气处理、输送设备等组装在一起，分别对各被调房间进行调节。该系统不需要集中的空调机房，可以根据需要布置在空调房间或邻室。当建筑物中只有少数房间需要空调或空调房间较分散时，宜采用分散式空调系统。

分散式空调按容量大小可分为窗式和立柜式，按供热方式分为冷风型、电热型和热泵型，根据冷凝器的冷却方式分为风冷式和水冷式，按机组的整体性分为整体式和分体式。

对于舒适性空调，根据我国《采暖通风与空气调节设计规范》中的规定，室内计算参数一般按下列数据选取。

夏季：温度 24～28℃；相对湿度 40%～65%；风速不大于 0.3m/s。

冬季：温度 18～22℃；相对湿度 40%～65%；风速不大于 0.2m/s。

新风量：10~100m^3/(h·人)，如办公室 50m^3/(h·人)，大商场 10m^3/(h·人)。

3. 制冷装置

对物体进行冷却，使其温度低于环境温度，并维持此低温，称为制冷。工程上，让制冷剂在系统中进行制冷循环的设备称为制冷装置。制冷装置是为空调系统提供冷源的设备，工程上采用的制冷装置有蒸汽压缩式制冷、蒸汽吸收式制冷、蒸汽喷射式制冷、吸附制冷、热电制冷、磁制冷、涡流管制冷、空气膨胀制冷等方式。由热力学第二定律可知，制冷装置必须以消耗机械能或其他形式的能量为代价才能达到制冷的目的。

如前所述，制冷循环是逆卡诺循环，其目的是把低温热源的热量转移到高温热源。逆卡诺循环的另一种效果是热泵循环。本节主要介绍最常用的蒸汽压缩制冷循环，分析提高循环经济性的途径和方法。

二、制冷剂与其压焓图

1. 制冷剂

制冷剂又称制冷工质，它是在制冷系统中不断循环并通过其本身的状态变化以实现制冷的工作物质。制冷剂在蒸发器内吸收被冷却介质（水或空气等）的热量而汽化，在冷凝器中将热量传递给周围空气或水而冷凝。它的性质直接关系到制冷装置的制冷效果、经济性、安全性及运行管理，因而对制冷剂性质要求的了解是不容忽视的。

理想制冷剂应具备如下特点。

1）环保性：无 ODP（臭氧破坏指数）问题，无 GWP（全球温升指数）问题，无毒，不易燃。

2）具有优良的热力学特性：传热性能良好，热稳定性能良好，良好的流动性，良好的制冷效果。

3）安全性：工质应无毒、无刺激性、无燃烧性及爆炸性。

4）有良好的电气绝缘性。

5）经济性：要求工质价格低廉，易于获得。

在压缩式制冷剂中广泛使用的是氟里昂和烃类，如氟里昂（卤碳化合物制冷剂）R22，R22 对环境的影响为在大气中的存活寿命 18 年、臭氧破坏潜力指数（ODP）为 5%、全球温升指数（GWP）为 40%，故 R22 未来的可用性受限制。异丁烷（R600a）和正丁烷（R600）是烃类，并且都是天然气的组成成分，是从自然界获得的成分之一，具有零臭氧耗损值（ODP）和极低的全球温升指数值。欧洲是发展烷烃制冷剂应用于家用电器最早的地区。世界绿色和平组织也积极推荐碳氢化合物作为替代的制冷工质，德国 AEG 公司于 1990 年开始对碳氢制冷剂的研究，进行一系列试验表明异丁烷（R600a）用于冰箱永久替代氟里昂（CFC），欧洲国家特别是德国 90%以上的冰箱使用 R600a 作为制冷剂，世界各国也逐步扩大使用 R600a 制冷剂，我国目前的冰箱也大部分使用 R600a。

制冷剂安全分类见表 4-5-1。

表 4-5-1 制冷剂安全分类

毒性	Group A	低毒性
	Group B	高毒性
可燃性	Class 1	无火焰传播
	Class 2	低可燃性
	Class 3	高可燃性

如果制冷剂分类为 A1 (Group A, Class 1)，就意味着这制冷剂是低毒并且无火焰传播。

2. 压焓图

制冷剂在制冷循环中有气液相变，为计算制冷循环中各过程的状态变化和交换能量，需查找制冷剂的蒸汽热力性质表，或查根据蒸汽热力性质表绘制的压焓图（如附图 1 中 R22 的 lg$p$-h 图和附图 2 中的 R600a 的 lg$p$-h 图）。

用 T-s 图来定性分析蒸汽压缩制冷循环很直观，但对于定量计算，使用制冷剂的压焓图更为方便。压焓图（lg$p$-h 图）以压力的对数 lg$p$ 为纵坐标，以比焓 h 作横坐标，如图 4-5-18 所示。在压焓图上绘有饱和液体（$x=0$）线和干饱和蒸汽（$x=1$）线，两相汇于临界点 C。同样，饱和线将图面分为三个区：饱和液体线左侧为过冷液区，饱和液体线与干饱和蒸汽线之间为湿蒸汽区，干饱和蒸汽线右侧为过热蒸汽区。图上除水平定压（p）线和垂直等焓（h）线外，还绘有四组定参数值线簇，即等温（t）、等比容（u）、等熵（s）和由临界点出发向右下方呈发散状的等干度（x）线簇。其中等温线是折线，等温线在过冷液区为铅垂线（与定焓线重合），在湿蒸汽区为水平直线（与定压线重合），在过热蒸汽区为向右下方的曲线。

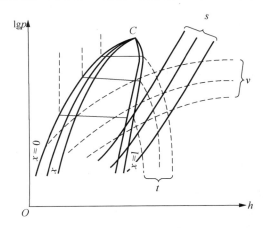

图 4-5-18　制冷剂的 lg$p$-h 图

等比容（v）线，斜率也为正值，随压力升高，等熵线在图上的弯曲程度小，而等比容线弯曲程度大。

等熵（s）线是可逆绝热压缩或膨胀过程线，因为制冷剂可逆绝热压缩时，压力升高，焓值增大，所以等熵线为向右上方伸展的曲线。

等干度线是湿蒸汽区相同干度点的连线，它是一簇向下发散的曲线。

对各种制冷剂均可绘出相应的 lg$p$-h 图。

三、蒸汽压缩制冷装置与其循环

前已述及，逆卡诺循环是最理想的制冷循环，如图 4-5-19 所示。因为在两个恒温热源间的制冷循环中，以逆卡诺循环的制冷系数最高。逆卡诺循环制冷系数为

$$\varepsilon = \frac{q_2}{w} = \frac{q_2}{q_1 - q_2} = \frac{T_2}{T_1 - T_2}$$

即逆卡诺循环制冷系数与工质性质无关，仅与两热源温度有关。

蒸汽压缩制冷循环利用制冷剂气、液两相交替变化来实现定压定温的换热过程，因而在理论上可实现蒸汽逆卡诺循环，以取得较高的制冷系数，但是，蒸汽逆卡诺循环中压缩过程 1—2 制冷剂处于湿蒸汽态会使实际压缩机在工作中产生液击而损坏机件。针对蒸汽压缩制冷的逆卡诺循环缺陷，对蒸汽压缩制冷的逆卡诺循环进行改进。

如图 4-5-20 所示是蒸汽压缩制冷的装置示意图，它由压缩机、冷凝器、热力膨胀阀（节流阀）、蒸发器（冷库）四大部件组成。

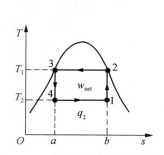

图 4-5-19　蒸汽压缩制冷逆卡诺循环

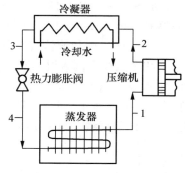

图 4-5-20　蒸汽压缩制冷装置

蒸汽压缩制冷装置

蒸汽压缩制冷的工作原理：低压制冷剂进入低温处的蒸发器定压（也是定温）吸热而汽化，成为饱和蒸汽（状态 1）；低温低压的蒸汽进入压缩机进行近绝热压缩，成为高温高压蒸汽；进入冷凝器放出热量，出来的为高温高压制冷剂饱和液（状态 3）；饱和液被引向节流阀，在其中膨胀降压、降温为低干度的湿蒸汽（状态 4），从而完成闭合循环。

为了便于分析，忽略蒸汽压缩循环中制冷剂在压缩机、冷凝器和蒸发器中实际过程不可逆性因素，制冷剂经过节流膨胀阀的过程为不可逆、熵增、降压、等焓的绝热过程，这样就得到蒸汽压缩制冷理想循环。如图 4-5-21 所示为蒸汽压缩制冷理想循环的 $\lg p\text{-}h$ 图和 $T\text{-}s$ 图。

由于循环中利用制冷剂在相变时具有较大的比汽化潜热来进行吸、放热，所以制冷剂的制冷量（制冷剂在蒸发器中的吸热量）较大，从而使制冷装置的结构较紧凑，这是蒸汽压缩制冷装置得到广泛应用的原因。

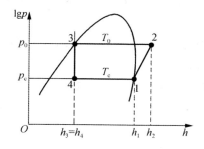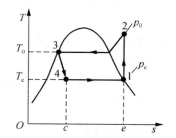

图 4-5-21　蒸汽压缩制冷理想循环的 $\lg p\text{-}h$、$T\text{-}s$ 图

如图 4-5-22 所示，在空调装置中增设换向阀和逆止阀，就能控制工质流动方向。

若使制冷剂从压缩机排出后流向相反，即将原制冷循环的蒸发器（室内处）变为冷凝器使用，而将原制冷循环的冷凝器（室外处）变为蒸发器使用，此装置即可由原夏季制冷改为冬季供暖的热泵装置。

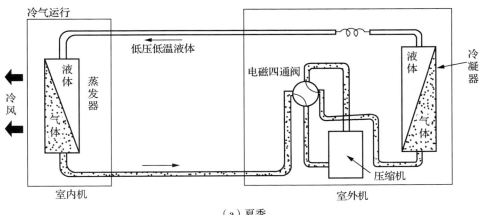

（a）夏季

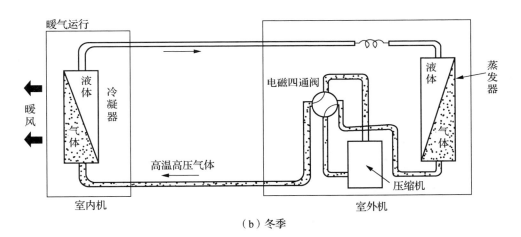

（b）冬季

图 4-5-22　空调的夏季和冬季工况

四、蒸汽压缩制冷循环的制冷系数及影响其制冷系数的因素

1. 蒸汽压缩制冷循环的制冷系数

如图 4-5-21 所示，在蒸汽压缩制冷理想循环的 $\lg p\text{-}h$ 图和 $T\text{-}s$ 图中，完成一个循环，单位质量制冷剂的制冷量 q_2 为

$$q_2 = h_1 - h_4$$

在冷凝器中放热量 q_1 为

$$q_1 = h_2 - h_3$$

由于节流膨胀功并没有回收，故蒸汽压缩制冷循环净耗功为压缩机的耗功 w_c，即

$$w_c = h_2 - h_1$$

因此，蒸汽压缩制冷理想循环的制冷系数 ε 为

$$\varepsilon = \frac{q_2}{w_c} = \frac{h_1 - h_4}{h_2 - h_1} \tag{4-5-12}$$

由式（4-5-12）可知，蒸汽压缩制冷循环的有关功和热量都可由产生功、热量过程的

焓差求得。在制冷剂的 lg$p$-h 图上，过程的焓差就是过程线两端点的水平距离，所以使用制冷剂的压焓图可使计算很方便。

比较图 4-5-19 和图 4-5-21 可见，用节流膨胀过程替代理想的可逆绝热膨胀过程，会使制冷量减小、耗功增加；用蒸汽压缩制冷理想循环压缩始点的饱和蒸汽进行"干压"代替逆卡诺循环压缩始点的湿蒸汽进行"湿压"，会使制冷量增加，耗功也增加。总之，蒸汽压缩制冷理想循环与逆卡诺循环相比，耗功增加量很大，而制冷量增加量很小。所以，蒸汽压缩制冷理想循环制冷系数较相同的两热源温度间蒸汽压缩逆卡诺循环的制冷系数有明显降低。

分析图 4-5-19，可得蒸汽压缩式热泵理想循环的供热系数 ε' 为

$$\varepsilon' = \frac{q_1}{w_c} = \varepsilon + 1 = \frac{h_2 - h_3}{h_2 - h_1} \tag{4-5-13}$$

2. 提高制冷系数的途径

制冷系数是制冷循环的经济性指标，制冷系数高就意味着消耗较小的功能获得较大的制冷量。根据逆卡诺循环揭示的提高制冷系数的方法，分析蒸汽压缩制冷理想循环的 T-s 图或 lg$p$-h 图，将提高蒸汽压缩制冷循环的制冷系数方法归纳如下：

（1）提高蒸发温度

如图 4-5-23 所示，原循环 12341，若冷凝压力不变，把蒸发温度由 T_4 提高到 T_4'，构成新的循环 1'2'34'1'，原循环的制冷系数为

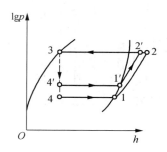

图 4-5-23　蒸发温度对制冷系数的影响

$$\varepsilon = \frac{h_1 - h_4}{h_2 - h_1}$$

新循环的制冷系数为

$$\dot{\varepsilon} = \frac{h_1' - h_4'}{h_2' - h_1'}$$

由图 4-5-24 可见，显然（$h_1' - h_4'$）>（$h_1 - h_4$）、（$h_2' - h_1'$）<（$h_2 - h_1$），即 $\varepsilon < \dot{\varepsilon}$。尽管蒸发温度主要取决于制冷对象的温度要求，不能随意变动，但在制冷对象允许的情况下，通过调节节流阀出口压力，取较高的蒸发温度有利于提高循环的制冷系数。

（2）降低冷凝温度

如图 4-5-24 所示，原循环 12341，若蒸发温度不变，把冷凝温度降低，则循环变为新的循环 12'3'4'1，且 $\varepsilon < \dot{\varepsilon}$。

冷凝温度取决于冷却介质的温度，不易变动很大。在条件允许时，应考虑到有利于制冷剂在冷凝器中散热，因制冷剂在冷凝器内不能较好地放热，将使其冷凝温度和冷凝压力较高，不仅使制冷系数变小、压缩机耗功增大，而且可能引起制冷剂外漏。

（3）加大制冷剂在冷凝器放热后的过冷度

如图 4-5-25 所示，原循环 12341 中进入膨胀阀为饱和液体（3 点），若使进入膨胀阀的制冷剂液体为过冷液体（3'点），而其他条件不变，则新循环变为 123'4'1。由图 4-5-25 看出，新循环比原循环制冷系数大。过冷度越大，制冷系数增加幅度越大。

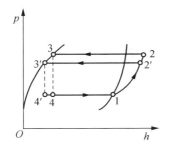

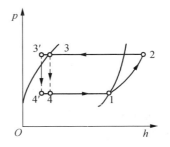

图 4-5-24　冷凝温度对制冷系数的影响　　　图 4-5-25　过冷度对制冷系数的影响

　　制冷剂液体离开冷凝器的温度取决于冷却介质的温度，过冷度一般很小。多数制冷装置专设一回热器，如图 4-5-26 所示。回热器把从冷凝器出来到膨胀阀的这段管路和从蒸发器出来到压缩机的管路包扎在一起，使从冷凝器出来的制冷剂液体进一步冷却，增大过冷度后再进入膨胀阀，同时也让进入压缩机前的蒸汽过热以保证"干压"。在蒸发温度和冷凝温度一般不能随意变动的实际情况下，增大过冷度是提高蒸汽压缩制冷循环制冷系数最有效的方法。

　　（4）改良制冷剂

　　要提高制冷系数，不仅要选用环保型制冷剂，而且其汽化潜热大，其液态比热要小。汽化潜热大才能使单位质量制冷剂有较大的制冷量；液态比热小，即其下界线较陡，可使节流过程中液体汽化量较少，更多的在蒸发器中汽化。另外，制冷剂的蒸汽比容要小，以减小压缩机尺寸，使装置更紧凑。

　　（5）减少不可逆因素

　　尽量减少实际制冷循环中摩擦等不可逆因素，使循环接近于可逆制冷循环。

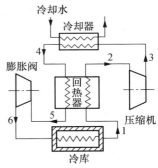

图 4-5-26　回热式压缩制冷装置

第六章　传　热　学

传热学是研究在温差作用下热量传递规律的一门科学。在工程技术中，传热学研究热能的传递过程，概括说来，就是研究不同条件下热传递系统内部的温度分布，与温度分布相关的热流密度，传递给定热量所需的时间。

工程上，实际传热问题可以分为两大类：第一类是满足和确定设备所应有的热传递速率，如热交换器等增强传热和制冷中冷库保温的削弱传热问题；第二类是研究热量传递设备所要求的温度分布，以满足设备的正常运行要求，如内燃机气缸壁最高温度限制。

由于传热现象相当复杂，影响因素很多，传热学研究采用实验研究和理论分析相结合的方法。

本章简要地介绍了温差作用下热量传递的基本规律和船舶常用热交换器，分析了影响传热的基本因素，讨论增强传热和削弱传热的常用方法。

第一节　热量传递的三种基本方式

热量传递只有在物体或空间内部各点温度不同的条件下才能发生。温度场是指物体内部温度的分布规律，是各时刻物体中各点温度分布的总称。一般情况下，物体内部的温度分布既随空间变化，也随时间变化，即温度是空间和时间的函数，所以温度场最一般的数学形式为 $t=f(x,y,z,t)$。根据物体温度分布是否随时间变化，热量传递过程可分为稳态过程与非稳态过程两大类。凡是温度场不随时间而改变［$t=f(x,y,z)$］的热传递过程称为稳态热传递过程，反之则称为非稳态热传递过程。各种热力设备在持续不变的工况下运行时的热传递过程属于稳态过程，而在起动、停机、变工况时所经历的热传递过程则为非稳态过程。本章主要讨论稳态热传递过程。

在温度场中，同一瞬时温度相等的各点连成的面称为等温面。等温面与任一平面的交线称为等温线，不同温度的等温线是不可能相交的，等温线只能是封闭曲线或者终止于物体的界面上。

单位时间内通过某截面的热量，称为热流量，用符号 Q 表示，单位为瓦（W）；单位面积的热流量，即单位时间内通过某截面单位面积的热量，称为热流密度，用符号 q 表示，单位为瓦/平方米（W/m^2）。热流量沿等温面的法线方向，即热流线与等温线垂直，并向着温度较低的方向传递。

在温度场中，温度在空间上改变的大小程度用温度梯度 grad$t$ 表示，它是沿等温面法线方向的温度增量Δt 与法向距离Δn 的比值，即

$$\text{grad}t = \lim_{\Delta n \to 0} \frac{\Delta t}{\Delta n} = \frac{\partial t}{\partial n} \boldsymbol{n}$$

式中，$\partial t/\partial n$ 表示温度 t 在法线方向 $\boldsymbol{n}$ 上的导数。温度梯度是矢量，其正向朝着温度增加的

方向，与热流方向恰好相反，如图 4-6-1（a）所示。

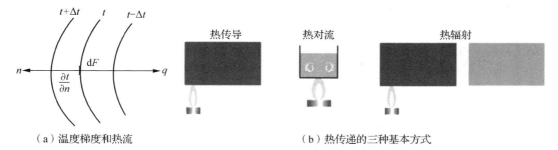

（a）温度梯度和热流　　　　　　　　（b）热传递的三种基本方式

图 4-6-1　热量传递

为了便于分析，按照热传递过程中物质运动的特点，热传递可分为三种基本方式 [图 4-6-1（b）]：热传导（简称导热）、热对流和热辐射。

不同温度的物质之间通过直接接触，或同一物体不同温度的各部分之间，当没有宏观相对位移时，由分子、原子或自由电子等微粒的热运动来传递热量，这种热传递方式称为热传导。流体中不同温度的各部分之间，由流体微团的宏观相对位移来传递热量，此热传递方式称为热对流。物体以电磁波的形式传出热能的过程，称为热辐射。不同温度的物体之间，依靠热辐射方式进行的热传递过程，称为辐射换热。

一、导热

只要有温度差，无论固体、液体或气体中都会有导热现象，在固体与液体、固体与气体及液体与气体的界面上也有导热现象。在固体中才有纯导热方式的热量传递过程，而在气体和液体中的热传递过程中通常伴随有流体宏观微团移动的热对流方式的热量传递过程。

1822 年，法国数学家傅里叶总结了导热的实践经验，认为导热所传递的热流量与温度梯度的绝对值和垂直于热流的截面面积成正比，即

$$q = -\lambda \mathrm{grad}\, t \quad 或 \quad Q = F \cdot q = -F\lambda \mathrm{grad}\, t \tag{4-6-1}$$

式中，λ 称为导热系数，其单位为 W/(m·℃)或 W/(m·K)。

1. 导热系数及其影响因素

导热系数 λ 表征物质导热能力的大小，是物体的热物理性质。导热系数主要取决于材料的成分、内部结构、密度、温度和含湿量等，通常由实验测定。

不同物质的导热系数差异很大，固体中以金属为最大，非金属次之，液体更次之，而气体为最小。

多孔性物质的导热系数是固体与空隙内气体的导热系数的组合值，因此与其密度有关。由于多孔材料的孔隙多，很易因毛细管作用而吸湿受潮，在小孔吸入水分后，其导热系数急剧增大，这是因为水分的传递方向与导热方向一致。如干砖的 $\lambda \approx 0.35$ W/(m·℃)，水的 $\lambda \approx 0.6$ W/(m·℃)，而湿砖的 λ 可高达 1 W/(m·℃)。

有些物质的导热系数 λ 随温度上升而增大，有些物质则相反。一般情况下，纯金属的 λ 随温度上升而下降。合金的 λ 较纯金属小，且与合金成分有关，非金属的建筑材料或绝缘

材料导热系数与温度、组成和结构的紧密程度有关。通常，非金属和合金的 λ 随温度升高而升高。除水和甘油外，绝大多数液体导热系数随温度的升高而略有减小，水在 0～120℃ 范围内，λ 随温度升高而增大；而在 120～1300℃范围内，λ 随温度升高而减小。气体的导热系数随温度的升高而增大。

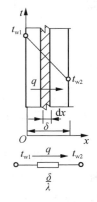

图 4-6-2 单层平壁导热

2. 稳态下通过平壁的导热

平壁指长度与宽度远比厚度大的平面板。如图 4-6-2 所示，厚度为 δ 的平壁两侧表面分别维持温度 t_{w1} 和 t_{w2}，壁内是一维稳态温度场，即导热仅沿壁面法线方向（厚度）传递热量。根据导热傅里叶定律，推导单层平壁一维稳态导热的热流密度 q 为

$$q = \frac{t_{w1} - t_{w2}}{\frac{\delta}{\lambda}} = \frac{\Delta t}{\frac{\delta}{\lambda}} = \frac{\Delta t}{r_\lambda} \qquad (4\text{-}6\text{-}2a)$$

其热流量为

$$Q = F \cdot q = \frac{t_{w1} - t_{w2}}{\frac{\delta}{\lambda F}} = \frac{\Delta t}{\frac{\delta}{\lambda F}} = \frac{\Delta t}{R_\lambda} \qquad (4\text{-}6\text{-}2b)$$

式（4-6-2a）和式（4-6-2b）中，$R_\lambda = \delta/F\lambda$ 表示整个壁面的导热热阻，其单位为℃/W（或 K/W），$r_\lambda = \delta/\lambda$ 表示单位面积壁面的导热热阻，其单位为 m²·℃/W（或 m²·K/W）。

工程上常遇到的平壁往往是由不同材料组成的多层壁。如锅炉炉墙，常由耐火砖、保温层和普通砖层组成。

如图 4-6-3 所示为接触良好的多层平壁。这里引用热阻概念，根据平壁一维稳态导热量是常数的特点，利用串联热阻叠加原则，很方便地确定通过 n 层平壁的热流密度 q 为

$$q = \frac{t_{w1} - t_{w,n+1}}{\sum_{i=1}^{n} \frac{\delta_i}{\lambda_i}} = \frac{t_{w1} - t_{w,n+1}}{\sum_{i=1}^{n} r_{\lambda i}} \qquad (4\text{-}6\text{-}3)$$

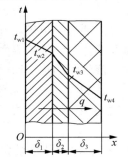

图 4-6-3 多层平壁导热

如图 4-6-3 所示，多层无限大平壁内部温度分布为折线，斜率由导热热阻决定。内部各处热流通量及热流量处处相等，传热总热阻为各个环节热阻之和。

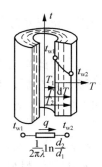

图 4-6-4 通过管壁（圆筒壁）导热

3. 稳态下通过圆筒壁的导热

在热力设备中换热管壁的导热属于圆筒壁导热。设有一长度为 l，内、外直径各为 d_1 与 d_2（$d_1 < d_2$）的圆管且圆管的壁面厚度相对于管长而言非常小，导热系数为定值；内、外壁的温度分别为 t_{w1}、t_{w2}，且 $t_{w1} > t_{w2}$，如图 4-6-4 所示。若用圆柱轴作纵坐标表示管壁的温度，它仅依横坐标 r（半径方向）而改变，即其温度场是一维的，各等温面都是彼此同心的圆柱面。此外，稳态工况下，通过管壁各厚度的圆

柱面热流量 Q 是恒定的，而各个圆柱面上单位面积的热流密度 q 随半径的增加而减少。

依傅里叶定律得，管壁每米管长的热流量 q_1（单位 W/m）为

$$q_1 = \frac{Q}{l} = \frac{t_{w1} - t_{w2}}{\frac{1}{2\pi\lambda}\ln\frac{d_2}{d_1}} \tag{4-6-4}$$

引入热阻概念，则管壁导热热阻为

$$R = \frac{\Delta t}{Q} = \frac{\ln(d_2/d_1)}{2\pi\lambda l} \tag{4-6-5}$$

圆管单位长度热阻为

$$R_1 = \frac{R}{l} = \frac{\Delta t}{q_1} = \frac{\ln(d_2/d_1)}{2\pi\lambda} \tag{4-6-6}$$

式（4-6-5）和式（4-6-6）中，每米管长的导热热阻 R_1 的单位为 m·K /W 或 m·℃ /W，圆筒壁导热热阻为 R，单位为 K /W 或 ℃ /W。

多层圆筒壁的导热计算与多层平壁一样，因为稳定导热，所以通过各层圆柱面的总热流量 Q 和单位管长的热流量 q_1 均相同，可直接写出对 n 层圆筒壁的导热计算公式为

$$q_1 = \frac{t_{w1} - t_{w,n+1}}{\sum_{i=1}^{n}\frac{1}{2\pi\lambda_i}\ln\frac{d_{i+1}}{d_i}} = \frac{\Delta t}{\sum_{i=1}^{n}R_1} \tag{4-6-7}$$

二、对流换热

运动着的流体与固体壁面之间的热传递过程称为对流换热。这种换热过程，既包括壁面与流体直接接触的导热，还包括不同部分的流体之间因密度差异而在流体内引起的热对流。在船舶机舱中，海淡水热交换器、油水热交换器、海水制淡装置、空调装置等都有流体与管壁间的对流换热。

另外，工程上常常遇到液体在热表面的沸腾或蒸汽在冷表面的凝结情况，也属于对流换热，分别称为沸腾换热和凝结换热。

1. 对流换热公式

对流换热热量可以用牛顿冷却公式进行计算：

$$q = \alpha(t_w - t_f) = \frac{t_w - t_f}{1/\alpha} = \frac{t_w - t_f}{r_\alpha} \tag{4-6-8a}$$

或

$$Q = q \cdot F = \frac{t_w - t_f}{1/(\alpha F)} = \frac{t_w - t_f}{R_\alpha} \tag{4-6-8b}$$

式（4-6-8a）和式（4-6-8b）中，t_w 为固体壁面温度；t_f 为流体温度；F 为换热壁面面积；α 是流体与壁面温差为 1K 时，单位时间内单位换热壁面面积与流体之间交换的热量，称为对流换热系数，W/(m²·℃)或 W/(m²·K)；R_α 为壁面的对流换热热阻，℃/W；r_α 为换热壁面单位面积的对流换热热阻，m²·℃/W。

2. 影响对流换热的因素

影响对流换热过程的主要因素，除了换热面积和流体与壁面之间的温差外，其余各种影响因素都集中在对流换热系数 α 中。影响对流换热系数 α 的主要因素，归纳起来主要有以下几个方面：

（1）流体流动的起因

按照引起流动的原因，对流换热可分为强制对流和自然对流两类。强制对流是在外力的作用下，整个流体发生整齐的宏观运动，流体相对于壁面的流速较大，流体的流速对换热系数 α 的影响较大。自然对流是流体各部分因温度不同而引起密度不同，密度小的部分上浮所产生的流体的自由运动。自然对流不存在整齐的宏观运动，流体相对于壁面的流速较小，其换热强度主要与温度差有关。相同条件下，同一流体的强制对流换热系数比自然对流换热系数大。

（2）流体的流动状态

由于流速的不同，流体的流动状态有层流、紊流及处于两者之间的过渡流。如图 4-6-5 所示，不同的运动状态有不同的换热特征和换热程度。层流时流体微团沿主流方向做有规则的分层流动，因而沿壁面法线方向的热传递只能依靠分子的导热。而紊流时除了黏性底层的层流完全是导热，其他流层之间还同时存在与流向垂直的横向脉动对流而互相掺混，致使传热强度大大增强。因此，紊流对流传热的对流换热系数远大于层流对流传热的对流换热系数。

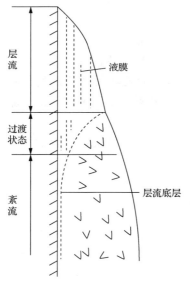

图 4-6-5　层流与紊流

（3）流体的热物理性质

流体的热物理性质对于对流换热有很大的影响。若流体的对流换热系数大，则贴壁的黏性（层流）底层的导热热阻小，热交换就增强。比热和密度大，流体的体积热容量大，即载热能力大，流体与壁面之间的热交换则增强。例如，水的密度和比热均远大于空气，故水的对流换热系数明显大于空气；油的密度比水小，油的比热约为水的一半，导热系数仅为水的 1/5。黏度越大，黏性（层流）底层厚度越大，将使对流换热部分的热阻增大，对流换热强度减小。

综上所述，影响对流换热的热物性参数很多，主要有比热、导热系数、密度、动力黏度、汽化潜热等。

（4）换热表面的几何因素

换热表面的几何尺寸、形状和相对于流动方向的位置对对流换热有很大的影响。例如，同一水平壁散热，热面朝上时气流旺盛，热面朝下时气流较弱，如图 4-6-6 所示，显然热面朝上即热壁面在冷流体之下换热效果较好。实际使用中的采暖散热器通常放在较低的位置，而冷风机则放在比人的头部稍高一点的位置，就是为了有利于热空气上升或冷空气下降，即有利于自然对流换热。再如，同一根圆管，管内流动和管外流动(横掠)的强制对流是截然不同的，如图 4-6-7 所示。流体横掠管道时沿圆周方向的对流换热系数是变化的，圆管前半圆周的对流换热系数比后半圆周大。在圆管的后半圆周（图 4-6-7 中 $90° \sim 180°$ 周面），由于形成涡流而冲刷圆管，使得局部对流换热系数由小变大。

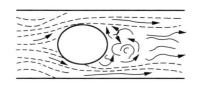

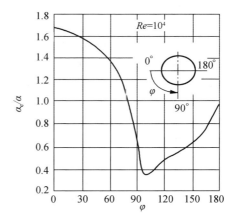

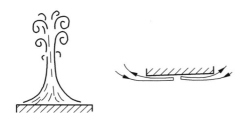

图 4-6-6 壁面位置因素的影响

图 4-6-7 沿圆管周边的局部对流换热系数

（5）流体有无相变

流体在对流换热中发生液体汽化沸腾或蒸汽遇冷凝结时，会对换热过程产生特殊的影响，有无相变对流换热有很大的差别。有相变时，由于汽化潜热参与作用，同时蒸汽泡或凝结水滴的运动破坏了层流的性质，大大增强了流动的扰动性。因此，对同一种流体，有相变时的对流换热比无相变时的对流换热要强烈得多，且汽化潜热越大的流体，换热越强烈。在蒸汽锅炉、制造淡水设备及制冷装置的换热器中，都充分利用了相变换热。

三、辐射换热

1. 热射线

辐射是物体通过电磁波传递能量的现象。电磁波的性质取决于波长或频率，不同波长范围的电磁波呈现不同的效应和用途。如图 4-6-8 所示，热射线的波长主要在 $0.1 \sim 100 \mu m$ 范围内，其中包括可见光（波长 $0.4 \sim 0.7 \mu m$）、红外线（波长 $0.7 \sim 25 \mu m$ 的近红外线和波长 $25 \sim 100 \mu m$ 的红外线）和少部分紫外线。

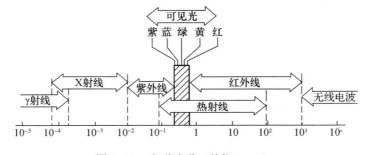

图 4-6-8 电磁波谱（单位：μm）

绝对温度高于 0K 的任何物体，都在不停地发射电磁波。物体不断地把热能转变为辐射能，向外发出热辐射，同时物体也不断地吸收周围物体投射到它上面的热辐射，并把吸收的辐射能重新转变为热能，即在热辐射过程中伴随着能量形式的两次转化。辐射换热就是指物体之间相互辐射和吸收热能的总效果，热辐射是唯一能在真空中传热的热传递方式。

2. 三率与三体

当热辐射的能量投射到物体表面上时，其中一部分能量被物体吸收，一部分被反射，还有一部分透射出表面。如图 4-6-9 所示，在外界投射到物体表面上的总能量 Q 中，物体吸收的能量为 Q_A、反射出的能量为 Q_R，其余的能量 Q_D 穿透出物体。由能量守恒定律得

$$Q = Q_A + Q_R + Q_D$$

定义：$Q_A/Q=A$，A 称为物体的吸收率；$Q_R/Q=R$，R 称为物体的反射率；$Q_D/Q=D$，D 称为物体的穿透率。于是

$$A+R+D=1 \qquad\qquad (4\text{-}6\text{-}9)$$

当热射线投射到物体表面上时，可以观察到两种可能的反射现象，如图 4-6-10 所示。一种入射角等于反射角，这种反射称为镜反射；另一种情况是入射线被反射后沿各个方向均匀分布，此反射称为漫反射。一般工程材料多数形成热射线的漫反射，如粗糙非金属表面的反射等。

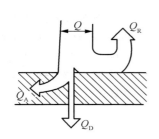 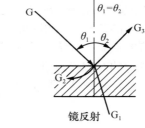 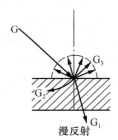

图 4-6-9　对热辐射的吸收、反射和穿透　　　图 4-6-10　物体对热辐射的反射

实验证明，大多数固体和液体即使厚度很小，对热射线也差不多是不透的，即 $D\approx0$。

自然界中所有物体的 A、R 和 D 的数值均在 0～1 之间变化，每个量的值又因具体条件不同而不同。为方便起见，从理想物体着手进行研究，可使问题简化。把对辐射吸收率 $A=1$ 的物体称为绝对黑体（简称黑体）；反射率 $R=1$ 的物体称为绝对白体（简称白体）；穿透率 $D=1$ 的物体称为绝对透明体（简称透明体）。自然界中，完全符合理想要求的黑体、白体和透明体并不存在。

实际上，物体的吸收率、反射率和穿透率是由物体的性质、温度和辐射的波长等因素决定的。

值得注意的是，我们讨论的黑体、白体和透明体都是对热辐射而言的，可见光只占热辐射的一小部分，因此不能简单地按物体的颜色来判别。例如，普通玻璃对可见光是透明体，但它对于一般温度下发出的紫外线和红外线几乎是不透明的。可见，物体颜色对热射线的吸收与反射无重大影响，实际上热射线的吸收与反射很大程度上取决于物体表面的状况、粗糙度因素，此外吸收率还与物体的种类、温度，辐射的波长有关。

黑体意味着能吸收各种波长的辐射能。用人工的方法可制造出十分接近黑体的模型——人工黑体，如图 4-6-11 所示。空腔壁上开一小孔，辐射能经小孔进入空腔后，经过多次吸收反射，最终离开小孔的能量将微乎其微，可以认为全部吸收。据计算，若空腔体内表面的吸收率为 0.9，由小孔进入空腔的热射线均在空腔内壁进行 5 次反射后穿出小孔，则小孔的吸收率为 0.99999。

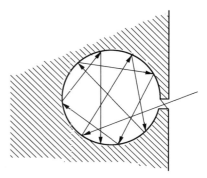

图 4-6-11　人工黑体

3. 辐射力与灰体

所有的固体和液体表面都随时向其表面外的整个半球空间发射不同波长的辐射能。物体单位表面积在单位时间向表面外发射的全波长（$\lambda = 0 \sim \infty$）总能量，称为物体的辐射力，符号为 E，单位为 W/m^2，它表征物体发射辐射能本领的大小。若在波长为 $\lambda \sim (\lambda + d\lambda)$ 的范围内，物体的辐射力为 dE，则 dE 除以该波长间隔 $d\lambda$ 所得商，即是物体发射出的某一特定波长的辐射能，称为单色辐射力，符号为 E_λ，单位为 $W/(m^2 \cdot \mu m)$。

物体对特定波长 λ 辐射能的吸收率称为单色吸收率 A_λ。实验证明，实际物体对不同波长的单色吸收率是很不一样的，如图 4-6-12 中曲线所示。

工程上一般应用的温度约为 2000K 以下，这时热辐射的主要波长位于红外线波长范围，对于该波长区段内的波长变化，物体的单色吸收率 A_λ 变化不显著。因此为了简化计算，在热辐射理论中，将物体的单色辐射力与同温度、同波长的绝对黑体的单色辐射力的比值在所有波长下均相同的物体称为灰体。灰体对于各种波长的辐射具有相同吸收率，即吸收率与波长无关的物体称为灰体。工程材料严格说来不是灰体，

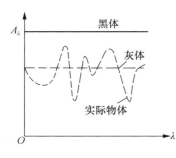

图 4-6-12　黑体、灰体和实际物体的单色吸收率

经验指出，大多数工程材料在热射线范围内可近似地看作灰体。这种简化处理给辐射换热计算带来很大方便。

4. 热辐射的基本定律

关于黑体辐射力 E_b 与温度 T 的关系，在近百年前就从实验和理论的角度予以验证，即斯蒂芬—玻尔兹曼定律。

$$E_b = \sigma_b T^4 \qquad (4\text{-}6\text{-}10)$$

式中，$\sigma_b = 5.67 \times 10^{-8} \ W/(m^2 \cdot K^4)$，称为黑体辐射常数。该定律表明黑体的辐射力 E_b 与热力学温度 T 的四次方成正比。

一切实际物体的辐射力都小于同温度下的黑体辐射力，我们把物体的辐射力 E 与同温度下黑体的辐射力 E_b 之比称为该物体的黑度，用 ε 表示，即

$$\varepsilon = \frac{E}{E_b} \qquad (4\text{-}6\text{-}11)$$

黑度表征物体辐射力接近黑体辐射力的程度。一般物体的黑度为 $0 \sim 1$，具体数值由实验测定。常用材料的黑度可查相关热工手册。利用黑度定义，斯蒂芬-玻尔兹曼定律可近似

地用于实际物体，即

$$E = \varepsilon E_b = \varepsilon \sigma_b T^4$$

可见，物体的热辐射主要取决于物体的温度。

基尔霍夫定律给出了物体辐射力与吸收率之间的关系，表述为任何物体的辐射力 E 与吸收率 A 的比值恒等于同温度下黑体的辐射力 E_b，即

$$\frac{E}{A} = E_b$$

显然，这个比值只与热平衡温度有关，而与物体的本身性质无关。从基尔霍夫定律可以得到：物体的辐射力越大，它的吸收率也越大。

兰贝特定律描述的是物体表面的辐射能在空间方向分布的规律。物体向外发出的辐射是向空间的一切方向的。如图 4-6-13 所示，微元表面 dF 向外的辐射能分布在半球空间的各个方向。实践证明，辐射能在半球方向不是均匀分布的，而是与方向有关的。各个方向的辐射能分布满足：

$$E_\varphi = E_n \cos\varphi \qquad (4\text{-}6\text{-}12)$$

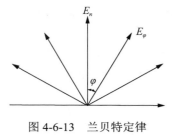

图 4-6-13　兰贝特定律

式（4-6-12）就是兰贝特定律的数学表达式。式中，E_n 是 dF 在法线方向上的辐射能；E_φ 是与法线成夹角 φ 的方向上的辐射能。

辐射换热是一种复杂的热传递方式，多个辐射定律从不同的角度揭示了辐射传热，除上述斯蒂芬—玻尔兹曼定律、基尔霍夫定律和兰贝特定律外，还有普朗特定律和维恩定律等，在此不一一说明。

5. 物体间的相对位置对辐射换热的影响

由上述分析可知，物体间辐射换热不仅与物体的温度、物体的黑度有关，还与物体换热表面的形状及物体间的相对位置有很大关系。图 4-6-14 所示为两板间的辐射换热在不同位置的情况。在图 4-6-14（a）中，两板平行且相距很近，因此一个表面发射的辐射能几乎全部落到另一板上，辐射换热量最大；在图 4-6-14（b）中，两板垂直，一个表面发射的辐射能只有一部分落到另一表面上，辐射换热量较小；在图 4-6-14（c）中，一个表面发出的辐射能几乎无法投射到另一面上去，辐射换热量最小，几乎为零。

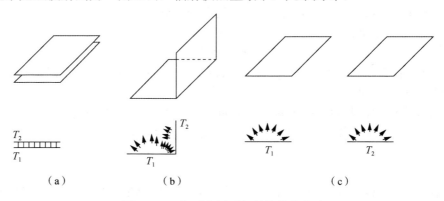

（a）　　　　　　　（b）　　　　　　　（c）

图 4-6-14　相对位置对辐射换热的影响

我们把表面 1 的辐射能落到表面 2 上的百分数称为表面 1 对表面 2 的角系数 φ_{12}。角系数的大小取决于物体表面的形状、相对位置，而与各表面的温度、黑度无关。

6. 遮热板

由于辐射换热是用电磁波来传递的，因此只要用任何不透过热射线的薄板都能有效地削弱辐射的热传递，这种能减少辐射换热的板称为遮热板，如图 4-6-15 所示，板 3 即起到了遮热板的作用。计算表明，在两灰体间插入与灰体黑度相同的遮热板，其辐射换热量将减少一半，而且可以证明，若插入 n 块与平行板黑度相同的遮热板，在温度不变的情况下，辐射换热量将减少到原来的 $\dfrac{1}{n+1}$。

实际工程中，为了减少辐射换热量，多采用黑度较低的金属薄板作为遮热板。例如，在发射率为 0.8 的两个平行板之间插入一块发射率为 0.05 的遮热板，可使辐射换热量减少到原来的 1/27。当一块遮热板达不到削弱换热的要求时，可采用多层遮热板。

应用遮热板削弱辐射非常有效，在工程上应用广泛。例如，在锅炉的炉门上装有减少辐射热损失的遮热板，以减少对锅炉操作人员的热辐射并降低炉舱温度。在测量管道中的燃气温度时，在温度计的外面套上遮热管套可以减少测量误差。在一些高温管道外表面包以多层铝箔制作的遮热板，可以减少辐射热损失。

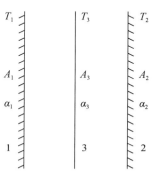

图 4-6-15　遮热板示意图

第二节　传　热　过　程

前面讨论了导热、对流换热和热辐射三种基本传热方式的规律。但实际上，大多数传热过程是几种传热方式复合作用的结果。例如，柴油机气缸内高温燃气向气缸外壁水的传热过程，它包括高温燃气对缸套内壁的对流换热、高温燃气向气缸内壁的辐射换热、气缸壁厚的导热和气缸外壁与冷却水的对流换热。本节主要介绍热流体经固体壁向冷流体的传热，以一维稳态下由导热和对流换热构成的复合传热为研究对象，分析其传热过程。

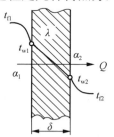

1. 平壁的传热

如图 4-6-16 所示为流体通过单层平壁将热量传给冷流体的过程。由图 4-6-16 看出，传热面积为 F 的平壁传热由三个环节构成，一是热流体（t_{f1}）传递给内壁（t_{w1}）的对流换热 Q_1，二是内壁（t_{w1}）传递给外壁（t_{w2}）的导热 Q_2，三是外壁（t_{w2}）传递给冷流体（t_{f2}）的对流换热 Q_3。三个环节的热流量表达式分别为

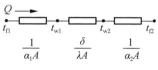

图 4-6-16　单层平壁的传热

$$Q_1 = F\alpha_1(t_{f1}-t_{w1}), \quad Q_2 = \frac{F\lambda}{\delta}(t_{w1}-t_{w2}), \quad Q_3 = F\alpha_2(t_{w2}-t_{f2})$$

式中，λ_1、λ_2 为平壁内外侧的对流换热系数；λ 为平壁材料的导热系数；δ 为壁厚。

在稳态条件下，通过各环节的热流量是不变的，均为传热量 Q。传热过程三个环节的热阻串联，整理得

$$Q = \frac{(t_{f1} - t_{f2})}{\dfrac{1}{\alpha_1 F} + \dfrac{\delta}{\lambda F} + \dfrac{1}{\alpha_2 F}} \qquad (4\text{-}6\text{-}13)$$

式（4-6-13）也可写成

$$Q = kF(t_{f1} - t_{f2}) = kF\Delta t \qquad (4\text{-}6\text{-}14)$$

式（4-6-14）称为传热方程，是传热计算中的基本公式。比较式（4-6-13）和式（4-6-14）可得通过单层平壁传热的传热系数为

$$k = \frac{1}{\dfrac{1}{\alpha_1} + \dfrac{\delta}{\lambda} + \dfrac{1}{\alpha_2}} \qquad (4\text{-}6\text{-}15)$$

式中，传热系数 k 的单位为 W/(m²·℃)。传热系数 k 是冷热介质在单位温差下，在单位时间内每平方米传热面积所传递的热量，是表征传热强烈程度的指标。k 的大小与流体性质、流动情况、壁面材料、形状和尺寸等因素有关。

引入热阻概念，式（4-6-14）可写为

$$Q = kF\Delta t = \frac{\Delta t}{1/(kF)} = \frac{\Delta t}{R_k} \qquad (4\text{-}6\text{-}16)$$

式中，$1/(kF)=R_k$，R_k 为整个传热面积 F 的传热热阻，单位为℃/W。

多层平壁稳态传热，传热系数中的导热热阻 $\dfrac{\delta}{\lambda}$ 增加为 $\sum\limits_{i=1}^{n}\dfrac{\delta_i}{\lambda_i}$。单位面积的热流密度为

$$q = k(t_{f1} - t_{f2}) = \frac{t_{f1} - t_{f2}}{\dfrac{1}{\alpha_1} + \left(\dfrac{\delta_1}{\lambda_1} + \dfrac{\delta_2}{\lambda_2} + \cdots + \dfrac{\delta_n}{\lambda_n}\right) + \dfrac{1}{\alpha_2}} = \frac{t_{f1} - t_{f2}}{\dfrac{1}{\alpha_1} + \sum\limits_{i=1}^{n}\dfrac{\delta_i}{\lambda_i} + \dfrac{1}{\alpha_2}} \qquad (4\text{-}6\text{-}17)$$

2. 圆筒壁的传热

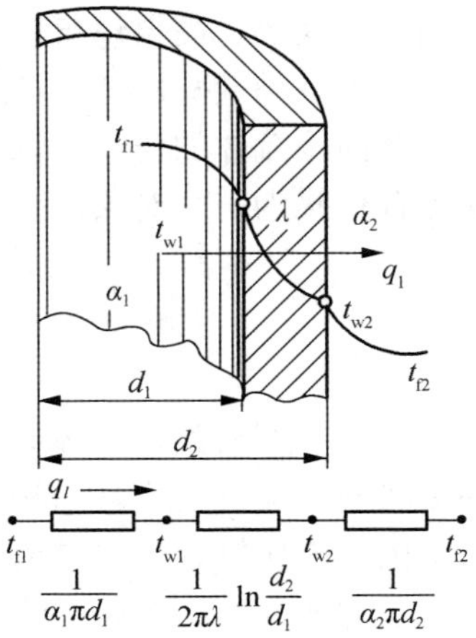

图 4-6-17 单层圆筒壁的传热

如图 4-6-17 所示，内、外直径分别为 d_1、d_2，长度为 l 的圆管壁，管壁材料的导热系数为 λ，圆管内、外侧的换热系数分别为 α_1 和 α_2，管内热流体和管外冷流体温度分别为 t_{f1} 和 t_{f2}，内、外壁面温度为 t_{w1} 和 t_{w2}。前已述及，稳态工况下，通过圆筒壁圆柱面上单位面积的热流密度随半径的增加而减少。所以按单位管长来考虑，稳态下通过单层圆筒壁单位管长的三个环节传热量均相等，分别为

内壁侧处对流换热

$$\frac{Q}{l} = q_{l1} = (t_{f1} - t_{w1})\alpha_1 \pi d_1$$

圆筒壁导热

$$q_{l2} = \frac{t_{w1} - t_{w2}}{\dfrac{1}{2\pi\lambda}\ln\dfrac{d_2}{d_1}}$$

外壁侧处对流换热

$$q_{l3} = (t_{w1} - t_{w2})\alpha_1 \pi d_2$$

由此推导出

$$q_{l1} = q_{l2} = q_{l3} = q_1 = \frac{t_{f1} - t_{f2}}{\dfrac{1}{\alpha_1 d_1} + \dfrac{1}{2\lambda}\ln\dfrac{d_2}{d_1} + \dfrac{1}{\alpha_2 d_2}} \cdot \pi \qquad (4\text{-}6\text{-}18)$$

或

$$Q = l \cdot q_1 = \frac{t_{f1} - t_{f2}}{\dfrac{1}{\alpha_1 \pi d_1 l} + \dfrac{1}{2\lambda \pi l}\ln\dfrac{d_2}{d_1} + \dfrac{1}{\alpha_2 \pi d_2 l}} \qquad (4\text{-}6\text{-}19)$$

式中，q_1 为单位长度的传热量，W/m；$\dfrac{1}{2\pi\lambda}\ln\dfrac{d_2}{d_1}$ 为每单位长度的圆管壁导热热阻，而 $\dfrac{1}{\alpha_1 \pi d_1}$ 和 $\dfrac{1}{\alpha_2 \pi d_2}$ 为单位长度的圆管内、外壁面对流换热热阻。

单位管长的传热系数为

$$k_1 = \frac{1}{R_1} = \frac{1}{\dfrac{1}{\alpha_1 d_1} + \dfrac{1}{2\lambda}\ln\dfrac{d_2}{d_1} + \dfrac{1}{\alpha_2 d_2}} \cdot \pi \qquad (4\text{-}6\text{-}20)$$

式中，R_1 为单位管长的传热热阻，m·℃/W。

$$q_1 = k_1(t_{f1} - t_{f2}) \quad \text{或} \quad Q = l \cdot k_1 \cdot (t_{f1} - t_{f2}) \qquad (4\text{-}6\text{-}21)$$

根据稳态传热的总热阻等于各局部热阻之和，可推导出多层圆筒壁的单位管长传热量为

$$q_1 = \frac{t_{f1} - t_{f2}}{\dfrac{1}{\alpha_1 d_1} + \sum_{i=1}^{n}\dfrac{1}{2\lambda_i}\ln\dfrac{d_{i+1}}{d_i} + \dfrac{1}{\alpha_2 d_{n+1}}} \cdot \pi \qquad (4\text{-}6\text{-}22)$$

3. 肋壁的传热

肋壁就是指在壁的光面上增加一些延伸体（肋片或肋柱等），从而增加传热表面的面积。肋壁是强化传热的一种行之有效的方法。

如图 4-6-18 所示为在一厚度为 δ 的平壁的右侧加直肋后，热量从内壁面 F_1 向外壁面 F_2 传热的情况。由于肋片在伸展方向有表面与流体的换热，且肋片材料有导热热阻，因而肋片中沿导热热流传递的方向热流量是变化的，整个肋片的温度是不同的，离肋片根部越远，壁温越小。

将加肋后的总换热面积 F_2 与未加肋时的换热面积之比，称为肋化系数，以符号 β 表示，即 $\beta = F_2/F_1$。又将考虑导热热阻的肋片的实际换热量与整个肋片温度均为肋片根部温度时的换热量之比，称为肋片效率，以符号 η_0 表示。

在稳态传热时，串联各环节分热阻得通过肋壁的传热量：

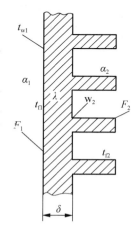

图 4-6-18 肋壁的传热

$$Q = \frac{t_{f1} - t_{f2}}{\dfrac{1}{\alpha_1 F_1} + \dfrac{\delta}{\lambda F_1} + \dfrac{1}{\alpha_2 F_2 \eta_0}} = \frac{t_{f1} - t_{f2}}{\dfrac{1}{\alpha_1 F_1} + \dfrac{\delta}{\lambda F_1} + \dfrac{1}{\alpha_2 F_1 \beta \eta_0}} = k_1 F_1 \left(t_{f1} - t_{f2} \right) \qquad (4\text{-}6\text{-}23)$$

工程计算中一般以光侧壁面面积 F_1 为基准，相应传热系数为

$$k_1 = \frac{1}{R_{k1} F_1} = \frac{1}{\dfrac{1}{\alpha_1} + \dfrac{\delta}{\lambda} + \dfrac{1}{\alpha_2 \beta \eta_0}} \qquad (4\text{-}6\text{-}24)$$

式中，β 往往远大于 1，而且总可以使 $\beta\eta_0$ 远大于 1。

由式（4-6-23）看出，因总是 $1/(\alpha_2\beta\eta_0) < 1/\alpha_2$，故在较小的 α_2 一侧（即热阻较大一侧）设置肋片，可以通过提高该表面的传热面积，减小该侧的对流换热热阻，有效地提高传热系数，获得较好的增强传热效果。

第三节　热　交　换　器

将热量从热流体传递给冷流体的热力设备均称为热交换器。按换热方式和结构的不同，热交换器通常分为三大类：间壁式、混合式和回热式。间壁式热交换器用固体壁面将冷、热流体分隔开，热流体通过间隔壁仅将热量传递给冷流体；混合式热交换器通过冷、热流体在其中直接接触（混合）而传递热量；回热式热交换器是让其中的冷、热流体交替地与固体壁面接触，接触中通过固体壁面实现周期性地为冷、热流体间传递热量。船用热交换器绝大多数属于间壁式热交换器，本节主要介绍间壁式热交换器。

一、间壁式热交换器的种类

间壁式热交换器按冷热两流体相互间流动的方向分为顺流式、逆流式、叉流式和混合流式。如图 4-6-19（a）所示，两种流体平行流动且方向相同时称为顺流式；如图 4-6-19（b）所示，两种流体平行流动但方向相反时称为逆流式；如图 4-6-19（c）所示，两种流体沿相互垂直的方向流动称为叉流式；图 4-6-19（d）～（f）所示为其他流动方式，统称为混合流式。

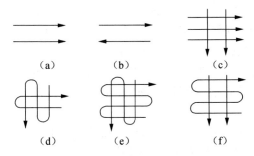

图 4-6-19　热交换器中的流动方式

间壁式热交换器按流程（也称管程）分为单流程 [图 4-6-20（a）]、双流程 [图 4-6-20（b）]、多流程 [图 4-6-20（c）]。

间壁式热交换器按传热表面的结构分为管式与板式两大类。目前的热交换器中，管式仍占多数。通常它又分为壳管式、肋片管式和套管式热交换器。

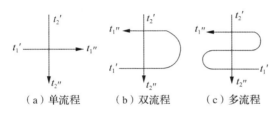

（a）单流程　　（b）双流程　　（c）多流程

图 4-6-20　流体在热交换器中的流程次数

壳管式热交换器

1. 管式热交换器

（1）壳管式热交换器

船用冷凝器、滑油冷却器、燃油加热器和造水蒸发器等广泛采用壳管式热交换器。如图 4-6-21 所示为壳管式热交换器示意图。它的传热面由管束管面构成，管子两端固定在管板上，管束与管板再封装在大外壳内，外壳两端有封头。一种流体在管外壳内流动，称为壳程，另一种流体在管内流动，称为管程。为了提高传热效果，壳管式热交换器通常设有挡板（又称折流板）和隔板，挡板的作用是支承管束，减少滞流死区，使流体充分流过全部管面，改善流体对管子的冲刷角度，从而提高壳侧表面传热系数。隔板的作用是将换热面分隔成多部分，构成双管程或多管程，从而提高管程流体流速及管内表面传热系数。布置流体时，通常把容易结垢沾污壁面的流体布置在管内，以便清洗；把容易腐蚀金属壁面的流体也布置在管内，这样，热交换器壳体可以不必采用价格昂贵的耐腐蚀金属；此外，管子承压能力大，故高压流体也布置在管内；而黏性大的流体则布置在管外壳内，以减少流动阻力。例如，柴油机的滑油冷却器就是把润滑油布置在管外，而把容易结垢的冷却水布置在管内。壳管式换热器是间壁式换热器的主要类型，它处理能力大，高温高压场合也可应用，换热表面清洗方便，因此，船上应用最多。

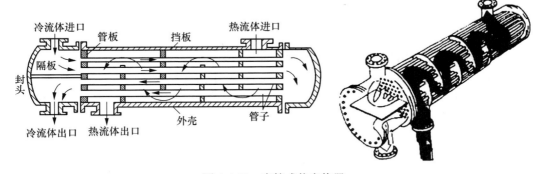

图 4-6-21　壳管式热交换器

（2）肋片管式热交换器

肋片管式热交换器常用于冷、热流体表面传热系数相差悬殊的场合，肋片装在对流换热系数小的一侧。例如汽车用的散热器，如图 4-6-22 所示，管中热流体为冷却液，而管外冷流体为空气，显然 $\alpha_{冷却液} \gg \alpha_{空气}$，空气侧的热阻比冷却液侧大得多，在空气侧加装肋片能减小主要热阻，增强散热。肋片管式换热器中，管子有圆管和扁管之分，肋片形式则多种多样，有的与管子一体滚轧出来，有的则将各种形式肋片绕在管子外壁上。在制作绕片式时，一定要注意保证肋片与管子外壁接触良好，以免增加热阻，降低传热效果。这种热交换器在船上大多用于柴油机增压器的中间冷却器、制冷与空调装置的中冷器等。

（3）套管式热交换器

在这种热交换器中一种流体从较细的管子内流过，另一种流体则从大、小管子所形成的夹套中流过，如图4-6-23所示。通常情况下，在套管式热交换器中，冷、热流体的换热面是内管的内表面和内管的外表面。这种热交换器作为高压流体的热交换器，可作锅炉装置和柴油机装置的燃油加热器用。这种燃油加热器的水蒸气在内管中流动，其换热系数远大于在套管间的燃油对内管外侧的换热系数。为了增强传热，内管（较细的管子）常采用在其外侧具有轴向平肋的特殊管子，以提高加热器的传热效果。

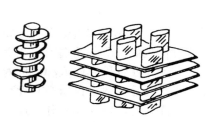 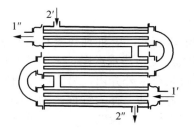

图4-6-22　肋片管式热交换器　　　图4-6-23　套管式热交换器　　　套管式热交换器

2. 板式热交换器

板式热交换器是一种新型热交换器，它具有高效、紧凑等特点，常见的有板翅式、平行板式和螺旋板式等类型。20世纪30年代板翅式热交换器首先在航空工业中得到应用，至50年代又在空气分离或深冷液化气体的领域被应用，并且被认为是极有发展前途的热交换器之一。目前它在陆用柴油机中也常被用作增压器的中间冷却器和滑油冷却器。

（1）板翅式热交换器

板翅式热交换器是一种全铝结构的紧凑式高效热交换器，如图4-6-24所示。它的每一个通道由隔板、翅片和侧板（封条）等部分组成。在相邻的两块隔板之间放置翅片，两边用封条封住，构成一个夹层，称为通道。将多个夹层进行不同的叠置或适当的排列，构成许多平行的通道，在通道的两头（有的再配上冷、热流体进出口的导流板），用钎焊的方法将它们焊成一体，就构成一组板束（或称单元）。再配上流体出入的封头、管道接头，就构成完整的板翅式热交换器。流体从翅片内的通道流过。冷、热流体同时流过不同的通道，通过隔板和翅片进行冷、热流体之间的传热，故称为板翅式热交换器。

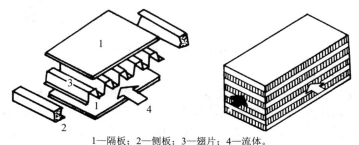

1—隔板；2—侧板；3—翅片；4—流体。

图4-6-24　板翅式热交换器

翅片是板翅式热交换器最基本的元件。隔板中间的瓦楞形的翅片其作用主要体现在三个方面：一是对隔板起到支撑和加强肋的作用，提高强度；二是扩大传热面积，使单位体积内的传热面积大大增加，整个热交换器可以做得紧凑；三是翅片对流体形成较强的扰动使边界层不断破裂，因而具有较大的换热系数。同时由于隔板、翅片很薄，具有高导热性，所以使得板翅式热交换器可以达到很高的效率。

板翅式热交换器除了具有可增强传热、紧凑的特点外，还具有适应性大的特点，能适用于多种介质之间换热，且可于气—气，气—液，液—液之间热交换，也可用于冷凝和蒸发。但它容易堵塞，不耐腐蚀，清洗检修很困难，适用于清洁和无腐蚀的流体间换热。

（2）平行板式热交换器

图 4-6-25 所示为平行板式热交换器的解剖图。平行板式热交换器是由冲压的型板组合而成的热交换器。型板板片被冲压成特殊波纹形状以构成流体通道。型板板片的形状有平滑形、三角形、波形、梯形，如图 4-6-25 右下角所示。图 4-6-25 中，1′、1″ 分别表示热流体的进口和出口，2′、2″ 分别表示冷流体的进口和出口。可见，平板式热交换器中的传热过程主要是通过型板板片的导热和型板板片与流体之间的对流换热来完成的。

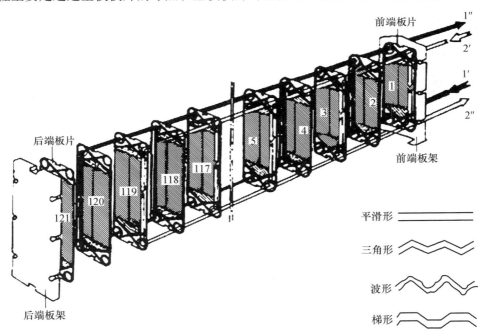

图 4-6-25　平行板式热交换器解剖图

如图 4-6-26（a）所示为人字形型板，型板角上开有流体通道孔，板片四周和通道孔四周装有密封垫片。密封垫片是平行板式热交换器的主要构件，一般由耐热橡胶合成树脂制成。装配时，首先用黏结剂把垫片黏在板片四周和通道孔四周的密封槽中。若板角通道空的密封槽中装有密封垫片，则流体不能进入该型板；若不装垫片，则允许流体进入该型板。按换热量的要求，将若干块型板叠合起来，并用前、后端板架及 6 根连接螺栓将全部板片压紧，相邻型板之间就形成流体通道。通过在型板角孔是否安装垫片，使相邻连通道中分别流过冷、热两种流体。由于型板的特殊形状，板片间的流道方向和截面不断发生变化，因而增大了流体在管道中的扰动，如图 4-6-26（b）所示，从而有效地降低了热阻，提高了传热系数。平行板式热交换器具有结构紧凑（每立方米容积的换热面积为 $40\sim150\mathrm{m}^2$）、拆装方便和容易清洗的优点，其缺点是密封垫片损坏时容易泄漏、不耐高温（一般只用于 $150℃$ 以下的流体）。

（3）螺旋板式热交换器

图 4-6-27 为螺旋管式热交换器的结构原理图（图中，1 进、1 出分别表示热流体的进口和出口，2 进、2 出分别表示冷流体的进口和出口）。螺旋板式热交换器是由两张平行的金属卷板卷起来构成两个螺旋通道，再加上、下盖及连接管组成。冷、热流体分别在螺旋通道中流动，如图 4-6-27 所示为逆流式螺旋板式热交换器，热流体从中心进入，螺旋流动到周边流出；冷流体则由周边进入，沿螺旋通道流到中心流出。螺旋板式热交换器螺旋通道污垢的形成速度大约是壳管式热交换器的 1/10，单位体积换热面积为壳管式热交换器的 3 倍，但清洗与检修困难，承压能力低。

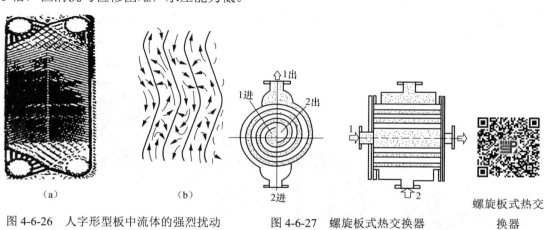

图 4-6-26　人字形型板中流体的强烈扰动　　　图 4-6-27　螺旋板式热交换器

螺旋板式热交换器

二、间壁式换热器的平均温差

1. 热交换器中流体的温度分布

图 4-6-28 所示是间壁式换热器在顺流和逆流时流体温度的沿程变化。t_1'、t_1'' 表示热流体的进口温度和出口温度，t_2'、t_2'' 表示冷流体的进口温度和出口温度。

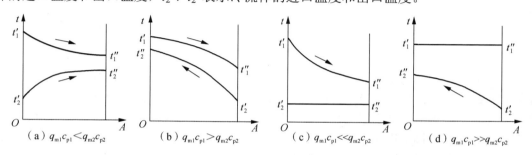

图 4-6-28　间壁式换热器在顺流和逆流时流体温度的沿程变化

顺流时流体的温度分布如图 4-6-28（a）所示，逆流时流体的温度分布如图 4-6-28（b）

所示。由图 4-6-28 还可发现如下规律：①$q_m c_p$ 小的流体沿程温度变化大，曲线较陡；$q_m c_p$ 小的流体沿程温度变化小，曲线较平。②换热器端部两种流体的温度之差大的一端，两流体的温度沿程变化快，温度曲线较陡，反之温度曲线平坦。③流体有相变时相当于 $q_m c_p$ 无穷大，其温度曲线为一水平线，如图 4-6-28（c）～（d）所示。图 4-6-28（c）所示为当冷流体沸腾或冷流体的热容量非常大的情况下，冷流体的温度可以认为保持不变，不管是顺流还是逆流，冷流体的温度分布都表示为水平线。图 4-6-28（d）所示为当热流体被冷凝或热流体的热容量非常大时，热流体的温度可以认为保持不变，不管是顺流还是逆流，热流体的温度分布都表示为水平线。

从图 4-6-28 可以看出，在顺流时，热流体的入口遇到冷流体的入口，因此在入口处具有最大的温差。流体在流动过程中，热流体被逐渐冷却，冷流体被逐渐加热，使冷、热流体的温差越来越小，到出口为最小。不管换热面积有多大，冷流体的终温 t_2'' 总是不会高于热流体的终温 t_1''。

由图 4-6-28 看出，逆流时，在热交换器的一端，热流体的入口遇到冷流体的出口，而另一端则相反，因此冷、热流体的温差比较均匀。因为热流体的入口遇到的是已被加热的冷流体，若换热面积足够大，冷流体的终温 t_2'' 可以高于热流体的终温 t_1''。

逆流时，如果两种流体的进出口温度与顺流时一样，则逆流式换热器的传热面积将小于顺流时换热器的传热面积（流体有相变的情况除外），后面的计算可进一步证实这一点。

2. 平均温差

由图 4-6-28 可知，冷、热流体沿换热壁面流动时，沿途温度一般要发生变化，两者之间的温差也发生变化，且随着流体流动方式的不同而异，这给热交换器的热计算带来麻烦。因此在热交换器的传热计算中引用平均传热温差 Δt_m 来进行计算。

无论是热交换器的设计计算或校核计算，都需要用到传热方程，即

$$Q = kF(t_{f1} - t_{f2}) = kF\Delta t_m \tag{4-6-25}$$

根据数学分析，计算平均传热温差的公式为

$$\Delta t = \frac{\Delta t_{max} - \Delta t_{min}}{\ln \dfrac{\Delta t_{max}}{\Delta t_{min}}} \tag{4-6-26}$$

式中，Δt_{max}、Δt_{min} 分别为换热面两端温差 $\Delta t'$ 和 $\Delta t''$ 中较大和较小值，式（4-6-26）对于顺流和逆流都适用。如图 4-6-28 所示，平均传热温差为

顺流时：$\Delta t' = t_1' - t_2'$, $\quad \Delta t'' = t_1'' - t_2''$

逆流时：$\Delta t' = t_1' - t_2''$, $\quad \Delta t'' = t_1'' - t_2'$

因式（4-6-26）中出现对数项，故通常称为对数平均温差。由式（4-6-26）计算结果知，逆流平均温差大于顺流平均温差，因此若传热系数相同，逆流式热交换器的换热效果较好。一般情况下，叉流式热交换器的换热效果介于逆流与顺流之间。

当 $\Delta t_{max}/\Delta t_{min} \leq 2$ 时，可以用算术平均温差

$$\Delta t_m = \frac{\Delta t_{max} + \Delta t_{min}}{2} \tag{4-6-27}$$

来代替对数平均温差，其误差不超过 4%，这样的简化计算，在工程计算中是允许的。

第四节　传热的增强与削弱

一、传热的增强

增强传热通常是指提高换热设备单位面积的传热量，使它在保障要求的传热量的同时，达到减小体积、质量的目的。从传热基本方程 $Q = kF\Delta t_{\mathrm{m}}$，可探索出增强传热必须遵循的方向。

1. 加大传热温差

加大传热温差的途径有两条：一是提高热流体温度或降低冷流体温度；二是改变流动方式，同样的流体进、出口温度，逆流时平均温差比顺流时平均温差大，所以应尽量采用逆流式热交换器。

2. 减小换热面总热阻（即提高总传热系数）

换热面总热阻是由传热过程中各热阻所组成，要减小换热面总热阻，减少最大的传热分热阻收效最显著。可采取的措施如下：

1）减小导热热阻。导热热阻包括换热面本身热阻和它表面可能存在的灰垢、水垢和油垢等污垢热阻。为减小导热热阻，传热面应尽量采用导热性能好的薄金属壁。此外，污垢层因导热系数较小，有时会成为传热过程中的主要热阻，因此换热面应定期吹灰或清洗。

2）减小对流换热热阻。在工程上常用的方法有适当增加流速，采用小管径管；加插入物，以增加流体的扰动和混合，以破坏边界层等，从而提高对流换热系数；改变流体的物性；改变换热面的表面状况，如增加表面粗糙度、沟槽或波纹管等。

3）减小辐射换热热阻。增加辐射系统的黑度，增加物体间的角系数和提高辐射源温度等都能减小辐射热阻。

3. 增加传热面积能正比地增大传热量

为了使结构紧凑，采用加肋片的办法可以让传热的基础面积不变，而合理地增大肋片面积将有效地增大传热面积，这样可以使换热设备在尺寸、质量改变不大的情况下增大传热量。但应该注意，加肋片法用于冷、热流体表面传热系数相差悬殊的场合效果才明显，而且必须把肋片加在对流换热系数较小的一侧。

二、削弱传热

削弱传热与增强传热正好相反，可以通过减小传热温差和增大传热过程的总热阻的方法来削弱传热。这里只介绍如何增大传热热阻。

热绝缘就是隔离冷、热物体，使物体之间不发生热量传递。实际上有温差的情况下使物体之间绝对没有热量传递是做不到的，在工程上大多数是利用在壁面上增加一层保温层来达到增加热阻、削弱传热的目的，即应用热绝缘层是削弱传热的基本途径。不同场合，应用热绝缘层的具体目的是不同的，但概括起来归纳为，节约燃料、满足工程技术要求（如保持冷、热流体要求的温度）、改善劳动条件（如锅炉和蒸汽管道的外表面通常包扎热绝缘层，以降低工作环境温度和防止人员烫伤）。

热绝缘材料的首要要求是导热性差（我国国家标准规定，凡平均温度不高于 350℃时导热系数不大于 0.12W/(m·K)的材料称为保温材料）；同时一般要求热绝缘材料具备一定的力学性能、一定的不吸水性以及耐高温性。若热绝缘材料吸水变潮湿，会使热绝缘材料的导热系数迅速上升。热绝缘材料通常孔隙多，当温度过高时，孔隙中的空气对流和辐射换热会加强，会使导热系数增大。因此，热绝缘材料的使用温度不能超过允许值。

热绝缘材料种类很多，可按使用场合进行选择：

1）高温隔热条件下，可选用石棉、硅石、硅藻土制品。

2）常温和低温隔热条件下，可选用软木、玻璃纤维、谷糠、超细玻璃棉和珍珠岩等。

3）低温条件下防潮要求较高时，可选用泡沫树脂和泡沫塑料等。

在船舶轮机工程中，由于船舶环境的特殊性，理想的船用热绝缘材料，除了导热系数小、易成形、耐振、不变形、不受潮吸水等性能外，还应满足相对密度小、不自燃、耐火、无怪味、不易被鼠咬虫蛀以及价格低廉和易购得等要求。

在确定经济、有效的热绝缘层厚度时，值得指出的是，在平壁上敷设保温层，热阻总是随厚度而增加，从而使传热削弱。但是，在圆管上敷设保温层时，热阻并不总是随厚度增加的，相反有时会减小，从而使传热增强。通过对圆筒壁传热计算式的分析，可知圆管外壁保温层的厚度存在一个热绝缘层临界直径 d_{cr}。

$$d_{cr} = \frac{2\lambda_a}{\alpha_2} \tag{4-6-28}$$

式中，λ_a 为热绝缘材料的导热系数；α_2 为热绝缘层外表面与周围环境的总换热系数；d_{cr} 为管道散热量最大时的保温层外径。

如图 4-6-29 所示，当 $d<d_{cr}$ 时，增大保温层厚度，随着热绝缘层外表面积增加，散热量反而增加；只有当 $d>d_{cr}$ 时，散热量才会随增大保温层厚度增大而减小，起到减小热损失 Q 的目的。为削弱传热，敷设保温层的厚度应满足 $d>d_{cr}$。

由式（4-6-28）也可以看出，不同导热系数的绝热材料，其绝热缘层临界直径不同。例如，取 $\alpha_2=12W/(m^2·℃)$，若选用 $\lambda_a=0.15W/(m·℃)$ 的石棉，则石棉的 $d_{cr}=0.025m$；若选用 $\lambda_a=0.15W/(m·℃)$ 的玻璃棉，则玻璃棉的 $d_{cr}=0.0066m$。由此可知，对于外径为 0.020m 的热管来说，若石棉厚度不够大，反而比裸管的热损失更大；若包扎玻璃棉，因玻璃棉的 $d_{cr}=0.0066$，小于 0.020m，所以不会遇到临界绝热层的问题，只要包上玻璃棉就可减少热损失。

另外，还应指出，上述侧重于讨论热绝缘材料本身的热绝缘性。当把热绝缘材料加装在物体上时，由于掺和物和加装方法不同，材料的热绝缘性能就会发生变化。在这种情况下，正确估计热绝缘性能好坏，不能只根据热绝缘材料本身的导热系数，而应考虑整个结构的导热系数。整个结构的导热系数可用近似地方法来计算，但其精确数值只能由实验来测定。

上述主要从削弱传热角度分析热绝缘层厚度，从经济性上来看，热绝缘层越厚，所用的材料就越多，人工费用也会越多，从而使初投资增大，所以权衡利弊，可得到热绝缘层的经济厚度。

根据全年运行时数、每米管的热损失量和每瓦小时的能量费用，可以计算出每米管全年的损失费用，该费用随绝缘层厚度 δ 的增加而减小，如图 4-6-30 中曲线①所示；若将初投资和维修费折合为每年的热绝缘层投资，该费用随绝缘层厚度 δ 的增加而增加，如图 4-6-30 中曲线②所示；以上两项费用之和为综合考虑热损失及热绝缘层费用的年总支出额，年总支出额随热绝缘层厚度 δ 的变化如图 4-6-30 中曲线③所示，曲线③为曲线①和曲线②之和。从图 4-6-30 中曲线③看出，年总支出额随热绝缘层厚度的变化有一极小值，这个极小值所对应的热绝缘层厚度就是绝缘层的经济厚度。

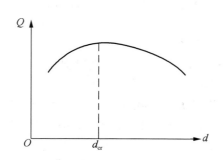

图 4-6-29　圆管散热量与保温层外径的关系

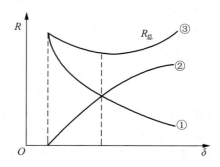

图 4-6-30　热绝缘层经济厚度

第五篇　船用量具、仪表与单位

引　言

　　轮机管理工作中常用的量具有游标卡尺和千分尺，作为轮机管理人员，熟练掌握它们的使用方法，了解测量精度和对量具的保养是十分重要的。

　　船舶机舱或集控室有测量温度、压力、转速、流量、比重、湿度和盐度等多种仪表，管理人员应了解它们的工作原理，掌握正确使用它们的方法。

　　由于历史原因，海洋船舶的相关参数曾经长期使用工程制单位和英制单位，轮机管理人员熟悉这些单位及它们之间的转换，才能顺利阅读船舶资料，从而搞好管理工作。

第一章　船　用　量　具

船舶上的机器零件需要用量具去测量其几何参数，如测量轴颈、内径、曲轴臂距等，以判别装配是否合格或磨损，以及变形是否超出规定。

第一节　游　标　卡　尺

游标卡尺（简称卡尺）是一种中等精度的量具，可以用来测量内外尺寸（如长度、宽度、内径、外径等）、孔距、深度和高度等。它的测量范围为 0～2000mm。由于它的测量精度较低，因此只能适用于公差等级为 IT15～IT10 的零件尺寸。

一、游标卡尺的结构

1. 三用游标卡尺

游标卡尺的结构如图 5-1-1 所示。主体是一根刻有刻度的直尺，称为尺身。沿尺身滑动的副尺上也刻有刻度，称为游标。游标卡尺下量爪 2 用于测量外径、长度尺寸；上量爪 3 用于测量内径、孔距或槽宽；深度尺 7 用于测量深度。紧固螺钉 4 在测量时处于松开状态，在游标调整到测量尺寸时将其锁紧，防止尺寸变动。一般测量范围小于 300mm 的游标卡尺大多制成这种结构。

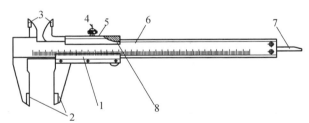

1—游标；2—下量爪；3—上量爪；4—紧固螺钉；5—尺框；6—尺身；7—深度尺；8—片弹簧（塞铁）。

图 5-1-1　三用游标卡尺

2. 双面量爪游标卡尺

它的结构如图 5-1-2 所示。为了调整方便，在游标 10 上增加了微调装置 5。旋紧螺钉 6，松开螺钉 4，用手指转动螺母 7，通过螺杆 8 则可以微调游标的尺寸。

量爪的功能已如上所述，但在用下量爪测量内孔时，游标卡尺的读数必须加上下量爪的厚度（一般为 10mm）。测量范围大于 300mm 的游标卡尺，大多制成这种结构，且不能测槽深和凸台高。必须强调的是，双面量爪游标卡尺的下量爪结构并不都一样，有的卡尺用下量爪测量内孔跟用上量爪测量外径一样，游标卡尺的读数并不需要加上下量爪的厚度，而是卡尺显示多少就读多少。使用时应特别注意看清其结构，以正确读数。

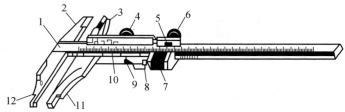

1—尺身；2、3—上量爪；4、6—螺钉；5—微调装置；7—微动螺母；8—螺杆；9—凸块；10—游标；11、12—下量爪。

图 5-1-2　双面量爪游标卡尺

3. 单面量爪游标卡尺

这种卡尺不带上量爪，其余结构完全与双面量爪游标卡尺相同。它多用于测量范围大于 30mm 的场合。

二、读数原理

常用游标卡尺的测量精度有三种：0.10mm、0.05mm、0.02mm，也称为 10 分度、20 分度和 50 分度。这三种游标卡尺的尺身刻度相同（即每格 1mm），所不同的是游标格数与尺身相对的格数。游标卡尺的读数精度是利用尺身与游标间距离之差来确定的。

下面以精度为 0.1mm 的游标卡尺为例说明游标卡尺的读数原理，尺身刻度上每刻线之间的距离为 1mm，而游标是将 9mm 的长度分为 10 格，则游标上每刻线之间的距离为 0.9mm，尺身与游标每格相差 0.1mm，如图 5-1-3（a）所示。当尺身和游标上 0 刻度线后的第一条刻线对齐时，说明游标沿尺身向右移动了 0.1mm；当尺身和游标上 0 刻度线后的第二条刻线对齐时，说明游标沿尺身向右移动了 0.2mm；依此类推，就相当于把 1mm 分成了 10 份，精度为 0.1mm。20 分度是在游标上将 19mm 分为 20 格，则每刻线的间距为 0.95mm，与尺身的一格间距相差 0.05mm，因此其精度为 0.05mm；而 50 分度则是在游标上将 49mm 分为 50 格。三种精度游标卡尺对比见表 5-1-1。

表 5-1-1　三种精度游标卡尺对比

分类	游标长度/mm	游标尺等分刻度数	与尺身相差/mm	精确度/mm
10 分度	9	10	0.1	0.1
20 分度	19	20	0.05	0.05
50 分度	49	50	0.02	0.02

读数时首先根据游标 0 刻度线位置读出尺身刻度的整数部分，再看游标上第几条刻线与尺身上的刻线对齐，把该对齐刻度值乘以该游标卡尺的精度就得到了小数部分（但大多数游标卡尺游标上的刻度值已按其精度标记，直接读出小数部分即可），将整数部分和小数部分相加即为最终读数。如图 5-1-3（b）所示，游标上刻度为 10，可确定其精度为 0.1mm，在主尺上读出整数值为 27mm，游标上 0 刻度线后第五条刻线与主尺对齐，则小数值为 5 乘上 0.1，所以相加后得到最终读数为 27.5mm。图 5-1-3（c）所示读数为 45.8mm。需注意的是，游标卡尺的读数是直接读出的，不需要估读。

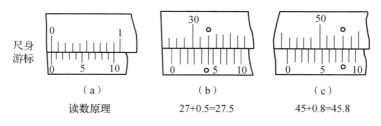

尺身
游标

(a)	(b)	(c)
读数原理	27+0.5=27.5	45+0.8=45.8

图 5-1-3　0.1mm 精度游标卡尺

游标卡尺除上述介绍的几种外，还有专门用来测量零件高度和划线的高度游标卡尺；用来测量孔的深度、台阶的高度和槽的深度的深度游标卡尺。此外，还有齿厚游标卡尺，它由两根互相垂直的主尺组成，在水平主尺与垂直主尺上各附有游标、游框，并设有微动装置。它们的读数原理和读数方法皆与普通游标卡尺相同，如图 5-1-4 所示。

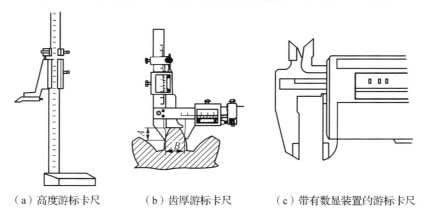

（a）高度游标卡尺　　　（b）齿厚游标卡尺　　（c）带有数显装置的游标卡尺

图 5-1-4　特种游标卡尺

上述各种游标卡尺，在使用时虽然直接读出尺寸，但也有不足之处，就是若读数刻线不是很清晰，容易读错，有时不得不借助放大镜将读数部分的刻线放大。为了解决这个问题，目前已出现一种带有数显装置的游标卡尺［图 5-1-4（c）］，这种游标卡尺在零件上量得尺寸时，就可直接用数字显示出来，十分方便。

三、使用方法

测量外径或长度时，将卡爪张开到比所需测量值稍大一些，放上工件后，再收拢到贴紧工件，用紧固螺钉锁定，就可读取尺寸。测量内孔深度时，尺身端面应紧贴工件端面，并使深度尺尖端贴住内孔底面，用紧固螺钉锁定，即可读出尺寸，如图 5-1-5（a）所示。

测量孔中心距时，如图 5-1-5（b）所示，$e=M+2t-1/2(D+d)$；测量孔径中心到平面的距离时，如图 5-1-5（c）所示，$C=T+D/2$。

游标卡尺的使用保养要求如下：

1）测量前，擦净量爪测量面和尺身、游标刻度处，检查卡尺两个测量面和测量刀口是否平直无损，然后将两量爪并拢，检查两结合面是否贴合，并检查尺身与游标的 0 刻度线是否对齐，如果发现 0 刻度有误差，必须在测得读数后进行修正，如图 5-1-6 所示，读数=

（测量值-误差），而误差有正误差与负误差之分。

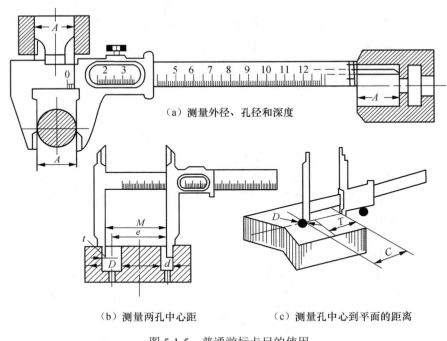

（a）测量外径、孔径和深度

（b）测量两孔中心距　　　　　（c）测量孔中心到平面的距离

图 5-1-5　普通游标卡尺的使用

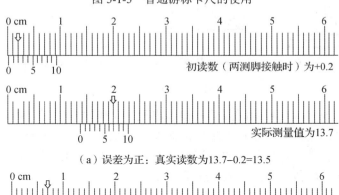

初读数（两测脚接触时）为+0.2

实际测量值为13.7

（a）误差为正：真实读数为13.7-0.2=13.5

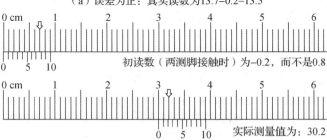

初读数（两测脚接触时）为-0.2，而不是0.8

实际测量值为：30.2

（b）误差为负：真实读数为30.2-（-0.2）=30.4

图 5-1-6　读数误差修正

2）测量外形尺寸时，量爪应贴靠被测零件表面，卡尺必须放正，不得歪斜，以免产生误差。测量外径时，量爪需贴靠最大的外径处并垂直轴线。

3）测量内径时，量爪的两测量面需贴靠内孔的最大直径处，用紧固螺钉锁定后轻轻取出卡尺再读数。

4）测量小直径内孔或弧形沟、槽，应使用刀口量爪而不用平口量爪。

5）读数时，应水平拿着卡尺，使视线与刻度线正对，以免造成读数误差。

6）使用中应注意保护量爪的测量面。不能用量爪测量铸件、锻件表面及运动的零件表面。

7）如因条件所限，一定要用游标卡尺去测量精度要求高的零件，那么最好用块规校正一下，记住这把卡尺的误差，并在测量时将这个误差考虑进去。

8）游标卡尺不经常使用时，测量后应擦净并涂上凡士林或防锈油。

第二节　千　分　尺

千分尺也称螺旋测微器，又称分厘卡，分为外径千分尺、内径千分尺和深度千分尺。它们都是应用螺旋微动原理制成的精密量具，精度为 0.001～0.01mm，一般测量尺寸公差 IT11～IT7 的零件尺寸。一些尺寸精度高的零件，如曲轴轴颈、活塞裙部、气阀杆部、凸轮轴颈等都采用千分尺测量。

各种千分尺的结构大体相似，读数原理基本相同。

一、外径千分尺的结构

如图 5-1-7 所示，外径千分尺由弓形架 1、固定量砧 2、活动量砧 3、偏心轴 4、固定套管 5、活动套管 6、罩壳 7、棘轮 8、螺钉 9 和手柄 10 构成。活动量砧右端有一段螺距为 0.5mm 的测微螺杆，活动套管与测微螺杆连成一体，套管沿圆周有 50 条等分线，固定套管在轴向刻有间距为 0.5mm 的线条。

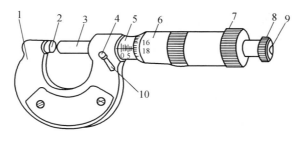

图 5-1-7　外径千分尺

二、读数原理

外径千分尺是依据螺旋放大的原理制成的，即螺杆在螺母中旋转一周，螺杆便沿着旋转轴线方向前进或后退一个螺距的距离。因此，沿轴线方向移动的微小距离，就能用圆周上的读数表示出来。

外径千分尺的精密螺纹的螺距是 0.5mm，活动套管上有 50 个等分刻度，活动套管旋转一周，测微螺杆可前进或后退 0.5mm。因此旋转每个小分度，相当于测微螺杆前进或后退了 0.5/50=0.01mm。

可见，活动套管上每一小刻度表示 0.01mm，所以外径千分尺可准确到 0.01mm。由于它还能再估读一位，可读到毫米的千分位。

测量时，当固定量砧和活动量砧并拢时，活动套管上 0 刻度线若恰好与固定套管上 0 刻度线重合，则旋出测微螺杆，并使固定量砧和活动量砧的面正好接触待测长度的两端，那么测微螺杆向右移动的距离就是所测的长度。这个距离的整毫米数由固定套管上的刻度读出，小数部分则由活动套管刻度线正对固定套管基准线的数值读出，最后把两个尺寸相加即得。

如图 5-1-8（a）整数值为 6mm，小数部分为 0.01×5.0=0.050mm，所以读数为 6.050mm；图 5-1-8（b）所示整数值为 35mm，小数部分为 0.01×11.5=0.115mm，所以读数为 35.115mm；估值读数方法如图 5-1-9 所示。图 5-1-9（a）所示整数值为 2.0mm，小数部分为 0.01×34=0.34mm，估值 0.004mm，所以读数为 2.344mm；图 5-1-9（b）所示整数值为 10mm，小数部分为 0.01×19=0.19mm，估值 0.001mm，所以读数为 10.191mm。

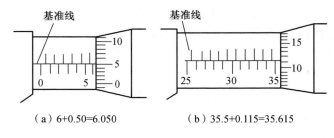

（a）6+0.50=6.050　　　　　（b）35.5+0.115=35.615

图 5-1-8　千分尺读法举例

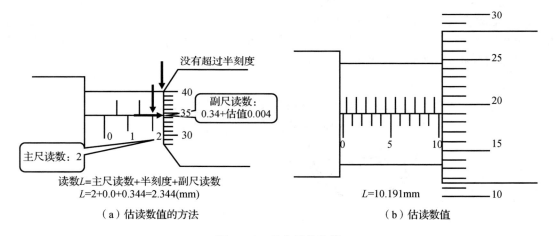

（a）估读数值的方法　　　　　　　　　　　（b）估读数值

图 5-1-9　千分尺的估值

当固定量砧和 10 砧并拢时，活动套管的 0 刻度线与固定套管的 0 刻度线若不相重合，将出现零误差，应加以修正，方法同游标卡尺，即在最后测长度的读数上去掉零误差的数值。

另外，在读数时，要注意固定套管上表示半毫米的刻线是否已经露出。而且千分位有一位估读数字，此估读数值为 0.001～0.009，不能随便扔掉，即使固定套管的 0 刻度线正好与活动套管的某一刻度线对齐，千分位上也不应随意读取为"0"。

三、使用方法

1）千分尺的测量面应保持干净，使用前应校准尺寸。测量范围为 0～25mm 千分尺应将两测量面接触，看一看活动套管上零线是否与固定套管上的基准线对齐。如果没有对齐，则松开罩壳，转动活动套管，使零线对齐，然后再拧紧罩壳。对于测量范围为 25mm 以上的千分尺，则应用盒内的校准棒来校准。

2）测量时，应将零件被测表面擦净，千分尺放正，然后进行测量。转动活动量砧，在活动量砧快靠近被测物体时应停止使用旋钮，而改用微调旋钮（棘轮 8），避免产生过大的压力，听到发出吱吱声为止。

3）不得使用千分尺测量粗糙表面。不许在运动的工件以及温度高的工件上测量。不准把千分尺当卡钳或榔头使用。

4）读数时，最好不要从零件上取下千分尺。如需取下千分尺读数，应用制动器（偏心轴）将测量杆锁紧，然后轻轻地从零件上取出。

5）读数时应注意观察基准线上小数的数值，如大于 0.5mm，读数时切勿遗漏。

6）千分尺使用完毕，应用清洁的棉纱擦干净，涂上防锈油，放入盒中。

第二章　船　用　仪　表

在船舶的航行、维护和修理中，需要使用仪表随时测定一些相关参数，以进行实时监控。本章阐述船舶上常用的测温、测压仪表，转速表，流量计，比重计，湿度计和盐度计的结构、原理、使用要求。

第一节　测　温　仪　表

描述物体冷热程度的物理量称为温度。温度是国际单位制（SI）的 7 个基本量之一。

最常用的温标有华氏温标（℉）、摄氏温标（℃）和热力学温标（K）。华氏温度曾在欧美各国工程界广泛应用，热力学温度是基本物理量。三者之间的关系如下：

$$t(℉) = 1.8t(℃)+32 \tag{5-2-1}$$

$$T(K) = t(℃)+273.15 \tag{5-2-2}$$

计量温度的方法很多，但通常可归纳为两类：直接计量法和间接计量法。前者是指计量温度的元件与被计量的对象直接接触。当敏感元件与被计量的物体呈热平衡时，根据温度的定义，此时敏感元件给出的就是计量物体的温度。后者则指计量温度的元件与被计量的对象非直接接触，通过辐射等原理来计量。

温度直接计量法所用的仪器有金属电阻温度计、玻璃液体温度计、热电偶、气体温度计、石英频率温度计和噪声温度计等。下面介绍几种典型的直接进行温度计量的仪器的原理、特性、用途和维护方法。

一、膨胀式温度计

膨胀式温度计是基于物体受热体积膨胀的性质而制成的温度计。常用的膨胀式温度计有玻璃管液体温度计、双金属片温度计和压力式温度计。

1. 玻璃管液体温度计

根据所充填的工作液体不同，玻璃管液体温度计可分为水银温度计和有机液体温度计两类。水银温度计不粘玻璃，不易氧化，容易获得较高精度，在相当大的范围内（-38～+356℃）保持液态，在 200℃以下，其膨胀系数几乎和温度呈线性关系，所以可作为精密的标准温度计。船舶机舱常用带金属保护管的水银温度计测量柴油机各气缸出水温度，如图 5-2-1 所示。由于液体在玻璃管内受热膨胀后沿着毛细管上升，依靠刻度标尺就可以根据液体上升的高度读出温度的数值。

（1）玻璃管液体温度计的特点

1）测量准确，使用性能稳定，读数直观，结构简单，价格低廉，使用方便。

2）具有易碎、不能远传信号和自动记录等缺点。

（2）玻璃管式液体温度计使用注意事项

1）玻璃泡全部浸入被测液体中，不碰容器底、壁。

2）玻璃泡浸入液体后要稍等片刻，待温度计的示数稳定后再读数。

3）热惯性大，读数时玻璃泡要留在被测液体中，视线与温度计中液柱的上表面相平齐。

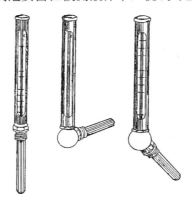

图 5-2-1　带金属保护管的水银温度计

2．双金属片温度计

双金属片温度计属于固体膨胀式温度计。它是用两种不同线膨胀系数的金属片焊接而成的。当温度变化时双金属片就会向热膨胀系数较小的一侧变形弯曲，其变形弯曲的程度就是温度的函数。通过传动机构带动指针偏转，指示温度数值，其原理如图 5-2-2 所示。

多数情况下，双金属片温度计都作为温度自动记录仪使用。如 DWJ—l 型双金属片温度计，其测量范围为-35～+45℃，自动记录 1 天或 1 周的温度值，测量精度为±1℃。一般在使用前应以 0.1℃刻度的水银温度计校正。

3．压力式温度计

压力式温度计的结构如图 5-2-3 所示，它由敏感元件温包、传压毛细管和弹簧管压力计组成。测温时将温包置于被测介质中，当被测介质温度升高时，温包内的工作物质膨胀，因而压力增大，该压力变化经毛细管传给弹簧管，使其变形，并经传动机构带动表针偏转，指示出被测温度。

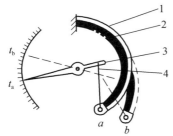

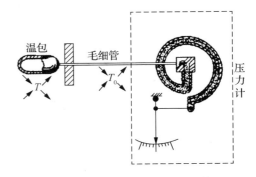

1—热膨胀系数较大的金属片；2—热膨胀系数较小的金属片；
3—示值指针（或记录笔）；4—传动杆。

图 5-2-2　双金属片温度计原理图　　　　图 5-2-3　压力式温度计的结构

若给系统充以气体，如氮气，称为充气式压力式温度计。该温度计测温上限可达 500℃，压力与温度的关系接近于线性，但是温包体积大，热惯性大。若充以液体，如二甲苯、甲醇等，温包小些，测温范围分别为-40～+200℃和-40～+170℃，若充以低沸点的液体，如丙酮，其饱和汽压随被测温度而变，测温范围为 50～200℃。但由于饱和汽压和饱和汽温呈非线性关系，故温度计刻度是不均匀的。

压力式温度计的特点是必须将温包全部浸入被测介质；毛细管最长不超过 60m；仪表精度低，但使用简便，而且抗振动。

压力式温度计在测量船舶机舱内设备的润滑油、冷却水、空气、制冷装置压力上应用很广，尤其是在制冷系统中用作遥测温度计。

二、热电偶温度计

1. 测温原理

德国物理学家赛贝克于 1821 年在观察铋—铜和铋—锑电路的电磁效应时，发现了热电流的存在。他的实验表明：当两种不同的金属连接形成一个闭合回路时，若两接点处温度不同，则将产生一个净的热电势，导致一个持续电流，因而可以用这个热电势的大小来衡量温度的高低。赛贝克效应的原理如图 5-2-4 所示，产生热电势的大小为

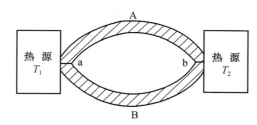

图 5-2-4　赛贝克效应

$$E = \frac{K(T_1 - T_2)}{e} \ln \frac{n_A}{n_B} \qquad (5\text{-}2\text{-}3)$$

式中，K 为玻尔兹曼常数；e 为电子电荷；T_1、T_2 为两接点处温度；n_B、n_A 为金属 A 和金属 B 的电子密度。

热电偶的总电势由两部分组成，一部分是温差电势——由导体两端温度不同而产生的一种电势；另一部分是接触电势——两种不同的导体 A、B 相接触，由于二者不同的电子密度而产生的一种电动势。

由式（5-2-3）可以得出以下结论：

1）热电势与材料和两接点温度有关，而与材料的长度、直径等无关。

2）当材料一定时（即 n_A、n_B 已知时），热电势是温度 T_1（热接点温度）和 T_2（冷接点温度）的函数；当 T_2 一定时，热电势则为 T_1 的单值函数。

3）$T_1 = T_2$ 时，热电势为零。

4）若两种金属材料相同，即使 $T_1 \neq T_2$，热电势也为零。

热电偶温度计就是根据上述原理制成的，如图 5-2-5 所示。将两根不同导体（热电极）A 和 B 焊接在一起，焊合的一端 a 为工作端，通常为热端，用来测量被测介质的温度，与导线连接的另一端 b 称为自由端，也称冷端。若热端和冷端的温度不同，则测量仪表指示出热电偶所产生的热电势，并在仪表上直接刻出对应的温度值。

根据热电偶测温原理，只有当热电偶冷端温度保持不变时，热电势才是被测温度的单值函数。这可以通过冷端温度校正法、冷端恒温法和补偿导线法加以补偿。大多数情况下，显示仪表是通过补偿导线将热电偶的冷端引至恒温或波动小的地方应用的。不同的热电偶

要配用不同的导线，不能用错。在一定的温度范围内（0～100℃）补偿导线要具有与所连接的热电极相同的热电性能。

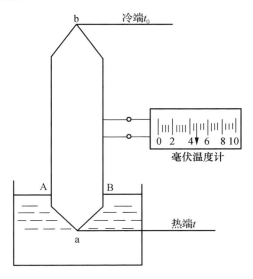

图 5-2-5　热电偶温度计原理示意图

2. 热电偶的分类

1）按热电势与温度关系是否标准化可分为标准化热电偶和非标准化热电偶。

2）按热电极材料的性质可分为金属热电偶、半导体热电偶、非金属热电偶三类。

3）按热电极材料的价格可分为贵金属热电偶和贱金属热电偶。

4）按使用温度范围可分为高温热电偶和低温热电偶。

目前，热电偶总共有 300 余种，我国常用的只有 7 种。它们在国际电工委员会的代号为 T 型（铜—康铜），E 型（镍铬铜—康铜），J 型（铁—康铜），K 型（镍铬—镍铝、镍铬—镍硅），S 型（铂 10%铑—铂），R 型（铂 13%铑—铂），B 型（铂 30%铑—铂 6%铑）。其中 K、S、R、B 各型可在高温下使用。

K 型热电偶最高使用温度的 1200℃。S、R、B 型热电偶具有抗氧化性和高稳定性的优点，S、R 型的最高使用温度为 1480℃（丝材直径为 0.5mm），B 型的最高使用温度可达 1700℃（丝材直径为 0.5mm）。铱铑合金热电偶的最高使用温度为 2150～2250℃，但力学性能差，灵敏度低，稳定性差，故不适用于精密测量。钨铼合金热电偶的最高使用温度为 2400℃ 以上，一般在中性气氛或真空中使用；如在氧化气氛中使用，则应加保护管。

3. 热电偶测温回路

热电偶测温回路由热电偶、补偿导线、普通导线和直流电测仪表构成。

（1）多支热电偶共用一台电测仪表

为了节省显示仪表，将若干条热电偶通过切换开关共用一台电测仪表。使用这样回路的条件：①各支热电偶的型号相同；②测温范围均在显示仪表的量程内。

在船上通常用热电偶温度计测量柴油机气缸的排气温度，在操作台上设有切换开关，以便用一个表头读出每一个气缸的排气温度。图 5-2-6 为这种温度计的原理图和外形。该表头实际上是一个毫伏表，但其刻度为温度刻度，这样就可以测定并指示温度值。

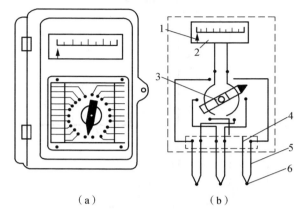

（a）　　　　　　　　　（b）

1—温度指针；2—表盘；3—切换开关旋钮；4—冷接点；5—热电偶；6—热接点。

图 5-2-6　热电偶温度计

（2）一支热电偶配用两个电测仪表

有时，需要将一支热电偶产生的热电势输出到两个显示仪表上（如一个就地显示，一个在控制室显示）。

4. 热电偶温度计的特点

热电偶是目前应用最广泛的温度测量元件。它既可以用于流体温度的测量，也可以用于固体温度的测量；既能测量静态温度，也能测量动态温度。此外，它还具有以下明显的优点：①结构简单、制作方便、价格便宜，不仅有定型的标准化产品，而且也可以自行制作；②测温范围宽，从 1～3000K 的温度范围内，每个温区都有不同型号的热电偶可供选择；③测温精度较高，高温区的复现性和稳定性很好；④体积小、热容量小、热惯性小；⑤由于它直接输出电势信号，所以便于信号的远距离传输和自动记录、控制，更有利于集中检测、记录和控制。

三、电阻温度计

电阻温度计是由感温元件感受温度后电阻改变的原理制成的，根据感温元件的不同分为金属（如铂、铜等）、合金（如锗铁、铂钴、金钴等）和半导体（如锗、硅等）温度计。纯金属和合金制成的温度计具有正的电阻温度系数，而半导体温度计具有负的电阻温度系数。实验证明，当温度升高 1℃时，多数金属导体的阻值增加 0.4%～0.6%，而半导体的阻值减小 3%～6%。一般情况下，电阻温度计的计量范围宽，从 0.1K 至 1273K；不确定度小，通常为 1～10mK；灵敏度高，在中、低温范围内其精度高于热电偶温度计，输出信号比热电偶要大得多。所以在测量-200～+600℃范围的温度时，目前多采用电阻温度计，尤其是低温测量中，电阻温度计用得较为普遍。

应该指出，尽管大多数金属（导体）的电阻随温度而变化，然而，并不是所有金属都能作测量元件。

1. 对理想测温金属的要求

1）金属的纯度高，使由晶格缺陷散射所引起的剩余电阻在较宽的温区内没有变化。

2）电阻温度系数 α 大，灵敏度高。α 的定义是：温度变化 $1℃$ 时电阻值的相对变化量。

3）电阻率比较大。这样可以相对缩小电阻体的体积，使得元件的热容量和热惯性相应减小，改善响应时间。

4）电阻与温度的函数关系尽可能接近线性，从而简化计算温度的程序。

5）易于加工。

2. 结构实例

电阻温度计是由热电阻、显示仪表和导线组成的。热电阻由电阻体、绝缘套管和接线盒等主要部件组成。比较适宜的热电阻丝材料有铂、铜、铁、镍和半导体材料锗。

（1）铂电阻温度计

如图 5-2-7 所示为标准铂温度计的结构图。铂电阻温度是用高纯铂丝制成的，因此温度越高，电阻也越大，其准确度高，稳定性好，性能可靠，被选作国际实用温标 13.81～904K 温区的内插仪器。

引线之间的绝缘要求大于 $5×10^9\Omega$（500℃以下）。电阻器与保护套管的热接触往往用加一定量的氢气的方法来实现。热接触不良会增加自然效应和响应时间。Barber 式温度计充以空气时，它的响应时间为 7s；充以氢气时，它的响应时间为 2～3s。

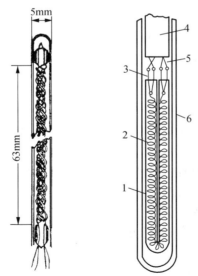

1—U 形玻璃管；2—铂螺旋丝；3—铂丝；4—双孔石英管；5—铂或金丝；6—玻璃套管。

图 5-2-7　标准铂电阻温度计结构图

（2）其他电阻温度计

铑铁电阻温度计是一种用铑铁合金丝制成的温度计，可用于 0.1～273K 温区。此外，还有半导体电阻温度计。由于半导体电阻温度计具有负的电阻系数，温度越低，电阻越大，且呈指数上升趋势，因此，对电阻的精密测量十分有利。常见的半导体材料为锗，并在锗中掺砷补镓，适用于 100mK～100K 温区。硅材料的半导体温度计用得较少。

应该指出，间接计量方法近来也很受重视，且发展很快，如辐射法、激光法和光子偏振法。其中的辐射法已有悠久的历史，量限很宽，高、中、低温度范围都能应用，而且准确度也在不断提高。常用的间接计量温度计有光学高温计、光电高温计、红外高温计、光谱高温计、比色高温计等。间接计量方法具有一系列独特的优点，如响应时间可达毫秒级甚至微秒级，不会干扰被计量对象原来的热状态，可以测量远距离的目标或热容量极小的物体等，这些都是其他方法无可比拟的。因此，其在船舶的热力系统和安全系统中必将获得进一步的应用。

四、常用温度计的比较

常用直接测量式温度计的比较见表 5-2-1。

表 5-2-1　常用直接测量式温度计的比较

类别	常用温度计	测温原理	精度/%	特点	测温范围/℃
接触式测温仪表	双金属片温度计	固体热膨胀变形量随温度变化	1～2.5	结构简单，指示清楚，读数方便；精度较低，不能远传	-100～+600 一般-80～+600
	压力式温度计	气（汽）体、液体在定容条件下，压力大小随温度变化	1～2.5	结构简单可靠，可较远距离传送（小于 5m）；精度较低，受环境温度影响较大	0～600 一般 0～300
	玻璃管液体温度计	液体热膨胀体积随温度变化	0.5～2.5	结构简单，精度较高，读数不便，不能远传	-200～+600 一般-100～+600
	电阻温度计	金属或半导体电阻随温度变化	0.5～3.0	精度高，便于远传，结构复杂，需外加电源	-258～+900 一般-200～+650
	热电偶温度计	热电效应	0.5～1.0	测温范围大，精度高，便于远传，低温测量精度较差	-269～+2800 一般-200～+1800

第二节　测压仪表

在轮机工程中常用的压力概念，可分为绝对压力、表压力和真空压力。表压力和真空压力都表示工质的绝对压力与当地大气压力的差值。它们都是压力表的直接读数，所以在运行管理中习惯于用表压力或真空压力。而当需要表明工质的热力状态时，则应以绝对压力为基准，即绝对压力=1 个大气压+表压力，绝对压力=1 个大气压-真空度。

通常，将测量相对压力（相对压强）的仪器、仪表称为压力计或压力表，将测量两个压力之差的仪器、仪表称为差压计。习惯上，将测量大气压力的仪表称为气压表，将测量负压力（真空压力）的仪表称为真空表。

压力计的种类很多，根据工作原理可分为液柱式压力计、弹性式压力计、电气式压力计和活塞式压力计等四大类。液柱式压力计是利用液体静力平衡的原理制成的；弹性式压力计是利用弹性元件在压力的作用下产生的变形来测量压力的；电气式压力计是在上述两种压力计的基础之上将压力引起的液柱的变化或弹性元件的变形转换成电量而测量压力的；活塞式压力计是用来校验压力表的。差压计根据其工作原理同样也可分成液柱式差压计、弹性式差压计和电气式差压计等。

压力表是动力装置中重要的仪表之一，现分述如下。

一、U 形液柱式压力计

这类压力表用来测量压力较小的工质压力，如柴油机的扫气压力、锅炉鼓风机的风压等。该压力计测量范围不大，一般测量值不超过 0.2MPa。它的构造如图 5-2-8 所示，U 形玻璃管内的液体根据所测压力的高低而采用水银、油或水。液体的一个作用是平衡被测压力，另一个作用是隔开不同工质。

当 U 形玻璃管管开口端通大气时，被测工质压力为 $p=p_b+\rho gh$，在管间标以适当的刻度即可测出工质的表压力（h 为正）或真空压力（h 为负）。

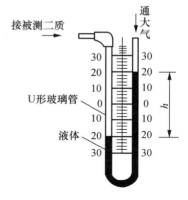

图 5-2-8　U 形液柱式压力计

二、弹簧管式压力计

弹簧管式压力计工作原理如图 5-2-9 所示。它是一根扁圆形截面的管子，弯成圆弧形。管子 B 端封闭而 A 端通入被测工质。如将 A 端固定，当管内感受到被测工质的压力时，弹性元件受力产生变形，再经过机械机构放大转变为可直接读出的压力值。这类压力计也称为机械式压力计。

弹簧管式压力表构造如图 5-2-10 所示，当被测工质的压力大于当地大气压时，B 移到 B'；反之，则移到 B''。管内所受压力与大气压相差越大，位移量也越大。通过传动机构，则可示出相对压力的大小。

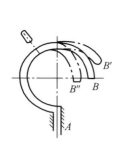

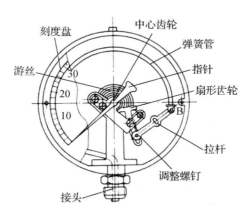

图 5-2-9　弹簧管式压力计工作原理　　图 5-2-10　弹簧管式压力计的构造　　弹簧管式压力表

弹簧管式压力表的测量范围很大，表压力为 0.03～100MPa，真空压力（真空度）可接近 760mmHg。当被测工质的温度较高或压力脉动较大时，如在测量柴油机气缸的平均压力或最高压力时，压力表需带有特殊装置。在内燃机上所采用的平均压力计和最高压力计，可用来判断机器各气缸的负荷是否均匀，并可用来分析柴油机的工作。制冷装置中采用的压力计往往还刻有不同制冷剂时的饱和温度的对应值。

常用平均压力计的结构如图 5-2-11 所示，它主要由接头 1、测压器 3 和指示仪表 11 等组成。气缸内脉动的燃气通过接头 1 并经过滤后，进入测压器 3 的气室，燃气在气室中扩散稳压，然后进入装在气室内的毛细管，使脉动压力再一次受到阻尼后进入指示仪表 11。这样，便可测得气缸内测量期间的平均压力，该值由仪表 11 的指针示出。指示仪表 11 是一般弹簧管式压力表，可按所需测量范围选用适当量程的压力表。

最高压力计的结构如图 5-2-12 所示，当止回阀 5 的下腔内压力大于上腔内压力时，阀 5 就打开；当下腔内的压力下降时，阀 5 就关闭，这样，上腔内就能够保持所测得的最大压力。为了消除进入上腔中具有最大压力的燃气的高温和脉动对指示仪表的影响，使高压燃气通过节流圈 7 和蛇形管 8，然后作用到指示仪表 11 中，指示最高压力值。指示仪表 11 也是一只普通的压力表。

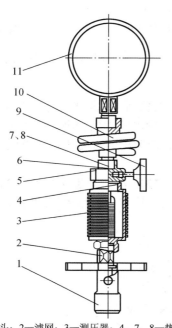

1—接头；2—滤网；3—测压器；4、7、8—垫圈；
5—放气阀；6—通道；9—手轮；
10—蛇形管；11—指示仪表。

图 5-2-11　平均压力计

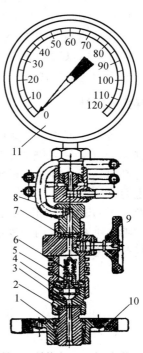

1—连接螺母；2—端接头；3—止回阀体；4—阀座；
5—止回阀；6—衬套；7—节流圈；8—蛇形管；
9—放气阀；10—转动手轮；11—指示仪表。

图 5-2-12　最高压力计

选用弹簧管式压力表时应注意以下几点：

1）所测量的工质不应对压力表的材料（铜和铜合金）起腐蚀作用。

2）被测介质的温度、湿度应该在测压仪表温度和相对湿度的许用范围内。

3）测量稳压时，不应超过测量上限值的 2/3。测量波动压力时，不得超过上限值的 1/2，最低压力不应低于上限值的 1/3；介质的压力变化在每秒钟内不超过上限值的 10%。

三、电触点式压力计

如图 5-2-13 所示为电触点式压力计的构造示意图。它是在一个弹簧管式压力计上加装高、低限触点。当压力降低到低限时，压力计指针上所附的接触器就与低值限定器接触；

而当压力达到高限时，指针则与高值限定器接触，从而使相应的控制电路起作用，并通过指示灯显示或蜂鸣器报警。其限定器可根据需要加以调整和设定。

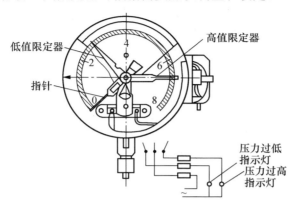

图 5-2-13 电触点式压力计

第三节 转 速 表

转速是能源设备与动力机械性能测试中一个重要的特性参量，因为许多特性参数是根据它们与转速的函数关系来确定的，如压缩机排气量、轴功率等。转速分为平均转速和瞬时转速。

测量各种旋转物体转速的仪器、仪表称为转速表或转速仪。

一、转速表的分类

1. 按工作原理分

1）离心式转速表：是根据角速度与惯性离心力的非线性关系制成的。

2）定时式转速表：它是利用计时机构控制计数机构的，因为测量转速的时间为一定值（3s 或 6s）。

3）振动式转速表：是利用特制弹簧片组与相应的转速谐振效应制成的。

4）电动式转速表：带有机电换能器，如带电机传感器的电动式转速表和电脉冲式转速表。

5）磁感应式转速表：是根据电磁感应原理制成的。

6）频闪式转速表：是根据频闪测速原理制成的。

7）电子计数式转速表：是利用电子计数原理制成的。这种转速表由转速传感器（光电式、磁电式、激光式等）和数字显示仪两部分组成。

8）自动记录式转速测量仪：用于自动记录被测转速。

2. 按使用方式分

1）固定式或便携式（手持式）转速表：固定式转速表是将转速表安装在某种机械设备上使用，并通过传动机构与被测旋转体的转轴相连。便携式转速表为一种单独使用的仪器，可以随时随地用来测量各种机器设备的转速。

2）接触式或非接触式转速表：固定式转速表可采用各种形式的传动装置，如齿轮变速机构、弹性联轴节、软轴等，而某些便携式（手持式）转速表可利用橡胶连接头或金属连接头把转速表轴与被测转轴连接起来，这种转速表属于接触式转速表。非接触式转速表如频闪式转速表，系采用闪光与被测轴转速同步的方法来衡量；电子计数式转速表，是用光电传感器或磁电传感器接收被测轴的转速，转换成电信号后输送给转速数字显示仪的。

3. 按表盘的刻度特点分

1）表盘上的分度可以是均匀的或不均匀的。

2）表盘上有的标有零点标线，有的则以被测转速的最小值为标度起点，而以被测转速的最大值为标度终点，表盘上的起点至终点的示值范围即为量程。

3）转速表有单量程的，也有多量程的。

二、离心式转速表

离心式转速表由传动部分、机心和指示器三部分组成，如图 5-2-14 所示。离心式转速表是利用转速表轴随被测轴转动时，离心器上重锤在惯性离心力的作用下离开轴心，并通过传动机构带动表指针转动，指针的位置根据重锤所产生的离心力与弹簧力的平衡来确定。

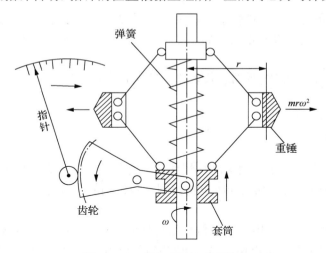

图 5-2-14　离心式转速表的构造

离心式转速表的输出量与输入量（角速度）之间是非线性的，因此表盘的刻度不均匀。固定离心式转速表一般通过软轴将被测轴的转速传至表轴；便携离心式转速表用三棱锥或橡胶接头伸至被测轴端中心孔将其转速传至表轴。便携离心式转速表装有变速器，制成多量程，可以改变被测转速的量程。例如，上海转速表厂制造的离心式转速表具有以下量程：60～240r/min、200～800r/min、600～2400r/min、2000～8000r/min、6000～24000r/min。

离心式转速表是一种应用最早的转速表。由于它具有结构简单、使用方便和价格便宜等优点，至今仍广为应用，其不足之处是精度较低。

1. 固定离心式转速表的使用注意事项

1）注意表盘上的转速表系数：

$$转速表系数 = \frac{转速表轴的实际转速}{被测轴的转速}$$

例如转速表系数为 1∶1，这时转速表的示值即为被测轴的转速；转速表系数为 1∶2，则指针示值若为 200r/min，被测轴的实际转速为 100r/min。

2）使用时，转速表正常工作范围应选在测量上限值的 80%左右。例如量程为 100～600r/min 的转速表，最高工作转速应选 480r/min。这样可以保证仪表指示准确和延长其使用寿命。

3）被测轴转向与表指针指向无关。

4）转速表出厂检定误差为测量上限值的 2%，指针指示不稳定性漂幅为 1/2 小格。

5）在使用过程中，须每隔 12h 加注润滑油 1 次。

6）转速表在运输和储藏期间，应注意防振防潮。

2. 手持离心式转速表使用的注意事项

1）根据被测轴的转速，来选择调速盘的挡数，不能用低速挡测量高速挡。

2）转速表轴与被测转轴接触时，应使两轴心对准，动作要缓慢，压力要适中，同时应使两轴保持在一条直线上。

3）测量时，转速表轴与被测转轴不要顶得过紧，以两轴接触时不产生相对滑动为原则。

4）被测转轴转向与表指针指向无关。

5）使用前应从外壳和调速盘上的油孔注入润滑油（钟表油）。

三、定时式转速表

定时式转速表是一种精密的机械式转速表。它具有精度高、携带方便等优点，在国内外获得广泛应用。

定时式转速表的工作原理是按照在一定时间间隔内测量旋转体转数的方法确定转速的平均值，并通过指针在表盘上直接指示被测转速。为了测定时间间隔，该转速表表中装有定时机构，由此而得名。常用的定时转速表有双盘式和单盘式两种。

单盘式定时转速表如图 5-2-15 所示。使用时，将套在表轴上的橡胶接头 4 与被测转轴相连接。用手握紧表壳 5，将表盘 2 端平，使表轴和被测轴的轴心在一条直线上。再揿压按钮 3，然后松开，使表机构开始工作，同时打开计数器开始计数。经过一定的时间间隔（3s 或 6s），表机构停止工作，并关闭计数器，指针 1 在表盘上指示被测转速。

该表长针轴与转抽的传动比为 1∶100，短针轴与长针轴的传动比为 1∶10。由于长针刻度盘均匀地标了 100 个

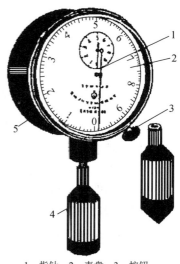

1—指针；2—表盘；3—按钮；
4—橡胶接头；5—表壳。

图 5-2-15　单盘式定时转速表外形图

小格，每小格的分度值为 10r/min。短针刻度盘均匀地标了 10 个小格，每小格分度值为 1000r/min，均比输入值扩大了 10 倍。因此，该表在 6s 内所测量的转速，是折合成每分钟的转速，按 r/min 进行刻度的。

四、发电式转速表

发电式转速表是根据非电量电测量的原理制成的。它所使用的转速传感器有直流发电机式、交流发电机式、光电式及其他形式。转速传感器连接到被测转轴上，当被测轴旋转时，对传感器所产生的电流、电压或频率，利用电测量仪器进行测量，而仪表的表盘刻度不用电量单位，而是以 r/min 为计量单位。

带直流发电机的发电式转速表的工作原理示意图如图 5-2-16 所示。直流发电机的定子（永久磁铁）1 用于激磁，电枢轴与被测转轴相连接，同时一起转动。当发电机旋转时，电枢绕组切割永久磁铁磁场内的磁力线，从而在电枢中产生感应电动势，其电动势的大小与轴转速成正比。因而利用磁电式电压表，可通过其指针 2 示出转速的测量值。

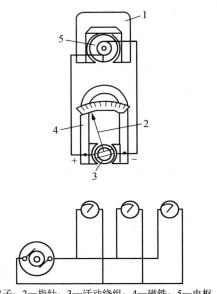

1—定子；2—指针；3—活动绕组；4—磁铁；5—电枢。

图 5-2-16　带直流发电机的电动式转速表的示意图

这种转速表用于测量推进器的转速时，通常带有 4 个指示器与 7 个指示器两种型号。指示器安装要远离磁场和蒸汽管，在电路中并联的极性，必须使指针的偏转与推进器的转向相对应。当船舶前进时转速表的误差不超过表盘上限的 0.8%；当船舶后退时，其误差不超过表盘上限的 1.2%。

五、频闪式转速表（同步测速法）

频闪测速法原理为频闪效应，频闪效应，就是物体在人的视野中消失后能存留一定时间的视觉印象，即视后效。

视后效的持续时间，在物体一般光度的条件下为 0.2（1/5）～0.05（1/20）s。如果来自被观察物体的视刺激信号是一个跟一个的信号，每两次间隔都少于 1/20s，则视觉来不及消失，从而给人以连贯的假象。若用一闪一闪的光照明旋转的轴，并且预先在旋转轴上做以明显记号，则当旋转轴转速与闪光频率相等或成一定倍数关系时，旋转轴上的记号即呈现停留不动的状态，由此可测出被测轴的转速。

频闪式转速表较早得到使用，为非接触式，操作直观、简便；测速精度为 1%～2%；范围为 300～（2×10⁵）r/min。

六、光电式转速表

光电式转速表的工作原理：将被测转速信号利用光敏元件对光的敏感性，通过光电变换原理转换成为与转速成正比的电脉冲信号，然后测得电脉冲信号的频率或周期，就可得到转速。

在转速测量系统中，常采用的光电式变换元件有光敏电阻，光电池，光敏晶体管等。①光敏电阻：将用光敏电阻制成的器件接入电路中，当有光照射到光敏电阻上时，它的电阻值将降低，导致电路参数的改变，因而电路对外有输出信号。②光电池：光电池是直接把光能转换为电能的元件。③光敏晶体管：与普通的晶体管相似，也有 e、b 两个极。但其基极 b 不接引线，而是封装了一个透光窗孔，当光线透过光孔照到发射极 e 和基极 b 之间的 PN 结上时，就能获得较大的集电极电流输出。而且输出电流的大小随光照强度的增强而增大。

常见的光电式转速传感器有直射式和反射式两种。

1. 直射式光电式转速传感器

它主要由光源、多孔圆盘、旋转轴、光敏元件（硅光电池）等组成，如图 5-2-17 所示。圆盘随转轴一同转动，光敏二极管将圆盘透射来的光信号转换为电信号，然后通过计数脉冲的频率，即可在数显装置上显示出旋转轴的转速。

2. 反射式光电式转速传感器

该传感器同样利用光电变换将转速转变成电脉冲信号。它主要由光源、聚光镜、半透反光膜、光敏元件组成，如图 5-2-18 所示。

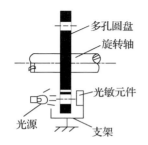

图 5-2-17　直射式光电式转速传感器

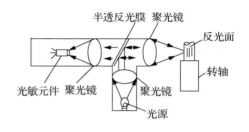

图 5-2-18　反射式光电式转速传感器

将被测轴表面擦干净后用黑漆（或黑色胶布）全部涂黑，再将几块反光材料相间地粘贴在其上作为光电标记，以形成条纹形的强烈的反射面。反光材料一般采用专门的测速反射纸带，有时也可用金属箔。光电头采用低功耗高亮度 LED，光源为高可靠性可见红光，无论黑夜还是白天，或是背景光强有大范围改变都不影响接收效果。

光电式转速传感器的优点是测速范围可达每分钟几十万转；对被测轴无干扰。

七、磁电式转速表

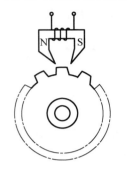

图 5-2-19　磁电式转速表原理图

磁电式转速表是根据非电量测量的原理制成的。它通过改变磁路的磁阻，引起感应线圈感应电势的变化来完成转速的测量。输出感应电动势的脉冲数 N 与转子转速成正比，且转速越大，输出信号也越大。

如图 5-2-19 所示，当线圈和磁铁静止不动，在被测的轴上固定安装一个齿轮，沿齿轮径向（或轴向）安装传感器，当齿轮随转轴一起转动时，每转过一个齿，传感器磁路磁阻变化一次，磁通变化一次，线圈中产生一个近似正弦状的脉冲信号，就周期性地改变了传感器的磁阻，从而在线圈中产生一定频率的感应电势脉冲。该电势的频率和被测转速成正比，计算公式为

$$n = \frac{60f}{z}$$

式中，n 为被测转速，r/min；f 为信号频率，Hz；z 为齿轮齿数。

磁电式转速表的优点是：①结构简单，工作可靠，完全可以自行制作，甚至用一个普通耳塞机内的磁铁及绕组就可以改制成一个传感器，并可以不加放大器直接推动数字式频率计工作；②能直接测量线速度和角速度；③输出功率较大，并可用于远距离测量。缺点是：①下限频率范围窄；②不宜在高温及强磁场的环境中工作。

使用磁电式转速表应该注意：测量轮齿轮的外齿一定要用导磁材料制成，对于非导磁材料轴可以在上面装贴钢片来使传感器输出电势信号；传感器必须靠近被测轴，被测转速不能过低，否则，所感应出的信号太弱。另外，不同于光电式转速表，磁电式转速表多少要对被测轴施加一定的阻力矩，故不适于小轴径、低输出转矩的高转速轴的转速测量。它在轮机工程中主要用于测量柴油机的转速。

第四节　流　量　计

流量是指单位时间内，流体通过管道某截面的量。该值以体积计，就称为体积流量（L/min）；以质量计（kg/min），就称为质量流量。

计量流量时，有时也需要知道某一段时间内流体通过的总体积或总质量。用于计量累积流量的仪表，就称为累积流量计（或流量表）；有时需要计量某一时刻的流量，称为瞬时流量。

在工程系统中安装流量计可以直接读出流量数值。常用的流量计有浮子式、涡轮式和椭圆齿轮式等。

一、浮子式流量计

浮子式流量计已有一百多年的历史，应用广泛，可用来测量水、气、燃料油、蒸馏水和冷冻剂的流量。它是利用流体流动节流原理制成的测量仪表。

浮子式流量计的工作原理如图 5-2-20 所示。在一个竖直安装的锥管内放一浮子，浮子的密度大于被测液体的密度。当流量计未工作时，浮子因自重而落于下方。当有液体自下而上流经浮子和管壁之间的环形缝隙时，产生一压力降，浮子下面液体的压力大于浮子上面液体的压力，因此浮子被抬起。流经管内的液体流量越大，浮子被抬得越高，环隙流通面积也越大。当被测液体的密度一定时，流量与通流面积成正比，即和浮子所抬起的高度成正比，浮子在锥形管内的平衡位置的高度就是流量计的流量读

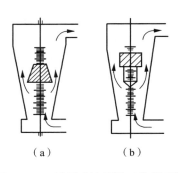

（a）　　　　（b）

图 5-2-20　浮子式流量计工作原理图

数。由于浮子的重量不变，不论浮子处于某一平衡位置，其两端的压差都是恒定值，因此浮子流量计称为面积流量计。

为了保证浮子在管内对中，不致偏心或偏斜而影响测量精度，可使用导向钢丝，如图 5-2-20（a）所示；或在浮子上开斜槽，如图 5-2-20（b）所示，使浮子在液流作用下产生旋转。

浮子式流量计用于低压系统时，可直接观察浮子升起的高度，并读出流量。而用于高压系统时，浮子则应装在金属管中，通过磁电感应系统将浮子的升高量转换成电参量，经测量仪表测出液体的瞬时流量，或用积数器测量某一段时间内流量的总和。

二、涡轮式流量计

涡轮式流量计相当于在管道中安装了一个水涡轮，当其被液流冲动而旋转时，通过磁电变换器即可测量出流量数据，属于间接测量。它的工作原理如图 5-2-21 所示。

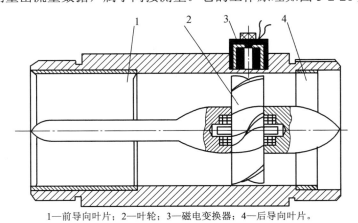

1—前导向叶片；2—叶轮；3—磁电变换器；4—后导向叶片。

图 5-2-21　涡轮式流量计工作原理图

涡轮流量计是利用在被测流体中自由旋转的叶轮的转速与流体的流速成正比这一原理测量的。这种流量计中的叶轮经仔细平衡，装于轴承内，其惯性和摩擦力都很小。在液流

作用下叶轮不断旋转，故叶轮的转速与被测流量成正比。叶轮旋转时，周期地改变磁电变换器中磁路的磁阻，从而输出与流量成正比的脉冲信号。脉冲信号经放大后如输送到频率计，可以测量瞬时流量；如输送到积数器，则可测量某一段时间内的累积流量。

涡轮式流量计的优点是：①误差极小，灵敏度极高；②结构简单，易于制造，安装方便；③输出脉冲频率信号，适于总量计量，便于与计算机连接；④可用于高压测量。缺点是：①难以长期保持校准特性，需要定期校验；②流体物性（密度、黏度）对仪表特性有较大影响；③流量计受来流流速分布畸变和旋转流的影响较大；④不适于脉动流和混相流的测量；⑤对被测介质的清洁度要求较高，限制了其适用领域。

三、容积式流量计

容积式流量计是通过测量一定时间内流经流量计的流体的体积是固定体积的信数来实现对流体流量的测量。若固定体积为 $V(\text{m}^3)$，每秒钟流经流量计的流体的体积是固定体积 V 的倍数为 n，则流体的流量 $q_v(\text{m}^3/\text{s})$ 为 $q_v = nV$。

目前，容积式流量计主要有椭圆齿轮流量计、腰轮流量计，其中以椭圆齿轮流量计最为常用。

1. 椭圆齿轮流量计

椭圆齿轮式流量计是容积式流量计的一种，工作原理如图 5-2-22 所示。它实质上相当于一个液压马达，一对相互啮合的椭圆形齿轮在测量仪进出口的液流压差的作用下工作。例如在图 5-2-22（a）位置，作用在椭圆齿轮 1 上的液体作用力互相平衡，有效转矩为零，椭圆齿轮 2 在压差作用下产生一转矩做顺时针方向回转，并带动齿轮 1 做逆时针方向转动。在转到图 5-2-22（b）位置时，齿轮 2 上的转矩已经减小，而齿轮 1 上的转矩则已产生。转到图 5-2-22（c）时，齿轮 2 上的转矩为零，齿轮 1 上的转矩增至最大值。因此，在每一位置上两个齿轮所产生转矩的总和基本上为一定值。齿轮每转一转，液腔 a 和 b 各充油两次，排油两次。所以它的转速正比于通过的液体流量。齿轮的转轴可经减速器传动记录流量的积数器，或者带动测速发电机供电给电动积数器，便能直接显示液体的总流量。

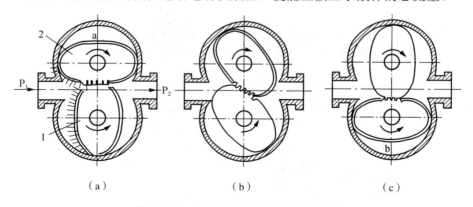

（a） （b） （c）

图 5-2-22 椭圆齿轮流量计工作原理图

椭圆齿轮流量计一般用于测量一定时间内的液体总流量，这是一种容积式测量仪。它的输出轴上载荷很小，因此被测液体在流量计前后的压差也很小，故容积效率很高，测量误差较小，精度可达±0.5%，同时测量范围也较大。

2. 腰轮流量计

腰轮流量计的结构如图 5-2-23 所示，它由一对转动过程中始终相切的腰轮、计量液腔及计数机构等组成。它的工作原理与椭圆齿轮流量计相同，只是腰轮流量计内的腰轮上没有齿。所以，它对流体中的固体杂质没有椭圆齿轮式流量计那么敏感。腰轮流量计可用于液体流量的测量，特别适合用于测量高黏度的液体，也可用于测量大流量的气体。

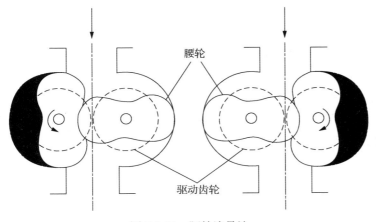

图 5-2-23　腰轮流量计　　　　　　　　腰轮流量计

第五节　比　重　计

比重计是浮计的俗称，而浮计是液体密度计和浓度计的统称。它由压载室 B、躯体 A 和干管 C 三部分组成，如图 5-2-24 所示。躯体 A 是一个圆柱形的中空玻璃管，其下端是装满小铅丸等重物的压载室 B，以使浮计的重心下降。重物的上部用隔板结构或胶固物封紧。干管 C 是顶端封闭的细长圆管，其下端同躯体 A 的上端熔接，内壁紧贴着刻有浮计用途和单位的分度表。

根据阿基米德原理，当浮计浸入被计量液体时受到浮力的作用，在平衡状态，浮计浸没于液体的深度取决于液体的密度，显然密度越小，浸没越深；密度越大，浸没越浅，所以在分度表与液面重合处，即可读出液体的密度或浓度的数值。

我国的基准浮计组由 116 支不同计量范围的浮计组成，使用时应注意：

1）轻拿轻放，以免敲碎。

2）放入被测液体时，不能立即松手，应慢慢放入，看看能不能浮出一点，以免一下子沉到底而破碎。浮不起来时，应拿出来，换一个量程低一点的再试。

3）浮计不要贴在容器壁上，否则误差较大。

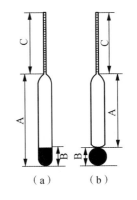

图 5-2-24　浮计结构示意图

第六节　湿　度　计

测定空气湿度的方法有称量法、干湿球温度计法、毛发湿度计法、露点测湿法及电阻湿度计法等。

一、干湿球温度计

干湿球温度计由两支完全相同的玻璃管液体温度计、水槽和湿度表所组成，如图 5-2-25

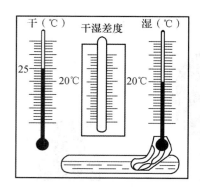

图 5-2-25　干湿球温度计

所示。其中一支称为干球温度计，另一支在感温泡上包上一层湿纱布，称为湿球温度计。为了保持纱布及水银球（或酒精球）的湿润，纱布的另一端应浸在水槽里。纱布未浸湿之前，两支温度计的指示相同，当纱布浸湿后，由于纱布上水分蒸发吸热，湿球温度计感受到的温度就比干球温度计低，因而读数下降，直到最后稳定，这时的温度称为湿球温度。两支温度计示值之差称为干湿球温度差，用 Δt 表示。空气越干燥，由于湿纱布水分蒸发多，吸热也多，湿球温度下降量大而 Δt 大；空气越接近饱和状态，则 Δt 越小，在饱和空气时，$\Delta t=0$。根据 Δt 值，即可查表得出空气的相对湿度。

目前空调工程中多采用通风式干湿球温度计（又称阿斯曼湿度计）。它是在普通干湿球湿度计的两支温度计上方装上一个小风扇，使空气以一定的速度（≥2.5m/s）流过温度计的温包，并在两支温度计的温包处装上能防热辐射的金属保护管，以便提高测量的精度。

干湿球温度计在纱布未浸湿前应保证干球温度计和湿球温度计的读数差不大于 0.1℃。测量时，湿球应保持良好的湿润，纱布要清洁，尽可能用蒸馏水湿润，常用纱布宽约为水银球柱高度的 1.3～1.5 倍，其长比水银球柱高度大 10～15mm，并在水银球柱上 3mm 处扎紧，同时将纱布抹平，在水银球处扎牢，但又不宜扎得过紧以免影响纱布吸水。等水银液柱稳定后开始读数，人的视线应与液柱面在同一水平面上，并注意避免人呼吸和人体辐射对温度计测量精度的影响。

二、电阻式湿度计

电阻式湿度计是利用一种吸湿性较强的物质吸湿后导电性变化的特性制成的。通常在一塑料圆棒上面平绕两根不相连的金属丝或在平面上设一对梳状电极丝，然后涂上一层氯化锂和多孔性塑胶的混合液。氯化锂作为吸湿物质，空气的相对湿度能影响到它吸收水分的多少，并使导电性变化，进而导致两金属丝间电阻的变化，从而通过仪表测出空气湿度。

电阻式湿度计可用于远距离测量、自动记录和控制。如图 5-2-26 所示，使用中当空气的相对湿度达到调定值时，信号继电器触头断开，于是电磁阀因断电而关闭，停止向空调器喷湿；而当湿度低于调定值的 1% 时，信号继电器触头闭合，电磁阀因通电而开启，加湿的蒸汽喷入空气中。

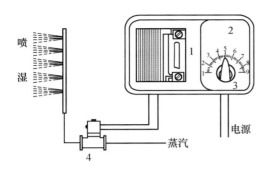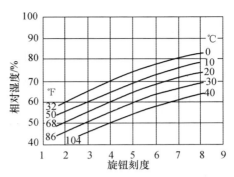

（a）调节器及其系统示意图 （b）调湿刻度与温度和调定温度的关系曲线

1—氯化锂感湿元件；2—晶体管放大器；3—调节旋钮；4—调湿电磁阀。

图 5-2-26 氯化锂双位式电动湿度调节器及其调湿系统

氯化锂感湿元件简单、体积小、灵敏度高、反应速度快。其缺点是需按使用温度进行校正，而且使用时间久后，氯化锂涂料还会脏污或剥落，因此需定期检查，并进行清洁或换新。使用时不要用手触摸或擦拭感湿元件，以免影响工作性能。

三、毛发式湿度计

毛发式湿度计利用脱脂头发在吸湿后长度发生变化而牵动杠杆机构，通过指针指示出空气的相对湿度。它可用于自动记录和控制，其中 DHJ—1 型毛发湿度计能自动记录一天或一周的空气相对湿度。

第七节 盐 度 计

盐度计常用于船舶海水淡化装置中作为所造淡水盐度的连续检测仪表，并能在含盐量超过既定标准时发出声、光警报，同时使不符合规格的淡水自动返回蒸馏器或泄入舱底。

盐度计的基本原理是：水溶液的导电性会随含盐量的增加而增加，即含盐量越高，导电性越好。

盐度计检测系统中的盐度传感器实际上是一对测量用的电极。如图 5-2-27 所示，电极表面镀有铂或铑，它装在淡化装置的凝水管路中。当凝水不断流过时，在两根电极间会有电流通过。为防止盐度传感器的电极因黏附异物而短路，传感器每使用一个月左右应进行一次清理。清洁时应用软布擦拭，避免用硬物刮刷而损坏铂铑镀层。

盐度计的检测线路主要有三种，如图 5-2-28 所示。图 5-2-28（a）用于测定通过电极的电流；图 5-2-28（b）用于测定电极两端的电位差；图 5-2-28（c）为以电极作为测量电桥的一臂，根据两电极间水的电阻值的变化来测定电桥平衡的偏离程度。这三种方法都得到了普遍的应用。

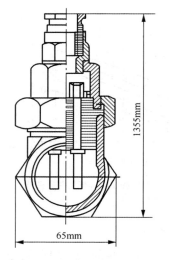

图 5-2-27　盐度传感器

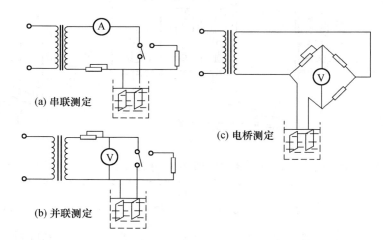

(a) 串联测定

(b) 并联测定

(c) 电桥测定

图 5-2-28　盐度计的基本接线原理

第三章 单位及换算

第一节 单位制简介

由于历史原因，我国和世界各国曾采用过多种单位制，但随着经济技术交流的不断发展，世界各国都在向统一的国际单位制（SI 制）过渡。我国已从 1991 年 1 月开始全面推行国际单位制。考虑到实际应用中的情况，也要求轮机管理人员熟悉船上长期使用的工程单位制和英美单位制。

一、国际单位制（SI 制）

国际单位制中，选用长度、质量和时间作为基本量，相应的单位为米（m）、千克（kg）和秒（s），见表 5-3-1。

力为导出量，单位为牛顿（N），1 牛顿力表示使质量为 1kg 的物体具有 $1m/s^2$ 加速度所需要的力，即 $1N=1kg \cdot m/s^2$。

压力也是导出量，单位为帕斯卡（Pa），$1Pa=1N/m^2$。在国际单位制中，压力也会用巴（bar）表示，$1bar=10^5Pa$，见表 5-3-2。

功也是导出量，单位为焦耳（J），用 1N 的力推动物体沿力的方向移动 1m 所做功的大小就是 1 焦耳，即 $1J=1N \cdot m$。在国际单位制中，功、能量和热量的单位均用焦耳（J）表示。

表 5-3-1　SI 制的基本单位

量的名称	单位名称	单位符号
长度	米	m
质量	千克（公斤）	kg
时间	秒	s
电流	安培	A
热力学温度	开尔文	K
物质的量	摩尔	mol
发光强度	坎德拉（烛光）	cd

表 5-3-2　暂时与 SI 制并用的部分单位

量的名称	单位名称	单位符号
时间	分	min
	小时	h
	日	d
压力	巴	bar
	标准大气压	atm
容积	升	L
温度	摄氏度	℃
质量	吨	t

二、工程单位制（MSF制）

在工程单位制中，选用长度、力和时间作为基本单位，相应的单位分别为米（m）、公斤力（kgf）和秒（s）。其中公斤力（kgf）与质量为1kg的物体在标准重力场中所受到的重力等量，即 1kgf=1kg×9.81 m/s^2=9.81N。

质量为导出量，根据牛顿第二定律（力=质量×加速度），推导出质量的单位为 kgf·s^2/m。

压力的单位为公斤力/米^2（kgf/m^2），由于单位太小，而以公斤力/厘米^2（kgf/cm^2）作为常用单位；功的单位为公斤力米（kgf·m）。

在工程单位制中，热量是基本量，单位为卡（cal）或千卡（kcal），1cal（1kcal）表示在标准大气压下1g（1kg）的纯水温度升高1℃所需要的热量。

工程上曾长期使用热功当量 J=427 kgf·m/kcal 进行功热之间的换算。

三、英美单位制（USCS制）

英美单位制中选用长度、力和时间作为基本量，相应的单位为英尺（ft）、磅力（lbf）和秒（s）。

质量为导出量，同样根据牛顿第二定律可推出其单位为 lbf·s^2/ft；压力的单位为 lbf/in^2（英镑力/英寸^2）；功的单位为 lbf·ft。

在英美单位制中，热量是基本量，单位是英热单位，用符号 Btu 表示，1Btu 表示使1磅质量的纯水温度升高1℉所需要的热量。

第二节　单位换算

一、长度

毫米(mm)	厘米(cm)	米(m)	公里(km)	英寸(in)	英尺(ft)	码(yd)	海里(naut.mile)
1	0.1	0.001	0.000001	0.03937	0.00328	0.00109	
10	1	0.01	0.00001	0.39370	0.03280	0.01093	
1000	100	1	0.001	39.3701	3.28084	1.09361	0.00054
	100000	1000	1	39370.1	3280.84	1093.61	0.53962
25.4	2.54	0.0254	0.00003	1	0.08333	0.02778	
304.8	30.48	0.3048	0.00030	12	1	0.33333	0.00016
914.4	91.44	0.9144	0.00091	36	3	1	0.00049
		1852	1.852		6080	2026.67	1

注：1海里：地球椭圆子午线上1′（分）的弧长，纬度45°时为1852m。
　　1yd=3ft；1ft=12in。

二、面积

平方米(m^2)	平方厘米(cm^2)	平方毫米(mm^2)	平方码(yd^2)	平方英尺(ft^2)	平方英寸(in^2)
1	10000	106	1.1960	10.7639	1550.1
1×10^{-4}	1	100	1.196×10^{-4}	1.076×10^{-3}	0.1550
1×10^{-6}	0.001	1			
		83.6×10^4	1	9	1296
0.8631	8631		0.1111	1	144
6.452×10^{-4}	6.4516	645.16	7.716×10^{-4}	6.9×10^{-3}	1

三、体积

立方厘米 (cm³, cc, mL)	升 (L，dm³)	立方米 (m³)	立方英寸 (in³)	立方尺 (ft³)	英加仑 (UK gal)	美加仑 (US gal)
1	1×10^{-3}	1×10^{-6}	0.061	3.531×10^{-5}	2.2×10^{-4}	2.642×10^{-4}
1×10^{3}	1	1×10^{-3}	61.024	0.0353	0.220	0.264
1×10^{6}	1×10^{3}	1	6.102×10^{4}	35.315	219.98	264.18
16.387	0.0164	1.639×10^{-5}	1	0.579×10^{-3}	3.605×10^{-3}	4.329×10^{-3}
2.832×10^{4}	28.317	0.02832	1728.0	1	6.299	7.481
4546	4.546	4.546×10^{-3}	277.4	0.1605	1	1.201
3785	3.785	3.785×10^{-3}	231.0	0.1337	0.8327	1

四、质量

吨(t)	千克(kg)	英吨(T)	美吨(shT)	英磅(lb)
1	1000	0.9842	1.1023	2204.62

五、力

牛顿(N)	达因(dyn)	公斤力(kgf)	磅力(lbf)
1	1×10^{5}	0.101972	0.2248
1×10^{-5}	1		
9.8		1	2.2046

六、线速度

公里/小时(km/h)	米/分(m/min)	米/秒(m/s)	海里/小时(n mile/h)	英尺/分(ft/min)	英尺/秒(ft/s)
1	16.6667	0.2778	0.6124	54.6800	0.9113

七、压强

帕斯卡 (Pa)	巴 (bar)	公斤力/厘米² (kgf/cm²)	标准气压 (atm)	毫米汞柱 (mmHg)	米水柱 (mH₂O)	磅力/英寸² (lb / in²)
1	1×10^{-5}	1.0197×10^{-5}	0.9869×10^{-5}	7.501×10^{-3}	1.0197×10^{-4}	1.450×10^{-4}
1×10^{5}	1	1.0197	0.98692	750.06		14.5038
9.8067×10^{4}	0.9807	1	0.96784	735.56	10	14.2233
1.01325×10^{5}	1.01325	1.0333	1	760.0	10.333	14.6960
1333.22	0.0134	1.360×10^{-3}	1.3158×10^{-5}	1		0.01934
6869.76	0.06895	0.07031	0.06805	5.1638		1

八、流量

毫升/秒 (mL / s)	升/分 (L / min)	立方米/时 (m³ / h)	英加仑/分 (UK gal / min)	美加仑/分 (US gal / min)	立方英寸/秒 (in³ / s)	立方英尺/时 (ft³ / h)
1	60×10^{-3}	3.6×10^{-3}	13.197×10^{-3}	15.851×10^{-3}	61.024×10^{-3}	127.14×10^{-3}
16.667	1					
	16.667	1				
	4.54		1			
	3.785			1		

九、功、能和热量

焦耳 (J)	千瓦时 (kW·h)	公斤力米 (kgf·m)	千卡 (kcal)	英尺磅力 (ft·lbf)	英热单位 (BTU)
1	0.2778×10^{-6}	0.1020	0.2388×10^{-6}	0.7363	0.9478×10^{-3}
3.6×10^{6}	1	3.671×10^{5}	859.845	2.6552×10^{6}	3412.14
9.8067	2.724×10^{-6}	1	2.3423×10^{-3}	7.233	9.2947×10^{-3}
4186.8	1.163×10^{-3}	426.935	1	3088.026	3.9683
1.3558	3.766×10^{-7}	0.1383	0.3238×10^{-3}	1	1.2851×10^{-3}
1055.056	2.931×10^{-4}	107.586	0.2520	778.17	1

注：1J=1N·m=1W·s；1kW·h=1.36 PS·h；1cal=4.186J。

十、功率

瓦特 (W)	千瓦 (kW)	公斤力米/秒 (kgf·m/s)	公制马力 (Ps)	英尺磅力/秒 (ft·lbf/s)	英制马力 (HP)
1	0.001	0.1020	1.3596×10^{-3}	0.7376	1.3410×10^{-3}
1000	1	102	1.3596	737.6	1.3410
9.8067	9.8067×10^{-3}	1	0.0133	7.233	0.01315
735.499	0.7355	75	1	542.476	0.9863
1.3558	1.3558×10^{-3}	0.1383	1.843×10^{-3}	1	1.818×10^{-3}
745.7	0.7457	76.04	1.0139	550	1

十一、绝对黏度

牛顿秒/米^2 (N·s/m^2)(Pa·s)	公斤力秒/米^2 (kgf·s/m^2)	达因米/厘米^2 (泊)(P)	厘泊 (cP)
1	0.102	10	1000

十二、运动黏度

厘泡(cSt)	泡(St)	米^2/秒(m^2/s)	英尺^2/秒(ft^2/s)
1	1×10^{-2}	1×10^{-6}	1.076×10^{-5}

注：1St=1cm2/s。

十三、散热系数

瓦/(米^2·开) W/(m^2·K)	千卡/(米^2·时·开) Kcal/(m^2·h·K)	英热单位/(英尺^2·时·华氏度) Btu/(ft^2·h·℉)
1	0.86	0.1761

注：W/(m^2·K)为SI单位。

参 考 文 献

陈爱玲，2016. 工程热力学与传热学[M]. 大连：大连海事大学出版社.

冯青，李世武，张丽，2006. 工程热力学[M]. 西安：西北工业大学出版社.

章学来，2009. 轮机工程基础[M]. 北京：人民交通出版社.

中华人民共和国海事局，2012. 中华人民共和国海船船员适任考试大纲[M]. 大连：大连海事大学出版社.

中国海事服务中心，2012. 主推进动力装置[M]. 大连：大连海事大学出版社.

中国海事服务中心，2012. 船舶辅机[M]. 大连：大连海事大学出版社.

附　　录

附表 1　饱和水和饱和水蒸气热力性质表(按压力排列)

压力	温度	比体积		比焓		汽化潜热	比熵	
		液体	蒸汽	液体	蒸汽		液体	蒸汽
p	t	v'	v''	h'	h''	γ	s'	s''
MPa	℃	m³/kg	m³/kg	kJ/kg	kJ/kg	kJ/kg	kJ/(kg·K)	kJ/(kg·K)
0.001	6.9491	0.0010001	129.185	29.21	2513.29	2484.1	0.1056	8.9735
0.002	17.5403	0.0010014	67.008	73.58	2532.71	2459.1	0.2611	8.722
0.003	24.1142	0.0010028	45.666	101.07	2544.68	2443.6	0.3546	8.5758
0.004	28.9533	0.0010041	34.796	121.3	2553.45	2432.2	0.4221	8.4725
0.005	32.8793	0.0010053	28.101	137.72	2560.55	2422.8	0.4761	8.393
0.006	36.1663	0.0010065	23.738	151.47	2566.48	2415	0.5208	8.3283
0.007	38.9967	0.0010075	20.528	163.31	2571.56	2408.3	0.5589	8.2737
0.008	41.5075	0,0010085	18.102	173.81	2576.06	2402.3	0.5924	8.2266
0.009	43.7901	0.0010094	16.204	183.36	2580.15	2396.8	0.6226	8.1854
0.01	45.7988	0.0010103	14.673	191.76	2583.72	2392	0.649	8.1481
0.015	53.9705	0.001014	10.022	225.93	2598.21	2372.3	0.7548	8.0065
0.02	60.065	0.0010172	7.6497	251.43	2608.9	2357.5	0.832	7.9068
0.025	64.9726	0.0010198	6.2047	271.96	2617.43	2345.5	0.8932	7.8298
0.03	69.1041	0.0010222	5.2296	289.26	2624.56	2335.3	0.944	7.7671
0.04	75.872	0.0010264	3.9939	317.61	2636.1	2318.5	1.026	7.6688
0.05	81.3388	0.0010299	3.2409	340.55	2645.31	2304.8	1.0912	7.5928
0.06	85.9496	0.0010331	2.7324	359.91	2652.97	2293.1	1.1454	7.531
0.07	89.9556	0.0010359	2.3654	376.75	2659.55	2282.8	1.1921	7.4789
0.08	93.5107	0.0010385	2.0876	391.71	2665.33	2273.6	1.233	7.4339
0.09	96.7121	0.0010409	1.8698	405.2	2670.48	2265.3	1.2696	7.3943
0.1	99.634	0.0010432	1.6943	417.52	2675.14	2257.6	1.3028	7.3589
0.12	104.81	0.0010473	1.4287	439.37	2683.26	2243.9	1.3609	7.2978
0.14	109.318	0.001051	1.2368	458.44	2690.22	2231.8	1.411	7.2462
0.16	113.326	0.0010544	1.09159	475.42	2696.29	2220.9	1.4552	7.2016
0.18	116.941	0.0010576	0.97767	490.76	2701.69	2210.9	1.4946	7.1623
0.2	120.24	0.0010605	0.88585	504.78	2706.53	2201.7	1.5303	7.1272
0.25	127.444	0.0010672	0.71879	535.47	2716-83	2181.4	1.6075	7.0528
0.3	133.556	0.0010732	0.60587	561.58	2725.26	2163.7	1.6721	6.9921
0.35	138.891	0.0010786	0.52427	584.45	2732.37	2147.9	1.7278	6.9407
0.4	143.642	0.0010835	0.46246	604.87	2738.49	2133.6	1.7769	6.8961
0.5	151.867	0.0010925	0.37486	640.35	2748.59	2108.2	1.861	6.8214
0.6	158.863	0.0011006	0.31563	670.67	2756.66	2086	1.9315	6.76

压力	温度	比体积		比焓		汽化潜热	比熵	
		液体	蒸汽	液体	蒸汽		液体	蒸汽
p	t	v'	v''	h'	h''	γ	s'	s''
MPa	℃	m³/kg	m³/kg	kJ/kg	kJ/kg	kJ/kg	kJ/(kg·K)	kJ/(kg·K)
0.7	164.983	0.0011079	0.27281	697.32	2763.29	2066	1.9925	6.7079
0.8	170.444	0.0011148	0.24037	721.2	2768.86	2047.7	2.0464	6.6625
0.9	175.389	0.0011212	0.21491	742.9	2773.59	2030.7	2.0948	6.6222
1	179.916	0.0011272	0.19438	762.84	2777.67	2014.8	2.1388	6.5859
1.1	184.1	0.001133	0.17747	781.35	2781.21	1999.9	2.1792	6.5529
1.2	187.995	0.0011385	0.16328	798.64	2784.29	1985.7	2.2166	6.5225
1.3	191.644	0.0011438	0.1512	814.89	2786.99	1972.1	2.2515	6.4944
1.4	195.078	0.0011489	0.14079	830.24	2789.37	1959.1	2.2841	6.4683
1.5	198.327	0.0011538	0.13172	844.82	2791.46	1946.6	2.3149	6.4437
1.6	201.41	0.0011586	0.12375	858.69	2793.29	1934.6	2.344	6.4206
1.7	204.346	0.0011633	0.11668	871.96	2794.91	1923	2.3716	6.3988
1.8	207.151	0.0011679	0.11037	884.67	2796.33	1911.7	2.3979	6.3781
1.9	209.838	0.0011723	0.104707	896.88	2797.58	1900.7	2.423	6.3583
2	212.417	0.0011767	0.099588	908.64	2798.66	1890	2.4471	6.3395
2.2	217.289	0.0011851	0.0907	930.97	2800.41	1869.4	2.4924	6.3041
2.4	221.829	0.0011933	0.083244	951.91	2801.67	1849.8	2.5344	6.2714
2.6	226.085	0.0012013	0.076898	971.67	2802.51	1830.8	2.5736	6.2409
2.8	230.096	0.001209	0.071427	990.41	2803.01	1812.6	2.6105	6.2123
3	233.893	0.0012166	0.066662	1008.2	2803.19	1794.9	2.6454	6.1854
3.5	242.597	0.0012348	0.057054	1049.6	2802.51	1752.9	2.725	6.1238
4	250.394	0.0012524	0.049771	1087.2	2800.53	1713.4	2.7962	6.0688
5	263.98	0.0012862	0.039439	1154.2	2793.64	1639.5	2.9201	5.9724
6	275.625	0.001319	0.03244	1213.3	2783.82	1570.5	3.0266	5.8885
7	285.869	0.0013515	0.027371	1266.9	2771.72	1504.8	3.121	5.8129
8	295.048	0.0013843	0.02352	1316.5	2757.7	1441.2	3.2066	5.743
9	303.385	0.0014177	0.020485	1363.1	2741.92	1378.9	3.2854	5.6771
10	311.037	0.0014522	0.018026	1407.2	2724.46	1317.2	3.3591	5.6139
11	318.118	0.0014881	0.015987	1449.6	2705.34	1255.7	3.4287	5.5525
12	324.715	0.001526	0.014263	1490.7	2684.5	1193.8	3.4952	5.492
13	330.894	0.0015662	0.01278	1530.8	2661.8	1131	3.5594	5.4318
14	336.707	0.0016097	0.011486	1570.4	2637.07	1066.7	3.622	5.3711
15	342.196	0.0016571	0.01034	1609.8	2610.01	1000.2	3.6836	5.3091
16	347.396	0.0017099	0.009311	1649.4	2580.21	930.8	3.7451	5.245
17	352.334	0.0017701	0.008373	1690	2547.01	857.1	3.8073	5.1776
18	357.034	0.0018402	0.007503	1732	2509.45	777.4	3.8715	5.1051
19	361.514	0.0019258	0.006679	1776.9	2465.87	688.9	3.9395	5.025
20	365.789	0.0020379	0.00587	1827.2	2413.05	585.9	4.0153	4.9322
21	369.868	0.0022073	0.005012	1889.2	2341.67	452.4	4.1088	4.8124
22	373.752	0.002704	0.003684	2013	2084.02	71	4.2969	4.4066
22.064	373.99	0.003106	0.003106	2085.9	2085.9	0	4.4092	4.4092

附表 2　饱和水和饱和水蒸气热力性质表(按温度排列)

温度	压力	比体积		比焓		汽化潜热	比熵	
		液体	蒸汽	液体	蒸汽		液体	蒸汽
t	p	v'	v''	h'	h''	γ	s'	s''
℃	MPa	m³/kg	m³/kg	kJ/kg	kJ/kg	kJ/kg	kJ/(kg·K)	kJ/(kg·K)
0.00	0.0006112	0.00100022	206.154	−0.05	2500.51	2500.6	−0.0002	9.1544
0.01	0.0006117	0.00100021	206.012	0.00	2500.53	2500.5	0.0000	9.1541
1	0.0006571	0.00100018	192.464	4.18	2502.35	2498.2	0.0153	9.1278
2	0.0007059	0.00100013	179.787	8.39	2504.19	2495.8	0.0306	9.1014
3	0.0007580	0.00100009	168.041	12.61	2506.03	2493.4	0.0459	9.0752
4	0.0008135	0.00100008	157.151	16.82	2507.87	2491.1	0.0611	9.0493
5	0.0008725	0.00100008	147.048	21.02	2509.71	2488.7	0.0763	9.0236
6	0.0009352	0.00100010	137.670	25.22	2511.55	2486.3	0.0913	8.9982
7	0.0010019	0.00100014	128.961	29.42	2513.39	2484.0	0.1063	8.9730
8	0.0010728	0.00100019	120.868	33.62	2515.23	2481.6	0.1213	8.9480
9	0.0011480	0.00100026	113.342	37.81	2517.06	2479.3	0.1362	8.9233
10	0.0012279	0.00100034	106.341	42.00	2518.90	2476.9	0.1510	8.8988
11	0.0013126	0.00100043	99.825	46.19	2520.74	2474.5	0.1658	8.8745
12	0.0014025	0.00100054	93.756	50.38	2522.57	2472.2	0.1805	8.8504
13	0.0014977	0.00100066	88.101	54.57	2524.41	2469.8	0.1952	8.8265
14	0.0015985	0.00100080	82.828	58.76	2526.24	2467.5	0.2098	8.8029
15	0.0017053	0.00100094	77.910	62.95	2528.07	2465.1	0.2243	8.7794
16	0.0018183	0.00100110	73.320	67.13	2529.90	2462.8	0.2388	8.7562
17	0.0019377	0.00100127	69.034	71.32	2531.72	2460.4	0.2533	8.7331
18	0.0020640	0.00100145	65.029	75.50	2533.55	2458.1	0.2677	8.7103
19	0.0021975	0.00100165	61.287	79.68	2535.37	2455.7	0.2820	8.6877
20	0.0023385	0.00100185	57.786	83.86	2537.20	2453.3	0.2963	8.6652
22	0.0026444	0.00100229	51.445	92.23	2540.84	2448.6	0.3247	8.6210
24	0.0029846	0.00100276	45.884	100.59	2544.47	2443.9	0.3530	8.5774
26	0.0033625	0.00100328	40.997	108.95	2548.10	2439.2	0.3810	8.5347
28	0.0037814	0.00100383	36.694	117.32	2551.73	2434.4	0.4089	8.4927
30	0.0042451	0.00100442	32.899	125.68	2555.35	2429.7	0.4366	8.4514
35	0.0056263	0.00100605	25.222	146.59	2564.38	2417.8	0.5050	8.3511
40	0.0073811	0.00100789	19.529	167.50	2573.36	2405.9	0.5723	8.2551
45	0.0095897	0.00100993	15.2636	188.42	2582.30	2393.9	0.6386	8.1630
50	0.0123446	0.00101216	12.0365	209.33	2591.19	2381.9	0.7038	8.0745
55	0.015752	0.00101455	9.5723	230.24	2600.02	2369.8	0.7680	7.9896
60	0.019933	0.00101713	7.6740	251.15	2608.79	2357.6	0.8312	7.9080
65	0.025024	0.00101986	6.1992	272.08	2617.48	2345.4	0.8935	7.8295
70	0.031178	0.00102276	5.0443	293.01	2626.10	2333.1	0.9550	7.7540
75	0.038565	0.00102582	4.1330	313.96	2634.63	2320.7	1.0156	7.6812
80	0.047376	0.00102903	3.4086	334.93	2643.06	2308.1	1.0753	7.6112

温度	压力	比体积		比焓		汽化潜热	比熵	
		液体	蒸汽	液体	蒸汽		液体	蒸汽
t	p	v'	v''	h'	h''	γ	s'	s''
℃	MPa	m³/kg	m³/kg	kJ/kg	kJ/kg	kJ/kg	kJ/(kg·K)	kJ/(kg·K)
85	0.057818	0.00103240	2.8288	355.92	2651.40	2295.5	1.1343	7.5436
90	0.070121	0.00103593	2.3616	376.94	2659.63	2282.7	1.1926	7.4783
95	0.084533	0.00103961	1.9827	397.98	2667.73	2269.7	1.2501	7.4154
100	0.101325	0.00104344	1.6736	419.06	2675.71	2256.6	1.3069	7.3545
110	0.143243	0.00105156	1.2106	461.33	2691.26	2229.9	1.4186	7.2386
120	0.198483	0.00106031	0.89219	503.76	2706.18	2202.4	1.5277	7.1297
130	0.270018	0.00106968	0.66873	546.38	2720.39	2174.0	1.6346	7.0272
140	0.361190	0.00107972	0.50900	589.21	2733.81	2144.6	1.7393	6.9302
150	0.47571	0.00109046	0.39286	632.28	2746.35	2114.1	1.8420	6.8381
160	0.61766	0.00110193	0.30709	675.62	2757.92	2082.3	1.9429	6.7502
170	0.79147	0.00111420	0.24283	719.25	2768.42	2049.2	2.0420	6.6661
180	1.00193	0.00112732	0.19403	763.22	2777.74	2014.5	2.1396	6.5852
190	1.25417	0.00114136	0.15650	807.56	2785.80	1978.2	2.2358	6.5071
200	1.55366	0.00115641	0.12732	852.34	2792.47	1940.1	2.3307	6.4312
210	1.90617	0.00117258	0.10438	897.62	2797.65	1900.0	2.4245	6.3571
220	2.31783	0.00119000	0.086157	943.46	2801.20	857.7	2.5175	6.2846
230	2.79505	0.00120882	0.071553	989.95	2803.00	813.0	2.6096	6.2130
240	3.34459	0.00122922	0.050743	1037.2	2802.88	765.7	2.7013	6.1422
250	3.97351	0.00125145	0.050112	1085.3	2800.66	715.4	2.7926	6.0716
260	4.68923	0.00127579	0.042195	1134.3	2796.14	661.8	2.8837	6.0007
270	5.49956	0.00130262	0.035637	1184.5	2789.05	604.5	2.9751	5.9292
280	6.41273	0.00133242	0.030165	1236.0	2779.08	1543.1	3.0668	5.8564
290	7.43746	0.00136582	0.025565	1289.1	2765.81	1476.7	3.1594	5.7817
300	8.58308	0.00140369	0.021669	1344.0	2748.71	1404.7	3.2533	5.7042
310	9.8597	0.00144728	0.018343	1401.2	2727.01	1325.9	3.3490	5.6226
320	11.278	0.00149844	0.015479	1461.2	2699.72	1238.5	3.4475	5.5356
330	12.851	0.00156008	0.012987	1524.9	2665.30	1140.4	3.5500	5.4408
340	14.593	0.00163728	0.010790	1593.7	2621.32	1027.6	3.6586	5.3345
350	16.521	0.00174008	0.008812	1670.3	2563.39	893.0	3.7773	5.2104
360	18.657	0.00189423	0.006958	1761.1	2481.68	720.6	3.9155	5.0536
370	21.033	0.00221480	0.004982	1891.7	2338.79	447.1	4.1125	4.8076
371	21.286	0.00227969	0.004735	1911.8	2314.11	402.3	4.1429	4.7674
372	21.542	0.00236530	0.004451	1936.1	2282.99	346.9	4.1796	4.7173
373	21.802	0.00249600	0.004087	1968.8	2237.98	269.2	4.2292	4.6458

附表 3 未饱和水与过热水蒸气热力性质表

p	0.001MPa			0.005MPa		
饱和参数	t_s=6.949℃			t_s=32.879℃		
	v'/(m³/kg)	h'/(kJ/kg)	s'/[kJ/(kg·K)]	v'/(m³/kg)	h'/(kJ/kg)	s'/[kJ/(kg·K)]
	0.001001	29.21	0.1056	0.0010053	137.72	0.4761
	v''/(m³/kg)	h''/(kJ/kg)	s''/[kJ/(kg·K)]	v''/(m³/kg)	h''/(kJ/kg)	s''/[kJ/(kg·K)]
	0.001001	29.21	0.1056	28.191	2560.6	8.3930
t/℃	v/(m³/kg)	h/(kJ/kg)	s/[kJ/(kg·K)]	v/(m³/kg)	h/(kJ/kg)	s/[kJ/(kg·K)]
0	0.001002	−0.05	−0.0002	0.0010002	−0.05	−0.0002
10	130.598	2519.0	8.9938	0.0010003	42.01	0.1510
20	135.226	2537.7	9.0588	0.0010018	83.87	0.2963
40	144.475	2575.2	9.1823	28.854	2574.0	8.43466
60	153.717	2612.7	9.2984	30.712	2611.8	8.5537
80	162.956	2650.3	9.4080	32.566	2649.7	8.6639
100	172.192	2688.0	9.5120	34.418	2687.5	8.7682
120	181.426	2725.9	9.6109	36.269	2725.5	8.8674
140	190.660	2764.0	9.7054	38.118	2763.7	8.9620
160	199.893	2802.3	9.7959	39.967	2802.0	9.0526
180	209.126	2840.7	9.8827	41.815	2840.5	9.1396
200	218.358	2879.4	9.9662	43.662	2879.2	9.2232
220	227.590	2918.3	10.0468	.45.510	2918.2	9.3038
240	236.821	2957.5	10.1246	47.357	2957.3	9.3816
260	246.053	2996.8	10.1998	49.204	2996.7	9.4569
280	255.284	3036.4	10.2727	51.051	3036.3	9.5298
300	264.515	3076.2	10.3434	52.898	3076.1	9.6005
350	287.592	3176.8	10.5117	57.514	3176.7	9.7688
400	310.669	3278.9	10.6692	62.131	3278.8	9.9264
450	333.746	3382.4	10.8176	66.747	3382.4	10.0747
500	356.823	3487.5	10.9581	71.362	3487.5	10.2153
550	379.900	3594.4	11.0921	75.978	3594.4	10.3493
600	402.976	3703.4	11.2206	80.594	3703.4	10.4778
p	0.01MPa			0.1MPa		
饱和参数	t_s=45.799℃			t_s=99.643℃		
	v'/(m³/kg)	h'/(kJ/kg)	s'/[kJ/(kg·K)]	v'/(m³/kg)	h'/(kJ/kg)	s'/[kJ/(kg·K)]
	0.0010103	191.76	1.3028	0.0010431	417.52	1.3028
	v''/(m³/kg)	h''/(kJ/kg)	s''/[kJ/(kg·K)]	v''/(m³/kg)	h''/(kJ/kg)	s''/[kJ/(kg·K)]
	14.673	2583.7	8.1481	1.6943	2675.1	7.3589
t/℃	v/(m³/kg)	h/(kJ/kg)	s/[kJ/(kg·K)]	v/(m³/kg)	h/(kJ/kg)	s/[kJ/(kg·K)]
0	0.0010002	−0.04	−0.0002	0.0010002	0.05	−0.0002
10	0.0010003	42.01	0.1510	0.0010003	42.10	0.1510
20	0.0010018	83.87	0.2963	0.0010018	83.96	0.2963
40	0.0010079	167.51	0.5723	0.0010078	167.59	0.5723

续表

p	0.01MPa			0.1MPa		
饱和参数	t_s=45.799℃			t_s=99.643℃		
	v' /(m³/kg)	h' /(kJ/kg)	s' /[kJ/(kg·K)]	v' /(m³/kg)	h' /(kJ/kg)	s' /[kJ/(kg·K)]
	0.0010103	191.76	1.3028	0.0010431	417.52	1.3028
	v'' /(m³/kg)	h'' /(kJ/kg)	s'' /[kJ/(kg·K)]	v'' /(m³/kg)	h'' /(kJ/kg)	s'' /[kJ/(kg·K)]
	14.673	2583.7	8.1481	1.6943	2675.1	7.3589
t/℃	v/(m³/kg)	h/(kJ/kg)	s/[kJ/(kg·K)]	v/(m³/kg)	h/(kJ/kg)	s/[kJ/(kg·K)]
60	15.336	2610.8	8.2313	0.0010171	251.22	0.8312
80	16.268	2648.9	8.3422	0.0010290	334.97	1.0753
100	17.196	2686.9	8.4471	1.6961	2675.9	7.3609
120	18.124	2725.1	8.5466	1.7931	2716.3	7.4665
140	19.050	2763.3	8.6414	1.8889	2756.2	7.5654
160	19.976	2801.7	8.7322	1.9838	2795.8	7.6590
180	20.901	2840.2	8.8192	2.0783	2835.3	7.7482
200	21.826	2879.0	8.9029	2.1723	2874.8	7.8334
220	22.750	2918.0	8.9835	2.2659	2914.3	7.9152
240	23.674	2957.1	9.0614	2.3594	2953.9	7.9940
260	24.598	2996.5	9.1367	2.4527	2993.7	8.0701
280	25.522	3036.2	9.2097	2.5458	3033.6	8.1436
300	26.446	3076.0	9.2805	2.6388	3073.8	8.2148
350	28.755	3176.6	9.4488	2.8709	3174.9	8.3840
400	31.063	3278.7	9.6064	3.1027	3277.3	8.5422
450	33.372	3382.3	9.7548	3.3342	3381.2	8.6909
500	35.680	3487.4	9.8953	3.5656	3486.5	8-8317
550	37.988	3594.3	10.0293	3.7968	3593.5	8.9659
600	40.296	3703.4	10.1579	4.0279	3702.7	9.0946
p	0.5MPa			1MPa		
饱和参数	t_s=151.867℃			t_s=179.916℃		
	v' /(m³/kg)	h' /(kJ/kg)	s' /[kJ/(kg·K)]	v' /(m³/kg)	h' /(kJ/kg)	s' /[kJ/(kg·K)]
	0.0010925	640.35	1.8610	0.0011272	762.84	2.3188
	v'' /(m³/kg)	h'' /(kJ/kg)	s'' /[kJ/(kg·K)]	v'' /(m³/kg)	h'' /(kJ/kg)	s'' /[kJ/(kg·K)]
	0.37490	2748.6	6.8214	0.19144	2777.7	6.5859
t/℃	v/(m³/kg)	h/(kJ/kg)	s/[kJ/(kg·K)]	v/(m³/kg)	h/(kJ/kg)	s/[kJ/(kg·K)]
0	0.0010000	0.46	−0.0001	0.0009997	0.97	−0.0001
10	0.0010001	42.49	0.1510	0.0009999	42.98	0.1509
20	0.0010016	84.33	0.2962	0.0010014	84.80	0.2961
40	0.0010077	167.94	0.5721	0.0010074	168.38	0.5719
60	0.0010169	251.56	0.8310	0.0010167	251.98	0.8307
80	0.0010288	335.29	1.0750	0.0010286	335.69	1.0747
100	0.0010432	419.36	1.3066	0.0010430	419.74	1.3062
120	0.0010601	503.97	1.5275	0.0010599	504.32	1.5270
140	0.0010796	589.30	1.7392	0.0010783	589.62	1.7386

p	0.5MPa			1MPa		
	t_s=151.867℃			t_s=179.916℃		
饱和参数	v'/(m³/kg)	h'/(kJ/kg)	s'/[kJ/(kg·K)]	v'/(m³/kg)	h'/(kJ/kg)	s'/[kJ/(kg·K)]
	0.0010925	640.35	1.8610	0.0011272	762.84	2.3188
	v''/(m³/kg)	h''/(kJ/kg)	s''/[kJ/(kg·K)]	v''/(m³/kg)	h''/(kJ/kg)	s''/[kJ/(kg·K)]
	0.37490	2748.6	6.8214	0.19144	2777.7	6.5859
t/℃	v/(m³/kg)	h/(kJ/kg)	s/[kJ/(kg·K)]	v/(m³/kg)	h/(kJ/kg)	s/[kJ/(kg·K)]
160	0.38358	2767.2	6.8647	0.0011017	675.84	1.9424
180	0.40450	2811.7	6.9651	0.19443	2777.9	6.5864
200	0.42487	2854.9	7.0585	0.20590	2827.3	6.6931
220	0.44485	2897.3	7.1462	0.21686	2874.2	6.7903
240	0.46455	2939.2	7.2295	0.22745	2919.6	6.8804
260	0.48404	2980.8	7.3091	0.23779	2963.8	6.9650
280	0.50336	3022.2	7.3853	0.24793	3007.3	7.0451
300	0.52255	3063.6	7.4588	0.25793	3050.4	7.1216
350	0.57012	3167.0	7.6319	0.28247	3157.0	7.2999
400	0.61729	3271.1	7.7924	0.30658	3263.1	7.4638
420	0.63608	3312.9	7.8537	0.31615	3305.6	7.5260
440	0.65483	3354-9	7.9135	0.32568	3348.2	7.5866
450	0.66420	3376.0	7.9428	0.33043	3369.6	7.6163
460	0.67356	3397.2	7.9719	0.33518	3390.9	7.6456
480	0.69226	3439.6	8.0289	0.34465	3433.8	7.7033
500	0.71094	3482.2	8.0848	0.35410	3476.8	7.7597
550	0.75755	3589.9	8.2198	0.37764	3585.4	7.8958
600	0.80408	3699.6	8.3491	0.40109	3695.7	8.0259
p	3MPa			5MPa		
	t_s=233.893℃			t_s=263.980℃		
饱和参数	v'/(m³/kg)	h'/(kJ/kg)	s'/[kJ/(kg·K)]	v'/(m³/kg)	h'/(kJ/kg)	s'/[kJ/(kg·K)]
	0.0012166	1008.2	2.6454	0.0012861	1154.2	2.9200
	v''/(m³/kg)	h''/(kJ/kg)	s''/[kJ/(kg·K)]	v''/(m³/kg)	h''/(kJ/kg)	s''/[kJ/(kg·K)]
	0.066700	2803.2	6.1852	0.039400	2793.6	5.9724
t/℃	v/(m³/kg)	h/(kJ/kg)	s/[kJ/(kg·K)]	v/(m³/kg)	h/(kJ/kg)	s/[kJ/(kg·K)]
0	0.0009987	3.01	0.0000	0.0009977	5.04	0.0002
10	0.0009989	44.92	0.1507	0.0009979	46.87	0.1506
20	0.0010005	86.68	0.2957	0.0009996	88.55	0.2952
40	0.0010066	170.15	0.5711	0.0010057	171.92	0.5704
60	0.0010158	253.66	0.8296	0.0010149	255.34	0.8286
80	0.0010276	377.28	1.0734	0.0010267	338.87	1.0721
100	0.0010420	421.24	1.3047	0.0010410	422.75	1.3031
120	0.0010587	505.73	1.5252	0.0010576	507.14	1.5234
140	0.0010781	590.92	1.7366	0.0010768	592.23	1.7345
160	0.0011002	677.01	1.9400	0.0010988	678.19	1.9377

p	3MPa			5MPa		
饱和参数	t_s=233.893℃			t_s=263.980℃		
	v' /(m³/kg)	h' /(kJ/kg)	s' /[kJ/(kg·K)]	v' /(m³/kg)	h' /(kJ/kg)	s' /[kJ/(kg·K)]
	0.0012166	1008.2	2.6454	0.0012861	1154.2	2.9200
	v'' /(m³/kg)	h'' /(kJ/kg)	s'' /[kJ/(kg·K)]	v'' /(m³/kg)	h'' /(kJ/kg)	s'' /[kJ/(kg·K)]
	0.066700	2803.2	6.1852	0.039400	2793.6	5.9724
t/℃	v/(m³/kg)	h/(kJ/kg)	s/[kJ/(kg·K)]	v/(m³/kg)	h/(kJ/kg)	s/[kJ/(kg·K)]
180	0.0011256	764.23	2.1369	0.0011240	765.25	2.1342
200	0.0011549	852.93	2.3284	0.0011529	853.75	2.3253
220	0.0011891	943.65	2.5162	0.0011867	944.21	2.5125
240	0.068184	2823.4	6.2250	0.0012266	1037.3	2.6976
260	0.072828	2884.4	6.3417	0.0012751	1134.3	2.8829
280	0.077101	2940.1	6.4443	0.042228	2855.8	6.0864
300	0.084191	2992.4	6.5371	0.045301	2923.3	6.2064
350	0.090520	3114.4	6.7414	0.051932	3067.4	6.4477
400	0.099352	3230.1	6.9199	0.057804	3194.9	6.6446
420	0.102787	3275.4	6.9864	0.060033	3243.6	6.7159
440	0.106180	3320.5	7.0505	0.062216	3291.5	6.7840
450	0.107864	3343.0	7.0817	0.063291	3315.2	6.8170
460	0.109540	3365.4	7.1125	0.064358	3338.8	6.8494
480	0.112870	3410.1	7.1728	0.066469	3385.6	6.9125
500	0.116174	3454.9	7.2314	0.068552	3432.2	6.9735
550	0.124349	3566.9	7.3718	0.073664	3548.0	7.1187
600	0.132427	3679.9	7.5051	0.078675	3663.9	7.2553
p	7MPa			10MPa		
饱和参数	t_s=285.869℃			t_s=311.037℃		
	v' /(m³/kg)	h' /(kJ/kg)	s' /[kJ/(kg·K)]	v' /(m³/kg)	h' /(kJ/kg)	s' /[kJ/(kg·K)]
	0.0013515	1266.9	3.1210	0.0014522	1407.2	3.3591
	v'' /(m³/kg)	h'' /(kJ/kg)	s'' /[kJ/(kg·K)]	v'' /(m³/kg)	h'' /(kJ/kg)	s'' /[kJ/(kg·K)]
	0.027400	2771.7	5.8129	0.018000	2724.5	5.6139
t/℃	v/(m³/kg)	h/(kJ/kg)	s/[kJ/(kg·K)]	v/(m³/kg)	h/(kJ/kg)	s/[kJ/(kg·K)]
0	0.0009967	7.07	0.0003	0.0009952	10.09	0.0004
10	0.0009970	48.80	0.1504	0.0009956	51.70	0.1550
20	0.0009986	90.42	0.2948	0.0009973	93.22	0.2942
40	0.0010048	173.69	0.5696	0.0010035	176.34	0.5684
60	0.0010140	257.01	0.8275	0.0010127	259.53	0.8259
80	0.0010258	340.46	1.0708	0.0010244	342.85	1.0688
100	0.0010399	424.25	1.3016	0.0010385	426.51	1.2993
120	0.0010565	508.55	1.5216	0.0010549	510.68	1.5190
140	0.0010756	593.54	1.7325	0.0010738	595.50	1.7924
160	0.0010974	679.37	1.9353	0.0010953	681.16	1.9319
180	0.0011223	766.28	2.1315	0.0011199	767.84	2.1275

p	7MPa			10MPa		
饱和参数	t_s=285.869℃			t_s=311.037℃		
	v'/(m³/kg)	h'/(kJ/kg)	s'/[kJ/(kg·K)]	v'/(m³/kg)	h'/(kJ/kg)	s'/[kJ/(kg·K)]
	0.0013515	1266.9	3.1210	0.0014522	1407.2	3.3591
	v''/(m³/kg)	h''/(kJ/kg)	s''/[kJ/(kg·K)]	v''/(m³/kg)	h''/(kJ/kg)	s''/[kJ/(kg·K)]
	0.027400	2771.7	5.8129	0.018000	2724.5	5.6139
t/℃	v/(m³/kg)	h/(kJ/kg)	s/[kJ/(kg·K)]	v/(m³/kg)	h/(kJ/kg)	s/[kJ/(kg·K)]
200	0.0011510	854.59	2.3222	0.0011481	855.88	2.3176
220	0.0011842	944.79	2.5089	0.0011807	945.71	2.5036
240	0.0012235	1037.6	2.6933	0.0012190	1038.0	2.6870
260	0.0012710	1134.0	2.8776	0.0012650	1133.6	2.8698
280	0.0013307	1235.7	3.0648	0.0013222	1234.2	3.0549
300	0.029457	2837.5	5.9291	0.0013975	1342.3	3.2469
350	0.035225	3014.8	6.2265	0.022415	2922.1	5.9423
400	0.039917	3157.3	6.4465	0.026402	3095.8	6.2109
450	0.044143	3286.2	6.6314	0.029735	3240.5	6.4184
500	0.048110	3408.9	6.7954	0.032750	3372.8	6.5954
520	0.049649	3457.0	6.8569	0.033900	3423.8	6.6605
540	0.051166	3504.8	6.9164	0.035027	3474.1	6.7232
550	0.051917	3528.7	6.9456	0.035582	3499.1	6.7537
560	0.052664	3552.4	6.9743	0.036133	3523.9	6.7837
580	0.054147	3600.0	7.0306	0.037222	3573.3	6.8423
600	0.055617	3647.5	7.0857	0.038297	3622.5	6.8992
p	14MPa			20MPa		
饱和参数	t_s=336.707℃			t_s=365.789℃		
	v'/(m³/kg)	h'/(kJ/kg)	s'/[kJ/(kg·K)]	v'/(m³/kg)	h'/(kJ/kg)	s'/[kJ/(kg·K)]
	0.0016097	1570.4	3.6220	0.002037	1827.2	4.0153
	v''/(m³/kg)	h''/(kJ/kg)	s''/[kJ/(kg·K)]	v''/(m³/kg)	h''/(kJ/kg)	s''/[kJ/(kg·K)]
	0.011500	2637.1	5.3711	0.0058702	2413.1	4.9322
t/℃	v/(m³/kg)	h/(kJ/kg)	s/[kJ/(kg·K)]	v/(m³/kg)	h/(kJ/kg)	s/[kJ/(kg·K)]
0	0.0009933	14.10	0.0005	0.0009904	20.08	0.0006
10	0.0009938	55.55	0.1496	0.0009911	61.29	0.1488
20	0.0009955	96.95	0.2932	0.0009929	102.50	0.2919
40	0.0010018	179.86	0.5669	0.0009992	185.13	0.5645
60	0.0010109	262.88	0.8239	0.0010084	267.90	0.8207
80	0.0010226	346.04	1.0663	0.0010199	350.82	1.0624
100	0.0010365	429.53	1.2962	0.0010336	434.06	1.2917
120	0.0010527	513.52	1.5155	0.0010496	517.79	1.5103
140	0.0010714	598.14	1.7254	0.0010679	602.12	1.7195
160	0.0010926	683.56	1.9273	0.0010886	687.20	1.9206
180	0.0011167	769.96	2.1223	0.0011121	773.19	2.1147
200	0.0011443	857.63	2.3116	0.0011389	860.36	2.3029

p	14MPa			20MPa		
	t_s=336.707℃			t_s=365.789℃		
饱和参数	v' /(m³/kg)	h' /(kJ/kg)	s' /[kJ/(kg·K)]	v' /(m³/kg)	h' /(kJ/kg)	s' /[kJ/(kg·K)]
	0.0016097	1570.4	3.6220	0.002037	1827.2	4.0153
	v'' /(m³/kg)	h'' /(kJ/kg)	s'' /[kJ/(kg·K)]	v'' /(m³/kg)	h'' /(kJ/kg)	s'' /[kJ/(kg·K)]
	0.011500	2637.1	5.3711	0.0058702	2413.1	4.9322
t/℃	v/(m³/kg)	h/(kJ/kg)	s/[kJ/(kg·K)]	v/(m³/kg)	h/(kJ/kg)	s/[kJ/(kg·K)]
220	0.0011761	947.00	2.4966	0.0011695	949.07	2.4865
240	0.0012132	1038.6	2.6788	0.0012051	1039.8	2.6670
260	0.0012574	1133.4	2.8599	0.0012469	1133.4	2.8457
280	0.0013117	1232.5	3.0424	0.0012974	1230.7	3.0249
300	0.0013814	1338.2	3.2300	0.0013605	1333.4	3.2072
350	0.013218	2751.2	5.5564	0.0016645	1645.3	3.7275
400	0.017218	3001.1	5.9436	0.0099458	2816.8	5.5520
450	0.020074	3174.2	6.1919	0.0127013	3060.7	5.9025
500	0.022512	3322.3	6.3900	0.0147681	3239.3	6.1415
520	0.023418	3377.9	6.4610	0.0155046	3303.0	6.2229
540	0.024295	3432.1	6.5285	0.0162067	3364.0	6.2989
550	0.024724	3458.7	6.5611	0.0165471	3393.7	6.3352
560	0.025147	3485.2	6.5931	0.0168811	3422.9	6.3705
580	0.025978	3537.5	6.6551	0.0175328	3480.3	6.4385
600	0.026792	3589.1	6.7149	0.0181655	3536.3	6.5035
p	25MPa			30MPa		
t/℃	v/(m³/kg)	h/(kJ/kg)	s/[kJ/(kg·K)]	v/(m³/kg)	h/(kJ/kg)	s/[kJ/(kg·K)]
0	0.0009880	25.01	0.0006	0.0009857	29.92	0.0005
10	0.0009888	66.04	0.1481	0.0009866	70.77	0.1474
20	0.0009908	107.11	0.2907	0.0009887	111.71	0.2895
40	0.0009972	189.51	0.5626	0.0009951	193.87	0.5606
60	0.0010063	272.08	0.8182	0.0010042	276.25	0.8156
80	0.0010177	354.80	1.0593	0.0010155	358.78	1.0562
100	0.0010313	437.85	1.2880	0.0010290	441.64	1.2844
120	0.0010470	521.36	1.5061	0.0010445	524.95	1.5019
140	0.0010650	605.46	1.7147	0.0010622	608.82	1.7100
160	0.0010854	690.27	1.9152	0.0010822	693.36	1.9098
180	0.0011084	775.94	2.1085	0.0011048	778.72	2.1024
200	0.0011345	862.71	2.2959	0.0011303	865.12	2.2890
220	0.0011643	950.91	2.4785	0.0011593	952.85	2.4706
240	0.0011986	1041.0	2.6575	0.0011925	1042.3	2.6485
260	0.0012387	1133.6	2.8346	0.0012311	1134.1	2.8239
280	0.0012866	1229.6	3.0113	0.0012766	1229.0	2.9985
300	0.0013453	1330.3	3.1901	0.0013317	1327.9	3.1742
350	0.0015981	1623.1	3.6788	0.0015522	1608.0	3.6420

续表

p	25MPa			30MPa		
$t/℃$	$v/(m^3/kg)$	$h/(kJ/kg)$	$s/[kJ/(kg·K)]$	$v/(m^3/kg)$	$h/(kJ/kg)$	$s/[kJ/(kg·K)]$
400	0.0060014	2578.0	5.1386	0.0027929	2150.6	4.4721
450	0.0091666	2950.5	5.6754	0.0067363	2822.1	5.4433
500	0.0111229	3164.1	5.9614	0.0086761	3083.3	5.7934
520	0.0117897	3236.1	6.0534	0.0093033	3165.4	5.8982
540	0.0124156	3303.8	6.1377	0.0098825	3240.8	5.9921
550	0.0127161	3336.4	6.1775	0.0101580	3276.6	6.0359
560	0.0130095	3368.2	6.2160	0.0104254	3311.4	6.0780
580	0.0135778	3430.2	6.2895	0.0109397	3378.5	6.1576
600	0.0141249	3490.2	6.3591	0.0114310	3442.9	6.2321

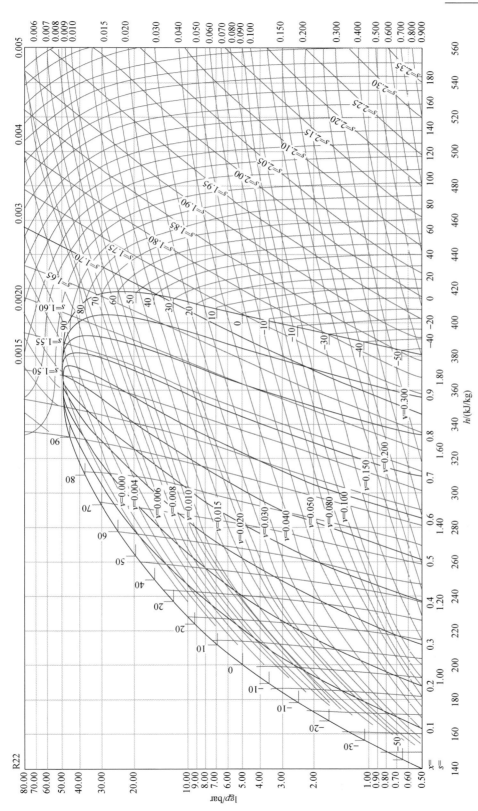

附图 1　R22 的 lgp-h 图

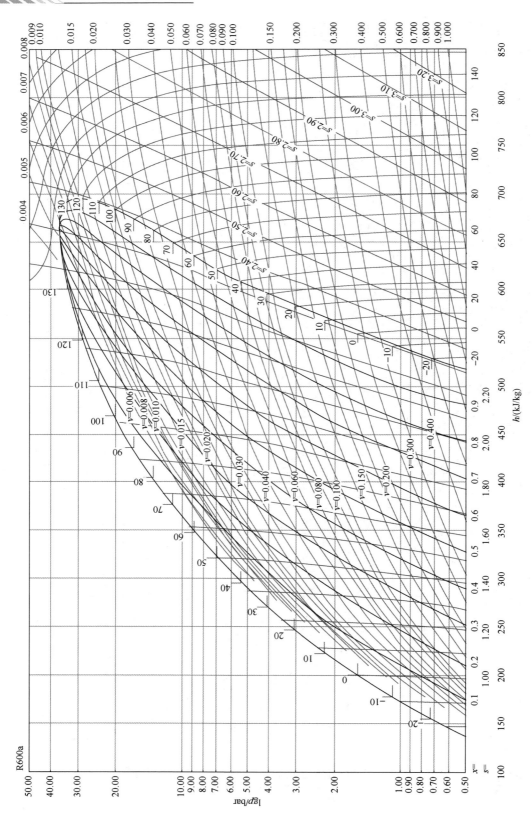

附图 2　R600a 的 lg$p$-h 图